KB238082

문명 이야기

윌 듀런트

김운한 · 권영교 옮김

그리스 문명

2-2

THE STORY OF CIVILIZATION VOL II.: THE LIFE OF GREECE
by Will Durant

Copyright © 1939 by Will Durant
Copyright renewed © 1966 by Will Durant
All rights reserved.

Korean Language Translation Copyright © 2011 by Minumsa

Korean edition is published by arrangement with the original publisher,
Simon & Schuster, Inc. through KCC.

이 책의 한국어판 저작권은 KCC를 통해 Simon & Schuster, Inc.와 독점 계약한 (주)민음사 에 있습니다.
저작권법에 의해 한국 내에서 보호를 받는 저작물이므로 무단 전재와 무단 복제를 금합니다.

THE STORY
OF
CIVILIZATION

문명 이야기

윌 듀런트
WILL DURANT

김운한 · 권영교 옮김

The Life of
Greece

II - II

그리스 문명
2-2

민음사

15장　　　　　　　　　지식의 진보

　페리클레스 시대 그리스의 문화 활동은 주로 예술, 희곡, 철학 등 세 형태로 나뉜다. 종교는 처음에는 감화를 주지만, 이후 논쟁의 대상이 되다가 결국 제물이 되고 만다. 종교 집단을 구성하기 위해서는 공통의 안정적인 교의가 필요하므로, 모든 종교는 조만간 유연하고 변화가 심한 세속 사상의 조류에 맞부딪히게 된다. 그리고 이 세속 사상을 보통 지식의 진보라 부른다. 아테네에서는 이러한 갈등이 항상 표면적으로 드러나지도, 일반 대중에게 직접 영향을 끼치지도 않았다. 과학자와 철학자들은 민간 신앙을 명백히 공격함이 없이 자신들의 작업을 진행했고, 종종 옛 종교 용어를 자신들의 새로운 믿음에 대한 상징이나 비유로 사용해 다툼을 진정시켰다. 아낙사고라스와 아스파시아, 멜로스의 디아고라스, 에우리피데스, 소크라테스 등의 기소에서처럼 가끔씩 불화가 모습을 드러내고 삶과 죽음의 문제가 되었을 뿐이다. 그러나 갈등은 항상 있었기 때문에, 페리클레스 시대 내내 주요 주제가 되고 많은 경우 핵심 역할을 담당했으며 많은 변형된 형태로 정교하게 다듬어졌다. 이 갈등은 소피스트의 회의적인 가르침과 데모크리토스의 유물론에서 가장 두드러졌고, 아이스킬로스의 경건함과 에우리피데스의 이단성, 나아가 보수적인 아리스토파테스의 불경한 농담에서도 흐릿하게 드러났으며, 소크라테스의 재판과 죽음에서 압축적으로 격렬하게 표출되었다. 페리클레스 시대의 아테네는 이 주제를 맴돌면서 그 정신적 삶을 영위했던 것이다.

1. 수학자

5세기 그리스의 순수 과학은 아직 철학의 시녀에 불과해 과학자라기보다 철학자였던 자들에 의해 연구되고 발전되었다. 그리스인들에게 있어 고등 수학은 실제 삶을 위한 도구가 아니라 논리를 위한 도구였으며, 물리적 환경의 정복보다는 추상 세계를 구성하는 데 더 많이 사용되었다.

페리클레스 시대 이전에 널리 활용된 산술은 원시적이고 어설픈 수준이었다.* 수직으로 삐친 한 획은 1을, 두 획은 2를, 세 획은 3을, 네 획은 4를 나타냈고, 5, 10, 100, 1000, 10000 등의 수는 펜테(pente), 데카(deka), 헤카톤(hekaton), 칠리오이(chilioi), 미리오이(myrioi) 등의 그리스어 머리글자로 표시했다. 그리스 수학에는 아직 0(영)을 나타내는 부호가 없었다. 우리 시대 수학과 마찬가지로 그리스 수학도 그 기원을 동방에 둔 것이 아니라, 이집트로부터 십진법 체계를 빌려 왔고, 천문학과 지리학에 있어서는 바빌로니아로부터 12진법과 60진법을 들여왔으며, 이는 우리 시대에도 여전히 시

---

* 이후(페리클레스 시대)의 산술 표기법에 대해서는 28장 1절 참조.

간과 천체, 지도에 활용되고 있다. 아마 수판이 일반인의 보다 간단한 계산에 사용되었을 것이다. 분수는 어려웠는데, 복잡한 분수 계산은 1을 공통 분자로 하는 분수의 합으로 환산했다. 예를 들어 32분의 23은 1/2 + 1/8 + 1/16 + 1/32로 분해해 계산했다.[1]

기원전의 그리스의 대수학에 대해서는 전혀 기록이 없다. 그러나 기하학은 철학자들이 즐겨 탐구한 분야였다. 물론 실제적인 목적보다는 이론적인 관심과 연역 논리의 매력, 정교함과 명료함의 조합, 인상적인 사유 구조 때문이었다. 특히 세 가지 문제, 즉 주어진 원과 같은 넓이의 정사각형 그리기, 주어진 각도의 삼등분, 주어진 정육면체보다 부피가 두 배인 정육면체의 한 변 그리기가 수학적 형이상학자들의 관심을 끌었다. 첫 번째 문제가 얼마나 대중적으로 관심을 끌었는지는 아리스토파네스의 「새(Birds)」에도 나오는데, 천문학자 메톤을 연기한 한 등장인물이 자와 컴퍼스를 들고 무대로 나와 "어떻게 원으로 정사각형을 만드는지", 즉 주어진 원과 면적이 같은 정사각형을 어떻게 찾아낼 수 있는가를 보여 주려 한다. 후일 피타고라스 학파가 무리수와 약분 불가능한 수에 대한 학설을 공식화할 수 있게 한 것은 이 같은 문제들이었을 것이다.* 또한 포물선과 쌍곡선, 타원형을 연구해 후일 페르가의 아폴로니오스가 원뿔 곡선에 대해 획기적인 성과를 거두는 기초를 마련한 이들도 피타고라스 학파였다.[2] 기원전 440년경 키오스의 히포크라테스(의사 히포크라테스가 아님.)는 지금까지 알려진 최초의 기하학 관련 저서를 출간하고, 활꼴 면적을 구하는 문제를 풀었다.** 기원전 420년경 엘리아의 히피아스는 2차 선을 이용해 주어진 각도를 삼등분하는 데 성공했다.[3] 기원전 410년경 압데라의 데모크리토스는 "주어진 조건에 따라 선을 그림에 있어 그 누구도 나를 능가하지 못했다. 심지어 이집트인들도 마찬가지였다." 라고 공언했다.[4] 그는 네 권의 기하학 관련서를 저술하고 원뿔 및 피라미드의 면적에 관한 공식을 발견함으로써 자기 과시를 실력으로 입증했다.[5] 이처럼 대체로 그리스인들은 산술에서 낙오한 만큼

---

* 무리수란 2의 제곱근처럼 정수 또는 분수로 나타낼 수 없는 수이다. 약분 불가능한 수란 어떤 두 수의 관계를 제3의 유리수로 표시할 수 없는 수를 말하는데, 정사각형의 변과 대각선, 원의 반지름과 둘레의 길이 등이 그 예이다.
** 활꼴은 교차하는 두 원의 호에 의해 만들어진다.

기하학에 있어서는 탁월함을 보여 주었다. 심지어 기하학은 예술 분야에도 적극 활용되어, 다양한 형태의 도자기 및 건축 장식을 창조하고 파르테논 신전의 균형과 굴곡을 결정지었다.

2. 아낙사고라스

페리클레스 시대의 절정기에 천문학 연구가 아테네 법으로 금지된 것이 종교와 과학 간 갈등의 일부가 되었다.[6] 아크라가스의 엠페도클레스는 빛이 한 점에서 다른 한 점으로 이동하는 데 시간이 필요하다는 견해를 밝혔다.[7] 엘레아의 파르메니데스는 지구가 구(球)라고 발표하고 지구를 다섯 영역으로 나누었으며, 달은 항상 밝은 부분이 태양 쪽으로 향한다는 것을 알아냈다.[8] 테베의 피타고라스 학파 사람 필로라오스는 지구는 세계의 중심이 아니며 "중앙의 화염"을 돌고 있는 많은 행성 중의 하나에 불과하다고 말했다.[9] 필로라오스의 제자 레우키포스는 별의 기원을 "우주의 원형 소용돌이에 이끌려 들어가는" 물질의 집중과 빛을 발하는 연소에 있다고 보았다.[10] 레우키포스의 제자이자 바빌로니아 학문의 연구자였던 압데라의 데모크리토스는 은하수를 작은 별들의 군집으로 묘사하고 천체의 역사를 수많은 별들의 주기적인 충돌과 파괴라고 요약했다.[11] 키오스의 오이노피데스는 황도가 경사져 있음을 발견했다.[11a] 기원전 5세기에는 과학적 도구가 거의 없었음에도 불구하고 그리스 식민지 대부분 지역에서 과학의 발전이 괄목할 정도로 이루어졌다.

그러나 아낙사고라스가 아테네에서 비슷한 유의 작업을 시도했을 때, 페리클레스는 호의적으로 격려한 반면 대중과 민회는 이러한 자유로운 탐구에 대해 적대적인 분위기였다. 기원전 480년경 당시 20대였던 아낙사고라스는 클라조메나이에서 아테네로 왔다. 그는 아낙시메네스를 통해 별에 대해 크게 관심을 갖게 되고, 누군가가 삶의 목적이 무엇이냐고 묻자 "태양과 달과 천체에 대한 탐구"라고 대답했다.[12] 그는 물려받은 재산을 지구와 하늘을 그리는 데 다바쳐 가난에 빠지게 되었지만, 그의 저작『자연에 대하여』는 아테네 지식인들로부터 과학에 있어 세기적인 위업이라는 칭송을 받았다.

그의 저작은 이오니아 학파의 전통과 사색을 이었다. 아낙사고라스에 의하면 우주는 원래 다양한 종자(spermata)로 이루어진 혼돈이었으며, 인간의 생명 및 운동의 원천과 유사하고 거의 물질적이지 않은 누스(nous), 즉 정신이 널리 퍼져 형성되었다. 정신이 혼란스러운 인간 활동에 질서를 부여하는 것처럼, 세계정신도 태고의 씨앗들에 질서를 부여했고 이들을 회전하는 소용돌이*로 끌어들이고 유기체로 발전하도록 이끈다.[13] 이 선회에 의해 씨앗들은 불과 공기, 물, 땅의 네 요소로 분류되고, 세계는 회전하는 두 개의 층, 즉 바깥쪽의 에테르층과 안쪽의 공기층으로 나뉘었다. "이렇게 격렬하게 소용돌이치는 운동에 의해 밖을 둘러싼 불타는 에테르가 땅에서 돌들을 떼어 내고 거기에 불을 붙여 별이 되게 했다."[14] 태양과 별들은 시뻘겋게 불타오르는 바위 덩어리다. "태양은 펠레폰네소스보다 몇 배나 큰 붉게 달아오른 덩어리다."[15] 회전 운동이 약해지면 바깥층의 돌들이 유성이 되어 지구에 떨어진다.[16] 달은 밝게 빛나는 고체로서 그 표면에는 평원과 산, 계곡이 있다.[17] 달은 태양으로부터 빛을 받으며 천체들 중 지구에 가장 가깝다.[18] "지구가 중간에 끼어들어 월식이 생기고 ……달이 중간에 끼어들어 일식이 생긴다."[19] 아마 다른 천체들에도 지구와 같이 생물이 살고 있을 것이다. 거기에 "인간과 생명을 가진 다른 동물들이 생긴다. 인간은 도시에 거주하고 우리처럼 밭을 경작한다."[20] 우리 행성의 안쪽 또는 가스층으로부터 응축 작용이 연속적으로 일어나 구름과 물, 대지, 돌 등이 생겼다. 바람은 태양의 열기로 대기가 희박해져 생긴다. "천둥은 구름끼리의 충돌에 의해, 번개는 마찰에 의해 생긴다."[21] 질료는 결코 변하지 않으며 형상들만 생겼다가 사라진다. 시간이 지나면 산은 바다가 될 것이다.[22] 세상의 다양한 형

---

* 이것이 바로 아리스토파네스가 「구름」에서 소크라테스가 제우스의 대용물로 삼았다고 설득력 있게 비꼰 바로 그 소용돌이다.

상 및 대상은 동종의 부분들이 점점 일정하게 결집됨으로써 존재하게 된다.[23] 모든 유기체는 처음에는 대지와 습기, 열에서 발생했고, 이후에는 서로 간의 작용을 통해 발생했다.[24] 인간은 직립함으로써 손을 자유자재로 구사할 수 있게 되어 다른 동물보다 더 발전하게 되었다.[25]

기상학의 기초, 일(월)식에 대한 정확한 설명, 행성 탄생에 대한 합리적 가설, 달이 반사체라는 사실의 발견, 인간과 동물에 대한 진화론적 개념 등의 업적을 통해 아낙사고라스는 당대의 코페르니쿠스이자 다윈이 된다. 아낙사고라스가 자연과 역사에서 일어나는 일들을 설명함에 있어 그의 누스를 무시하지 않았다면, 아마도 아테네인들은 그의 이 통찰들에 관대했을지도 모른다. 아마도 아테네인들은 이 누스가 에우리피데스의 "기계 장치를 타고 내려오는 신"처럼, 자기 목숨을 구하기 위한 장치가 아닐까 의심한 것 같다. 아리스토텔레스는 아낙사고라스가 모든 경우를 이치에 맞게 설명하려 했다고 특별히 언급한다.[26] 페리클레스 앞에 이마 한가운데에 뿔 하나만 난 숫양이 끌려오고 점쟁이가 이를 초자연적인 징조라고 해석했을 때, 아낙사고라스는 양의 두개골을 절개해 뇌가 두개골 양쪽 모두가 아니라 중앙 위쪽으로만 자라 결국 뿔을 하나만 가지게 되었음을 확인시켰다.[27] 그는 유성에 대해 합리적으로 설명함으로써 문제를 단순화시키고, 많은 신화적 인물을 의인화된 추상 개념으로 격하시켰다.[28]

아테네인들은 그에게 누스라는 별명을 붙여 주면서 한동안 그를 기분 좋게 받아들였다.[29] 그러나 페리클레스를 약화시킬 다른 구실을 찾지 못하자, 페리클레스의 경쟁자이자 선동 정치가인 클레온은 (여전히 대중에게는 신(神)인) 태양을 불타는 돌덩어리라고 했다는 이유를 대며 아낙사고라스를 불경죄로 정식 기소했다. 페리클레스의 적극적인 변호에도 불구하고, 클레온은 소송 사건을 집요하게 끌고 가 이 철학자에게 유죄 선고가 내려지게 했다.* 독배를 들 생각

---

* 기원전 434년경.[30] 다른 이야기에 의하면 이 재판은 기원전 450년에 있었다.[31]

이 전혀 없었던 아낙사고라스는 헬레스폰토스의 람프사코스로 도망가 철학을 가르치며 생계를 유지했다.* 아테네인들이 그에게 사형 선고를 내렸다는 소식이 전해지자, 그는 "자연은 이미 오래전에 그들과 나에게 사형 선고를 내렸다."[33]라고 말했다. 그는 몇 년 후 73세의 나이로 사망했다.

아테네의 천문학이 낙후되었다는 것은 그들의 역법에서도 나타났다. 그리스에는 공통의 달력이 없었다. 각 도시 국가는 자체 달력을 사용했으며, 그리스 전체적으로 새해 첫날이 네 가지나 되었다. 심지어 달〔月〕의 명칭도 국가마다 달랐다. 아티카의 달력은 월은 월력으로, 해는 일력으로 계산되었다.[34] 월력으로 열두 달은 360일밖에 되지 않았으므로, 2년마다 열세 번째 달을 추가해 태양 및 계절과 조화를 이루도록 했다.[35] 하지만 이런 식으로 할 경우 한 해가 열흘이 더 길어지게 되므로, 솔론은 3주를 10일(때론 9일)이 한 단위가 되도록 해 29일과 30일이 되는 월을 번갈아 채용하는 관습을 도입했다.[36] 그러나 여전히 4일이 초과되었으므로, 그리스인들은 8년에 한 번 한 달을 뺏다. 이처럼 믿기 힘들 정도로 복잡한 방법으로 그들은 마침내 365와 4분의 1일에 도달하게 된다.**

한편 세계적으로는 소소한 정도의 과학적 발전이 있었다. 아낙사고라스는 봄의 해빙과 에티오피아의 강우 때문에 매년 나일 강이 범람한다고 정확하게 지적했다.[38] 그리스 지질학자들은 지브롤터 해협 때문에 지진이 발생하며, 바다가 침강해 에게 해에 작은 섬들이 생긴다고 말했다.[39] 기원전 496년경, 리디아의 크산토스는 지중해와 홍해가 이전에는 수에즈와 연결되었을 것이라고 추측했다. 아이스킬로스는 지구의 큰 지각 변동으로 시칠리아 섬이 이탈리아에서 떨어져 나왔다는 당시의 민간 신앙을 주목했

---

* 다른 이야기에 의하면 그는 페리클레스가 그의 피신을 조처하고 있을 때 아테네에 수감된 채 독배를 기다리고 있었다고 한다.[32]

** 헤로도토스는 이집트인의 우수한 달력에 대해 언급한다.[37] 그리스인들은 시간을 측정하는 도구로 이집트에서 그노몬, 즉 해시계를, 아시아에서 클렙시드라, 즉 물시계를 들여왔다.

다.[40] 카리아의 스킬락스(기원전 521~485년)는 지중해와 흑해의 연안 전체를 탐사했다. 예순 척의 함대를 이끌고 지브롤터 해협을 지나 4200여 킬로미터 남단 아프리카 서해안까지 항해한 카르타고인 한노(Hanno) 만큼 그렇게 대담한 탐험을 감행한 그리스인은 한 명도 없었던 같다. 5세기 후반 아테네에는 지중해 세계의 지도가 흔했다. 파르테논 신전의 굴곡에서 당시 광학 지식이 상당한 수준이었다는 것을 엿볼 수 있지만, 우리가 아는 한 물리학은 여전히 미발달 상태로 남아 있었다. 기원전 450년경 피타고라스 학파는 "물질은 원자로 구성된다."는 그리스의 과학적 가설들 가운데 가장 오래 생명력을 유지할 가설을 발표한다. 엠페도클레스와 다른 이들은 하등 생물로부터의 인간의 진화를 상술하고, 야만에서 문명으로의 점진적인 진보를 이야기했다.[41]

3. 히포크라테스

합리적인 의술의 출현은 페리클레스 시대 그리스 과학사에 있어 획기적인 사건이었다. 기원전 5세기에도 그리스 의술은 대부분 종교에 매여 있었으며, 질병 치료는 여전히 아스클레피오스 신전의 제사장이 담당하고 있었다. 이 신전 요법에는 경험적 의술과 환자의 상상을 자극하고 풀어 주는 엄숙한 의식 및 주문이 병행되었다. 최면술과 일종의 마취제도 사용되었을 것이다.[42] 세속 의술이 이 성스러운 의술과 경쟁했다. 두 집단 모두 아스클레피오스에 자신들의 기원을 두었지만, 불경한 아스클레피오스의 자손들은 종교적인 도움을 거절하고 기적적인 치료를 이야기하지 않았으며 점차 합리성에 근거해 의술을 행해 갔다.

5세기 그리스의 세속 의술은 소아시아의 코스와 크니도스, 이탈리아의 크로토나, 시칠리아 이렇게 네 개 학파로 구체화되었다. 아크라가스에서는 철학자이자 기적을 행하는 사람이었던 엠페도클레스가 합리적 임상 의학자 아크론과 함께 의술의 영예를 나누었다.[43] 기원전 520년으로 거슬러 올라가면, 크로토나에서 출생한 의사 데모케데스가 아이기나, 아테네, 사모스, 수사 등지에서 의술을 행하고, 다리우스와 여왕 아토사를 치료했으며, 고향으로 돌아와 여생을 보냈다는 이야기가 전해진다.[44] 또한 크로토나에서는 피타고라스 학파 사람들이 히포크라테스 이전의 그리스 의사들 중 가장 유명한 이들을 배출했다. 알크마이온은 그리스 의학의 진정한 아버지로 불렸지만,[45] 그 기원이 역사의 지평 너머로 사라져 버린 유구한 세속 의사의 계보 안에서 분명 최근 인물에 속한다. 기원전 5세기 초반 그는 『자연에 대하여』라는 책을 저술한다. 이 제명은 그리스에서는 자연 과학에 대해 일반적으로 논할 경우 통상적인 제목이었다. 우리가 아는 한, 그는 그리스인으로서는 처음으로 시신경과 유스타키오관을 발견하고 동물을 해부했으며, 수면의 생리학을 설명하고 뇌를 사고의 중추 기관으로 인지했으며, 피타고라스 학파답게 건강을 신체 각 부위의 조화라고 정의했다.[46] 크니도스에서 가장 영향력이 큰 인물이었던 에우리프론은 『크니도스의 금언』이라고 알려진 의학 대요를 저술하고, 늑막염을 폐와 관련된 질병이라 했으며, 변비를 많은 질병의 원인으로 지목하고, 산과의로서도 크게 성공했다.[47] 유쾌하지 않은 전쟁이 코스 학파와 크니도스 학파 간에 일어났다. 일반 병리학에 기초해 "예후"를 진단하려는 히포크라테스의 성향을 좋아하지 않은 크니도스인들이 각각의 질병을 주의 깊게 분류하고 전문적으로 처치할 것을 요구한 것이다. 결국 철학적으로 공정해야 한다는 이유로 상당수의 크니도스인 저술이 히포크라테스 전집에 포함되었다.

수이다스의 간략한 전기에서 히포크라테스는 당대의 걸출한 외과 의사로 묘사된다. 그는 데모크리토스와 같은 해 코스에서 태어났다. 두 사람의 집은 상당히 떨어져 있었지만 둘은 절친한 친구가 되었다. 아마도 "명랑한 철학자"가 의술의 세속화에 어느 정도 기여를 한 것 같다. 의사의 아들이었던 히포크라테스는 코스의 뜨거운 온천에 치료차 온 수많은 병약자와 여행객들 사이에서 자라고 의술을 행했다. 그의 스승 셀림브리아의 헤로디코스는 약물보다 섭생과 운동을 중시하도록 그를 가르쳤다. 이후 히포크라테스는 큰 명성을 얻어 마케돈의 페르디카스와 페르시아의 아르타크세르크세스 1세 같은 통치자도 그의 진료를 받았다. 기원전 430년에는 아테네도 창궐하는 역병을 막기 위하여 그의 도움을 요청했다. 이 위대한 의사가 83세를 일기로 세상을 떠난 반면, 그의 친구 데모크리토스는 100세를 향수해 그를 멋쩍게 했다.

고대 의술 관련 저술들 중에서 히포크라테스의 것으로 여겨진 전집보다 더 이질적인 모음집은 없었다. 여기에는 의사용 교본, 일반인용 지침서, 학생용 강의록, 연구 및 관찰 보고서, 관심 사례에 대한 임상 기록, 의술의 과학적·철학적 양상에 관심을 가진 소피스트들의 글 등이 포함되어 있다. 마흔두 개 임상 기록은 이후 1700년 동안 쌓일 이런 종류들의 일부 예에 불과하다. 또한 이들 기록은 그 질병과 치료의 사례 중 60퍼센트가 치명적인 실수였음을 고백해 높은 수준의 정직성을 보여 준다.[48] 이 모든 저술들 가운데 『아포리즘』과 『예후집』, 『급성 질환의 섭생법』, 『머리의 상처에 대하여』라는 전문 연구서 네 가지만 히포크라테스가 직접 저술했다는 것이 일반적인 평가다. 『히포크라테스 전집』의 나머지 저술들은 기원전 5세기부터 기원전 2세기에 걸쳐 다양한 저자들에 의해 씌어졌다.[49] 이 전집에는 잡동사니 글도 상당히 포함되어 있지만, 장래에 오늘날의 논문과 역사를 보아도 그 못지않게 발견될 것이다. 대부분의 내용은 단편적이고, 이따금 헤라클레이토스적인 애매함에 가까울 정도로 느슨한 경구의 형태를 띠기도 한다. "예술은 길고 인생은 짧다."라는 유명한 경구는 바로 이 『아포리즘』에서 나온 말이다.[50]

히포크라테스와 후계자들의 역사적 역할은 의학을 종교와 철학 모두로부터 해방시킨 것이다. 섭생법에 관한 글에서처럼 이따금 기도가 도움이 된다고 조언하기도 한다. 그러나 전집의 각 페이지를 관통하는 논조는 합리적 치료법에 대한 확고한 믿음이다. 『성스러운 질병』에 있는 한 글은 병이 신에게서 비롯된다는 이론을 정면으로 공격한다. 저자에 의하면 모든 질병에는 자연스러운 원인이 있다. 많은 사람들이 귀신 들린 것으로 이해했던 간질 역시 예외가 아니다. "사람들은 그것을 이해할 수 없기 때문에 어쩔 수 없이 계속 신에게서 이유를 찾게 된다. …… 허풍쟁이와 돌팔이들은 자신에게 도움이 될 만한 어떤 치료법도 없다는 것을 감추고 미신으로 자신을 가리며, 자신의 철저한 무지가 드러나지 않도록 이 질병에 신성을 부여했다."[51] 히포크라테스의 정신은 페리클레스 시대의 정신을 그대로 대변한다. 상상력이 풍부하면서도 현실적이고, 신비주의에 반대하고 신화를 배격했으며, 종교의 가치를 인정하지만 합리적인 견지에서 세계를 이해하려 고군분투하였던 것이다. 의술의 해방을 위한 이런 움직임 속에서 소피스트의 영향이 느껴질 수 있다. 실제로 철학이 너무도 강력하게 그리스의 요법(療法)을 공격해, 과학은 신학은 물론 철학적인 장애물과도 싸워야만 했다. 히포크라테스는 철학 이론은 의학과 아무 상관이 없으며, 치료는 세심한 관찰과 구체적인 사례 및 사실에 대한 정확한 기록에 의해 진행되어야 한다고 주장한다. 그는 실험의 유용성에 대해 충분히 깨닫지는 못하지만 경험을 존중하기로 결심한다.[52]

히포크라테스 의학이 태생적으로 철학에 오염되었다는 것은 한때 유행했던 체액론에서 나타난다. 히포크라테스는 신체가 혈액, 점액, 황담즙 및 흑담즙으로 구성된다고 말한다. 이 이론에 의하면 인간은 이 네 요소가 적절히 균형을 이룰 때 가장 건강하며, 통증은 어느 한 체액이 과소 또는 과다하거나 다른 체액과 분리될 때 생긴다.[53] 이 이론은 고대 어느 의학 가설들보다 생명력을 오래 유지해 지난 19세기에 와서야 폐기되었는데, 어쩌면 오늘날의 호르몬과 선(腺) 분비론으로 모습을 바꾸어 여전히 존속하고 있는지도 모른다. 체액의 작용은 기후와 섭생에 영향을 받는다고 여겨졌고 그리스에서 가장 유행한 질병이 감기와 폐렴과 말라리아였기 때문에, 히포크라테스(?)는 "공기, 물, 장소"와 건강과의 관계에 대한 짧은 글을 썼다. 이에 따르면 "식사나 운동 후 외에는 추위에 노출되어도 아무 문제가 없다. …… 신체를 한겨울 추위에 노출시키지 않는 것은 좋지 않다."[54] 과학적인 의사라면 그는 어디에 살든 바람과 계절, 물의 공급과 토질이 그 지역 사람들에게 미치는 영향을 연구하려 할 것이다.

히포크라테스 의학의 가장 약한 부분은 진단이었다. 맥박을 재지 않았다는 것은 분명했고, 열은 간단히 만져 보고 판단했으며 청진법은 따로 도구가 없었다. 감염은 옴과 안염(眼炎)과 폐결핵인 경우에는 이해되었다.[55] 『전집』에는 간질, 유행성 이하선염, 산욕성 패혈증, 매일열(每日熱), 3일열 및 4일열에 대한 탁월한 임상 내용이 담겨 있다. 그러나 천연두나 홍역, 디프테리아, 성홍열, 매독 등에 대한 언급은 없으며, 장티푸스에 대한 명확한 언급도 없다.[56] 섭생법에 대한 글들은 "초기 진단"을 옹호함으로써 예방 의학, 즉 질병의 초기 증상을 발견해 그 싹을 없애려는 의술로 나아간다.[57] 히포크라테스는 초기 진단을 특히 선호했다. 훌륭한 의사라면 경험으로부터의 학습을 통해 다양한 신체 상태의 결과를 예견하며, 질병의 초기 단계가 차후 어떻게 전개될 것인가를 예측할 수 있어야 한다고 그는 믿었다. 대부분의 질병은 병증이 끝나거나 환자가 죽기에 이른 위기의 때에 찾아온다. 위기가 닥칠 날에 대한 다분히 피타고라스적인 추정은 히포크라테스 이론의 특징적인 요소였다. 이런 위기에서 신체의 자연열이 병적인 물질을 물리치고 배출하면 환자는 치료되는 것이다. 어떤 치료에서도 자연, 즉 신체의 힘과 체질이야말로 으뜸가는 치유자다. 의사가 할 수 있는 일은 이러한 자연적 방어와 회복에 방해되는 것들을 제거하거나 감소시키는 것뿐이다. 따라서 히포크라테스적인 치료에서는 약물을 거의 사용하지 않으며, 대신 신선한 공기와 구토, 좌약, 관장, 부항, 사혈, 찜질, 연고, 마사지, 물(水) 치료법에 주로 의지했다. 당연히 그리스의 약재의 종류는 적었고, 그것도 대부분 하제(下劑)로 구성되었다. 피부병에는 유황욕나 돌고래 간의 기름이 처방되었다.[58] 히포크라테스는 "건전하게 살면 유행병이나 사고가 아닌 한 거의 병에 걸리지 않는다. 병에 걸렸다면 적절한 섭생이 회복을 위한 최선책이다."라고 조언한다.[59] 환자의 체력이 허락할 경우 단식이 종종 처방되었다. 이는 "몸이 건강하지 못하면, 양분을 섭취하면 할수록 몸에 더 해롭기" 때문이다.[60] 일반적으로 "특별히 식욕이 왕성한 사람이 아니라면 하루에 한 끼만 먹어야 한다."[61]

해부학과 생리학은 그리스에서 느리게 진보했는데, 이는 대부분 복점(卜占)을 행하면서 동물의 내장을 살펴본 덕분이었다. 히포크라테스 전집의 『심장에 대하여』라는 소책자는 심실과 굵은 혈관, 판막에 대해 묘사한다. 키프로스의 시엔네시스와 크레타의 디오게네스는 혈관계에 대해 기록을 남겼고, 디오게네스는 맥박의 중요성도 알았다.[62] 엠페도클레스는 심장이 혈관계의 중심이라는 사실을 알고, 심장이라는 기관을 통해 프네우마(pneuma), 즉 생명 유지에 없어서는 안 될 호흡(산소?)이 신체 각 부분에 운반된다고 말했다.[63] 알크마이온의 가르침을 따라 『전집』은 뇌를 의식과 사고의 중추부라고 보았다. "뇌를 통해 우리는 생각하고 보고 들으며, 아름다움과 추함을 구별하고 선과 악을 구별한다."[64]

군대가 외과의를 참모진에 두긴 했지만, 수술은 대체적으로 아직은 분화되지 못한 일반 숙련 임상의들에 의하여 행해졌다.[65] 히포크라테스의 저술에는 어깨나 턱의 탈구 치료에 사용된 골절술이 마취법을 제외하고는 "현대적"이라고 언급되어 있다.[66] 아테네의 아스클레피오스 신전의 한 봉헌 서판에서는 다양한 형태의 외과용 메스를 담은 접이식 케이스를 볼 수 있다.[67] 에피다우로스에 있는 작은 박물관에는 오늘날 사용되는 것과 기본적으로는 동일한 고대의 외과용 핀셋과 탐침, 메스, 삽입 도관, 검사경이 보존되어 있다. 또한 엉덩이의 탈구를 줄이기 위한 방법을 보여 주는 모델이 분명한 조각상도 있다. 「의사에 대하여」라는 히포크라테스의 글에는 수술실의 준비, 자연광과 인공광의 배열, 손의 청결함, 도구의 관리와 사용, 환자의 자세, 상처에 붕대 감는 법 등에 관한 세부적인 지침이 소개되어 있다.[68]

이상의 내용 및 기타 내용으로 미루어 보건대, 히포크라테스 시대의 그리스 의학이 기술적으로나 사회적으로 커다란 진보를 이루었음이 분명하다. 그 이전까지 그리스 의사들은 당시 소피스트들이나 우리 시대의 설교자들처럼 필요로 하는 곳을 찾아 도시를 전전하며 옮겨 다녔다. 이제 그들은 정착하여 이아트레이아(iatreia, 치료 장소), 즉 진료소를 개설해 거기나 환자의 집에서 치료했다.[69] 여성 의사들도 많았는데, 대개 같은 여성의 치료에 종사했다. 몇몇 여성 의사들은 피부와 두발의 관리에 대한 권위 있는 책자를 저술하기도 했다.[70] 국가에서는 예비 임상의에 대한 공식 시험을 강요하진 않았지만, 공인 의사 아래에서 도제로 있거나 훈육을 받았다는 충분한 증거를 요구했다.[71] 도시 정부는 의사를 공중위생에 참여시키고 가난한 이들을 진료하게 함으로써 국영 진료와 민간 진료를 조화시켰다. 데모케데스 같은 최고 국가의들은 1년에 2달란트(1만 2000달러)의 급료를 받았다.[72] 물론 돌팔이도 많았고 항상 그렇듯이 박식한 아마추어들도 넘쳐 났다. 언제나 그런 것처럼 이 직업은 불성실하거나 무능한 소수 때문에 불명예를 안아야 했다.[73] 다른 민족들처럼 그리스인들도 행복하지만은 않은 결혼에 대해 복수하는 이들처럼 그렇게 끊임없이 조롱함으로써 의술의 불확실함에 대해 복수했다.

히포크라테스는 의료 윤리를 강조함으로써 의사라는 직업의 위치를 격상시켰다. 그는 임상의이자 교사였으며, 그의 작품으로 여겨지는 유명한 선서는 학생들이 그의 가르침을 충실히 수행하도록 고안된 것인지도 모른다.*

히포크라테스 선서

나는 치료의 신 아폴론과 아스클레피오스와 히기아이아와 파나케이아와 다른 모든 신과 여신을 두고 그들을 증인으로 삼아 맹세하노니, 나의 능력과 판단에 따라 이 선서와 서약을 지키겠노라. 나에게 의술을 가르쳐 준 사람을 나의 부모와 같이 여길 것이며, 평생을 그와 협력하며 살 것이며, 만약 그가 돈이 필요하다면 나의 돈을 나눌 것이며, 그의 가족을 내 형제와 같이 대할 것이며, 그들이 의술을 배우고자 한다면 보수나 서약 없이 그들을 가르칠 것이며, 또한 나의 아들들과 의료법에 따라 서약을 하고 선서를 한 학생들에게 원칙들과 구두 지시 사항과 다른 모든 지식을 전할 것이며, 그들을 제외하고는 어느 누구도 가르치지 않겠노라. 나는 나의 능력과 판단에 의거하여 병든 사람들의 치료를 도울 것이며 결코 상처를 입히거나 해를 주

---

* 이 선서는 히포크라테스 자신이 아니라 그의 학파의 작품으로 여겨진다. 그러나 서기 1세기에 에로티안은 히포크라테스가 선서를 작성했다고 말했다.[74]

려고 하지 않겠노라. 나는 어느 누구에게도, 설령 그가 요청한다 하더라도 독을 처방하지 않을 것이며, 그렇게 하도록 제안하지도 않겠노라. 마찬가지로 여자에게 낙태 약을 주지 않겠노라. 나의 생명과 나의 의술을 순결하고 거룩하게 지켜 가겠노라. 진심으로 나는 결석 환자에게도 칼을 사용하지 않을 것이며, 그런 일의 숙련자에게 양보하겠노라. 나는 어떤 집을 방문하든 환자들의 이로움을 위해 갈 것이며, 모든 의도적인 불공정과 해악을 저지르지 않을 것이며, 특히 여자든 남자든, 자유인이든 종이든 그들의 신체를 욕보이지 않겠노라. 나는 치료 중이나 심지어 치료 중이 아닐 때도 환자의 생활과 관련하여 보거나 듣게 되는 것이 결코 누설해서는 안 되는 것이라면, 결코 발설하지 않고 이를 성스러운 비밀로 간직하겠노라. 내가 이 선서를 이행하고 이를 어기지 않는다면, 나의 삶과 의술에 영원한 영예를 얻을 것이나, 이를 어기고 거짓 맹서를 한다면 이와 반대되는 모든 일이 나에게 일어나리라.[75]

히포크라테스는 의사는 적절한 겉모습을 유지하고 깨끗한 인품을 지키며 의복을 청결히 해야 한다고 덧붙인다. 의사는 항상 평정을 유지하고 자신의 행동을 통해 환자의 신뢰를 얻을 수 있어야 한다.[76] 또한 의사는 반드시

스스로를 경계하고 …… 오직 꼭 필요한 것만을 말해야 한다. …… 환자의 방에 들어갈 때에는 앉는 몸가짐을 조심하고 삼가며, 복장을 단정히 하고, 단호하고 간결하게 말하며, 해야만 할 일을 즉시 할 수 있도록 준비해야 한다. …… 너무 불친절해서는 안 되지만, 환자의 풍족함 또는 재산을 주의 깊게 고려할 것을 권한다. 때로 무료로 의술을 베풀고, 경제적인 곤궁함에 처한 낯선 사람에게도 모자람 없는 치료를 행하라. 이는 인간에 대한 사랑이 있는 곳에 의술에 대한 사랑이 또한 존재하기 때문이다.[77]

이 모든 것에 더해, 의사가 철학을 연구하고 실천한다면 가장 이상적인 의사가 된다. 왜냐하면 "지혜를 사랑하는 의사는 신과 같기 때문이다."[78]

　　여러 그리스 의학의 아버지들보다 수천 년 이전의 이집트 의학 및 외과 지식에 비추어 보면, 그리스 의학은 근본적으로 어떤 진보도 이루지 못했다. 의술의 전문화라는 측면에서는 오히려 이집트 의술에 미치지 못한 것처럼 보인다. 그러나 또 다른 견지에서 본다면 그리스인들은 높은 존경을 받을 만하다. 19세기에 이르기까지 그리스인들의 의학적 실천이나 이론을 뛰어넘는 어떤 실질적인 개선도 이루어지지 않았기 때문이다. 대체로 그리스 과학은 관찰 및 정밀 도구도, 실험적인 방법도 없이 가능한 최고 한도까지 이루어 냈다. 종교에 시달리지 않고 철학의 방해가 없었더라면 더 큰 성취를 이루어 냈을 것이다. 아테네의 많은 젊은이들이 열정적으로 천문학과 비교 해부학을 연구하려 했던 바로 그 시기에, 과학의 진보는 반계몽주의적 입법과 아낙사고라스, 아스파시아 및 소크라테스의 처형으로 주춤거렸다. 외면의 세계에서 내면의 세계로, 물리학에서 윤리학으로의 소크라테스와 소피스트의 그 유명한 "대전환"은 그리스의 사상을 자연과 진화의 문제에서 형이상학과 윤리의 문제로 이끌었다. 그리스가 철학에 매료되어 버린 한 세기 동안 과학은 정지해 있었다.

16장 철학과 종교의 갈등

1. 관념론자

페리클레스 시대는 사고가 다양하고 혼란스러웠으며, 모든 전통적 기준과 믿음에 의심을 품었다는 데 있어 우리 시대와 많이 닮았다. 그러나 심원하고 다양한 철학적 관념과 활기차고 풍요로운 논쟁에 있어서는 그 어느 시기도 페리클레스 시대에 비할 바 못 된다. 오늘날 세계가 주목하는 모든 논쟁점들이 젊은 이들을 제외하고는 모든 그리스인들을 놀라게 할 정도로 자유롭고 열정적으로 고대 아테네 사람들의 입에 오르내렸다. 많은 도시들, 특히 스파르타가 (아테나이오스에 의하면) "시기와 다툼, 그로 인해 야기될 무익한 토론 때문에"[1] 철학 문제에 대한 대중적 관심을 금했다. 그러나 페리클레스의 아테네에서는 철학의 "사랑스러운 기쁨"이 식자층의 상상력을 사로잡았다. 부유한 이들은 프랑스 계몽주의 시대처럼 자신의 가정과 객실을 개방했다. 철학자들은 명사로 대접받았으며, 독창적인 주장은 올림피아 제전의 박진감 넘치는 격투처럼 박수 갈채를 받았다.[2] 기원전 432년, 언쟁에 무력이 더해지자 흥분한 아테네 정신은 열광의 도가니에 빠져 진지한 사고와 판단이 완전히 마비되었다. 이 열병은 소크라테스가 순교한 후 잠시 진정되거나 아테네로부터 다른 그리스 중심지로 퍼져 갔다. 이런 위기 상황의 심각성을 이해했던 플라톤조차 새로운 게임이 있은 지 60년이 지난 후 기력이 고갈되었고, 이집트 사상의 숭고한 정통성과 평온한 안정성을 부러워했다. 이후 르네상스에 이르기까지 어떤 시대도 이와 같은 열광을 다시 보여 주지 못했다.

플라톤은 파르메니데스에서 시작된 발전의 정점에 있었다. 파르메니데스가 칸트(Kant)였다면, 플라톤은 헤겔(Hegel)이었다. 비난을 여지없이 일소하긴 했지만, 그는 언제나 자신의 형이상학적 아버지를 숭배했다. 기원전 450년 이탈리아 서부 해안에 위치한 작은 마을 엘레아에서 이후 끊임없이 유물론과 끈질기게 전쟁을 벌여 온 관념론 철학이 유럽을 배경으로 시작되었다.* 지식의 불가사의한 문제, 즉 본체와 현상, 보이지 않는 실재와 보이는 비실재 사이의 구별 문제가 유럽 사상의 도가니에 던져져, 철학적인 격동의 와중에 칸트에 의해 다시 폭발할 때까지, 그리스와 중세 시대를 거치며 부글부글 끓어 갔다.

칸트가 흄(Hume)에 의해 "각성된" 것처럼, 파르메니데스는 크세노파네스를 통해 철학에 눈떴다. 그는 신들은 신화일 뿐이며 세계이자 신인 오직 하나의 실체만 있을 뿐이라는 크세노파네스의 선언에 자극받은 많은 지성들 중의 하나였을 것이다. 또한 파르메니데스는 피타고라스 학파 아래서 수학하고, 이들 학파의 천문학에 대한 열정을 흡수했다. 그러나 별에 몰두하지는 않았다. 대부분의 그리스 철학자들처럼 그의 관심은 인간의 삶과 형편에 있었다. 엘레아는 그에게 법전 편찬의 임무를 맡겼고, 그 결과에 만족하여 이후 모든 사건을 이 법전에 의해 판결하도록 했다.[3] 그는 바쁜 일상 중에 잠시 여유를 가지며

---

* 힌두교인은 오래전에 이 문제를 인식했으며, 끝까지 파르메니데스 학파로 남았다. 우파니샤드의 반(反)감각주의는 이오니아나 피타고라스를 통해 파르메니데스까지 관통했을 것이다.

「자연에 대하여」라는 철학 시를 지었을 것이다. 이 시는 현재 160여 구절만 남아 있으며, 파르메니데스가 산문시를 짓지 않았다는 것이 유감스러울 정도로 훌륭하다. 시인은 여신이 눈 깜짝일 동안 자신에게 다음과 같이 계시했다고 노래한다. 즉, 모든 것은 하나다. 운동과 변화, 발전은 피상적이고 상반되며 믿을 수 없는 감각의 비실재적 환상에 불과하다. 이들 하찮은 현상의 배후에 변하지 않고 동질적이며 나뉘거나 분해될 수 없으며 움직이지 않는 단일체가 있다. 이것이 유일한 존재이며 유일한 진리이고 유일한 신이다. 헤라클레이토스는 "Panta rei", 즉 "모든 것은 변한다."고 말했다. 이에 반해 파르메니데스는 "Hen ta panta", 즉 "모든 것은 하나이며 결코 변하지 않는다."고 말한다. 가끔 그는 크세노파네스처럼 이 유일자(One)를 우주라 말하고 타원체이며 유한하다고 말한다. 또한 가끔 그는 관념론적 환상 속에서 존재(Being)를 사상(Thought)과 동일시해, 우리가 의식하는 한에서만 물체가 우리를 위해 존재한다고 말하는 듯한 뉘앙스로 "유일자가 생각하고 존재한다."고 노래한다.[4] 시작과 끝, 탄생과 죽음, 생성과 파멸은 형식일 뿐이다. 유일한 실재는 시작도 없고 끝도 없다. 생성(Becoming)도 없다. 오직 존재만 있을 뿐이다. 또한 운동은 실재하는 것이 아니며, 어떤 것의 존재하는 곳으로부터 아무것도 없는 곳 또는 텅 빈 공간으로의 여정 같은 것이다. 그러나 텅 빈 공간, 존재 아닌 것(Not Being)은 있을 수 없다. 무(無)는 없다. 유일자는 세계의 구석구석 갈라진 틈을 메우며 영원히 정지해 있다.*

사람들이 이 모든 주장을 참을성 있게 경청했을 리 없다. 명백히 파르메니데스의 정지(Rest)는 수많은 형이상학적 공격의 목표가 되었다. 파르메니데스의 총명한 추종자인 엘레아의 제논이 중요한 이유는 다자(多者) 및 운동의 개념이 적어도 이론적으로는 파르메니데스의 운동하지 않는 유일자만큼 불가능함을

---

* 이는 상상력을 자극한다. (우리가 배우기로) 탁자가 가장 역동적으로 움직이는 "전자(電子)들"로 구성되어 있다 할지라도, 우리는 거의 파르메니데스적인 방식에 따라 그 탁자가 정지 상태에 있는 것처럼 말한다. 우리가 탁자를 보는 것처럼 파르메니데스는 세계를 보았다. 우리가 세계를 보는 것처럼 전자는 탁자를 볼 것이다.

보여 주려 시도했다는 데 있다. 제논은 젊고 심술궂은 호기로 역설들에 관해 책을 썼다. 그중 아홉 가지 내용이 전해오는데, 세 가지만 살펴보아도 그 성격을 충분히 이해할 수 있을 것 같다. 첫째 경우, 제논에 의하면 어떤 존재가 A 지점으로 이동하려면 그 중간이 A 지점을 향해 있는 B 지점에 이르러야 하고 B 지점에 도달하려면 그 중간이 B 지점을 향해 있는 C 지점에 이르러야 한다. 이 과정은 무한히 계속된다. 일련의 이 무한한 운동을 위해서는 무한한 시간이 필요하기 때문에 한 존재가 어떤 점에 도달하는 것은 유한한 시간 속에서는 불가능하다. 둘째 경우는 첫째 경우의 변형으로서, 걸음이 빠른 아킬레우스가 느린 거북을 따라잡는 것은 불가능하다는 것이다. 아킬레우스가 거북이 도착한 지점에 이르자마자 동시에 거북이 그 지점 너머로 이동했기 때문이다. 셋째 경우, 날아가는 화살은 사실은 정지해 있다. 화살이 날아가는 모든 순간은 운동이 없는 공간의 한 점일 뿐이기 때문이다. 감각적으로는 실재하는 운동이 논리적, 형이상학적으로는 비실재하는 것이다.[5]*

제논은 기원전 450년경에 아테네에 왔으며, 아마도 파르메니데스와 동행했을 것이다. 그는 자신의 재능으로 모든 철학 이론을 불합리한 결론으로 격하시켜 감수성 예민한 이 도시를 웅성거리게 만들었다. 플리오스의 티몬은 이 상황을 다음과 같이 묘사했다.

누가 뭐라 말하면, 제논의 양날 서고 힘센 혀가 그것이 진실이 아님을 입증한다.[8]

이 성가신 소크라테스 이전 사람은, 파르메니데스가 유럽에 있어서 형이상학의 아버지였던 것처럼, (과거에 대한 무지 때문에 이런 표현을 받아들여야 한다는 상

---

* 이들 역설에 대한 논의는 플라톤[6]에서부터 버트란드 러셀(Bertrand Russell)[7]에 이르기까지 계속되어 왔으며, 사물에 대한 표현이 잘못 해석되는 한 계속될 것이다. 이 수수께끼가 무의미한 것은, "무한"이란 말이 절대적 종극(終極)을 인식하지 못하는 정신의 무능력을 표현하는 말에 불과한데, 이 말을 하나의 물체라 가정하고 시간, 공간 및 운동이 단속적이어서 별도의 점 또는 부분으로 구성되어 있다고 가정하는 데 있다.

대적 의미에서) 논리학의 아버지였다. 그의 논증술을 비난하긴 했지만,[9] 소크라테스는 너무나 열심히 이 제논의 방법을 흉내 냈기 때문에 사람들은 마음의 평화를 얻기 위해 그를 죽여야 했다. 회의적인 소피스트에 대한 제논의 영향력은 압도적이었으며, 결국 피론과 카르네아데스를 정복한 것은 그의 회의주의였다. "위대한 지혜와 학식을 갖춘"[10] 노년 시절, 그는 철학자들이 자신의 젊었을 적 지적 유희를 너무 심각하게 다루었다고 불평했다. 그의 마지막 엉뚱한 짓은 그에게 더욱 치명적이었다. 엘레아의 참주 네아르케스를 폐위하려는 시도에 가담했던 것이다. 이 모의는 실패로 끝나고 이로 인해 그는 체포되어 고문을 당한 후 죽임을 당하게 된다.[11] 그는 자신의 이름을 빨리 스토아 철학과 연관 지으려는 듯 용감하게 고통을 견뎠다.

2. 유물론자

운동과 변화에 대한 파르메니데스의 부정이 헤라클레이토스의 유동적이며 불안정한 형이상학에 대한 반응이었던 것처럼, 그의 일원론 또한 후기 피타고라스 학파의 원자론에 대한 반동이었다. 이들은 그 시조의 수(數) 이론을 사물은 더 이상 나뉠 수 없는 단위라는 의미에서의 수로 구성되어 있다는 교리로 발전시켰던 것이다.[12] 테베의 필로라오스가 "사물은 필요와 조화에 의해 발생한다."라고 덧붙였을 때,[13] 그리스 철학에서 원자학파를 위한 모든 것이 준비되었다.

밀레토스의 레우키포스는 기원전 435년경에 엘레아로 와서 제논 아래에서 수학했으며, 아마도 피타고라스 학파의 수 원자론에 대해 들었을 것이다. 제논의 가장 난해한 일부 역설은 이 다자(多者) 교리를 겨냥한 것이었기 때문이다.[14] 레우키포스는 마지막으로 트라키아의 번성 중인 이오니아 식민지 압데라에 정착했다. 그 자신이 직접 행한 교설 중에 한 가지만 전해 온다. "어떤 것도 이유 없이 발생하지 않으며, 모든 것은 이유 때문에 필요에 의해 발생한다."[15] 이는 아마도 제논과 파르메니데스에 답해 레우키포스가 발전시킨 무 또는 텅 빈 공간에 대한 개념일 것이다. 그는 이렇게 하여 운동이 감각적으로 실재할 뿐 아니라 이론적으로도 가능할 수 있기를 바랐다. 레우키포스에 의하면 우주는 원자와 공간 외에 어떤 것도 포함하고 있지 않다. 소용돌이 중에 굴러다니는 원자는 필요에 의해 유유상종으로 사물의 첫 형태 속으로 떨어진다. 이렇게 하여 행성과 별이 발생했다.[16] 사물, 심지어 인간의 영혼도 원자로 구성되어 있다.

데모크리토스는 레우키포스의 제자 또는 동료로서 원자론 철학을 원숙한 유물론 체계로 발전시켰다. 그의 아버지는 압데라의 부유하고 신분 높은 사람이었다.[17] 전승에 의하면 데모크리토스는 아버지로부터 백 달란트(60만 달러)를 상속받았으며 그 대부분을 여행으로 소진했다.[18] 확인되지 않은 얘기에 의하면 그는 멀리 이집트와 에티오피아, 바빌로니아와 페르시아 그리고 인도까지 여행했다고 한다.[19] 그는 "나는 동시대인 가운데 가장 멀리 있는 것을 찾아 세상에서 가장 큰 지역을 넘어갔고, 가장 많은 지역과 국가를 목격했으며, 가장 많은 사상가들과 교류했다."라고 말한다.[20]* 그는 보이오티아의 테베에 오랫동안 체류하며 필로라오스의 수 원자론에 심취한다.[22] 가진 돈을 다 허비한 후, 철학자가 되어 간소하게 살면서 연구와 명상에 몰두했다. 이 시기 그는 "나는 페르시아의 왕관보다 (기하학의) 단 하나의 증명을 발견하기 원한다."라고 말했다.[23] 그에게는 다소 겸허함이 있었다. 논증과 토론을 피하고 학파를 세우지 않았으며, 아테네에 머물면서 그곳의 어떤 철학자들과도 교류하지 않았다.[24] 디오게네스 라이르티오스는 수학, 물리학, 천문학, 항해술, 지리학, 천문학, 생리학, 심리학, 정신 요법, 의학, 철학, 음악, 예술 등에 걸친 그의 수많은 저술들의 목록을 남겼다.[25] 트라실로스는 그를 철학에 있어서의 펜타틀로스라 불렀고, 일부 동시대인들은 그를 지혜(sophia)라고 이름 붙여 주며 칭송했다.[26] 그가

---

* 그는 "지혜롭고 선한 사람에게는 이 세상 전체가 조국이다."라고 말한다.[21]

다룬 영역은 아리스토텔레스만큼 넓었고, 문체는 플라톤만큼 고매했다.[27] 프란시스 베이컨(Francis Bacon)은 아무 편견을 갖지 않은 채 그를 고대 철학자 중 가장 위대한 인물이라고 평했다.[28]

파르메니데스처럼 그도 감각에 대한 비평에서 출발한다. 실질적 목적으로는 이들 감각을 신뢰할 수 있다. 그러나 그 증거를 분석하는 순간, 감각 위에 놓인 겹겹의 색깔, 온도, 풍미, 달콤한 맛, 쓴 맛, 소리 등을 외부 세계로부터 분리하게 된다. 이들 "부차적 성질"은 객관적 대상이 아니라 전체 인식 과정 안에, 또는 느끼는 당사자 안에 있는 것이다. 들리지 않는 세계에서 낙엽이 떨어지는 수풀은 아무 소리도 내지 않으며, 바다는 격분할지라도 노호하지 않는다. "관습(nomos)에 따라 달콤한 것은 달콤한 것이고 쓴 것은 쓴 것이며, 뜨거운 것은 뜨거운 것이고 찬 것은 찬 것이고 색깔은 색깔이다. 그러나 진리 면에서 보면 원자와 무(無)만 있을 뿐이다."[29] 따라서 감각은 희미한 지식이나 견해만 전달한다. 진정한 지식은 음미와 사색을 통해서만 주어진다. "진실로 우리는 아무것도 모른다. 진리는 깊숙이 묻혀 있다. …… 우리가 확실히 아는 것은 없으며, 우리 신체에 작용하는 힘에 의해 생성된 변화만 알 뿐이다."[30] 모든 지각은 대상에 의해 방출되고 감각 기관에 떨어지는 원자에서 연유한다.[31] 모든 감각은 접촉에 의해 부여된 형식이다.[32]

세계를 구성하는 원자는 모양, 크기, 무게 등에 있어 실로 다양하다. 모든 원자는 아래로 향하는 경향이 있다. 그 결과 생기는 회전 운동을 통해, 성질이 같은 원자들이 서로 결합되고 행성과 별이 형성된다. 어떤 현재 순간들(nows)이나 지성도 원자를 지배하지 않으며, 어떤 엠페도클레스적인 "사랑" 또는 "미움"도 이들을 조합하지 않는다. 필요(내재 원인의 자연스러운 작용)가 이들 모두를 지배한다.[33] 우연이란 없다. 우연은 무지를 가장하여 고안된 허구다.[34] 물질의 양은 항상 그대로 남아 있다. 생성되는 것도 없고 파괴되는 것도 없다.[35] 원자의 결합만 바뀔 뿐이다. 그러나 형식은 무한하다. 끝없는 장엄함 속에서 생성되었다가 사라지는 "무한한" 수의 세계가 있는 듯하다.[36] 유기체는 원래 습한 대지에서 생성되었다.[37] 인간의 모든 것은 원자로 구성되었다. 영혼은 불처럼 작고 부드러우며 둥근 원자로 구성되었다. 정신과 영혼, 생동감 넘치는 열과 원소는 모두 하나이며 같은 것이다. 이들은 인간이나 동물에 제한되지 않고 전 세계에 퍼진다. 따라서 정신의 원자는 인간과 여타 동물들의 육체 구석구석에 퍼진다고 생각된다.[38]*

그럼에도 불구하고 영혼을 구성하는 이들 미세한 원자는 육체 가운데 가장 고귀하고 놀라운 부분이다. 지혜로운 사람은 사상을 배양해 열정과 미신, 두려움으로부터 자신을 해방하며, 명상하고 숙고하는 가운데 인간 삶의 가장 겸허한 행복을 추구한다. 행복은 외적인 선을 통해 오는 것이 아니다. 인간은 "기쁨의 원천을 자기 내부에서 발견하는 데 익숙해져야 한다."[40], "교양은 부(富)보다 낫다. …… 어떤 권력과 보화로도 지식의 깊이를 더할 수 없다."[41] 행복은 변덕스러우며, "감각적인 쾌락은 일시적인 만족만 줄 뿐이다." 인간은 평안과 영혼의 평정, 원기, 절제, 삶의 확실한 질서와 균형을 통해 보다 지속적인 만족에 이른다.[42] 우리는 짐승들로부터 많은 것을 배울 수 있다. "거미에게서는 방적을, 제비에게서는 건축술을, 나이팅게일과 백조에게서는 노래를 배울 수 있다."[43] 그러나 "육체의 힘은 짐 나르는 짐승에게나 고결한 것이며, 인격의 힘이 인간에게 고결한 것이다."[44] 이렇게 하여 빅토리아 시대 영국의 이교도처럼, 데모크리토스는 그의 악평이 자자한 형이상학에 가장 고상한 윤리를 올려놓는다. "선행은 강제에 의해서가 아니라 신념에 의해서, 보상을 바라서가 아니라 그 자체로 행해져야 한다. …… 인간은 악행에 대해 세상 앞이 아니라 자기 자신 앞에서 더욱 부끄러워해야 한다."[45]

그는 109세까지, 어떤 이에 따르면 99세까지 살아서 자신의 교훈을 실증했으며, 아마 정당함을 주장하기도 했을 것이다.[46] 디오게네스 라이르티오스에 의하면 데모크리토스가 대중 앞에서 그의 가장 중요한 저술 『위대한 세계』를

---

* 루크레티우스는 자신의 일종의 심신 평행설을 "위대한 데모크리토스"에 힘입은 것으로 여겼는데, 데모크리토스는 육체의 원자와 정신의 원자가 한 쌍을 이뤄 나란히 자리 잡고 함께 골격을 연결한다고 정의했다.[39]

낭독했을 때, 압데라 전 시민이 그에게 백 달란트(60만 달러)를 증정했다고 한다. 그러나 압데라는 아마 화폐 가치를 평가 절하했을 것이다. 누군가 그에게 장수의 비결을 물었을 때, 그는 매일 꿀을 먹고 기름으로 목욕한다고 대답했다.[47] 충분히 수를 누린 그는 서서히 매일 식사량을 줄이며 굶어 죽기로 결심했다.[48] 디오게네스는 말하기를,[49] "그는 지나치게 나이가 많이 들어"

죽을 지경에 이른 듯이 보였다. 그의 여동생은 그가 테스모포리아 제전 동안 숨을 거둬 여신에 대한 의무를 수행하지 못하게 될 것을 슬퍼했다. 그래서 그는 여동생에게 기운 내라 하고 매일 그에게 구운 빵(또는 꿀 약간[50])을 가져오게 했다. 그는 이것들을 콧구멍에 대고 축제 기간 동안 연명했다. 그러나 사흘간의 축제가 끝났을 때, 그는 히파르코스의 증언처럼 아무 고통 없이 109세의 삶을 마감했다.

도시는 그의 장례를 사회장으로 치렀고 아테네의 티몬은 그를 찬양했다.[51] 그는 어떤 학파도 세우지 않았지만 과학에 있어서는 가장 유명한 가설을 세우고, 철학에 있어서는 모든 이들의 비난을 받았지만 그들 중 누구보다 오래 살아남아 이후 모든 세대에 걸쳐 계속 등장하게 되는 체계를 남겼다.

3. 엠페도클레스

관념론은 감각을 거스르고 유물론은 영혼을 거스른다. 전자는 세계를 제외한 모든 것을 설명하고 후자는 삶을 제외한 모든 것을 설명한다. 이 절반의 진리를 융합하기 위해서는 조직과 성장, 사물과 사상 사이를 중재할 수 있는 무언가 역동적인 원리가 필요했다. 아낙사고라스는 보편정신에서 그 원리를 찾았고, 엠페도클레스는 진화를 지향하는 내재적인 힘에서 이를 찾았다.

이 아크라가스의 레오나르도(Leonardo)는 마라톤 전투가 있던 해에 경마(競

馬)에 대한 열정 때문에 철학에 대한 가망이라고는 전혀 없었던 한 부유한 가정에서 태어났다. 그는 잠시 동안 피타고라스 학파 아래서 수학하지만, 지나친 열정으로 비전(祕傳) 교리를 누설하여 쫓겨나고 만다.[52] 그는 윤회 개념에 깊이 침잠했으며, 시심에 젖어 자신이 "과거에 청년이었고 처녀였으며, 꽃이 만발한 관목이었고 새였으며, 깊은 바다를 고요히 헤엄치던 물고기였다."[53]라고 말했다. 그는 육식을 일종의 식인 풍습이라며 비난했다. 이들 짐승이 인간이 환생한 것인지도 모르지 않는가?[54] 그는 모든 인간이 한때 신이었는데, 불순하고 사나워 신의 신분을 잃었다고 생각했다. 그는 자기 영혼 내부에서 생전의 신성이 느껴진다고 확신했다. "지극히 놀라운 영광과 헤아릴 수 없는 희열로부터 이 지구상에 추락해 이제는 필멸의 존재들과 함께 방황하는구나!"[55] 자신의 성스러운 기원을 확신하고, 그는 황금 신을 신고 자줏빛 옷을 두르고 월계관을 썼다. 그는 자기 나라 사람들에게 겸허하게 설명한 것처럼 태양신 아폴론의 총아였다. 그의 친구들에게만 자신이 신이었다고 고백했다. 초자연적인 힘을 주장하고 주술을 행했으며, 마법을 써서 다른 세계로부터 인간 운명의 비밀을 얻으려 애썼다. 주문으로 질병을 치료해 주겠다고 하고, 실제로 많이 치료하기도 해 평민의 절반이 그의 주장을 믿었다. 사실 그는 의학 지식이 풍부한 의사였으며 심리학에 능통했다. 그는 명석한 웅변가여서, 아리스토텔레스에 의하면[56] 수사학 원리를 "고안하여" 고르기아스에게 가르쳤으며 고르기아스는 이를 아테네에 전수하였다. 그는 늪을 배수하고 하천의 흐름을 바꿔 셀리노스를 역병에서 구한 공학자였다.[57] 그는 자신이 귀족이었지만 편협한 귀족정에 맞서 민중 혁명을 이끌고, 참주정에 반대해 온건한 민주 정체를 수립한 용기 있는 정치가였다.[58] 그는 시인으로 「자연에 대하여」와 「정화에 대하여」라는 탁월한 시를 써서, 아리스토텔레스와 키케로는 그를 시인들 가운데 높은 반열에 올려놓았으며, 루크레티우스는 그의 시를 모방하며 경의를 표했다. 디오게네스 라이르티오스에 의하면 "그가 올림피아 제전에 참석하면 일반인의 이목이 집중되고 누구도 그와 비교되지 않았다."라고 한다.[59] 결국 그는 신이었던 것 같다.

현재 470여 구절만 남아 있어, 이를 통해 그의 철학을 추측할 수 있을 뿐이다. 그는 절충주의자로서 모든 체계에서 얼마간의 지혜를 발견했다. 그는 파르메니데스의 감각에 대한 획일적 거부를 반대하고, 모든 감각을 "이해에 이르는 길"로 받아들였다.[60] 대상에서 발생해 감각의 "구멍" 위에 떨어지는 입자의 유출에 의해 지각(知覺)이 생긴다. 따라서 빛은 태양으로부터 우리에게 전달되기 위해 시간을 필요로 한다.[61] 밤은 지구가 태양 광선을 차단함으로써 생기는 것이다.[62] 만물은 네 가지 원소, 즉 공기와 불, 물, 흙으로 구성되어 있다. 이들 원소에 두 가지 힘, 즉 견인력과 반발력, 사랑과 미움이 작용한다. 이들 힘에 의해 원소들이 끊임없이 결합하고 분리되어 만물과 역사가 생성된다. 사랑 또는 결합 성향이 지배적이면 물질이 식물로 발전하고, 유기체가 더욱 고등한 형태를 취하게 된다. 윤회를 통해 모든 영혼이 하나의 일대기를 형성하는 것처럼, 자연 속에서 하나의 종과 종, 속과 속 사이에는 분명한 구별이 없다. 예를 들면, "머리카락과 나뭇잎, 새의 깃털과 딱딱한 돌출부의 비늘은 같은 것이다."[63] 온갖 종류의 기관과 형태가 자연으로부터 생성된다. 사랑은 이들을 어떤 경우에는 적응하지 못해 사멸해 버리는 기형 형태로, 어떤 경우에는 스스로 번식하고 생존 조건을 충족할 수 있는 유기체로 통합한다.[64] 모든 고등 형태는 열등 형태로부터 발전한다.[65] 처음에는 양성이 한 몸 안에 있다. 그 다음 이들은 분리되고, 각자 다른 것과 결합하려 애쓴다.[66]* 분리 과정이 이 진화 과정에 수반되는데, 미움 또는 분리하려는 힘이 사랑이 이룩한 복잡한 구조를 찢어 놓는다. 유기체와 행성은 만물이 원시적인 무정형 덩어리로 융합될 때까지 서서히 보다 원시적인 형태로 환원된다.[67] 이들 발전과 쇠퇴의 교차 과정이 부분적·전체적으로 끝없이 되풀이된다. 결합과 분리, 사랑과 미움, 선과 악의 두 힘은 삶과 죽음의 광대한 우주적 리듬 안에서 서로 다투고 조화를 이룬다. 허버트 스펜서(Herbert Spencer)의 철학은 이처럼 그 기원이 오래다.[68]

---

* 플라톤의 『향연』에서 아리스토파네스가 한 말은 이 부분을 표절한 것 같다.

이 과정에서 신의 위치는 분명하지 않다. 엠페도클레스에게 있어 사실을 은유로부터, 철학을 시로부터 분리하기가 어렵기 때문이다. 그는 신성을 때로는 무한대, 때로는 모든 생명의 생명, 또 때로는 모든 정신의 정신과 동일시한다. 그러나 그는 최초의 근본적이고 창조적인 힘이라는 개념이 결코 형성될 수 없음을 안다. "우리는 신에게 다가가 그를 눈으로 보고 손으로 만질 수 없다. …… 왜냐하면 신은 인간처럼 어깨에 두 팔이 매달려 있고 머리가 있는 존재가 아니기 때문이다. 그에게는 발도, 무릎도, 머리카락도 없다. 그렇다. 그는 정신일 뿐이다. 전광석화 같은 사상으로 전 우주를 관통하는 숭고하고 거룩한 정신이다."[69] 그리고 엠페도클레스는 그 옛날의 지혜로우면서도 단조로운 경구로 결론을 맺는다.

인간의 사지에 이식된 나약하고 왜소한 힘이여. 그들 위에 떨어져 사상의 날을 무디게 하는 수많은 비애들이여. 그들이 고통 겪는 죽음에 비해 삶의 크기는 얼마나 왜소한지. 그다음 그들은 강탈당해 연기처럼 공기 중으로 사라져 버리는구나. 자신들의 꿈에 대해 자각하는 것들은 세상을 배회하며 우연히 마주하는 사소한 것들일 뿐. 그런데도 그들은 알게 된 것이 전부인 양 자랑하는구나. 헛되고 무지한 인생들이여! 그것은 눈으로 보지 못했고 귀로도 듣지 못했으며 인간의 정신으로는 이해할 수 없는 것이니.[70]

말년에 그는 윤회 이론에 심취해 추종자들에게 하늘에서 쫓겨나게 된 죄를 돌이킬 것을 촉구하며 설교자·예언자의 역할을 더욱 분명히 한다. 그는 부처와 피타고라스, 쇼펜하우어(Schopenhauer)의 지혜를 한데 모아 인간들에게 결혼과 출산,[71] 그 외 하찮은 것들[72]을 삼가도록 경고한다. 기원전 415년에 아테네인들이 시라쿠사를 공격할 때 엠페도클레스는 시라쿠사를 도우려 애썼으며, 그로 인해 혈연적인 원한으로 시라쿠사를 미워한 아크라가스를 화나게 했다. 고향에서 쫓겨난 그는 그리스 본토로 가서, 전승에 의하면 메가라에서 생을 마감했다.[73] 그러나 디오게네스 라이르티오스에 의하면[74] 히포보토스는 엠페도클레스가 죽음에 내버려진 한 여인을 완전히 되살리고 그녀의 회복을 축하하는 축하연에서 사라진 후 다시 모습을 보이지 않았다고 말한다. 전설에 의하면 그는 에트나 산의 불타는 분화구 속으로 뛰어들어 흔적도 없이 사라져 그의 신성을 입증했다. 그러나 그는 자신이 주창한 네 원소 중 하나인 불에 배반당한다. 그 불이 그의 놋쇠 신발을 토해 내 인간의 죽을 수밖에 없는 운명을 엄히 상징하기라도 하듯 분화구 가장자리에 남겨 둔 것이다.[75]

4. 소피스트

그 이후 플라톤을 제외하고, 소크라테스 이전에 아테네에 위대한 그리스 사상가가 전혀 없었다고 하는 말은 그리스를 곧 아테네로 생각하는 이들에게나 할 수 있는 말이다. 아낙사고라스와 소크라테스의 운명은 종교적 보수주의가 지리적으로 떨어져 있어 전통의 굴레에서 다소 자유로웠던 식민지보다 아테네에서 더 강했음을 보여 준다. 국제적인 상인 계층이 성장하고 소피스트들이 아테네에 진출하지 않았더라면, 아테네인들은 무지몽매할 정도로 완고한 이들로 남았을 것이다.

민회에서의 논쟁, 헬리아이아에서의 공판, 논리적 사고와 명료하고 설득력 있는 화술의 필요성 대두 등이 제국 사회의 부 및 호기심과 상호 작용함으로써, 페리클레스 이전 시대 아테네에는 필요하지 않았던 요구, 즉 문학과 수사학, 과학과 철학 및 정치 수완에 대한 정식 고등 교육의 필요성이 대두되었다. 이 요구는 처음에는 대학 기관이 아니라 강당에서 가르쳐지고 이후 다른 도시로까지 진출한 방랑 학자들에 의해 충족되었다. 프로타고라스처럼 이들 중 일부는 자신들을 소피스타이(sophistai), 즉 지혜의 스승[76]이라고 불렀다. 이 말은 오늘날의 대학교수와 같은 의미로 받아들여졌고, 종교와 철학 간의 갈등이 소피스트에 대한 보수주의적 공격으로 발전하였다. 이들 중 일부의 영리적 행태로 인해 이제는 꼭 따라다니게 된 돈에 연연하는 궤변술이라는 오명을 플라톤이 씌울 때까지는 아직 경멸적인 의미는 전혀 갖고 있지 않았다. 이들의 값비싼 논리 및 수사학적 가르침은 부자들만 살 수 있었고 법정 심리를 부자들에게 유리하게 이끌었기 때문에, 일반 대중은 처음부터 이들에 대해 혐오감을 어렴풋이 품고 있었던 것 같다.[77] 해당 분야의 가장 유능한 변호사라 할 수 있는 유명 소피스트들은 자기 고객이 지불할 수 있는 최고액을 요구한 것이 사실이다. 이는 어디서나 적용되는 불변의 시장 법칙인 것이다. 전승에 의하면 프로타고라스와 고르기아스는 수업료로 1만 드라크마(1만 달러)를 요구했다고 한다. 그러나 보다 하류의 소피스트들은 적당한 수업료로 만족했다. 그리스 전역에 명성이 자자했던 프로디코스는 수업 입학금으로 1드라크마에서 50드라크마까지 요구했다.[78]

가장 유명한 소피스트였던 프로타고라스는 데모크리토스 이전 세대로 압데라에서 태어났다. 생존 시에 그는 데모크리토스보다 더 유명하고 영향력이 컸다. 그의 명성은 그가 아테네를 방문했을 때 받은 열광적인 칭찬에서 비롯된 것으로 추측된다.[79]* 소피스트에 대해 종종 애써 편파적이었던 플라톤조차 그를 존경해 고매한 인격의 소유자로 묘사했다. 그의 이름을 딴 플라톤의 『대화편』에서 프로타고라스는 논쟁적인 젊은 날의 소크라테스보다 외관상 훨씬 더 품위가 있다. 여기서 소크라테스는 소피스트처럼 말하며, 프로타고라스는 신사나 철학자처럼 행동한다. 결코 평정을 잃지 않고 다른 사람의 총명함을 시기하지도 않으며, 지나치게 논쟁하지도 않고 말하려고 안달을 내지도 않는다. 그는 자기 제자들이 사적·공적 문제에 신중히 대처하고 가정을 잘 다스리며, 말을 설득력 있게 구사하고 국가 중대사를 경영할 수 있도록 가르칠 책임이 자신에게 있다고 인정한다.[81] 그는 고액 수업료에 대해 이는 자신의 관례며, 액수가

<hr>

* 이는 기원전 451~445, 432, 422, 415년의 일이었을 것이다.[80]

불만이면 거룩한 신전에서 엄숙히 말하는 것처럼 타당한 액수를 정할 경우 그에 따르겠다고 해명한다.[82] 이는 신의 존재를 의심하는 교사로서는 경솔한 절차다. 디오게네스 라이르티오스는 그가 "논객을 궤변이라는 무기로 무장시킨" 첫 인물이라고 비난하는데, 소크라테스는 이 비난을 기뻐했을 것이다. 한편 이에 대해서는 소크라테스가 달가워하지 않았겠지만, 디오게네스는 프로타고라스가 "소크라테스적이라고 불리는 종류의 논쟁을 고안한 첫 인물"[83]이라고도 했다.

유럽 문법과 언어학의 기초를 수립한 일은 그의 수많은 업적 중 하나에 불과하다. 플라톤의 말에 의하면[84] 그는 말을 올바로 사용하는 법을 다뤘으며, 최초로 명사의 세 가지 성(性)과 동사의 특정 시제 및 법을 구분했다.[85] 그러나 그의 주요한 의의는 철학의 주관적 관점이 소크라테스보다는 그에 의해 시작되었다는 점이다. 이오니아인들과 달리 그는 사물보다는 사상, 즉 감각과 인식, 이해, 표현의 전 과정에 관심이 더 많았다. 파르메니데스가 진리에 대한 안내자로서의 감각을 거부한 반면, 프로타고라스는 로크(Locke)처럼 감각을 지식의 유일한 수단으로 받아들이고 초월적이며 초자연적인 실재를 인정하지 않았다. 프로타고라스는 유일한 진리는 발견될 수 없으며, 특정 조건하에서 특정인에게 주어지는 진리만 있다고 말했다. 다른 사람 또는 다른 시간의 상반되는 주장은 똑같이 진실할 수 있다.[86] 모든 진리와 선, 아름다움은 상대적이며 주관적이다. "인간은 만물의 척도다. 존재하는 것에 대해서는 존재하는 것의, 존재하지 않는 것에 대해서는 존재하지 않는 것의 척도다."[87] 역사적으로 볼 때, 프로타고라스가 이 간단한 인본주의적 · 상대주의적 원리를 발표하자 전 세계가 전율하기 시작한다. 기존의 모든 진리와 신성한 원리에 금이 간다. 개인주의가 자기 목소리와 철학을 가지게 된다. 나아가 사회 질서의 초자연적 기반이 녹아내릴 위기에 처한다.

프로타고라스가 자신의 생각을 때마침 그때 신학에 적용하지 않았다면, 이 유명한 선언에 함축된 원대한 회의론은 이론적으로 안전하게 유지되었을 것이다. 인기 없는 자유사상가 에우리피데스의 고향에서 그 기품 있는 인물들 가운데 서서, 프로타고라스는 그 첫 문장이 아테네를 크게 소요하게 한 글을 낭독했다. "나는 신들이 존재하는지 안하는지, 그들이 어떻게 생겼는지 모른다. 많은 것들이 우리의 인식을 혼란하게 한다. 대상은 모호하고 우리의 인생은 너무 짧다."[88] 아테네 민회는 이 불길한 전주곡에 당황해 하며 프로타고라스를 추방하고 모든 아테네인들에게 그의 책을 내던지고 시장에서 불태워 버리라고 명했다. 프로타고라스는 시칠리아로 도주했고, 전승에 의하면 도중에 익사했다고 한다.[89]

레온티니의 고르기아스가 이 회의론적 혁명을 계승했다. 그러나 그는 현명하게도 대부분의 삶을 아테네 밖에서 보냈다. 그의 경력은 철학과 정치가 교묘하게 융합된 형태다. 기원전 483년에 태어난 그는 엠페도클레스 아래에서 철학과 수사학을 공부했고, 시칠리아에서 웅변가이자 수사학 교사로서 아주 유명해져 기원전 427년에 레온티니의 대사로 아테네에 파견되었다. 기원전 408년에 개최된 올림피아 제전에서 그는 한 연설로 군중을 사로잡는데, 이 연설에서 그는 그리스인들이 서로 다투지 말고 화해해 단합된 자신감으로 부활하는 페르시아를 대적해야 한다고 호소했다. 그는 도시를 돌면서 아주 유려한 말로 개념과 어법을 균형 있게 구사하고 운문과 산문을 적절하게·섞으며 자기 의견을 전달해, 수업료로 백 미나를 받는 데 전혀 어려움이 없었다. 그는 『자연에 대하여』에서 세 가지 놀라운 명제, 즉 (1) 아무것도 존재하지 않으며, (2) 어떤 것이 존재한다면 그것은 알 수 없고, (3) 어떤 것을 알 수 있다면 그것에 대한 지식은 서로에게 전달할 수 없다는 것을 입증하려 했다.[90]* 이외에는 남아 있는 고르기아스의 저술이 없다. 많은 국가로부터 환대와 후원을 받은 후, 그는 테살리아에

---

* 이들 명제는 파르메니데스의 선험론에 대한 비판을 목표로 한 것으로 그 의미는 다음과 같다. (1) 감각을 벗어나서는 아무것도 존재하지 않는다. (2) 감각을 벗어나 어떤 것이 존재한다면 이는 알 수 없는 대상인데, 그 이유는 모든 지식은 감각을 통해 전달되기 때문이다. (3) 초자연적인 어떤 것을 알 수 있다면 이에 대한 지식은 전달될 수 없는데, 그 이유는 모든 의사소통은 감각을 통해 이뤄지기 때문이다.

정착해 지혜롭게도 죽기 전 대부분의 재산을 써 버렸다.[91] 모든 권위자들이 확인한 바에 따르면 그는 최소한 105세까지 살았다. 한 고대 저술가는 "108세까지 향수했지만 고르기아스는 노년에도 쇠약해지지 않았고 임종 직전에도 건강했으며, 감각은 젊은이 못지않았다."라고 말했다.[92]

소피스트들이 흩어진 대학 역할을 했다면, 엘리스의 히피아스는 자기 자신이 바로 대학이었으며, 지식이 아직 한 사람의 정신을 분명히 넘어설 만큼 그렇게 방대하지 않았던 시대에 박학다식한 사람의 전형이었다. 그는 천문학과 수학을 가르쳤으며 기하학에 공헌한 최초의 인물이었다. 그는 시인이며 음악가요 웅변가이기도 했다. 그는 문학과 윤리와 정치를 가르쳤다. 또한 역사가였으며, 올림피아 제전 우승자 목록을 편찬함으로써 그리스 연대기의 기초를 놓았다. 그는 엘리스의 사절로 임명되어 다른 국가에 파견되었다. 또한 수공예에 조예가 깊어 자신의 모든 옷과 장신구를 직접 만들었다.[93] 그의 철학 저술은 드물지만 중요한 의미를 가진다. 그는 도시 생활의 퇴행적 인위성에 대항하고, 자연과 법을 대비하였으며, 법을 인류에 대한 폭군이라 불렀다.[94] 케오스의 프로디코스는 프로타고라스의 문법 작업을 계승하고 일부 어법을 수정했다. 그는 한 우화에서 헤라클레스가 나태한 악 대신 근면한 덕을 선택하는 것으로 묘사해 도시 원로들을 기쁘게 했다.[95] 다른 소피스트들은 그렇게 경건하지 않았다. 아테네의 안티폰은 데모크리토스를 추종해 유물론과 무신론에 빠졌으며 편의주의 관점에서 정의를 규정하였다. (플라톤의 말을 따르면) 칼케돈의 트라시마코스는 정의를 힘과 동일시하고, 악인이 성공하는 걸 보니 신의 존재가 의심스럽다고 말했다.[96]

대체로 소피스트들은 그리스 역사에서 가장 중요한 동인(動因) 중 하나로 평가되어야 한다. 이들은 유럽의 문법과 논리를 고안하고 논증술을 발전시켰으며, 주장하는 바의 형식을 분석하였고, 궤변을 간파하고 행하는 법을 가르쳤다. 이들의 자극과 실례를 통해 추론이 그리스의 주요 열정이 되었다. 이들은 논리를 언어에 접목시켜 사상을 더욱 명료하고 정확하게 했으며 지식을 보다 정확하게 전달했다. 이들에 의해 산문이 문학의 한 형식이 되었으며, 시가 철학의 한 방편이 되었다. 이들은 모든 것을 분석했다. 감각에 의한 입증이나 논리적 이성에 의해 지지되지 않는 전통은 존중하지 않았다. 이들은 지식층 사이에서 결국은 고대 그리스 신앙을 분쇄한 합리주의 운동에 결정적으로 관여한다. 플라톤에 의하면 그의 시대의 "세계, 모든 동물과 식물 …… 무생물에 대한 일반적인 견해는 …… 일부 무의식적이고 무지한 근거에서부터 비롯되었다."[97] 리시아스는 스스로를 카코다이모니오타이(kakodaimoniotai), 즉 악마 집단이라 부르며 단식을 위해 구별된 성일(聖日)에 일부러 모여 성찬을 든 무신론 단체에 대해 말한다.[98] 기원전 5세기 초, 핀다로스는 경건하게 델포이 신탁을 받아들였다. 아이스킬로스는 이를 정치적으로 옹호했다. 기원전 450년경, 헤로도토스는 이를 소극적으로 비판하였다. 같은 세기 말, 투키디데스는 이를 공개적으로 반대했다. 에우티프론은 그가 민회에서 신탁에 대해 말했을 때 사람들이 자신을 시대에 뒤진 바보라고 놀렸다고 불평했다.[99]

이 모든 것과 관련된 소피스트들의 활동은 평가가 유보되어야 한다. 이들 중 상당수가 진행 상태에 있었으며, 증가하는 부와 여가, 여행, 연구, 사색의 자연스러운 결과였기 때문이다. 도덕적 타락에 대해서도 이들은 기대 이상으로 공헌했다. 철학의 도움 없이 부 자체만 있다면 엄격주의와 금욕주의는 말살되고 말 것이다. 그러나 소피스트들은 뜻하지 않게 온건한 형태로 분열을 촉진시켰다. 이들 중 대부분은 고매한 인격과 단정한 삶의 소유자들로 돈에 대한 애착을 철저히 배격했다. 그러나 이들은 도덕이 세속적이며 지리적으로 특수성을 가진다는 사실을 발견했음에도, 자신들을 합리적으로 고결하게 지켜 준 그 전통과 지혜를 후대에 전하지 못했다. 식민지 출신이라는 점 때문에 이들은 도덕 및 질서 유지에 있어 관습을 무력이나 법의 대체물 정도로 평가 절하할 수 있었다. 소크라테스 이전 세대인 프로타고라스가 그랬던 것처럼,[100] 지식의 관점에서 도덕 및 인간의 가치를 정의하는 것은 사상 측면에서는 강렬한 자극이 될 수 있었지만 인격 측면에서는 불확실한 타격에 지나지 않았다. 지식이 강조됨으로써 그리스의 교육 수준이 향상되었지만, 지력이 해방된 만큼의 속도로 지성이 발전한 것은 아니었다. 지식의 상대성은 인간을 겸허하게 하지 못했다. 오히려 모든 사람이 스스로를 만물의 척도로 여기도록 했다. 이제 모든 총명한 젊은이는 자국민의 도덕규범에 대해 재판자가 되어 자신이 이해하거나 인정할 수 없으면 거부할 수 있다고 여기고, 자신의 욕구를 해방된 영혼의 덕(德)으로 거리낌 없이 합리화할 수 있게 되었다. 자연과 관습 간의 구별, 자연이 허용하는 것은 관습이나 법에 상관없이 선하다고 주장한 소수 소피스트들의 시도는 고대 그리스 도덕의 토대를 허물고 삶 속에서 많은 실험을 가능하게 했다. 노인은 단순 질박함과 성실함의 덕이 사라지고 종교적인 가치 판단 없이 쾌락이나 부를 추구하는 것을 안타까워했다.[101] 플라톤과 투키디데스는 도덕을 미신으로 치부하고 정의보다 힘을 우선시하는 사상가와 일반인에 대해 얘기한다. 이 부도덕한 개인주의는 소피스트의 논리학과 수사학을 법률상의 궤변과 정치적인 선동으로 변질시키고, 개방적 세계주의를 자국 변호를 위한 폐쇄적 배타주의로 저하시키고, 공평성을 훼손하면서 최고 입찰자에게 팔아 버렸다. 종교적인 농민과 보수적인 귀족들은 도시 민주주의 성향의 일반 시민에게 공감해 철학이 국가에 위험하다고 생각하기 시작했다.

일부 철학자도 소피스트 공격에 합류했다. (아리스토파네스가 소크라테스에게 그랬던 것처럼) 소크라테스는 소피스트들이 논리와 수사적 설득력으로 잘못을 치장한다고 비난하고, 수업료를 받는 것을 경멸했다.[102] 그는 프로디코스의 50드라크마짜리 강의를 받을 여유가 없어 기초만 가르쳐 주는 1드라크마짜리 강의만 들어 문법에 대해 무지하다고 비아냥거렸다.[103] 그는 불편한 심기를 드러내며 냉정하고 도발적으로 다음과 같이 말한다.

우리 중에 있는 안티폰은 정당하든 그렇지 않든 아름다움이나 지혜를 버릴 수 있을 것 같다. 돈을 받고 아름다움을 파는 사람을 남창이라 한다. 반면 영예롭고 덕망 있어 흠모할 만한 사람을 사귀는 사람은 신중하다 하겠다. 마찬가지로 돈을 받고 지혜를 파는 사람을 소피스트, 즉 지혜를 파는 매춘부라 한다. 반면 그럴 만한 가치가 있고 온갖 선한 것을 가르쳐 주는 사람을 사귀는 사람은 선하고 영예로운 시민으로 행동한다고 할 수 있다.[104]

플라톤은 부자여서 이 견해에 동의할 여유가 있었다. 이소크라테스는 「소피스트에 반하여」라는 연설로 활동을 시작해 수사학 교수로 성공했으며, 수업료로 1000드라크마(1000달러)를 받았다.[105] 아리스토텔레스가 계속 공격했다. 그는 소피스트를 "지혜를 버리고 부자가 되기만 바라는"[106] 사람으로 규정하고, 프로타고라스를 "나쁜 것을 그럴듯한 이치처럼 보이도록 한다."라고 비난했다.[107]

비극이 깊어진 이유는 양쪽 모두 옳았다는 데 있다. 수업료에 대한 불만은 공정하지 않았다. 국가 보조금이 부족해 고등 교육을 지원할 별도 방법이 없었던 것이다. 소피스트가 전통과 도덕을 비판했다면 물론 그것은 악의가 아니었다. 그들은 노예를 해방하고 있다고 생각했다. 그들은 자유로운 사고를 위한 열정을 함께 나눈 당시 지성의 대변자였다. 프랑스 계몽주의의 백과사전파처럼, 그들은 장엄한 비약을 통해 죽어 가는 과거, 즉 장수하지 못하고 멀리 내다보지 못하는 과거를 일소하고 느슨한 이성으로 인해 무너져 가는 자리에 새로운 관례를 수립하려 했다. 모든 문명에는 막을 수 없는 경제 변화에 사회가 스스로 적응하기 위해 옛 방식을 재검토해야 하는 시기가 오게 되어 있다. 소피스트는 이 재검토의 도구였지만, 적응을 위한 정치 수완을 제공하는 데는 실패했다. 지식 추구를 강력하게 자극하고 사고하는 것이 유행이 되게 했다는 데까지가 그들이 감당한 역사적 역할이었다. 그들은 그리스 구석구석에서부터 아테네에 새로운 개념과 도전을 가져다주고, 아테네가 철학적으로 자각하고 성숙하도록 각성시켰다. 이들이 없었다면, 소크라테스와 플라톤 그리고 아리스토텔레스는 있을 수 없었을 것이다.

5. 소크라테스

1. 실레노스의 가면

마침내 이전 인물들보다 그 인간됨이 보다 뚜렷하고 실제적인 소크라테스를 대면해 서게 되었다. 그러나 소크라테스에 관한 지식에 대해 우리가 의존해야 할 두 가지 자료를 고려할 때, 그 한 사람인 플라톤은 가공의 희곡을 쓰고 또 한 사람 크세노폰은 역사 소설을 쓰고 있으며, 어떤 작품도 역사로 취급될 수 없음을 발견한다. 디오게네스 라이르티오스에 의하면 "플라톤이 「리시스」를 읽는 것을 듣고 있던 소크라테스는 '오 헤라클레스여! 이 젊은이는 나에 대해 너무나 많은 거짓말을 하는구나!'라고 부르짖었다고 한다. 플라톤은 소크라테스가 전혀 말한 적이 없는 많은 것들을 한 것인 양 기록했던 것이다."[108] 플라톤은 자신을 사실에 제한하려 하지 않았다. 그는 미래가 그의 저술에서 상상과 전기(傳記)를 구별하는 데 역부족일 것이라고는 전혀 생각하지 못했던 것 같다. 그러나 그는 「파르메니데스」에서의 젊은 소크라테스의 수줍음과 「프로타고라스」에서의 오만한 수다에서부터 「파이돈」에서의 절제된 경건과 체념에 이르기까지 『대화』 전편에 걸쳐 스승의 모습을 너무나 일관되게 그리고 있어, 이 모습이 소크라테스가 아니라면 플라톤은 문학사에 있어 가장 위대한 성격 창조자 중 한 사람일 것이다. 아리스토텔레스는 「프로타고라스」에서 소크라테스의 것으로 표현된 견해를 진정 소크라테스적인 것으로 받아들인다.[109] 소크라테스의 직계 제자인 스페토스의 아이스키네스가 쓴 「알키비아데스」의 일부 단편이 최근 발견되었는데, 여기에 나오는 내용이 플라톤이 초기 『대화편』에서 묘사한 소크라테스의 초상과 이 철학자의 알키비아데스에 대한 애정 이야기를 확인해 주는 듯하다.[110] 한편 아리스토텔레스는 크세노폰의 『회고록』과 『향연』을 허구 형식, 즉 소크라테스가 자주 크세노폰의 대변자로 등장하는 상상 속의 대화로 분류한다.[111]* 소

---

* 『회고록』 제3권에서 소크라테스는 군사 전략의 기본 방침을 설명하는 것으로 나온다.

크라테스가 괴테(Goethe) 역을 맡은 것처럼 크세노폰이 에커만(Eckermann) 역을 성실하게 연기했다면, 그가 스승의 가장 진솔한 모습을 신중하게 모았다고 말할 수밖에 없다. 그렇게 덕망 있는 사람이 한 문명을 뒤집어엎을 수 있었다니 믿기지가 않는다. 또 다른 고대 저술가는 이 나이 든 현인을 성인으로 묘사하지 않았다. 기원전 318년경, 타렌툼의 아리스토크세노스는 소크라테스를 알았다는 자신의 아버지의 증언에 따라 이 철학자는 교육을 받지 않은 사람이었으며 "무식하고 방탕했다."고 말한다.[112] 희극 시인 에우폴리스는 자신의 경쟁자 아리스토파네스 못지않게 이 위대하고 깐깐한 철학자를 폄하했다.[113] 논쟁의 여지가 있는 신랄한 비방을 적절히 참작할 때, 소크라테스가 적어도 당시 어떤 인물보다 더 사랑과 증오의 대상이었다는 것은 분명하다.

그의 아버지는 조각가였으며, 그 자신 또한 헤르메스 상과 아크로폴리스 입구에 세워진 세 개의 미의 여신 상을 조각했다고 한다.[114] 그의 어머니는 산파였다. 그가 다른 사람들이 자신들의 개념을 전달하도록 도와주었다는 의미에서 어머니의 직업을 물려받았다고 하는 우스갯소리가 있다. 일설에 의하면 그는 노예의 아들이었다고도 한다.[115] 그러나 이는 그가 중장비 보병(시민에게만 허용된 경력)으로 복무했으며, 아버지로부터 집을 물려받았고, 자신을 위해 친구인 크리톤이 70미나(7000달러)를 투자한 것으로 보아 신빙성이 없다.[116] 또 다른 일설에서는 그가 가난한 것으로 묘사된다.[117] 그는 신체 단련에 아주 관심이 많았으며 대개의 경우 좋은 신체 조건을 하고 있었다. 그는 펠로폰네소스 전쟁 중에 병사로 명성을 떨쳤다. 기원전 432년에는 포티다이아 전투, 424년에는 델리온 전투, 그리고 422년에는 암피폴리스 전투에 참전했다. 그는 포티다이아 전투에서 젊은 알키비아데스의 생명과 무기를 구했으며, 이 젊은이를 위해 용맹에 대한 보상 권리를 포기했다. 델리온 전투에서 그는 마지막까지 스파르타에 맞서 싸웠으며, 적에 강력하게 대항해 스파르타 병사들조차 놀라게 한 것 같다. 전승에 의하면 그는 이들 전투에서 배고픔과 지치고 힘듦, 추위를 불평 없이 참아 내 인내와 용기에 있어 누구보다 뛰어났다고 한다.[118] 그는 고향에서는 얌전히 석수와 조각가로 일했다. 여행에는 일체 관심이 없었으며, 도시와 항구 밖을 벗어난 적이 없었다. 그는 크산티페와 결혼했는데, 그녀는 가족에 대해 무책임한 그에게 잔소리가 무척 심했다. 그는 그녀의 불평이 정당하다고 인정하고,[119] 아들과 친구들에게 그녀를 자상하게 옹호했다. 전쟁으로 남자들이 대거 사망함으로써 일부다처제가 법적으로 일시 허용되어 그는 결혼에 저촉되지 않고 첩을 두었던 것 같다.[120]

전 세계 모든 사람이 소크라테스의 얼굴을 알고 있다. 불확실하긴 하지만 로마 테르메 미술관에 있는 흉상으로 판단하건대, 이는 전형적인 그리스인의 얼굴이 아니다.[121] 그 넓은 용모, 평평하고 넓은 코, 두터운 입술, 두툼한 턱수염은 오히려 솔론의 스텝 지대 출신 친구인 아나카르시스나 현대 스키타이인인 톨스토이를 연상케 한다. 알키비아데스는 자신의 애정을 분명히 밝히면서도 "소크라테스는 입에 파이프나 플루트를 물고 조각가의 가게에 앉아 있는 실레노스의 얼굴을 정확하게 닮았다고 말해야겠다. 이 조각상은 중간이 비어 있으며, 그 안에 신상이 자리하고 있다. 또한 사티로스들 중의 하나인 마르시아스를 닮기도 했다. 소크라테스여, 당신의 얼굴이 사티로스를 닮은 걸 부인하지 못하겠지요."라고 강하게 주장한다.[122] 소크라테스는 이에 대해 부인하지 않고, 오히려 자신의 배가 너무 튀어나왔다며 춤으로 들어가게 하고 싶다고 말한다.[123]

소크라테스의 습관과 인격 묘사에 있어 플라톤과 크세노폰은 견해를 같이한다. 소크라테스는 수년간 단출하고 낡은 겉옷 한 벌로 만족하며 지냈고, 샌들이나 신발을 신기보다는 맨발로 다니기를 더 좋아했다.[124] 그는 인류를 휘젓는 야심만만한 열정과는 놀라울 정도로 상관이 없었다. 시장에 전시된 수많은 물건들을 보면서 그는 "온통 내게는 필요 없는 물건들뿐이로군!" 하고 말했다.[125] 그는 가난에 자족하며 살았던 것이다. 그는 중용과 절제의 전형이었지만, 세상 모든 사람들은 이 성인을 떠났던 것이다. 그는 술을 절제할 수 있었기 때문에 구태여 금욕적으로 정도(正道)를 지키려 애쓸 필요가 없었다.* 그는 은둔자가 아니었다. 사람들과 어울리기를 좋아했으며 이따금 부자들의 환대도

받았다. 그러나 그들을 존경하지 않았고 그들 없이도 아주 잘 지낼 수 있었으며, 권력자와 왕의 선물과 초대를 거절했다.[127] 대체로 그는 운이 좋았다. 그는 일하지 않고 지냈으며, 책을 읽되 글을 쓰지는 않고, 틀에 메이지 않고 가르쳤으며, 어지러울 정도로 술을 마시지 않고, 늙어 쇠하기 전 거의 고통 없이 죽음을 맞이했다.

그의 도덕이 당대 기준으로는 훌륭했지만, 그를 칭찬하는 모든 선량들을 거의 만족시키지 못한다. 그는 카르미데스의 면전에서 "격분했지만", 이 잘생긴 젊은이에게도 "고귀한 영혼"이 있지 않을까 자문하며 참았다.[128] 플라톤은 소크라테스와 알키비아데스를 연인 사이라고 말하면서 이 철학자가 "아름다운 젊은이를 뒤쫓는다."라고 묘사한다.[129] 이 나이 든 노인에게 이런 연애는 대부분 정신적인 성격이었겠지만, 그는 연인을 끄는 법에 대해 동성애자와 헤타이라이(그리스 창부들 중 가장 높은 계층 - 옮긴이)에게 조언하는 것 이상 넘어서지 않았다.[130] 그는 당당하게 창부 테오도타에게 도움을 줄 것을 약속했으며, 그녀는 "또 찾아오라."[131]는 초대로 답례했다. 그는 아주 쾌활하고 친절하여 그의 정견을 소화할 수 있는 사람이라면 그의 도덕을 참는 것은 간단한 일이었다. 그가 지나갈 때, 크세노폰은 그에 대해 "아주 공정하여 가장 사소한 일에 있어서도 해를 끼치지 않으며 …… 아주 온화하여 절대 쾌락을 덕보다 앞세우지 않고, 아주 현명하여 좋은 것과 나쁜 것을 잘못 분별하지 않으며 …… 다른 사람의 인격을 알아보고 덕과 명예를 훈계할 만큼 뛰어나 가장 훌륭하고 행복한 사람일 것"이라고 말한다.[132] 플라톤은 감동스러울 정도로 소탈한 그는 "진정 내가 알아 온 모든 이들 중에 가장 지혜롭고 가장 공평무사하며 가장 훌륭한 사람이었다."라고 말한다.[133]

---

* 크세노폰에 의하면 소크라테스는 "술에 대해서라면, 영혼을 축이고 슬픔을 달래 잠들게 하는 데는 정말 좋다. …… 그러나 인간의 육체가 식물의 몸과 같이 지낼 수 있는지 모르겠다. …… 신이 홍수로 식물에게 마실 물을 주면 식물은 똑바로 지탱할 수 없을 것이다. 그러나 식물이 적당하게만 수분을 섭취하면 똑바로 자라고 풍성하게 결실을 맺는다."라고 말한다.[126]

2. 깐깐한 철학자의 초상

호기심 많고 논쟁을 좋아한 그는 철학의 구도자가 되었으며, 젊은 시절에 아테네를 침공한 소피스트들에게 한동안 매료되었다. 소크라테스가 파르메니데스와 프로타고라스, 고르기아스, 프로디코스, 히피아스, 트라시마코스 등과 만난 사실을 플라톤이 지어냈다는 증거는 없다. 기원전 450년경에 제논이 아테네에 왔을 때 소크라테스는 그를 보았을 것이며, 그의 논증술에 크게 감화되어 배우려 했을 것이다.[134] 직접 만난 것이 아니라 그 가르침을 통해서이긴 했지만, 그는 아낙사고라스를 알았을 것이다. 아낙사고라스의 제자였던 밀레토스의 아르켈라오스가 한동안 소크라테스의 스승이었다. 아르켈라오스는 물리학자로 시작해 윤리학자로 마쳤다. 그는 합리주의 선상에서 도덕의 기원과 기초를 설명했으며, 아마도 소크라테스로 하여금 과학에서 윤리로 관심을 돌리도록 했을 것이다.[135] 소크라테스는 이들 모든 길을 경유해 철학에 이르렀고, 이때부터 "음미하지 않는 삶은 무가치한 것이기 때문에 자신과 다른 사람을 시험하여 일상 대화 속에서 덕에 대한 최선"을 발견하였다. 그는 인간의 신념 가운데를 비집고 헤매 다니며 날카롭게 질문하고 정확한 답변과 일관된 관점을 요구했으며, 명확하게 생각하지 못하는 이들에게는 성가신 존재가 되었다. 그는 하데스에서조차 깐깐한 사람이 되어 "누가 지혜롭고 누가 지혜로운 척하지만 사실은 그렇지 않은지 알아"내기를 원했다.[136] 그는 자신은 아무것도 모른다고, 즉 모든 질문은 알지만 해답은 아무것도 모른다고 공표함으로써 비슷한 대응 질문으로부터 자신을 방어했다. 그는 겸허하게 자신을 "철학에 있어서 아마추어"라고 불렀다.[137] 아마도 그가 말하고자 한 바는 자신은 인간은 틀리기 쉽다는 것을 제외하고는 어떤 것도 확신하지 않으며, 딱딱하고 융통성이 없는 교의와 원칙의 체계를 가지고 있지 않다는 것이었을 것이다. 그 진위가 의심스럽지만 카이레폰이 했다는 "소크라테스보다 지혜로운 사람이 있는가?"라는 질문에 대해 델포이의 신탁이, 이 또한 진위가 의심스럽지만, "아무도 없다."[138]라고 답하자, 소크라테스는 이 답변에 대해 자신이 무지함을 고백했기 때문이라고 여겼다.

그 순간부터 그는 명료한 생각을 추구하며 분주하게 움직였다. 그는 "자신을 위해, 무엇이 경건하며 그렇지 않은지, 무엇이 공정하며 그렇지 않은지, 무엇이 건전하며 그렇지 않은지, 무엇이 용기 있는 것이며 비겁한 것인지, 인간에 대한 정부의 성격과 통치자의 자질은 무엇인지에 대해 생각하고 공정하게 말해 자신의 생각에 무지한 사람이 노예보다 나을 것이 없을 수도 있는 …… 다른 주제들을 다루면서 인간과 관련된 것에 대해 담론할 것"이라고 말했다.[139] 그는 모든 애매한 개념과 안이한 일반화, 은밀한 편견 등에 대해 "그것이 무엇이냐?"고 도전하고 정확하게 개념을 정의하도록 요구했다. 일찍 나서서 시장이나 체육관, 체육 학교나 일터에 나가 지성을 자극하거나 어리석음을 희롱할 만한 사람과 토론하는 것이 습관이 되었다. 그는 "아테네로 가는 길이 대화를 위해 준비되어 있지 않으냐?"고 질문을 던졌다.[140] 그의 방법은 단순했다. 그는 폭넓은 생각을 개념 정의할 것을 요구했으며, 그 개념을 시험하고 대개는 그 불완전함이나 모순됨, 불합리함을 드러냈다. 그는 질문에 질문을 더해 더 완전하고 정당한 정의를 도출했다. 그렇지만 절대 해답을 먼저 제시하지 않았다. 때때로 그는 수많은 특수 사례를 조사해 개념을 일반화하거나 다른 결론을 이끌어냈으며, 이로써 그리스 논리학에 귀납법이 도입되었다. 가끔 그는 그 유명한 소크라테스식 반어법으로 자신이 허물고자 원한 정의나 견해의 어처구니없는 결론을 폭로했다. 그는 질서 정연한 사고를 열렬히 추구했으며, 개별 사실들을 그 유(類)와 종(種), 구체적인 차이에 따라 분류하기를 좋아했다. 이를 통해 플라톤의 이데아론과 아리스토텔레스의 개념 정의 방법의 길이 준비된 것이다. 그는 논리학을 신중한 구별 기법이라고 즐겨 표현했다. 또한 그는 철학사에서 일찍 사멸되었던 고루하고 무용한 논리학에 유머를 가미했다.

그의 반대자들은 그가 헐기만 할 뿐 세우지 않고, 모든 대답을 퇴짜 놓으면서 자신의 것은 제시하지 않고, 그 결과가 도덕을 타락시키고 사고를 마비시킨다고 이의를 제기했다. 많은 경우, 그는 개념을 자세히 설명해 이전보다 더 애매하게 만들었다. 크리티아스처럼 단호한 성격의 상대자가 그에게 질문하려 하면, 그는 다른 질문으로 이에 응수하며 즉시 유리한 입장을 취했다. 「프로타고라스」에서 그는 질문 대신 대답으로 응수함으로써 자신의 습관을 고쳐 보려 결심하지만 한순간도 지속되지 않는다. 결국 논리 게임에 능통한 프로타고라스는 조용히 논쟁을 물러나게 된다.[141] 히피아스는 소크라테스의 애매한 태도에 격노한다. "제우스에 맹세코, 당신이 정의라고 생각하는 것을 공표할 때까지 (내 대답을) 듣지 못할 것이다. 질문과 논박으로 다른 이들의 생각을 우롱하면서 이유를 말하거나 자신의 견해를 밝히기를 꺼리는 것은 정당하지 않기 때문이다."라고 부르짖는다.[142] 이런 비아냥거림에 대해 소크라테스는 자신의 어머니처럼 자신은 산파에 불과하다고 대꾸했다. "내가 자주 듣는 질문만 할 뿐 대답하는 지혜가 없다는 비난은 매우 정당하다. 그 이유는 신이 나에게 산파가 되라고 명할 뿐 출산을 금하기 때문이다."[143]

여러 가지로 그는 소피스트를 닮았으며, 아테네인들도 주저하지 않고 그를 그렇게 불렀다. 그리고 이 경우 대개는 비난의 뜻이 아니었다.[144] 그는 정말 현대적인 의미에서 종종 소피스트였다. 그는 교묘한 묘수와 논쟁적인 속임수에 능했으며, 용어의 범위와 의미를 바꾸는 데 영악했고, 엉성한 유추로 문제를 덮었으며, 학생처럼 얼버무리고, 용감하게 혀로 바람을 쳤다.[145] 의도적인 논객 같은 역병도 없기 때문에, 그에게 독약을 강요한 아테네인들에게도 변명의 여지가 있을 수 있다. 그러나 그는 네 가지 점에서 소피스트와 구별되었다. 그는 수사학을 경멸했으며, 도덕을 고양시키려 했고, 생각을 시험하는 기술 이상으로 어떤 것을 가르치지 않는다고 공언했고, 가끔 부유한 친구들의 도움을 입은 것으로 보이긴 하지만 수업료 받기를 거절했다.[146] 거슬리는 모든 약점에도 불구하고 그의 제자들은 그를 깊이 사랑했다. 그는 한 제자에게 이렇게 말했다. "서로 사랑하기 때문에 나는 네가 명예와 덕을 추구하는 데 도움을 줄 수 있다. 나는 호감이 가는 이들에게는 언제나 전심을 다해 그들을 사랑하고 그들로부터 사랑을 받으며, 서로 보지 못하는 것을 아쉬워하고 교제하기를 갈망하기 때문이다."[147]

아리스토파네스의 「구름」에서 소크라테스의 제자들은 정규 모임 장소에서 학교를 형성한 것으로 묘사되고, 크세노폰의 한 시구는 여기에 색깔을 덧입힌다.[148] 대개 그는 제자나 청중이 있는 곳이면 어디서나 가르침을 베푼 것으로 그려진다. 그러나 그의 추종자들을 하나로 묶은 일반 교리는 없었다. 그들은 서로 간에 성격이 너무 달라 이후 그리스에서 가장 구별되는 철학 학파와 이론들, 즉 플라톤주의, 견유주의, 스토아 철학, 에피쿠로스 철학, 회의주의 등의 지도자가 되었다. 이들 중에 자부심 강하고 겸허한 안티스테네스가 있는데, 그는 스승에게서 삶과 필요의 단순성에 대한 가르침을 물려받아 견유학파의 시조가 되었다. 그는 소크라테스가 안티폰에게 다음과 같이 말했을 때 함께 있었을 것이다. "너는 행복이 사치와 방탕으로 이루어진다고 생각하겠지만, 나는 아무것도 바라지 않음으로써 신을 닮을 수 있고 최소한의 것으로 만족함으로써 신에게 가장 가까이 다가갈 수 있다고 생각한다."[149] 또한 소크라테스가 쾌락을 온건한 정도로 허용한 데서 아리스티포스는 자신이 이후 키레네에서 발전시키고 에피쿠로스가 아테네에서 설파하게 되는 교리를 덕으로 끌어낸다. 메가라의 에우클레이데스는 소크라테스의 대화법을 어떤 진정한 지식의 가능성도 부인한 회의주의로 발전시킨다. 젊은 파이돈은 노예로 영락했으나 소크라테스의 간청에 따라 크리톤의 도움으로 해방되었으며, 소크라테스는 이 청년을 사랑하여 "철학자가 되게 했다."[150] 기질이 불안정한 크세노폰은 군인이 되기 위해 철학을 포기했지만, "어떤 경우, 어떤 주제든 소크라테스와 사귀고 함께 대화하는 것보다 더 큰 유익은 없었다."고 증언했다.[151] 또한 활기찬 상상력으로 철학사에서 두 가지 정신이 영원히 서로 어울린다는 인상을 오랫동안 지속시킨 플라톤이 있다. 부유했던 크리톤은 "더없는 애정으로 소크라테스를 지켜보고 어떤 부족함도 없도록 돌봐 주었다."[152] 젊고 생기발랄한 알키비아데스는 스승의 명성을 실추시키고 위험에 빠뜨리기도 했지만, 독특한 자유분방함으로 그를 사랑하여 다음과 같이 말했다.

그가 아무리 선하더라도 다른 사람의 말을 들을 때면, 그의 말은 상대적으로 절대 우리에게 영향을 미치지 않습니다. 반면에 소크라테스 당신의 말은 아주 사소한 말 한 마디조차도 순식간에 감복시킵니다. 그 말이 불완전하더라도 들으러 오는 모든 남자와 여자, 어린아이들의 영혼을 놀랍게 사로잡습니다. …… 나는 알고 있습니다. 내가 귀를 막고 경고의 음성을 물리치지 않는다면, 내가 그의 발밑에 앉아 성장할 때까지 그는 나를 붙잡아 둘 것입니다. …… 나는 내 영혼, 내 마음에서 알고 있습니다. …… 순박한 젊은이에게 있는 독사의 이빨보다 더 격렬한 마음의 고통, 철학의 격통을. …… 당신들, 파이드로스, 아가돈, 에릭시마코스, 파우사니아스, 아리스토데모스, 그리고 아리스토파네스여. 당신들 모두와 나는 우리 모두가 철학에 대해 동일한 광기와 열정을 경험했다고 소크라테스에게 말할 필요가 없습니다.[153]

과두파 지도자 크리티아스는 소크라테스가 민주주의에 대해 한 신랄한 비판을 즐겼으며, 소크라테스가 신을 질서 유지를 위해 사람들을 위협하는 야경꾼으로 이용한 영리한 정치가의 고안품으로 묘사한 것처럼 처리한 희곡을 써서 소크라테스를 모함하는 데 일조했다.[154] 그리고 민주파 지도자 아니토스의 아들이 있었는데, 이 청년은 자신이 경영하는 제혁업보다 소크라테스의 강론을 더 즐겨 했다. 아니토스가 자기 아들을 회의주의로 불안케 했다고 소크라테스를 비난한 것 때문에, 이 청년은 더 이상 부모와 신들을 존경하지 않았다. 아니토스는 소크라테스가 민주주의를 비판한 것에 대해서도 분개했다[155]* 아니토스는 "소크라테스여, 그대는 언제라도 사람들에게 사악한 것을 말할 태세가 되어 있다고 생각한다. 충고하건대, 조심하기 바란다. 어느 도시든 선보다는 악을 행하기가 더 어려운데, 가장 확실한 경우가 아테네다."[157] 아니토스는 그의 때를 기다렸다.

---

* 플루타르코스와 아테나이오스가 확신하는 바에 의하면, 아니토스는 알키비아데스를 사랑했고 알키비아데스는 소크라테스 때문에 그를 거부했다.[156]

3. 소크라테스의 철학

그 방식 배후에는, 이해하기 어렵고 불확실하며 체계적이지는 않지만, 너무나 실제적이어서 사실상 그 때문에 사람이 죽기까지 하는 철학이 있었다. 언뜻 보면 소크라테스에게 철학은 없는 것처럼 보인다. 그러나 이는 주로 소크라테스가 프로타고라스의 상대주의를 받아들여 독단적인 주장을 거부하고 자신의 무지만 확신했기 때문이다.

불신앙 때문에 비난을 받긴 했지만, 소크라테스는 자기가 사는 도시의 신들에 대해 적어도 말로는 호의를 표시하고, 종교 행사에 참가했으며, 불경한 말은 입 밖에도 꺼내지 않은 것으로 알려져 있다.[158] 그는 모든 중요한 부정적인 결정에 있어서 자신이 하늘로부터의 징조라고 표현한 내적 정령(daimonion)을 따른다고 고백했다. 이 영은 소크라테스식 반어법의 또 다른 연출이었을 것이며, 만약 그렇다면 그 역할을 아주 잘 소화해 낸 것이고, 소크라테스가 신들의 메시지인 신탁과 꿈에 대해 행한 많은 항의 중의 또 한 경우에 지나지 않는다.[159] 그는 주장하기를 세상사에는 우연이나 알 수 없는 이유 탓으로 돌릴 수밖에 없는 깜짝 놀랄 변화와 뚜렷한 진전이 수없이 많이 있다. 필멸의 운명에 대해 그는 그렇게 분명한 입장을 취하지 않았다. 그는 『파이돈』에서 이에 대해 고집스럽게 변호하지만, 『변명』에서는 "내가 다른 이들보다 지혜롭다는 말을 할 수 있다면 그것은, 실제로 아무것도 모르기도 하지만, 다른 세계에 대한 충분한 지식을 지니고 있지 않다고 생각하기 때문일 것이다"라고 말한다.[160] 그는 『크라틸로스』에서 신들에 대해 동일하게 불가지론을 전개하며 "신들에 대해 우리가 아는 것은 아무것도 없다."라고 말한다.[161] 그는 자기를 따르는 이들에게 이런 문제에 대해 논쟁하지 말 것을 충고했다. 그는 공자(孔子)처럼 하늘의 일에 대해 참견할 만큼 인간사를 그렇게 잘 아느냐고 사람들에게 물었다.[162] 그가 느끼기에 최선은 자신의 무지를 아는 것이고, 동시에 델포이의 신탁에 순종하고, 신을 어떻게 섬겨야 하는지에 대해 질문을 받을 때는 "자기 나라 법에 따라"[163]라고 대답하는 것이었다.

그는 이 회의론을 물리 과학에 더욱 엄격하게 적용했다. 사람은 자기 인생에 지침이 되는 한에서만 이를 연구해야 한다. 그 이상을 벗어나면 헤어날 수 없는 미로에 빠지게 된다. 또한 설사 풀었다 하더라도 한 가지 신비는 더 깊은 신비로 인도하게 된다.[164] 젊었을 적 그는 아르켈라오스 밑에서 과학을 공부했지만 성년이 되면서 어느 정도 신화처럼 여겨져 이로부터 돌아섰으며, 더 이상 사실과 기원에 대해서는 관심을 두지 않고 대신 가치와 목적에 대해 관심을 기울였다. 크세노폰은 "그는 항상 인간사를 강론했다."고 말한다.[165] 소피스트들 역시 자연 과학에서 인간으로 "돌아섰으며", 지각과 인식 그리고 이해에 대해 연구하기 시작했다. 소크라테스는 더 내적으로 파고들어 인간의 성격과 목적에 대해 연구했다. "에우티데모스여, 그대는 델포이에 간 적이 있는가?", "예, 두 번 있습니다.", "그러면 그 신전 벽에 씌어진 '너 자신을 알라.'는 글을 보았는가?", "예, 보았습니다.", "그러면 그 새긴 글의 뜻을 생각하거나, 그 글에 주의하여 자신을 시험하고 자신이 어떤 성격의 소유자인지 알려고 했는가?"[166]

따라서 소크라테스에게 있어 철학은 신학도, 형이상학도, 물리학도 아니었으며, 안내자요 수단으로서의 논리를 구비한 윤리학이자 정치학이었다. 소피스트 시대 종반부에 이르러, 그는 문화사에 있어서 가장 중요한 상황 중의 하나인 도덕의 초자연적 기초 와해 상황이 소피스트들에 의해 유발되었음을 알아챘다. 그는 끔찍스러운 정통으로 회귀하는 대신 윤리학이 물을 수 있는 가장 심오한 질문, '자연 윤리학이 가능한가?', '도덕이 초자연적 신앙 없이 살아남을 수 있는가?', '철학이 효과적인 세속적 도덕규범을 만들어 그 사상의 자유가 파괴될 위기에 직면한 문명을 구할 수 있는가?'로 나아갔다. 소크라테스가 『에우티프론』에서 신이 인정하기 때문에 선이 선한 것이 아니라 그것이 선하기 때문에 신이 인정하는 것이라고 주장할 때, 그는 철학적 혁명을 기도하고 있는 중이었다. 그의 선에 대한 개념은 신학과는 너무나 거리가 멀고 공리주의적이라고 해도 좋을 만큼 현세적이다. 그의 생각에 의하면 선은 일반적이거나 추상적인 것이 아니라 구체적이고 실제적이며 "무엇을 위한 선"이다. 선과 아름다움은 인간에게 유용하고 유익한 것의 형식이다. 똥 바구니조차 그 목적에 맞게 잘 만들어진다면 아름다운 것이다.[167] (소크라테스가 생각하기에) 지식만큼 유용한 것이 없으므로, 지식이 가장 큰 덕이며 모든 악은 무지다.[168] (여기서 덕(아레테(arete))은 순결함보다는 탁월함을 의미한다.) 합당한 지식이 없으면 올바른 행동이 불가능하며, 합당한 지식이 있으면 올바른 행동은 당연히 따르게 된다. 사람은 자신이 잘못되었다고 아는 것(즉 자신에게 해롭거나 지혜롭지 못한 것)을 결코 행하지 않는다. 최고의 선은 행복이며, 이에 대한 최고의 수단은 지식 또는 지성이다.

소크라테스의 주장에 따라 지식이 최고의 탁월함이라면, 최고의 정부 형태는 귀족정이 되며 민주정은 미련한 방식이다. 크세노폰의 소크라테스는 "제비뽑기로 통치자를 선택하는 것은 어리석은 일이다. 그들의 단점이 정부를 무질서하게 하는 이들보다는 훨씬 덜 해로운데도, 수로 안내인, 석공, 플루트 연주자나 기타 장인들에게 제비를 던질 사람은 아무도 없을 것이기 때문이다."라고 말한다.[169] 그는 아테네인의 논쟁 벽, 서로에 대해 시끌벅적한 시기, 분통 터지는 파당과 분쟁을 힐난한다. "이런 것들을 생각하면 항상 나는 감내할 수 없는 거대한 악이 국가에 일어나지 않을까 하는 엄청난 두려움에 휩싸인다."라고 그는 말한다.[170] 그가 생각하기에 지식과 능력에 의한 정부를 제외하고는 아테네를 구할 수 있는 것은 아무것도 없다. 이는 수로 안내인, 음악가나 의사, 목수가 자격이 없는 것과 마찬가지로 투표에 의해 결정되어서도 안 된다. 권력이나 부도 국가 관료를 선택할 수 없다. 참주 정치와 금권 정치 또한 민주 정치만큼 적합하지 않다. 합리적인 절충안은 관직이 정신적으로 합당하고 훈련된 이들에 제한되는 귀족정이다.[171] 아테네 민주정에 대한 이 같은 비난에도 불구하고 소크라테스는 그 장점 또한 인정했으며, 자신이 부여받은 자유와 기회에 대해 감사했다. 그는 "자연으로의 회귀"를 설교하는 자기 추종자들의 경향에 미소를 보냈으며, 안티스테네스와 견유학파에 대해서 볼테르(Voltaire)가 루소(Rousseau)에게 취한 것과 동일한 태도, 즉 그 모든 결함에도 불구하고 문명은 귀중한 것

이며 원시의 단순성을 위해 폐기되어서는 안 된다는 태도를 취했다.[172]

그럼에도 불구하고 대다수 아테네인들은 짜증스러운 의심의 눈초리로 그를 바라보았다. 종교 분야 정통파들은 그를 가장 위험한 소피스트로 여겼다. 그 이유는 그가 고대 신앙의 온화함을 인정하면서도 전통을 거부하고, 이유를 꼼꼼히 확인하는 규칙을 따르기를 바랐으며, 사회 선이나 하늘의 지상 명령보다는 개인 양심에 따라 도덕 체계를 세우고, 종내는 원인 자체를 모든 관습과 믿음을 동요시키는 정신적 혼동 속에 방치하는 회의주의로 마쳤기 때문이다. 아리스토파네스처럼 이전 시대를 찬양하는 이들은 당시의 불신앙 풍조, 노인에 대한 젊은이의 불경한 태도, 식자층의 해이한 도덕심, 아테네인들의 삶을 소모시키는 무질서한 개인주의 등의 해악을 프로타고리스, 에우리피데스 그리고 소크라테스의 탓으로 돌렸다. 소크라테스가 과두파를 지지하기를 거절했지만, 다수의 과두파 지도자는 그의 제자이거나 친구들이었다. 그들 중 하나인 크리티아스가 부자들의 정변과 무자비한 테러 중에 과두파를 이끌었을 때, 아니토스와 멜레토스 같은 민주파는 소크라테스를 과두적 반동의 정신적 지주로 지목하고 아테네에서 제거하기로 결정했다.

그들은 이에 성공했지만 그의 거대한 영향력을 파괴하지는 못했다. 그가 제논에게서 전수받은 논증술은 플라톤을 거쳐 아리스토텔레스에게 이어졌고, 아리스토텔레스는 이를 너무나 완벽하게 체계화하여 이 논리학 체계는 이후 1900여 년간 변경 없이 유지되었다. 과학에 대한 그의 영형력은 부정적이었다. 그의 제자들은 물리 세계에 대한 연구를 외면했으며, 외부 세계와 관련된 학설은 과학적 분석에 아무 도움도 주지 못했다. 소크라테스의 개인주의적이며 주지주의적인 윤리는 아테네인의 도덕을 침식시키는 데 얼마간 기여한 것 같다. 그러나 법률 이상의 양심에 대한 강조는 그리스도교의 기본 교의 가운데 하나가 되었다. 그의 사상 중 많은 부분이 그의 문하생들을 통해 다음 2세기 동안의 모든 주요 철학의 요지가 되었다. 그의 영향력 중 가장 중요한 요소는 그 자신의 삶과 인격을 통해 보여 준 모범이었다. 그는 그리스 역사에서 순교자요 성인이었다. 단순 질박한 삶과 용기 있는 사고의 본보기를 찾는 모든 세대의 구도자들은 시대를 거슬러 그를 기억하고 자양분을 공급받았다. 크세노폰은 다음과 같이 말했다. "인간의 지혜와 고결한 인격을 숙고할 때면, 그를 기억하지 않을 수 없고 칭찬하지 않을 수 없다. 덕을 자신의 목표로 삼는 이들 중에 어떤 사람이 소크라테스보다 더 유익한 사람을 만났다면 그는 가장 축복받은 사람이라 할 수 있을 것이다."[173]

17장 황금 시대의 문학

1. 핀다로스

한 시대에 있어 철학이 앞서고 문학은 그 뒤를 잇는 것이 일반적인 경향이다. 한 세대가 탐구와 사색을 통해 분투하여 얻은 사상과 주제가 이후 세대의 희곡과 소설, 시의 배경이 되는 것이 보통이다. 그러나 그리스의 문학은 철학에 뒤지지 않았다. 시인은 자기 자신이 철학자여서 스스로 생각하였고 당대 지적 최선봉에 서 있었다. 그리스의 종교와 과학, 철학을 뒤흔들었던 바로 그 보수주의와 진보주의 간의 갈등이 시와 희곡 그리고 역사 서술에서까지 나타났다. 탁월한 예술적 형식이 사색의 경지에까지 이르면서 그리스 문학에 추가되어, 황금 시대의 문학은 셰익스피어(Shakespeare)와 몽테뉴(Montaigne) 시대에 이를 때까지 다시 오르지 못할 정도로 높이 도달했다.

이런 사고(思考)의 부담과 왕실 또는 귀족의 후원 위축으로 기원전 5세기 독립 예술로서의 서정시는 기원전 6세기보다 풍요롭지 못했다. 핀다로스는 이 두 시기의 과도기에 서 있었다. 그는 서정시 형식을 계승하면서도 아울러 여기에 극적인 장중함을 더한다. 그 이후의 시는 전통의 한계를 허물고, 디오니소스 희곡에서 종교와 음악, 춤을 결합하여 황금 시대의 화려함과 열정을 더욱 웅장하게 한다.

핀다로스는 그 가계가 태고 시대까지 거슬러 올라가는 테베의 명문가 출신으로, 그는 자기 시에 수많은 고대 영웅들을 등장시켜 그 정당성을 입증하려 했다. 능숙한 플루트 주자였던 그의 삼촌은 핀다로스에게 음악에 대한 열정과 얼마간의 기교를 전수해 주었다. 음악적 소양의 함양을 위해 부모는 이 소년을 아테네로 보내고, 거기서 라소스와 아가토클레스가 그에게 합창 작곡법을 가르친다. 20세가 되기 전, 즉 기원전 502년경 그는 테베로 돌아와 여류 시인 코린나에게 수학한다. 그는 공개 경연에서 그녀와 다섯 차례 경쟁하여 모두 패했다. 그러나 실상은, 코린나는 겉보기에 애교스러웠고 심사원들은 남자들이었다는 것이다.[1] 핀다로스는 그녀를 암퇘지라 불렀고, 시모니데스는 까마귀, 자신은 독수리라고 불렀다.[2] 이런 옹졸함에도 불구하고 그의 명성은 높이 치솟아 이를 시샘한 그의 동료 테반스는 곧 어느 날 이 젊은 시인이 들판에서 잠들었을 때 꿀벌이 그의 입술에 내려앉아 꿀을 발랐다는 얘기를 꾸몄다.[3] 얼마 후 그는 왕자와 부자들을 위한 송시를 짓는 일을 당당히 의뢰받는다. 그는 로도스와 테네도스, 코린토스, 아테네 명문가의 손님이 되었고, 한동안 마케돈의 알렉산드로스 1세, 아크라가스의 테론, 시라쿠사의 히에론 1세 등의 궁정 시인으로 활약한다. 우리 시대의 한 도시가 작곡가에게 합창 가무단을 위한 원곡을 발표하고 직접 지휘할 특권을 약속하는 것처럼, 대개 그의 노래는 대가를 미리 지불받았다. 44세쯤 되었을 때 테베로 돌아오자, 그는 테베 시민들로부터 그리스에 보내진 보이오티아 최대의 선물이라는 칭송을 받았다.

그는 모든 시에 곡을 붙이고 종종 합창단을 연습시키며 자기 일에 수고를 아끼지 않았다. 그는 신에게는 성가를, 디오니소스 제전을 위해서는 찬가를, 처녀에게는 파르테나이아(parthenaia)를, 명사들에게는 엔코미아(enkomia)를, 연회에는 스콜리아(skolia)를, 장례식에는 트레노이(threnoi), 곧 만가를, 범그리스 제전의 우승자에게는 에피니키아(epinikia), 곧 승리의 노래를 바쳤다. 이 모든 노래 중 마흔다섯 편의 송시만 그 영웅을 기려 경기의 이름을 따 제목이 붙여져 전해진다. 그리고 이들 송시도 곡은 사라지고 시만 남아 있다. 이를 평가해야 하는 우리는 악보는 없고 가사만 남은 바그너(Wagner)의 오페라를 두고 그를 작곡가라기보다는 시인으로 여기고, 한때 화성(和聲)의 시종 노릇을 했던 가사로 그를 평가해야 하는 후대 역사가와 같은 처지에 놓인다. 아니면 그리스도교에 친숙하지 않은 한 중국인 학자가 어느 날 밤 음악 및 예배 의식과 상관없이 불완전한 번역본으로 열 가지의 바하(Bach) 성가곡을 읽는 것에 비유하면 핀다로스를 공평하게 평가한다고 할 수 있겠다. 오늘날 연구가 전무한 가운데 송시를 읽어 나가면 고전 시대를 배경으로 가장 황량한 외지에 비길 데 없이 홀로 서 있는 그가 보인다.

음악을 유추함으로써만 이들 시의 구조가 이해된다. 시모니데스와 바킬리데스의 경우처럼 핀다로스에게 있어서도 에피니키아 송시에 따르는 형식은 근대 유럽의 소나타와 심포니에서의 소나타 형식만큼 필수적이었다. 우선 주제, 즉 승리한 경기자 또는 전차 경주에서 우승한 귀족의 말에 대한 이름과 경력이 언급된다. 대개 핀다로스는 "우승자의 지혜, 아름다움 그리고 그의 찬란한 명성"[4]을 찬양한다. 진정 그는 형식적인 주제에는 그다지 관심이 없었고, 경기자와 창부, 왕을 찬양하여 노래했으며, 자신의 풍부한 상상력과 복잡한 시를 펼쳐 보일 기회가 주어진다면 그 누구든 신속히 대가를 지불하는 참주를 후원자로 쾌히 맞이했다.[5] 그가 택한 주제는 실로 다양하고 광범위해 노새 경주에서 영광스러운 그리스 문명까지 모든 것이 포함되었다. 그는 테베에 충성을 다해, 페르시아 전쟁이 발발하고 그가 테베의 중립을 옹호했을 때 델포이 신탁만큼이나 감화를 끼쳤다. 그러나 이후 그는 잘못을 부끄러워하고 그리스의 수호 지도자를 "명성이 자자하고 풍요롭고 제비꽃으로 관을 삼고 찬미받기에 족하며, 헬라스의 보루이고 신이 보호하는 도시인 아테네"라고 찬양했다.[6] 아테네인은 이 시구가 들어간 찬가 또는 행진가에 1만 드라크마(1만 달러)를 지불했다고 한다.[7] 그다지 믿을 만하지는 않지만, 테베는 그의 암묵적인 질책에 대해 벌금을 물리고 아테네가 이 벌금을 대신 물어 주었다고 한다.[8]

핀다로스는 송시의 두 번째 부분을 그리스 신화에서 발췌한다. 여기서 핀다로스는 맥이 빠질 정도로 장황해진다. 코린나가 불평한 대로, 그는 "손대신 부대로 씨를 뿌린다."[9] 그는 최고 고객을 대할 때처럼 신을 존숭하고 영예를 돌렸다. 그는 델포이 제사장들의 총애하는 시인이어서, 생애 중에 그들로부터 많은 특혜를 받았으며 죽은 이후 그의 영혼은 칼레도니아인(고대 스코틀랜드인 – 옮긴이) 같은 관대함으로 아폴론 신전에 바쳐진 첫 열매를 함께 나누는 영광을 누렸다.[10] 또한 그는 정통 신앙의 최후 수호자여서, 경건한 아이스킬로스마저 그 옆에 있으면 난폭한 이단자처럼 보인다. 핀다로스는 「결박당한 프로메테우스」의 불경스러움에 소름이 끼쳤을 것이다. 가끔 그는 거의 일신교적인 어조로 제우스를 "만물을 내려다보며 만물을 다스리는 전부"라고 찬양한다.[11] 그는 신비 종교의 친구였으며 오르페우스교와 낙원에 대한 소망을 함께한다. 그는 개인 영혼의 신적인 기원과 운명을 노래했으며,[12] 마지막 심판과 천국, 지옥을 최초로 언급한 자들 가운데 하나다. "죽자마자 불법한 영혼은 형벌을 당하고, 제우스가 통치하는 여기서 범한 죄는 피할 수 없는 준엄한 판결을 내리는 절대자에 의해 심판을 받는다."

거기서는 선이 변함없이 찬란한
햇빛 속에 거하며, 밤과 낮이
한결같은 아름다움을 발한다.
또다시 옛날처럼 허무하고 헛된 욕망을 채우기 위해
바다와 땅을 헤매지 않고,
영광스러운 신들과 눈물 없는 삶을 누리며,
욕된 세상의 그림자를 좇으려는 헛된 수고도

잊은 지 벌써 오래다.

그런데 저 멀리 이들로부터 떨어져

사람이 차마 볼 수 없는 어둠 속에 고통당하는 이들도 있다.[13]

핀다로스 송시의 세 번째 결론 부분은 대개 도덕적인 권고로 이루어진다. 여기서 우리는 난해한 철학을 기대하면 안 된다. 핀다로스는 아테네인이 아니며, 소피스트를 만나지도 그들의 글을 읽지도 않았을 것이다. 그의 지력은 예술로 불타 독창적인 생각을 할 여력이 없었다. 그는 승리한 경기자나 왕자가 자신의 우승에 겸손해 하고, 신과 수종자들 그리고 자기 자신에게 경의를 표하도록 설복하는 것으로 만족했다. 가끔 그는 칭찬과 책망을 아우르고 탐욕스러운 히에론을 용감하게 꾸짖는다.[14] 그러나 그는 모든 것들 중 가장 중상(中傷)을 당하고 사랑을 받는 것, 바로 돈에 대해 호감을 표하기를 두려워하지 않았다. 그는 시칠리아의 혁명 분자를 혐오해 공자 같은 말투로 그들을 경고했다. "미미한 것 때문에 한 도시를 기초까지 흔들어 놓는 것은 쉬운 일이지만, 이를 다시 복구하는 것은 참으로 어렵다."[15] 그는 살라미스 해전 이후의 온건한 아테네 민주정을 좋아했지만, 진정 가장 해롭지 않은 정체는 귀족정이라 믿었다. 그는 능력은 훈육보다는 혈통에서 나며 전에 이를 보여 준 가문에서 나타나기 쉽다고 생각했다. 우수한 혈통만이 인간 삶을 고귀하게 하고 바로잡는 위인을 준비시킬 수 있다. "하루살이 같은 인생이여! 우리는 무엇이며 무엇이 아닌가? 그림자처럼 꿈같은 것이 인생이니. 그러나 신이 내린 광휘가 떨어져 영광의 빛이 그를 덮을 때, 그의 인생은 달콤해지나니."[16]

핀다로스는 생전에는 인기를 얻지 못했지만, 이후 수 세기 동안 모든 이들이 칭찬하면서도 아무도 읽지 않는 그런 불멸의 명성을 누리게 된다. 세계가 앞으로 나아가는 동안 그는 멈춰 서기를 요구했고, 세계는 그를 저 멀리 뒤에 버려두었다. 그는 아이스킬로스보다는 젊었으며 알크만보다는 늙은 것 같다. 그는 타키투스의 산문만큼이나 조밀하고 복잡하며 우회적으로, 자기 고향 방언을 인위적이며 의도적으로 고풍스럽게 하여,

어떤 시인도 흉내 내지 못할 정도로 그렇게 우아한 운율로,* 마흔다섯 개 송시 중 단 두 편만 운율이 같을 정도로 그렇게 다양하게 시를 썼다. 생각이 순진했음에도 그의 시는 너무나 모호하여, 문법학자들은 그 배후에 있는 낭랑한 단조로움의 광맥을 찾는 데만 튜턴족의 그것 같은 그의 글 구성을 풀기 위해 전 생애를 보낸다. 이런 결함과 엄격한 정형성, 과장된 은유, 지루한 신화에도 불구하고, 호기심 어린 일부 학자가 여전히 그의 시에 끌리는 이유는 날래고 생동감 넘치는 구성, 단순하면서도 진지한 도덕성, 시시한 주제마저 찰나적인 장엄함으로 고양시키는 화려한 화술 때문이다.

그는 아테네인이 정신적인 혼란에 빠져 있는 동안 테베에서 안전하게 80세까지 살았다. 그는 노래한다. "인간에게 진정 소중한 것은 마음껏 즐길 수 있는 고향과 벗, 친족이니. 그러나 미련한 자에게는 이 모든 사랑스러운 것들이 저 멀리 떨어져 있구나."[17] 전승에 의하면 그는 죽기 열흘 전(기원전 442년) "인간에게 무엇이 가장 소중한가?"에 대한 암몬의 신탁을 구했는데, 이에 대해 이집트인의 신탁은 그리스인처럼 "죽음"이라고 답했다.[18] 아테네는 그를 기려 공금으로 조각상을 세웠고, 로도스인들은 신전 벽에 자기 섬에 대한 송덕문인 그의 일곱 번째 올림피아 송시를 황금 글자로 새겼다. 기원전 335년에 알렉산드로스는 자기에 대해 반란을 일으킨 테베를 초토화하라고 명했지만, 핀다로스가 살았던 집은 건드리지 말라고 당부했다.

2. 디오니소스 극장

수이다스의 『사전(*Lexicon*)』에 다음 내용이 있다.[19] 기원전 500년경 프라티나스의 연극이 공연되던 도중 관객이 앉은 나무 벤치가 부서져 여러 명이 다치는 등 한때 소동이 벌어졌으며, 아테네인들은 아크로폴리스 남쪽 경사지에 돌로

---

* 두드러진 예외는 드라이든(Dryden)의 「알렉산드로스의 향연」이다.

극장을 지어 디오니소스 신에게 바쳤다는 것이다.* 다음 두 세기 동안 비슷한 극장이 에레트리아, 에피다우로스, 아르고스, 만티네아, 델포이, 타우로메니온(타오르미나), 시라쿠사 및 기타 그리스 지역에 세워졌다. 그러나 주요 비극과 희극이 처음 공연되고, 옛 종교와 새 철학 간에 격렬한 충돌이 벌어져 하나의 거대한 정신적 흐름이 형성되고 페리클레스 시대의 정신이 변경되도록 한 곳은 바로 디오니소스의 무대였다.

물론 이 거대한 극장은 지붕이 없다. 1만 5000여 좌석이 파르테논 신전을 향해 부채꼴로 반원을 그리며 층 지은 채 히메토스 산과 바다를 마주하고 있어, 연극의 등장인물이 땅과 하늘, 태양과 별들과 바다를 향해 기원할 때 그 대사와 노래에 귀 기울이는 대부분의 청중들이 직접 보고 느끼는 것처럼 생생하게 전달된다. 원래 목재로 만들어지고 이후 돌로 바뀐 좌석은 등 부분이 없다. 많은 사람들이 쿠션을 가져온다. 관객은 뒷사람의 불편한 무릎 이외 어떤 등받이도 없이 하루 동안 다섯 편의 연극을 관람해야 한다. 제일 앞 열에는 디오니소스 신의 대제사장과 도시 관리를 위한 대리석 등받이 의자가 몇 석 있다.** 관객석에서 내려다보이는 곳에 오케스트라(Orchestra), 즉 합창단 무대가 있다. 이 뒤에는 스케네(skene), 즉 무대 장치로 알려진 작은 목조 구조물이 있는데, 어떤 경우는 궁전, 어떤 경우는 신전, 또 어떤 경우는 개인 주택으로 표현되고 공연이 없는 때는 연기자들의 거처로 이용되었을 것이다.*** 제단, 가구 등 이야기 표현상 필요한 간단한 소도구들이 있었다. 아리스토파네스의 「새(Birds)」의 경우 배경과 복장 등 중요 부속물이 사용되었고,[20] 사모스의 아가타르코스는 그림

---

* 오늘날의 관광객들이 목격하는 디오니소스 극장은 이것이 아니다. 현존 구조물은 기원전 338년경 재무 행정관 리쿠르고스의 지시로 세워졌다. 이 구조물의 일부는 그 건축 연대가 대략 기원전 421년까지 거슬러 올라간다. 기타 일부분은 서기 1세기와 3세기에 추가된 것으로 보인다.

** 이 내용과 무대에 대한 언급으로 볼 때, 리쿠르고스가 지은 극장은 원래 구조물과 대략 동일하다고 추측된다.

*** 연기가 스케네의 지붕에서 펼쳐졌는지 아니면 프로스케니온(proskenion), 즉 그 앞 무대에서 펼쳐졌는지는 분명하지 않다. 연기는 이야기의 배경이 바뀔 때마다 한 단계에서 다음 단계로 넘어갔을 것이다.

으로 배경 처리해 멀리 떨어진 환영을 표현했다. 다양한 연기를 연출하거나 배경을 바꾸기 위해 여러 가지 기계 장치가 사용되었다.* 스케네 안에서 일어난 일을 보여 주기 위해 무대용 목판(에키클레마(ekkyklema))이 사용되었는데, 연기자들이 상황을 연출한 자세를 취한 채 그 판 위에 선 상태로 목판이 스케네에서 굴러 나오는 형식이다. 예를 들면 이 판 위에 살인자가 피 묻은 칼을 들고 서 있고 그 옆에 시체가 누워 있을 수 있다. 무대에서 직접 폭력을 연기하는 것은 그리스 연극 전통과 위배된다. 무대 양 측면에는 축에 의해 돌아가는 큰 삼각기둥이 세워져 있는데, 이들 기둥면에는 각각 다른 장면이 그려져 있고 이 페리악토이(periaktoi)를 돌려 순식간에 배경을 바꿀 수 있다. 아주 색다른 장치로 메카네(mechane), 곧 도르래와 추가 달린 기중기 같은 것이 있는데, 스케네 왼편에 설치되어 있으며 하늘에서 신이나 영웅을 무대에 내리거나 다시 하늘로 올릴 때, 또는 공중에 떠 있게 할 때 사용되었다. 에우리피데스가 로마인들이 기계 장치를 타고 내려오는 신(deus ex machina)이라고 표현한 것처럼 자신의 불가지론적 연극의 매듭을 경건하게 푸는 신을 내려보내기 위해 특별히 이 기계 장치를 즐겨 사용했다.

아테네에서는 비극이 디오니소스 축제의 일부로 연간 일 회만 상연되었을 뿐 연중으로 상연되지 않았다.** 아르콘에게 많은 연극이 제출되었지만, 그중 몇 편만 공연이 허락되었다. 아티카의 열 개 부족 또는 데모스는 각각 부유한 시민 중 한 명을 코라고스(choragus), 즉 합창단의 지휘자로 선정한다. 가수와 춤추는 사람, 연기자의 연습 경비를 지불하고 기타 작품 공연 비용을 대는 것이 그의 특권이자 영예였다. 가끔 코라고스는 무대 배경, 의상 및 "소질 있는 연기자"의 소요 경비를 대기도 한다. 이런 식으로 니키아스가 후원한 모든 연극

---

* 로마 시대에는 장면이 시작될 때 내려졌다가 끝날 때 올리는 현수막이 사용되었다. 그러나 기원전 5세기 때의 연극이 이를 사용했다는 증거는 확인된 바 없다. 합창단의 간주곡이 막 사이의 커튼 역할을 한 것이 분명하다.
** 연극은 중요도가 덜한 디오니시아 제전이나 레나이아 제전 때도 공연되었으며, 피라이오스에서는 평소에, 아티카 지방 소도시 극장에서는 수시로 공연되었다.

이 우승을 차지했고,[21] 다른 코라고스들은 경비를 아끼느라 전문 무대 의상 업자들에게서 의상을 임대했다.[22] 합창단 연습은 대개 극작가 자신이 맡았다.

연극에서 가장 중요하고 비용이 많이 드는 부분은 합창단이었다. 종종 합창단의 이름이 극의 제목이 되었다. 대부분의 경우 시인은 합창단을 통해 자신의 종교 및 철학관을 표현했다. 그리스 극장사(史)는 합창단이 연극에서 지배력을 잃어 가는 역사이기도 하여, 처음에는 합창단이 전부였지만 테스피스와 아이스킬로스에 이르면 연기자 수는 늘어나는데 반해 합창단의 역할은 줄어들게 되고 기원전 3세기가 되면 완전히 사라지게 된다. 대개 합창단은 전문 가수가 아니라 부족의 시민 중에서 선발된 비전문가로 구성되었다. 이들은 모두 남자로 구성되었고 수는 아이스클로스 이후로 열다섯 명이었다. 이들은 길고 좁은 무대 위에서 춤추고 노래하고 위엄 있게 행진하며 시적인 몸짓으로 극의 대사와 분위기를 표현했다.

그리스 연극에서 음악은 연기와 시에 버금간다. 대개 극작가는 대사뿐 아니라 음악도 작곡했다.[23] 대부분의 대화는 큰소리로 말하거나 낭독되었고, 어떤 경우는 서창(敍唱)조로 불렸다. 주역 배우의 대사에는 서정적인 부분도 있었는데, 이는 틀림없이 솔로나 듀엣, 트리오, 합창단의 제창이나 교창(交唱)으로 불렸을 것이다.[24] 노래는 성부(聲部)나 화성이 없이 단순했다. 반주는 대개 플루트로만 연주되었고, 곡조를 따라 음성과 조화를 이뤄 관객도 따라 부를 수 있었으며 따라서 시는 노랫소리에 묻히지 않았다. 이런 연극은 조용히 읽기만 해서는 제대로 감상할 수 없다. 그리스인에게 있어 말(言)은 시와 음악, 연기, 춤이 서로 어우러져 깊고 감동적인 통일체를 이루는 복잡한 예술 형식의 일부일 뿐이다.*

---

* 음악은 고전 시대(기원전 480〜323년) 문화에서 계속 핵심 역할을 담당했다. 기원전 5세기 작곡가 중 걸출한 인물로 밀레토스의 티모테오스가 있다. 그는 음악이 시를 압도하면서 줄거리와 행동을 표현한 시극을 썼다. 그가 그리스 리라를 11현까지 늘이고 복잡하고 우아한 형식을 실험하여 아테네 보수주의자들을 화나게 했고, 전승에 의하면 이들 보수주의자들은 티모테오스가 막 자살하려 하는데 에우리피데스가 그를 위로하고 뜻을 같이해 곧 온 그리스가 무릎 꿇을 것이라 예언했다고 불만을 토했다.[25]

그럼에도 불구하고 연극은 그런 것이어서, 상은 음악보다는 각본에, 각본보다는 연기에 주어졌다. 뛰어난 연기자는 평범한 연극도 성공작으로 변모시킬 수 있었다.[26] 항상 남자들 몫이었던 연기자는 로마에서처럼 경멸받지 않았으며 오히려 존경의 대상이었다. 그는 군역이 면제되고 전쟁 시에도 연줄을 통해 위험을 피할 수 있었다. 그는 히포크리테스(hypokrites)라 불렸는데, 이 말은 응답자라는 뜻이고 그 대상은 합창단이었다. 연기자가 위선자라는 말과 연결되는 배우로 인식된 것은 나중 일이다. 연기자는 디오니소스 예술가들이라는 강력한 조합으로 조직되었고 그 범위는 전 그리스에 걸쳐 있었다. 연기자들은 무리 지어 도시를 전전하며 각본과 음악을 짓고 의상을 직접 만들고 무대도 스스로 준비했다. 모든 시대에 그런 것처럼, 주연 배우의 수입은 아주 많았지만 이류 연기자들의 수입은 믿을 수 없을 만큼 적었다.[27] 두 부류 모두 도덕성은 정처 없이 방랑하는 이들 정도의 수준이었고, 사치와 가난을 오르내려 안정되고 정상적인 생활을 하기에는 너무 긴장된 삶의 연속이었다.

연기자는 비극과 희극 모두에서 가면을 쓰고 놋쇠로 된 공명기를 입에 물었다. 그리스 극장의 음향 상태와 무대의 가시성은 모두 아주 훌륭했지만, 멀리 있는 관객도 연기자의 목소리를 잘 알아듣고 다양한 성격 표현을 쉽게 식별할 수 있도록 조치를 취할 필요가 있었고, 따라서 미묘한 음성 및 표정 연기가 희생될 수밖에 없었다. 「민회의 여인들」의 에우리피데스나 「구름」의 소크라테스 같은 실제 인물이 무대에 등장하면, 가면은 대개 희화화되어 만들어졌다. 연극의 가면은 종교 행사에서 물려받았는데, 연극에서는 종종 공포와 해학의 수단으로 쓰였다. 희극에도 이 전통은 이어져 그리스 호사가들이나 그렇게 할 수 있을 정도로 우스꽝스럽고 과장되게 만들어졌다. 연기자의 목소리를 키우고 용모도 가면을 통해 확대시킨 것처럼, 몸체도 옷 속을 덧대어 부풀리고 키도 온코스(onkos), 머리 위 돌출물이나 코토르노이(kothornoi), 두꺼운 창을 댄 신발을 이용해 커 보이게 했다. 루키아노스가 말한 것처럼 대체로 고대 연기자는 "무시무시하고 섬뜩한 분위기"를 연출했다.[28]

관객 또한 연극만큼 흥미롭다. 모든 계층의 남녀가 입장이 허락되었고,[29] 기원전 420년 이후에는 국가가 원하는 모든 시민에게 입장료 격으로 2오볼을 지급해 주었다. 남자와 여자가 앉는 좌석은 구분되었고, 창부를 위한 좌석도 따로 있었다. 몸가짐 헤픈 숙녀들 외에는 희극을 멀리하는 것이 당시 일반적인 풍토였다.[30] 예의에 있어서는 다른 땅의 사람들보다 나을 것이 없어 모인 관객들은 경박하고 명랑했다. 청중들은 나무 열매와 과일과 포도주를 먹고 마시면서 관람을 즐겼다. 아리스토텔레스는 공연 중에 소화된 음식량으로 연극의 흥행 여부를 정할 수 있겠다고 했다. 이들은 자리를 다투기도 하고 기분 좋을 때는 박수 치며 환호하고 불쾌하면 야유를 보냈다. 더 격렬하게 항의할 때는 앉아 있던 벤치를 발로 차기도 했다. 화가 나면 올리브나 무화과, 돌을 던져 연기자를 당황하게 했다.[31] 아이스키네스는 모욕적인 연극으로 거의 돌에 맞아 죽을 뻔했고, 아이스킬로스는 엘레우시스 신비 의식의 비밀을 연출했다 하여 거의 죽을 뻔했다. 집을 짓기 위해 돌을 빌린 한 음악가가 다음 공연 때 모을 수 있을 것을 기대하고 그 돌로 갚겠다고 약속했다는 말이 전해진다.[32] 가끔 연기자는 박수 부대를 동원해 쏟아질 야유를 이들의 박수갈채로 잠재우려 했고, 희극 배우들은 군중에게 나무 열매를 던져 우호적인 분위기를 연출했다.[33] 관객은 원할 경우 의도적으로 소동을 일으켜 연극을 중단시키고 다음 연극을 진행하도록 할 수도 있었다.[34] 이런 식으로 지루한 공연 시간이 단축될 수 있었다.

디오니시아 제전에서는 연극이 사흘간 공연되었다. 매일 다섯 편이 공연되었는데, 비극이 세 편, 사티로스극이 한 편 그리고 희극이 한 편이었다.[35] 공연은 아침 일찍 시작되어 해 질 무렵까지 계속되었다. 유일하게 예외적으로 디오니소스 극장에서는 두 번만 공연되었다. 이를 미처 보지 못한 이들은 다른 그리스 도시 극장이나 화려함은 덜하지만 아티카 시골 무대에서 볼 수 있었다. 기원전 480년에서 380년까지 2000여 편의 창작 연극이 아테네에서 공연되었다.[36] 초기에는 비극 3부작은 염소를, 희극은 무화과 한 통과 포도주 한 주전자를 상품으로 받았다. 그러나 황금 시대가 되면 비극은 세 편, 희극은 한 편이 수상하는 것으로 정형화되고 국가가 돈으로 시상했다. 위원회가 지명한 후보자군 중에서 경연 첫날 아침 경연 대회가 열릴 바로 그 극장에서 추첨에 의해 열 명의 심사원이 선출되었다. 마지막 공연이 끝나면 각 심사원은 1, 2, 3등을 정해 점토판에 기록하고 그 점토판을 항아리에 넣는다. 아르콘이 항아리에서 무작위로 다섯 개 점토판을 집는다. 이렇게 뽑힌 다섯 개 판정 결과를 집계해 최종 수상자를 정하고, 나머지 다섯 개 점토판은 그대로 폐기된다. 따라서 누가 심사원이 될지, 또는 마지막 심사원으로 남는 이는 누가 될지 아무도 미리 알 수 없다. 이렇게 주의해도 불법 판정 또는 모종의 협박이 있었다.[37] 플라톤은 군중이 두려워 심사원들이 거의 매번 박수 소리에 따라 판정하며 이런 "연극 정치"가 극작가와 관객의 수준을 떨어뜨린다고 불평했다.[38] 경연이 끝나면 우승한 시인과 코라고스가 담쟁이덩굴 관을 쓰고, 가끔 리시크라테스의 코라고스 대좌처럼 자신의 승리를 기념해 기념비를 세웠다. 왕들도 이 관을 다투었다.

극장의 규모와 축제 전통이 대부분 그리스 연극의 성격을 결정했다. 표정 연기나 음성 조절로 뉘앙스를 전달할 수 없었기 때문에, 디오니소스 극장에서 미묘한 성격 묘사가 행해지는 경우는 드물었다. 그리스 연극은 운명, 즉 신과 다투는 인간에 대한 연구였고, 엘리자베스 시대 연극은 행위, 즉 인간과 다투는 인간에 대한 연구였으며, 현대 연극은 성격, 즉 자신과 다투는 인간에 대한 연구다. 아테네 관객은 묘사되는 각 인물의 운명과 행위의 주제를 미리 알았다. 기원전 5세기에는 종교 관습이 여전히 강해 디오니소스 연극의 주제는 초기 그리스인들의 신화와 전설에서 전해져 온 얘기들로 제한되었다.* 여기에는 긴장도 놀람도 없었지만, 대신 기대와 공감의 즐거움이 있었다. 이후 극작가들은 같은 관객에게 같은 얘기를 계속 들려준다. 달라지는 것은 시와 음악, 해석과 철

---

* 이후 역사를 주제로 한 연극이 몇 편 있었다. 이들 중 유일하게 현존하는 것은 아이스킬로스의 「페르시아 여인들」뿐이다. 기원전 493년경, 프리니코스가 「밀레토스의 함락」을 공연했다. 그러나 아테네인들은 자매 도시가 페르시아에 함락된 것이 너무 슬퍼 프리니코스에게 1000드라크마를 벌금으로 물리고 이 연극의 재공연을 금지했다.[39] 테미스토클레스가 아테네인들이 대(對)페르시아 전쟁에 적극 임하게 할 목적으로 공연을 은밀히 준비했다는 암묵적인 증거가 있다.[40]

학이었다. 철학마저도 에우리피데스 이전에는 전통에 따랐다. 아이스킬로스에서 소포클레스까지 그 중심을 흐르는 주제는 무례한 참견과 불경한 오만(히브리스(hybris))은 신 또는 비인격적인 운명의 질시를 받아 인과응보의 형벌을 받는다는 것이었고, 양심과 명예, 겸손한 절제(아이도스(aidos))의 지혜를 품으라고 계속해서 지적한다. 그리스 연극이 문화사의 새 형식이 될 뿐 아니라 거의 최초임에도 다시 이룰 수 없는 장엄함을 달성할 수 있었던 것은 다름 아니라 철학과 시, 연기, 음악, 노래, 춤이 한데 어우러져 이처럼 멋지게 조화를 이룬 데 있었다.

3. 아이스킬로스

전혀 처음이 아니었다. 전통과 역사에 있어 수많은 인재가 한 천재를 위해 길을 준비하듯 안타깝게 그 영예를 돌릴 수 없는 일부 군소 작가들이 테스피스와 아이스킬로스 사이에 있었다. 전쟁 후 교역과 제국 정책으로 부가 축적되어 열광적인 노래와 합창 가무단의 화려한 경연이 꽃피워질 디오니소스 제전의 재정 기반이 준비되는 동안, 아테네에 위대한 연극의 시대를 열도록 자부심을 안겨 주고 고무시킨 것은 바로 대제국 페르시아에 대한 승리였을 것이다. 아이스킬로스는 개인적으로 이러한 고무감과 자부심을 모두 느꼈다. 기원전 5세기의 많은 그리스 작가들처럼 그도 글로 표현한 대로 살았고 말하는 법뿐만 아니라 행동하는 법도 알았다. 기원전 499년에 그는 26세의 나이로 첫 희곡을 발표한다. 기원전 490년에 그와 두 형제는 마라톤 전투에 참전해 용감히 싸웠으며, 아테네는 그림으로 그들의 용맹을 기릴 것을 명했다. 기원전 484년에 그는 디오니소스 제전에서 처음 우승한다. 480년에는 아르테미시온과 살라미스 해전, 479년에는 플라타이아 전투에 참전한다. 476년과 470년에는 시라쿠사를 방문해 히에론 1세의 환대를 받는다. 한 세대 동안 아테네 문학을 지배한 후, 기원전

468년에 젊은 시절의 소포클레스에게 연극 대상을 빼앗기지만, 467년에 「테베를 공격한 일곱 장수」로 정상을 다시 탈환하고 458년에는 「오레스테이아」 3부작으로 마지막 가장 위대한 승리를 차지한다. 기원전 456년, 그는 시칠리아로 다시 돌아와 그해 죽음을 맞이했다.

그리스 연극이 고전적인 형식을 갖추도록 하기 위해서는 이처럼 정열적인 인물이 필요했다. 테스피스의 합창단에서 뽑힌 한 명에 두 번째 연기자를 추가하여 디오니소스 찬가를 오라토리오에서 연극으로 완성시킨 이는 바로 아이스킬로스였다.* 그는 70편의 희곡(90편이라 하는 이들도 있다.)을 썼고, 이 중 처음 3편은 범작이다.** 가장 유명한 작품은 「결박당한 프로메테우스」이고, 가장 위대한 작품은 「오레스테이아」 3부작이다.

고대 권위자들 중 이에 대해 언급하는 이는 없지만, 「결박당한 프로메테우스」 또한 3부작의 일부였을 수 있다. 아이스킬로스의 사티로스극이 「불을 가져다준 프로메테우스」라고 불렸다는 말이 있지만, 이는 「결박당한 프로메테우스」와 관계없이 전혀 다른 맥락에서 창작되었다.[41] 아이스킬로스의 「결박 풀린 프로메테우스」가 일부 단편적으로 전해진다. 이들은 거의 가치가 없지만, 열정적인 학자들은 원본이 완벽히 보존되어 있기만 하다면 아이스킬로스가 현존 희곡이 이 영웅의 행적에 끼워 넣은 모든 이설에 충분히 답하고 있음을 확인할 수 있으리라 단언한다. 이처럼 아테네 관객이 종교 행사에서 티탄(프로메테우스는 티탄족에 속한 신임 – 옮긴이)의 불경함을 참아야 했다는 것은 주목할 만하다. 연극이 시작되면, 불 다루는 법을 인간에게 가르쳐 주었다는 사실에 화가 난 제우스의 명으로 헤파이스토스가 프로메테우스를 카프카즈 산 바위에

---

* 아이스킬로스에게 연기자는 둘뿐이었지만, 이들이 연극에서 맡은 역할도 두 배역이 동시에 무대에 서야 하는 장면에만 국한되었다. 합창단의 리더도 가끔 세 번째 연기자로 등장했다. 시종, 병사 등 사소한 배역은 연기자로 간주되지 않았다.

** 「탄원하는 여인들」은 초기 형태의 하나로 합창단이 완전히 주도한다. 「페르시아인들」 또한 대부분 합창으로 진행되며 살라미스 해전을 생생하게 묘사한다. 「테베를 공격한 일곱 장수」는 3부작의 세 번째 연극으로 라이오스 왕과 그의 왕비 요카스타, 그 아들 오이디푸스의 부친 살해 및 근친상간, 그리고 오이디푸스 아들들의 테베 왕위 계승 다툼에 대해 얘기한다.

결박하는 장면이 등장한다. 헤파이스토스는 말한다.

> 사려 깊은 현인이신 테미스의 아들이여!
> 이제 사람이 구경조차 하지 못한 먼 산속 암벽에
> 쇠사슬에 묶여 있는 그대 모습이 너무 가련하구나.
> 도와주려 찾아 헤매도
> 그들을 그렇게 사랑했던 그대를 찾을 수 없고,
> 잔인한 햇볕에 아름다운 꽃이 시들어가 듯
> 이제 그대도 죽어 가는구나.
> 별이 아름답게 수놓은 밤이 찾아와 그늘 드리우며
> 당신을 위로하고 시원하게 한 후에
> 아침 햇살이 서리를 또다시 녹여도
> 위태한 위험에서 그대를 구해 줄 이 없어 애가 타는구나.
> 사람을 사랑한 결과가 이런 것일 줄이야!
> 준엄한 제우스 신도, 새 왕들도 참으로 무정하구나.[42]

울퉁불퉁한 바위에 맥없이 매달린 프로메테우스는 올림포스 산을 향해 완강히 저항하며, 미개한 인간들에게 문명을 전해 준 자신의 공적을 자랑스럽게 회상한다. 그때 인간들은,

> 햇볕 들지 않는 동굴 속에서 땅 밑 개미들처럼 살았지.
> 이들에겐 겨울철 분명한 징조도, 꽃향기 가득한 봄도,
> 풍성한 과실이 열리는 여름도 없었지.
> 이들이 그처럼 무지하고 무법한 처지에 있을 때,
> 나는 별이 얼마나 신비롭게 뜨고 지는지 가르쳐 주었고,
> 그들을 위해 숫자를 고안하고,

철학의 씨앗과 모든 문예, 기술들,

그리고 달콤한 뮤즈 신의 기억을 전해 주었지.

이 비굴한 짐승들에게 멍에를 처음 씌워 준 이는 나였어.

배를 생각해 낸 이도 다름 아닌 바로 나였어.

죽을 수밖에 없는 이 미미한 존재들을 위해 이 모든 것을 이룬

이 내가,

정작 나를 위해서는 어떤 것도 할 수 없다니.[43]

　온 세상이 그를 슬퍼한다. "그들이 함께 떨어질 때 바다의 파도가 울부짖고 깊음이 신음하며 죽음 너머 깊은 동굴 속에서 비탄이 터져 나온다." 모든 국가가 이 정치범에게 애도를 표해 고통은 누구에게나 찾아오는 것이라 위로한다. "슬픔은 세상을 배회하다 모든 이의 발 앞에 자리 잡는다." 그러나 그들이 할 수 있는 일은 아무것도 없다. 대양(大洋)의 신 오케아노스가 "정의 대신 잔인함으로 통치하는 이를 떠올리며" 그에게 포기할 것을 권하고, 오케아노스의 딸 오케아니드들은 이런 시련을 당할 만큼 인간들이 가치가 있는지 노래한다. "아닙니다. 당신의 고통은 쓸데없는 희생일 뿐입니다. 오, 사랑하는 이여. …… 당신은 인간이라는 종족이 얼마나 무력한지 보지 못했습니까? 사슬에 묶인 몽상가여."[44] 그럼에도 불구하고 그들은 그를 그토록 흠모하여 제우스가 그를 타르타로스에 내던지려 위협할 때 그와 함께하고, 그들과 프로메테우스를 벼락으로 쳐 심연의 깊은 나락에 빠뜨리려고 할 때 그와 같이 이에 맞선다. 그러나 프로메테우스는 신이어서 죽음의 위로마저 그를 외면한다. 3부작 중 유실된 결말 부분에서 그는 타르타로스에서 끌어올려져 다시 산 위 암반에 사슬로 묶이고, 제우스가 보낸 독수리가 티탄의 가슴을 쪼아 먹는다. 그의 가슴은 낮 동안 독수리에 쪼아 먹히는 만큼이나 빨리 밤사이에 회복된다. 이런 식으로 프로메테우스는 인간 시대가 13세대가 지나기까지 고통을 당한다. 그때 친절한 거인 헤라클레스가 독수리를 죽이고, 프로메테우스를 풀어 주도록 제우스를 설득한다.

티탄은 후회하며 전능자와 화해하고 숙명의 쇠 반지를 손가락에 낀다.

아이스킬로스는 이 단순하면서도 힘 있는 3부작에서 '인간은 피할 수 없는 운명과 다툰다.'는 그리스 희곡의 주제와 '반항적인 사상과 전통적인 믿음 간의 갈등'이라는 기원전 5세기 그리스인의 삶의 주제를 정립한다. 그의 결론은 보수적이지만, 그는 반항자의 처지를 이해하고 충분히 동정한다. 에우리피데스에게서도 올림포스 신들에 대해 이처럼 비판적인 시각을 발견할 수 없다. 이 것은 시인의 신앙심에도 불구하고 타락한 천사가 이야기의 주인공이 되는 또 다른 「실낙원」이다. 추측건대 밀턴(Milton)은 사탄에 대해 그토록 감동적인 표현으로 구상하면서 아이스킬로스의 티탄을 종종 떠올렸을 것이다. 괴테 역시 이 희곡을 좋아해 프로메테우스를 불경한 젊은이의 표상으로 활용했다. 바이런(Byron)은 거의 모든 경우 그를 자아의 모델로 삼았다. 항상 운명과 불화한 셸리(Shelley)는 굴하지 않는 반항자가 서 있는 「결박 풀린 프로메테우스」의 삶으로 이야기를 전개해 갔다. 이 전설에는 여러 가지 비유가 담겨 있다. 지식의 나무는 고통을 열매 맺는다. 미래를 아는 것은 가슴을 갉아먹는 것이다. 해방자는 항상 시련을 당한다. 결국 모든 이는 한계를 받아들이고 목표를 이루기 위해 그 본질을 넘어서는 안 된다. 이는 고귀한 주제이며, 아이스킬로스가 장엄한 언어로 「프로메테우스」를 "웅장한 형식"의 비극으로 만들 수 있도록 도와준다. 지식과 미신, 계몽과 반계몽, 독창성과 교조주의 간의 다툼이 이토록 강렬하게 묘사되고 상징과 말로는 더 이상 표현하지 못할 정도로 씌어진 작품은 다시없다. 슐레겔(Schlegel)은 "다른 그리스 비극 작가들의 작품도 아주 비극적이지만, 이 작품이야말로 비극 그 자체다."라고 말했다.[45]

그럼에도 불구하고 「오레스테이아」가 이보다 뛰어나며, 그리스 희곡 중에서, 아니 모든 희곡 중에서 가장 뛰어난 작품이라는 데 아무도 이의를 제기하지 않는다.[46] 「오레스테이아」는 기원전 458년 아마 「결박당한 프로메테우스」가 발표된 지 2년 후, 시인이 죽기 2년 전에 발표되었다. 작품의 주제는 숙명적으로 폭력은 폭력을 부르게 되어 있으며 지나친 오만은 후대까지 형벌을 부른다는 것이다. 오늘날은 이를 전설이라 부르지만 그리스인들은 역사라 했으며 올바른 판단일 것이다. 그리스의 더 위대한 극작가 중 한 사람이 말한 것처럼 이 이야기는 「탄탈로스의 아이들」이라 부를 수 있는데, 그 이유는 오랫동안 이어지는 범죄의 도화선이 되고 신주(神酒)와 신찬(神饌)을 훔쳐 자기 아들 펠롭스에게 줌으로써 복수의 여신의 분노를 초래한 자가 바로 분별없이 자신의 부를 과신했던 프리기아 왕이었기 때문이다. 어느 시대나 분수에 걸맞지 않게 부를 모은 자는 그 부로 자식을 망치는 법이다. 우리는 펠롭스가 어떻게 비열한 방법으로 엘리스의 왕위를 차지하고 동료를 살해했으며, 자신이 속이고 죽인 왕의 딸과 결혼했는지 보았다. 그는 히포다메이아에게서 아이 셋을 얻었는데, 티에스테스와 아이로페, 아트레오스가 그들이다. 티에스테스가 아이로페를 욕보였다. 아트레오스는 누이에 대한 복수로 티에스테스의 아들을 음식으로 요리해 티에스테스를 대접했다. 이에 대해 티에스테스의 딸이 낳은 티에스테스의 아들 아이기스토스가 아트레오스와 그 후손에 대한 복수를 맹세한다. 아트레오스에게는 아들 둘이 있었는데, 아가멤논과 메넬라오스가 그들이다. 아가멤논은 클리타임네스트라와 결혼해 딸 둘 이피게니아와 엘렉트라, 아들 오레스테스를 낳는다. 트로이로 항해하던 중 바람이 멈춰 아울리스에 정박하게 된 아가멤논은 바람을 일으키려 이피게니아를 제물로 바쳐 클리타임네스트라가 치를 떨게 만든다. 아가멤논이 트로이를 포위 공격하는 동안, 아이기스토스가 침울함에 빠진 그의 아내를 꾀는 데 성공하고 왕을 죽이기로 모의한다. 여기까지가 아이스킬로스가 줄거리로 삼은 대목이다.

전쟁이 끝났다는 소식이 아르고스에 전해지고, 거만한 아가멤논이 "철갑을 두르고 그의 분노에 어쩔 줄 몰라 하는 병사들과 함께" 펠로폰네소스 해안에 상륙해 미케네로 향하고 있다. 장로들의 합창단이 왕궁 앞에 나타나 아가멤논이 이피게니아를 버린 일을 불길한 영창조로 회상한다.

꼭 해야 한다는 이 생각이 그에게 힘을 주어

그의 마음에 기이하고 어두운 상념의 태풍이 일게 하더니,

그가 일어나 끔찍한 일을 결심했다.

어처구니없는 욕심이 인간을 눈멀게 하고 담대하게 하더니,

결국 후회와 슬픔으로 인도한다.

그렇다, 이 자체가 바로 슬픔이다.

그의 마음이 돌처럼 굳어지고 무정해져

자기 아이를 살해하고 여인의 웃음을 그치게 하며,

그의 배를 안도케 한다.

세 번째 잔을 부으며

누구도 함께하지 못한 짧은 노래를 부르고,

진노를 가슴에 담고 스카프를 던지며

각 사람의 마음을 연민의 눈으로 바라보았다.

어린 소녀가 아버지 앞에서 춤췄고,

그녀는 남자의 사랑을 가까이하지 못한

순결한 작은 소녀였다.[47]

아가멤논의 전령이 들어서며 왕의 도착을 알린다. 아이스킬로스는 뛰어난 상상력으로 오랫동안 떠났다가 고향 땅을 밟은 이 순진한 병사의 기쁨을 잘 이해한다. 이제 이 전령은 "신의 뜻이라면, 죽어도 좋다."라고 소리친다. 그는 합창단을 향해 전쟁의 공포와 역겨움, 빗속 뼈 안까지 파고들던 한기, 머리칼을 스멀스멀 기어 다니던 이, 호흡조차 어려웠던 일리온의 여름철 뜨거운 열기, 새들이 다 얼어 죽은 맹추위 등 온갖 역경을 얘기한다. 클리타임네스트라가 우울하고 신경질적인 모습으로, 그러면서도 거만한 표정으로 왕궁을 나와 아가멤논을 환영할 준비를 갖추라고 지시한다. 아가멤논이 군대의 호위를 받으며 왕

의 전차에 올라 승리에 찬 자부심으로 우뚝 선다. 그 뒤로 또 다른 전차가 뒤따른다. 그 위에는 트로이 공주이자 여제사장이며 아가멤논의 욕망에 분개하는 노예로 그의 징벌을 통렬히 예언하고 자신의 죽음도 음울하게 내다보는 검은 피부의 아름다운 카산드라가 타고 있다. 클리타임네스트라가 왕에게 이 귀환을 학수고대하며 기다린 날들을 영악하게 회고한다. "진정 당신을 기다리느라 내 눈물샘이 말라 한 방울도 남지 않았습니다. 오랜 세월 돌아올 모습을 지켜보느라 지쳐 버린 내 눈 속에서 승리의 소식이 지체됨을 얼마나 슬퍼했는지 볼 수 있을 겁니다. 당신에 대한 악몽에 시달리다 잠깐 잠을 청하며 뒤척이다, 윙윙거리는 각다귀 소리에 깜짝 놀란 때가 한두 번이 아니었습니다."[48] 그는 그녀의 진심을 의심스러워하며 자기 말 장식으로 허비한 돈을 뚱하게 꾸짖고, 그녀를 따라 왕궁으로 들어간다. 카산드라도 체념하고 그를 뒤따른다. 장면이 일시 정지된 긴장감 속에서 합창단이 사악함을 예고하며 부드럽게 노래한다. 그 다음 안에서 모든 시선이 집중되는 외침, 아이기스토스와 클리타임네스트라에 의한 아가멤논의 죽음을 알리는 외침이 들린다. 문이 열리고, 클리타임네스트라가 손에 도끼를 들고 이마에 피를 묻힌 채 카산드라와 왕의 시체 위에 기세등등하게 서 있다. 합창단이 마지막을 노래한다.

사랑으로 항상 나를 지켜 왔던 내 목자가

이제 바다 깊음 속에 눕게 되니,

내 죽음의 시간도 신의 허락 아래

갑자기 긴 고통 없이 임해,

나로 순식간에

다시 깨지 못할 영원한 수면으로

인도하길 바란다.[49]

3부작의 두 번째 극 「코에포로이(Choephoroe)」, 즉 「제주(祭酒)를 바치는 여인들」은 왕의 무덤에 제물을 바치러 가는 여인들의 합창단에서 그 제목을 땄다. 클리타임네스트라는 어린 아들 오레스테스를 멀리 포키스로 보내며 아버지의 죽음을 잊기를 바란다. 그러나 거기서 늙은 노인들이 그에게 "흘려진 피는 새 피를 열망한다."라는 예로부터 전해지는 복수의 법칙을 얘기한다. 암흑 시대에 국가는 살인에 대한 형벌을 죽은 이의 친척에게 맡겼던 것이다. 또한 사람들은 살해된 자의 영혼은 복수가 이루어질 때까지 쉬지 못한다고 믿었다. 어머니와 아이기스토스를 죽여야 한다는 자신의 운명에 괴로워하던 오레스테스는 친구 필라데스와 함께 아르고스에 숨어들어 아버지의 무덤을 찾아 거기 자기 머리카락 한 타래를 바친다. 제주를 바치러 오는 발소리를 듣고 젊은이들은 몰래 숨어 오레스테스의 누이 엘렉트라가 여인들과 함께 와 무덤 위에 서서 아가멤논의 영혼에게 오레스테스가 복수하게 해 달라고 간청하는 소리를 넋을 잃고 듣는다. 오레스테스가 모습을 나타낸다. 통탄하는 마음으로 그녀는 그의 순진한 마음에 어머니를 죽여야 한다는 생각을 불어넣는다. 젊은이들은 상인으로 변장하고 왕궁에 들어간다. 클리타임네스트라가 그들을 환대한다. 그러나 그녀가 포키스로 보낸 소년이 죽었다는 얘기로 그녀 마음을 떠보았을 때 그녀가 슬픔으로 가장하고 은밀히 기뻐하는 것을 눈치채고 오레스테스는 충격을 받는다. 그녀는 아이기스토스를 불러 두려워하던 복수자가 사라졌다는 소식으로 함께 기뻐한다. 오레스테스는 그를 살해한 후 왕궁으로 어머니를 쫓아 들어가고, 잠시 후 어머니 살해범이 되어 이미 반쯤 미친 상태로 나온다.

> 내가 아직 미치지 않았을 때, 여기 있는 나는
>
> 나를 사랑하는 모든 이에게 선언하노라. 그리고 고백하노라.
>
> 어머니를 살해했다는 것을.[50]

세 번째 극에서 오레스테스는 시인이 겉으로 표현한 소년의 망상 속에서 범죄자를 벌주는 것이 자기 일인 에리니에스(Erinnyes), 곧 복수의 여신들에게 쫓긴다. 그 완곡하고 탄원적인 제목 에우메니데스(Eumenides), 곧 자비를 비는 자들에서 이 극의 이름이 붙여진다. 오레스테스는 모든 사람이 피하는 부랑자다. 그가 어디로 가든 복수의 여신이 그의 피를 갈망하는 유령처럼 그에게 매달린다. 그는 델포이에서 아폴론의 제단에 자신을 내던지고 아폴론이 그를 위로한다. 그러나 클리타임네스트라의 어두운 그림자가 땅에서 올라와 자기 아들을 내버려 두지 말라고 복수의 여신에게 간청한다. 오레스테스는 아테네로 가 아테나 신전 앞에 무릎 꿇고 구원을 호소한다. 그의 말을 들은 아테나는 그에게 "고통으로 깨끗해졌다."라고 말한다. 복수의 여신들이 이에 항의하자, 아테나는 아레오파고스 회의에서 오레스테스의 사건을 재판하도록 그들을 소집한다. 마지막 장면은 이 이상한 재판을 피의 복수를 법으로 대체하는 상징으로 보여준다. 도시의 여신 아테나가 의장이다. 복수의 여신이 오레스테스에게 복수하기 위해 사건을 진술하고 아폴론이 그를 변호한다. 법정은 양분된다. 아테나가 오레스테스 편에 서서 투표권을 행사하고 무죄를 선언한다. 그녀는 살인자를 신속히 재판하여 그 땅을 숙원에서 벗어나게 하고 지혜로 모든 이를 괴롭히는 위험에서 국가를 지키기 위해 아레오파고스 회의를 아티카의 최고 법정으로 정한다. 여신은 공정한 말로 낙담한 복수의 여신들을 달래고 설득해, 그들 중 우두머리가 "오늘 새 법이 탄생했다."라고 말한다.

「오레스테이아」는 『일리아드』와 『오디세이』 이후 그리스 문학의 최고봉이다. 여기에는 드넓은 구상, 생각과 행동의 일체성, 힘찬 극적 전개, 인물에 대한 이해, 전체적으로 보아 셰익스피어 이전에는 다시 맛볼 수 없는 장려한 형식 등이 있다. 3부작은 잘 구성된 세 개의 막이 아주 긴밀하게 짜인 형태다. 각 부분은 다음 부분의 전조가 되며 논리적인 필연성으로 이어지게 한다. 극이 진행되고 주제의 긴장감이 고조되면서, 이 이야기가 그리스인들을 얼마나 깊이 감동시켰을지 비로소 흐릿하게 이해되기 시작한다. 심지어 네 번의 살인에 대해서조차 말이 장황하고, 서정시가 자주 모호해지며, 은유가 심하고, 언어도 가끔 둔중하고 거칠고 경직된 것이 사실이다. 그럼에도 불구하고 이들 합창곡은 이 분야에서 단연 으뜸이어서 장중함과 부드러움으로 충만하고 용서라는 새 종교와 잊히고 있는 정치 질서의 덕을 감동적으로 호소하고 있다.

둘 사이의 간격이 불과 2년밖에 되지 않는데도 「오레스테이아」는 진보적인 「프로메테우스」 저쪽 보수주의 편에 서 있다. 기원전 462년에 에피알테스가 민회를 점령하고 그 다음 해 암살되었다. 기원전 458년에 아이스킬로스는 「오레스테이아」에서 아레오파고스 회의를 아테네 정체 중 가장 지혜로운 체제라 변호한다. 이제 임종을 지적에 둔 시인은 젊은이보다는 늙은이를 더 쉽게 이해할 수 있었다. 아리스토파네스처럼 그도 마라톤 전사들의 덕을 갈망했다. 아테나이오스는 아이스킬로스가 위대한 술꾼이었다고 우리가 믿기를 바라겠지만,[51] 「오레스테이아」에서 그는 죄와 형벌의 비극에 대해 설교하고 지혜는 고통에서 얻어진다고 가르치는 청교도의 모습이다. 오만과 응보의 법칙은 업보 또는 원죄의 또 다른 교리이다. 모든 악행은 밝혀지며, 당대나 후대에 보응을 받는다. 이런 식으로 그리스 사상은 그 재판에서 악과 신을 화해시킨다. 모든 고통은 죄에서 비롯된다. 그 죄가 이미 죽은 세대의 죄라 할지라도 그렇다. 「프로메테우스」의 시인은 순진한 경건주의자가 아니었다. 그의 연극은 「오레스테이아」에서조차 이설로 널려 있다. 그는 비밀 의식을 표현하여 공격받았으며, 민회 앞에서 살라미스 해전 당시 입은 상처를 내보이면서 중재에 나선 형제 아메이니아스의 도움으로 겨우 벗어날 수 있었다.[52] 그러나 아이스킬로스는 도덕성은 반사회적 충격에서 자신을 지키기 위해 초자연적 존재의 도움을 필요로 한다고 확신했다. 그는 다음과 같이 노래한다.

> 목신인지, 제우스인지, 아니면 아폴론인지,
>
> 저 높은 곳에서 듣고 있는 그가
>
> 불법한 자들에게 진노를 내려
>
> 그들을 따르게 한다.[53]

바로 가책과 응보의 집행자, 복수의 여신이다. 그는 근엄한 경외감으로 종교에 대해 말하고, 다신교를 넘어 유일신에 이르려 애쓴다.

> 제우스여, 제우스여, 그가 누구든,
>
> 그가 이 이름을 즐겨 듣기 원하신다면,
>
> 내가 부르는 이가 바로 그일 것입니다.
>
> 땅과 바다와 하늘 그 어디를 둘러보아도
>
> 그를 피해 숨을 곳은 아무 데도 없나이다.
>
> 그만이 구원자시니,
>
> 죽기 전
>
> 내 영혼이 이 허무의 짐을 벗나이다.[54]

그는 제우스를 의인화된 사물의 본질, 법 또는 세계 이성과 동일시한다. "운명이자 아버지이며 전지자(全知者)인 법은 여기서 하나로 모인다."[55]

그의 걸작의 이 마지막 구절은 시인으로서의 그의 마지막 말이었을 것이다. 「오레스테이아」를 발표하고 2년이 지난 후, 그는 다시 시칠리아에 모습을 나타낸다. 어떤 이들은 심사원들보다 더 진보적이 된 관객이 3부작을 좋아하지 않았을 거라 믿는다. 그러나 이 생각은 아테네인들이 몇 년 후 관례와 정반대로 그의 희곡을 디오니소스 극장에서 계속 공연해도 좋으며 합창단은 공연을 후원한 이에게 맡겨야 한다고 판결한 사실과 거의 조화를 이루지 못한다. 많은 공연이 이루어졌고 아이스킬로스는 죽은 후에도 계속 우승을 차지했다. 한편 시칠리아의 옛 구전에 의하면 아이스킬로스는 독수리가 돌로 오해하고 그 대머리에 떨어뜨린 거북이에 맞아 죽었다고 한다.[56] 그가 묻힌 무덤의 비문에는 참으로 이상하게도 그의 희곡에 대해서는 한 마디도 없고 그의 흉터를 인간적으로 자랑한 글이 남아 있다.

이 돌 아래 아이스킬로스가 누워 있다.

그에 대해 잘 아는 마라톤의 수풀과 장발의 페르시아인이

그 고귀한 용맹을 이야기한다.

4. 소포클레스

기원전 468년에 아이스킬로스를 물리치고 우승의 영예를 안은 이는 갓 스물일곱 살 난 신출내기로, 그는 지혜롭고 영예로운 자라는 뜻의 이름을 가졌다. 소포클레스는 최고의 행운아이면서 동시에 거의 최악의 염세주의자였다. 그는 아테네 근교 콜로노스 출신이고, 무기 제조업자의 아들이어서 대부분의 아테네인들이 페르시아 전쟁과 펠로폰네소스 전쟁으로 피폐해 있을 때 안락한 생활을 유지할 수 있었다.[57] 그는 부유할 뿐 아니라 천재적이었고 잘생겼으며 또한 건강했다. 그는 레슬링과 음악을 동시에 석권해, 플라톤이 그 자리에 있었다면 분명 그 조화로움에 탄복했을 것이다. 그는 공 놀리기와 하프 연주에 아주 능해 어느 쪽이든 대중 앞에서 그 재주를 과시할 수 있었다. 살라미스 해전 이후 아테네가 춤과 노래 경연을 위해 누드 차림의 젊은이들을 이끌 리더로 지목한 이가 바로 소포클레스였다.[58] 말년에도 그는 미남이었다. 라테란 박물관에 서 있는 그의 조각상은 늙고 수염을 기르고 통통하긴 하지만 여전히 원기 왕성하고 키가 크다. 그는 아테네 최전성기에 성장했다. 그는 페리클레스의 친구로서, 그 아래에서 고관을 역임하고 기원전 443년에는 제국의 재무 행정관이 되었다. 440년에는, 페리클레스가 그의 병법보다는 시를 더 좋아했다는 사실이 고려되어야겠지만, 페리클레스의 사모스 원정대의 아테네군 장군 중 한 명으로 임명되었다. 시라쿠사에서 패주한 후 그는 공안위원회에 선출되고,[59] 기원전 411년 이 자격으로 과두 정체에 표를 던진다. 사람들이 즐거워한 것은 그의 정치 경력이 아니라 인품이었다. 그는 온화하고 재치 있고 겸손했으며, 이런 천

부적인 매력이 그의 모든 결점에 대해 면죄부가 되었다. 그는 돈[60]과 소년[61]을 좋아했지만, 노년에는 창부에게 눈을 돌렸다.[62] 그는 매우 독실해 이따금 제사장직에 임명되기도 했다.[63]

그는 113편의 희곡을 썼지만 현재 7편만 남아 있으며, 그 씌어진 연대순도 거의 밝혀져 있지 않다. 그는 디오니시아 제전에서 18회, 레나이아 제전에서 2회 우승했다. 첫 우승은 25세 때였고 마지막 우승은 85세 때였다. 그는 30년간 페리클레스가 아테네를 지배한 것보다 더 완벽하게 아테네 무대를 지배했다. 그는 배우 수를 세 배로 늘렸으며, 자신도 직접 성대가 상해 어쩔 수 없을 때까지 배역을 맡아 연기했다. 그는 (그 이후 에우리피데스도) 아이스킬로스의 3부작 형식을 버리고 세 편이 별도 완결 형태로 구성된 연극 형식을 선호했다. 아이스킬로스는 등장인물의 빛을 가리는 보편 주제에 관심을 둔 데 반해, 소포클레스는 인물에 관심이 있었으며 심리학적 재능에 있어 거의 현대적이었다. 「트라키아 여인들」은 외견상 선풍적인 인기를 모은 멜로드라마였다. 남편 헤라클레스의 이올라에 대한 사랑을 의심한 데이아니라는 우연히 독이 든 옷을 그에게 보내고 그 옷으로 그가 죽음에 이르자 스스로 목숨을 끊는다. 여기서 소포클레스의 관심을 끈 것은 아이스킬로스에게는 중심 주제가 되었을 헤라클레스의 형벌도 아니었고, 에우리피데스의 마음을 사로잡았을 불타는 사랑도 아니었으며, 바로 질투심이라는 심리 문제였다. 마찬가지로 「아이아스」에서도 영웅의 용맹은 관심 밖의 문제다. 시인이 주목한 것은 한 인간의 미쳐 가는 모습이었다. 「필록테테스」에서는 행위가 거의 없다. 상처 입은 순박한 영혼과 교묘한 불성실에 대한 진솔한 분석이 중심 내용이다. 「엘렉트라」에서 이야기는 그 역사가 오랜 만큼이나 가볍다. 아이스킬로스는 이야기에 내포된 도덕 문제에 심취했었다. 그러나 소포클레스는 정신 분석학적인 냉정함으로 젊은 여인의 어머니에 대한 미움에 몰입하다 보니 이를 거의 무시한다. 이 연극의 제목은 「오이디푸스 왕」이 그런 것처럼 신경증의 한 명칭이 되어 한때 널리 입에 오르내렸다.

「오이디푸스 왕」은 가장 유명한 그리스 희곡이다. 그 처음 장면이 참 인상적인데, 남자와 여자들, 소년 소녀들과 갓난아기들이 서로 뒤섞인 채 탄원의 표식인 월계수와 올리브 가지를 들고 테베 왕궁 앞에 앉아 있다. 역병이 도시를 덮쳤고, 시민들이 오이디푸스 왕에게 신께 제사를 드리도록 간청하러 모인 것이다. 누군지는 알 수 없지만 이전 왕 라이오스를 죽인 암살범을 제물로 바쳐야만 역병이 사라질 것이라는 신탁이 발표된다. 오이디푸스는 테베에 그처럼 큰 재앙을 초래한 살인자에게 혹독한 저주를 내린다. 이것은 호라티우스가 권한 'in medias res'('사건 중심으로'라는 뜻 – 옮긴이)를 던진 후 설명이 이어지는 기법의 완벽한 사례다. 그러나 물론 관객은 그리스 민간전승의 일부인 이 라이오스와 오이디푸스, 스핑크스에 대한 이야기를 알고 있다. 전승에 의하면 헬라스에 괴이한 악을 끌어들였기 때문에 라이오스와 그 아이들에게 저주가 내렸다.[64] 이후 세대를 계속 파멸시킨 이 범죄의 결과는 그리스 비극의 전형적인 주제가 되었다. 신탁에 의하면 라이오스와 왕비 요카스타는 아버지를 살해하고 어머니와 결혼하게 될 아들을 가질 것이었다. 세계 역사상 유일하게 부모가 첫 아이로 여자아이를 원한다. 그러나 사내아이가 태어났다. 신탁의 저주를 피하기 위해 그는 언덕에 버려진다. 한 목동이 그를 발견하고 부어오른 발 때문에 그를 오이디푸스라 이름 짓고는 코린토스의 왕과 왕비에게 데려간다. 그는 코린토스의 왕자로 자란다. 건장한 사내로 자란 오이디푸스는 다시 신탁을 통해 자신이 아버지를 죽이고 어머니와 결혼할 운명을 타고났다는 것을 알게 된다. 코린토스의 왕과 왕비를 자기 부모로 알고 있는 그는 그 도시를 떠나 테베로 발걸음을 옮긴다. 도중에 그는 한 노인을 만나고 이 노인이 자기 아버지라는 사실을 모른 채 그와 다투다가 죽이게 된다. 테베에 거의 다다를 즈음 그는 여자 얼굴에 사자 꼬리를 하고 새의 날개를 단 스핑크스와 마주친다. 스핑크스는 오이디푸스에게 그 유명한 수수께끼를 낸다. "발이 네 개이면서 세 개이고 두 개인 것은 무엇이냐?" 이 수수께끼에 답하지 못하면 누구든 죽음을 당했다. 겁에 질린 테베인들은 이 괴물이 없어지기를 간절히 바라는 마음에 수수께끼를 푸는 자는 그가 누구든 다음 왕으로 삼겠다고 맹세했다. 스핑크스가 이미 누구든 이 수수께끼를 풀면 스스로 자결하겠다고 약속했던 것이다. 오이디푸스가 "그것은 사람이다. 아기 때는 네 발로 기고, 자라면 두 발로 걷다가, 나이가 들면 지팡이를 의지하기 때문이다."라고 답했다. 이 대답은 완벽한 답은 아니었지만, 스핑크스는 답으로 인정하고 약속대로 자결한다. 테베인들은 오이디푸스를 구원자로 환호하며 맞이하고, 라이오스가 돌아오지 않자 이 풋내기를 왕으로 삼는다. 그 땅의 관습에 따라 오이디푸스는 왕비와 결혼하고 네 명의 아이, 안티고네와 폴리니케스, 에테오클레스, 이스메네를 얻는다. 그리스 연극에서 가장 강력한 장면인 두 번째 장면에서, 할 수 있다면 라이오스를 살해한 살인범의 신원을 밝히라는 오이디푸스의 명령에 따라 늙은 대제사장이 오이디푸스 자신의 이름을 거명한다. 자신이 아버지를 살해하고 어머니의 짝이 되었다는 사실을 알고 소스라치게 놀라며 겁에 질린 왕보다 더 비극적인 경우는 없을 것이다. 요카스타는 이 사실을 믿을 수 없어 프로이트(Freud)의 꿈의 해석처럼 이를 해명하려 한다. 그녀는 "꿈속에서 자기 어머니와 같이 자는 꿈을 꾸는 남자들이 많지만, 결국 이는 하찮은 일에 불과하고 아주 편안한 여생을 살아간다."라고 오이디푸스를 안심시킨다.[65] 그러나 신분이 확인되자 그녀는 목을 매 죽고, 오이디푸스는 양심의 가책으로 미치광이가 되어 자기 눈을 뽑고 안티고네만 데리고 유랑 길을 떠난다.

우연히 3부작으로 구성된 작품들 중 두 번째 희곡인 「콜로노스의 오이디푸스」에서,* 전에 왕이었던 이는 딸의 팔에 의지해 마을을 전전하며 음식을 구걸하는 백발의 부랑자로 등장한다. 그는 긴 방랑길을 거쳐 그늘 드리워진 콜로노스로 오는 중이다. 여기서 소포클레스는 빼어난 그리스 시로 높이 칭송받지만 해석하기 어려운 시를 자기 고향 마을과 친숙한 올리브 과수원에 바친다.

---

* 「오이디푸스 왕」과 「콜로노스의 오이디푸스」, 「안티고네」는 별도 작품이다.

객이 된 당신이 지금 쉬고 있는 이곳,

하얗게 빛나는 콜로노스.

이 마을은 말과 말 타는 이들이 사는 세상에서

가장 아름다운 땅이다.

그렇게 자주 이곳을 찾아 마음의 안식처로 삼고,

푸르름으로 뒤덮인 은밀한 이곳에서

달콤하고 슬픈 이야기를 노래하는

나이팅게일의 지저귐 소리를 듣는다.

이른 새벽 빛나고 하얀 한 떨기 하늘 이슬에 젖어

매일 새로이 여명을 맞는 어린 수선화가

꽃봉오리를 펼치고 있다.

여기 멋진 풀잎도 자라고 있다.

이에 견줄 만한 풀잎은 그 어디에도

근처 도리스인의 땅 펠롭스의 섬에도

저 멀리 아시아에도 없다.

하늘에서 제우스의 눈과 아테나의 짙푸른 눈이 지켜보고 있기 때문에,

스스로 자라고 거듭 새로 싹이 나 온 지면을 가득 메워

무장한 적들도 어찌할 바를 모른다.

은빛 잎사귀가 잿빛 푸르름을 머금고

황갈색 가지가 윤기를 발한 채,

이 풀잎은 유독 이 땅에서 번성해 있다.[66]

오이디푸스가 에우메니데스의 경내에서 죽음을 맞을 것이라는 신탁이 이미 있
었다. 삶의 감미로움을 모두 잃고 이제 콜로노스의 신성한 숲 속에 있다는 사실
을 안 노인은 여기가 평안히 잠들 곳이라 생각한다. 그는 그리스를 쇠약하게 하

는 것들, 즉 땅과 신앙, 도덕, 인간 전반에 걸친 쇠퇴를 통찰하며 아테네의 왕
테세우스에게 시로 이야기한다.

> 오직 하늘의 신들에게만
>
> 늙음도 죽음도 찾아오지 않는다.
>
> 나머지 모든 피조물은 우리의 주인인 시간의 지배 아래 불안해 하며 떤다.
>
> 땅의 정기도 쇠하고 남자의 기개도 쇠하며,
>
> 믿음도 사라지고, 불신만 꽃이 피듯 활짝 기지개를 편다.
>
> 그 누가 대로(大路)에서나 사랑하는 마음 은밀한 곳에서
>
> 참되고 영원히 변함없는 한줄기 바람을 찾아낼 수 있을까?[67]

그 다음 신이 부르는 소리가 들리는 듯, 오이디푸스는 안티고네와 이스메네에
게 부드러운 작별 인사를 고한 후 어두운 숲 속으로 들어가고 테세우스만 그를
따른다.

> 앞으로 조금 가다가 우리가 돌아선다.
>
> 보라, 그이는 더 이상 보이지 않았다. 그러나 그 사람, 그 왕*은 거기 있어,
>
> 마치 음산하고 두려운 환영을 대하는 듯,
>
> 한 손으로 눈을 가리고 있다.
>
> 그 광경을 도저히 바라볼 수 없다는 듯.
>
>
> 그는 죽었고, 어떤 죽음이었는지 오직 테세우스만 안다.
>
> 신들이 그의 발걸음을 인도하기 위해 보낸 사자였는지,
>
> 아니면 땅속 심연이 다정스레 그 큰 입을 벌려

---

* 테세우스.

아무런 고통도 없이 그를 삼켰는지.

이제 더 이상 슬퍼할 것 없이 그는 떠났다.

질병이나 고통으로 세상을 떠난 것이 아니어서,

어쨌든 그의 마지막은 아름다웠다.[68]

순서상으로는 마지막에 해당하지만 구성상으로는 셋 가운데 처음이 분명한 연극에서 정숙한 여인 안티고네가 자신의 무덤으로 향하고 있다. 자신의 오라비 폴리니케스와 에테오클레스가 왕국을 위해 싸우고 있다는 소식을 듣고, 그녀는 평화를 찾을 수 있다는 희망에 서둘러 테베로 돌아온다. 그러나 그녀의 희망은 물거품이 되고 오라비들은 전장에서 목숨을 잃는다. 에테오클레스의 동맹자 크레온이 권력을 잡고 폴리니케스의 반란에 대한 징벌로 매장을 금한다. 시체가 매장되지 않으면 사자(死者)의 영혼이 쉼을 얻지 못한다는 그리스 전통 신앙을 믿는 안티고네는 명령을 어기고 폴리니케스를 매장한다. 한편 합창단은 소포클레스의 가장 유명한 송시 중 하나를 노래한다.

많은 불가사의가 있지만 사람보다 더한 것은 없다.

격노한 바다를 희뿌연 남풍을 맞으며,

거품 이는 후미진 강어귀를 지나 인간은 위험한 모험 길에 나선다.

수고나 노쇠함을 모르는 가장 오랜 신(神), 땅을

해마다 무리 지어 개간하고 이랑을 내고,

멍에 멘 말이 보습을 이리저리 끌고 간다.

공중의 미련한 새들, 숲 속과 들판의 짐승을

올가미에 빠뜨리고, 염전을 조성한다.

그의 영리함은 당할 자가 없다. 포악한 황소와 산속을 자유로이 배회하는 수사슴을 그의 무궁무진한 솜씨로 길들인다.

거친 갈기를 한 털북숭이 준마가 잠시 버티다가는 기세가 꺾인다.

언변과 바람같이 신속한 모사(謀事), 능란한 지혜,

이 모든 것들을 스스로 익혔다. 화살같이 흩날리는 비,

살을 에는 듯한 추위, 광막한 겨울 하늘 아래서.

그는 무엇에든 대비를 한다. 천재(天災)를 만나면 인내하는 법을 배웠다.

무슨 일이 닥치든 극복할 수 있었다.

그런데 그런 그도 죽음 앞에서는 달리 피할 길을 찾지 못했다.[69]

안티고네가 크레온에 의해 산 채로 매장당하는 형을 선고받는다. 크레온의 아들 하이몬이 이 무서운 형벌을 반대하지만 거절당하고 아버지에게 "다시는 내 얼굴을 보지 못할 것"이라고 맹세한다. 여기서 잠시 소포클레스의 비극에 사랑이 개입되고, 시인은 고대에 오랫동안 기억될 찬가를 에로스에게 읊조린다.

사랑에게는 누구도 당할 수 없어, 그대의 눈길 한 번에 모두가 굴복하고 만다.

밤새 처녀의 뺨을 베개 삼은 사랑이 거짓말을 하고,

그대는 굽이진 산길, 길 없는 바다를 정처 없이 헤맨다.

신들조차 사로잡는 그대 사랑에 나약한 인간이 어떻게 굴복되지 않을 수 있으랴?[70]

하이몬이 사라지고, 크레온이 그를 찾아 병사들에게 안티고네가 매장된 동굴 입구를 열라고 명한다. 거기 죽은 안티고네가 있고 그녀 옆에 죽기로 작정한 하이몬이 누워 있다.

우리는 보았다, 어둡고 둥근 동굴 속에서

목 맨 처녀가 누워 있고

그녀 목둘레에 아마포 올가미가 매어져 있다.

그녀 옆에 격정에 휩싸여 죽은 신부를 부여잡고

그녀의 연인이 슬퍼하며 누워 있다.

왕이 그를 보자, 통렬한 신음과 함께

그에게 다가가 울부짖는다.

"오, 아들아. 이 무슨 일이냐? 왜 이런 짓을 했느냐?

무엇이 이렇게 이성을 잃게 했느냐? 오, 이리 오너라,

이리 오너라, 내 아들아. 이 아비가 이렇게 간곡히 부탁한다."

그러나 아들은 호랑이 눈을 한 채 그를 노려보다가

그의 얼굴에 침을 뱉고 아무 말 없이

자루가 둘 달린 검을 빼 찌른다.

그러나 아버지가 뒤로 물러나며 피한다. 그러자 청년은

격노하며 가엾게도 격정을 참지 못하고,

자기 검으로 옆구리를 찔러 죽는다.

청년이 숨이 끊어져 가는 가운데 힘없이 처녀를 안고,

처녀는 그의 마지막 헐떡이는 숨으로 창백한 뺨을 붉게 물들인다.

그렇게 죽음으로 하나가 되어 두 시신이 누워 있다.[71]

발표 당시나 후대의 해석에 있어, 이들 희곡의 두드러진 특징은 양식상의 아름다움과 빼어난 기법에 있다. 여기에 어법상 그야말로 "고전적인" 정형이 있다. 품위 있고 차분하고 잔잔할 뿐 아니라, 활기차면서도 절제미가 있고, 위엄 있으면서도 우아하고, 페이디아스의 힘과 프락시텔레스의 세련된 섬세함이 두루 갖추어져 있다. 구조상으로도 역시 고전적이다. 모든 행이 서로 상응하며 의미심장한 정점의 순간으로 나아간다. 이들 희곡은 신전처럼 짜여져 있어, 그 안에서 각 부분이 아주 조밀하게 구성되면서도 전체적으로 균형을 이룬다. 뿐만

아니라 「필록테테스」는 복잡하게 뒤얽힌 줄거리의 진지한 해결책으로 (에우리피데스는 익살로 그 역할을 대신하는) '기계 장치를 타고 내려오는 신'을 여유롭게 수용한다. 여기에서 희곡은, 아이스킬로스의 경우처럼, 더할 수 없이 오만한 히브리스(hybris)로 올라가다가(누군지 알 수 없는 살인자에 대한 오이디푸스의 혹독한 저주의 경우), 아나그노리시스(anagnorisis), 즉 갑작스러운 인지와 페리페테이아(peripeteia), 즉 운명의 역전으로 방향을 전환하고, 피할 수 없는 형벌 네메시스(nemesis)로 내려간다. 완벽한 극적 구성의 예를 들기 원할 때면 아리스토텔레스는 언제나 「오이디푸스 왕」을 언급했으며, 오이디푸스를 다루는 다른 두 희곡도 객관적인 제시를 통해 연민과 공포를 정화한다는 아리스토텔레스적 비극 개념을 잘 설명해 주고 있다. 에우리피데스의 경우만큼 사실적이지는 않지만, 인물들은 아이스킬로스보다 더 명확하게 묘사된다. 소포클레스는, 희곡은 이상화를 허용해야 하며 사진을 찍듯 사실 그대로 묘사해서는 안 된다고 말하는 것처럼, "에우리피데스는 있는 그대로 묘사하지만, 나는 그려져야 하는 대로 인물을 묘사한다."라고 말했다.[72] 그러나 논쟁적인 대화나 이따금씩 활용되는 감상 속에서 에우리피데스의 영향이 드러나기도 한다. 그렇게 오이디푸스는 치졸하게 테이레시아스와 논쟁하고, 눈이 멀어 애처롭게 손으로 더듬어 딸들의 얼굴을 감별한다. 아이스킬로스가 같은 상황을 대했다면 딸들은 잊어버리고 영원한 법칙에 대해 생각했을 것이다.

소포클레스 역시 철학자요 설교자였다. 그러나 그의 조언에 미친 신의 권위는 아이스킬로스보다는 훨씬 덜했다. 소피스트의 정신이 그의 영혼을 건드렸고 여전히 영향력을 크게 행사하던 정통 신앙의 그늘에 머물러 있었으며, 그렇게 운이 좋지 않았다면 에우리피데스 같은 성격의 인물이 되었을 것이다. 그러면서도 그는 풍부한 시인의 감수성으로 그렇게 자주 인간을 찾아오는 가당찮은 고통을 하소연한다. 헤라클레스의 괴로워하는 육체에 대해 릴로스는 말한다.

우리는 결백하므로 고백한다.

신은 냉혹하다는 것을.

그들은 아이를 낳게 하고

아버지의 이름으로 경배하라 하면서도,

냉담한 시선으로

그 고통을 지켜본다.[73]

그의 연극이 삐걱거리면서 그쪽으로 향해 가지만, 그는 요카스타가 신탁을 비웃도록 허락한다. 크레온은 예언자를 "돈만 밝히는 족속"이라 비난하고, 필록테테스는 "하늘이 불공정할진대 하늘에 이르는 길이 어떻게 정당할 수 있는가?"라고 해묵은 질문을 한다.[74] 소포클레스는 희망을 품고 세계의 도덕 질서가 이해하기 정말 어렵지만 여전히 거기 있으며 결국 정의가 승리할 것이라 대답한다.[75] 아이스킬로스를 따라 그는 제우스와 이 도덕 질서를 동일시하고 일신론으로 더욱 근접한다. 선량한 빅토리아 시대 사람처럼, 그는 신학에 있어 불확실함에도 도덕적 신앙에 견고히 서 있다. 최고의 지혜는 제우스이며 세계에 대한 도덕적 잣대인 그 법칙을 발견하고 따르는 것이다.

오, 정의의 협로를 걸어가는

이 부단한 발걸음이 실족하지 않기를.

말과 행동에 결백하고,

드높은 창천에서 일어나

영원히 이를 저울질하는

그 영원한 법칙에 신실하기를.

올림포스만이 거처이고

찰나적인 지혜 저 너머에 있으니,

인간들이 아무리 잊더라도

영원한 법칙은 잠들지 않으리.[76]

신앙이 불신에 대한 마지막 보루가 되게 하는 것은 아이스킬로스의 음성이 아니라 소포클레스의 펜이다. 이 경건과 체념에서 회개하고 화해하는 욥의 모습을 볼 수 있다. 그러면서도 그 행간에는 에우리피데스의 그림자도 포착된다.

솔론처럼 소포클레스도 태어나지 않은 사람이 가장 행복하고 그 다음 행복한 사람은 어릴 때 죽은 사람이라 생각한다. 이 현대적인 염세주의자는 오이디푸스의 죽음을 애도하는 합창단의 음울한 시, 곧 옛 시대로 인해 피곤에 지쳐 버린 세계와 펠로폰네소스 전쟁의 비통한 동족상잔을 반영하는 이 시에서 즐거움을 앗아가 버렸다.

사람이 오래 살면 과연 무슨 유익이 있는가?
어차피 미련한 것들 밖에는 아무것도 보이지 않는다.
세월이 지날수록 당신은 나빠져만 간다.
슬픔이 찾아오고 기쁨은 자취를 감춘다.
오래 사는 이들을 기다리는 응보는 결국 이런 것이다.

내 생각에는 태어나지 않은 자가 가장 행복하며,
그 다음으로는 태어나면서 죽는 자들이다.
깃털처럼 가볍고 무가치하며 미련한 것들로 청년의 때가 꽉 차 있다.
그때 악이 한데 모이고,
분노, 질투, 불화, 다툼, 생명을 쫓는 칼.
이들 가운데 부족한 것이 없다.
모든 괴로움을 마감하면서,
친구와 친지들이 멀리 떠나는
비틀거리는 시절이 찾아온다,
하늘 아래 모든 슬픔이 배가되는 시절이.

수고에서 벗어난 그는,

다른 이들처럼

신부나 신랑 들러리도 없이,

노랫소리나 북소리도 없이,

죽음으로 생을 마감한다.[77]

소포클레스가 노년에 정부 테오리스로 위안 삼고 그녀에게서 자식을 얻었다는 것은 모든 학자풍 한담가들에게 공공연한 사실이다.[78] 그의 적자 이오폰은 이 시인이 자신의 재산을 테오리스의 소생에게 물려줄 것을 두려워 한 듯 재정적 무능력을 명목으로 아버지를 법정에 세웠다. 소포클레스는 자신의 정신적 총기를 증명하기 위해, 아마 「콜로노스의 오이디푸스」였을 텐데, 자신이 창작 중이던 희곡의 한 합창곡을 배심원 앞에서 낭독했다. 그 결과 재판관들은 그를 석방했을 뿐 아니라 집까지 안전하게 호위해 주었다.[79] 에우리피데스보다 훨씬 전에 태어난 그는 비탄을 벗하여 살다가 기원전 406년 에우리피데스가 죽은 해에 역시 세상을 떠났다. 스파르타인이 아테네를 포위했을 때 희곡의 신 디오니소스가 리산드로스에게 나타나 데켈레이아의 조상 묘역에 그를 안장하기 원하는 친구들을 안전하게 호위하게 했다는 전설이 전해진다. 그리스인들은 그에게 신과 같은 영예를 선사하고 시인 심미아스는 그의 무덤에 평온한 비문(碑文)을 헌정했다.

살며시, 담쟁이덩굴로 꾸미고, 정말 살며시 다가간다.

소포클레스가 깊이 잠들어 있는 곳으로.

그대 연푸른 덩굴이 대리석 위를 쓸면서 지나가고

온 둘레를 자줏빛 장미꽃이 활짝 피어 있다.

포도나무에는 꽉 찬 송이가 가득 달려 있고

정갈하고 싱싱한 덩굴손이 묘비 주위를 두르고 있다.

그가 노래한 달콤한 지혜에 보답하듯

뮤즈 신과 미의 신이 이들을 불러냈다.

5. 에우리피데스

1. 희곡

죠토가 이탈리아 미술의 초석을 놓고 라파엘로가 차분한 영혼으로 그 기법을 완성하고 미켈란젤로가 고뇌 어린 천재성으로 발전을 완결 짓고, 바흐가 믿을 수 없는 열정으로 근대 음악을 활짝 열어젖히고 모차르트가 아름답고 간결한 선율로 그 형식을 완성하고 베토벤이 불안정한 웅장함으로 발전을 완결 지은 것처럼, 아이스킬로스는 거친 시와 엄격한 철학으로 그리스 희곡의 길을 닦고 형식을 세웠으며 소포클레스는 정연한 음악과 평온한 지혜로 그 예술을 정형화하고 에우리피데스는 열정적인 감정과 맹렬한 회의로 발전의 정점에 섰다. 아이스킬로스는 거의 히브리적인 긴장감으로 호소한 설교자였으며, 소포클레스는 허물어져 가는 신앙에 매달린 "고전적인" 예술가였고, 철학의 영향을 받은 에우리피데스는 어느 누구도 흉내 낼 수 없는 완벽한 희곡을 창작한 낭만 시인이었다. 이들은 그리스의 이사야이자 욥이고 전도자였다.

에우리피데스는 살라미스 해전이 있던 해(어떤 이는 같은 날이라고까지 말한다.), 전승에 의하면 아마도 그의 부모가 메데스의 침공을 피해 도망한 바로 그 섬에서 태어났다.[80] 그의 아버지는 약간의 재산을 가진 아티카 소도시 필라의 저명인사였고, 어머니는, 적대적이었던 아리스토파네스가 식료품 가게를 운영하고 거리에서 과일과 꽃을 팔았다고 주장하지만, 명문가 출신이었다.[81] 말년에 그는 다채로운 전경의 푸른 바다와 고적한 언덕을 좋아하여 살라미스에서 살았다. 플라톤은 극작가가 되고 싶어 하다가 철학자가 된 반면, 에우리피데스는 철학자가 되고 싶어 하다가 극작가가 되었다. 스트라본에 의하면 그는 "아낙사고라스의 모든 학식을 전수했다."[82] 그는 잠시 프로디코스에게 수학하였으며, 소크라테스와 아주 친밀한 교분을 가졌다. 어떤 이는 이 철학자가 그의 희곡에 관여했을 것이라고 의심했다.[83] 모든 소피스트 활동이 그의 교육과 연관되었으며, 그를 통해 디오니소스 무대를 장악했다. 그는 그리스 계몽 시대의 볼테르가 되어 신을 기리기 위해 마련된 연극 무대 한 가운데서 신랄한 풍자로 이성을 숭상했던 것이다.

디오니소스 극장의 기록에 의하면 그는 기원전 455년의 「펠리아스의 딸들」에서 406년의 「바카이」에 이르기까지 75편의 희곡을 남겼으며, 이 중 18편이 남아 있고 나머지는 단편적으로 전해진다.* 그는 이 작품들에서 초기 그리스의 전설을 다시 이야기하지만, 덧붙여 회의적인 저항감을 조심스럽게 드러내다가 나중에는 행간에서 과감하게 표현한다. 「이온」에서는 유명한 이오니아족 창건자에 대한 미묘한 딜레마가 언급된다. 아폴론의 신탁은 크수토스가 그의 아버지라 선언하지만, 이온은 자신이 아폴론의 아들임을 알게 되고 어머니를 꾀어 크수토스에 대해 그녀를 속였다. 이온은 "고귀한 신이 거짓말할 수 있겠는가?"라고 묻는다. 헤라클레스와 알케스티스에서는 제우스와 알크메나 사이에서 태어난 힘센 아들이 가르강튀아의 욕망과 루이 16세의 두뇌를 타고난 선량한 술고래로 묘사된다. 「알케스티스」에는 신이 아드메토스(테살리아 페라이의 왕)의 목숨을 연장해 주는 대신 다른 사람의 희생을 요구한다는 그다지 유쾌하지 못한 이야기가 전개된다. 그의 아내가 제물이 되겠다고 나서며 백 행에 이르는 긴 작별 인사를 고하고, 왕이 대단한 인내심으로 이를 듣는다. 알케스티스가 제단으로 향하고, 술과 연회에 빠져 있던 헤라클레스가 뒤쫓아 가 죽음과 다투고 을러 알케스티스를 구해 온다. 이 희곡은 전설을 교묘하게 웃음거리로 만들려

---

* 대략적인 주요 희곡은 다음과 같다. 기원전 438년 「알케스티스」, 431년 「메데아」, 428년 「히폴리토스」, 427년 「안드로마케」, 425년경 「헤쿠바」, 416년경 「엘렉트라」, 415년 「트로이의 여인들」, 413년경 「타우리스의 이피게니아」, 408년 「오레스테스」, 406년 「아울리스의 이피게니아」, 406년 「바카이」.

한다는 맥락에서만 이해될 수 있다.*

「히폴리토스」에도 더욱 교묘하고 우아하게 같은 종류의 귀류법이 적용된다. 잘생긴 영웅은 젊은 사냥꾼으로, 언제나 충성하고 여자들을 피할 것이며 숲 속에서 최고의 기쁨을 찾을 것이라고 사냥의 여신 아르테미스에게 맹세한다. 이 모욕적인 독신주의에 화가 난 아프로디테가 테세우스의 아내 파이드라의 가슴에 테세우스와 아마존 안티오페 사이에서 태어난 히폴리토스에 대한 광기 어린 열정을 쏟아붓는다. 여기에 현존 문학 최초의 비극적인 사랑이 있다. 또한 이 첫 장면에 열정의 기로에서 대두될 사랑의 징후들이 모두 등장한다. 히폴리토스에게 외면당한 파이드라는 쇠약해져 죽을 지경에까지 이른다. 그녀의 유모가 갑자기 철학자가 되어 회의주의자 햄릿처럼 죽음 너머 생명에 대해 명상한다.

> 모든 인생은 병들고 쇠약할 뿐,
>
> 이 지상에 평안이란 찾아볼 수 없구나.
>
> 저 멀리 아득히
>
> 죽을 인생에게 생명보다 귀한 것이 있다면,
>
> 어둠의 손길이 거기로부터 잡아당기고
>
> 안개가 아래위를 두르고 있구나.
>
> 어떤 이는 목숨에 연연해 하고
>
> 이 세상 신기루 같은 존재에 집착하지만,
>
> 또 다른 생명이 밀봉된 샘처럼
>
> 저 깊은 곳에 감추어져 있어,
>
> 우리는 영원히 전설을 떠도는구나.[84]

---

* 이 희곡은 기원전 438년에 에우리피데스가 직접 분류한 네 번째 희곡집에 포함되어 발표되었으며, 반(半)희극적인 비극이 아니라 반쯤 진지한 사티로스극을 의도한 듯하다. 우직하고 관대한 브라우닝(Browning)은 「발로스티온의 모험」에서 이 희곡을 액면 그대로 받아들였다.

유모가 히폴리토스에게 파이드라가 그를 기다린다고 전한다. 그는 그녀가 아버지의 아내라는 사실에 두려워 떨며 에우리피데스에게 여성 혐오자라는 평판을 안겨 준 시를 노래한다.

> 오! 신이여, 이 번득이는 덫을 놓은 이유가 무엇입니까?
> 여인이여, 이 복된 세상에서 왜 끝없이 우리를 따라다니는가?
> 사랑과 여인을 통해 인간을 창조하는 것, 탄생케 하는 이것이
> 당신의 뜻이었다는 말입니까?[85]

파이드라가 죽는다. 남편이 그녀의 손에서 히폴리토스가 꾀었다는 쪽지를 발견한다. 격노한 테세우스가 포세이돈에게 히폴리토스를 죽일 것을 호소한다. 젊은이가 자신의 결백을 항변하지만 받아들여지지 않는다. 그는 테세우스에 의해 그 땅에서 쫓겨난다. 전차가 해변을 따라 나아갈 때 바다사자가 파도에서 일어나 그를 추격한다. 그의 말이 놀라 도망하고 전차가 뒤집힌다. 줄에 얽힌 히폴리토스가 암석 위를 끌려가다가 만신창이가 되어(즉 "말에 찢겨") 죽는다. 합창단이 아테네를 깜짝 놀라게 했을 시를 소리 높여 노래한다.

> 들어라, 그에게 덫을 놓은 너희 신들아.
> 증오와 경멸을 너희 얼굴에 뱉는다!

「메데아」에서 에우리피데스는 신에 대한 전쟁을 잠시 잊고, 아르고선(船) 모험 이야기를 자신의 가장 힘찬 희곡으로 변형시킨다. 이아손이 콜키스에 이르렀을 때, 왕녀 메데아가 그에게 반해 황금 양모를 손에 넣도록 도와준 후, 그를 숨기고 아버지를 속이고 남동생을 죽인다. 이아손은 그녀를 영원히 사랑할 것을 맹세하고 이올코스로 데려온다. 거기서 메데아는 펠리스 왕이 이아손에게 약속한 왕위를 안전하게 확보하기 위해 왕을 잔인하게 독살한다. 테살리아

의 법이 외국인과의 결혼을 금해 이아손은 결혼식을 올리지 않은 채 그녀와 살면서 아이 둘을 낳는다. 그러나 세월이 흐르면서 그는 그녀의 야만스러운 열정에 싫증이 나고, 합법적인 아내와 후계자를 구해 코린토스 왕 크레온의 딸에게 청혼한다. 크레온이 수락하고 메데아는 추방당한다. 악감정을 품은 메데아는 여성을 옹호하는 에우리피데스의 유명한 시를 노래한다.

피를 흘리며 자라는 땅 위 모든 피조물 중에

가장 큰 상처를 받는 것은 여인이다. 우리는 남자의 사랑을 사기 위해

그 한 날을 위해 비축해 두었던 황금을 지불해야 한다.

그러나 보라, 그로써 찾아오는 것은 우리 육체를 지배할 주인이다!

그리고 수치심 가득한 고통이 찾아온다. 그다음엔 위험이 따른다.

좋든 나쁘든 그 주인이.

식구들은 그녀 옆에 자고 있는 것과

어떻게 하면 평화롭게 지낼 수 있는지 가르쳐 주지 않았다.

오랜 수고 중에

주인이 그녀와 잘 지내고,

주인의 멍에가 너무 심하지 않을 방법을 찾은 여인은 복이 있나니!

그렇지 않으면 죽음을 비는 것이 낫다.

집 안에서 그녀 얼굴 보기가 싫증 나면

집 밖으로 벗어나 다른 즐거운 장소에서 낙을 구한다.

그러나 그녀는 전심으로

한 영혼에만 매달린 채 계속 기다린다.

그런데도 그들은 우리가 집 안에 편히 앉아 쉬며

모든 위험에서 보호받고 있는 동안,

전쟁의 부름에 응해 나가 싸우는 이들은 자기들이라 한다.

거짓된 조롱이다!

> 아이 하나 낳는 것보다
>
> 손에 방패를 들고 전투에 세 차례 임하는 게 더 낳겠다.[86]

무시무시한 복수 이야기가 이어진다. 그녀는 짐짓 화해하는 척 적에게 값비싼 옷 한 벌을 보낸다. 그 옷을 입은 코린토스 공주가 불에 타고 그녀를 구하려던 크레온도 불에 타 죽는다. 메데아는 자기 아이들을 죽여 이아손이 보는 앞에서 그 시체를 날려 보낸다. 합창단이 철학적인 종말을 영창조로 노래한다.

> 제우스가 있는 저 하늘에는 거대한 보고(寶庫)가 있음이여.
>
> 거기서 인간에게 예기치 않은 운명이 내려오니
>
> 절망과 두려움이여.
>
> 인간이 그토록 바라던 결말은 찾아오지 않고,
>
> 거기 아무도 생각지 못한 한 길이 있어
>
> 그렇게 그 운명이 여기로 내려왔구나.

나머지 희곡은 대부분 트로이 이야기에 대한 것들이다. 「헬렌」은 스테시코로스와 헤로도토스의 개작이다.[87] 스파르타의 왕비는 파리스와 함께 트로이로 달아나지 않는다. 그녀는 자기 뜻과 달리 이집트로 가게 되고, 거기서 정숙하게 주인을 기다린다. 에우리피데스는 모든 그리스인이 트로이의 헬렌의 전설에 눈이 가려졌다고 말한다. 「아울리스의 이피게니아」에서 그는 그리스 희곡 및 고대 신앙이 주입한 루크레티우스적 죄의식과는 전혀 다른 감정을 아가멤논의 옛 희생 이야기에 쏟아 넣는다. 아이스킬로스와 소포클레스도 이 주제를 다뤘지만, 그들의 연극은 이 새 연극의 광채에 빛이 바래고 곧 잊혔다. 클리타임네스트라와 딸이 도착하는 모습이 에우리피데스적인 감미로움과 함께 환영으로 나타난다. 오레스테스가 "아직 말 못하는 아기"로 등장해 미신적인 살인을 목격함으로써 그의 운명을 예감케 한다. 소녀가 수줍음과 행복감에 넘쳐 왕을 맞으러 달려간다.

> *이피게니아.* 아버지 품에 안긴 지가 참으로 오래되었습니다! 다른 이들보다 앞서 반기더라도 아버지 얼굴을 뵙고 싶어서니 노하지 마십시오. 반갑지 않으신가요. 그런데 어째 근심스러운 얼굴이십니다!
>
> *아가멤논.* 왕과 장수들은 큰 짐을 지고 있단다.
>
> *이피게니아.* 이 시간은 나만 생각해 주십시오, 이 시간만은! 근심은 다 잊으십시오!
>
> *아가멤논.* 그래, 지금은 너뿐이다. 딴 생각은 떨쳐 버리자꾸나.
>
> *이피게니아.* 그런데, 그런데, 눈물을 흘리고 계시는군요.
>
> *아게멤논.* 그래, 다가올 이별이 너무 길 것 같구나.
>
> *이피게니아.* 아버지, 모르겠군요. 아버지 말뜻이 무엇인지 모르겠어요.
>
> *아가멤논.* 네 총명함에 내 슬픔이 더욱 커지는구나.
>
> *이피게니아.* 제가 기쁘게 해 드릴게요. 우스운 얘기를 말해 드릴게요.[88]

아킬레우스가 오자 그녀는 그가 자신들의 예정된 결혼에 대해 아무것도 모르고 있다는 사실을 알게 되고, 또한 군대가 자기의 희생을 간절히 원하고 있다는 것도 알게 된다. 그녀는 아가멤논의 발 앞에 엎드려 살려 달라고 애원한다.

> 아버지의 첫 소생으로 처음 아버지라 불렀습니다.
>
> 자식들 중 처음 아버지 무릎에 앉은 이도 저였습니다.
>
> 우리는 달콤한 사랑을 서로 나누었습니다.
>
> 아버지는 제게 이렇게 말했습니다. "얘야,
>
> 네게 어울리는 남편 집에서
>
> 네가 행복해 하는 걸 볼 수 있을까?"
>
> 그러면 저는 지금 이렇게 애원하는

아버지 품에 기대어 이렇게 말했습니다.

"백발이 되시면 단란한 저희 집에 모시고

아버지의 사랑에 보답해 보양하겠습니다."

우리의 대화가 그러했음을 생생히 기억합니다.

그런데 아버지는 다 잊으시고 내 생명을 가져가시려 합니다.[89]

클리타임네스트라가 아가멤논이 잔인한 의식에 굴복한 것을 비난하며 많은 비극이 담긴 말로 위협한다. "내가 당신에게 등을 돌려 배반하지 않도록 막아 주시오." 그녀가 아킬레우스를 설득해 소녀를 구하려 하지만, 이피게니아는 마음을 바꿔 달아나지 않기로 한다.

어머니, 내 생각을 들어 보십시오.

나는 죽기로 결심했습니다. 영광스러운 죽음을 기꺼이 맞이하고

불순한 생각들을 물리치겠습니다.

모든 헬라스 전사들이 나를 바라보고 있습니다.

나는 헬라스에 대한 자비,

함선의 안전한 항해와 프리기아의 멸망,

닥쳐올 그날 헬라스의 딸들이 야만인들로부터 안전할 것,

파리스의 불법 행위, 헬렌의 수치를 벌할 때

강탈자들이 헬라스의 딸들을 해치지 않기만을 바라겠습니다.

나는 죽음으로 이 모든 구원과 나의 명예를 보듬어,

헬라스에 자유를 가져다준 한 사람으로 축복의 관을 쓰겠습니다.[90]

병사들이 다가오자 그녀는 자기를 건드리지 말라 하고 스스로 제단으로 향한다.

「헤쿠바」에서 전쟁은 끝이 난다. 트로이는 함락되고 승리자들이 전리품을

나누고 있다. 프리암 왕의 미망인 헤쿠바가 많은 보물과 함께 막내아들 폴리도로스를 프리암의 친구인 트라키아의 왕 폴림네스토르에게 보낸다. 그러나 황금에 눈이 먼 폴림네스토르가 소년을 죽이고 그 시체를 바다에 버린다. 시체가 일리온의 해안에 밀려와 헤쿠바에게 전달된다. 한편 죽은 아킬레우스의 그림자가 바람을 붙잡고, 프리암의 가장 예쁜 딸 폴리크세나를 제물로 바치지 않으면 바람을 멈춰 그리스 함대의 귀환을 막겠다고 한다. 그리스의 전령 탈티비오스가 헤쿠바에게서 소녀를 데리러 온다. 최근까지 왕비였던 이가 산발이 된 채 기진맥진해 괴로워하는 모습을 보며, 그는 에우리피데스적인 회의가 담긴 시를 읊조린다.

> 제우스여, 무슨 말을 하리요? 당신은 인간을 지켜보고 있는지요?
>
> 아니면 우연이 인간사를 지배하는 세상에서
>
> 이 몽상을 허망하게 부여잡으며
>
> 누가 신이라는 종족이 있다고 생각하겠는지요?[91]

혼성극의 다음 막은 「트로이의 여인들」이다. 이 연극은 아테네가 멜로스를 함락(기원전 416년)한 직후, 아테네 제국이 시칠리아 정복을 위해 원정을 떠나기 직전인 기원전 415년에 상연되었다. 에우리피데스가 멜로스의 대량 학살과 시라쿠사를 공격하려는 잔혹한 제국주의에 충격을 받아, 평화를 강력히 호소하고 패배자의 관점에서 전쟁의 승리를 과감히 묘사한 것은 바로 이때였다. "고대 문학사상 최고의 전쟁 탄핵"이었다.[92] 그는 호메로스가 이야기를 맺는 트로이 함락에서부터 시작한다. 대학살이 있은 후, 트로이인들이 시체가 되어 누워 있고 광란에 빠진 여인들이 폐허가 된 도시에서 나와 승리자의 첩이 된다. 헤쿠바가 딸 안드로마케와 카산드라와 함께 등장한다. 폴리크세나는 이미 희생 제물이 되었다. 탈티비오스는 이제 카산드라를 아가멤논의 거처로 데려간다. 헤쿠바가 슬픔에 못 이겨 땅에 쓰러진다. 안드로마케가 위로하려 애쓰지만 자기도 주저앉는다. 어린 왕자 아스티아낙스를 품에 안고 그녀는 죽은 아버지를 생각한다.

안드로마케. 그리고 내가 명성의 바로 그 심장을 향해

곧바로 활을 당긴 후 …… 오랜 세월이 흘렀다.

내 화살이 과녁을 명중했음을 안다. 그리고 그 때문에

평화로부터 더 깊이 추락했다. 모든 남자들이 우리를 칭송하고,

나는 헥토르를 사랑하고 승리하길 바랐다.

나는 그 안에 언제나 마음의 상처와

순전한 순결이 있어 집 밖으로 배회함을 알았다.

여자들에 대한 추문이 들린다. 그리하여 나는 욕망을 짓밟고

내 집 정원을 거닐었다. 여인들의 수다와

경박한 잡담이 내 집 문을 들어서지 못했다.

나는 더 이상 열망하지 않고, 내 마음의 생각과

얘기 나누며 행복해 했다. 나는 한결같이

차분하고 평온한 눈길로 말없이 헥토르를 맞으며,

따라야 할 삶의 길을 묵묵히 걸어갔다.

이에 대해서는 언제나 남자들이 말했는데, 어느 날 밤

한 여인이 한 남자의 팔에 강제로 안긴다. 오, 수치스러운 일이다, 수치스러운 일이다!

어찌 여인의 입술이 망부(亡夫)에게 거짓 맹세할 수 있으며,

다른 이의 침대에서 낯선 이와 입 맞출 수 있단 말인가?

말 못하는 짐승도, 망아지도 짝을 잃었을 때,

여전히 짊어진 멍에를 맨 채 내달리진 않는다.

오 헥토르여! 나의 사랑하는 이,

나의 모든 것, 나의 왕자, 나의 지혜로운 이, 나의 용맹한 이여!
당신이 내 아버지 집에서 나를 이끌어 당신의 것으로 삼을 때까지
어떤 남자도 내게 가까이하지 못했다. …… 그리고 이제 당신은 죽고,
나는 전쟁 노예가 되어
비통의 바다 건너 헬라스에서 수치의 빵을 먹는다!

헤쿠바가 냉정한 복수를 꿈꾸며 안드로마케에게 새 주인을 순순히 받아들여 아스티아낙스를 돌볼 수 있도록 하라고 지시하고, 언젠가 장성한 아스티아낙스가 프리암 가문과 트로이의 영광을 회복할 수 있기를 기약한다. 그러나 그리스인도 이미 이에 대해 생각했다. 탈티비오스가 와서 아스티아낙스의 사형을 공표한다. "그대 아들이 이 트로이 성벽 꼭대기에서 던져져 죽는 것이 그들의 뜻이다." 그는 아이를 어머니 품에서 떼어 내고, 안드로마케는 마지막 순간까지 아이를 끌어안고 격정적으로 작별 인사를 고한다.

가는구나, 죽는구나, 내 가장 사랑하는 아기, 가장 소중한 아기야,
격노한 이들의 손에 나를 홀로 남겨 두고.
너의 아버지가 너무 용감했기에,
네가 죽게 되었구나.
아무도 동정하는 자 없구나! …… 어린 아기야,
내 팔에 살포시 안긴 네 목덜미에서
달콤한 향내가 나는구나! 이 가슴에 너를 안아
돌보느라 온 밤을 지새우고,
네가 아플 때면 지쳐 쓰러질 때까지 간호했는데,
이 모든 일이 허사로 돌아가다니.
내게 입 맞추어다오. 딱 한 번만이라도.
네 팔로 내 목을 감고 입을 맞추어 주렴.

동방의 온갖 고문보다 더한 고통을 주는구나,

이 점잖다는 그리스인들아!

빨리, 데려가라. 그를 끌고 가

성벽에서 내던지든지 너희 뜻대로 해라!

그를 찢어라, 이 짐승들아, 어서 빨리!

신이 나를 영락시켜, 내 아이를 죽음에서 구하려

한 손도, 한 손도 들 수가 없구나.

그녀가 정신을 잃고 쓰러져 병사들이 데려간다. 메넬라오스가 등장해 병사들에게 헬렌을 데려오라 명한다. 그는 그녀를 죽이겠다고 맹세했었다. 헤쿠바는 마침내 헬렌에게 징벌이 내릴 것을 생각하고 위로를 받는다.

그대를 축복하노라, 메넬라오스여, 그대를 축복하노라.

그대가 그녀를 죽이기만 한다면!

그녀의 얼굴을 보는 것만이 두려울 뿐,

그녀가 그대 앞에 함정을 파 거기 떨어지지 않기를!

헬렌이 상처도 두려움도 없이, 자신의 아름다움을 과시하듯 당당하게 들어선다.

헤쿠바. 그대여, 이제야 나타나는구나,

가슴과 이마에 장식을 달고

그대 주인과 함께 푸른 공기를 같이 호흡하는구나,

이 사악한 영혼이여. 머리칼이 상하고 옷이 찢어지고

두려움에 떠는 가운데, 죄로 인해 영광 대신

마침내는 수치로 천하고 천해진 자여.

오 왕이여, 진실하소서.

헬라스가 정의의 관을 쓰게 하소서.

이 여인을 죽음에 넘겨주소서.

메넬라오스. 늙은 여인을 조용하게 하라, 조용하게 하라. (병사에게)

이 여인에게 선실이 딸린 배를 내주어라,

바다를 항해해 갈 수 있도록.

헤쿠바. 한때 연인이었던 이들은 다시 연인이 되게 마련이구나.

헬렌과 메넬라오스가 떠나자, 탈티비오스가 죽은 아스티아낙스를 안고 돌아
온다.

탈티비오스. 안드로마케가 …… 조국을 위해 강같이 눈물 흘리며

내 눈에 눈물이 흐르게 했다.

헥토르의 무덤을 조용히 바라보며 몇 마디 말을 했다.

그러면서 우리에게 이 아이를 합당한 의식에 따라

매장해 줄 것을 부탁했다. …… 그리고 그대의 손으로

이 아이에게 수의를 입혀

장사하게 해달라 했다. (헤쿠바가 아이를 받아 안는다.)

헤쿠바. 아, 불쌍한 것, 왜 죽어야 했느냐!

부드러운 팔이 그대로구나. …… 희망에 가득 찼던 귀엽고 다부진 입술이

이제 영원히 닫혀 버렸구나! 새벽녘 내 침상에 기어 올라와

다정스레 할미 이름을 부르며 앙증맞게 말했었지.

"할머니, 할머니가 돌아가시면 내 머리칼을 다 밀고

모든 장수들이 할머니 무덤 옆을 지나게 할게요."

어떻게 그렇게 속일 수 있느냐? 그렇게 어린 나이에

그렇게 비참하게 죽어 너를 위해 통곡해야 할 이는

늙고 집 없고 아이를 잃어버린 바로 나로구나.

신이시여! 종종걸음으로 반갑게 달려오고,

내 무릎 위에서 재롱부리며, 함께 달콤한 잠에 빠졌던 일들.

이 모든 일들이 서글픈 추억이 되어 버렸구나.

어떤 시인이 너의 진짜 이야기를 묘비에 새길 수 있을까?

"그리스인들이 두려워해,

그 두려움 때문에 죽음을 당한 한 아기가 여기 누워 있다."

그렇다, 그리스는 그 이야기를 축복할 것이다!

오, 참으로 허무한 인간이여.

숙명의 세월이 바람 속의 백치처럼

이리저리 춤출 때, 즐거워하며 영광을 누리고

두려움을 모르는 이가 그 누구인가! (아이를 수의로 감싼다.)

이 멋진 프리기아 옷을

동방 왕녀와의 혼례식 날 입히려 했는데,

이제 영원히 너를 감싸게 되는구나...[93]

「엘렉트라」에서 고대의 주제는 훨씬 앞질러 간다. 아가멤논이 죽고, 오레스테스는 포키스에 있으며, 엘렉트라는 어머니에 의해 순박하고 성실한 농부에게 시집간다. 그러나 왕족의 피가 흐르는 그녀는 그에게 관심이 없다. 오레스테스가 자신을 찾지 못하리라 생각한 그녀에게 오레스테스가 온다. 그는 아폴론의 명으로(에우리피데스는 이 지점을 집으로 상정한다.) 아가멤논의 죽음에 대한 복수를 꿈꾸고 있다. 엘렉트라가 그를 충동질하여 그가 살인자를 처단하지 않으면 자기가 나서겠다고 한다. 젊은이가 아이기스토스를 찾아 죽이고 어머니를 찾아간다. 이 작품에 등장하는 클리타임네스트라는 늙고 쇠약하고 백발이 성성하며, 죄책감에 시달리고 자기를 증오하는 자식들을 두려워하면서도 사랑하는 회한에 찬 여인으로, 자비를 구하지만 구걸하지는 않고 범죄에 대한 응보를 반쯤 수용하며 받아들인다. 복수가 끝나자 오레스테스는 공포에 사로잡힌다.

> 누이여, 그녀를 다시 만져 보라,
>
> 오, 그녀의 몸을 가려라,
>
> 아름다운 옷에 뿌려진
>
> 죽음으로 붉게 물든 얼룩을 가려다오.
>
> 어머니여! 참았습니까,
>
> 그 모진 고통 속에서,
>
> 살기 위해, 당신의 살인자를 참았단 말입니까?[94]

에우리피데스에게 있어 이 연극의 마지막 장은 「타우리스의 이피게니아」, 즉 타우리스인들 가운데 있는 이피게니아라 불린다. 이제야 등장하는 아르테미스는 아울리스의 제단에 아가멤논의 딸 대신 사슴을 준비하고 소녀를 불길 속에서 건져 내 크리미아의 반야만적인 타우리스인들의 아르테미스 여제사장으로 세웠다. 타우리스인들에게는 허락 없이 자기들 땅 해안에 발을 들이는 이방인을 여신에게 제물로 바치는 관습이 있다. 그리고 불행히도 이피게니아가 제물을 바치는 역할을 맡게 되었다. 그리스를 떠나고 사랑하는 이들과 헤어진 18년의 긴 세월이 마음을 무디게 했다. 한편 타우리스인들의 아르테미스 상을 아티카로 가져온다면 오레스테스에게 평화를 주겠다는 아폴론의 신탁이 있었다. 오레스테스와 필라데스는 항해를 떠나 마침내 타우리스 땅에 이르고, 타우리스인들은 이들을 아르테미스 여신을 위해 바다가 보낸 선물로 맞이하여 제단으로 끌고 간다. 기진맥진한 오레스테스가 부들부들 떨며 이피게니아의 발 앞에 쓰러진다. 이피게니아는 여전히 그를 알아보지 못하지만 한창 나이에 죽음을 앞둔 이 젊은이들을 연민의 눈으로 바라본다.

이피게니아. 화가 언제 미칠지, 화가 언제 끝날지 아무도 모른다.

그렇게 신은 어둠 속에 숨어 있고, 그의 길은

극심한 어둠으로 덮여 있어, 알 수 없는 우연으로

우리의 시야를 어지럽힌다.

오 가장 불행한 자여, 어디서부터 왔는가?

나그네여, 그대는 어느 모친, 어느 부친에게서 낳는가?

누이가 있다면, 그대 누이는 또 누군가?

젊고도 용감한 그대들이여, 누이를 형제 없이 홀로 내버려 두었구나.

오레스테스. 내 누이가 내 눈꺼풀을 덮어 주기를!

이피게니아. 아, 그녀는 먼 나라에 거하는구나,

불행한 이여, 그대의 모든 기원이 헛된 것이 되었구나.

하지만, 그대는 아르고스에서 왔으니

내가 줄 수 있는 모든 도움을 주리라.

그대 장례에 쓸 화려한 옷을 가져오고,

황금빛으로 쇄도하며 그대를 화장할 장작더미를 식혀 줄 기름과

수천 송이 꽃봉오리에서 꿀벌이 모은 달콤한 꿀을

내던지겠다, 향기를 발하며 그대와 함께 사라지도록.

그녀는 자신이 알려 주는 말을 아르고스에 전해 준다면 목숨을 구해 주겠다고
약속한다.

이피게니아. "아가멤논의 아들 오레스테스에게 전해다오,

아울리스에서 살해된 그녀는 그리스에 대해 죽었다고,

하지만 서둘러라, 이피게니아가 평화를 전한다."

오레스테스. 이피게니아라고! 어디 있지? 죽지 않고 살았나?

이피게니아. 내가 이피게니아다. 하지만 누설하지 마라, 그렇지 않으면 내 목숨

이 끊어질 수 있으니. "형제여, 나를 아르고스로 데려가다오, 내가 죽기 전에."

오레스테스가 이피게니아를 껴안으려 하지만 시종들이 이를 제지한다. 누구도 아르테미스의 여제사장을 건드릴 수 없기 때문이다. 오레스테스가 신분을 밝히지만, 이피게니아는 이를 믿지 못한다. 그는 엘렉트라가 자기들에게 해 준 이야기들을 떠올리며 믿게 한다.

> *이피게니아.* 이는 내가 알던 그 아기인가? 새처럼 가볍던 그 어린 아기인가?
> 오 아르고스 땅이여, 오 그 옛날 키클롭스가 밝힌 화로와 거룩한 불이여.
> 그가 살아 있고 어른이 되었기에, 내 그대를 축복한다.
> 내 형제와 내게 속한 빛과 능력이여.
> 이로 인해 그대 이름을 축복한다.[95]

그들이 그녀를 구하고, 그녀 또한 그들이 아르테미스 상을 손에 넣도록 돕는다. 그녀의 교묘한 계책으로 그들은 배에 안전하게 도착하고, 브라우론으로 상을 가져온다. 거기서 이피게니아는 다시 여제사장이 되고, 사후에는 신으로 숭배를 받게 된다. 오레스테스는 복수의 여신들에게서 벗어나 평화로운 나날을 보낸다. 신들의 갈증이 채워지고, 「탄탈로스의 아이들」이 종결된다.

2. 극작가

극적 기법의 측면에서 이들 희곡은 아이스킬로스와 소포클레스가 세운 기준에 미치지 못한다는 아리스토텔레스의 평가에 동의할 수밖에 없다.[96] 「메데아」와 「히폴리토스」, 「바카이」 모두 그 구성이 뛰어나지만, 그럼에도 불구하고 「오레스테이아」의 구조적 완벽성과 「오이디푸스 왕」의 복잡한 통일성에는 미치지 못한다. 연기로 바로 뛰어들고 이야기 흐름상 점차적이고 자연스럽게 이전 상황을 설명하는 대신, 에우리피데스는 서두에 교훈조의 대사를 인위적으로 장치하거나 심지어는 가끔 신의 입을 빌려 이를 말하기도 한다. 연극의 기능이기도 한 직접 연기 대신, 그는 너무 자주 극적인 장면이 아닐 때조차 전달자가 연기를 설명하도록 만든다. 그는 합창단을 연극의 일부가 되게 하는 대신, 철학적으로 일탈하게 하고 언제나 아름답지만 종종 극 내용과 관련 없는 서정시로 극의 흐름을 단절시킨다. 연기로 생각을 표현하는 대신, 가끔 생각으로 연기를 대체하고 무대를 명상과 수사학, 논쟁의 수련장으로 만든다. 잘 배치되고 극적으로 표현되긴 하지만, 그의 구성은 너무나 자주 우연의 일치와 "인지"에 의지한다. (선배들도 가끔 활용했지만) 그는 대부분의 연극을 기계 장치를 타고 내려오는 신을 등장시켜 끝맺는다. 그런데 에우리피데스에게 있어 이 장치는 사실상 연극은 이 신이 출현하기 전에 이미 끝났으며, 그렇지 않으면 불경한 상연이 되었을 연극에 덕스러운 정통성을 부여하기 위해 신이 하강한다는 의미에서만 용납될 수 있다.[97] 이 위대한 인문주의자는 이렇게 서막과 종막을 꾸며 무대에서 자신의 이단성을 마음껏 표출할 수 있었던 것이다.

형식처럼 내용도 천재성과 기교의 합작품이다. 모든 시인이 그런 것처럼 에우리피데스도 아주 민감하여, 인간이 안고 있는 문제들을 강렬하게 느끼고 열정적으로 표현한다. 그는 어떤 극작가보다 비극적이며 인간적이다. 그러나 그의 감정은 너무 자주 감상에 치우친다. 그는 너무 쉽게 "뜨거운 눈물을 흘린다." 자식과 떨어지는 어머니의 모습을 한순간도 놓치지 않고, 모든 상황에서 가능한 모든 정념을 짜낸다. 이들 장면은 언제나 감동적이고 가끔 비길 데 없는 비애감으로 표현되기도 하지만, 이따금 통속극으로 전락하거나 「메데아」에서처럼 과도한 폭력과 공포로 끝맺기도 한다. 에우리피데스는 그리스의 바이런과 셸리, 위고(Hugo)였으며 낭만주의 운동 그 자체였다.

인물 묘사에 있어 그는 경쟁자들을 훨씬 능가한다. 운명의 장난을 심리 분석으로 더욱 확연히 대치한 것은 소포클레스라기보다 에우리피데스였다. 그는 쉼 없이 인간 행동의 윤리성과 동기에 천착한다. 그는 엘렉트라의 농부 남편에서부터 그리스와 트로이의 왕에 이르기까지 실로 다양한 인간들에 주목한다.

어떤 극작가도 그렇게 많은 유형의 여성에 대해 그런 동정심으로 관심을 기울이지 않았다. 그는 악과 덕의 모든 세세한 면에 관심을 기울이고 사실적으로 묘사한다. 아이스킬로스와 소포클레스는 보편성과 영원성에 너무 몰두한 나머지 속세의 일상사를 분명히 보지 못했다. 그들은 심오한 전형을 창조했고 에우리피데스는 살아 있는 개인을 창조했다. 예를 들면 이전 사람들은 누구도 엘렉트라를 그토록 생동감 있게 이해하지 못했다. 에우리피데스에 이르면, 운명과 갈등하는 연극에서 상황과 인물에 보다 초점을 맞춘 연극으로 바뀌고, 이후 수 세기 간 필레몬과 메난드로스의 희극 양식이 그리스 무대를 장악하게 될 초석이 마련된다.

3. 철학자

그러나 에우리피데스를 주로 극작가로 평가하는 것은 적절하지 못하다. 그의 주된 관심은 극적인 기법이 아니라 철학적인 질문과 정치적인 개혁에 있었기 때문이다. 그는 소피스트의 아들이자 계몽주의 시인이었으며, 옛 신화를 비웃고 사회주의를 들먹이며 남자가 남자를, 남자가 여자를, 그리고 국가가 이들 모두를 덜 착취하는 새로운 사회 질서를 요구하는 젊은 진보 세대의 대변자였다. 에우리피데스가 청중으로 삼은 이들은 바로 이들 반항적인 영혼이었다. 그는 이들을 위해 회의적인 풍자시를 썼고, 종교성으로 포장된 희곡 행간에 수많은 이설을 끼워 넣었다. 그는 경건하고 애국적인 송시로 길을 포장하고 신성한 신화를 그렇게 문학적으로 표현함으로써, 내용상 불합리성이 분명히 드러남에도 정통성이 문제시되지 않을 수 있었다. 그는 연극의 몸통은 회의에 바치고, 서두와 결말은 신에게 양보했던 것이다. 프랑스 백과전서파의 경우처럼, 그의 난해함과 명석함은 그가 부득이하게 육체는 떼어 놓고 정신만 이야기해야 했다는 데 일부 원인이 있다.

그의 주제는 루크레티우스의 다음 말이 아주 적절하게 대변해 준다.

종교가 사람을 악으로 인도할 정도로 그렇게 악은 강하다.

신탁으로 폭력이 꼬리를 물고, 신화 속에서 신은 솔선수범하여 부도덕을 부추기고 부정과 불륜, 도둑질, 인간 제물, 전쟁 등을 초자연적인 권위로 승인한다. 그는 예언자를 "진실은 거의 말하지 않고 주로 거짓말을 많이 하는 사람"으로 표현하고,[98] 예언을 새의 내장을 통해 미래를 내다보려는 "정말 바보 같은 짓"이라고 한다.[99] 그는 신탁과 점을 통틀어 비난한다.[100] 그는 무엇보다 전설의 부도덕한 암시에 대해 분개한다.

> 사람들은 알 것이다, 신도 없고 하늘에 빛도 없다는 것을,
>
> 불법이 끝까지 정의를 이긴다면 ……
>
> 하늘에 간음자가 없으며,
>
> 신과 간수들이 죄수가 아니라고 말하지 마라.
>
> 아주 오래전에 내 마음은 이를 비열하다 말했고, 앞으로도 변함없을 것이다.
>
> 이들 이야기는 거짓일 뿐, 탄탈로스의 광란의 잔치와
>
> 아이를 죽인 신들이 그러한 것처럼.
>
> 이 살인자들의 땅이 자기 욕심을 신에게 바쳤다.
>
> 악은 하늘에 거하지 않는다.
>
> 이들 모두는 시인의 생명 없는 우울한 이야기일 뿐이다.[101]

가끔 이런 구절이 디오니소스에 대한 찬가나 범신론적인 성가와 함께 온건하게 표현되기도 하지만, 이따금씩 에우리피데스적인 회의가 모든 신을 대상으로 표현되기도 한다.

> 누가 저 위에 신이 있다고 하는가?
>
> 없다, 없다, 신은 없다.

미련한 이가 옛 거짓 우화로 그대를 속이지 못하게 하라.

내 말을 정당하게 판단하고, 사실 그 자체를 보라.

나는 말한다, 왕들이 죽이고, 강탈하고,

서약을 깨뜨리고, 거짓으로 도시를 황폐하게 하고,

이렇게 함으로써 매일매일 조용하고 경건하게 사는 이들보다

더 행복해 한다고.[102]

그는 유실된 작품 「멜라니페」를 다음과 같은 놀라운 대구(對句)로 시작한다.

오, 제우스여. 제우스가 있다면,

기록을 통해서만 그를 알 뿐이다.

그러자 관객들이 이에 항의해 일어섰다고 전해진다. 그리고 그는 다음과 같이
결론짓는다.

신들도 사람들 보기에 지혜로워 보이지만,

날개 달린 꿈과 별다를 바 없다.

그들의 모든 길도 사람의 길과 같아 혼란스럽기만 하다.

고뇌에 시달리지 않고 미련한 자처럼 눈멀지 않은 자라도

제사장에 이끌려 미혹을 당하고,

그와 같은 이들이 가는 그런 죽음으로 곧바로 달려간다.[103]

　　그는 인간의 운명은 인과 관계나 순전한 우연의 결과라고 생각한다. 그가 보
기에 지적 초월자의 작품이 아니다.[104] 그는 기적으로 여겨지는 것도 합리적으
로 설명하려 한다. 예를 들어 알케스티스는 정말 죽은 것이 아니라 산 채로 매
장되었으며, 헤라클레스는 그녀가 거의 죽기 직전에 구해 냈다.[105] 그는 자신이

믿는 바를 분명히 표현하지 않는데, 믿음을 분명히 하기에는 증거가 불충분하다고 느꼈기 때문인 듯하다. 그러나 표현할 경우에는 대부분 당시 교양 있는 그리스인들 사이에서 다신교를 밀어내고 있던 범신론을 흐릿하게 드러낸다.

> 세계의 깊은 근원이시여, 세계 위 높은 보좌시여,
>
> 당신이 누구든, 일련의 사태인지, 아니면 이성의 이성인지,
>
> 알 수 없고 이해하기 어렵지만,
>
> 신이신 당신께, 호흡하고 죽는 모든 피조물에게
>
> 마지막 순간이 오기 전에 정의를 가져다줄 침묵의 길을 바라보면서,
>
> 찬양을 올리나이다.[106]

그의 노래에서 사회 정의는 사소한 주제다. 동정심 있는 이라면 누구나 그러하듯, 그도 강자가 약자에게 보다 관대하고 불행과 다툼이 사라지는 그런 시대를 갈망한다.[107] 전쟁의 와중에서도 애국적인 호전 정신에 강박 관념을 보이며 전쟁의 공포와 비애를 냉정하게 묘사한다.

> 도시를 짓밟고, 신전을 황폐하게 하고,
>
> 묘지와 옛 선조들이 누워 있는 인적미답의 성소를
>
> 폐허로 만드는 그대들이여, 얼마나 미련한 이들인지.
>
> 그대들도 곧 그렇게 죽게 될 터인데 ……[108]

그는 반세기에 걸쳐 서로를 노예로 만들고 인재를 말살시키며 진행되는 아테네인과 스파르타인 간의 전쟁에 가슴 치며 통탄한다. 후기 희곡에서 그는 평화를 애절하게 구한다.

> 오 평화여, 깊은 샘에서 물이 솟아나듯 풍성히 베푸는 이여, 그 어떤 아름다움도

당신에게 비길 바 없고, 복락의 신들 중에도 진정 없나이다. 당신이 지체하시니 내 마음이 내 안에서 갈급하나이다. 내가 나이 들어가도 당신은 돌아오지 않으시니, 당신의 피어나는 아름다움을 보기도 전에 내 눈이 쇠하리이까? 춤추는 자들의 사랑스러운 노랫소리가 다시 들리기 전에, 화관 쓴 이들의 낭랑한 발자국 소리가 다시 들리기 전에, 백발과 슬픔이 나를 완전히 멸하리이까? 돌아오소서, 오 거룩한 이시여. 우리에게서 멀리 떠나 계시지 말고, 진노를 진정시키소서. 당신이 우리와 함께하시면, 다툼과 모진 고통이 사라지리이다. 광기와 칼날이 우리 문을 떠날 것이니이다.[108a]

당시의 위대한 작가들 중 거의 유일하게 그는 노예 제도를 과감하게 공격한다. 펠로폰네소스 전쟁 기간 동안, 대부분의 노예가 나면서부터가 아니라 우연한 사고로 인해 그렇게 되었다는 것이 분명했다. 그는 태생적인 귀족을 인정하지 않는다. 유전보다는 환경이 사람을 만든다. 그의 연극에서는 노예가 중요한 역할을 맡고 종종 가장 멋진 시를 노래한다. 그는 시인의 풍부한 감수성으로 여성을 배려한다. 물론 그도 여성의 약점을 알아 아리스토파네스가 그를 여성 혐오주의자라 할 만큼 사실적으로 그리기도 한다. 그러나 그는 고대 어떤 극작가보다 여자들의 사정을 잘 표현하고, 여성 해방 운동의 여명을 밝히는 데 한몫을 했다. 몇몇 그의 희곡은 성도착도 포함하여, 성 문제에 있어 거의 현대적이며 후기 입센(Ibsen)적이다.[109] 그는 남성에 대해서는 사실적인 반면 여성에 대해서는 정중하여, 무시무시한 메데아가 영웅적이지만 불성실한 이아손보다 동정심을 더 많이 얻는다. 그는 사랑을 희곡의 소재로 삼은 첫 극작가다. 유실된 「안드로메다」에 나오는 그 유명한 에로스에 바치는 송시는 수많은 그리스 젊은이들의 입에 오르내렸다.

오 사랑이여, 우리의 주, 신과 인간들의 왕이여,
미(美)가 얼마나 아름다운지 우리가 알지 못하게 하든지,

아니면 애써 노력함으로써 행복의 끝에 이를 수 있도록
진흙처럼 당신이 만든 가련한 연인들을 도와주소서.[110]

에우리피데스가 염세주의자인 것은 어쩌면 당연하다. 현실과 낭만이 부딪치면 어떤 낭만주의자도 염세주의자가 되기 때문이다. 월폴(Horace Walpole)은 "인생은 그렇게 생각하는 이들에게는 희극이고 그렇게 느끼는 이들에게는 비극이다."라고 말했다.[111] 우리의 시인도 이렇게 노래한다. "아주 오래전",

인간의 날들을 바라보다 한 짙은 그림자를 발견했다.
단언하건대,
지혜롭고 재치가 뛰어나며 위대한 책략가인 이들이
가장 가혹한 대가를 지불한다. 삶이 시작된 후로
신 앞에서 행복한 이가 한 명이라도 있었던가?[112]

그는 인간의 탐욕과 잔인성, 약삭빠른 악, 지긋지긋할 정도로 무차별한 죽음에 대해 의아해 한다. 「알케스티스」 서두에서 죽음이 "운명이 정해진 자를 데려가는 게 내 일이 아니냐?"고 말하자, 아폴론이 "아니다. 옛 시대에 완전히 동화된 자만 죽는다."라고 답한다. 충분히 삶을 누린 후 맞이하는 죽음은 자연스러운 것이며 거부할 일이 아니다. "해마다 수확이 반복되는 것처럼, 한 세대가 꽃피었다가 시들어 다음 세대로 이어진다면 이는 슬퍼할 일이 아니다. 이는 자연의 순리이며, 그 법칙을 피할 수 없다고 낙담할 일이 아니다."[113] 결론은 금욕주의다. "안달하지 말고 여느 사람들처럼 인내하라."[114] 아낙시메네스를 따르고 스토아 철학을 예견하며, 가끔 그는 인간의 영혼은 신성한 공기, 곧 프네우마의 일부이며, 죽은 후에 세계 영혼 속에서 보존된다고 생각하면서 위안을 삼는다.[115]

우리가 죽음이라 부르는 것이 생명이며 삶은 죽어 가는 것이라는 걸

누가 알랴? 삶이 고통인 사람들이 아니라면.

그러나 숨이 끊어지면 슬픔은 없다, 더 이상 슬픔은 없다.[116]

4. 추방

이들 희곡을 통해 그려지는 작가의 모습은 루브르 박물관의 좌상 및 나폴리 박물관의 흉상과 아주 흡사하여, 이들 조각상이 그리스 진품을 충실히 모사했다는 믿음이 간다. 수염 난 얼굴은 잘생겼으며 명상으로 잔뜩 긴장해 있으면서도 애잔한 감수성으로 누그러져 있다. 그가 침울한 성격에 연회나 웃음소리와는 거리가 멀고 말년을 고향 섬에 은둔하며 보냈다는 점에서는 그의 친구와 적대자 모두 견해를 같이한다. 그는 아들 셋을 두었는데, 그들의 어린 시절을 통해 행복감을 맛보았다.[117] 그는 책 속에서 위로를 찾았으며, 우리가 아는 한 개인적으로 상당한 장서를 보유한 최초의 그리스 시민이었다.[118]* 그에게는 프로타고라스와 소크라테스를 포함해 뛰어난 친구들이 있었다. 다른 모든 연극을 무시했던 소크라테스는 에우리피데스의 연극을 보기 위해서라면 피라이오스까지라도 갈 것이라 말했는데, 이는 완강한 철학자에게는 심각한 문제였을 것이다. 인습에 구애받지 않는 젊은 세대는 그를 지도자로 우러러봤다. 그러나 그는 그리스 역사상 어떤 작가보다 적이 많았다. 자신들 스스로 관련되어 있다고 느낀 심사원들은 아마도 그의 회의주의적인 공격으로부터 종교와 도덕을 보호할 목적으로 다섯 번의 우승 영예만 그에게 허락했다. 그래도 종교적인 무대에서 에우리피데스의 희곡이 그렇게 많이 상연될 수 있었던 것은 관대한 아르콘

---

* 앞에서 살펴보았듯이 그리스에는 이미 왕립·국립 도서관이 있었다. 이집트에서의 이런 장서류는 제4왕조까지 거슬러 올라갈 수 있다. 그리스 도서관은 큰 상자의 칸막이 안에 두루마리 책을 넣어 보관했다. 발표는 원고 복사와 그 복사본이 사람들 사이에 유포되는 것을 저자가 허락하는 것을 의미했다. 이후 복사는 저자의 허락 또는 저작권의 규제 없이 자유롭게 행해질 수 있었다. 인기 있는 작품은 수없이 많이 복사되었고 값도 비싸지 않았다. 플라톤은 「변명」에서 아낙사고라스의 글 「자연에 대하여」를 1드라크마(1달러)에 구입할 수 있었다고 말한다. 에우리피데스 시대에 아테네는 그리스 책 거래의 주요 중심지였다.

바실레우스 때문이었다. 보수주의자들은 모든 분야에 걸쳐 이 극작가가 소크라테스와 함께 아테네의 젊은이들 사이에 늘어 가는 불신 풍조에 대해 책임이 있다고 보았다. 아리스토파네스는 「아카르나이 사람들」을 시작으로 그에게 전쟁을 선언한 후, 「테스모포리아주사이」에서 그를 유쾌하게 풍자하고 시인이 죽은 후에도 「개구리」를 통해 공격을 계속했다. 전승에 의하면 그럼에도 불구하고 이 비극 작가와 희극 작가는 끝까지 친밀한 관계를 유지했다고 한다.[119] 관객들은 그의 이단성을 비난하면서도 연극을 보러 모여들었다. 「히폴리토스」 제612행에서 젊은 사냥꾼이 "내 혀는 맹세하지만 내 영혼은 매여 있지 않다."라고 말했을 때, 관람하던 군중들은 이를 지나치게 부도덕한 주장이라 여겨 크게 항의했고, 에우리피데스는 자리에서 일어나 극이 끝나기 전에 히폴리토스가 합당한 벌을 받을 것이라고 말함으로써 흥분을 가라앉혀야 했다. 에우리피데스가 말한 합당한 벌은 그리스 비극에 있어 거의 모든 등장인물에 대한 안전 장치였던 것이다.

기원전 410년경, 그는 불경죄로 고소당한다. 곧이어 이 시인의 운명에 크게 영향을 끼치게 될 또 다른 고소가 제기되고 그의 불성실의 증거로 「히폴리토스」의 대사가 제출된다. 두 경우 다 패소되었지만, 「트로이의 여인들」에 대한 대중의 분개는 에우리피데스에게 이제는 아테네에 친구가 거의 없다고 느끼게 했다. 그의 아내조차 열광적인 전쟁 찬양에 동조하지 않았다 하여 그를 외면했다고 한다. 기원전 408년, 그의 나이 72세 때 아르켈라오스 왕이 마케도니아의 수도로 그를 초청한다. 펠라에서 국민의 정통 신앙을 전혀 개의치 않는 이 프레드릭 대왕의 보호 아래 에우리피데스는 평화와 안식을 찾았다. 거기서 그는 거의 전원시에 가까운 「아울리스의 이피게니아」와 종교 색이 아주 강한 「바카이」를 썼다. 마케도니아에 온 지 18개월이 지난 후, 경건한 그리스인들의 말에 의하면 그는 왕의 사냥개에 물려 손발이 끊긴 채 죽었다고 한다.[120]

일 년 후 그의 아들이 그 도시의 디오니시아 제전에서 두 편의 연극을 상연하고 우승을 차지한다. 현대 학자들도 「바카이」를 그리스 종교에 대한 에우리피데스의 사죄로 생각한다.[121] 그러나 연극은 아테네 대중들의 에우리피데스에 대한 태도를 신랄하게 풍자한 것이었다. 광기 어린 미신을 비난하고 환락을 제지했다는 이유로 친어머니 아가베가 이끄는 디오니시아 주신제(酒神祭) 여자 폭도들에 의해 테베 왕 펜테우스가 갈가리 찢겨 죽는다는 이야기다. 이 이야기는 창작된 것이 아니라 종교 전통을 따르고 있다. 동물의 몸과 감히 의식에 참가한 남자의 몸을 절단해 제물로 바치는 것이 디오니시아 의식의 일부였다. 구성상 디오니소스 전설로 되돌아온 이 힘찬 연극은 그리스 비극을 처음부터 그 정점에 올려놓았다. 연극은 마케도니아 산지(山地)에서 상연되었으며 지극히 서정적으로 표현되었다. 디오니소스 숭배 의식이 특히 강했던 펠라에서 상연할 것이 처음부터 의도되었던 것 같다. 에우리피데스는 놀라운 통찰력으로 종교적 무아경으로 빠져들고 디오니소스 여제사장이 열정적인 헌신의 찬가를 노래하게 한다. 정말 늙은 시인이 합리주의의 한계에 이르러 이를 넘어서고 이제는 이성의 나약함과 남녀의 집요한 욕망을 인정하는 것 같다. 그러나 이야기는 디오니소스 종교에 뜬금없이 영예를 돌리지 않는다. 또다시 주제는 미신적인 교의로 악이 초래될 수 있다는 것에 주목한다.

디오니소스 신이 인간으로 현신하여 바쿠스로 변장하고 테베를 찾아온다. 거기서 그는 디오니소스를 숭배할 것을 설교한다. 카드모스의 딸들이 이에 반대하자, 그는 종교적인 황홀경으로 그들을 마취시킨 후 언덕으로 데려가 광란적인 춤으로 그를 경배하게 한다. 그들은 동물 가죽으로 몸을 가리고 뱀을 두르고 담쟁이덩굴로 관을 삼고 새끼 늑대와 사슴을 젖 먹인다. 테베 왕 펜테우스가 이성과 도덕, 질서에 위배된다고 의식을 반대하고 설교자를 투옥한다. 설교자는 온화한 그리스도교도처럼 형벌을 참는다. 그러나 설교자 안에 있는 신이 분연히 일어나 옥문을 부수고 초인적인 힘으로 젊은 통치자에게 최면을 건다. 최면에 걸린 펜테우스는 여자 복장을 하고 언덕에 올라 광란의 무리와 하나가 된다. 여인들이 그가 남자임을 알아보고 몸을 갈가리 찢는다. "귀신에 홀린" 어머니도 펜테우스의 잘린 머리를 사자 머리로 생각하여 손에 들고 승전가를 노

래한다. 제정신이 돌아와 손에 든 것이 아들의 머리라는 것을 알게 된 그녀는
자신을 도취시킨 의식을 강하게 반발한다. 디오니소스가 "신인 나를 조롱했으
니 이것이 너의 응보이다."라고 말하자, 그녀는 "신이라면 화가 나도 긍지에 찬
인간처럼 그렇게 행동해야 하지 않느냐?"라고 답한다. 마지막 교훈도 처음과
동일하여, 유작에서도 시인은 에우리피데스로 남았다.

사후에 그는 아테네에서도 인기를 얻었다. 그가 분투했던 생각은 이후 수 세
기 동안 지배적인 사상이 되었고, 헬레니즘 시대는 그와 소크라테스를 그리스
가 배출한 최고 지성으로 회고했다. "음유 시인의 죽은 이야기"보다 살아 있는
문제를 다룬 그를 고대 세계는 오랫동안 잊지 않고 기억했다. 선배들의 희곡이
망각 속으로 사라진 반면, 그의 희곡은 무대가 있는 곳이라면 어디서든 매년
계속해서 상연되었다. 「트로이의 여인들」에서 그 전조가 보인 시라쿠사 원정
실패 후(기원전 415년), 포로가 된 아테네 병사들이 시칠리아의 채석장에서 사
슬에 메인 노예로 죽지 못해 살고 있을 때, (플루타르코스에 의하면) 에우리피데
스의 연극 구절을 암송할 수 있는 자들만 자유를 얻었다고 한다.[122] 새로운 희
극은 그의 희곡을 토대로 해서 그로부터 자랐다. 이들의 지도자 격인 필레몬은
"죽은 자에게 의식이 있다면, 나는 에우리피데스를 간절히 찾겠다."라고 말했
다.[123] 서기 18세기와 19세기의 회의주의, 자유주의, 인도주의의 부활로 에우
리피데스의 모습이 셰익스피어보다 더 현대적으로 거의 동시대인처럼 느껴
진다. 대체로 셰익스피어만 그와 견줄 만하지만, 괴테는 그렇게 생각하지 않
는다. "에우리피데스 이후 전 세계 어느 국가가 그의 신발을 들 만한 극작가를
한 명이라도 낳았는가?"라고 에커만(Eckermann)의 괴테는 질문한다.[124] 하나
도 없다는 것이다.

6. 아리스토파네스

1. 아리스토파네스와 전쟁

그리스 비극은 엘리자베스 시대의 그것보다 훨씬 음울하다. 극 전개상 비극적 요소가 수시로 끼어들고, 관객이 비극적 분위기에서 잠시 헤어날 수 있게 해 주는 희극적 기분 전환 기법이 전혀 사용되지 않았기 때문이다. 그리스 극작가는 비극적 분위기를 높이 고조된 상태에서 끌어가려 했고, 희극은 진지한 의미는 전혀 전달함이 없이 관객의 흥분된 감정을 해학적인 편안함과 익살로 진정시키려는 사티로스 극에 맡겼다. 시간이 지나면서 희극이 비극으로부터 독립을 선언한다. 디오니시아 제전에서는 전체적으로 서로 다른 작가가 쓴 서너 편의 희극이 연속 상연되고 별도로 우승을 다투는 한 날이 배정되었다.

웅변술처럼 희극도 시칠리아에서 처음 꽃피었다. 기원전 484년경 코스 출신의 철학자이며 의사이고 시인이자 극작가인 에피카르모스가 시라쿠사로 왔다. 그는 서른다섯 편의 희극에서 피타고라스와 헤라클레이토스, 합리주의를 표현했는데, 그의 작품은 가끔씩의 인용을 통해서만 일부 현존한다. 에피카르모스가 시칠리아에 도착한 지 12년이 지난 후, 아테네 아르콘은 처음으로 희극 합창단 공연을 허락한다. 신예술이 민주주의와 자유의 분위기 속에서 급속히 발전하여 아테네에서 도덕과 정치 풍자의 주요 매체가 되었다. 희극에 표현의 자유가 널리 허용되자 디오니시아 제전에서 남근 숭배 행렬이 전통이 되었다. 이러한 자유의 남용으로 기원전 440년 희극에서의 인신공격을 금하는 법률이 제정된다. 그러나 이 금령은 3년 후 철회되고, 비판과 남용의 완전한 자유는 펠로폰네소스 전쟁 기간 동안에도 계속되었다. 그리스 희극은 근대 민주주의의 언론자유처럼 정치 비평의 수단으로 그 자리를 굳혔다.

아리스토파네스 이전에도 많은 희극 작가가 있었으며, 고대 시대의 위대한 라블레(Rabelais)는 격렬한 전투를 치른 후 몇몇 자신의 경쟁자들을 겸손하게 칭찬했다. 크라티노스는 키몬의 대변인으로 페리클레스를 "해총(海葱) 머리

전능자"[125]라 부르며 맹렬히 공격했다. 자비로운 시대에 살고 있는 우리는 불가피하게 그를 읽어야 할 필요성을 느낀다. 또 다른 선배로 페레크라테스가 있는데, 그는 기원전 420년경 「야만인」에서 문명을 거부하고 "자연 회귀"를 주장한 아테네인들을 풍자했다. 우리 시대의 혁신적 청년 문화는 이토록 역사가 깊다. 아리스토파네스의 최고 경쟁자는 에우폴리스였다. 그들은 처음에는 의기투합했지만 곧 다투고 결별하여 격렬하게 서로를 비난했다. 그러나 민주파를 공격하는 데는 마음을 같이했다. 희극은 5세기 전반에 걸쳐 민주주의에 적대적이었는데, 그 이유는 부분적으로는 시인은 돈을 좋아하고 귀족은 부유했기 때문이지만, 주된 이유는 그리스 희극의 역할은 비평에 있었고 그 대상이 당시 집권자였던 민주파였다는 데 있다. 민주파 지도자 페리클레스가 여성 해방 같은 신사상과 합리주의 철학의 발전에 호의적이었기 때문에, 희극 작가들은 의심스러운 측면이 있지만 혼연일체가 되어 모든 진보주의 형태를 반대하고 "마라톤 세대"의 생활 방식과 명망 있는 도덕으로 돌아가자고 주장했다. 소크라테스와 에우리피데스가 신사상의 주역이었다면, 복고주의의 대변자는 바로 아리스토파네스였다. 종교와 철학 간의 갈등이 희극 무대를 장악하게 된다.

아리스토파네스가 귀족주의를 좋아한 데는 이유가 있었다. 그는 세련된 명문가 출신이었으며 아이기나의 영주이기도 했던 것 같다. "탁월한 자"라는 뜻을 가진 그의 이름 자체가 고귀함의 표상이었다. 기원전 450년경에 태어난 그는 아테네와 스파르타가 그의 연극의 통렬한 주제가 된 전쟁을 시작한 그때 청춘기를 맞고 있었다. 스파르타의 아티카 침공으로 그는 영지를 버리고 아테네에 거주할 수밖에 없었다. 그는 도시 생활을 싫어했으며, 자신에게 닥친 갑작스러운 변화에 분개하여 메가라인과 코린토스인, 스파르타인을 미워했다. 그는 그리스인끼리 서로 죽이는 이 싸움을 비난하고 자신의 작품 속에서 평화를 촉구했다.

기원전 429년에 페리클레스가 죽은 후 아테네의 최고 권력은 부유한 제혁업자 클레온의 손에 장악되었는데, 그는 영리의 대변자로 "한 방 주먹", 즉 그리스의 패권을 다툰 스파르타의 완전한 파멸을 원했다. 유실된 작품 「바빌로니아인들」(기원전 426년)에서 아리스토파네스는 클레온과 그의 정책을 신랄하게 조롱하여, 퉁명스러운 이 사령관은 그를 반역죄로 기소하고 벌금형에 처했다. 2년 후 아리스토파네스는 「기사들」을 발표하여 복수한다. 주역은 데모스(즉 민중)였고 그 우두머리는 "무두장이"라 불렸다. 이 연극을 본 사람은 클레온을 포함해 누구나 이 연극이 무엇을 비유하는지 이해했다. 풍자가 하도 신랄해 정치 보복의 두려움 때문에 어떤 배우도 무두장이 역을 맡으려 하지 않았으며, 결국 아리스토파네스 자신이 그 역을 맡았다. 니키아스(과두파의 미신을 추종하는 지도자의 이름)가 신탁이 자기에게 데모스 집안의 다음 지도자는 소시지 상인이 될 것이라 했다고 발표한다. 이 소상인이 등장하고, 종들이 그를 "영광스러운 아테네의 다음 지도자여!"라고 환호한다. 소시지 상인은 "제발 내 삼발이나 씻으러 가게 해 주시오. …… 나를 바보로 만들지 말고."라고 말한다. 그러나 한 데모스테네스가 "악당도 아니고 학식도 없지 않느냐?"고 말하며 그야말로 민중을 다스리기에 가장 적절한 인물이라고 설득한다. 해임을 두려워한 무두장이는 데모스에 대한 자신의 봉사와 충성을 항변한다. 매춘부를 제외하고는 누구도 자기만큼 데모스를 위해 애쓰지 않았다고 주장한다. 전형적인 아리스토파네스적인 익살극이다. 소시지 상인이 삼발이로 무두장이를 세게 치고, 마늘을 먹으며 민회에서의 웅변 경연에 나갈 준비를 한다. 아첨이 난무하는 가운데 경연이 계속되고, 어떤 후보자가 데모스에게 더 많이 아첨하고 "데모스의 배를 채울 수 있는지" 지켜본다. 경쟁자들이 온갖 진미를 가져와서 한 접시의 선거 공약인 것처럼 데모스 앞에 차려 놓는다. 소시지 상인이 정직성을 확인하기 위해 각 후보자의 함을 조사하자고 제안한다. 무두장이의 함에서 한 무더기 맛 좋은 진미, 특히 큰 케이크 덩어리가 발견되는데, 그는 이 케이크 덩어리에서 작은 조각만 떼어 내 데모스에게 주었던 것이다.(클레온이 공금을 유용한 현 고소 사건을 풍자) 무두장이는 해임되고 소시지 상인이 데모스 집안의 지도자가 된다.

「말벌」(기원전 422년)에서 보다 온건하고 허약해진 민주주의에 대한 풍자가 계속된다. 합창단은 배심원 봉사로 매일 한두 오볼 벌이를 하고, "아첨꾼들"에 귀 기울이며 벌금을 과징하여 부자들의 돈이 국고와 가난한 자의 주머니에 들어오도록 투표권을 행사하는 말벌 복장의 나태한 시민들로 구성된다. 그러나 이들 초기 작품에서 아리스토파네스의 주된 관심은 전쟁을 비웃고 평화를 촉구하는 데 있었다. 「아카르나이 사람들」(기원전 425년)의 영웅은 디케오폴리스(정직한 시민)로, 그는 자신의 땅이 군대에 짓밟혔으며 남은 포도밭만으로는 생계를 유지할 수 없다고 불평하는 농부다. 그는 전쟁을 하는 이유, 스파르타인과 싸워야 하는 이유를 의심한다. 장군과 정치가가 평화를 가져다주기를 기다리다 지친 그는 직접 라케다이몬인과 조약을 맺는다. 주전파 이웃이 합창으로 비난하자 그는 다음과 같이 답한다.

> 글쎄, 그 스파르타인들조차도, 지난 모든 일을 다 책임져야 하는지 모르겠구나.
> *합창단*. 모든 일에 책임이 없다고? 이 악당. 이 부랑자여.
> 어떻게 감히 우리 면전에서 반역을 얘기하면서 용서받기를 바라는가?

그는 아테네가 스파르타만큼 책임이 있다고 자신이 증명하지 못하면 죽여도 좋다고 말한다. 그의 머리가 도마 위에 놓이고, 그는 자기주장을 펴기 시작한다. 이내 아테네 장군이 등장하고 패배한 후 불경스럽게 고함친다. 합창단이 그에게 넌더리를 내고 디케오폴리스를 풀어 준다. 디케오폴리스는 평화라 부르는 포도주를 팔아 모두를 즐겁게 한다. 이 희극은 상대편 말에 귀 기울일 줄 아는 사람들만 감상할 수 있는 상당히 대담한 연극이었다. 시인이 합창단이나 한 등장인물을 통해 관객에게 연설할 기회를 가지는 희극의 관례, 파라바시스(parabasis) 또는 탈선을 통해 아리스토파네스는 아테네인들 중의 깐깐한 희극작가라는 자기 역할을 설명한다.

> 희극을 공연한 이래 우리 시인은 무대에서 한 번도 자신을 칭찬하지 않았다. ……

오히려 그는 그대들에게 유익한 것을 많이 베풀어 왔다. 그대들이 더 이상 이방인에 현혹되거나 아첨에 넘어가지 않는다면, 그리고 한때 그랬던 것처럼 정치 문제에 있어 더 이상 바보가 아니라면, 이는 다 그의 덕분이다. 이전 다른 도시의 사절들이 그대들을 속이려할 땐 그대들을 "제비꽃 관을 쓴 이들"이라고 부르기만 하면 됐다. "제비꽃"이란 말에 그대들은 즉시 엉덩이를 곧추세워 앉았다. 아니면 누군가 그대들의 허영심을 자극해 "풍요롭고 단정한 아테네"에 대해 말하면, 그는 달콤한 말로 모든 것을 얻을 것이다. 시인은 그런 간계를 주의하도록 경고함으로써 그대들에게 위대한 일을 한 것이다.[126]

「평화」(기원전 421년)에서 시인은 승리했다. 클레온은 죽고 니키아스가 스파르타와 50년간의 평화와 우정을 약속하는 조약을 막 체결했던 것이다. 그러나 몇 년 후 다시 적대감이 일어났다. 기원전 411년, 아리스토파네스는 동료 시민에 대한 희망을 포기하고 그리스 여인들을 불러 모아 유혈 참사를 종결시킨다. 「리시스트라타」가 시작되면서, 새벽녘 남편들이 잠든 사이 아테네 여인들이 아크로폴리스 근처에 모인다. 그들은 남편들이 적과 화해할 때까지 그들과 잠자리를 하지 않기로 한다. 그리고 스파르타 여인들에게 사절을 보내 이 새로운 평화 운동에 함께할 것을 청한다. 드디어 잠에서 깬 남자들이 집에 돌아오라고 여인들을 부른다. 이를 거절하자 남자들이 그들을 포위 공격하지만, 공격자들은 뜨거운 물과 폭포수 같은 비난으로 격퇴당한다. 리시스트라타(군대 해산자)는 다음과 같이 남자들을 훈계한다.

옛 전쟁 때 우리는 당신들의 말을 참고 들었다. …… 하지만 우리는 유심히 당신들을 관찰했다. 그리고 종종 우리는 집에서 당신들의 말을 들으며 당신들이 문제를 잘못 결정한다고 생각하곤 했다. 우리가 그에 대해 물으면, 남자들은 "상관없는 일이니 조용해."라고 답하곤 했다. 그러면 우리는 "여보, 당신들 남정네들은 일을 어찌 그리 어리석게 처리하지요?"라고 반문했다.

남자 리더가 여자들은 국고를 관리할 수 없기 때문에 공적인 일에 관여해선 안
된다고 대답한다.(이들이 다투는 동안 몇몇 여인들이 아리스토파네스적인 변명을 늘
어놓으며 남편을 따라 살금살금 사라진다.) 리시스트라타가 답한다. "왜 안 되죠?
아내들은 오랫동안 남편의 지갑을 관리해 왔고, 모두에게 큰 이득을 주었어
요." 그녀의 주장은 아주 호소력이 있어 마침내 설득당한 남자들이 전쟁 당사
국들의 회의를 소집한다. 사절들이 모이자 리시스트라타는 충분한 양의 포도
주로 이들을 대접한다. 곧 그들은 즐거운 분위기에 취하고, 오랫동안 지체되었
던 평화 조약이 체결된다. 합창단이 평화에 대한 찬가로 연극을 마무리한다.

2. 아리스토파네스와 진보주의자들

아리스토파네스가 보기에 아테네인들의 공적 생활은 두 가지 근본적인 악,
즉 민주주의와 불경 때문에 붕괴되었다. 그는 민중의 주권이 정치가에게 넘어
갔다는 점에서 소크라테스와 생각을 함께했다. 그러나 그는 소크라테스와 아
낙사고라스, 소피스트들의 회의주의가 한때 사회 질서와 개인의 성실성에 기
여했던 도덕적 결속력이 해이해지게 한 데 일조했다고 확신한다. 「구름」에서
그는 신철학을 웃음거리로 만들었다. 부채를 갚지 않을 수 있는 묘책을 찾고 있
는 스트렙시아데스라는 한 노신사가 소크라테스가 설사 그것이 거짓일지라도
참으로 입증할 수 있는 법을 가르쳐 주는 "생각 가게"를 운영한다는 말을 듣고
기뻐한다. 그는 "골몰하는 사람들의 학교"에 들어간다. 수업 중에 그는 소크라
테스가 천장에 매달린 광주리 안에 앉아 생각에 잠겨 있고 어떤 학생들은 코를
땅으로 향한 채 몸을 숙이고 있는 것을 본다.

스트렙시아데스. 저기 이상하게 몸을 숙이고 있는 사람들은 도대체 뭘 하고 있는
거죠?

학생. 타르타로스처럼 깊은 곳에 숨어 있는 비밀을 찾고 있는 중입니다.

스트렙시아데스. 그러면, 성가시게 해서 미안합니다만, 저 뒤쪽에 보이는 사람들

은 왜 공중에 매달려 있나요?

학생. 아, 예. 저들은 천문학을 연구하고 있습니다.

(스트렙시아데스가 소크라테스에게 질문한다.)

소크라테스. 그대는 어떤 신으로 맹세하는가? 우리가 쓰고 있는 이 동전은 신이 아니지. (구름 합창단을 가리키며) 저들이 진짜 신이야.

스트렙시아데스. 그럼 제우스는 없단 말인가요?

소크라테스. 그렇다네. 제우스는 존재하지 않지.

스트렙시아데스. 그럼 비는 누가 내리는 겁니까?

소크라테스. 저 구름이지. 구름 없이 비가 내리는 걸 본 적 있는가? 제우스가 존재한다면, 그는 흐린 날뿐 아니라 화창한 날에도 비를 내릴 수 있어야 하지 않겠나.

스트렙시아데스. 그럼 그 무시무시한 벼락은 누가 내리는 겁니까?

소크라테스. 그것도 저 구름이야. 구름이 구를 때 벼락이 내리지.

스트렙시아데스. 어떻게 말인가요?

소크라테스. 구름에 물이 가득 고이면 아래로 내몰리고, 그러면 콰르릉 하는 소리를 내면서 아래로 억수같이 쏟아지지.

스트렙시아데스. 그럼 비를 흩날리는 것은 누굽니까? 제우스가 아닌가요?

소크라테스. 천만에. 그건 바로 회오리바람이라네.

스트렙시아데스. 그럼 가장 위대한 신은 회오리바람이겠군요. 그럼 벼락이 치는 건 무엇 때문인가요?

소크라테스. 그대 경우로 설명해 보겠네. 그대는 식사 때 수프를 잔뜩 먹은 다음 배탈이 나 뱃속에서 우르르 소리가 나며 고생한 적이 없는가?

장면이 바뀌어 스트렙시아데스의 아들 페이디피데스가 참 주장과 거짓 주장을 만난다. 참 주장이 마라톤 세대의 금욕적인 덕을 따르는 것이 옳다 말하고, 거짓 주장에 새 도덕을 설교한다. 거짓 주장이 정의나 덕, 겸양이 무슨 유익이 있냐고 질문한다. 자수성가한 사람 열 명 중 정직한 사람은 한 명이 될까 말까하다는 것이다. 신만 해도 그렇다. 그들은 거짓말하고 도둑질하고 살인하고 간음을 저지르면서도 모든 그리스인의 숭배를 받는다. 참 주장이 정말 성공한 사람 대부분이 정직하지 않은지 의아해 하자 거짓 주장이 질문을 던진다.

자, 우리의 변호인들이 어느 부류 출신이지?

참 주장. 글쎄, 불한당이지.

거짓 주장. 그렇지. 그럼 비극 시인들은 어때?

참 주장. 불한당이야.

거짓 주장. 그럼 우리의 친애하는 웅변가들은?

참 주장. 모두 불한당이야.

거짓 주장. 그럼 이제 우리 자신을 보자. (돌아서서 관객을 가리키며) 여기 우리 친구들 대부분은 어떤 부류인가?

(참 주장이 근엄하게 관객을 살펴본다.)

참 주장. 불한당이 대부분이야.

거짓 주장의 총명한 제자인 페이디피데스는 자기가 힘이 세고 그렇게 하는 게 즐겁다는 이유로 아버지를 구타한다. 그리고 "내가 어릴 때 때리지 않았느냐?" 고 말한다. 스트렙시아데스가 제우스의 이름으로 자비를 구하지만, 페이디피 데스는 이제 더 이상 제우스는 없으며 대신 회오리바람이 있다고 말한다. 화가 난 아버지가 거리로 뛰쳐나가 모든 선한 시민에게 이 신철학을 쫓아내 줄 것을 요청한다. 시민들이 "생각 가게"로 달려가 불태우고, 소크라테스는 목숨만 간 신히 건져 달아난다.

이 희극이 소크라테스의 비극적 생애 중 어느 시기를 대상으로 했는지는 알 려져 있지 않다. 기원전 423년에 발표되었으니, 그 유명한 재판이 있기 24년 전 의 일이었다. 이 익살맞은 풍자극이 철학자의 감정을 상하게 한 것 같지는 않 아, 그는 공연 내내 자리를 지켰고 적대자들에게 더욱 멋지게 응수했다고 한다.[127] 플라톤은 공연 이후의 소크라테스와 아리스토파네스를 친구로 그리고 있다. 플라톤 자신도 시라쿠사의 디오니시오스 1세에게 이 연극을 유쾌한 희가극으로 추천하고 스승이 죽은 이후에도 아리스토파네스와 우정을 나눈다.[128] 기원전 399년에 소크라테스를 고소한 세 명 가운데 멜레토스는 이 희극이 공연되었을 때 소년이었고, 아니토스는 공연 이후에도 소크라테스와 교분 관계에 있었다.[129] 아마 원래 공연보다 이후 글로 보급된 것이 이 현인에게 더 해를 끼친 것 같다. 소크라테스 자신도 플라톤의 변론을 통해 이 희곡이 자신에게 악평을 안겨 주어 재판 때 배심원들이 편견을 갖게 했다고 말한다.

아리스토파네스가 겨냥한 풍자 대상이 또 있었는데, 이 경우는 그 분위기가 적대감으로 가득했다. 그는 소피스트의 회의주의, 국가를 침식시키는 도덕적·경제적·정치적 개인주의, 여성을 선동하는 감상적 여권주의, 노예들의 잠재된 분노를 자극하는 사회주의 등을 믿지 않았다. 그는 이 모든 악을 에우리피데스에게서 가장 확연히 보았고, 그리스 정신에 끼치는 이 위대한 극작가의 영향력을 웃음거리로 만들기로 작정한다.

기원전 411년, 그는 여성들이 자기들끼리만 데메테르와 페르세포네의 축제를 거행하는 것에서 이름을 따 「테스모포리아주사이」라고 부른 연극으로 시작한다. 모인 신자들이 최근 자기들을 폄하한 에우리피데스의 말을 얘기하며 모의를 꾸민다. 에우리피데스가 이를 우연히 알게 되고, 장인 므네실로코스를 설득해 여자로 가장하고 그 모임에 잠입해 자신을 변호하게 한다. 첫 불평자가 그 비극 작가가 자신의 생계를 빼앗아 갔다고 주장한다. 전에 그녀는 신전용 화환을 만들었는데, 에우리피데스가 신은 없다고 해 신전 사업을 망쳤다는 것이다. 므네실로코스가 그의 가장 심한 악평도 여자들 스스로 인정하는 잘못보다는 덜하다고 에우리피데스를 변호한다. 여자들은 이렇게 여성을 비방하는 자가 여자일까 의심한다. 그들이 므네실로코스의 가면을 벗기고, 므네실로코스는 한 여자의 품에 안겨 있는 아기를 빼앗아 가까이 오면 죽이겠다고 위협해

능지처참의 위기를 면하려 한다. 그래도 그를 공격해 오자 그는 아이를 싼 포대기를 벗기고, 세금을 피하기 위해 포도주 부대를 감춘 것임을 알게 된다. 그는 그 부대의 목을 따 포도주 주인에게 손해를 입히겠다고 협박한다. "제발 용서해 주시오! 목이 잘려야 한다면, 사발만이라도 가져와 그 피를 담게 해 주시오."라고 주인이 소리친다. 므네실로코스는 포도주를 마셔 이 문제를 해결하고 에우리피데스에게 알려 구원을 청한다. 그의 연극에서 에우리피데스는 어느 때는 메넬라오스, 어느 때는 페르세우스, 어느 때는 메아리 등 여러 모습으로 등장하는데, 마침내 므네실로코스의 목숨을 구한다.

에우리피데스가 죽은 후에도 「개구리」(기원전 405년)로 공격이 계속된다. 아테네 현존 작가들을 탐탁지 않게 여긴 희곡의 신 디오니소스가 에우리피데스를 불러내기 위해 하데스로 내려간다. 그가 지하 세계로 내려갈 때, 개구리 떼가 잠시 동안 아테네 청년들의 슬로건이 되었을 개구리 합창으로 그를 맞이한다. 아리스토파네스는 건너가는 디오니소스를 조롱하고 엘레우시스 신비 의식을 어설프게 연출한다. 하데스에 도착한 디오니소스는 에우리피데스가 아이스킬로스를 극작가의 권좌에서 끌어내리려는 것을 목격한다. 아이스킬로스는 에우리피데스를 회의주의와 위험한 궤변을 퍼뜨리고, 아테네의 여성과 젊은이들을 타락시킨다고 비난한다. 그는 기품 있는 숙녀들이 에우리피데스의 외설을 듣고 수치감을 이기지 못해 자살했다고 말한다. 저울이 등장하고, 두 시인이 자기 희곡 한 구절씩을 올려놓는다. 아이스킬로스의 힘 있는 시구 하나가 에우리피데스의 10여 개 시구보다 무게가 더 나간다.(이때 풍자시도 구시대 시인을 강타한다.) 이윽고 아이스킬로스가 젊은 시인에게 처자식과 가재도구를 모두 저울에 얹으라고 말하며 자신의 대구(對句) 한 쌍이 그 모두보다 무거울 거라고 장담한다. 결국 위대한 회의주의자가 패배하고 아이스킬로스가 승리자로 아테네에 돌아온다.* 이 문학 비평사상 최고(最古) 수필은 우승을 차지하고 관객을 크

---

* 아이스킬로스의 희곡이 다시 공연된 것을 의미하는 것 같다.

게 즐겁게 해 이후 며칠간 더 공연되었다.

「에클레시아주사이」(기원전 393년), 즉 「민회의 여인들」이라는 범작에서 아리스토파네스는 그 풍자 대상을 진보주의 운동 쪽으로 전환한다. 남자로 변장하고 민회를 가득 메운 아테네 부녀자들이 남편과 형제들, 자식들을 압도하고 자신들을 국가 통치자로 선출한다. 지도자는 불같은 여성 참정론자 프락사고라로, 여성들을 멍청이 같은 남자들에게 지배당하는 바보들이라 호되게 꾸짖고, 노예를 제외한 "시민"들에게 모든 부를 동등하게 분배하자고 제안한다. 유토피아에 대한 공격은 아리스토파네스의 걸작 「새」(기원전 414년)에서 더욱 우아한 형태를 취한다. 아테네에 대해 절망한 두 시민이 이상적인 삶을 꿈꾸며 새들의 거처로 기어 올라간다. 그들은 새들의 도움으로 땅과 하늘 사이에 이상 도시 네펠로코키기아, 즉 이상향을 세운다. 새들은 비극 시인만큼이나 서정적으로 합창하며 인간을 부른다.

> 한 뼘 인생에 불과하고,
>
> 슬픔의 나날을 보내며,
>
> 깃털도 없이 벌거벗고 유약하고 성마르며,
>
> 나약하고 비참하여 티끌 같은 피조물인
>
> 그대 인생들이여.
>
> 저 높이 자비로운 눈으로
>
> 그대들의 비탄과 염려, 노고를 내려다보는
>
> 불멸에 빛나는 하늘의 영주,
>
> 지고의 존재인 우리 새들의 말을 들어 보라.

새들이 신과 인간들 간의 모든 대화를 차단하기로 계획한다. 하늘에 오르려는 모든 시도가 수포로 돌아갈 것이다. 개혁자들은 곧 옛 신은 굶주리고 새가 정상에 오를 것이라고 말한다. 새 신이 새의 형상으로 고안되고, 인간의 형상을 한 모든 신이 폐기된다. 결국 올림포스의 사절이 휴전을 호소하러 내려온다. 새들의 지도자가 제우스의 몸종을 아내로 맞아들이고, 연극은 행복한 결혼으로 끝을 맺는다.

3. 예술가와 사상가

아리스토파네스에게는 아름다움과 지혜, 저속함이 뒤섞여 있다. 시대 분위기만 좋았다면 그는 어떤 번역자도 제대로 옮기지 못할 만큼 순결하고 평온한 그리스 바다를 서정적으로 읊을 수 있었을 것이다. 그의 작품 속 대화는 생명 그 자체, 아니 생명보다 더 날래고 활기차며 생기가 넘친다. 그의 문체는 강건하고 활기에 넘쳐 라블레와 셰익스피어, 디킨스(Dickens)와 같다. 이들과 마찬가지로 그가 창조한 인물들 또한 당대 어떤 역사가보다 당시의 생활상과 향기를 뛰어나게 전달하여, 아리스토파네스의 작품을 읽지 않고는 감히 아테네인을 말할 수 없다. 그의 이야기는 우스꽝스럽고 거의 즉흥적으로 전개되어 줄거리가 절반도 지나기 전에 주제가 바닥나 버리고, 나머지 이야기는 해학극으로 비칠거리며 진행된다. 이 해학극은 대체로 무질서하게 진행되어 헤픈 익살로 금이 가고 신음하며, 비극적이라 할 만큼 장황하고 너무나 자주 소화와 되새김질, 배설에 기댄다. 「아카르나이 사람들」의 한 등장인물은 8개월 동안이나 유유자적하며 보내고,[130] 「구름」의 주요 등장인물인 인간쓰레기들은 숭고한 철학과 어울린다.[131] 온통 엉덩이와 바람기, 유방, 성기와 성교, 남색, 자위로 뒤덮여 있어 없는 것이 없다.[132] 그는 자신의 옛 경쟁자 크라티노스의 외설을 비난하지만,[133] 정작 자신은 시대를 초월하여 음란함에 있어 당대 시인들 중 최고였다. 다른 그리스 작가들에 이어 그에 이르면, 특히 에우리피데스 이후, 그의 작품은 침울하면서도 저속하여, 같은 관객이 이들 두 사람의 작품을 같이 즐기기는 정말 힘들었을 것이다.

진정한 보수주의자라면 아리스토파네스가 모든 형태의 진보주의를 공격하고 고대의 모든 덕과 악을 충실하게 지지했다는 점에서 이 모든 것을 포용할 수 있을 것이다. 그는 알려진 모든 그리스 작가들 중 가장 외설적이면서도, 한 편으론 부도덕성을 공격함으로써 이를 상쇄하길 바란다. 그는 언제나 귀족의 편에 서 있으면서도 비겁을 비난한다. 에우리피데스의 생전과 사후 모든 경우에 대해 무자비하게 거짓말하면서도 불성실을 맹공한다. 아테네 여인들을 믿을 수 없을 정도로 상스럽게 얘기하면서도 이들을 모욕한다고 에우리피데스를 꾸짖는다. 신을 그렇게 대담하게 조롱하여* 경건한 소크라테스와 비교하면 유쾌한 무신론자 같은데도, 그는 종교를 전적으로 옹호하여 신의 권위를 훼손하는 철학자들을 비난한다. 그렇지만 권력자 클레온을 풍자하고 데모스의 얼굴에 그 결함을 덧칠한 것은 진정 용기 있는 행위로, 소피스트의 회의주의에서 에피쿠로스 철학의 개인주의에 이르기까지 종교 및 도덕적 풍조 근저에 깔린 아테네인의 삶의 기본적 위험성을 직시한 통찰력을 보여 준다. 아테네가 그의 조언을 조금이라도 받아들여 그 제국주의를 완화시키고 스파르타와 일찍 화해하고 귀족적인 지도력으로 페리클레스 시대 이후 민주주의의 혼란과 부패를 경감시켰더라면, 이후 상황은 더 나았을지 모른다.

아리스토파네스가 실패한 것은 자신의 조언을 관철시킬 만큼 충분히 진지하지 못한 데 있었다. 인격적인 풍자에 대한 금지법이 발령된 것은 그의 도색적 표현과 독설이 지나친 데 일부 책임이 있다. 법은 곧 철회되었지만, 정치 비평으로서의 옛 희극은 아리스토파네스가 죽기(기원전 385년) 전에 몰락했고, 그의 후기 희곡에서도 나타나는 상투적이고 감상적인 중기 희극으로 대체되었다. 그리스 희극의 활력은 그 방종함과 야만성으로 인해 사라졌다. 도덕과 문학 사조상의 온갖 풍상을 겪으며 아리스토파네스의 마흔두 편의 희곡 중 열한 편이 원형 그대로 우리 시대까지 전해진 반면, 필레몬과 메난드로스는 등장했다가 사라져 잊혀버렸다. 이해에서든 해석에서든 그렇게 어려움에도 불구하고 아리스토파네스는 오늘도 살아 있어, 감각을 곤두세우고 그의 작품을 읽는다

---

* 그는 일부 신이 하늘에 매음굴을 운영한다고 말한다.[134]

면 그 불경스러운 즐거움을 여전히 느낄 수 있을 것이다.

7. 역사가

이 극시의 전성기에 산문이 완전히 잊힌 것은 아니었다. 민주주의 풍토와 소송상 필요에 따라 웅변술은 그리스인들이 열렬히 추구하는 대상 가운데 하나가 되었다. 일찍이 기원전 466년에 시라쿠사의 코락스는 「테크네 로곤」(말의 기술)이라는 글을 써서 민회나 배심원 앞에서 연설하려는 시민에게 도움을 주었는데, 여기에 이미 전형적인 연설 기법, 즉 도입, 전개, 논증, 보충 설명 그리고 결론이 나와 있다. 고르기아스가 이 기술을 아테네에 들여왔고, 안티폰이 고르기아스의 화려한 형식을 연설과 책자에 적용해 자신의 과두주의적 주장을 선전하는 데 활용했다. 리시아스에 이르러 그리스 웅변술은 더욱 자연스럽고 생생해진다. 그러나 이것은 테미스토클레스와 페리클레스 같은 위대한 정치가에게만 그러했고, 공적인 연설은 무엇보다 그 기교를 가시화하고 간명한 연설의 유효성을 입증했다. 소피스트들이 이 신무기를 정교하게 다듬고, 그 제자들이 이를 더욱 완벽하게 발전시켰다. 한편 기원전 404년에 권력을 잡은 과두파는 수사학을 더 이상 가르치지 못하도록 금지했다.[135]

페리클레스 시대 산문의 위업은 역사 분야에서 이루어졌다. 어떤 의미에서, 때마침 과거를 발견하고 인간에 대해 의식적으로 조망한 것은 기원전 5세기였다. 헤로도토스의 역사 서술은 매력 있고 활기찬 젊음 자체였으며, 50년 후 투키디데스는 이후 어느 시대도 능가하지 못할 정도로 원숙한 경지에 이미 이르렀다. 이들 두 역사학자를 구별 짓는 것은 소피스트 철학이다. 헤로도토스는 보다 단순하고 친절했으며 확실히 쾌활한 영혼이었다. 그는 기원전 484년에 할리카르나소스의 정치 책략에 쉽게 관여할 수 있는 명문가에서 태어났다. 그는 삼촌 일에 연루됨으로써 32세 되던 해에 추방을 당해, 그의 『역사』의 배경이 될 장대한 여정에 오르게 된다. 그는 페니키아를 거쳐 이집트, 멀리 남쪽 엘레판티네까지 내려가고, 서쪽으로는 키레네, 동쪽으로는 수사, 북쪽으로는 흑해의 그리스 도시들까지 나아갔다. 어디를 가든 그는 과학자의 관찰력과 어린아이 같은 호기심으로 관찰하고 조사했다. 기원전 447년경 아테네에 정착했을 때, 그는 지중해 국가들의 지리와 역사, 풍습 등을 광범위하게 분류하여 기록한 글들로 무장되어 있었다. 그는 이들 기록과 헤카타이오스 및 다른 선배들의 글을 약간 빌려 전설적인 기원에서 페르시아 전쟁이 끝날 무렵까지 이집트와 근동, 그리스의 역사와 생활에 관한 모든 역사서 중 가장 유명한 역사서를 기록하게 된다. 고대 전승에 의하면 그는 아테네와 올림피아에서 공개적으로 책을 낭독하고 전쟁에 대한 기술과 그들의 위업에 대한 내용으로 아테네인들을 즐겁게 하여 보답으로 12달란트(6만 달러)나 받았다고 하는데, 역사가들에게 반가운 일이긴 하지만 믿기는 힘든 일이다.[136]

그는 서문에서 다음과 같이 장중한 스타일로 저술 목적을 밝히고 있다.

이 글은 할리카르나소스의 헤로도토스가 탐구한 결과물로, 그리스인과 야만인의 위대하고 놀라운 업적을 후대에 전하고 특별히 그들이 서로 싸운 원인을 잊지 않도록 하기 위함이 그 목적이다.

지중해 동부 전 국가가 이야기에 등장하므로, 이 책은 제한된 의미에서 투키디데스보다 훨씬 광대한 "보편사"다. 이야기는 야만인의 전제주의와 그리스의 민주주의를 대조함으로써 자연스럽게 통일성을 이루고, 순서가 불완전하고 본론에서 벗어나는 경우도 있지만 살라미스 해전을 예감하며 진행되어 웅장한 결말로 종결된다. 그 목적은 "놀라운 위업과 전쟁"[137]을 기록하는 것이어서, 진실로 이야기는 가끔 "인간의 범죄와 어리석음, 불행 이상이 아닌 것"[138]이라는 기번(Gibbon)의 유감스러운 역사 이해를 연상케 한다. 문학과 과학, 철학, 예술에 대해서는 아주 부차적으로만 언급하지만, 그럼에도 불구하고 헤로도토스는 소개되는 사회의 복장과 풍습, 도덕, 신앙에 관해 수많은 흥미로운 예들을 들려준다. 그는 어떻게 이집트의 고양이가 불 속에 뛰어들고, 다뉴브인이 냄새에 취하며, 어떻게 바빌론의 성벽이 세워졌고, 어떻게 마사게타이족이 부모를 먹으며, 어떻게 페다소스의 아테나 여제사장이 억센 수염을 길렀는지 얘기한다. 그는 왕과 왕비뿐 아니라 모든 종류의 남자를 소개한다. 투키디데스에게서는 배제되는 여성이 그 추문과 아름다움, 잔인함과 매력으로 글에 활기를 돋운다.

스트라본의 지적처럼 "헤로도토스의 글에는 많은 모순"[139]이 있지만, 우리의 이 역사가는 아리스토텔레스처럼 광대한 분야를 다루고 있으므로 충분히 실수할 여지가 있다. 그의 무지함은 학식만큼이나 넓고, 우직함은 지혜만큼이나 대단하였다. 그는 에티오피아인의 정액은 검다고 생각하고,[140] 라케다이몬인이 전투에서 이긴 이유는 오레스테스의 뼈를 스파르타에 가져왔기 때문이라는 전설을 받아들이고,[141] 크세르크세스의 군대 규모와 페르시아군의 사상자에 대해서는 믿을 수 없을 정도의 숫자를 언급하는 반면 그리스인은 손실이 거의 없이 승리했다고 말한다. 그의 기술 방식은 애국적인 것이 사실이지만 불공정하지도 않다. 그는 양편 모두에 정치 논쟁의 기회를 충분히 주고,* 침략자의 영웅주의를 부각시키고 페르시아인의 명예심과 기사도를 이야기한다. 그가 가장 크게 실수하는 대목은 외국인 정보 제공자의 말을 받아들일 때다. 그래서 그는 네부카드네자르가 여자였고, 알프스 산맥이 강이며, 케옵스(쿠푸(Chufu) 왕의 그리스어 표기 – 옮긴이)가 람세스 3세 이후 인물이라고 생각한다. 그러나 그가 직접 관찰한 내용은 보다 신뢰할 만하며, 우리의 지식이 늘수록 그 정확성이 더욱 분명해진다.

그는 많은 미신과 기적을 받아들이고, 신탁을 경건한 마음으로 인용하며, 징조와 조짐으로 자신의 글에 어둠을 드리운다. 세멜레와 디오니소스, 헤라클레스의 연대를 정하고, 그리스의 보쉬에(Bossuet)라도 된 양 모든 역사를 덕에는

---

* 군주정, 귀족정 및 민주정에 대한 가상적이지만 뛰어난 논의에 대해서는 iii, 80-2를 참조하라.

상을 주고 죄와 범법, 오만한 성공에는 벌을 주는 신의 섭리 드라마로 해석한
다. 그러나 그에게도 합리적인 순간이 있었는데, 말년에 소피스트와 교류가 있
었던 듯하다. 그는 호메로스와 헤시오드가 올림포스 신의 이름과 형태를 부여
했으며, 관습이 인간의 신앙을 결정짓고, 한 사람은 다른 사람만큼 신에 대해
안다고 말한다.[142] 역사의 최종 결정자로 섭리를 받아들였던 그가 이를 밀쳐 내
고 자연적인 요인을 찾는다. 과학적인 방식으로 디오니소스와 오시리스를 비
교 확인한다. 신의 개입 이야기에 너그럽게 미소 짓고 가능한 한 합리적으로 설
명하려 한다.[143] 그는 다음과 같은 말로 눈을 찡긋하며 자신의 역사 서술 방법
론을 드러낸다. "나는 들은 대로 말할 의무는 있지만, 그것을 믿을 의무는 없다.
이 역사의 모든 이야기에는 이 태도가 견지되어 있다."[144] 그는 오늘날까지 저
술이 전해진 이들 중 가장 오래된 그리스 역사가다. 이런 의미에서 키케로가 그
를 역사의 아버지라 불렀다면, 그의 평가는 용인되어야 할 것이다. 대부분의 고
대인처럼, 루키아노스는 그를 투키디데스보다 높이 평가했다.[145]

그럼에도 불구하고 헤로도토스와 투키디데스 간의 정신적 차이는 거의 청
년기와 장년기의 차이와 같다. 투키디데스는 그리스 계몽주의의 한 현상으로,
기번이 바이런과 볼테르의 후예인 것처럼 그는 소피스트의 후예다. 그의 아버
지는 트라키아에 금광을 소유한 부유한 아테네인이었으며, 어머니는 트라키
아 명문가 출신이었다. 그는 아테네에서 가능한 모든 교육을 받고 회의주의의
향기를 맡으며 자랐다. 펠로폰네소스 전쟁이 발발하자, 그는 그 모든 사실을
낱낱이 기록했다. 기원전 430년에 그는 역병에 걸렸다. 기원전 424년에는 36세
(혹은 40세)의 나이로 트라키아 원정 함대를 지휘하는 두 명의 장군 가운데 하
나로 선출되지만, 포위 공격에서 구하기 위해 제때 암피폴리스에 도착하지 못
한 사유로 아테네에서 추방당한다. 그는 이후 20년간을 특히 펠로폰네소스 지
방을 여행하며 보냈다. 이 기간 동안의 적에 대한 생생한 지식으로 그는 자신
의 저술에 인상적으로 공정성을 부여할 수 있게 된다. 기원전 404년의 과두파

정변으로 그는 망명 생활을 마감하고 아테네로 돌아와, 396년 또는 그 이전 『펠로폰네소스 전쟁사』를 미완으로 남겨 둔 채 죽는다. 어떤 이는 그가 살해되었다고 한다.

그는 이 저술을 다음과 같이 간명하게 시작한다.

> 아테네인 투키디데스는 펠로폰네소스인과 아테네인 간의 전쟁 역사를, 중요한 전쟁이며 이전 어떤 일보다 기록할 가치가 있다고 믿어, 발발한 순간부터 기록했다.

그는 헤로도토스가 손을 뗀 페르시아 전쟁 종결부에서 이야기를 시작한다. 가장 위대한 그리스 천재 역사가가 그리스 생활에서 전쟁보다 가치 있는 것을 보지 못했다는 것은 유감스러운 일이다. 헤로도토스가 부분적으로는 박식한 독자를 즐겁게 해 줄 안목으로 저술했다면, 투키디데스는 미래 역사가를 위한 정보, 미래 정치가를 위한 선례를 전달하기 위해 저술했다. 헤로도토스가 호메로스의 장황한 서사시에 영감받은 듯 느긋하고 태평스러운 양식을 취했다면, 투키디데스는 철학자와 웅변가, 극작가로부터 조언을 받은 것처럼 종종 간명하면서도 깊이 있게 전개하려다 복잡 모호해지고, 이따금씩 고르기아스의 화려한 문체와 수식으로 망치면서도 가끔은 타키투스처럼 간결하고 생생하게 그리고, 보다 결정적인 순간에는 에우리피데스처럼 강렬한 극적 호소력을 분출시키는 그런 양식을 구사했다. 극적 표현에 있어 어떤 극작가의 글도 시라쿠사 원정, 니키아스의 우유부단함과 패배 후의 공포감을 묘사한 대목보다 뛰어나지 못하다. 헤로도토스는 장소에서 장소로, 시대에서 시대로 내용을 구성한 반면, 투키디데스는 이야기의 연속성을 희생하면서까지 계절과 해의 연대기적 틀을 엄격하게 고수하면서 이야기를 전개한다. 헤로도토스는 인물이 과정을 만들어 간다고 생각하여 과정보다는 인물 측면에서 기술한 반면, 투키디데스는 역사에서의 위인의 역할을 인정하고 이따금 페리클레스나 알키비아데스, 니키아스 등의 입을 빌려 자기 주제를 밝히긴 하지만 비인격적인 기술과 원인, 전개 및 결과의 고려에 보다 치중한다. 헤로도토스는 대부분의 경우 제2, 제3자에게서 전해 들은 먼 나라 이야기를 기술한 반면, 투키디데스는 대개 직접 목격했거나 목격자의 말을 직접 들었거나 원본 문서를 직접 확인한 내용을 기술한다. 여러 경우 그는 관련 문서를 언급한다. 그는 정확성 측면에 아주 민감하여 자신의 지리학 지식까지도 그 사실성을 상세하게 입증했다. 그는 인간이나 사건에 대해 결코 도덕적 판단을 가하지 않았다. 클레온을 묘사할 때 아테네 민주주의에 대한 귀족적 경멸감에 압도되긴 했지만, 대부분의 경우 그는 이야기에서 초연하려 했으며 양측 모두에 공정하게 사실을 다루었고, 투키디데스 자신에 대한 간단한 군사 경력도 전혀 상관없는 사람인 양 기술했다. 그는 역사의 과학적 방법론의 아버지이며, 자신이 기울인 관심과 노력을 자랑스러워한다. 그는 헤로도토스를 얼핏 훔쳐보면서 다음과 같이 말한다. "대체로",

> 내가 인용된 증거에서 도출해 낸 결론은 안심하고 신뢰할 수 있다고 믿는다. 기교로 과장되게 표현하는 시인의 담시도, 진실을 희생하면서 입증하기에는 너무 동떨어져 있는 주제와 전설의 영역에 속해 역사적 가치가 대부분 상실된 시간에 매료되는 연대기 편자의 기록도 이들 결론을 어지럽히지 못할 것이다. 이들로부터 관심을 돌려, 가장 명확한 자료를 토대로 연구를 진행하고 그런 고대 시대에서 기대할 수 있을 만큼 정확한 결론에 도달함으로써 안심하고 만족할 수 있다. …… 나의 역사에 낭만이 없어 어느 정도 흥미를 잃을 것이 두렵다. 그러나 인간사에서 비슷할 수밖에 없는 미래 해석의 조력자로 정확한 과거 지식을 갈망하는 탐구자에게 유용하다면, 그리고 과거를 왜곡하지 않는다면, 그로써 나는 만족한다. 요컨대, 나는 순간적인 찬사를 얻고자 하는 수필이 아니라 영원히 간직할 유산으로 이 글을 썼다.[146]

그럼에도 불구하고 그는 한 가지 면에서 정확성보다 흥미를 앞세운다. 그는 역사 속 인물들이 감동적인 연설을 하도록 하고 싶어 했다. 그는 이들 연설이 대부분 상상의 산물이라는 것을 솔직하게 인정하지만, 이를 통해 인물의 성격과 생각, 사건이 더욱 생생하게 설명될 수 있다고 말한다. 그는 이 모든 연설이 당시 실제 행해진 연설과 같다고 주장한다. 그러나 그의 말대로 과연 그렇다면, 모든 그리스 정치가와 장군은 고르기아스에게서 수사학을, 소피스트로부터 철학을, 트라시마코스에게서는 윤리학을 배웠어야 한다. 연설은 모두 동일한 형식, 동일한 사실주의 관점을 취하고 있으며 동일하게 난해하다. 과묵한 라코니아인이 소피스트로 자란 아테네인처럼 말이 많다. 외교가가 가장 비외교적인 언사를 말하고,* 장군이 가장 명예롭지 못한 솔직함을 표명한다. 페리클레스의 "장례 연설"은 아테네의 덕에 대한 뛰어난 평론으로 망명가의 펜에서 세련되고 기품 있게 흘러나왔다. 그러나 페리클레스는 화려한 언변보다는 간결한 연설로 유명했다. 더구나 플루타르코스는 페리클레스가 생전에 아무 글도 남기지 않았으며 그 말한 것도 거의 남아 있지 않다고 말함으로써 이 로맨스를 망쳐 버린다.[147]

투키디데스에게는 그의 덕에 걸맞은 약점도 있다. 그는 트라키아인처럼 엄격하고, 아테네인 특유의 생기나 재치가 부족하다. 그의 글에는 해학을 찾아볼 수 없다. 그는 "투키디데스가 역사가이게 한 이 전쟁"(자랑스럽게 되풀이되는 구절)에 너무나 몰입하여 정치적·군사적 사건에만 관심을 기울인다. 그의 글은 호전적인 내용으로 가득한 대신, 예술가나 예술 작품에 대해서는 전혀 언급이 없다. 그는 공들여 원인을 궁구하지만, 사건 결정 요인에 있어 정치 배후의 경제적 측면까지는 파고들지 않는다. 미래 세대를 위해 쓴다고 하지만, 그리스 국가의 정체나 도시 생활상, 사회 제도에 대해서는 일언반구도 없다. 그는 신에 대해서 뿐 아니라 여성에 대해서도 배타적이어서 그의 이야기에서 이들의 모습은 전혀 찾아볼 수 없다. 그는 정부(情婦)의 여성 인권을 옹호하느라 자기 경력을 위태롭게 할 정도로 용감했던 페리클레스가 "그것이 비난이든 칭찬이든 여성의 최고 명성은 가능한 한 절대 남성에 의해 언급되어서는 안 된다."[148]라

---

* 예를 들면, 스파르타에서의 알키비아데스의 연설의 경우, vi, 20.89.

고 말하게 한다. 문화사의 최고 전성기를 대면하면서, 그는 군사적 승패라는 논리적 부침(浮沈)에 스스로 매몰되어 아테네 정신의 활기찬 삶을 노래하지 못한다. 그는 역사가가 된 다음에도 여전히 장군이었던 것이다.

그럼에도 불구하고 우리는 그에게 감사하며, 그가 쓰려 하지 않은 것을 쓰지 않은 것에 대해 너무 불평해서는 안 된다. 여기에는 적어도 역사의 방법론, 진실에 대한 경외감, 예리한 관찰, 공정한 판단, 언어의 찰나적인 화려함과 매혹적인 형식, 날카롭고 심오하여 그 무자비한 사실주의로 감상에 빠지기 쉬운 영혼을 각성시키는 정신이 있다. 여기에는 전설도, 신화도, 기적도 없다. 그는 영웅 이야기를 수용하지만, 자연주의적인 시각에서 설명하려 애쓴다. 신에 대해 그는 절망적일 정도로 침묵하여 전혀 설 자리를 허락하지 않는다. 그는 신탁과 그 무사안일한 모호함을 신랄하게 비판하고,[149] 이성 대신 신탁에 의지하는 니키아스의 어리석음을 통렬하게 폭로한다. 그는 섭리도, 신의 계획도, 진보까지도 인정하지 않는다. 그는 삶과 역사를 지저분하면서 동시에 고귀하고 가끔 위인에 의해 회복되지만 금방 미신과 전쟁으로 되돌아가는 비극으로 본다. 그에게 있어 종교와 철학 간의 갈등은 이미 결정되어 있으며, 철학이 승리한다.

플루타르코스와 아테나이오스가 수많은 그리스 역사가에 대해 언급하지만, 헤로도토스와 투키디데스를 제외한 황금 시대 대부분 역사가들의 저술은 역사의 수레바퀴 속에서 사라져 버렸고, 이후 시대 역사가들의 저술도 단편적으로만 남아 있다. 이런 경우는 그리스 문학의 다른 형식에도 사정이 다르지 않다. 디오니시아 제전에서 우승한 수많은 비극 작가들의 작품 중 우리가 알고 있는 것은 세 명의 시인이 남긴 몇 편뿐이고, 희극 작가들 중에는 한 명, 위대한 철학자들 중에는 두 명만 알고 있을 뿐이다. 대체로 기원전 5세기의 비판적으로 인정받는 문학 작품들 중 현존하는 것은 20분의 1정도에 불과하고, 그 이전 및 이후 세기의 경우는 더 적다.[150] 현존하는 대부분의 작품은 아테네에서 왔다. 아테네로 진출한 철학자들이 얘기한 것처럼 다른 도시들도 천재들로 넘쳤지만,

그들의 문화는 외부 및 아래로부터의 야만주의에 의해 함몰되었고 사본들도 정변과 전쟁의 소용돌이 속에서 유실되어 버렸다. 우리는 일부 남은 단편들로 전체를 평가할 수밖에 없다.

이처럼 풍요로운 유산이지만, 양이 아니라(도대체 누가 그 모든 것을 삼켜 버렸단 말인가?) 형식에 있어 분명 그러하다. 예술뿐 아니라 문학에 있어서도 형식과 질서는 고전 양식의 정수다. 그리스 예술가들처럼, 전형적인 그리스 작가는 절대 밋밋한 표현에 안주하지 않고 재료에 형식과 아름다움을 더하고자 갈망한다. 그는 대상을 간결하게 잘라 명료하게 재배치한 후 그것을 복잡한 단순성으로 변형시킨다. 그는 언제나 솔직하며 모호하지 않다. 과장과 편견을 피한다. 감상에 빠질 때조차 논리적인 사고를 잃지 않으려 애쓴다. 상상을 이성에 복종시키려는 이 집요한 노력이야말로 그리스 정신에 있어, 심지어 그리스 시에서까지 지배적인 특질인 것이다. 따라서 그리스 문학은 근대적이며, 보다 정확히 말하면 현대적이다. 단테나 밀턴은 우리 시대에 이해하기 어렵지만, 에우리피데스와 투키디데스는 정신적으로 우리와 너무도 흡사하여 우리 시대의 한 인물인 것만 같다. 신화는 다를 수 있지만 이성은 언제나 동일하며, 그 생명은 시대와 장소를 막론하고 그를 사랑하는 자를 한 형제로 묶는 힘이 있기 때문이다.

18장　그리스의 자멸

1. 페리클레스 시대의 그리스 세계

펠로폰네소스 전쟁의 음울한 광경을 대면하기 전에 아티카 이외의 그리스 세계를 잠깐 살펴보기로 하자. 이 시대 이들 기타 국가들에 대한 우리의 지식은 너무나 단편적이어서, 황금 시대의 문화적 번영을 사소한 정도로만 공유했다고 추측되지만 이도 입증할 수는 없다.

기원전 459년 페리클레스는 이집트의 곡물 통제를 염려하여 대규모 함대를 보내 페르시아를 이집트에서 축출하려 했다. 원정은 실패하고 이후 페리클레스는 전쟁보다는 상업으로 세계를 제패하려는 테미스토클레스의 정책을 채택했다. 기원전 5세기 전반에 걸쳐 이집트와 키프로스는 페르시아의 지배하에 있었다. 로도스 섬은 자유를 유지하였으며, 기원전 408년 이 섬의 세 개 도시가 하나로 합병되면서 헬레니즘 시대 지중해의 가장 부유한 상업 중심지 가운데 하나가 될 준비를 갖추게 된다. 아시아의 그리스 도시들은 아테네 제국이 파멸하여 또다시 "위대한 왕"의 공물 징수원들 앞에서 무력해질 때까지 독립을 유지했고, 기원전 479년 미칼레 전투에서 승리를 거두었다. 트라키아, 헬레스폰토스 해협, 프로폰티스 해 및 흑해 지역의 그리스 식민지들은 아테네의 지배 아래에 있기를 원했지만, 펠로폰네소스 전쟁으로 피폐해졌다. 마케도니아는 아르켈라오스 치세하에서 야만 상태를 벗어나 그리스 세계의 강국들 가운데 하나가 되었다. 도로가 가설되고, 거친 산지인이 잘 훈련된 군대로 탈바꿈하였으며, 잘 단장된 새 수도가 펠라에 세워지고, 티모테오스, 제욱시스, 에우리피데스 등 수많은 그리스 천재들이 궁전에 초대받았다. 이 시대에 보이오티아는 핀다로스를 낳았고, 보이오티아 동맹을 통해 독립 국가들이 어떻게 평화롭고 협조적으로 생존할 수 있는가에 대해 제대로 평가받지 못한 사례를 그리스에 남겨 주었다.

이탈리아의 그리스 도시들은 빈번한 전쟁과 아테네의 해상 교역 장악으로 어려움을 겪었다. 기원전 443년, 페리클레스는 범그리스 단일체를 실험한다는 취지로 여러 국가 출신들로 구성된 일단의 그리스인들을 파견해 시바리스 유적 근처에 새 식민지 투리이를 건설한다. 프로타고라스는 이 도시를 위해 법 규범을 입안했다. 건축가 히포다모스는 직사각형 도면상에 거리를 구획하였으며, 이 방식은 이후 널리 차용되었다. 수년이 지나지 않아 식민지 이주민들은 자신들의 기원에 따라 여러 파로 분열되고, 대부분의 아테네인들이 다시 아테네로 돌아왔다. 헤로도토스도 이 가운데 있었던 것 같다.

언제나 소란스러웠지만 언제나 비옥하기도 했던 시칠리아는 계속 부와 문화가 번성해 갔다. 셀리노스와 아크라가스에는 웅장한 신전들이 세워졌다. 테론 시대의 아크라가스는 아주 부유하여 엠페도클레스는 "아크라가스 사람들은 내일 죽을 것처럼 사치에 몰두하고 영원히 살 것처럼 자기 집을 꾸민다."라고 말했다.[1] 겔론 1세는 기원전 478년에 죽으면서 나폴레옹이 근대 프랑스에 남긴 것에 필적할 만큼 효율적인 행정 체계를 시라쿠사에 남겼다. 그의 동생이자 후계자인 히에론 1세의 치세 아래, 이 도시는 부와 교역에 있어서만이 아니라 문학과 과학, 예술에 있어서도 중심지가 되었다. 사치 또한 현기증이 날 정도로 극에 달했다. 시라쿠사인들의 연회는 방탕의 본보기가 되었으며, "코린토스의 여자들"이 이 도시에 너무나 많이 진출해 있어 집에서 잠자는 남자는 성인(聖人)으로 여겨질 정도였다.[2] 도시민들은 영악하고 냉정했다. 다른 사람의 불행을 얘깃거리로 삼기 좋아하고, 웅장한 야외극장에서 에피카르모스의 희극과 아이스킬로스의 비극 관람을 즐겼다.* 히에론은 나쁜 기질과 선한 뜻을 가진 참주로, 적에게는 잔인하고 친구에게는 관대했다. 그는 시모니데스, 바킬리데스, 핀다로스, 아이스킬로스 등을 자기 궁정에 초대하고 재정적으로 후원했으며, 이런 도움으로 시라쿠사는 잠시 동안 그리스의 지적 중심지가 된다.

그러나 인간은 예술만으로는 살 수 없다. 시라쿠사인들은 자유라는 포도주를 갈망하였으며, 히에론이 죽은 후 그의 동생을 폐위하고 제한된 형태의 민주정을 수립하였다. 이 섬의 다른 그리스 도시들도 용기를 얻어 마찬가지로 자기들의 참주를 축출한다. 상인 계층이 토지를 소유한 귀족 계층을 전복시키고, 무정한 노예 제도를 기반으로 상업 민주주의를 수립하였다. 60여 년이 지난 후, 이 막간의 자유는 겔론 1세 때처럼 전쟁으로 인해 종결된다. 기원전 409년, 하밀카르의 히메라 전투 패배를 3세대에 걸쳐 생생하게 기억하고 있던 카르타고가 하밀카르의 손자 한니발의 지휘하에 150척의 함대와 2만 명의 병력을 이끌고 시칠리아를 침공한다. 이들은 번영 속에서 태평 시대를 구가하며 외침에 대해서는 전혀 대비하지 않고 있던 셀리노스를 포위했다. 놀란 도시는 아크라가스와 시라쿠사에 도움을 호소했지만, 편한 생활에 젖어 있던 이들 도시는 스파르타인들의 여유로움으로 반응했다. 셀리노스는 점령되었고, 생존자는 모두 학살되거나 불구자가 되었으며, 이 도시는 카르타고 제국의 일부로 편입되었다. 한니발은 계속 진격해 히메라를 손쉽게 점령하고, 3000명의 죄수를 고문하고 죽임으로써 조부의 망령

---

* 극장은 히에론 1세 시대(기원전 478~467년)에 건축되고, 히에론 2세 시대(기원전 270~216년)에 재건되었을 것이다. 우리 세기에도 많은 고대 그리스 희곡이 여기서 상연되었다.

을 위로했다. 아크라가스를 포위했을 때, 역병이 카르타고 진영을 급습해 많은 병사들의 목숨을 앗아 가고 한니발 자신도 목숨을 잃었다. 그의 후계자는 자기 아들을 산 제물로 태워 바쳐 카르타고의 신들을 달랬다. 카르타고 군대는 이 도시와 겔라, 카마리나를 점령하고, 시라쿠사로 계속 진군했다. 공포에 질린 시라쿠사는 연회를 중단하고 가장 유능한 장군 디오니시오스에게 절대 권력을 위임했다. 그러나 디오니시오스는 카르타고와 평화 협정을 맺고 남부 시칠리아를 양도했으며, 자기 군대를 기반으로 제2차 참주정(기원전 405년)을 수립했다. 이는 반드시 변절만을 의미하지는 않았다. 디오니시오스는 저항이 소용없음을 알았다. 그는 모든 것을 포기했지만 군대와 도시만은 포기하지 않았다. 그 역시 겔론처럼 침입자를 시칠리아에서 축출할 수 있을 때까지 이 둘을 강화하기로 결심했던 것이다.

2. 전쟁의 원인

순진한 영혼이 신을 인간의 형태로 그리는 것처럼, 순진한 도시민은 전쟁의 원인을 사람에게서, 대개 한 사람에게서 찾는다. 아리스토파네스조차, 그의 시대 일부 풍문처럼, 메가라가 아스파시아의 감정을 거슬러 페리클레스가 메가라를 침공함으로써 펠로폰네소스 전쟁이 발발했다고 여겼을 것이다.[3]

아이기나 정복을 망설이지 않았던 페리클레스가 메가라뿐 아니라, 오늘날 지중해 동부의 이스탄불처럼 당시 그리스 대륙 절반의 교역 관문이자 핵심 도시였던 코린토스도 장악해 아테네의 그리스 교역 패권을 더욱 공고히 하고자 한 것도 있을 수 있는 일이었다. 그러나 전쟁의 근본 원인은 아테네 제국의 성장과 에게 해 지역의 상업적·정치적 삶에 대한 아테네 지배의 확대에 있었다. 평화의 시대에 아테네는 자유 교역을 허용하긴 했지만, 이에는 제국의 묵인이라는 단서가 따랐다. 아테네의 대리인들이 북부 곡물 항을 출항하는 모든 선박의 도착지를 결정했다. 가뭄으로 굶주린 메토네는 얼마의 곡물을 수입하기 위해 아테네의 허가를 받아야 했다.[4] 아테네는 이런 정책을 필수 불가결한 조치로 간주했다. 식량을 수입에 의존하고 있는 아테네로서는 식량 수입 경로의 보호가 필수적이었던 것이다. 국제 교역로의 치안 유지가 에게인의 평화와 번영을 위한 아테네의 진정한 역할이었지만, 복속 도시들은 부가 축적되고 교만이 자라면서 아테네의 역할에 대해 더욱 염증을 느끼게 된다. 이 도시들이 대(對)페르시아 방위를 위해 기부한 자금은 아테네를 꾸미는 데 전용될 뿐 아니라, 아테네가 기타 그리스 국가들과 치르는 전쟁의 군자금으로 사용되고 있었다.[5] 세액은 주기적으로 증가하여 기원전 432년 현재 연간 약 460달란트(230만 달러)에 이르렀다. 아테네는 아테네 시민이나 주요 범죄를 포함한 동맹 내 모든 소송 사건의 평결권을 아테네 법정에 위임하였다. 어떤 도시가 저항하면 무력으로 진압되었다. 페리클레스는 군대를 효율적으로 파병하였으며, 아이기나(기원전 457년)와 에우보이아(기원전 446년), 사모스(기원전 440년)에서 발생한 반란을 진압했다. 투키디데스의 말대로라면, 아테네 민주정 지도자들은 아테네인들 가운데서 자유를 자기들 정책의 우상으로 삼으면서, 자유 도시 동맹이 이제 힘의 제국이 되었다고 공공연히 공인하였다. 투키디데스의 클레온은 민회에 다음과 같이 말한다.(기원전 427년) "여러분은 우리 제국이 항상 우리에 대해 음모를 꾸미고 있는 반항적인 속국을 거느리고 있는 전제 국가임을 명심해야 합니다. 그들은 희생을 감수하고 베푸는 우리의 친절이 고마워서가 아니라, 우리가 그들의 주인이기 때문에 순종하는 것입니다. 그들에게는 우리에 대한 애정이 없으며, 다만 힘에 눌려 있을 뿐입니다."[6] 자유의 숭상과 제국의 전제주의 사이에 내재한 상반성은 그리스 국가들의 개인주의와 상호 협력해 황금 시대를 종결시키는 데 기여하게 된다.

아테네 정책에 대한 저항은 그리스 거의 모든 국가에서 일어났다.[7] 보이오티아는 코로니아 전투에서(기원전 447년) 제국에 편입시키려는 아테네의 시도를 물리쳤다. 일부 복속 도시들과 복속을 두려워한 기타 도시들은 스파르타에 아테네의 힘을 저지해 줄 것을 호소했다. 아테네 함대의 위력과 용맹을 알고 있었던 스파르타는 전쟁을 원하지 않았다. 그러나 도리스인과 이오니아인 간의 오랜 민족적 반감이 이들을 촉발시켰다. 모든 도시에 제국을 의존한 민주정을 수립한다는 아테네의 관습은 스파르타의 지주 기반 과두정과 모든 귀족정에 위협이 되었던 것 같다. 당분간 각 도시 상류층을 지원하는 것에 만족하면서, 스파르타는 서서히 아테네에 대항한 통일체의 최전방에 나서기 시작했다.

외부와 내부의 적에 둘러싸인 페리클레스는 평화를 위해 일하면서 전쟁을 준비했다. 그의 계산에 의하면 육군은 아티카와 아테네 성벽 내에 모인 모든 아티카 주민을 보호할 수 있었으며, 해군은 흑해나 이집트의 곡물이 아테네 성벽으로 둘러싸인 항구에 들어올 수 있도록 통로를 개방한 채 지킬 수 있었다. 식량 공급이 위태롭게 되지 않는 한 어떤 양보도 하지 않겠다는 것이 그의 입장이었다. 오늘날의 영국처럼 그도 제국과 굶주림 사이에서 선택해야 했던 것 같다. 그럼에도 불구하고 그는 전 그리스 국가에 사절을 파견해 그들에게 그리스 동맹 가입을 권함으로써 전쟁으로 향하고 있는 문제를 평화적으로 해결하려 했다. 스파르타는 수락할 경우 아테네의 주도권을 인정하는 것으로 해석될 수 있다고 느껴 이 초대에 응하지 않았다. 스파르타의 은밀한 제안에 따라[8] 다른 많은 국가도 이를 거절해 이 계획은 수포로 돌아갔다. 한편, 많은 역사를 대변해 주는 문장이기도 한데, 투키디데스는 "펠로폰네소스와 아테네 둘 다 세상을 몰라 무기를 잡고자 열망한 젊은이로 가득했다."라고 말한다.[9]

이런 기본 요소들을 배경으로 다가올 전쟁은 몇 가지 도발적인 사건을 기다렸다. 기원전 435년에 코린토스의 식민지 코르키라는 코린토스로부터 독립할 것을 선언하고, 보호를 위해 아테네 동맹에 합류했다. 코린토스는 함대를 보내 이 섬을 진압했다. 아테네 역시 코르키라에서 주도권을 잡은 민주파의 도움 요청으로 함대를 보냈다. 코르키라와 아테네 연합 해군과 메가라와 코린토스 연합 해군 간에 엉거주춤한 형태의 전투가 일어났다. 기원전 432년에 아테네 입장에서는 칼키디케 속국의 한 도시지만 혈통적으로는 코린토스계인 포티다이아가 아테네 세력 축출을 꾀했다. 페리클레스는 이에 대해 군대를 파병하여 포위 공격했지만, 저항은 2년간 지속되어 아테네의 군사력과 위신을 약화시켰다. 메가라가 코린토스에 더 많은 지원을 하자, 페리클레스는 아티카와 제국 내 시장에서 모든 메가라 제품을 배제시킬 것을 명령했다. 메가라와 코린토스는 스파르타에 호소했다. 스파르타는 아테네에 이 메가라 칙령을 철회할 것을 제의했다. 페리클레스는 외국인이 라코니아와 교역할 수 있도록 스파르타가 허용한다는 조건으로 동의했다. 스파르타는 거절하고, 대신 평화의 선행 조건으로 아테네가 모든 그리스 도시의 완전한 자유를 인정할 것, 즉 아테네가 제국을 포기할 것을 주장했다. 페리클레스는 아테네인을 설득하여 이 요구를 거절하고, 스파르타는 전쟁을 선언했다.[10]

3. 재앙에서 평화로

거의 모든 그리스가 어느 한편에 섰다. 아르고스를 제외한 펠로폰네소스의 모든 국가가 스파르타를 지지했다. 코린토스, 메가라, 보이오티아, 로크리스 그리고 포키스가 이에 합류했다. 처음에 아테네에게는 이오니아 해와 흑해 도시들 그리고 에게 해 섬들의 마지못한 지원이 있었다. 우리 시대의 세계 대전과 마찬가지로, 이 전쟁의 첫 국면은 해상 세력과 육상 세력 간의 경연장이었다. 아테네 함대가 펠로폰네소스 연안 마을을 초토화시킨 반면, 스파르타 육군은 아티카를 침략해 곡물을 약탈하고 토지를 황폐화시켰다. 페리클레스는 아티카 주민들을 아테네 성벽 안으로 불러들이고, 병사들에게 전투에 응하지 않도록 명령하는 한편, 흥분한 아테네인들에게는 때를 기다리며 자신들의 해군이 승리하기를 기다리자고 말했다.

그의 계산은 전략적으로 훌륭했지만 이 전쟁의 결과를 거의 결정지은 한 가지 요소를 무시했다. 아테네에 사람들이 모여듦으로써 역병(아마 말라리아일 것이다.[11])이 발생했으며(기원전 430년), 거의 3년간 창궐하여 병사 4분의 1과 수많은 도시민을 죽음으로 내몰았다.* 전염병과 전쟁의 이중고에 절망한 이들은 페리클레스에게 그 책임을 물었다. 클레온을 비롯한 다른 이들은 공금 남용 책임을 물어 그를 기소했다. 그는 평화를 위해 스파르타 왕을 매수하려 국가 공금을 사용했기 때문에 만족스러운 회계 보고를 할 수가 없었다. 그는 유죄 판결을 받고 파면되었으며, 50달란트(30만 달러)라는 어마어마한 금액을 벌금으로 물었다. 거의 같은 시기에(기원전 429년) 그의 여동생과 두 아들이 역병으로 죽었다. 아테네인들은 그를 대신할 만한 지도자를 찾지 못해 그를 복귀토록 했으며(기원전 429년), 그에 대한 경의와 사별에 대한 위로를 표시하기 위해 그 자신이 통과시킨 법령을 무효화시키고 아스파시아가 그에게 낳아 준 아들에게 시민권을 부여했다. 그러나 이 나이 든 정치가 또한 전염병에 감염되어 나날이 쇠약해져 갔고, 복귀 후 수개월 내에 죽었다. 그의 치세하에서 아테네는 전성기를 구가했지만, 마지못해 따른 동맹의 부와 거의 모든 사람으로부터 적대감을 불러일으킨 권력을 통해 이 번영이 달성된 측면이 일부 있었기 때문에, 황금 시대는 그 기반이 건전하지 못했으며 아테네의 영도력이 평화 전략 실현에 실패하자 재난을 맞을 운명에 처하게 되었다.

투키디데스에 의하면, 페리클레스가 입안한 파비안 정책을 끝까지 고수했다면 아테네는 그럼에도 불구하고 성공했을지 모른다. 그러나 그의 후계자들은 훌륭한 자제력을 필요로 하는 프로그램을 수행하기에는 너무 조급했다. 민주파의 새 지도자는 제혁업자 클레온, 로프 판매업자 에우크라테스, 램프 제조업자 히페르볼로스 같은 상인들이었으며, 이들은 해상뿐 아니라 육상에서도 적극적으로 전쟁에 임할 것을 주장했다. 클레온이 이들 중 가장 유능했고, 설득력이 가장 뛰어났으며 파렴치하고 부패했다. 플루타르코스는 그를 "아테네인 중 외투를 벗어던지고 넓적다리를 세게 치며 군중들 앞에서 연설한 최초의 인물"로 묘사한다.[12] 클레온은 언제나 작업복 차림으로 연단에 나타났다고

---

* 루크레티우스는 「사물의 본성에 대하여」, vi, 1138-1286에서 이 역병에 대해 자세히 기술하였다.

아리스토텔레스는 말한다.[13] 그는 페리클레스 사후 카이로네아 전투(기원전 338년)에서 아테네의 국권을 상실할 때까지 아테네를 다스린 선동 정치가의 시조였다.

클레온의 능력은 기원전 425년 아테네 함대가 메세니아 필로스 근처 스파크 테리아 섬에서 스파르타 군대를 포위했을 때 입증되었다. 어떤 제독도 요새를 함락할 수 있을 것 같지 않았다. 그러나 (그중 절반은 그가 전투 중에 죽기를 기대하면서) 민회가 클레온에게 포위 공격 임무를 맡기자, 그는 놀라운 수법과 용기로 스파르타군을 굴복시켜 전례 없는 전과를 올림으로써 모두를 놀라게 했다. 기가 꺾인 스파르타는 포로 교환 조건으로 평화와 동맹을 제의했다. 그러나 클레온은 웅변술로 민회를 설득해 이 제의를 거절하고 전쟁을 계속했다. 그의 민중 장악력은 이제부터 아테네인은 전쟁 지원을 위해 세금을 내지 않아도 되고, 제국 내 복속 도시에 부과된 공물을 늘려 군자금을 조달한다는 제안으로 강화되고 쉽게 실행되었다.(기원전 424년) 클레온의 정책은 아테네뿐 아니라 이들 도시에서도 부자들로부터 가능한 한 많은 돈을 수취하는 것이었다. 미틸레네 상류층이 모반하여 민주정을 전복시키고 아테네에 대한 충성의 굴레에서 레스보스가 벗어날 것을 선언하자(기원전 429년), 클레온은 이 이반한 도시의 모든 성인 남자를 죽일 것을 제안했다. 민회는 아마도 정족수를 겨우 넘기는 표결로 이에 동의하고, 반란을 진정시킨 아테네 장군 파케스에게 이런 취지의 명령을 하달해 함선을 보냈다. 이 무자비한 칙령이 아테네에 퍼지자, 보다 견실한 지도자들이 또 다른 민회를 소집해 이 칙령의 철회를 분명히 하고 두 번째 함선을 보내 제때에 도착해 파케스의 대량 학살을 막을 수 있었다. 파케스는 1000여 명의 주모자를 아테네에 보냈고, 이들은 모두 사형에 처해졌다.[14]

클레온은 본토 북부의 아테네에 복속하거나 동맹한 도시들을 잇달아 점령한 스파르타의 영웅 브라시다스와의 전투에서 전사함으로써 스스로 속죄했다. 투키디데스가 트라키아 금광을 지배한 암피폴리스의 구원에 너무 늦게 대응하여 그의 해군 직위와 아테네 거주권을 상실한 것도 이 전투에서였다. 같은 전투에서 브라시다스가 죽자, 지도자를 잃고 위협적인 헤일로타이의 반란에 직면한 스파르타는 다시 평화를 제의했고 아테네는 일단 과두파 지도자의 조언을 물은 후 니키아스 평화 협정에 조인했다.(기원전 421년) 경쟁 도시들 역시 전쟁이 종료되었음을 선언하고 50년간의 동맹 협정에 조인했다. 또한 아테네는 노예들이 봉기할 경우 스파르타를 지원할 것을 약속했다.[15]

4. 알키비아데스

이 50년간의 우정 서약을 6년의 짧은 휴전 협정으로 바꾼 요인은 "다른 수단에 의한 전쟁"을 유발하게 한 평화의 외교적 부패, 재개된 적개심을 촉진시킨 당파 지도자로서의 알키비아데스의 부상, 시칠리아의 도리스 식민지에 대한 아테네의 정복 야심 등 세 가지였다. 스파르타 동맹국들은 협정 조인을 거부했다. 이들은 이제 약한 국가로 전락한 스파르타를 저버리고 아테네와의 동맹을 선택했다. 알키비아데스는 공식적으로는 아테네의 평화를 유지하면서 스파르타와의 전쟁을 교묘하게 유도하고, 만티네아 전투(기원전 418년)에서 하나로 결속하여 스파르타와 맞서게 했다. 그 결과는 스파르타의 승리로 끝났고, 그리스는 분노한 휴전 상태로 되돌아갔다.

한편 아테네는 도리스의 멜로스 섬에 함대를 보내 그 관문을 아테네 제국의 속령으로 요구했다.(기원전 416년) 여기서 역사가에서 소피스트 철학자 또는 복수심에 불타는 망명가로 전락하게 되는 투키디데스에 의하면, 아테네 사절단은 이 조치에 대해 힘이 곧 정의라는 것 외에는 어떤 이유도 제시하지 않았다. "우리가 믿는 신, 우리가 아는 사람들은 어디서든 본능적으로 필요로 하는 법에 따라 지배한다. 이 법을 만들거나 실행한 이는 우리가 처음이 아니었을 것이다. 이전에도 있었으며 앞으로도 영원히 있을 것이라는 걸 우리는 알고 있다. 우리는 그걸 이용할 뿐이다. 너희와 다른 이들도 우리와 같은 힘이 있다면 우리처럼 행동할 것이라는 걸 안다.”[16] 멜로스인들은 항복하는 대신 신들에 의지하겠다고 공표했다. 이후 압도적인 증원 부대가 아테네 함대에 합류하자 이들은 정복자의 뜻에 굴복했다. 아테네는 생포된 모든 성인 남자를 죽이고 여자와 아이들은 노예로 팔아 버렸으며, 500명의 아테네인을 이 섬에 이주시켰다. 아테네는 이 정복에 흡족해 했으며, 복수심에 불타는 네메시스가 격노하여 욕망을 채운다는 주제를 자국 극작가들에게 실제 비극으로 보여 주었다.

알키비아데스는 민회에서 멜로스의 남자들에게 사형을 선고한 결의를 옹호한 이들 가운데 한 명이었다.[17] 그는 이제 그의 웅변, 준수한 용모, 다재다능한 천재성, 심지어 그의 단점과 범죄에까지도 매료된 아테네인들에게 가장 유명한 인물이어서, 어떤 제안이든 그가 지지하면 대개는 실행될 수 있었다. 그의 아버지 클레이니아스는 부유했으며 코로니아 전투에서 전사했다. 알크마이온 가문 사람이자 페리클레스의 가까운 친척이었던 그의 어머니는 이 정치가에게 그의 집에서 알키비아데스를 양육해 줄 것을 부탁했다. 이 아이는 말썽을 많이 부렸지만 총명하고 용감하기도 했다. 그는 20세 때 소크라테스와 함께 포티다이아 전투에, 26세 때는 델리온 전투(기원전 424년)에 참전했다. 철학자는 이 젊은이에게 따뜻한 애정을 느낀 것 같다. 플루타르코스에 의하면 그는 “알키비아데스를 설복하여 그 눈에서 눈물이 흐르게 하고 영혼이 격동되게 해서” 이 젊은이를 덕으로 인도했다. “그러나 이 젊은이는 이따금 쾌락으로 유혹한 아첨꾼들에게 자신을 내맡겨 소크라테스를 저버렸으며, 그러면 소크라테스는 이 젊은이가 도주 노예였던 것처럼 뒤쫓았다.”[18]

이 젊은이의 재치와 농담은 아테네에서 충격적이고 흥미진진한 얘깃거리가 되었다. 페리클레스가 그의 오만한 독선을 책망하면서 자신도 젊었을 때는 재치 있게 얘기했다고 말하자, 알키비아데스는 “유감스럽게도 당신이 가장 총명했을 때도 저는 당신을 알 수 없었군요.”라고 응수했다.[19] 순전히 술꾼 친구들의 요구에 응해, 그는 공개 석상에서 아테네에서 가장 부자이며 권력자 중 한 사람이었던 히포니코스의 얼굴을 쳤다. 다음 날 아침 그는 당황한 권력자의 집을 찾아가 발가벗고 히포니코스에게 벌을 내려 달라고 빌었다. 노인은 이 젊은이에게 완전히 압도되어 자신의 딸 히파레테와 결혼하게 하고 지참금으로 10달란트를 주었다. 알키비아데스는 그를 설복해 두 배를 받아냈으며 그 대부분을 자기를 위해 탕진했다. 그는 아테네에서 전례를 찾을 수 없는 호화판 생활을 즐겼다. 값비싼 가구로 집을 채우고 예술가를 동원해 그림으로 벽을 장식했으며 경마 사육장을 두었다. 그는 종종 올림피아 전차 경주에서 우승을 차지했다. 한번은 그의 종마가 한 경기에서 1, 2, 4위를 석권해 전 민회에 잔치를 열어 주기도 했다.[20] 그는 함선을 보유했으며 합창단 경비도 댔다. 국가가 전비를 요구할 때면 그의 기부금 액수가 단연 최고였다. 양심과 관습, 두려움의 굴레에서 자유로웠던 그는 청년기와 장년 초기를 마치 짐승처럼 활개 치고 돌아다녔으며, 모든 아테네인들은 그의 유희를 즐겼던 것 같다. 그는 발음이 약간 어눌했는데, 이 또한 유행에 민감한 젊은이들이 덩달아 어눌하게 말하게 만들었다. 그가 새로운 디자인의 신발을 신으면, 도시 모든 상류층 젊은이들이 곧 "알키비아데스식 신발"을 따라 신었다. 그가 법을 수없이 위반하고 수많은 사람을 해쳤지만, 아무도 감히 그를 법정에 세우지 못했다. 그의 축첩 행위로 세간에 이런 풍토가 널리 조성되어, 그는 사랑에 대한 승리를 공언하듯 자신의 황금 방패에 번개를 든 에로스를 장식할 정도였다.[21] 그의 불성실함을 참다못해 그의 아내가 아버지에게 돌아가 이혼 소송을 하려 했지만, 그녀가 아르콘 앞에 섰을 때 알키비아데스는 그녀를 낚아채 시장을 가로질러 집으로 데려왔으며 이에 대해 아무도 가로막을 엄두를 내지 못했다. 이후 그녀는 그를 완전히 방치하고 그의 빵 부스러기 같은 사랑에 만족했다. 그러나 그녀가 일찍 죽은 것으로 보아 그의 부도덕함이 그녀의 마음에 심한 상처를 주었을 것이다.

페리클레스 사후, 정치에 입문한 그에게 유일한 경쟁자는 부유하고 경건한 니키아스뿐이었다. 그러나 니키아스는 귀족 정치와 평화를 우선했다. 이에 따라 알키비아데스는 상인 계층을 가까이하고 아테네인의 자긍심을 자극한 제국주의를 설파했다. 니키아스가 보기에 니키아스 평화 협정은 이 경쟁자가 대두함으로써 아주 불안스러워 보였다. 기원전 420년, 알키비아데스는 열 명의 장군 가운데 하나로 선출되고 다시 아테네를 전쟁으로 내몰게 되는 야심 찬 계획을 시작한다. 민회가 그에게 갈채를 보낼 때, 염세주의자 티몬은 거대한 재난을 예견하면서 기뻐했다.[22]

5. 시칠리아의 모험

페리클레스의 업적을 망친 것은 알키비아데스의 상상력이었다. 아테네는 역병과 전쟁으로부터 회복되었으며, 교역으로 에게 해의 부가 다시 아테네로 모이고 있었다. 그러나 만사는 스스로 발전하는 법이다. 지금까지 어떤 야망이나 제국도 자족한 적이 없었다. 알키비아데스는 이탈리아와 시칠리아의 부유한 도시들로 아테네의 영역을 넓힐 것을 꿈꿨다. 거기서 아테네는 곡물과 물자, 사람들을 얻을 것이고, 펠로폰네소스의 해외 식량 공급을 통제할 수 있으며, 아테네를 그리스 최강의 도시로 만든 공물을 두 배로 늘릴 수 있을 것이다. 오직 시라쿠사만이 경쟁자가 될 수 있었는데, 이는 아테네로서는 참기 어려운 생각이었다. 시라쿠사만 손에 넣을 수 있다면 지중해 서쪽 전부가 수중에 들어오게 되고, 페리클레스조차 꿈꾸지 못한 찬란함이 아테네에 주어질 것이다.

기원전 427년, 시칠리아는 본토를 흉내 내어 한쪽은 도리스계의 시라쿠사가, 다른 쪽은 이오니아계의 레온티니가 이끌며 양대 진영으로 분할되어 있었다. 레온티니가 고르기아스를 아테네에 보내 도움을 요청했지만, 당시 아테네는 너무 허약한 상태여서 이에 응하지 못했다. 기원전 416년, 세게스타가 사절단을 아테네에 파견해 시라쿠사가 전 시칠리아를 예속하여 도리스인의 치하에 두고 전쟁이 재개될 경우 스파르타에 식량과 자금을 제공하려 한다고 말했다. 알키비아데스는 이 기회를 이용해 다음과 같이 주장했다. 시칠리아의 그리스는 한 도시 내에서조차 분열되어 희망을 바라볼 수 없을 정도다. 조금만 용기를 낸다면 아주 간단히 섬 전체를 제국에 편입시킬 수 있다. 제국은 계속 발전해야 하는데 쇠퇴하기 시작했다. 때때로 사소한 전쟁은 제국의 특성상 훈련으로 필요하다.[23] 니키아스는 개인적인 방종으로 무모한 확장욕에 사로잡힌 사람의 말에 귀 기울이지 말 것을 호소했다. 그러나 알키비아데스의 능변과 이제 도덕관념이 위험 수위를 넘은 국민의 상상력이 승리했다. 민회는 시라쿠사에 대해 전쟁을 선언하고, 거대 함대를 위한 군자금 조성이 가결되었다. 그리고 패배를 확실히 하려는 듯 알키비아데스와 니키아스 사이의 지휘 계통이 분열되었다.

유별난 전쟁의 열기로 출정 준비가 갖추어졌다. 함대 출정 행사는 애국적인 축전처럼 기다려졌다. 그러나 출정 예정일 직전, 이상한 일이 발생해 도시를 충격에 빠뜨리고 미신만 제외하고 애국심의 상당 부분을 사그라지게 만들었다. 비옥의 상징이자 국가의 보호자로 공공건물 및 많은 개인 주거지 앞에 세워진 헤르메스의 코와 귀, 남근이 밤새 누군가에 의해 훼손된 것이다. 흥분한 조사관은 알키비아데스의 주도 아래 그의 술 취한 친구들에 의해 이 못된 장난이 범해졌다는 외래인과 노예들의 믿을 수 없는 증거를 제시했다. 젊은 장군은 자신의 결백을 항변하고, 출정 전에 유죄든 무죄든 결론 날 수 있도록 즉시 재판할 것을 요구했다. 그러나 그의 석방을 예견한 적들은 재판을 지연시켰다. 그렇게 해서 기원전 415년 거대 함대는 전쟁을 싫어하고 소심한 평화주의자와, 지휘 계통의 분열과 그가 신의 노여움을 샀다고 무서워한 일부 병사들에 의해 천재적 지도력의 기세가 꺾인 대담한 군국주의자의 연합 지휘하에 출범하게 된다.

함대 출정 후 며칠 되지 않아 알키비아데스와 그의 친구들이 불경하게도 엘레우시스 신비 의식을 흉내 냈다는 이전처럼 믿을 수 없는 새 증거가 제기되었다. 격노한 민중의 독촉으로 민회는 쾌속 군함 살라미니아를 보내 알키비아데스를 따라잡아 재판에 세우도록 했다. 알키비아데스는 이 소환에 응하여 살라미니아를 타고 돌아갔다. 그러나 배가 투리이에 머물렀을 때, 그는 은밀히 해안을 따라 도망쳤다. 당황한 아테네 민회는 그를 추방하며 전 재산을 몰수할 것을 선고하고, 아테네인이 그를 생포할 경우 죽이라는 포고를 내렸다. 그가 계속 부당함을 호소한 유죄 판결로 인해 자신의 영광스러운 제국의 꿈이 무산되었다는 원통한 마음에 알키비아데스는 펠로폰네소스로 도망가 스파르타 민회 앞에 나타나서 스파르타가 아테네를 격퇴하고 귀족정을 세우도록 돕겠다고 제안했다. 투키디데스에 의하면 그는 "민주주의라면, 우리 중 지각 있는 사람은 그것이 무엇인지 잘 안다. 나 또한 누구 못지않게 그렇다고 생각한다. 내게는 누구보다 이에 대해 불만을 가질 이유가 많지만, 그 분명한 불합리성에 대해서는 더 이상 얘기할 것이 없다."라고 말했다고 한다.[24] 그는 함대를 보내 시라쿠사를 지원하고 군대를 파병해 데켈레이아를 점령하라고 조언했다. 아티카의 한 도읍인 데켈레이아를 소유하면 스파르타는 아테네를 제외한 아티카 전 지역의 군사 지배력을 장악하게 될 것이며, 라우리온의 은광을 장악함으로써 아테네의 자금원을 차단하게 될 것이고, 아테네의 패배를 예견한 복속 도시들이 공물을 바치지 않게 될 것이라는 말이었다. 스파르타는 그의 조언을 받아들였다.

그의 결심이 얼마나 확고했는지는 그렇게 사치에 물들어 있던 그가 스파르타 생활 방식에 완벽하게 적응한 데서 잘 나타난다. 그는 검약했고 조악한 음식을 먹었으며 거친 겉옷을 입고 신발도 신지 않고 겨울과 여름에 에우로타스 강에서 목욕하고 스파르타의 모든 법과 관습을 충실하게 지켰다. 그랬음에도 그의 준수한 용모와 인간적인 매력으로 인해 그의 계획이 또다시 무너졌다. 여왕이 그에게 반한 것이다. 그녀는 그의 아들을 낳고 자기 친구들에게 그가 아버지라고 자랑스럽게 속삭였다. 그는 자기 씨를 라코니아 왕으로 세울 기회를 외면할 수 없었다고 친한 친구들에게 변명했다. 출정 중이던 아기스 왕이 본국으로 향하고, 알키비아데스는 시기적절하게 아시아로 출항하려는 스파르타 함대의 위임장을 확보했다. 왕은 아이를 사생아로 취급하고 은밀하게 알키비아데스를 암살하라는 명령을 내렸다. 그러나 친구가 그에게 이를 알려 주어 사르디스에 있는 페르시아 장군 티사페르네스에게로 도망을 갔다.

최전선 반대쪽에서 니키아스는 알키비아데스의 천재적인 전략과 묘수만이 극복할 수 있는 저항에 직면해 있었다. 거의 모든 시칠리아인이 시라쿠사를 지원하러 왔다. 기원전 414년, 길리포스 휘하의 스파르타 함대가 시라쿠사 항에서 시칠리아 해군을 도와 아테네 선박을 포위하고 식량 공급을 차단했다. 도피할 마지막 기회도 월식으로 무산되고, 당황한 니키아스와 그의 병사들은 더 만족스러운 기회를 기다렸다. 하지만 그 다음 날 자신들이 포위되었음을 발견한 그들은 전투에 임해야 했다. 그들은 처음에는 해상에서, 이어서 육상에서 패배했다. 병들어 허약했지만 니키아스는 용감하게 싸웠고, 마침내 시라쿠사의 자비를 구하며 항복했다. 그는 즉시 처형되었다. 거의 모두 시민 계급이었던 생존한 아테네 병사들은 시칠리아 채석장에서 힘들게 일하며 라우리온 광산에서 수 세대 동안 고역에 시달렸던 이들의 운명을 맛보며 죽어 갔다.

6. 스파르타의 승리

이 재난으로 아테네의 정신은 산산이 부서졌다. 시민의 거의 절반이 노예가 되거나 죽임을 당했다. 시민 계급 여성의 절반이 사실상 과부가 되었고 아이들은 고아가 되었다. 페리클레스가 국고에 쌓아 두었던 자금은 거의 고갈되었다. 어느 해에는 거의 한 푼도 남지 않았다. 아테네의 몰락이 임박했다고 생각한 복속 도시들은 더 이상 공물을 바치지 않았다. 대부분의 동맹국들이 아테네를 등졌으며, 이들 중 많은 국가들이 스파르타에 붙었다. 기원전 413년, 스파르타는 "50년간"의 평화가 아테네에 의해 거듭 깨졌다고 주장하면서 전쟁을 재개했다. 스파르타는 곧 데켈레이아를 점령하고 요새화했다. 에우보이아의 식량과 라우리온의 은 공급이 중단되었다. 라우리온 광산 노예들이 반란을 일으키고 2만여 명이 떼 지어 스파르타로 건너갔다. 시라쿠사는 군대를 보내 공격에 합류했다. 마라톤 전투와 살라미스 해전에서의 패배를 설욕할 기회를 찾고 있던 페르시아 왕은 이오니아 지방의 그리스 도시들에 대한 지배를 회복할 때 스

파르타가 도울 것이라 기대하며 스파르타 함대 증강에 자금을 제공했다.[25]

아테네가 10년 이상이나 적을 격퇴하였다는 것은 아테네인의 용기와 민주 정치의 생명력을 잘 입증해 준다. 정부는 경제적인 기반 위에 세워졌으며, 조세와 재산세 징수를 통해 함대를 다시 구성했다. 시라쿠사에서의 패배 이후 1년도 채 안 되어 아테네는 스파르타와 제해권을 다툴 준비를 갖췄던 것이다. 회복이 확실한 듯하자, 전쟁을 절대 원하지 않았고 아테네 귀족정 부활을 위해 스파르타의 승리를 진정 바랐던 과두파가 반란을 꾀해 정권을 장악하고 최고 400인 평의회를 구성했다.(기원전 411년) 많은 민주파 지도자가 암살된 것에 겁을 먹은 민회는 권리 포기를 가결했다. 부자들은 미국 혁명 당시 영국과 미국의 자유주의파를 단결시킨 중산층과 귀족층 간의 투쟁처럼 아테네와 스파르타 간 전쟁의 축을 이루었던 계급 투쟁을 다룰 유일한 방법으로 반란을 지지했다. 일단 권력을 잡자 과두파는 사절을 보내 스파르타와 평화를 꾀하고 은밀히 스파르타 군대의 아테네 진입을 허용하려 했다. 한편 온건 귀족파의 지도자인 테라메네스는 반(反)정변을 주도해 약 4개월간 가동되었던 400인 평의회를 5000인 평의회로 대체했다.(기원전 411년) 아주 잠깐 동안, 아테네에는 투키디데스와 아리스토텔레스[26](모두 귀족 정치파임)에게 있어 솔론 이후 아테네가 경험한 가장 공정한 정체였을 민주정과 귀족정이 결합된 형태의 정부가 수립되었다. 그러나 첫 번째의 경우와 같이 두 번째 반란도 아테네가 식량과 생명을 해군에 의존해 있다는 사실을 망각했으며, 두 차례 정변으로 인해 그 소수 지도자는 갇히고 구성원들은 시민권을 상실했다. 이 소식에 격노한 수병들은 민주정으로 복귀하지 않으면 아테네를 포위 공격하겠다고 공표했다. 과두파는 스파르타군에 희망을 걸고 기다렸다. 스파르타는 평소처럼 느릿하게 대응했다. 새 정부는 황망하게 도주했고, 승리한 민주파는 옛 정체를 회복했다.(기원전 411년)

알키비아데스는 순탄한 아테네 복귀를 희망하면서 은밀하게 과두파의 반란을 지원했다. 이제 다시 권력을 잡은 민주파는 이런 음모에 대해서는 몰랐겠지만 그가 추방된 이후 아테네 상황이 얼마나 어려웠는지는 잘 알고 있었기 때문에 사면 약속과 함께 그를 고향으로 불렀다. 그는 아테네 귀환을 뒤로 미루고, 사모스에서 함대를 맡아 아테네에 잠시 동안의 행복을 안겨 줄 성공을 위해 민첩하게 행동을 취했다. 그는 헬레스폰토스 해협을 질주하여 키지코스에서 스파르타 함대를 완전히 궤멸시켰다.(기원전 410년) 또한 일 년간의 포위 공격 후 칼케돈과 비잔티움을 점령하여 아테네의 보스포루스 해협 식량 공급 지배권을 회복했다. 남쪽으로 회항하던 중, 안드로스 섬 근처에서 또 다른 스파르타 함대를 맞아 손쉽게 격퇴했다. 기원전 407년, 그는 아테네 전체의 환호 속에 귀환하게 된다. 그의 범죄는 잊혔고, 그의 천재성과 유능한 장수를 바라는 아테네의 갈망만 부각되었다.[27] 그러나 아테네는 그의 승리를 축하하면서도 그의 부하들에게 줄 자금을 지원하는 것은 무시했다. 알키비아데스의 무딘 도덕관념이 다시 한 번 그를 망쳤다. 항구에 머물고 어떤 경우에도 전투에 임하지 말라는 엄명과 함께 부하 장수 안티오코스 지휘하에 대부분의 선박을 노티온(에페소스 근처)에 두고, 그 자신은 정당한 법적 절차를 무시한 방법으로 부하들에게 줄 자금을 모으기 위해 소수 병력만 이끌고 카리아로 갔다. 공명심에 이끌린 안티오코스는 항구를 이탈하여 리산데르가 거느린 스파르타 함대에 시비를 걸었다. 이 시비에 응한 리산데르는 백병전으로 안티오코스를 죽이고 대부분의 아테네 선박을 침몰시키거나 포획했다.(기원전 407년) 이 대패 소식이 아테네에 전해지자, 특유의 조급증이 발동한 민회는 알키비아데스에게 함대 방치의 책임을 물어 지휘권을 박탈했다. 이제 아테네와 스파르타 모두를 두려워한 알키비아데스는 비티니아로 도피처를 찾아 도망한다.

절망에 빠진 아테네인은 아크로폴리스에 있는 조각상과 제물의 금은을 녹여 함선 150척의 새 함대를 구축할 것을 명하고, 전투병으로 삼기 위해 노예에게는 해방을, 외국인에게는 시민권을 부여했다. 기원전 406년, 새 함대는 아르기누사이 군도(레스보스 남쪽)에서 스파르타 함대를 격퇴하고, 아테네는 승전 소식에 다시 한 번 열광했다. 그러나 그 장군들*의 잘못으로 스물다섯 척의 함선이 적에 의해 침몰되고 병사들이 폭풍우에 익사했다는 소식을 듣자, 민회는 격노했다. 성급한 이들은 매장지를 찾지 못한 이들 영혼들이 우주를 떠돌 것이라고 항의하면서, 구조를 외면한 생존자들을 고발하고 승전한 여덟 명의 장군(아스파시아가 낳은 페리클레스의 아들도 포함)을 처형할 것을 제안했다. 그날 집회를 관장한 프리타니의 한 성원이었던 소크라테스는 발의를 거절했다. 이 의안은 제출되고 그의 반대는 무시되었으며, 판결할 때와 같은 조급증으로 선고가 집행되었다. 며칠 후, 민회는 이를 후회하고 장군들을 처형할 것을 주장한 이들에게 사형 판결을 내렸다. 한편, 패배로 힘이 약해진 스파르타는 다시 평화를 제의했고, 민회는 술 취한 클레오폰의 능변에 설복되어 이를 거절했다.[28]

이제는 하급 장수들이 지휘하게 된 아테네 함대는 북상하여 마르모라 해에서 리산데르의 스파르타군과 마주하였다. 언덕 은신처에 있던 알키비아데스는 아테네 함선이 진을 친 람프사코스 근처 아이고스포타미가 전략적으로 위험한 위치임을 알아챘다. 그는 위험을 무릅쓰고 해안으로 달려 내려가 아테네 제독들에게 더 안전한 위치로 이동할 것을 권고했다. 그러나 그들은 그의 조언을 불신하고 그에게 더 이상 지휘권이 없음만 상기시켰다. 다음 날 결정적인 전투가 벌어졌다. 208척의 아테네 함선 대부분이 침몰되거나 포획되었고, 리산데르는 3000명의 포로를 처형했다.[29] 리산데르의 암살 명령을 안 알키비아데스는 프리기아에 있는 페르시아 장군 파르나바주스에게로 도망쳤다. 파르나바주스는 그에게 저택과 창부를 제공했다. 그러나 페르시아 왕은 리산데르의 설득으로 파르나바주스에게 알키비아데스를 죽일 것을 명한다. 두 명의 암살자가 알키비아데스의 저택을 방화했다. 그는 벌거벗은 채 뛰쳐나와 절망적으로 사투를 벌였다. 그러나 그의 칼이 암살자를 해치기 전에 암살자의 활과 투창이 먼저 그를 관통했다. 이때 그의 나이 46세였으며, 그리스 전사에서 가장 뛰어난 천재이자 가장 비극적인 실패자이기도 했던 알키비아데스는 이렇게 생을 마감했다.

---

* 스트라테고스(Strategos)는 육군 지휘관뿐 아니라 해군 지휘관에도 적용되는 명칭이었다.

이제 에게 해의 절대 지배자가 된 리산데르는 각 도시 간을 항해하며 민주정을 전복하고 스파르타에 복종하는 과두정을 세웠다. 피라이오스에 무혈입성한 후 그는 아테네를 봉쇄했다. 아테네인들은 여전히 용감하게 저항했지만 3개월도 되지 않아 비축된 식량이 바닥나고 거리는 사상자로 가득하게 되었다. 리산데르는 혹독하지만 여전히 관대한 말로 과거 그리스를 위해 영예로운 봉사를 한 도시를 파괴하지 않을 것이며 아테네 시민을 노예로 삼지도 않을 것이라고 말했다. 그러나 그는 긴 장벽을 허물고 과두파 망명객들을 불러오고 남은 대부분의 함선을 접수하고 이후 전쟁에서 스파르타를 적극 지원할 것을 요구했다. 아테네는 저항했으나 결국 굴복했다.

리산데르의 지지와 크리티아스 및 테라메네스의 주도하에 복귀한 과두파가 정권을 장악하고 아테네 통치를 위해 30인 평의회를 구성했다.(기원전 404년). 이들 그리스의 부르봉 왕조는 아무것도 몰랐다. 재산을 몰수하고, 다수 부자 상인들의 지지를 소홀히 여겼으며, 신전을 약탈하고, 엄청난 가치의 피라이오스 부두를 3달란트에 팔았으며,[30] 5000명의 민주파를 추방하고 150명을 사형에 처했다. 정치적으로나 개인적으로 혐오감을 준 모든 아테네인을 암살하고, 교육과 집회, 언론의 자유를 말살했다. 한때 제자였던 크리티아스 자신이 소크라테스의 공개 강론을 금지했다. 30인 평의회는 이 철학자와 자신들의 입장을 화해시킬 목적으로 그와 다른 네 명에게 민주파인 레온을 체포하도록 명했다. 다른 이들은 이에 응했지만 소크라테스는 거절했다.

과두파의 범죄가 늘어 감에 따라 민주파의 모든 죄는 잊혀 갔다. 이 피에 주린 전제 정치를 종결 시키려는 사람들과 실질적인 수단이 나날이 늘어났다. 1000여 명의 무장한 민주파들이 트라시불로스 지휘하에 피라이오스로 접근해 오고, 30인 평의회는 핵심 동지 외에는 대부분 이들과 싸울 의사가 없었다. 크리티아스는 소규모 군대를 조직하여 전투에 임했으나 결국 패배하고 그 자신 또한 죽임을 당했다. 트라시불로스는 아테네에 입성하여 민주정을 회복했다.(기원전 403년) 그의 지도하에 민회는 이례적으로 절도 있게 처신했다. 살아남은 정변의 최고 지도자에게만 사형을 언도하고, 이들에게 망명을 허락해 목숨을 건질 기회를 주었다. 과두정을 지지한 기타 모든 이들에 대해서는 대사면을 선언했다. 30인 평의회가 스파르타의 에포르에게서 차용한 백 달란트도 갚았다.[31] 이들 일련의 인도적이고 정치적인 조치들은 마침내 한 세대 동안 경험하지 못했던 평화를 아테네에 선사하게 된다.

7. 소크라테스의 죽음

이상하게 들릴지 모르지만, 복권한 민주정의 유일한 잔인성은 70년 평생 국가에 위험한 존재가 될 가능성이 전혀 없었던 한 늙은 철학자에게 내린 판결이었다. 승리한 민주파에는 수년 전 소크라테스에게 논쟁 중의 모욕과 아들의 "타락" 때문에 복수하겠다고 위협한 아니토스가 있었다. 아니토스는 선량한 사람이었다. 그는 트라시불로스 수하에서 용감하게 싸웠고, 부하들이 포로로 잡은 과두파 인사들의 목숨을 살려 주었으며, 사면 조치 때에 힘이 되었고, 30인 평의회의 재산 몰수 후 자기 재산을 사들인 자들이 마음 편하게 쓰도록 내버려 두었다. 그러나 그의 관용은 소크라테스에게만은 예외였다. 그는 자신이 추방되었을 때 자기 아들이 소크라테스와 함께 아테네에 남고 술주정뱅이가 된 사실을 잊을 수 없었다.[32] 소크라테스가 30인 평의회의 뜻에 따르지 않고 (크세노폰의 말에 의하면) 크리티아스를 나쁜 통치자라고 비난한 사실도 아니토스를 달래지 못했다.[33] 아니토스에게 있어서 소크라테스는 도덕적으로나 정치적으로나 어떤 소피스트보다 사악한 존재였다. 그는 도덕을 지탱한 종교적 믿음을 훼손하고 있었다. 그의 완고한 비판 정신은 교양 있는 아테네인의 민주주의 제도에 대한 신뢰감을 약화시키고 있었다. 살기등등한 압제자 크리티아스는 그의 제자 중 한 명이었다. 부도덕하고 불충한 알키비아데스는 그의 연인이었다. 그의 초기 애제자 카르미데스는 크리티아스의 수하 장수였으며 민주파와의 싸움에서 막 전사했다.* 아니토스에게는 소크라테스가 아테네를 떠나거나 죽는 것이 적절했던 것 같다.

기원전 399년, 아니토스와 멜레토스 그리고 리콘에 의해 기소장이 제출되었으며, 그 내용은 다음과 같다. "소크라테스는 국가의 중범죄자다. 그 이유는 국가가 인정하는 신을 인정하지 않고 마귀 같은 것을 새로 끌어들였기 때문이다."(소크라테스의 정령(daimonion)), "또한 젊은이들을 타락시키기도 했다."[35]** 재판은 약 500명의 시민으로 구성된 시민 법정, 즉 디카스테리온에서 열렸으며 이 구성원 대다수는 못 배운 계층 사람이었다. 플라톤과 크세노폰이 소크라테스의 변명을 얼마나 정확하게 기록했는지 알 방법은 없다. 플라톤이 재판에 참석했고,[37] 그의 소크라테스의 "변명"이 많은 부분에서 크세노폰의 글과 일치한다는 것은 사실이다. 플라톤에 의하면 소크라테스는 국가의 신을 믿으며 태양과 달의 신성까지도 믿는다고 주장했다고 한다. "당신들은 처음 내가 신을 믿지 않는다고 말하고, 그 다음 내가 반신반인의 존재를 믿는다고 말한다. …… 당신들은 노새의 존재는 확언하지만, 말과 당나귀의 존재는 부인하는 것 같다."[38] 그리고 나서 그는 아리스토파네스의 풍자 작품의 의미를 비통한 마음으로 언급했다.

나에게는 오래전부터 많은 고소자들이 있었습니다. 그들의 거짓 고소는 여러 해 동안 계속되었습니다. 그리고 나는 아니토스와 그 동료들보다 이들이 더 두렵습니다. …… 이런 고소는 당신들이 어렸을 때부터 시작되었으며, 위로는 하늘에 대해 사색하고 아래로는 땅에 대해 궁리한 한 현자, 소크라테스에 대해 말할 때 거짓말로

---

* 크리티아스와 알키비아데스는 소크라테스의 교사 경력 초기에 그가 가르친 절제를 좋아하지 않아 그의 문하를 떠났다.[34]

** 크로이세트(Croiset)는 기소의 진정한 이유는 국가 신에 의문을 던지는 사람에 대한 아티카 농민의 적개심이었다고 믿는다. 주요 가축 시장 중의 하나가 제물로 짐승을 바치는 경건한 신앙심의 소유자들에 의해 유지되었으며, 신앙심의 퇴보는 이 시장의 쇠퇴를 의미하였던 것이다. 이 해석에 있어서, 아리스토파네스는 이들 농민들의 대변자였으며, 성공할 경우 그의 희곡은 이들에게 계속 상연될 터였다.[36]

당신들의 마음을 현혹시키고 견강부회했습니다. 이런 고소자들을 나는 두려워합니다. 왜냐하면 이들은 이 소문을 퍼뜨리고, 듣는 이들은 이런 종류의 사색가는 신을 믿지 않을 것이라고 너무 쉽게 생각하기 때문입니다. 또한 그들은 다수이고, 나에 대한 그들의 고소는 오래전부터 시작되었습니다. 그들은 여러분이 감수성 예민했던 어릴 때나 젊었을 때 그랬고, 소문이 퍼졌을 때 그 연유는 해명되지 않았습니다. 아무도 그것에 대해 언급하지 않았기 때문입니다. 무엇보다 힘든 것은 희극 시인의 도움을 받지 않고는 내가 그들의 이름을 알지도, 말할 수도 없다는 것입니다. …… 이것이 고소의 본질이며, 아리스토파네스 희극에서 본 당신 자신들의 모습입니다.[39]

그는 신이 자신에게 선하고 소박한 삶을 가르치라고 사명을 내렸으며 어떤 위협도 자신을 저지하지 못할 것이라고 주장한다.

오! 아테네인들이여. 포티다이아와 암피폴리스, 델리온 전투에서 내가 당신들이 선택한 지휘관의 명령에도 불구하고 죽음이 무서워 다른 이들처럼 주둔지에 그냥 주저앉아 있었다면 이는 정말 용납할 수 없는 행동이었을 겁니다. 지금 내가 그렇게 생각하고 상상하는 것처럼 나 자신과 다른 사람에 대해 탐구하는 철학자의 사명을 수행하도록 신이 명할 때, 죽음이 두려워 이 직분을 저버린다면 이 또한 납득할 수 없는 행동이 될 겁니다. …… 여러분이 "소크라테스여, 그대가 더 이상 이런 방식으로 질문하고 사색하지 않는다는 조건으로 이번엔 용서해 주겠다."고 말한다면 …… 나는 이렇게 답하겠습니다. "아테네인들이여, 나는 당신들을 존경하고 사랑합니다. 그렇지만 당신들보다 신에게 순종하기를 택해야겠습니다. 내가 살아 있고 힘이 남아 있는 한, 내 방식대로 만나는 모든 이들을 권하고 설복하면서 쉬지 않고 철학을 실행하고 가르칠 겁니다. 오! 나의 친구여. 강하고 지혜로운 아테네 시민인 그대가 돈과 명예 그리고 명성에 대해서는 그렇게 집착하면서 지혜와 진리에 대해서는 어떻게 그다지도 무관심하단 말인가?"라고 말입니다. 그러므로 아테네인들이여, 말하건대 석방하든지 말든지 아니토스가 명하는 대로 하시오. 그러나 그대들이 어떻게

하든 수백 번 죽을지라도 나는 내 뜻을 절대 굽히지 않을 것임을 알기 바라오.[40]

여기서 재판관들은 그를 제지하여 오만한 듯한 그의 행동을 멈추도록 했다. 그러나 그는 더 당당하게 계속 말했다.

> 나는 당신들이 나 같은 사람을 죽이면 나를 해치기보다는 당신 자신들을 해치게 될 것이라는 것을 알기를 바랍니다. …… 당신들이 나를 죽인다면, 우스운 표현이지만 신이 만든 상황에 놓인 나처럼 깐깐한 사람을 다시 찾기가 쉽지 않을 겁니다. 이 상황은 바로 그 크기 때문에 동작이 느리면서도 삶을 휘젓는 거대하고 당당한 준마 같은 것입니다. …… 또한 나 같은 사람을 또다시 찾기가 쉽지 않을 것이므로 나를 풀어 주기를 권합니다.[41]

예순 명의 표차로 유죄 판결이 내려졌다. 그의 변론이 좀 더 타협적이었다면 석방되었을지도 모른다. 그에게는 죽음 대신 다른 형벌을 요청할 권리가 있었다. 처음 그는 이 권리조차 거절했지만, 그의 서약에 서명한 플라톤과 다른 친구들의 호소로 30미나(3000달러)를 벌금으로 지불할 것을 제안했다. 배심원의 2차 투표에서는 1차보다 많은 여든 명의 표차로 유죄 판결이 선고되었다.[42]

감옥행을 면할 길이 여전히 그에게 열려 있었다. (플라톤에 의하면) 크리톤과 다른 친구들이 뇌물을 쓰기로 했으며,[43] 아니토스는 그런 타협안을 기대했던 것 같다. 그러나 소크라테스는 끝까지 자신의 입장을 고수했다. 그는 자신이 얼마 더 못 살 것이며, "인생에 있어 지력의 쇠퇴를 누구나 느끼는 가장 짐스러운 순간을 포기할 뿐"이라고 느꼈다.[44] 그는 크리톤의 제안을 받아들이는 대신 윤리적 관점에서 이를 시험하고 논증했으며 마지막 순간까지 논리 게임을 즐겼다.[45] 그의 제자들은 재판 때부터 사형 집행 때까지 매일 그의 감방을 찾아왔고, 그는 마지막 순간까지 차분하게 그들과 강론하였던 것 같다. 플라톤은 젊은 파이돈의 머리를 쓰다듬으면서 슬프게 "파이돈, 내일 이 많은 머리카락이 잘릴 것 같구나." 하고 말하는 소크라테스의 모습을 그리고 있다.[46] 크산티페가 품에 막내 아이를 안고 눈물을 흘리며 들어왔다. 그는 그녀를 위로하고, 크리톤에게 돌보아 줄 것을 부탁했다. 한 열렬한 제자가 "이렇게 무가치하게 죽을 수는 없습니다."라고 말하자, 소크라테스는 "그러면 네가 나를 가치 있게 죽도록 하겠느냐?"라고 대답했다.[47]

디오도로스에 의하면[48] 그가 죽은 후 아테네인들은 자신들이 한 일을 후회하고 고소자들을 죽였다고 한다. 수이다스는 멜레토스가 군중의 돌팔매질에 의해 죽도록 했다.[49] 플루타르코스의 얘기는 다르다. 고소자들은 인기를 잃어 어떤 시민도 그들에게 불을 비추지 않고 그들의 질문에 답하지 않았으며 같이 목욕하지도 않았다. 결국 그들은 절망하여 스스로 목매달아 죽었다.[50] 디오게네스 라이르티오스는 멜레토스는 처형되고 아니토스는 추방되었으며, 이 철학자를 기념하여 동상이 세워졌다고 한다.[51] 이들 중 어느 것이 진실인지는 모르겠다.*

황금 시대는 소크라테스의 죽음으로 종결되었다. 아테네의 육체와 정신은 모두 고갈되었다. 오랜 전쟁과 절망적인 고통으로 인해 피폐해진 인격만이 멜로스에서의 잔인한 처사, 미틸레네에 대한 혹독한 선고, 아르기누사이 군도에서의 장군들의 처형, 죽어 가는 믿음에 대한 소크라테스의 희생 제물 등을 설명할 수 있다. 아테네인들의 삶을 지탱한 모든 기반이 혼란에 빠졌다. 아티카의 토질은 스파르타의 습격으로 황폐해졌으며, 서서히 자라는 올리브나무는 뿌리까지 불탔다. 아테네 해군은 파멸했고, 교역과 식량 공급에 대한 지배권은 상실되었다. 국고는 탕진되었고, 개인 재산은 과중한 세금으로 거의 씨가 말랐다. 시민의 3분의 2가 죽임을 당했다. 펠로폰네소스 전쟁으로 인해 그리스인의 삶

---

* 그로트(Grote)[52]는 이 얘기들이 소크라테스의 명성을 변호하려는 플라톤과 크세노폰의 노력에 의한 위작일 수 있다고 의심한다. 그러나 이들 내용은 고대에 널리 수용되었으며(터툴리아누스와 아우구스티누스의 예[53]), 아테네인의 관습과 아주 잘 일치한다.

과 재산에 닥친 파멸에 비하면 페르시아의 침략으로 말미암은 그리스인의 피해는 아무것도 아니었다. 살라미스와 플라타이아 전투 이후 그리스는 피폐해지긴 했지만 용기와 자부심은 오히려 고양되었다. 이제 또다시 그리스는 피폐해졌으며, 아테네는 그 영혼에 치유되기에는 너무나 깊은 상처를 입었다.

분별 있고 온건한 이들에 의한 민주정 회복, 마지막 60년간, 심지어 전쟁 중에도 인간의 기억 속에서 다른 어느 시대보다 뛰어난 예술과 문학을 이루었다는 의식, 이 두 가지 사실이 아테네를 지탱했다. 아낙사고라스는 추방되었고 소크라테스는 죽임을 당했다. 그러나 이들이 철학에 남긴 자극은 이후 아테네를 그리스 사상의 중심이자 정상으로 세우기에 충분했다. 이전에는 형체 없는 사색에 불과했던 것이 이제는 이후 수 세기 간 유럽을 뒤흔들 거대한 체계로 성숙하였다. 한편, 방랑 소피스트들이 우연히 제공한 고등 교육은 역사상 최초의 대학, 즉 투키디데스가 성급하게 그렇게 부른 것처럼 아테네를 "헬라스의 학교"로 만든 대학으로 대체되었다. 유혈이 낭자하고 혼란스러웠던 갈등의 시기를 지나면서도, 예술의 전통은 전혀 쇠하지 않았다. 오히려 수 세기 간 그리스 조각가와 건축가들은 전 지중해 세계를 누비며 활약했다. 아테네는 패배의 절망 속에서 놀라운 열정으로 새로운 부와 문화 그리고 힘을 향해 도약했다. 아테네인의 삶의 가을은 풍요로웠다.

그리스
자유의 쇠퇴와 몰락

기원전 399~322년

19장   필리포스

1. 스파르타 제국

이제 스파르타가 잠시 동안 그리스 해상권을 지배하고, 그 교만으로 인해 역사 속에서 또 하나의 비극적인 성공을 연출하게 된다. 한때 아테네의 속국이었던 도시들에 약속했던 자유 대신 스파르타는 이들에게 연 1000달란트(600만 달러) 상당의 공물을 할당하였으며, 각 도시마다 귀족정을 수립하고 하르모스테스라는 스파르타인 관리를 두고 스파르타 수비대를 주둔시켜 지배했다. 이들 정부는 멀리 떨어져 있는 에포르로부터만 통제를 받았으며 아주 부패하고 전제적이어서, 새 제국은 곧 이전 제국보다 더 심하게 증오의 대상이 되었다.

스파르타 내에서는 복속 도시와 아첨하는 과두파들이 바치는 뇌물로 인해 오랫동안 지속되어 왔던 쇠퇴가 더욱 가속이 붙었다. 기원전 4세기까지 특권 지배층은 사적인 치부로 전통적인 검소함을 퇴락시켰으며, 에포르조차 외관상으로는 아닐지라도 리쿠르고스 기율 준수를 포기했다. 토지의 상당 부분이 지 참금이나 유산 형식으로 여자들의 수중에 들어갔으며, 이렇게 부를 축적한 스 파르타 귀부인들은 남자아이 양육으로부터도 자유로워 이름에 걸맞지 않게 해 이하고 방탕한 생활을 했다.[1] 소유지의 반복되는 분할로 많은 가구가 더 이상 공공 식사를 위해 할당된 자기 몫을 부담하지 못해 시민권까지 상실할 정도로 피폐해졌다. 이와 달리 몰락의 반대 길을 걸은 소수의 "동등자"는 근친결혼과 유산을 통해 큰 재산을 축적하여 부의 집중 현상이 초래되었다.* "일부 스파르 타인이 광대한 토지를 소유하고 있으며, 나머지는 소유 토지가 거의 없다. 모든 토지는 소수가 장악하고 있다."고 아리스토텔레스는 말한다.[3] 권리를 상실한 상류층, 배제된 페리오이키(선거권이 없는 자유민) 및 분개한 헤일로타이의 주 동으로 격앙한 시민들은 제국 통치를 위해 필요한 대규모 대외 군사 행동을 수 행할 수 없도록 만들었다.

한편 페르시아 내전이 그리스 성쇠에 영향을 미치고 있었다. 기원전 401년, 동생 소(小)키로스가 형 아르타크세르크세스 2세에게 반기를 들어 스파르타의 도움을 요청하였으며, 수많은 그리스 도시의 지원을 받고, 펠로폰네소스 전쟁 의 갑작스러운 종결로 할 일 없이 소아시아 지역에 남아 있던 용병을 모아 군 대를 조직했다. 두 형제는 티그리스 강과 유프라테스 강이 만나는 쿠낙사에서 대진했다. 소(小)키로스는 패배하여 살해당하고, 재빨리 바빌로니아 영내로 도 피한 1만 2000명의 그리스 군대를 제외한 전 병사들이 사로잡히거나 죽임을 당 했다. 아르타크세르크세스 2세의 추격을 받은 그리스인들은 이에 대처하여 자 신들의 엉성한 민주주의 방식으로 세 명의 장군을 선출하였다. 이들 가운데 한 때 소크라테스의 제자였으며 이제는 무엇보다 그의 작품 「아나바시스」로 기억 될 운명의 크세노폰이 있었다. 그는 이후 이 작품에서 티그리스 강을 따라 쿠르 디스탄과 아르메니아의 언덕을 넘어 흑해에까지 이르는 "만인대(萬人隊)의 긴

---

* 호모이오이(homoioi), 즉 동등자(Equals)는 그 수가 기원전 480년에는 8000명이었으나, 371년에는 2000명, 341년에는 700명으로 줄었다.[2]

여정"을 담백한 필치로 묘사하였다. 이 여정은 인류 역사상 가장 위대한 모험 중의 하나였다. 적의 정규병과 비정규병들이 전후좌우에서 공격해 오고 살기 등등한 토착민들이 온갖 무기를 동원해 죽이려 하고 길을 잘못 인도하거나 가로막기도 하는 가운데, 5개월간 무덥고 황량한 평원을 가로지르고 약 2.5미터 깊이로 눈이 덮인 산악 지대를 넘어 3200킬로미터의 적진 속을 매일같이 도보로 진군한 이들 그리스군의 불굴의 용기에 놀라움을 금할 수 없다. 어렸을 적 억지로 해석하는 것이 지루하기도 했던 이 매력적인 이야기를 읽을 때면, 군대의 가장 중요한 무기는 식량이며 지휘관에게 있어서 승리만큼이나 중요한 책무는 식량 조달임을 알 수 있다. 전투가 그 날들만큼이나 많았지만, 이들 그리스군 중 더 많은 이들이 전투보다는 비바람과 굶주림으로 죽어 갔다. 마침내 8600명의 생존자들이 트라페주스(또는 트레비존드)의 흑해를 보았을 때, 그들의 마음은 정말 감개무량했다.

전위대가 산 정상에 이르자 곧 거대한 함성이 울려 퍼졌다. 크세노폰과 후군이 이 함성을 들었을 때, 그들은 자신들 뒤를 적이 쫓아오고 있었으므로 또 다른 적이 전방에서 공격하고 있는 것으로 생각했다. …… 그들은 전방을 지원하기 위해 앞다투어 나갔으며, 잠시 후 그들은 병사들이 "바다다! 바다다!" 하고 고함치는 소리를 들을 수 있었다. 그러자 모든 후군들이 부리나케 달려갔는데, 마치 짐승 떼가 돌진하는 것 같았다. …… 모든 병사들이 정상에 이르자, 그들은 장군도 지휘관들도 하나같이 눈물을 흘리며 서로 얼싸안고 뒹굴었다.

여기는 그리스 바다고, 트라페주스는 그리스 도시였다. 이제 그들은 안전했으며, 밤중에 그들을 깜짝깜짝 놀라게 한 죽음의 공포도 없이 푹 쉴 수 있었다. 그들의 위업 소식은 옛 헬라스 전역에 자랑스럽게 울려 퍼졌으며, 두 세대 후 필리포스가 몇 배 규모의 페르시아군을 물리치는 데 잘 훈련된 그리스군이 힘이 되리라 믿게 한 계기가 되기도 했다. 뜻하지 않게 크세노폰이 알렉산드로스를 위해 길을 열었던 것이다.

기원전 399년 스파르타 왕좌를 계승한 아게실라오스는 이 영향력을 이미 느끼고 있었던 것 같다. 페르시아는 소(小)키로스에 대한 스파르타의 지원을 너그럽게 봐주도록 설득되었을지도 모른다. 그러나 가장 뛰어난 스파르타 왕에게 있어 페르시아와의 전쟁은 단순히 흥미로운 모험에 지나지 않았던 것 같다. 그는 소규모 병력으로 전 그리스 소아시아를 페르시아의 지배로부터 해방하려 했다.* 아게실라오스가 모든 페르시아 군대를 손쉽게 물리치고 있다는 소식을 듣자, 아르타크세르크세스 2세는 아테네와 테베에 전령을 보내 많은 금으로 꾀어 스파르타와의 전쟁을 선언하도록 했다.[5] 이 노력은 즉시 성공하여, 9년간 평화롭게 지내던 아테네와 스파르타 간에 다시 충돌이 일어났다. 아게실라오스는 소아시아에서 전쟁에 불려나와 코로니아 전투에서 아테네와 테베 연합군을 간신히 물리쳤다. 그러나 같은 달 코논 지휘하의 아테네와 페르시아 연합 함대는 크니도스 근처에서 스파르타 해군을 격파하고 잠시 동안의 스파르타 해상 지배권에 종지부를 찍었다. 아테네는 쾌재를 불렀으며, 페르시아가 제공하는 자금으로 정력적으로 긴 장벽의 재건에 착수했다. 스파르타는 안탈키다스를 사절로 보내 위대한 왕에게 자기를 변명하고, 페르시아가 그리스 본토에 자기를 보호해 줄 평화를 허락한다면 소아시아의 그리스 도시들을 페르시아 지배하에 두도록 하겠다고 제안했다. 위대한 왕은 이에 동의하여 아테네와 테베에 대한 재정 지원을 중단하고, 사르디스에서 모든 당사자들이 "안탈키다스의 평화" 또는 "왕의 평화"에 조인하게 했다.(기원전 387년) 렘노스와 임브로스, 스키로스가 아테네에 양도되었고, 주요 그리스 국가들에는 자치권이 보장되었다. 그러나 키프로스를 포함하여 소아시아의 모든 그리스 도시들은 왕의 재산으로 선언되었다. 아테네는 그리스 역사상 가장 치욕스러운 일이라 생각하며 마지못해 조인했다. 한 세대 만에 마라톤의 모든 결실이 사라져 버렸다. 본토의

---

* "그가 더 고결하고 절제력이 뛰어나지 않다면, 이 '위대한 왕'이 나보다 위대한 이유가 무엇이란 말인가?"라고 그는 물었다.[4]

그리스 국가들은 명목상으로는 자유를 유지했지만, 실제로는 페르시아의 세력 하에 편입되어 버린 것이다. 모든 그리스는 스파르타를 변절자로 여겼고, 누군가 스파르타를 멸망시키기를 간절히 바라며 기다렸다.

2. 에파미논다스

이 감정을 증폭시키려는 듯, 스파르타는 그리스 국가들 사이에 "왕의 평화"를 설명하고 집행하는 권한을 떠맡았다. 테베를 약화시킬 목적으로 스파르타는 보이오티아 동맹이 조약의 자치권 조항을 위반했으며 따라서 해체되어야 한다고 주장했다. 스파르타 군대는 이 구실과 함께 많은 보이오티아 도시들에 스파르타에 우호적인 과두정을 수립하고 여러 경우 스파르타 수비대를 파견했다. 테베가 항거하자 스파르타는 카드메이아를 함락하고 스파르타 권력에 복속하는 과두정을 수립했다. 이 위기에 대해 테베는 이례적으로 영웅적인 태도를 보여 준다. 펠로피다스와 여섯 명의 동료는 네 명의 "스파르타 성향" 테베 독재자를 암살하고, 테베의 자유를 거듭 촉구했다. 동맹이 재조직되고 펠로피다스를 그 지도자, 즉 최고 행정관으로 지명했다. 펠로피다스는 그의 친구이자 연인인 에파미논다스를 자신의 조력자로 요구했으며, 에파미논다스는 이에 부응하여 자신이 조련시킨 군대를 이끌고 스파르타를 이전의 고립 상태로 추락시켰다.

에파미논다스는 1000여 년 전 카드모스에 의해 심겨진 용의 이빨에까지 그 기원이 거슬러 올라가는 자랑스럽고 기품 있지만 영락한 가문 출신이다. 그는 온화한 사람으로 그보다 더 적게 말하고 더 많이 아는 이는 아무도 없다고 말해질 정도였다.[6] 그의 겸손과 성실함, 지극히 금욕적인 생활, 친구에 대한 헌신, 진지한 조언, 용기 있고 절제된 행동 등으로 인해 자신들에게 부과된 군사 규율에도 불구하고 모든 테베인들은 그를 흠모했다. 그는 전쟁을 좋아하지 않았다.

그러나 그는 호전 정신과 습관을 완전히 상실한 국가는 결코 자유를 유지할 수 없다고 확신했다. 여러 차례 최고 행정관에 재선되자 그는 자신에게 투표를 던지려는 이들에게 다음과 같이 경고했다. "다시 한 번 생각하시오. 내가 장군이 된다면 당신은 내 군대에서 복역하게 될 거요."[7] 그의 지휘하에 해이했던 테베인은 훌륭한 병사로 조련되었다. 그 도시에 수없이 많았던 "그리스 애호가들"조차 펠로피다스에 의해 "성스러운" 300인의 중장비 보병으로 탈바꿈했다. 이들 각자는 전투에서 죽을 때까지 동료와 함께하겠다고 맹세했다.

클레옴브로토스 왕이 1만 명의 스파르타 군대를 이끌고 보이오티아를 침범하자, 에파미논다스는 6000명의 군대를 이끌고 플라타이아 근처 레욱트라에서 이를 맞아 그리스 정치사와 유럽의 군사 전략에 영향을 끼친 승리를 거두었다. 그는 신중히 전법을 연구하여 구사한 첫 그리스인이었다. 그는 모든 전투에서 직면할 위험을 계산하고, 자신의 최강 부대를 공격을 위해 한쪽 측면에 집중시켰으며, 나머지 부대는 방어용으로 활용하였다. 이리하여 중앙으로 진격하는 적은 측면 공격을 받고 혼란에 빠진다. 레욱트라 전투 후, 에파미논다스와 펠로피다스는 펠로폰네소스로 진군하여 백여 년간 스파르타의 지배하에 있던 메세니아를 해방시킨 후 메갈로폴리스를 건설하여 모든 아르카디아인의 요새로 삼았다. 테베 군대는 라코니아에까지 쳐 내려갔으며, 이는 과거 수백 년간 전례 없던 일이었다. 스파르타는 이 전투로 인해 그 손실을 다시 회복할 수 없었다. "스파르타는 한 번의 패배로 주저앉아 버렸고, 소수의 시민과 함께 몰락했다."고 아리스토텔레스는 말한다.[8]

겨울이 다가오자 테베군은 보이오티아로 철군하였다. 전형적인 그리스인의 기질에 따라 에파미논다스는 이제 테베 제국을 수립하여 한때 아테네나 스파르타가 이룩하였던 그리스 단일체 구성을 달성하려는 야망을 꿈꾸기 시작한다. 그의 계획은 아테네와의 전쟁으로 이어졌다. 이전의 영광을 회복하고 싶었던 스파르타는 아테네와 연합하였다. 기원전 362년, 양편은 만티네아에서 대진했다. 에파미논다스가 이겼지만, 그는 전투 중 크세노폰의 아들 그릴로스에 의해 죽었다. 잠시 동안 지배권을 장악했던 테베는 헬라스에 영구적인 유익을 남기지는 못했다. 그리스를 스파르타의 전제주의에서 해방시키기는 했지만, 이전 제국처럼 보이오티아를 넘어 통일성 있는 단일체를 형성하는 데는 실패했다. 테베가 야기한 갈등으로 그리스 국가들은 허약하고 혼란스러운 와중에 필리포스의 남하를 맞게 된다.

3. 제2차 아테네 제국

아테네는 다시 한 번 이런 단일체를 수립하려 했다. 재건된 성벽과 함대, 신뢰할 수 있는 화폐 제도, 장기간에 걸쳐 확립된 금융 및 교역 체계 등을 통해, 아테네는 서서히 에게 해 상권을 회복해 갔다. 이전 복속국들과 동맹국들 또한 지난 반세기 간의 전쟁을 통해 개별 주권 이상의 보다 큰 보호 장치가 필요함을 알게 되었다. 기원전 378년, 이들 중 대다수가 아테네 지배하에 다시 결합했다. 기원전 370년까지 아테네는 다시 한 번 지중해 동부의 최대 강국이 되었다.

이제 산업과 교역은 아테네 경제생활의 구심점이었다. 아티카의 토양은 한 번도 일반 경작물을 재배할 만큼 비옥했던 적이 없었다. 올리브와 포도를 결실하기 위해서는 끈질기게 노동해야만 했다. 설상가상으로 스파르타가 이를 황폐화시켰다. 소수 농민들만이 반 세대를 기다려 새 올리브 과수원을 경작하려 했다. 전쟁 전 시대 농민은 대부분 죽었다. 생존자 중 많은 이들은 너무 낙담하여 황폐해진 토지로 돌아가지 않고, 장기 투자 여유가 있는 부재지주에게 헐값으로 팔아 버렸다. 이런 식의 농민 부채자 퇴거를 통해 아티카의 소유권은 대규모 영지를 노예 노동으로 운영할 수 있었던 소수 가문에 넘어갔다.[9] 라우리온 광산이 다시 열렸고, 새 희생자가 채굴장에 공급되었으며, 은 광석과 인간의 피를 딛고 신흥 부자가 대두하였다. 크세노폰[10]은 1만 명의 노예를 사서 라우리온 업자에게 임차하여 국고를 채운다는 기발한 계획을 제안했다. 공급이 제품

생산을 능가할 정도로 많은 은이 채굴되었고, 가격이 노임을 앞질렀으며, 가난한 이들이 변화의 짐을 감당했다.

산업이 번성했다. 펜텔리코스의 채석장과 케라미코스의 도기 제조소는 에게 해 전역에서 주문을 받았다. 국내 수공업자나 소공장의 제품을 싸게 사서 국내 시장이나 해외 시장에 비싸게 팔아 부를 축적하였다. 상업 발전과 함께 토지 대신 화폐를 통한 부의 축적이 이루어지면서, 아테네의 은행업자 수가 급속히 늘었다. 이들은 현금과 고가품을 보관해 주었으며, 예금에 대한 이자는 전혀 없었다. 보통의 경우에는 예금의 즉시 인출이 전혀 없다는 것을 이내 깨닫게 된 은행업자들은 상당한 이자율로 자금을 빌려 주기 시작했으며, 처음에는 신용이 아닌 화폐를 공급하는 형태였다. 이들은 고객에게 보증인이 되어 자금을 모을 수 있었고, 토지나 고가품을 담보로 돈을 빌려 주고 상품 수출을 위한 재원을 공급했다. 이들의 도움과 나아가 투기적인 개인 대출을 통해, 상인은 배를 빌려 상품을 해외 시장에 운송하여 팔고 돌아오는 길에 산지 상품을 들여올 수 있었다. 피라이오스 항에 회항한 후, 대출금을 상환해도 원금이 그대로 수중에 남았다.[11] 기원전 4세기 동안, 진정한 의미의 신용 체계가 발전했다. 은행업자는 현금을 빌려 주는 대신 신용장이나 우편환, 수표 등을 발행했다. 이제 은행 장부 기재만으로 부가 한 고객에서 다른 고객으로 이전될 수 있게 된 것이다.[12] 사업가나 은행업자는 상업 대출을 위해 채권을 발행했고, 모든 대규모 상속에 이런 채권이 다수 포함되었다. 해방 노예 파시온 같은 일부 은행가는 아주 많은 연줄을 맺고 두드러진 정직성으로 광범위한 신뢰를 획득하여, 이들의 채권은 그리스 전역에서 신임을 얻었다. 파시온의 은행에는 많은 부서와 대부분이 노예 신분인 종업원이 있었다. 이 은행이 관리한 복잡한 내용의 장부에는 모든 거래 내역이 아주 꼼꼼히 기록되어, 법정에서 대개의 경우 명백한 증거 자료로 받아들여졌다. 은행 파산은 일상적인 것이어서, 은행이 연달아 문을 닫는 "공황 사태"가 발생하곤 했다.[13] 가장 명망 있는 은행조차 심각한 불법 행위의 고소 대상이 되었다. 당시 사람들의 은행업자에 대한 시선은 부러

움과 흠모 그리고 어느 시대나 가난한 이들이 부자에게 가지는 그런 혐오감이 복합된 것이었다.[14]

고정 자산에서 유동 자산으로의 부의 이동으로 돈에 대한 광적인 애착이 발생하였으며, 돈을 더욱더 원하는 욕망을 표현하는 플레오넥시아(pleonexia)와 부자의 그칠 줄 모르는 욕구를 표현하는 크레마티스티케(chrematistike)라는 신조어가 생겼다. 상품과 서비스, 사람이 더욱더 돈과 재산으로 평가되었다. 부가 신속하게 창출되고 해체되었으며, 페리클레스 시대의 아테네인도 놀랄 정도의 사치스러운 치장에 쓰였다. 벼락부자들(그리스인들은 이들을 네오플루토이(neoplutoi)라고 불렀다.)은 번지르르한 집을 짓고, 그 여자들은 값비싼 옷과 보석으로 꾸몄으며, 많은 하인을 부리고, 고급 음료와 음식으로만 손님을 대접했다.[15]

이러한 부의 축적 과정 중에 가난도 증가했다. 교역이 자유롭고 다양해지면서, 영리한 이들이 부를 축적한 반면 순진한 이들은 이전보다 더 빨리 상실했기 때문이다. 새로운 상업 경제하에서, 가난한 이들은 이전 농노였을 때보다 상대적으로 더 가난해졌다. 시골 농민은 피땀 흘려 모은 수확을 약간의 기름이나 포도주와 바꾸었다. 도시 자유노동자의 임금은 노예와 경쟁하여 낮게 책정되었다. 기원전 431년, (일반 시민은 말할 것도 없고) 재산을 가지지 않은 유권자 수는 전체 유권자 중 약 45퍼센트를 차지했으며, 355년에는 57퍼센트에 이르렀다.[16] 수와 권력에 있어서 귀족과 평민 사이의 조정자 역할을 했던 중산층은 부의 상당 부분을 상실하여, 더 이상 부자와 가난한 자, 완고한 보수주의와 이상적 급진주의 사이를 조정하지 못했다. 아테네 사회는 플라톤의 "두 도시", 즉 "서로 대치 상태에 있는 빈자의 도시와 부자의 도시"로 양분되었다.[17] 가난한 자들은 합법적으로든 혁명을 통해서든 부자의 재산을 강탈하려 했으며, 부자들은 가난한 자들에 대항하여 보호 조직을 만들었다. 아리스토텔레스에 의하면 일부 과두파들은 다음과 같이 엄숙히 맹세했다. "나는 민중의 적이 될 것이며, 평의회를 위해 할 수 있는 모든 악을 감행하겠다."[18] 기원전 366년경 이소크라테스는 "부자는 아주 반(反)사회적으로 변해 재산을 가진 자는 자신의 소유를 가난한 자들에게 빌려 주기보다는 바다에 던져 버리기를 원했다. 반면 더 가난해진 이들은 보물을 발견하는 것보다 부자의 소유를 강탈하기를 더 즐거워했다.”고 기록한다.[19]

이 갈등의 와중에 더 많은 지식층이 가난한 자의 편에 섰다.[20] 그들은 자신들의 문화와 기호와 반대 방향으로 향하는 듯한 상인과 은행가를 경멸했다. 이들 가운데 플라톤처럼 부유한 이들조차 공산주의적 개념을 다루기 시작했다. 페리클레스는 계급 투쟁의 강도를 완화하기 위한 안전장치로 식민지를 활용했다.[21] 그러나 당시에는 디오니시오스가 서부 지역을 지배하고 마케도니아가 북부 지역에서 세력을 확장 중에 있었기 때문에, 정복하고 정착할 신천지를 찾기가 더욱 어려운 상황이었다. 결국 더욱 가난해진 시민들은 민회를 점령하고 부자의 재산을 국고로 환속하고 이를 국가사업과 수당을 통해 가난한 자와 유권자에게 재분배하도록 했다.[22] 정치인들은 새 국가 세입원을 찾기 위해 온갖 궁리를 다 짜냈다. 간접세, 수출입 관세, 부동산 이전 관련 100분의 1세를 두 배로 증액했다. 평화 시인데도 계속 과도한 전쟁세가 부과되었다. “자발적인” 기부에 호소하고 국가사업에 개인 재산을 지출하도록 전례 없는 새 기회(거룩한 의식(儀式))가 부자들에게 강요되었다. 가끔 압류와 몰수 등의 방법이 동원되었다. 재산 및 소득세 부문과 관련하여 보다 낮은 소득 범위에까지 과세가 이루어졌다.[23] 거룩한 의식의 부담을 안은 사람은 다른 이가 자기보다 부유하다고 입증할 수 있으면 그 사람이 부담하도록 하고 2년간 이 부담에서 면제되는 것이 법적으로 허용되었다. 세입 촉진을 위해 납세자들은 백 개의 “위원회”(공동 부담자)로 분할되었다. 이 제도의 요지는 해당 집단 내 가장 부유한 사람이 해당 과세 연도 초에 자기 집단의 전체 부담 세액을 지불하고 해당 연도 중에 나머지 성원 몫을 재주껏 회수한다는 것이다. 이들 과세 조치의 결과, 재산과 수입이 전반적으로 은닉되었다. 탈세가 과세만큼이나 교묘하게 보편화되었다. 기원전 355년, 안드로티온이 은닉된 소득을 색출하고 연체금을 징수하며 탈세자를 투옥하는 치안대의 책임자로 임명되었다. 가택이 수색되고, 상품이 몰수되었으며, 사람들이 감옥에 갇혔다. 그러나 부는 여전히 자취를 감춰 사라져 갔다. 기원전 353년, 늙고 부유한 이소크라테스는 거룩한 의식의 부담에 분노하여 다음과 같이 말했다. "내가 어렸을 때, 부는 아주 안전하고 흠모할 만한 것으로 여겨져 거의 모든 사람이 실제 가진 것보다 더 많이 소유한 양 행동했다. …… 이제 부자가 된다는 것이 가장 사악한 범죄인 것처럼 자신을 변명해야 할 지경이 되고 말았다."[24] 다른 도시에서도 부의 분산 과정은 그렇게 합법적이지 않았다. 미틸레네의 채무자는 배가 고프다는 이유로 채권자를 완전히 무시했다. 아르고스의 민주파(기원전 370년)는 갑자기 부자에게 들이닥쳐 1200명이나 죽이고 그들의 재산을 몰수했다. 다른 적대 국가의 부유한 가문은 민중 반란에 대처하기 위해 서로 은밀히 단결했다. 부자뿐 아니라 중산층도 민주파를 권력을 잡은 질투자로 불신하기 시작했고, 가난한 자들 또한 금이 간 부의 불평등으로 인해 쓸모없어진 가짜 평등주의자라고 불신하기 시작했다. 필리포스가 쳐 내려올 때 쯤, 그리스는 이처럼 더욱 악화된 계급 갈등으로 인해 내외적으로 분열된 상태에 있었다. 그리스 도시 부자들 중 상당수는 그의 남하를 정변의 대안으로 환영했다.[25]

허영심이 자라고 인간 정신이 계몽되면서 도덕적 혼란이 수반되었다. 일반 대중은 미신을 중시하고 신화에 매달렸다. 올림포스의 신들은 죽어 갔으며 새로운 신들이 태어나고 있었다. 이시스와 암몬, 아티스와 벤디스, 키벨레와 아도니스 같은 외래 신들이 이집트나 소아시아 지역에서 수입되었다. 오르페우스교의 확산으로 새로운 귀의자가 매일 디오니소스를 찾아왔다. 신비감보다는 실질적인 계산에 익숙한 반(半)외국인 신생 아테네 부르주아지는 전통적인 믿음은 거의 인정하지 않았다. 도시 수호신들은 형식상으로만 경배를 받았으며, 더 이상 도덕관념이나 국가에 대한 헌신을 고취시키지 못했다.* 철학은 시민의

---

* "이제 어떤 부류의 인간은 전혀 신의 존재를 믿지 않는다. …… 합리적 입법 정신에 따르면, 어느 한편에 하는 맹세는 철폐되어야 한다."고 플라톤은 말한다(『법률』, 948)

충성과 자연 윤리에 있어 신의 계명과 감독을 대체할 무엇인가를 찾으려 애썼다. 그러나 소수의 시민만 소크라테스의 단순성과 아리스토텔레스의 "위대한 지성"의 너그러움을 따르려 했다.

국가 종교가 식자층의 장악력을 상실하자 개인은 옛 도덕의 구속으로부터, 즉 아들은 아버지의 권위에서, 남자는 결혼에서, 여자는 모성애에서, 시민은 정치적 책임감에서 더욱 해방되었다. 말할 것도 없이 아리스토파네스는 이런 변화를 과장하여 표현했다. 플라톤과 크세노폰, 이소크라테스가 그에게 동의했을지라도, 이들 모두는 자라는 세대의 행동을 몹시 불안한 시선으로 바라보는 보수주의자들이다. 기원전 4세기에 전쟁 윤리는 진보했으며, 계몽주의적 박애주의의 파도가 에우리피데스와 소크라테스의 가르침과 아게실라오스의 예를 따랐다.[26] 그러나 성적·정치적 측면에서의 도덕성은 계속 쇠퇴했다. 미혼 남자와 창부가 유행에 따라 증가하고, 동거가 합법적인 결혼을 침해했다.[27] 기원전 4세기 희극에서 한 배우는 "첩이 아내보다 더 낫지 않은가?"라고 질문한다. "한 사람은 자신이 좋건 싫건 당신이 자신을 보유하도록 구속하는 법을 가지고 있고, 다른 사람은 비위를 잘 맞춰야만 당신을 붙잡을 수 있으며 그렇지 않으면 다른 이를 찾아갈 거라는 것을 안다."[28] 그래서 프락시텔레스와 히페레이데스는 피레네와, 아리스티포스는 라이스와, 스틸폰은 니카레테와, 리시아스는 메타네이라와, 금욕적인 이소크라테스는 라기스키온과 살았다.[29] 테오폼포스는 도덕주의자의 과장된 표현으로 다음과 같이 말한다. "젊은이는 모든 시간을 무희와 창부들에 허비한다. 약간 더 나이 먹은 이들은 도박과 방탕한 생활로 탕진한다. 모든 국민은 국가의 안녕을 위한 기여보다는 연회와 오락에 더 많이 허비한다."[30]

피임으로든, 낙태로든, 유아 살해로든 자발적인 산아 제한이 당시의 상황이었다. 아리스토텔레스는 일부 여성이 "삼목 오일, 납 연고, 올리브기름과 섞은 유향 등을 자궁에 발라" 피임했다고 기록하고 있다.[31]* 옛 가문은 사멸하고 있었다. 그들은 무덤 속에만 존재할 뿐이라고 이소크라테스는 말한다. 하위 계층이 번성하고 있었지만, 아티카의 시민 계층은 기원전 431년 4만 3000명에서 400년에는 2만 2000명, 313년에는 2만 1000명으로 줄었다.[32] 아울러 전쟁에서의 대규모 사망, 재산 보유자 수 감소, 군복무 기피 등으로 인해 군역 대상 시민 공급이 차질을 빚었다. 안락하고 가정적인 삶이 페리클레스 시대의 실천적이며 호전적인 기풍, 공직 중시 정신을 대체했다.[33] 운동 경기는 직업화되었다. 기원전 6세기 체육 학교와 체육관에 운집했던 시민들은 이제 직업적인 경기를 관전하는 것으로 대리 만족했다. 젊은이들은 에페보이(epheboi)(젊은 남녀라는 뜻 - 옮긴이)로서 일부 기초적인 전쟁 기술을 익혔다. 그러나 성인은 군역을 기피하기 위해 다각도로 방법을 강구했다. 전쟁 자체도 기술적인 문제로 인해 직업화되어 특수 훈련을 받은 전업 군인을 필요로 하게 되었다. 시민 병사는 용병으로 대체되었다. 이는 그리스의 지도자가 곧 정치가에서 전사로 바뀌게 될 것이라는 전조이기도 했다. 플라톤이 철학자 출신 왕을 이야기하는 동안, 그의 코밑에서 전사 출신 왕이 자라고 있었던 것이다. 그리스 용병은 그리스와 "야만인" 장군에게 공평하게 자신을 팔아 모국을 위해서 뿐 아니라 대항해서도 싸웠다. 알렉산드로스가 싸운 페르시아 군대에는 그리스인들로 가득했다. 군인들은 이제 모국이 아니라, 가장 돈을 많이 주는 이를 위해 피를 흘렸던 것이다.

아르콘 에우클레이데스(기원전 403년)와 재무 행정관 리쿠르고스(기원전 338~326년)는 예외로 하고, 페리클레스 사후의 정치적 부패와 혼란은 기원전 4세기 내내 계속되었다. 법에 따르면 뇌물은 사형에 해당한다. 그러나 이소크라테스에 의하면[34] 실상은 군사 및 정치적 승진이 그 대가였다. 페르시아는 그리스 정치가를 매수하여 다른 그리스 국가나 마케도니아와의 전쟁에 끌어들이는 데 아무 어려움도 겪지 않았다. 마침내 데모스테네스까지도 당시의 도덕을 교화했다. 그는 이 세기에 직업 변호사와 정치가가 된 수사학자나 고용 연사들

---

* 우리 시대 유사한 올리브기름 사용법에 대해서는 하임스(Himes)의 「피임 의학사」, 80쪽을 참조하라.

이었던 아테네 최하층민 중에서 가장 기품 있는 사람 중의 한 명이었다. 이들 중 리쿠르고스와 히페레이데스 같은 이들은 아주 정직하고 의협심이 강했지만, 대다수 사람들은 수준 이하였다. 아리스토텔레스의 말대로라면, 이들 중 많은 이들이 아주 쉽게 말을 바꾸었다.[35] 이들 중 몇몇은 기회주의적인 정치 행각과 상식을 벗어난 민중 선동으로 많은 부를 축적했다. 연사들은 여러 파로 나뉘고, 슬로건을 내걸었으며, 대리인을 내세우고, 기금을 모았다. 이에 대한 경비를 지불한 이들은 "두 배로 다시 거둬들일 것"이라고 공공연하게 떠벌렸다.[36] 정략이 더욱 난무하자 애국심이 사그라졌다. 극심한 파벌 싸움에 민중의 힘과 헌신이 소모되어 정작 도시의 안녕에는 쓸 힘이 없었다. 클레이스테네스의 관행과 상업 및 철학의 개인주의가 가족 개념을 약화시켜 이로부터 개인을 해방시켰다. 이제 자유를 얻은 개인은 가족에 복수라도 하듯 등을 돌리고 국가를 파괴했다.

기원전 400년경, 권력을 잡은 민주파는 에클레시아(정당하게 소집된 사람들의 모임이라는 뜻 – 옮긴이)에서 더 가난한 시민들의 존재를 보장하고 부유한 계층에 의한 지배를 차단하기 위해 민회 참석에 대한 국가 수당 지급을 강화했다. 처음 각 시민은 1오볼(17센트)을 지급받았으나, 생계비가 상승하자 2오볼, 3오볼로 오르고, 아리스토텔레스 시대에는 하루당 1드라크마(1달러)로까지 올랐다.[37] 이것은 기원전 4세기 말 하루 노임이 1.5드라크마였던 일반 시민에게는 합리적인 장치였다. 얼마간의 보상이 없이는 일하지 않고 참석할 수가 없었던 것이다. 이 계획에 따라 곧 가난한 자들이 민회에서 주도권을 잡게 된다. 부자들은 승리를 기대할 수 없어 집에 머무는 날이 더 많아졌다. 배심원 봉사를 위해 제비뽑기로 선출된 시민 중에서 뽑힌 다섯 명의 노모테타이, 즉 입법자로 입법권을 제한한다는 기원전 403년의 제도 변경안은 쓸모가 없었다. 또한 이 새 집단은 민중을 편애하였으며, 이들의 중재로 인해 보다 보수적인 평의회의 특권과 권위가 추락하였다. 아마도 참석 수당으로 인해 민회의 지적 수준은, 이에 대한 우리의 권위가 아리스토파네스와 플라톤 같은 반동주의자에 의해 손상될지라도,[38] 기원전 4세기에 하락했던 것 같다. 이소크라테스는 빈번하게 모이는 민회는 너무 많이 실수를 범해 그 비용을 아테네의 적들로부터 보상받아야 한 다고 생각했다.[39]

이런 실수는 제국과 자유의 측면에서 아테네에 손해를 끼쳤다. 제1차 동맹을 침식시켰던 부와 권력에의 욕망이 또다시 제2차 동맹을 파멸시켰다. 레욱트라에서 스파르타가 패배한 이후, 아테네는 다시 세력을 확장할 수 있다고 느꼈다. 아테네는 새 제국을 기도하면서 아테네 국민이 아티카 외부 영토를 사유화하는 것을 허용하지 않겠다고 맹세했다.[40] 그러나 이제 아테네는 사모스, 트라키아 반도, 피드나의 도시들, 포티다이아, 마케도니아 연안의 메토네 및 트라키아를 정복하고 아테네 시민을 이주시켰다. 동맹국들이 저항하고 이들 중 다수가 동맹을 이탈했다. 기원전 5세기에 사용하여 실패했던 압제 및 처벌 방법이 다시 실패했다. 기원전 357년, 키오스와 코스, 로도스, 비잔티움이 "동맹시(市) 전쟁"을 선언했다. 아테네의 가장 유능한 장군 티모테오스와 이피크라테스가 오판하여 헬레스폰토스에서 폭풍 속에 반란군 함대를 맞아 싸웠을 때, 민회는 이들의 비겁함을 기소했다. 티모테오스는 백 달란트(60만 달러)라는 천문학적 숫자의 벌금을 감당 못해 도주했고, 이피크라테스는 석방되었지만 다시는 공직에 나서지 못했다. 반란군은 전력을 다해 싸웠으며, 기원전 355년 아테네는 이들의 독립을 인정하는 평화 협정에 조인해야 했다. 이제 위대한 도시는 동맹국도, 지도자도, 자금도, 친구도 없이 홀로 내버려졌다.

아테네의 쇠퇴에 보다 미묘한 요소가 작용한 것 같다. 사상의 생명력은 자신이 이룩한 문명을 스스로 위험에 빠뜨린다. 한 민족의 초기 단계에는 사상은 거의 없고 행동이 득세한다. 사람들은 솔직 담백하며 호전적이고 본능적이다. 문명이 발달하고 관습, 제도, 법률, 도덕 등이 본능을 제한하면서, 행동은 사상에, 성취는 상상에, 솔직함은 미묘함에, 표현은 은폐에, 잔인함은 동정심에, 믿음은 회의에 자리를 내주게 된다. 동물과 원시적 인간에 공통적인 요소가 사라진다. 행동은 토막 나고 우유부단해지며 의식적이고 계산적이 된다. 호전성은 끝없는 논쟁 속으로 침잠한다. 소수의 민족만 강건함과 통일성을 크게 희생하지 않고 지적인 세련됨과 미적인 섬세함을 달성할 수 있어, 그 부로 곤궁한 야만인들에게 뇌쇄적인 유혹을 뽐낼 수 있었다. 로마 주변에 갈리아인이 맴돌았던 것처럼, 아테네 주변에는 마케도니아인이 맴돌았다.

4. 시라쿠사의 부상

정치적 소용돌이 속에서도 시라쿠사는 기원전 4세기 내내 그리스에서 가장 부유하고 강력한 도시 가운데 하나였다. 디오니시오스 1세는 파렴치하고 불성실하고 오만하였지만 당대의 가장 유능한 통치자였다. 그는 오르티기아 섬을 요새로 두르고 본토와 잇는 둑길에 벽을 세워 공격을 피할 수 있었다. 병사의 보수를 두 배로 올려 주고 전쟁에서 손쉽게 승리를 거둬 그들의 충성심을 장악함으로써 38년간 왕좌를 유지했다. 정부 수립 후, 그는 초기의 엄격한 통치 방식을 일종의 평등주의적 전제 정치로 보다 온건하게 바꾸었다.* 그는 관리와 친구들에게 양질의 토지를 주었고, (군사적인 조치로서) 병사들에게 거의 모든 거주지와 둑길을 나눠 주었다. 시라쿠사의 나머지 모든 토지와 그 주위는 자유민이든 노예든 모든 국민에게 동등하게 분배해 주었다. 그의 통치하에, 민회가 아테네인에게 부과한 만큼 혹 더 심하게 국민에게 과세했음에도 시라쿠사는 번성했다. 여자들이 너무 사치해지자, 디오니시오스는 꿈에 데메테르가 나타나 모든 여자들의 보석을 자기 신전에 두라고 명했다고 공표했다. 그는 여신의 명령에 순종했으며 대부분의 여자들 또한 그에게 순종했다. 곧이어 그는 데메

---

*그가 피타고라스 학파의 핀티아스(Phintias)(다소 부정확하게는 피티아스(Pythias))에게 음모 죄로 사형 선고를 내렸을 때, 핀티아스는 개인 일을 처리하기 위해 하루 동안 고향에 다녀올 수 있게 해 달라고 부탁했다. 그의 친구 다몬(페리클레스와 소크라테스의 음악 선생이 아님)이 볼모가 되어 핀티아스가 돌아오지 않으면 자기가 대신 사형당하겠다고 했다. 핀티아스는 돌아왔고, 신실한 우정에 나폴레옹만큼이나 감복한 디오니시오스는 핀티아스를 사면하고 자기도 확고한 우정에 함께할 것을 간청했다.[41]

테르에게서 보석을 "빌려" 군자금으로 사용했다.[42]

그의 모든 계획의 배후에는 시칠리아에서 카르타고인을 축출하려는 의지가 깔려 있었다. 셀리노스 포위 공격 때 사용된 한니발의 전투 기계를 부러워한 디오니시오스는 그리스 서부에서 가장 우수한 기술자들을 자기 수하에 불러들여 전쟁 도구를 개량하게 했다. 이들은 수많은 공격 및 방어용 무기와 함께 육중한 돌 등을 던지는 카타펠테스, 즉 투석기를 고안했다. 이 투석기와 기타 군사용 발명품들은 그리스로 전해졌고 마케도니아의 필리포스에 의해 채용되었다. 용병들이 소집되고, 시라쿠사의 병기소에서는 전례 없는 양의 무기와 방패가 각 병사 집단의 습관과 기술에 맞춰 제작되었다. 이제까지 그리스 육상 전투에서 주력 부대는 보병이었다. 디오니시오스는 대규모 기병을 조직했으며, 이 또한 필리포스와 알렉산드로스에게 영감을 주었다. 동시에 그는 200척의 함대 구축에 자금을 쏟아부었다. 이 배들은 대부분 4단 노선이거나 5단 노선이었으며, 속도와 힘에 있어서 그리스가 접해 보지 못한 함대였다.*

기원전 397년, 모든 준비가 갖추어졌고 디오니시오스는 카르타고에 사절을 보내 그 지배하에 있던 시칠리아의 모든 그리스 도시를 해방할 것을 요구했다. 거절을 예상한 그는 각 도시에 외래 정부의 축출을 제안했고 도시들은 이에 응했다. 한니발의 학살에 격노해 있던 도시들은 자기 수중에 떨어진 모든 카르타고인을 지금까지 그리스에서 한 번도 사용된 적이 없는 고문 방법으로 죽였다. 디오니시오스는 살육을 중지하려 갖은 애를 다 쓰고 포로를 노예로 팔기를 원했다. 카르타고는 히밀콘을 지휘관으로 하여 대규모 군대를 파병했다. 전쟁은 기원전 397년, 392년, 383년, 368년에 산발적으로 벌어졌다. 결국 카르타고가 디오니소스가 쟁취했던 영토를 재탈환하고, 피비린내 나는 참사가 있은 후 문제는 원점으로 돌아갔다.

---

* 2단 노선은 2개의 노열(櫓列)과 갑판을 갖춘 갤리선이었다. 3단, 4단 또는 5단 노선은 3개, 4개 또는 5개의 노열을 갖추지는 않았을 것이다. 그러나 각 의자에 수많은 사람들이 앉아 한 노걸이나 현에 수많은 노를 걸어 배를 움직였을 것이다.

　권력욕에 의해서든, 통일된 시칠리아만이 카르타고 지배를 종결시킬 수 있다는 생각에서든, 디오니시오스는 그동안에 섬 안의 그리스 도시들에게로 창을 돌렸다. 이들을 정복한 후, 그는 이탈리아로 건너가 레기온을 정복하고 이탈리아 남서부 전역을 정복했다. 또한 에트루리아를 공격하고, 아길라의 신전에 있던 1000달란트를 노획했다. 그는 델포이의 아폴론 신전도 약탈하려 했지만 시간이 허락하지 않았다. 같은 해(기원전 387년), 그리스는 서부 지역에서 자유가 박탈당하고 동부 지역에서는 페르시아가 "왕의 평화"로 지배하게 된 것을 한탄했다. 3년 전, 브렌누스와 갈리아인이 로마 관문에서 승리했다. 모든 곳에서 그리스 세계 변두리에 있던 야만인 세력이 더욱 강성해지고 있었던 것이다. 디오니시오스의 남부 이탈리아 유린으로 인해 처음에는 주변 토착민, 다음에는 반야만국 상태의 로마에 의한 그 지역 그리스 정착지 정복의 길이 닦이게 되었다. 다음 올림피아 제전에서, 연사 리시아스는 새 참주를 탄핵할 것을 요구했다. 군중들이 디오니시오스의 사절이 묵고 있는 숙소로 쳐들어가 그의 시를 듣기를 거절했다.

　레기온을 점령한 후 거주민들이 자기 몸값으로 가진 재산을 바치면 자유를 허락하고 재산을 다 거둬들인 후에는 다시 노예로 팔아 버린 이 전제 군주는 하지만 편협하지 않은 교양의 소유자로 칼보다는 펜을 더 자랑스러워한 사람이었다. 자신의 시에 대한 의견을 물었을 때 시인 필록세노스가 아무짝에도 쓸모없다고 말하자, 디오니시오스는 그를 채석장으로 보내 버렸다. 그 다음 날 왕은 이를 후회하고 필록세노스를 사면하여 그를 주빈으로 연회를 베풀어 주었다. 디오니시오스가 그의 또 다른 시를 낭독하고 필록세노스에게 평가를 부탁하자, 필록세노스는 수행원들에게 채석장으로 돌려보내 달라고 말했다.[43] 이런 낙심에도 불구하고 디오니시오스는 문학과 예술을 후원했으며 잠시 동안 당시(기원전 387년) 시칠리아를 여행 중이던 플라톤을 기꺼이 환대했다. 디오게네스 라이르티오스가 기록한 당시 회자된 구전에 의하면 이 철학자는 참주정을 비난했다. 디오니시오스는 "그대의 말은 늙어 노망든 사람의 말이다."라고 말했고, 플라톤은 "당신의 말은 폭군의 말이오."라고 답했다. 전승에 의하면 디오니시오스는 그를 노예로 팔아 버렸으며 이 철학자는 키레네의 안니케리스의 도움으로 곧 풀려났다고 한다.[44]

이 독재자는 자신이 두려워한 암살자가 아니라 자신의 시를 통해 삶을 마쳤다. 기원전 367년에 그가 쓴 비극 「헥토르의 몸값」이 아테네 레나이아 제전에서 우승을 차지하자, 너무나 기쁜 나머지 디오니시오스는 친구들과 연회를 베풀어 포도주를 진탕 마시고 그 후 열병에 걸려 죽었다.

카르타고 지배의 대안으로 그에게 복종하던 시라쿠사는 그의 아들의 왕위 계승을 기대 가운데 받아들였다. 디오니시오스 2세는 당시 스물다섯의 젊은이로 육체적으로나 정신적으로 유약하여, 교활한 시라쿠사인들의 생각에 온건하고 방만한 통치가 이루어질 것 같았기 때문이다. 그에게는 두 명의 유능한 조언자, 삼촌 디온과 역사가 필리스티오스가 있었다. 디온은 부유했고 문학과 철학을 좋아했으며 플라톤의 신실한 제자였다. 그는 아카데메이아의 회원이 되었고, 고국에서든 해외에서든 소탈한 철학자의 삶을 살았다. 그는 유순하고 젊은 새 독재자가 플라톤이 전수해 준 순수 유토피아는 아닐지라도[45] 최소한 카르타고 세력을 축출하기 위해 전 시칠리아를 통일할 수 있는 정체는 수립할 기회를 제공하리라 생각했다. 디오니시오스 2세는 디온의 권고에 따라 플라톤을 궁정으로 초대하고 플라톤의 가르침을 받았다.

젊은 전제 군주는 의심의 여지없이 좋은 인상을 주었고, 아버지가 자기 왕조가 아들 대에서 망할 것이라고 예언하도록 원인 제공한 음주와 호색벽[46]을 스승에게 감추었다. 젊은 군주의 명백한 의도에 속은 플라톤은 가장 난해한 방식인 수학과 덕을 통해 그를 철학으로 안내했다. 공자가 노나라 군주에게 말한 것처럼, 플라톤은 그에게 정치의 첫째 원칙은 모범이며, 국민을 교화하려면 자기 자신이 지성과 선의의 본이 되어야 한다고 가르쳤다. 모든 궁정이 기하학을 공부하기 시작했으며 모래에 그려진 형상을 가식적인 경외심으로 바라보았다. 그러나 플라톤의 위세에 눌려 있던 필리스티오스가 이 모든 것은 군대와 함대로 시라쿠사를 정복하지 못한 아테네인들이 한 사람을 통해 점령하려는 음모에 지나지 않으며, 도형과 대화로 난공불락의 성채를 점령한 플라톤은 디오니시오스를 폐하고 디온을 왕좌에 앉힐 것이라고 참주에게 속삭였다. 디오니시오스는 이 속삭임에서 기하학으로부터의 도피처를 발견했다. 그는 디온을 추방하고 재산을 몰수했으며 그의 아내를 그녀가 두려워한 신하에게 줘 버렸다. 참주의 애정 어린 호소를 뿌리치고 플라톤은 시라쿠사를 떠나 아테네로 간 디온과 합류했다. 6년 후, 그는 왕의 초대에 응해 돌아와 디온의 귀환을 간청했다. 디오니시오스는 이를 거절했고 플라톤은 다시 아카데메이아로 돌아갔다.[47]

　기원전 357년, 돈은 없었지만 친구는 많았던 디온은 그리스 본토에서 800명의 병력을 모아 시라쿠사로 돌아왔다. 은밀히 상륙한 그는 사람들이 간절히 그를 돕기 원한다는 사실을 알았다. 50세로 초로의 나이에 상황을 일변시킨 단 한 번의 영웅적인 전투로 그는 디오니시오스 군대를 완전히 격퇴하고 놀란 젊은 군주는 이탈리아로 도주했다. 이 중요한 시기에, 디온이 소집한 시라쿠사 민회는 그리스인 특유의 성급한 기질에 따라 그의 지휘권을 박탈하였다. 그가 절대 권력자가 될 것을 우려해서였다. 디온은 이 결정을 순순히 받아들이고 레온티니에 은거했다. 그러나 이러한 상황 변화를 호기로 삼은 디오니시오스 세력은 민병대를 급습했다. 디온을 해임했던 지도자들은 그에게 다시 돌아와 지휘권을 맡아 줄 것을 호소했다. 이에 응한 디온은 돌아와 승리하고 자기를 반대했던 무리들을 용서한 후 질서를 위해 불가피하게 임시 참주정을 공표했다. 친구들의 권고에도 불구하고, 그는 "친구와 적을 경계하며 영원히 살기보다는 죽음을 각오하겠다."[48]고 말하며 개인 경호를 사절했다. 그럼에도 불구하고 플루타르코스는 다음과 같이 말한다.

　이제 모든 것이 그의 원대로 되었지만, 그는 자신의 현재 행운을 전혀 누리려 하지 않았다. …… 그는 아주 소박하고 온건한 권한에 만족했으며, 정말 모든 이에게 경탄의 대상이어서 시칠리아와 카르타고뿐 아니라 전 그리스가 그가 최고 영광의 자리에 있는 듯 바라보고, 그보다 못한 사람들, 용맹과 업적이 떨어지는 장군들이 경호원과 수행원, 많은 사람들에 둘러싸여 있을 때에도 그는 진탕 퍼마시고 매일 쾌락을 채우는 것으로 수고와 위험의 위안을 삼는 용병이나 병사들과 어울리기보다 아카데메이아에서 플라톤과 함께하기를 더 즐거워하는 것 같았다.[49]

플라톤을 신뢰할 수 있다면, 디온의 계획은 입헌 군주정을 수립하고, 시라쿠사인의 생활 방식을 스파르타를 모델로 개혁하고, 시칠리아 섬의 예속되고 황폐해진 그리스 도시들을 재건하고 통일하여 카르타고인을 섬에서 몰아내는 것이었다. 그러나 시라쿠사인은 민주주의에 마음을 두었고, 디오니시오스가 그랬던 것처럼 덕에 대한 갈망이 없었다. 디온의 한 친구가 그를 살해했고 다시 혼란이 일어났다. 디오니시오스는 급히 고국으로 귀환하여 오르티기아와 정권을 재탈환한 후 혹독하고 잔인한 전제 정치를 부활시켰다.

어처구니없는 운명이 가끔 개인에게 찾아오지만 아주 드물게 국가에도 찾아온다. 시라쿠사인은 모국 코린토스에 도움을 요청했다. 코린토스인의 거의 전설이 되어 버린 장엄함이 이 요청에 부응하여 영웅적으로 출격할 채비를 갖추고 있었다. 티몰레온은 자유를 아주 사랑한 귀족으로 그의 형제 티모파네스가 코린토스의 참주가 되려 했을 때 그를 죽여 버렸다. 어머니의 저주와 자기 행동에 대한 반성으로 이 참주 살해자는 사람들을 피해 숲속에 은거했다. 그럼에도 불구하고 시라쿠사인의 도움 호소를 듣고, 그는 다시 세상으로 나와 소규모 자원병을 조직하여 시칠리아로 갔으며, 그의 소규모 병력을 전략적으로 배치해 한 사람도 희생시키지 않고 왕실 군대를 굴복시켰다. 티몰레온은 초라해진 참주에게 충분한 돈을 주어 코린토스에서 살게 했으며, 디오니시오스는 여생을 가르치고 이따금 생계를 호소하면서 보냈다.[50] 티몰레온은 민주정을 다시 수립하고, 오르티기아를 참주정의 버팀목이 되게 했던 요새를 허물어 버렸으며, 카르타고인의 침공을 물리치고, 그리스 도시에 자유와 민주주의를 회복하고, 시칠리아를 한 세대 동안 새 정착민이 그리스 전역에서 이주해 올 만큼 평화롭게 번영시켰다. 그 후 그는 공직을 사양하고 사인으로 물러났다. 그러나 그의 지혜와 고결함을 존경한 시칠리아의 민주파들은 모든 중요한 일을 그와 상의하고 기꺼이 그의 권고를 따랐다. 두 명의 "아첨꾼"이 그를 불법 행위의 죄목으로 기소했을 때, 그에게 감사하고 있던 국민이 이에 항의하자 그는 법에 따라 공평하게 재판을 받겠다고 하고 시칠리아에 언론의 자유와 법 앞의 평등이 회복된 것을 신에게 감사했다. 그가 죽었을 때(기원전 337년), 모든 그리스인들은 그를 그리스 역사상 가장 위대한 인물로 우러러보았다.

5. 마케도니아의 전진

티몰레온이 고대 시칠리아의 마지막 유예 기간 동안 민주주의를 회복하고 있을 때, 필리포스는 본토에서 민주주의를 파괴하고 있었다. 아르켈라오스의 문화적 환대에도 불구하고, 필리포스가 왕위에 오를 당시(기원전 359년) 마케도니아 대부분은 여전히 강건하지만 무지한 산악 민족으로 구성된 야만국 상태에 있었다. 그리스어를 공식 언어로 사용했지만, 역사의 마지막 순간까지 어떤 저술가나 예술가, 과학자, 철학자도 그리스를 위해 배출하지 못했다.

테베에서 에파미논다스의 친척과 3년간 함께 살았던 필리포스는 거기서 약간의 문화와 대량의 군사적 지식을 흡수했다. 그는 문명과 관련된 것을 제외하고는 모든 덕을 취했던 것이다. 그는 육체적으로나 의지 면에서 강건했고 체격이 좋고 준수했으며 가끔 아테네 신사처럼 행동해 마치 품위 있는 동물과도 같았다. 그의 유명한 아들처럼 그 또한 맹렬하면서도 아주 너그러운 성격의 소유자였으며, 그런 만큼 전쟁을 즐겼고 술에 아주 강했다. 그는 그의 아들 알렉산드로스와 달리 쾌활했으며, 자신을 즐겁게 해 준 노예를 높은 관직에 앉혔다. 소년을 좋아했지만 여자를 더 좋아해서 많은 아내를 두었다. 한동안 그를 통해 알렉산드로스가 태어난 거칠고 아름다운 몰로시아 공주 올림피아스와만 결혼 생활을 유지하려 했지만, 그의 변덕이 발동하고 올림피아스는 복수심을 품게 된다. 그가 가장 좋아한 것은 함께 하루 종일 모험을 즐기고 도박과 음주로 밤을 새우는 건장한 남자였다. 그는 그야말로 (알렉산드로스 이전) 용맹한 자 중의 용맹한 자여서 도처의 전쟁터를 누비고 다녔다. 그의 최대 적이었던 데모스테네스조차 "정말 남자군!" 하고 외칠 정도였다. "그는 권력과 지배를 위해 눈알이 뽑히고 어깨가 부서지고 팔과 다리가 마비되는 것을 감수했다."[51] 그는 기회를 끈기 있게 기다리고 대망의 목표를 위해 어려움을 의연히 감내할 줄 아는 주도면밀한 지력의 소유자였다. 외교에 있어서는 사근사근하고 유들유들했다. 약속을 쉽게 깨고 또 다른 약속을 했다. 그는 정치에는 도덕이 없다고 생각했다. 그에게 있어 거짓말과 뇌물은 살육의 자애로운 대체물이었다. 그러나 그는 승리에 있어서는 관대하여 대개의 경우 패배한 그리스인들에게 그리스인들 상호 간보다 더 너그럽게 대우했다. 완고한 데모스테네스를 제외하고는 그를 대한 모든 사람들이 그를 좋아했고 당대의 가장 강하고 흥미로운 인물로 평가했다.

그가 수립한 정체는 왕이 월등한 군사력과 정신력으로 다스리고 귀족이 이를 지지하는 동안에만 권력을 유지할 수 있는 귀족 군주제였다. 800명의 영주가 "왕의 동료"를 구성했다. 이들은 도시와 군중, 책벌레를 경멸한 거대 지주였다. 그러나 자신들의 동의와 함께 왕이 전쟁을 선포하면, 그들은 자신들의 영지를 나와 완전 무장하고 술 취한 듯 용감히 싸웠다. 그들은 군대에서 마케도니아와 트라키아의 억센 말을 타고 달리는 기병이었으며, 지휘관의 말 한마디에 즉시 전술을 변경할 수 있는 밀집 대형을 펼칠 수 있도록 훈련되었다. 이들 외에도 강건한 사냥꾼과 농민으로 구성되어 밀집 방진으로 전열을 갖춘 보병이 있었다. 이들은 16열로 진을 구성했으며, 앞 열 머리 위로 창을 세우거나 어깨에 걸치고 각 진 단위로 강철 벽을 형성했다. 창의 길이는 6.5미터 정도였고 뒤쪽에 하중이 실렸으며 위로 세우면 4.5미터 정도 대열 밖으로 튀어나왔다. 각 열이 90센티미터 정도 간격으로 행진하면 첫 5열의 창이 진 밖으로 튀어나오고, 첫 3열의 창은 가장 가까운 그리스 중장비 보병의 1.8미터 길이 투창보다 더 멀리 나아갔다. 마케도니아 병사는 창을 던진 후 단검으로 백병전을 벌이고 놋쇠 투구, 쇠미늘 갑옷, 정강이받이, 가벼운 방패 등으로 자신을 보호했다. 밀집 방진 뒤로는 구식 궁수 부대가 뒤따르며 창기병 머리위로 화살을 쏘았다. 그다음에는 투석기와 공성 무기를 갖춘 공성 포열(攻城砲列)이 뒤따랐다. 알렉산드로스를 프리드리히(Frederick)라 한다면 프리드리히 빌헬름 1세(Frederick William I)라 할 수 있는 필리포스는 1만 명의 군대를 단호하고 끈기 있게 유럽 역사상 가장 강한 군대로 훈련시켰다.

그는 이 군사력으로 그리스를 그의 지배하에 통일할 운명이었다. 그 후 그는 전 그리스의 지원으로 헬레스폰토스 해협을 건너 페르시아를 소아시아에서 몰아낼 것을 제안했다. 그는 이 목표를 착착 진행해 가면서 자신이 그리스인의 자유 애호와 반대 방향으로 나아가고 있음을 알게 된다. 그는 이 저항을 극복하기 위해 수단과 방법을 가리지 않았다. 그의 첫 움직임은 아테네와의 충돌을 야기했다. 아테네가 점령했던 마케도니아와 트라키아 연안의 도시 지배권을 쟁취하고자 했기 때문이다. 이들 도시는 그의 소아시아 진로를 가로막았을 뿐 아니라 풍부한 금광과 교역 관세도 관할하고 있었다. 아테네가 제2차 제국을 종결시킨 동맹시 전쟁에 말려든 동안, 필리포스는 암피폴리스(기원전 357년), 피드나 및 포티다이아(기원전 356년)를 장악하고 아테네 문학과 예술에 대한 달콤한 찬사로 아테네의 항의를 무마시켰다. 기원전 355년에 그는 메토네를 점령하고 이때 한쪽 눈을 잃게 된다. 기원전 347년에 오랜 회유와 협박 끝에 올린토스를 점령했다. 이제 그는 유럽의 전 에게 해 북부 연안을 지배하게 되었으며, 트라키아 광산으로부터 연간 1000달란트의 수입을 거둬들이고,[52] 그리스의 지지 획득으로 생각을 돌릴 수 있었다.

그는 전쟁 자금 조달을 위해 수천 명의 포로(이들 중 상당수가 아테네인이었다.)를 노예로 팔고 그 대가로 그리스인의 호감을 잃었다. 이 기간 동안 그리스 국가들이 델포이 신전의 보고 약탈에 대해 포키스인과 제2차 "신성 전쟁"(기원전 356~346년)을 치르는 데 온 힘을 소모하고 있었던 것이 그에게는 다행이었다. 스파르타와 아테네는 포키스 편을 들었고, 보이오티아, 로크리스, 도리스, 테살리아 등이 포함된 인보동맹이 이에 맞섰다. 패배한 인보동맹은 필리포스에게 도움을 간청했다. 기회임을 알아차린 그는 활짝 열린 통로로 신속히 남하하여 포키스를 제압하고(기원전 346년), 델포이 인보동맹에 입성하여 신전의 수호자로 열렬히 환영받았고, 피티아 제전에서 전 그리스의 의장이 되어 달라는 제안을 수락했다. 그는 펠로폰네소스의 분열된 국가에 주목하고, 자신을 동서부의 전 그리스를 해방할 수 있는 그리스 동맹의 지도자로 받아들인 허약한 스파르타를 제외한 모든 국가를 제압할 수 있다고 생각했다. 그러나 아테네는 결국 데모스테네스의 설득으로 필리포스를 해방자가 아니라 압제자로 간주하고, 도시 국가의 소중한 주권과 자신을 세계의 등불로 만들어 준 자유 민주주의의 수호를 위해 싸울 것을 결정했다.

6. 데모스테네스

바티칸 궁전에 서 있는 위대한 연설가의 조각상은 헬레니즘 사실주의의 걸작 중 하나다. 이 상은 필리포스의 진출로 그 이마에 또 하나의 주름살이 새겨진 듯 근심 어린 얼굴을 하고 있다. 몸은 여위고 힘겨워 보인다. 자신의 주장에 대한 마지막 호소가 막 좌절된 것 같은 사람의 모습이다. 그 눈은 불안한 삶을 드러내고, 모진 죽음을 예견하는 듯하다.

그의 아버지는 검과 침대 지지대를 제작하였으며 그에게 14달란트(8만 4000달러)어치에 해당하는 가업을 유산으로 물려주었다. 세 명의 유언 집행인이 이 소년을 위해 재산을 관리했다. 이들은 그 재산을 아낌없이 탕진했으며, 데모스테네스는 20세가 된 후(기원전 363년) 나머지 유산을 되찾기 위해 후견인들을 고소해야 했다. 그는 이 재산 대부분을 아테네 해군의 3단 노선 제작에 썼다. 이후 그는 정착하여 소송인 원고 작성으로 생계를 유지했다. 그는 허약하고 발음이 불분명해 말보다 작문에 더 자신을 가졌다. 플루타르코스에 의하면 그는 가끔 분쟁 양 당사자를 위해 탄원서를 작성했다고 한다. 한편 발음 교정을 위해 그는 자갈을 가득 물고 바다를 향해 연설하거나 언덕을 오르면서 낭독했다. 그는 열심히 일했고 유일한 오락은 창부와 소년이었다. "데모스테네스와 같이 할 수 있는 일이 과연 뭐가 있을까? 그가 온종일 생각하는 거라곤 하룻밤 여자와 뒹구는 게 전부다."라고 그의 비서는 불평했다.[53] 수년간의 노력 끝에 그는 전문 지식에 능통하고 토론에 능하고 도덕에 있어서는 유연하게 대처하여 아테네 법정에서 가장 부유한 변호사 가운데 한 명이 되었다. 그는 자신의 후견인에게 했던 것과 꼭 같은 고소에 대해 은행업자 포르미온을 변호했고, 법을 적용하고 강제한 대가로 개인들로부터 상당한 수수료를 받았으며, 자신이 필리포스에 대해 전쟁을 야기한 페르시아 왕으로부터 돈을 받고 있다는 동료 히페레이데스의 고소에는 절대 답하지 않았다.[54] 절정기 그의 재산은 아버지가 남긴 유산의 열 배에 달했다.

그럼에도 불구하고 그는 방어해야 할 가치관은 어떤 희생도 각오하고 성실하게 견지했다. 그는 아테네가 용병에게 의지하는 것을 비난하고, 테오리크 기금으로부터 돈을 받는 시민은 군역을 통해 돈을 벌라고 주장했다. 그의 용기는 이 기금은 종교 의식과 연극에 참석하는 시민에게 지불할 게 아니라 국가 방어를 위한 힘을 키우는 데 사용되어야 한다고 요구하는 데까지 이른다.* 그는 아테네인들에게 선조들이 가졌던 군인의 덕을 잃어버린 퇴화한 병역 기피자라고 말했다. 그는 도시 국가가 파벌 싸움과 전쟁으로 망쳐졌으며 시대가 그리스의 통일을 요구하고 있다는 것을 인정하려 하지 않았다. 그는 이 통일을 그리스를

---

* 테오리크(흥행물) 기금은 다수의 시민을 가난에 빠뜨릴 만큼 많은 제전으로 확대되었다. 글로츠(Glotz)는 "아테네 국가는 한 계층을 지원하기 위해 다른 계층에게서 자금을 요구하는 공제 조합이 되었다."라고 말한다.[55] 민회는 이 기금을 다른 목적으로 유용하려는 것을 사형에 해당하는 죄로 삼았다.

한 사람에게로의 복속시키려는 것을 은폐하기 위한 수사라고 경고했다. 그는 그 첫 징후로 필리포스의 야망을 주목하고, 아테네인에게 북부 동맹국과 식민지를 계속 유지하기 위해 싸우자고 호소했다.

한쪽은 데모스테네스와 히페레이데스 그리고 주전파가, 다른 쪽은 아이스키네스와 포키온 그리고 평화파가 서로 대치했다. 양쪽 다 각각 페르시아와 필리포스로부터 뇌물을 받은 것 같다.[56] 양쪽은 자체 내의 선동에 충실하게 움직였다. 모든 사람이 포키온이 당대의 가장 정직한 정치가임을 인정했다. 그는 제논 이전의 스토아 철학자였으며, 플라톤 아카데메이아의 철학적 산물이었고, 그에게 찬사를 보냈을 때 친구에게 "내가 혹시 나도 모르게 나쁘게 말한 건 없었나?"라고 할 만큼 민회를 경멸한 연설가였다.[57] 그는 마흔다섯 번이나 사령관에 선출되었는데, 이는 페리클레스가 세운 기록을 훨씬 능가하는 경력이다. 그는 수많은 전쟁에서 장군으로서의 역할을 훌륭히 완수했다. 그럼에도 불구하고 그는 거의 전 생애를 평화를 옹호하는 데 바쳤다. 그의 동료 아이스키네스는 스토아 철학자는 아니었지만, 극심한 가난에서 부유한 사람으로 성공한 사람이었다. 젊었을 적 교사와 배우로서의 경력이 유창한 연설자가 되는 데 도움을 주었다. 전승에 의하면 그는 성공적으로 즉흥 연설을 한 첫 그리스 연설가였다.[58] 그의 경쟁자들은 사전에 연설 원고를 작성했다. 몇 번의 전투에 포키온과 같이 참전했던 그는 전쟁 대신 필리포스와 타협하려는 포키온의 정책을 받아들였다. 필리포스가 그의 노력에 보답했을 때, 평화를 희구하는 그의 열의는 교훈적인 헌신이 되었다.

데모스테네스는 두 번 아이스키네스를 마케도니아로부터 뇌물을 받은 혐의로 기소했고, 두 번 다 유죄 판결에 실패했다. 그러나 결국 필리포스의 남하와 데모스테네스의 호전적인 웅변에 설득당해 아테네인들은 당분간 테오리크 기금의 배당을 중단하고 이를 전쟁에 사용하기로 결정했다. 기원전 338년, 아테네는 군대를 급히 조직, 북진하여 보이오티아의 카이로네아에서 필리포스의 밀집 방진과 대치했다. 스파르타는 지원을 거부했고, 필리포스가 목을 조여 옴을 느낀 테베는 신성 부대를 파병하여 아테네와 함께 싸웠다. 이들 300명의 신성 부대원들은 모두 전사했다. 아테네 병사 또한 용감하게 싸웠지만 너무 지체했고 마케도니아의 신병기를 맞서기에는 그 장비가 너무 열악했다. 그들은 쇄도해 오는 창기병의 파도 앞에 맥없이 무너져 뿔뿔이 흩어졌고 데모스테네스도 함께 도주했다. 필리포스의 열여덟 살 된 아들 알렉산드로스는 압도적인 기백으로 기병대를 지휘하여 그날의 혹독했던 전투에서 승리의 영예를 차지했다.

필리포스는 승리하면 외교적으로 관대했다. 그는 테베의 일부 반마케도니아파 지도자를 사형에 처하고 자신의 지지자로 구성된 과두정을 수립했다. 그러나 아테네에 대해서는 2000명의 포로를 석방하고 매력적인 알렉산드로스와 사려 깊은 안티파트로스를 보내 아테네가 공통의 적에 대항하여 자신을 그리스 총사령관으로 인정한다는 조건으로 평화를 약속했다. 더 가혹한 조건을 예상했던 아테네는 이에 동의했을 뿐 아니라 새 아가멤논에 대해 경의를 보냈다. 필리포스는 코린토스에서 그리스 국가의 시네드리온, 즉 회의를 개최하여 보이오티아 동맹을 모델로 한 동맹체를 구성(스파르타 제외)하고, 소아시아 해방을 위한 자신의 계획을 발표했다. 그는 만장일치로 이 대사업의 지휘자로 선택되었다. 각 도시는 그에게 병력과 무기를 제공할 것을 서약하고 그리스 내 누구도 그에게 대항하지 않을 것을 약속했다. 이런 희생은 그의 원정에 비하면 작은 대가에 불과했다.

카이로네아 전투의 영향은 끝이 없었다. 그리스가 자기를 위해 수립하려다 실패한 통일이 달성되었지만 반(半)외국인의 무력 앞에서만 가능했다. 펠로폰네소스 전쟁은 아테네가 헬라스를 구성하기에는 역부족이며 스파르타 또한 그 여파로 인해 무능해졌음을 입증하였고, 이후 테베의 패권 역시 실패로 끝났다. 군대와 계층 간의 전쟁으로 도시 국가가 와해되고 방어도 힘겨울 정도로 허약해졌다. 이런 여건하에서, 승리 후 무대에서 물러나 정복당한 국가에 상당한 자유를 허용한 아주 합리적인 정복자를 만난 것은 그들에게 다행이었다. 진정 필리포스와 그의 아들 알렉산드로스는 주의 깊게 동맹 국가들의 자치권을 보호하여, 이들 중 한 국가가 다른 국가를 복속하여 마케도니아를 대신할 만큼 세력이 커지지 않도록 주의했다. 그러나 필리포스는 한 가지 중요한 자유, 정변의 권리는 허용하지 않았다. 그는 재산권 안정을 사업의 필수 불가결한 요소이며 정치에 꼭 필요한 버팀목으로 간주한 보수주의자였다. 그는 코린토스에서 열린 회의에서 동맹 조항 중에 어떤 제도 변화, 사회 변화, 정치 보복에도 반대한다는 서약을 삽입하도록 설득했다. 그는 각 국가의 재산가들에게 힘을 실어 주었고 과도한 징세를 금지했다.

올림피아스를 제외하고는 모든 것이 그의 계획대로 착착 진행되었다. 결국 그의 운명은 전쟁터의 승리가 아니라 아내와의 불화에 의해 결정되었다. 그녀는 그 기질뿐 아니라 가장 광기 어린 디오니소스 제전에 참가함으로써 그를 놀라게 했다. 어느 날 밤 그는 침대에서 그녀 옆에 뱀이 놓여 있는 것을 발견하고, 그것이 신이라는 말을 듣고 불안해했다. 설상가상으로 올림피아스는 알렉산드로스의 친아버지는 따로 있다고 말했다. 결혼 날 밤 번개가 내려쳐 자기를 불질렀으며, 이 위풍당당한 왕자를 낳아 준 것은 위대한 신 제우스와 암몬이라는 것이다. 이런 여러 사건으로 낙담한 필리포스는 다른 여자에게 마음을 돌리고, 올림피아스는 아버지가 신이라는 비밀을 알렉산드로스에게 말해 복수를 시작했다.[59] 필리포스의 한 장군 아탈로스가 사태를 더 악화시켰는데, 그는 아직 태어나지 않은 필리포스의 둘째 아내의 아이를 "합법적인"(즉 순수 마케도니아인) 후계자로 삼자는 뜻으로 건배를 제의했던 것이다. 알렉산드로스는 술잔을 그의 머리에 집어 던지면서 "그러면 나는 사생아란 말이냐?"라고 외쳤다. 필리포스가 아들을 향해 검을 빼 들었지만 너무 취해 몸을 가누지 못했다. 알렉산드로스는 아버지를 비웃으며, "여기 유럽에서 아시아로 건너가려 하지만, 의자 사이도 제대로 건너지 못하는 사람이 있다."고 말했다. 몇 개월 후, 필리포스에게 아탈로스에게 당한 모욕을 갚아 줄 것을 요청했지만 만족스러운 결과를 얻지 못한 신하 파우사니아스가 왕을 암살했다.(기원전 336년) 군대의 우상이 되고 올림피아스*의 지지를 받은 알렉산드로스는 왕좌를 차지하고 모든 반대자를 물리쳤으며 세계를 정복할 준비를 갖추어 나갔다.

---

* 파우사니아스를 꾀었다는 혐의를 받았다.

20장　기원전 4세기의 문학과 예술

1. 웅변가

　이 모든 혼란의 와중에 그리스의 쇠퇴하는 기개가 문학에 반영되었다. 서정시는 창조적 개인의 열정적 표현에서 상류 사회 지식인의 우아한 습작이나 학교 과제물의 연장으로 전락했다. 밀레토스의 티모테오스의 서사시는 논쟁의 시대와 어울리지 못했고, 그의 초기 음악만큼이나 인기가 없었다. 연극 공연은 계속되었지만, 보다 소박해지고 감정적인 호소가 떨어진 형태였다. 국가 재정이 피폐하고 개인의 애국심이 식어 감에 따라 합창단의 장엄함과 의미가 퇴락해 갔다. 극작가들은 연극과 유기적으로 결합된 합창의 자리를 전혀 상관없는 간주곡으로 채워야만 했다. 지휘자와 시인의 이름은 대중의 관심에서 사라져 갔고, 배우의 이름만 남았다. 희곡은 점점 시심(詩心)을 잃어 갔고, 배우의 연기가 보다 부각되었다. 이 시대는 위대한 배우의 시대였으며, 극작가는 역사의 뒤안길로 사라져 갔던 것이다. 그리스 비극은 종교와 신화의 토양 위에서 성장했고, 청중은 얼마간의 경건함과 신앙적인 소양이 필요했다. 연극은 자연스럽게 신들의 황혼 속에 사라져 갔다.

비극이 쇠퇴하는 대신 희극이 번성하였고, 에우리피데스 희곡의 섬세함과 세련됨 그리고 그 주제를 이어받았다. 이 중대(中代) 희극(기원전 400~323년)은 정치가 "솔직한 친구"를 가장 필요로 한 바로 그때 정치 풍자의 묘미와 용기를 상실해 버렸다. 그런 풍자가 금지되었거나, 일반 청중이 이류 정치가가 지배하는 당시 정치에 염증을 냈기 때문인 것 같다. 기원전 4세기 그리스인의 공적인 삶에서 사적인 삶으로의 일반적인 퇴거 현상은 그 관심을 국가 중대사에서 가정사나 개인사로 기울게 했다. 통속적인 희극이 등장했다. 사랑이 주류를 이루기 시작했고 항상 덕을 강조한 것은 아니었다. 마지막 장면을 결혼으로 끝내 주연 배우와 작가의 명예가 지켜지긴 했지만, 무대에서 화류계 여성이 생선 장수 여자와 요리사 그리고 어리둥절해 하는 철학자와 서로 어울렸다. 이들 연극은 아리스토파네스의 천박함과 해학으로 조잡해지지도 않았지만, 그의 풍부한 상상력으로 활력이 넘치지도 않았다. 현재 서른아홉 명의 중대 희극 작가의 이름이 알려져 있지만 그 작품은 전혀 남아 있지 않다. 그러나 남아 있는 단편을 통해 이들이 오랫동안 작품 활동을 하지 않았다는 것을 알 수 있다. 투리이의 알렉시스는 245편의 작품을 썼고, 안티파네스는 260편을 썼다. 이들은 햇볕이 비치는 동안 건초를 말렸지만, 이것들을 끌어안고 죽어 버렸다.

이 시대는 웅변가의 세기였다. 산업과 교역이 발흥하자 인간의 정신이 현실적이고 실리적으로 바뀌었다. 한때 호메로스의 시를 가르쳤던 학교는 이제 수사학을 가르쳤다. 이사이오스, 리쿠르고스, 히페레이데스, 데마데스, 데이나르코스, 아이스키네스, 데모스테네스 등은 웅변가적 정치가였고 정치 당파의 지도자였으며, 독일인이 "변호인단"이라 불렀던 집단의 지도자들이었다. 비슷한 부류의 사람들이 짧은 기간 동안 시라쿠사의 민주정에 등장했다. 과두 정체 국가는 이들을 용납하지 않았다. 아테네 웅변가들은 말이 명료하고 정열적이었으며, 화려한 능변에 반대하고, 가끔씩은 고결한 애국심에 호소할 줄 알았고, 오늘날 유세에서도 보기 어려울 정도로 부정직하게 주장하고 독설을 퍼붓는 경향이 있었다. 아테네 민회와 시민 법정의 혼성적 성격은 그리스 수사학과 문학에 촉매제 역할을 했을 뿐 아니라 그 질을 저하시키기도 했다. 아테네 시민은 웅변대회만큼이나 독설에 찬 논쟁을 즐겼다. 아이스키네스와 데모스테네스 같은 논객 간에 논쟁이 벌어진다는 얘기가 들리면 먼 시골과 외국에서도 사람들이 모였다. 이들의 호소는 종종 자존심과 편견을 자극했다. 웅변을 민주주의를 해치는 독약이라 여겨 혐오한 플라톤은 수사학을 감정과 정열을 조종하여 사람을 지배하는 기술이라고 정의했다.

박력과 집중력, 애국심 호소 부분에 대한 잇단 강조, 불같은 인신공격, 설명과 변증의 시의적절한 조율, 주의 깊게 리듬에 맞춘 언어 구사, 상대방을 압도하는 언변 등을 갖춘 데모스테네스조차 위대하다기보다 초라한 인상으로 다가온다. 그는 웅변의 비밀을 연기(위선)에 있다고 여겨 연설을 끈기 있게 연습하고 거울 앞에서 낭독했다. 동굴을 파고 수개월 간 은둔하면서 은밀히 연습했다. 이 기간 동안 은둔 장소에서 나오지 않기 위해 얼굴의 반을 면도하기까지 했다.[1] 연단에서 그는 얼굴을 찡그리고 빙글빙글 돌고 생각하는 듯 손을 이마에 대고 종종 절규하듯 목청을 높였다.[2] 플루타르코스에 의하면 이 모든 행동은 "일반 대중에게는 크게 갈채를 받았지만, 예를 들어 팔레론의 데메트리오스 같이 학식 있는 이들은 이를 야비하고 수치스러우며 나약한 것으로 업신여겼다." 데모스테네스의 연기에 즐거워하고 그의 자부심에 놀라워하며 탈선에 당혹스러워하고 불쾌한 상소리에 질려 버린다. 그에게는 재치와 철학을 거의 찾아볼 수 없다. 그의 애국심과 자유를 향한 절망적인 호소만이 그를 구해 준다.

그리스 웅변술에 있어 역사적 절정기는 기원전 330년이었다. 6년 전, 크테시폰은 그의 정치적 수완과 국가에 대한 대규모 사재 출연에 감사하는 뜻으로 데모스테네스에게 면류관이나 화관을 수여하자는 임시 제안을 평의회에 했다.

경쟁자에게 이 영예를 주지 않으려 한 아이스키네스는 공식 절차를 밟지 않은 제안을 했다는 (기술적으로는 타당한) 죄목으로 크테시폰을 기소했다. 크테시폰에 대한 소송은 계속 연기되다가 마침내 500명의 아테네 시민으로 구성된 배심원 앞에서 재판이 열렸다. 이는 물론 참석하기 위해 모두 멀리서부터 온 많은 사람의 이목을 끈 재판이었다. 사실상 아테네의 최고 연사들이 자신의 명성과 정치적 생명을 걸고 싸우고 있었던 것이다. 아이스키네스는 크테시폰은 아랑곳하지 않고 데모스테네스의 인격과 경력을 맹공하는 데 모든 정열을 쏟았다. 데모스테네스는 그의 유명한 연설「면류관에 대하여」로 이에 맞섰다. 두 연설의 한 구절 한 구절이 흥분으로 떨렸으며 전장에 마주 선 적에 대한 증오로 불탔다. 공격이 방어보다 낫다는 것을 알고 있었던 데모스테네스는 필리포스가 그의 아테네 대변자로 가장 부패한 웅변가를 선택했다고 고발했다. 그리고 그는 아이스키네스의 일생의 초상화를 선명하게 그린다.

나는 여러분에게 이렇게 경솔하게 독설을 내뱉는 이 사람이 정말 누구인지 …… 그리고 그 태생이 무엇인지 알려 주어야겠습니다. 덕이라고? 그대, 변절자여! 그대와 그대 가족은 덕과 무슨 상관이 있는가? …… 그대는 교육에 대해 말할 권리를 어디서 얻었는가? …… 그대 아버지가 테세우스 신전 근처 학교를 지킨 노예였고, 다리에 족쇄를 차고 목에 칼을 찼으며, 그대 어머니는 헛간에서 대낮에 혼례식을 치른 사실을 말할까? …… 그대는 그대 아버지의 문법 학교 허드렛일, 잉크 만드는 일, 의자와 방 청소하는 일 같은 천한 신분이 하는 일을 도왔다. …… (어떻게 가능했는지 모르겠지만 그렇게 할 수 있었는데) 그대의 구역 명부에 이름을 올린 후, 가장 신사다운 직업인 서기와 급사에서부터 하급 관료의 일을 했다. 그대가 비난하는 모든 범죄를 저지른 후, 그대는 그 일에서 벗어났다. …… 으르렁거리는 이들로 더 잘 알려진 유명한 연기자들, 시밀로스와 소크라테스가 했던 일을 이어받아 그들의 지도로 조그만 역할을 맡으면서, 무화과와 포도, 올리브를 얻으며 고상한 삶을 위해 분투하기보다 이들 무기를 통해 부족함이 없는 삶을 누렸다. 그대와 그대 관객 사이에는 휴전이나 정전이 없었던 것이다.

아이스키네스여, 그대와 나의 삶을 비교해 보라. 그대는 읽기를 가르쳤고 나는 학교를 돌보았다. 그대는 춤췄고 나는 합창단 지휘자였다. …… 그대는 대서인(代書人)이었고 나는 연설자였다. 그대는 삼류 배우였고 나는 관객이었으며, 그대는 역할을 잘 해내지 못했고 나는 그대에게 야유를 보냈다.[3]

이는 강력하긴 했지만 인도적이고 예의를 갖춘 연설은 아니었다. 그러나 너무나 열정에 찬 능변이어서 배심원은 5 대 1로 크테시폰의 석방을 가결했다. 다음 해 민회는 문제의 면류관을 데모스테네스에게 수여하기로 결정했다. 아이스키네스는 기소에 실패하여 자동적으로 물게 된 벌금을 감당할 수 없어 로도스로 도망가 수사학을 가르치며 근근이 생계를 유지했다. 전해지는 바에 의하면 그의 가난을 덜어 주기 위해 데모스테네스가 돈을 보내 주었다고 한다.[4]

2. 이소크라테스

이 웅변 대결은 야단스레 칭송을 받았고 이후 줄곧 열렬한 연구 대상이 되었다. 그러나 그 본질은 아테네 정치의 거의 절망적 상태를 드러낸 것이었다. 독설이 난무한 이 거리 공연에서 기품이라곤 찾아볼 수 없으며, 외국 돈에 매수된 이들 간의 공공연한 칭찬에 대한 시비에 불과했다. 이소크라테스는 약간 더 매력적이어서, 그 전 세기의 장엄한 무엇을 자신의 시대에 전해 주었다. 그는 기원전 436년에 태어나 338년까지 살았고, 그리스의 해방과 더불어 죽었다. 그의 아버지는 플루트 제작으로 부를 쌓았고 아들에게 필요한 모든 교육 기회를 주었으며, 심지어 유학을 보내 테살리아에서 고르기아스와 함께 수사학을 공부하게도 했다. 펠로폰네소스 전쟁과 알키비아데스의 경우 등으로 플루트 사업이 망하고 가산이 탕진되자, 그는 출가하여 필력에 의지해 생계를 이어 가야 했다. 그는 다른 사람의 연설을 대필하고 웅변가가 되려는 꿈을 꾸기 시작했다. 그러나 그에게는 수줍음을 타고 음성이 약한 단점이 있었으며, 거친 정치 싸움에 대해서도 심하게 염증을 느꼈다. 그는 민회를 지배하고 있던 선동 정치가를 혐오해 당분간 교편 생활을 하며 조용히 은거했다.

기원전 391년, 그는 아테네에서 가장 성공적이었던 수사학 학교를 개설한다. 그리스 전역에서 그에게 수학하기 위해 학생들이 모여들었다. 아마 이들의 다양한 기원과 가치관이 그의 범그리스 철학을 형성하는 데 도움이 되었을 것이다. 그는 다른 모든 교사들이 잘못된 길 위에 있다고 생각했다. 그는 「소피스트에 반(反)하여」라는 격문에서 3~4미나로 바보를 박식한 사람으로 바꿀 수 있다고 공언한 이들과 플라톤처럼 과학과 형이상학으로 교육하여 정치인을 양성할 수 있다고 기대한 이들을 비판했다. 그 자신은 학생이 어느 정도 선천적인 재능이 있을 때만 성과를 거둘 수 있다는 것을 인정했다. 그는 형이상학이나 과학을 가르치려 하지 않았다. 그의 생각에 이런 학문은 풀리지 않는 신비 속으로 인도하는 쓸모없는 질문이었던 것이다. 그럼에도 불구하고 그는 자신의 학교 프로그램에 철학은 포함시켰다. 교과 과정은 읽기와 쓰기에 중점을 두었으며, 문학 및 정치학과 관련지어 가르쳤다.[5] 플라톤의 아카데메이아가 수학 과정을 제공한데 반해, 이소크라테스는 교양 과정을 제공했다. 공직 진출의 주요 수단이 되는 연설법이 목표였다. 아테네 국가는 논쟁으로 통치되었던 것이다. 따라서 이소크라테스는 제자들에게 어법을 가르쳤다. 즉 단어를 가장 명료하게 배열하고, 율동적이지만 운율에 맞추지는 않고, 세련되지만 화려하게 꾸미지 않고, 음과 생각을 부드럽게 전환하고,* 문장 내의 절이 균형을 이루고 누적되어 종결되도록 훈련했다. 그는 이런 산문이 시만큼이나 까다로운 청중을 만족시킬 것이라고 믿었다. 데모스테네스 시대의 많은 지도자들이 이 학교에서 배출되었다. 장군 티모테오스, 역사가 에포로스와 테오폼포스, 이사이오스, 리쿠르고스, 히페레이데스, 아이스키네스 등의 웅변가들, 플라톤의 후계자 스페우시포스, 어떤 이들의 말에 의하면 아리스토텔레스 자신 등이 그들이다.[6]

---

* 예컨대, 이소크라테스와 이후의 대부분의 그리스 저술가들은 단어와 단어 사이가 모음으로 이어지도록 하는 것을 문학적인 죄로 여겼다.

이소크라테스는 위대한 인물들을 배출하는 것으로 만족하지 않았다. 그 자신이 어떤 역할을 맡고 싶었다. 웅변가나 정치가가 될 수 없었던 그는 격문 필자가 되었다. 그는 아테네 민중과 필리포스 같은 지도자, 범그리스 제전에 모인 그리스인들에게 긴 연설을 했다. 그는 격문을 전달하는 대신 발표하는 방식을 택했으며, 이로써 본의 아니게 에세이가 문학의 한 형식이 되게 했다. 그의 연설 중 스물아홉 개가 남아 있으며 가장 흥미로운 그리스 유물 중의 하나로 평가된다. 그의 위대한 첫 발표문인 「파네기리코스」*는 그리스인들에게 그 자신과 자신의 옛 스승 고르기아스의 사상의 정수, 즉 조그만 주권을 잊어버리고 국가가 되라는 소명을 각인시켰다. 이소크라테스는 자부심 강한 아테네인이었다. "지금까지 우리 시민은 사상과 언변에 있어서 나머지 세상 사람들보다 월등히 우월하여 우리 제자들이 모든 세상 사람들의 교사가 되어 왔다." 한편 그는 그리스인으로서는 더 자부심이 강했다. 그에게 있어서 헬레니즘 시대의 헬레니즘이란 한 민족의 구성원만을 의미하는 것이 아니라 한 문화에 참여하는 것을 의미하고, 문화는 인간이 지금까지 창조한 것 중 가장 뛰어난 산물이었다.[7] 그리고 이 문화 주변, 즉 이탈리아, 시칠리아, 아프리카, 소아시아, 오늘날 발칸이라 불리는 지역 등은 모두 "야만인"이었다. 그를 슬프게 한 것은 그리스 국가가 내전으로 소멸 해 가는 동안 야만인들이 더 강성해지고 페르시아가 이오니아의 지배를 더욱 공고히 해 가는 것이었다.

인간 본성 속에서 사악함을 쉽게 발견할 수 있지만, 우리 스스로가 우리 자신들의 전쟁과 파벌로 인해 더 많은 사악함을 초래했다. …… 그런데 지금까지 이에 대해 아무도 대항하지 않았다. 사람들은 시인이 지어낸 재앙에 대해 슬퍼하는 것은 부끄러워하지 않으면서, 내전으로 인해 겪게 된 실제 고통, 이 수없이 많은 끔찍한 고통은 무관심하게 바라본다. 이들의 감정은 자신의 축복보다 서로 간의 슬픔을 더 기꺼워하는 동정심을 느끼는 것과는 너무나 멀리 떨어져 있다.[8]

---

* 제100회 올림피아 제전 때 파네기리스(panegyris), 즉 총회(pan-agora)를 대상으로 연설하여 이렇게 이름이 붙여졌다.

그리스가 서로 싸워야 한다면, 진짜 적과는 왜 싸우지 않는가? 왜 페르시아를 자기 땅으로 쫓아 버리지 않는가? 그리스의 작은 무리가 페르시아의 대군을 물리칠 것이라고 그는 예언했다.[9] 그런 성전이 마침내 그리스에 통일을 안겨 줄 것이다. 그리스의 통일과 야만인의 승리 사이에서 선택하는 일이 남았다.

이 호소문을 발표하고 2년이 지난 후(기원전 378년), 이소크라테스는 이론을 실천에 옮겨 옛 제자 티모테오스와 함께 에게 해 지역을 다니며 제2차 아테네 동맹 결성을 지원했다. 이 통일 염원의 성쇠가 그의 전 생애에 있어 또 한 번의 실망을 안겨 주었다. 용감하고 결연한 격문 「평화에 대하여」에서 그는 아테네가 또다시 동맹을 제국으로 변질시킨다고 비난하고, 모든 그리스 국가에 아테네의 잠식에 대항하도록 할 평화에 조인할 것을 요청했다. "우리가 제국이라 부르는 것은 사실은 불행이다. 본질상 제국은 그와 관련된 모든 이를 부패시키기 때문이다."[10] 그는 제국주의는 아테네인을 외국 공물에 의지하게 하고, 이를 상실하면 국가 기부금에 의지하게 하며, 자기에게 가장 많이 약속하는 이들을 최고위직에 앉힘으로써 민주주의를 황폐화시켰다고 말했다.

여러분은 나랏일을 심의할 때마다 뛰어난 지성인을 불신하고 싫어하며 대신 여러분에게 다가오는 가장 부패한 웅변가와 가까이한다. 냉철한 사람보다는 술 취한 사람을, 지혜로운 사람보다는 그렇지 못한 사람을, 자기 돈으로 공직을 수행하는 사람보다는 공금을 후하게 나누어 주는 사람을 …… 더 좋아한다.[11]

그의 다음 연설 「아레오파기티코스」에서, 그는 역사상 전 시대를 관철시키는 금언 "우리는 현 체제를 불평하면서 일터 주위에 앉아 있다. 그러나 아무리 나쁜 민주정이라도 과두정보다는 낫다는 것을 알고 있다."[12]라는 말로 민주주의를 보다 관대하게 평가한다. 아테네보다 스파르타가 그리스에 대해 더 나쁜 지배자였지 않은가? "30인 평의회의 광기로 인해, 우리 모두가 필레(Phyle)(고대 그리스의 '종족'이라는 뜻 – 옮긴이)

를 차지한 이들보다 민주주의에 대해 더 열광적이지 않았던가?"[13]* 그러나 아테네는 자유와 평등 원칙을 지나치게 적용하고, "시민에게 오만을 민주주의로, 무법을 자유로, 파렴치한 말을 평등으로, 원하는 바를 행할 권리를 행복으로 여기도록 가르쳐"[14] 스스로를 망쳤다. 모든 사람은 평등하지 않으며 관직 보유에 있어 평등해서도 안 된다. 솔론과 클레이스테네스의 "금권 정치"가 이 "군중 통치"보다 더 나았다. 그 당시에는 유순하지만 무지한 사람들, 돈에 쉽게 매수되는 사람들이 지도자가 될 기회가 적었다. 유능한 사람이 당연히 최고위직에 올랐고 임기가 끝난 이들이 모인 아레오파고스는 자동적으로 국가의 수뇌부가 되었다.

기원전 346년 아테네가 필리포스와 협정을 맺자, 이제 90세의 노인이 된 이소크라테스는 마케도니아 왕에게 보내는 공개서한을 발표한다. 그는 필리포스가 그리스의 지배자가 될 것을 예견하고, 그리스를 페르시아 지배에서 해방하기 위한 전쟁에서 폭군이 아니라 자주적인 그리스 국가들의 통일자로 힘을 발휘해 달라고 간청했다. 주전파는 이 편지를 전제 정치에 대한 굴복이라 비난하였고, 그는 7년 동안 자신을 변호했다. 기원전 339년, 그는 판아테나이아 제전에 모인 그리스인들에 대한 격문을 통해 다시 한 번 자신의 생각을 발표했다. 「파나테나이코스」는 이전의 「파네기리코스」를 장황하면서도 맥없이 되풀이한 것이었다. 그 문체는 늙은 노인의 손에서 파르르 떨렸다. 그러나 백 세를 불과 3년 남겨 둔 노인이 행한 과업으로서는 놀라운 일이었다. 그 후 기원전 338년에 카이로네아 전투가 벌어졌다. 아테네가 패했지만 이소크라테스가 꿈꾸던 통일된 그리스가 막 실현되려는 참이었다. 최근의 한 그리스 전승에 의하면 소식이 전해지자 그는 필리포스와 통일에 대해서는 까맣게 잊고 굴욕을 당한 조국과 종말을 고한 영광의 날들만 생각했으며, 98세의 나이로 살 만큼 살아 굶어 죽었다고 한다.[15] 이 얘기가 얼마나 사실인지는 모르겠지만, 아리스토텔레스는 카이로네아 전투 후 5일이 지나지 않아 이소크라테스가 죽었다고 말한다.

---

* 기원전 404년 트라시불로스와 아니토스 그리고 기타 민주주의 회복자들.

3. 크세노폰

당대 정치인들에 대한 "이 늙은 노인의 감화"[16]력은 의심의 여지가 있지만, 서한과 관련된 그의 영향력은 즉각적이고 지속적이었다.* 우선 역사가들이 이를 느꼈다. 크세노폰과 다른 역사가들은 에바고라스**에 대한 그의 묘사를 흉내 냈고, 플루타르코스의 수다스러운 걸작에서 정점에 이른 전기는 그리스 문학의 인기 있는 한 형식이 되었다. 이소크라테스는 제자 중 한 명인 에포로스에게 그리스 일반 역사, 즉 어떤 한 국가가 아닌 그리스 전체에 대한 기록을 서술하는 과업을 맡겼다. 에포로스는 이 일을 잘 완수했고 당대인들은 그의 『보편사』를 헤로도토스의 저작과 같은 반열에 두었다. 이소크라테스는 또 다른 제자인 키오스의 테오폼포스에게는 최근 일에 대한 서술 작업을 맡겼다. 테오폼포스는 그의 『헬레니카』와 『필리피카』에서 이 작업을 수행했으며, 당대인들은 그의 생생하고 수사학적인 서술을 높이 평가했다. 기원전 340년경, 메사나의 디카이아르코스는 「그리스의 생활」이라는 제하에 그리스 문명사를 서술했다. 그러고 보면 우연하게도 지금 하고 있는 우리의 작업은 이름 면에서 참으로 구식이다.

기원전 4세기 역사가 중 유일한 생존자는 크세노폰이다. 디오게네스 라이르티오스는 그의 젊었을 적을 다음과 같이 묘사한다.

크세노폰은 대단히 겸손했고 용모가 뛰어나게 준수했다. 사람들이 말하기를, 소크라테스가 좁은 길에서 그를 만났을 때 지팡이로 그가 지나가지 못하도록 가로막은 후 필요한 모든 것을 어디서 샀는지 물었다. 크세노폰이 이에 대해 대답하자, 그는 다시 사람들이 어떤 점에서 선하고 덕이 있는지 물었다. 크세노폰이 이를 알지 못하자, 소크라테스는 "나를 따라오면 알게 된다."라고 말했고, 그때부터 크세노폰

---

* 키케로, 밀턴(Milton), 매실런(Massillon), 테일러(Jeremy Taylor), 버크(Edmund Burke) 등은 자신의 산문 형식을 절을 균형 잡고 문장을 누적적으로 종결 처리하는 이소크라테스의 방식을 따라 구성했다.
** 기원전 410~387년 키프로스에 그리스 문화를 도입한 계몽 군주.

은 소크라테스의 제자가 되었다.[17]

그는 소크라테스의 문하생들 가운데 보다 실질적인 성격의 소유자였다. 그는 정신을 다루는 스승의 매혹적인 솜씨를 좋아하여 그를 철학의 성인으로 흠모했다. 그러나 그는 생각만큼이나 행동을 즐겨, 아리스토파네스가 경멸적으로 표현한 것처럼 일부 다른 제자들이 "공기를 측정하고 있는 동안"[18] 운명의 병사가 되었다. 30세쯤 되어 그는 소(小)키로스의 휘하에서 쿠낙사 전투에 참전했으며 만인대(萬人隊)를 안전하게 인솔했다. 그는 비잔티움에서 페르시아와의 전쟁에서 스파르타에 합류했으며, 부유한 메데를 생포하여 거금을 그의 몸값으로 받아 이로 여생을 보낼 수 있었다. 그는 스파르타 왕 아게실라오스의 친구이자 흠모자가 되었으며, 전기의 주인공으로 삼았다. 아테네가 스파르타와의 전쟁을 선언하자 아게실라오스와 함께 그리스로 돌아온 크세노폰은 그의 도시보다는 그에게 충성하기로 결정했다. 이에 대해 아테네는 그에게 추방령을 내리고 그 재산을 몰수했다. 그는 코로니아 전투에서 스파르타 편에 서서 싸웠고, 그 대가로 당시 스파르타 지배하에 있던 엘리스 스킬로스의 영지를 받았다. 거기서 그는 20년간 농사짓고 사냥하고 글을 쓰고 아들을 스파르타 방식으로 엄하게 훈육하면서 보냈다.[19]

그의 추방으로 그를 당대 저술가들 중 최고 반열에 올려놓은 여러 작품이 탄생하게 된다. 그는 기분이 이끄는 대로 개 훈련하기, 말 돌보기, 아내 길들이기, 왕자 교육, 아게실라오스와의 다툼, 아테네를 위한 세입 마련 등에 대한 글을 썼다. 자신의 묘사 내용을 직접 겪고 목격한 이의 생동감 있는 문체로 서술한 『아나바시스』에서 그는 바다로 나아가는 만인대의 전율이 일지만 전혀 검증되지는 않은 긴 여정에 대해 이야기했다. 『헬레니카』에서 그는 헤로도토스가 포기한 그리스 역사를 자신의 아들 그릴로스가 에파미논다스를 살해한 후 장렬히 전사한 만티네아 전투까지 써 내려갔다. 이 책은 그 역사가 끝없이 이어지는 전투, 허망한 구실 가운데 반복되는 승리와 패배로 점철되는 서글픈 연대

기다. 그 문체는 생동감 넘치고 성격 또한 생생하게 묘사되어 있지만, 역사적 사실은 스파르타 방식의 우월성을 입증하려는 듯 취사선택되어 있다. 투키디데스의 역사에서는 사라졌던 미신이 그와 함께 돌아왔고, 사건의 흐름을 설명하기 위해 초자연적 존재가 개입되었다. 유사한 단순성과 이중성을 가진 『회고록』은 소크라테스를 완벽성에 대한 괴물, 종교와 윤리, 중성적 사랑에 있어서의 정통성에 대한 괴물, 그리고 추방당하고 스파르타화한 크세노폰으로 하여금 그를 특별히 흠모하게 한 민주주의에 대한 경멸을 제외한 모든 것에 있어서의 정통성에 대한 괴물로 변질시킨다. 그의 『향연』은 여전히 보다 신뢰할 만하며, 크세노폰이 어렸을 때 일어난 것으로 추정되는 대화를 기록하고 있다.

그러나 『오이코노미코스』에서 크세노폰은 자기 입장이 있음에도 불구하고 노골적인 보수주의적 주장을 당당히 말한다. 농경에 대한 가르침을 질문받자 소크라테스는 자신의 무지함을 고백하고 부유한 지주 이스코마코스의 예를 상기한다. 후자는 농경과 전쟁 이외 어떤 직업도 경멸하는 의협적인 크세노폰의 생각을 대변한다. 그는 풍작의 비밀뿐 아니라 재산과 아내를 관리하는 법도 상세히 설명해 준다. 잠시 동안 플라톤의 세련됨과 겨루는 부분에서 이스코마코스는 나이가 자신의 반밖에 안 되는 신부에게 가정을 돌보고, 물건을 제자리에 두고, 하인을 친절하지만 거리를 두면서 다스리고, 꾸민 아름다움이 아니라 아내요 어머니이자 친구로서의 도리를 성실히 이행함으로써 명예를 쌓는 법 등을 어떻게 가르쳤는지 이야기한다. 이스코마코스와 크세노폰의 생각에 결혼은 육체관계이자 경제적인 관계로서 상대편이 침묵하며 모든 일을 수행할 때는 쇠퇴하는 것이다. 아마 젊은 신부가 이 모든 것을 기꺼이 받아들인다는 것은 국내 전장에서 아무 승리도 거두지 못한 장군의 독실한 소망에 지나지 않을 것이다. 우리는 이스코마코스가 자기 아내를 설득하여 어떻게 분과 연지를 포기하도록 했는지를 제외하고는 찰나적인 논증과 함께 그 모든 기술 내용을 믿어야 할 것이다.[20]

결혼 기술을 상술하면서 크세노폰은 『키로스의 교육』에서 플라톤의 『국가』

에 답하듯 교육과 통치에 대한 자신의 이상을 설명한다. 허구적인 전기를 철학의 효용에 교묘히 적용하면서 그는 상상력을 동원하여 키로스 대왕의 교육, 경력 및 통치에 대해 기술한다. 그는 이야기를 극적으로 개인적인 것으로 만들고 대화체로 활기를 불어넣으며 문학상 현존하는 낭만적인 상고 시대 사랑 이야기로 치장한다. 그는 교양 교육은 거의 무시하고 소년을 건강하고 유능하며 영예로운 남자로 만드는 데 집중한다. 젊은이는 사내다운 경기, 전쟁 기술, 묵묵한 복종 습관 그리고 마침내는 효과적이고 설득력 있게 부하를 다스리는 법을 익히게 된다. 크세노폰의 생각에 최상의 통치 방식은 농경과 군사직에 종사하는 귀족이 지원하고 통제하는 계몽 군주제다. 그는 권선징악에 바탕을 둔 페르시아의 법을 동경하여,[21] 페르시아를 예로 개인주의적인 그리스인이 제국 내 많은 도시와 국가를 통일하여 내적인 질서와 평화를 향유할 수 있음을 제시한다. 크세노폰은 필리포스처럼 정복의 비전으로 시작하여 알렉산드로스처럼 자신이 정복하려고 생각한 사람들에 잡혀 생을 마감한다.

그는 탁월한 재담가였지만 철학자로서는 이류였다. 그는 전쟁을 제외하고는 모든 것에 미숙함을 보인다. 수많은 주제를 다루지만 항상 일반적인 관점에 머문다. 그는 질서의 덕을 지나치게 강조하지만 자유에 대해서는 한마디도 하지 않는다. 이를 통해 당시 아테네에 얼마나 무질서가 팽배했는지 짐작할 수 있기도 하다. 그가 헤로도토스와 투키디데스에 견주어질 수 있다면, 이는 아테네 고유의 순수함을 간직하여 신선한 매력이 풍겨나는 그의 문체, 키케로가 "꿀보다 더 달콤하다."[22]고 표현한 조화로운 산문, 인간미, 독자가 마치 손안의 물체를 들여다보듯 느끼게 하는 투명한 단순성 때문일 것이다. 크세노폰과 프락시텔레스의 투키디데스와 소크라테스에 대한 관계는 마치 아펠레스와 프락시텔레스의 폴리그노토스와 페이디아스에 대한 관계와 같아서, 창조적인 독창성과 힘의 시대 이후 심미성과 우아함의 극치를 달린다.

4. 아펠레스

기원전 4세기에 가장 탁월한 성과를 이룬 분야는 문학이 아니라 철학과 예술이었다. 정치뿐 아니라 예술에서도 개인은 자신을 신전과 국가, 전통과 학교로부터 해방시켰다. 애국적인 헌신이 사적인 성실에 자리를 양보한 것처럼, 건축 또한 규모가 축소되고 세속화되었다. 음악과 춤이 어우러진 웅장한 합창단은 전문 직업인의 사적인 공연에 길을 내주었다. 그림과 조각은 계속해서 신과 고귀한 인물을 표현하여 공공건물을 장식했다. 그러나 동시에 이후 시대의 특징이 되는 생존 인물의 업적과 초상도 다뤄지기 시작했다. 도시가 여전히 국가 차원에서 예술을 후원할 수 있었다면, 이는 크니도스, 할리카르나소스, 에페소스 등과 같이 전쟁에 깊이 관여하지 않았거나, 시라쿠사처럼 자연 자원 및 정치 체제상 신속히 회복할 수단이 있었기 때문이다.

본토에서 건축은 한동안 답보 상태에 있었다. 기원전 338년, 리쿠르고스가 디오니소스 극장, 경기장 등을 재건했다. 그의 치세하에 필론은 피라이오스에 인상적인 병기창을 세웠다. 섬세한 세련미가 득세하는 추세에 따라, 엄정한 단순미의 도리스 양식은 당시 정신 풍토와 어울리지 못해 영향력을 잃고 대신 이오니아 양식이 프락시텔레스의 우아함, 플라톤의 매력과 조화를 이루어 인기를 얻었다. 한편 바람의 탑과 리시크라테스의 코라고스 대좌에는 코린토스 양식이 적용되었다. 스코파스는 아르카디아의 테게아에 아테나 신전을 세웠는데, 여기는 주랑에 도리스 양식, 이오니아 양식 및 코린토스 양식[23]이 모두 채용되었으며, 스코파스의 기개 넘치는 솜씨로 조각된 조각상으로 꾸며졌다.

더 거대하고 유명한 건축물은 에페소스의 아르테미스 제3신전이었다. 제2신전은 기원전 356년 알렉산드로스가 태어난 날 불타 버렸는데, 대개의 경우 자상한 플루타르코스의 말에 의하면, 우연의 일치인지 "그 원인은 대화재를 멈추게 하기에 충분할 정도로 쌀쌀한 오만함의 소유자"[24]인 마그네시아의 헤게시아스였다고 한다. 새 건물이 곧

이어 건축되기 시작했고, 이 세기 말에 완공되었다. 알렉산드로스가 자신의 이름이 건축물에 새겨진다면 경비를 부담하겠다고 제안했지만, 에페소스의 자부심 강한 그리스인은 "한 신이 다른 신을 위해 신전을 세우는 것은 합당하지 않다."[25]는 애교 어린(또는 풍자적일 수 있는) 이유로 거절했다. 그럼에도 불구하고 알렉산드로스가 총애하는 건축가 디노크라테스가 헬라스 최대 규모로 신전을 설계했다. 어디에나 얼굴을 드러내는 스코파스를 포함하여 여러 조각가들이 서른여섯 개의 기둥에 얕은 돋을새김으로 조각했다. 이 가운데 한 기둥의 몸통이 마치 그리스 조각이 여전히 곡선미의 정상에 서 있음을 그 우아한 주름을 통해 홀로 입증하고 있는 듯 영국 박물관에 전시되어 있다. 형상의 머리는 고정되고 이상화된 형태는 아니지만, 각각의 얼굴에는 감정과 개성이 생생히 살아 있어 헬레니즘 사실주의를 예감케 한다.

기원전 4세기는 규모상 정 대칭점에 위치한 테라 코타 조각상으로 유명하다. 보이오티아의 타나그라는 그 이름을 점토를 구워 유약을 바르지 않은 작은 조각상과 같은 뜻으로 쓰이게 했으며, 점토를 일반형으로 주조한 후 손으로 수많은 인간 군상을 빚고 그림을 그려 평범한 삶의 색깔과 다양함을 표현했다. 애초에는 이전 세기처럼 다른 예술의 보조 수단으로 요청되었지만, 이제 그림은 독립적인 지위와 위엄을 요구하고 그 대가들은 그리스 전역에서 주문 의뢰를 받았다. 아펠레스를 지도했던 암피폴리스의 팜필로스는 12년 가까이 문하생을 받지 않았으며 교습비로 6000달러를 요구했다. 로크리아 엘라테아의 지배자 므나손은 테베의 아리스티데스가 그린 한 전투 장면에 등장하는 백여 개 군상들 각각에 대해 10미나를 지불함으로써 한 그림에 총 10만 달러를 들였다. 또한 이 열성적인 애호가는 아스클레피오도로스로부터 열두 명의 주요 올림피아 제전 경기자를 그린 한 패널화를 36만 달러에 샀다. 루쿨로스는 시키온의 파우시아스가 메난드로스의 정부 글리케라를 모델로 그린 초상화 복제품에 1만 2000달러를 지불했다.[26] 플리니우스에 의하면 아펠레스의 그림은 모든 도시의 국고를 합한 금액에 상당하는 값에 팔렸다고 한다.[27]

이 열렬한 아마추어 애호가는 "코스의 아펠레스는 그를 전후한 어떤 화가보다 뛰어나다. 그는 혼자 힘으로 다른 모든 화가가 합친 것보다 더 많은 기여를 했다."[28]라고 말한다. 다른 화가에 대해 극히 칭찬을 아낀 것으로 보아 아펠레스는 당대 예술에 있어 독보적이었음에 틀림없다. 그의 최대 경쟁자 프로토게네스가 가난하게 지내고 있다는 것을 알고, 아펠레스는 그를 찾아 로도스로 갔다. 예고 없이 찾아가는 바람에 아펠레스가 도착했을 때 프로토게네스는 때마침 작업장에 없었다. 늙은 여자 하인이 주인이 돌아오면 알려 주려고 이름을 묻자, 아펠레스는 이에 대한 대답으로 붓으로 화판에 아주 가는 윤곽을 일필휘지로 그리기만 했다. 프로토게네스가 돌아왔을 때 늙은 하녀는 자리를 뜬 방문객의 이름을 알아내지 못한 것을 미안해 했다. 그러나 그려진 윤곽선과 그 섬세함에 주목한 포로토게네스는 "이런 선은 아펠레스만 그릴 수 있다."라고 외쳤다. 그리고 그는 아펠레스가 그린 선 안에 더 가는 선을 그리고, 하녀에게 그 낯선 사람이 다시 오거든 보여 주라고 했다. 다시 온 아펠레스는 부재중인 프로토게네스의 솜씨에 경탄을 하고, 두 선 사이에 다시 극도로 가늘고 우아한 선을 그렸다. 프로토게네스가 이것을 보았을 때, 그는 아펠레스가 자기보다 한 수 위임을 인정했다. 그리고 그를 찾아 항구로 달려갔다. 이 패널화는 이후 세대를 거쳐 걸작으로 전해져 율리우스 카이사르의 손에까지 이르렀으며, 팔라티누스 언덕의 궁전이 불탈 때 함께 사라졌다. 그리스 세계가 프로토게네스의 가치를 알아보기를 원한 아펠레스는 그의 작품 몇 점을 얼마에 팔겠냐고 물었다. 이에 프로토게네스가 약간의 금액을 말하자, 아펠레스는 대신 50달란트(30만 달러)를 제안하고 이 작품들을 자신이 사게 됐다는 소문을 퍼뜨렸다. 이 예술가의 높은 평가에 고무된 로도스인들은 아펠레스가 제안한 가격보다 더 비싼 금액을 지불하고 그림을 시(市)의 보물들과 함께 보관했다.[29]

또 한편 아펠레스는 그의 그림 「아프로디테 아나디오메네」, 즉 바다에서 올라오는 아프로디테로 그리스 세계의 박수갈채를 받았다. 알렉산드로스는 그를 불러 많은 초상화를 그리게 했다. 젊은 정복자는 이들 그림 중 하나에 자기 애마 부케팔로스를 묘사하는 것으로 만족하지 않고 실물과 비교하기 위해 말을 화판에 더 가까이 오게 했다. 말은 그림을 보고 기분이 좋은 듯 나지막이 울었다. 그러자 아펠레스는 "폐하의 말이 폐하보다 그림을 더 잘 알아보는 것 같군요."[30]라고 말했다. 또 어떤 경우, 왕이 아펠레스의 작업장에서 예술에 대해 설교하고 있을 때, 아펠레스는 물감을 풀고 있는 아이들이 그를 비웃지 않도록 다른 것에 대해 얘기할 것을 간청했다. 알렉산드로스는 너그러운 마음으로 이를 받아들였다. 한번은 알렉산드로스가 이 예술가에게 자기가 총애하는 첩의 초상화를 그리도록 했을 때, 아펠레스가 그녀와 사랑에 빠지자 선물로 그에게 주었다.[31] 아펠레스는 색깔을 보존하기 위해 완성된 그림 위에 유약을 얇게 바르고 광택을 부드럽게 했으며, 그러면서도 전보다 더 생동감이 살아나게 할 수 있었다. 그는 마지막 순간까지 작업에 몰두하여 다시 한 번 영원한 아프로디테의 윤곽을 묘사하는 중에 죽음을 맞이했다.

5. 프락시텔레스

당대의 조각 걸작은 할리카르나소스의 왕 마우솔로스에게 헌정된 거대한 영묘(靈廟)였다. 명목상 페르시아 태수였던 마우솔로스는 자신의 영지를 카리아, 이오니아 일부 및 리키아까지 확장하고 넘치는 세입을 함대 구축과 수도 치장에 사용했다. 그가 죽자(기원전 353년), 그의 헌신적인 누이이자 아내였던 아르테미시아는 그를 기려 유명한 웅변대회를 개최하고, 그리스 최고 예술가들을 모아 힘을 합쳐 왕의 천재성에 어울리는 무덤을 만들도록 했다. 그녀는 결혼에 의해서만이 아니라 천성적으로도 여왕이었다. 로도스인들이 왕의 죽음을 틈타 카리아에 침공해 오자, 그녀는 교묘한 전략으로 물리치고 그들의 함대와 수도를 빼앗은 후 곧 부유한 상인들과 조약을 체결했다.[32] 그러나 마우솔로스의 죽음으로 인한 슬픔을 이기지 못한 그녀는 이후 모든 서구인들의 입에 오르게 된 기념물의 완공을 보지 못하고 왕이 죽은 지 2년이 지난 후 죽었다. 스코파스, 레오카레스, 브리악시스, 티모테오스 등은 벽돌의 기초 위에 흰 대리석판을 천천히 올려 직사각형 무덤을 세운 후 그 위를 피라미드형 지붕으로 덮고 서른여섯 개의 기둥과 수많은 조각상 및 돋을새김으로 꾸몄다. 평온하고 강건한 모양의 마우솔로스 상*이 1857년 영국인들에 의해 할리카르나소스의 폐허 속에서 발굴되었다. 그리스인과 아마존인 간의 투쟁이 묘사된 소벽은 세공 기술상 더욱 세련된 완성미를 보여 준다. 묘사된 남자와 여자 그리고 말들은 세계적인 얕은 돋을새김 걸작들 중의 하나다. 이들 아마존 여인은 전투로 훈련된 용맹한 여전사가 아니다. 전쟁보다 더 부드러운 무엇으로 그리스인을 유혹했을 것 같은 관능미의 여인들이다. 영묘는 에페소스 제3신전과 나란히 세계 7대 불가사의 중에 자리했다.

이제 여러 면에서 조각은 정점에 이르렀다. 종교적 감흥을 결여하고 파르테논 박공벽의 장엄함에 미치지 못했지만, 세련된 여성미에서 새로운 영감을 부여받고 전무후무한 사랑스러움을 달성했다. 기원전 5세기가 벌거벗은 남자와 옷을 걸친 여자를 모델로 했다면, 기원전 4세기는 벌거벗은 여자와 옷을 입은 남자를 즐겨 조각했다. 기원전 5세기가 그 전형을 이상화하고 삶에 지친 남자를 무표정하고 평온한 모습으로 깎고 다듬었다면, 기원전 4세기는 인간 개성과 감정을 돌 속에 구체화하려고 애썼다. 남성 조각상에서는 몸통보다 머리와 얼굴이 더 중시되었다. 성격 묘사가 근육에 대한 심취를 대신했다. 돌에 새긴 초상이 고객을 위한 유행이 되었다. 신체는 이제 긴장하여 곧게 선 자세를 포기하고 지팡이나 나무에 편안히 기대고 서 있다. 외관에는 양지와 음지의 생생한 모습이 입체적으로 묘사되어 있다. 시키온의 리시스트라토스는 사실주의를 열망하며 대상 얼굴에 석고 틀을 끼워 임시 주형을 만든 최초의 그리스인이었다.

관능미와 세련미에 대한 묘사는 프락시텔레스에 이르러 절정에 이른다. 세

---

* 영국 박물관에 보관 중이다.

상 사람들이 그가 프리네에 구애하고 그녀의 사랑스러움을 영원불멸의 형태로 형상화한 것을 알고 있지만, 그가 언제 태어났고 죽었는지는 아무도 모른다. 그는 케피소도토스라는 이름을 가진 조각가들의 아들이자 아버지였으며, 따라서 끈덕진 전통의 예술가 가문 최정점에 있는 것으로 그려진다. 그는 대리석과 청동을 재료로 작품 활동을 했으며, 많은 도시들이 앞다투어 그의 예술적 재능을 사려고 할 만큼 높은 명성을 얻었다. 기원전 360년경, 코스는 그에게 「아프로디테」를 조각해 줄 것을 의뢰했다. 그는 프리네의 도움을 입어 작품을 완성했지만, 코스인들은 완전히 벌거벗은 여신을 보고 분개했다. 프락시텔레스는 옷을 입은 또 다른 「아프로디테」로 그들을 달랬다. 그러나 크니도스는 벌거벗은 여신을 샀다. 비티니아의 왕 니코메데스가 조각상을 양보하는 대가로 과중한 부채를 갚아 줄 것을 제안했지만, 크니도스는 불후의 명성을 택했다. 지중해 구석구석에서 이 작품을 보기 위해 여행객들이 몰려들었다. 비평가들은 그리스가 지금까지 만든 작품 중 최고의 조각상이라 평가했고, 한담가들은 이 조각상을 본 남자들은 호색적인 열정에 사로잡혔다고 말했다.*

크니도스가 「아프로디테」로 명성을 얻은 것처럼, 프리네가 태어난 보이오티아 테스피아이의 작은 마을 또한 프리네가 헌정한 프락시텔레스의 대리석 「에로스」상으로 인해 여행객들로 붐볐다. 그녀는 그에게 사랑의 증표로 그의 작업장에서 가장 아름다운 작품을 요구했다. 그는 그녀가 선택하기를 바랐지만, 프리네는 프락시텔레스 자신의 평가를 알고 싶어 어느 날 그에게 달려가 작업장이 불타고 있다고 외쳤다. 그러자 그는 "내 「사티로스」와 「에로스」가 불타는구나."[33]라고 소리쳤다. 프리네는 에로스를 택했고 이를 고향에 바쳤다.** 한때 헤시오드의 창조신이었던 에로스는 프락시텔레스를 통해 영혼을 사로잡는 사랑의 힘을 상징하는 섬세하고 꿈 많은 젊은이로 바뀌었다. 그러나 아직 그리

---

* 바티칸 박물관에 소장되어 있는 한 로마 시대 복제품은 발굴된 크니도스 동전에 새겨진 상의 묘사와 일치한다.
** 네로가 로마로 가져온 후, 이 조각상은 서기 64년 대화재로 유실되었다. 바티칸 박물관에 보관되어 있는 「첸토첼레의 큐피드」는 그 복제품인 것 같다.

스 로마 예술의 장난기 어리고 생기발랄한 큐피드가 되지는 않았다.

우리에게 호손(Hawthorne)의 「대리석 목신상」으로 알려져 있는 로마 카피톨리노 박물관의 「사티로스」는 아마도 프락시텔레스가 그의 「에로스」보다 더 소중히 여긴 작품의 복제품일 것이다. 일부 사람은 루브르 박물관에 소장되어 있는 나체 흉상이 본래 작품의 일부일 것이라고 생각했다.[34] 길고 뾰족한 귀만 동물 형상인 사티로스는 체격이 좋고 행복해 하는 젊은이로 묘사되어 있다. 그는 나른한 듯 한 발을 다른 발 뒤로 포갠 채 나무에 기대고 있다. 지금까지 대리석으로 이렇게 여유롭고 편안한 느낌을 충분히 전달한 작품은 없었다. 소년의 매력과 무사태평함이 긴장이 풀린 팔다리와 신뢰감이 가는 얼굴에서 완전히 살아난다. 팔다리는 너무 둥글고 부드러워 보인다. 프락시텔레스는 프리네를 너무 오랫동안 바라보아 남자를 형상화할 능력을 상실한 듯하다. 「아폴론 사우록토노스」, 즉 「도마뱀 킬러 아폴론」은 너무 여성적이어서 그를 그리스 조각상에 그 예가 풍부한 남녀 한 몸의 유형으로 분류하고 싶어진다.

파우사니아스는 올림피아 헤라이온 신전 조각상들 중에 "프락시텔레스가 조각한 아기인 디오니소스를 안고 있는 헤르메스 석상"[35]이 있었다고 유감스럽게도 너무 간결하게 말한다. 1877년, 현지를 파헤친 독일 발굴단은 노력의 대가로 참으로 오랫동안 쓰레기와 진흙 속에 파묻혀 있던 이 상을 찾아냈다. 설명과 사진, 주조물로는 이 작품의 가치를 올바로 평가할 수 없다. 올림피아의 작은 박물관에서 그 앞에 서서 그 표면에 은밀히 손가락을 대고 이 대리석 육체의 부드럽고 생동감 있는 조직을 느껴 보아야 한다. 전령 신이 헤라의 질투로부터 아기 디오니소스를 구해 비밀리에 돌보아 줄 요정에게 데려갈 임무를 맡았다. 헤르메스가 발걸음을 멈추고 나무에 기댄 채 아기 앞에 포도 한 송이를 들어 올린다. 예술가가 나이 든 신에 온 정력을 쏟은 듯 아기는 조잡하게 처리되어 있다. 헤르메스의 오른팔은 사라져 없어지고 다리 일부는 복원되었다. 나머지 부분은 이 예술가의 손을 거친 것이 분명하다. 단단한 팔다리와 넓은 가슴은 건강한 신체 발달을 보여 준다. 귀족적인 풍모, 윤곽이 섬세하고 뚜렷한 형체, 곱슬곱슬한 머리카락을 한 머리 부분은 그 자체가 걸작이다. 조각상에서는 완벽함을 구하기가 어려운데, 오른발은 정말 완벽하다. 고대인들이 이 작품을 범작으로 여겼다고 하니, 당대의 풍부한 예술성을 느끼게 한다.

파우사니아스의 또 다른 저술[36]에 프락시텔레스가 만티네아에서 제작한 일련의 대리석 작품이 언급되어 있다. 발굴을 통해 기초만 확인되었지만, 여기에는 이 대가에 의해서라기보다는 그 문하생들에 의해 조각된 듯한 세 명의 뮤즈 여신이 포함되어 있다. 현존하는 그리스 저술과 프락시텔레스의 작품을 함께 구성해 보면, 40여 개의 주요 작품이 눈에 들어온다.[37] 그러나 이는 그의 수많은 작품들 중 일부에 지나지 않음이 틀림없다. 유물들에는 장엄함과 강함, 위엄과 페이디아스의 경외감이 빠져 있다. 신들이 프리네에게 길을 내주고, 민족의 운명에 관한 위대한 주제가 개인의 사랑 때문에 옆으로 밀려나 있다. 그러나 지금까지 어떤 조각가도 프락시텔레스의 완벽한 기법과 그의 편안함, 우아함, 지극히 여린 정감, 감각적인 환희 그리고 숲 속의 즐거움을 단단한 돌에 쏟아 넣은 그 기적에 가까운 힘을 능가하지 못했다. 페이디아스는 도리스인이었고 프락시텔레스는 이오니아인이다. 우리는 그에게서 알렉산드로스의 정복을 뒤따른 유럽의 문화 정복의 전조를 본다.

6. 스코파스와 리시포스

페이아데스를 밀턴에, 프락시텔레스를 키츠(Keats)에 비유하자면, 스코파스는 바이런에 비유될 수 있다. 그의 삶에 대해서는 가장 확실한 전기이기도 하겠지만 그의 작품을 통해서 밖에는 알려진 바가 전혀 없다. 그러나 그의 작품에 대해서도 확실히 알지 못한다. 그의 것이라 생각되는 복제품의 몽톡하고 싸움을 좋아할 것 같은 두상은 그가 열정적인 개성과 완력의 소유자일 것이라는 인상을 갖게 한다. 앞에서 살펴보았지만, 그는 테게아에서 건축가이자 조각가로 활약하며 페이디아스와 미켈란젤로 시대에 이르기까지 달리 견줄 수 없는 다재다능함과 힘을 과시했다. 한 박공벽의 일부 파편만 발굴되었는데, 스코파스 작품의 전형적 특징인 둥근 단두(短頭)의 어둡고 냉담한 표정을 한 두상 두 개가 크게 손상된 채 역시 뭉그러진 상태의 남자 같은 아탈란타 상과 함께 그 주요 부분을 차지하고 있다. 이상하게도 로마 빌라메디치에 있는 「멜레아그로스」는 이들 유물을 많이 닮았다. 여기에 다시 두툼한 볼, 감각적인 입술, 생각하는 듯한 눈, 코 위의 약간 돌출한 이마, 반쯤 헝클어진 곱슬머리가 등장한다. 스코파스가 칼리돈의 사냥을 형상화한 작품의 일부인 「멜레아그로스」를 로마인이 복제한 듯하다. 뉴욕 메트로폴리탄 박물관의 또 다른 두상은 스코파스의 작품이거나 그 복제품인 것이 거의 확실하다. 무뚝뚝하고 강인하면서도 잘생기고 지성미를 갖춘 이 두상은 고대 조각품들 중 가장 개성적인 것 중의 하나다.

파우사니아스에 의하면[38] 스코파스는 엘리스에서 "황동 숫염소에 앉아 있는 지상의 아프로디테 황동상"을 주조했다. 그는 시키온에서 헤라클레스 대리석상을 조각했는데, 그 몸은 폴리클레이토스적으로 양식화된 근육질로 퇴보하고, 머리는 다른 작품처럼 작고 둥글며, 얼굴은 프락시텔레스의 작품만큼이나 섬세하다. 런던 랜스다운하우스에서 로마 시대의 복제품을 볼 수 있다. 그는 메가라와 아르고스, 테베, 아테네 등지에 오랫동안 체류하며 5세기 후 파우사니아스가 목격한 조각상들을 제작했다. 아마 에피다우로스의 신전 재건에 참여했을 것이다. 에게 해를 가로지르며, 크니도스에서 「아테나」와 「디오니소스」를 제작하고 영묘의 조각 작업에 중요 역할을 담당했다. 북쪽으로 가 에페소스 제3신전의 한 원기둥을 조각했다. 페르가몬에서는 거대한 「아레스」 좌상을 제작하고, 트로아드의 크리사에서는 들판에서 쥐들을 쫓는 「아폴론 스민테오스」를 제작했다. 「아프로디테」를 조각하여 사모트라케의 명성에 공헌하기도 했다. 멀리 비잔티움에서는 드레스덴 알베르티눔 박물관의 로마 시대 복제품 「격노하는 여사제」의 원작품인 「바칸테」를 제작했다. 이 대리석 조각상은 높이는 불과 20센티미터 정도에 불과하지만 힘찬 형상, 장중한 주름, 독특한 포즈, 충일한 격노의 감정 등이 잘 표현되고 어느 측면에서나 아름다움을 과시해 가히 위대한 예술가의 작품이라 할 만하다.

플리니우스는 자기 시대 로마 궁전에 전시되었던 다른 많은 스코파스의 조각상들에 대해 언급한다. 아폴론은 바티칸 박물관에 있는 「아폴론 키타로이도스」를 복제했을 것이다. 일련의 「포세이돈」, 「테티스」, 「아킬레우스」, 「네레이드」 상은 "완성을 위해 전 생애가 걸렸겠지만 경탄스러운 세공품"이며, "아프로디테 나상(裸像)은 한 도시에 명성을 안겨 주고도 남을 작품"이라고 플리니우스는 말한다.[39]

몇몇 가상 속 생존 인물의 판단을 빌리면, 전체적으로 이들 작품은 스코파스의 위상을 프락시텔레스에 버금가게 올려놓는다. 이 작품들에는 무절제하지 않은 독창성, 잔인하지 않은 강인함이 깃들어 있고, 거짓 열정에 손상되지 않고 충동과 감정, 분위기가 극적으로 표현되어 있다. 프락시텔레스는 아름다움을 사랑했으며, 스코파스는 인물의 성격에 끌렸다. 프락시텔레스는 여성의 우아함과 섬세함, 젊은이의 낙천적인 생기발랄함을 표현하고 싶어 했고, 스코파스는 인생의 고통과 슬픔을 표현하고 이를 기품 있게 예술적으로 승화하고 싶어 했다. 그의 작품을 좀 더 접할 수 있다면, 아마 그를 페이디아스 다음으로 높이 평가해야 할 것이다.

시키온의 리시포스는 보잘것없는 놋쇠 기능공으로 시작했다. 그는 예술가가 되기를 갈망했지만 스승을 둘 여유가 없었다. 그러나 화가 에우폼포스가 자기는 어떤 예술가인 체하는 사람이 아니라 자연 자체를 모방하는 사람이 되겠다고 했다는 말을 듣고 리시포스는 용기를 얻는다.[40] 곧바로 그는 살아 있는 것에 대한 연구로 관심을 돌리고, 폴리클레이토스의 엄격한 규칙을 대체할 새로운 조각 비율을 형성한다. 그는 다리를 더 길게 하고 머리를 더 짧게 했다. 팔다리를 3차원적으로 뻗쳐 형상에 활력과 편안함을 더 불어넣었다. 그의 「아폭시오메노스」는 「디아두메노스」의 정체불명의 아들이다. 폴리클레이토스의 경기자는 눈썹 위에 리본을 묶고 있는데, 리시포스의 작품은 청동 때밀이 도구로 그의 팔에 낀 기름과 때를 긁어내고 있으며 더욱 날씬하고 섬세하게 표현되어 있다. 델포이 박물관의 대리석 복제품으로 판단하면, 젊은 테살리아 귀족 아기아스의 흉상은 더 매력적이고 생동감 있다. 한때 리시포스는 형식에 구애됨이 없이 개인주의적인 전형과 인상주의적인 전통을 떠나 새로운 분야를 개척하였으며,* 그리스에서 거의 독창적인 흉상을 창조하였다. 필리포스는 리시포스의 작업을 위해 전쟁과 정사(情事)를 멈추었고, 알렉산드로스는 이 예술가가 자기를 모델로 만든 흉상에 크게 만족하여, 그의 초상을 그린 아펠레스와 보석에 자기 모습을 새긴 피르고텔레스에게 특권을 준 것처럼, 그를 공식 왕실 조각가로 삼았다.

기원전 4세기의 일부 최고 조각품은 그 작가가 알려져 있지 않다. 마라톤 근처 바다에서 발견된 청년 청동상, 기원전 4세기 「안드로스의 헤르메스」의 고대 복제품 및 테게아에서 발굴된 정숙하고 섬세하며 생각에 잠긴 「히기아이아」**는 모두 아테네 박물관에 소장되어 있다. 키오스에서 발굴된 아름다움의 극치 「소녀의 두상」은 보스턴 박물관에 있다. 우리가 입증할 수 있는 한 아우구스투스 시대 소아시아에서 로마로 옮겨진 대부분의 니오비드 그림은 이 시대에 속하며, 현재 유럽 여러 박물관에 흩어져 있다. 또한 프락시텔레스 전통에 선 세 가지 「아프로디테」, 즉 나폴리 박물관의 머뭇거리는 「카푸아의 비너스」, 바티칸 박물관의 「웅크리고 있는 비너스」, 루브르 박물관의 정숙한 「아를의 비너스」는 그 원작품을 이 시대에서 찾아야 한다. 1858년 크니도스에서 발굴된 「데메테르」 좌상은 성숙한 아름다움과 침잠한 느낌에 있어서 이들보다 더 위대하다. 이는 현재 영국 박물관의 최고 조각상들 가운데 안치되어 있다. 그 주제는 불분명하다. 고대로부터 전해 내려온 가장 뛰어난 장례식 장면일 수도 있다. 페르세포네의 강탈을 숨죽여 슬퍼하는 오곡의 여신을 「슬픔에 잠긴 성모」로 표현하고 있는지도 모른다. 감정은 고전적인 절제미로 전달된다. 온갖 다정스

---

* 마네(Manet)가 들으면 즐거워했겠지만, 리시포스는 다른 예술가들은 있는 그대로의 인간을 형상화하지만 자신은 "그들이 드러내는"[41] 모습을 형상화한다고 말했다.

** 이 책의 상징이자 첫 삽화로 사용된 이 사랑스러운 두상은 테게아의 작은 박물관에서 도난당한 후, 9년간의 추적 끝에 아테네 국립 박물관의 관장 알렉산드르 필라델페우스(Alexandre Philadelpheus)에 의해 아르카디아의 한 마을 곡물 창고에서 발견되었다. 주제와 시기 모두 불분명하다. 프락시텔레스적인 양식으로 보아 기원전 4세기로 추정된다. 필라델페우스는 이를 "국립 박물관의 진주"라고 한다.

러운 모성애와 침묵의 체념이 얼굴과 눈동자에 서려 있다. 애교 부리는「아프로디테」가 아니라, 이것과「헤르메스」가 기원전 4세기의 살아 있는 걸작 조각품들이다.

21장 철학의 전성기

1. 과학자

기원전 5세기의 대담한 진취성과 비교하여, 3세기는 혁명적 성취가, 4세기는 과학이 그 시대적 특징이었으며, 상당 부분 그 성과를 기록하는 것으로 만족했다. 크세노크라테스는 기하학의 역사를 저술했으며, 테오프라스토스는 자연 철학사를, 메논은 의학사를, 에우데모스는 산술과 기하학 그리고 천문학의 역사를 저술했다.[1] 자연에 대한 문제보다 종교와 도덕, 정치와 관련된 문제가 훨씬 중요하고 긴급한 것으로 대두되었으며, 소크라테스와 함께 물질세계의 객관적인 연구에서 영혼과 국가에 대한 고찰로 돌아섰다.

플라톤은 수학을 사랑하여 그의 철학을 여기에 깊이 침잠시켰다. 그는 자신의 아카데메이아를 이에 전념케 하고, 시라쿠사에서는 거의 한 왕국을 이에 몰입시켰다. 그러나 그에게 산술은 반쯤 신비적인 수 이론이었다. 그에게 있어 기하학은 지구의 크기를 측정하는 것이 아니라 순수 이성의 단련이었고 신의 정신에 들어가는 입구였다. 플루타르코스에 의하면 플라톤은 에우독소스와 아르키타스의 역학적 실험을 "기하학의 유일 선(善)을 타락시키고 소멸시키며, 따라서 수치스럽게도 구체화할 수 없는 순수 지성을 저버리고 감각에 의지하고 물질에 도움을 구하는 것"이라 하여 "분개"했다고 한다. 이런 식으로, 플루타르코스는 계속해서 "역학은 기하학에서 분리되었고 철학자들에 의해 외면당하거나 무시되어 군사 기술로서 자리 잡았다."고 말한다.[2] 그럼에도 불구하고 플라톤은 자기 고유의 추상적 방법으로 수학에 나름대로 공헌했다. 그는 점을 한 선의 시작으로 재정의하고,[3] 두 제곱수의 합이 되는 제곱수를 찾는 규칙을 공식화했으며,[4] 가정에 따라 도출된 결과를 평가하여 명제를 증명 또는 반증하는 등 수학적 분석을 고안하거나 발전시켰다.[5] 귀류법은 이 방법의 한 형태다. 아카데메이아의 교과 과정상 수학에 대한 강조는 크니도스의 에우독소스와 폰토스의 헤라클레이데스 같은 창의적인 제자를 길러 냈다는 점에서는 과학에 기여했다.

플라톤의 친구 아르키타스는 일곱 차례나 타라스의 사령관에 선출되고 몇 권의 피타고라스 학파 철학 관련 소책자를 저술하였으며, 그 외에도 음악과 관련된 수학을 발전시키고 정육면체를 겹치고 역학에 관한 첫 논문을 저술했다. 고대인들은 세 가지 혁신적인 발명품, 도르래와 나사 그리고 딸랑이를 그의 작품으로 여겼다. 첫 두 가지는 기계 산업의 기초를 놓았으며, 세 번째 발명품은 근엄한 아리스토텔레스에 의하면, "아기들에게 시선을 끄는 무엇을 주어 가재도구를 깨뜨리지 않도록 했다."[6] 같은 시대 디노스트라토스는 4각 곡선으로 "원을 정사각형으로 만들었다." 그의 형제 메나이크모스는 플라톤의 제자로 원뿔 곡선의 기하학을 수립하고,* 정육면체를 겹치고, 다섯 가지 정다면체의 이론적 구조를 공식화하고,** 무리수 이론을 발전시켰으며, 세상에 유명한 한

---

* 그리스인은 원뿔 곡선을 대상에 수직한 평면으로 예각, 직각 및 둔각 원뿔을 잘라 형성된 타원, 포물선, 쌍곡선 등의 형태라 정의했다.[7] 현대 수학자들은 이에 원과 교차선을 추가한다.

** 4면체(각뿔), 6면체, 8면체, 12면체 및 20면체로, 4, 6, 8, 12 및 20각형으로 둘러싸인 볼록 입방체.

마디를 남겼다. 그는 알렉산드로스에게 다음과 같이 말했던 것이다. "왕이시여, 나라를 여행하기 위해서는 왕의 길과 평민의 길, 두 길이 있습니다. 그러나 기하학에서는 모두에게 오직 한 길만 나 있습니다."[8]*

기원전 4세기 과학의 위대한 인물로 에우독소스가 있으며, 그와 프락시텔레스로 인해 크니도스가 역사의 한 장면을 장식한다. 기원전 408년경에 출생한 그는 23세부터 로크리에서 필리스티온과 과학을, 타라스에서 아르키타스와 기하학을, 아테네에서 플라톤과 철학을 공부하기 시작한다. 그는 가난하여 피라이오스에서 어렵게 살았으며, 수업이 있을 때마다 아카데메이아에 걸어서 갔다. 크니도스 체류 후, 이집트로 가서 수개월 간 헬리오폴리스의 제사장들과 천문학을 공부하며 보냈다. 그다음 프로폰티스의 키지코스에 나타나 수학을 강의한다. 40세가 되자 그는 제자와 함께 아테네로 가 과학·철학 학교를 개설하고 한동안 플라톤과 경쟁하였다. 마침내 그는 크니도스로 돌아와 천문대를 세우고 도시의 새 법규를 수립하는 임무를 맡았다.[9]

그는 기하학에 근본적인 기여를 했다. 그는 비율론**과 유클리드의 저작 중 제5권을 통해 우리에게 전수된 대부분의 명제를 고안했다. 또한 실진법(失盡法)을 고안하여 원의 면적과 구, 각뿔 및 원뿔의 부피를 계산할 수 있게 했다. 이 준비 작업이 없었다면 아르키메데스는 존재할 수 없었을 것이다. 그러나 에우독소스의 집중적인 관심은 천문학에 있었다. 태양의 성질과 크기, 형태를 알 수만 있다면 파이돈처럼 기꺼이 소멸되겠다는 그의 말에서 과학자의 열정이 느껴진다.[10] 점성학(astrology)이란 말은 당시 오늘날 우리가 천문학(astronomy)이라고 부르는 것을 포함하여 사용되었다. 그러나 에우독소스는 제자들에게 한 사람의 운명을 그가 출생한 때의 별자리를 통해 알 수 있다는 칼데

---

* 왕의 길 또는 왕의 대로(大路)는 대개 페르시아 제국의 대로를 의미했다. 유클리드와 프톨레마이오스 1세에 대한 이야기도 있다.[8a]

** 그가 특히 좋아한 문제 중의 하나가 "황금비", 즉 긴 부분 대 짧은 부분의 동일 비율이 긴 부분에 적용된 한 점에서 전체 선을 분할하는 것을 찾는 문제였다.

아 이론을 무시할 것을 권했다. 그는 모든 천체 현상을 불변의 법칙으로 단순화하기를 갈망했다. 그는 고대인들이 최고의 천문학 관련서로 여긴 『파이노메나』에서 기후의 과학적 예측에 대한 토대를 세웠다.

그의 가장 유명한 이론은 찬란한 실패작으로 끝났다. 그는 우주가 지구 중심 주위를 반대 방향으로 다양한 속도로 회전하는 스물일곱 개의 투명하여 보이지 않는 구로 구성되어 있으며, 천체는 이들 동심구(同心球) 주변 또는 덮개 위에 고정되어 있다고 말했다. 오늘날 이 체계를 보면 터무니없어 보이지만, 이는 천체 활동에 대해 과학적으로 설명하려는 첫 시도 중 하나였다. 에우독소스는 자신의 이 체계에 따라 행성들의 상합(上合) 및 황도대 주기를 (이에 대한 현재의 지식을 일반적인 수준에서 급히 훑어볼 경우) 상당히 정확하게 계산해 냈다.* 이 이론은 고대의 어느 이론보다 더 천문학 연구를 고취시켰다.

기원전 390년경, 시라쿠사의 에크판토스는 "지구가 동쪽 방향으로 자전한다."라고 말했다.[12] 문법, 음악, 시, 수사학, 역사학, 기하학, 논리학, 윤리학 등에 대해 유명한 저술을 남긴 고대 최고의 박학자 중 한 명인 폰토스의 헤라클레이데스는 이 견해를 받아들이거나 독립적으로 발전시켜, 전 우주가 지구 주위를 돈다는 생각 대신 지구 자체가 매일 지축을 중심으로 회전한다고 가정하면 관련된 현상을 설명할 수 있다고 주장했다.[13] 헤라클레이데스는 금성과 수성이 태양을 공전한다고 말했다. 한 찰나적인 순간, 헤라클레이데스는 아리스타르코스와 코페르니쿠스를 예견한 듯하다. 게미노스는 한 단편에서(기원전 70년경) "폰토스의 헤라클레이데스는 태양이 어떤 방식으로 정지해

---

* 천체의 상합 주기는 지구에서 보았을 때 지구와 태양이 다시 합치될 때까지의 시간 간격이며, 황도대 주기는 12궁으로 나누어진 황도대의 동일 위치에 천체가 다시 나타날 때까지의 시간 간격이다. 에우독소스가 계산해 낸 토성에 대한 상합 주기는 390일이고 오늘날 우리의 계산으로는 378일이며, 목성은 그가 390일, 우리가 399일, 화성은 그가 260일, 우리가 780일, 수성은 그가 110일(한 사본에서는 116일), 우리가 116일, 금성은 그가 570일, 우리가 584일이다. 토성에 대해 에우독소스가 계산해 낸 황도대 주기는 30년이고 우리의 계산 수치는 29년 166일이며, 목성은 그가 12년, 우리가 11년 315일, 화성은 그가 2년, 우리가 1년 322일, 수성과 금성은 그가 1년, 우리의 수치 또한 1년이다.[11]

있는 동안 지구가 어떤 방식으로 운행한다는 가정하에 태양과 관련된 명백한 불규칙성
이 모면될 수 있다고 말했다."라고 적었다.[14] 헤라클레이데스가 정확하게 무엇을 의미
했는지는 알 수 없다.

한편 과학의 여러 분야에서 점진적인 발전이 이루어지고 있었다. 지리학에서 그리
스의 전기 작가인 메사나의 디카이아르코스가 산의 높이를 측량하고 지구 둘레를 약
4만 8000킬로미터로 증명했으며 조수에 대한 태양의 영향에 주목했다. 기원전 325년
에는 알렉산드로스의 장군 네아르코스가 인더스 강 하구에서 소아시아 남부 해안을 따
라 유프라테스 강으로 항해했다. 아리아노스의 『인디카』[15]에 일부 보존된 그의 항해 일
지는 고대 지리학의 고전 가운데 하나다. 육지면, 고도, 침하, 형세, 체적 등의 측량과 관
련된 측지학(測地學)이라는 명칭이 이미 지리학과 별도로 사용되었다.[16] 이 세기 초에
이탈리아 로크리의 필리스티온은 동물 해부를 실시했고, 심장을 주요한 생명 조정 기관
이라 불러 프네우마, 즉 영혼의 자리에 앉혔다. 기원전 370년경, 에우보이아 카리스토스
의 디오클레스는 동물의 자궁을 해부하고 27일에서 40일간의 인간 태아 특징을 설명했
으며, 해부학과 발생학, 부인과 의학과 조산학을 발전시키고, 태아 형성을 위해 양성(兩
性)이 "씨"를 제공한다고 발표하여 그리스인의 잘못된 편견을 바로잡았다.[17] 또 다른
아스파시아는 기원전 4세기 아테네의 유명한 내과 의사가 되었으며, 여성 질병, 수술
및 기타 관련 의학에서의 공적으로 명성을 남겼다.[18] 또한 의학이 먹고살기 위해 너무
빨리 사망률을 낮추지 않도록, 아르카디아인 아이네아스 탁티코스는 기원전 360년경
필리포스와 알렉산드로스의 시대에 전쟁술에 관한 첫 그리스 고전을 발표했다.

2. 소크라테스 학파

1. 아리스티포스

기원전 4세기가 과학에 있어서는 평범한 시대였다면 철학에 있어서는 절정

기였다. 초기 사상가들은 흐릿한 우주관을 제시했고, 소피스트들은 수사학 이외의 모든 것을 의심했으며, 소크라테스는 수천 가지 질문을 하고 대답은 하나도 하지 않았다. 이제 200년간 뿌려졌던 모든 씨앗이 거대한 형이상학적·윤리적·정치적 사고 틀 속에서 싹을 틔우려 한다. 국가 의료 체계에 있어서는 너무나 취약했지만, 그럼에도 불구하고 아테네는 이소크라테스가 말했듯이 자신을 "헬라스의 학교", 즉 그리스의 지적 중심지이자 조정자가 되게 한 사립 학교들을 개설했다. 옛 종교를 약화시킨 철학자들은 도덕과 삶의 지침에 대한 버팀목으로 이를 대체할 무엇을 자연과 이성에서 찾기 위해 분투한 것이다.

이들은 먼저 소크라테스가 열어 놓은 길을 더듬어 갔다. 소피스트가 대부분 수사학의 가르침으로 빠져 통째로 사라진 반면, 소크라테스의 제자들은 격렬하게 갈라지는 철학 지류들의 폭풍 한가운데 있었다. 소크라테스의 가르침을 받으러 아테네에 자주 찾아왔던 메가라의 에우클레이데스는, 아테네의 티몬이 칭찬한 것처럼,[19] 그의 고향을 "격렬한 논쟁"으로 휘젓고, 제논과 소크라테스의 논증술을 논쟁술로 발전시켜 모든 결론에 대해 질문을 가했으며, 이는 다음 세기에 피론과 카르네아데스의 회의주의로 이어졌다. 에우클레이데스 사후, 그의 총명한 제자 스틸폰은 메가라 학파를 더욱 견유학파적 관점으로 이끌었다. 모든 철학은 논박될 수 있으므로, 지혜는 형이상학적인 사변에 있는 것이 아니라 행복을 위해 개인을 외부 요소에 대한 의존에서 해방시킬 단순한 삶에 있다는 것이다. 메가라의 침공이 있은 후 데메트리오스 폴리오르케테스가 스틸폰에게 얼마나 잃었는지 질문하자, 이 현인은 이전에 지식 이외에는 어떤 소유물도 없었으며 아무도 이 지식을 가져가지 못했다고 답했다.[20] 노년에 그의 제자 중에 스토아 철학의 시조가 있어서, 메가라 학파는 한 제논에서 시작하여 다른 제논으로 끝맺었다고 말할 수 있다.

소크라테스 사후, 기품 있는 아리스티포스는 여러 도시를 여행하고 스킬로스에서 크세노폰과 얼마 동안 함께 보내고 코린토스에서는 라이스와 더 많은 시간을 함께 보냈다.[21] 그 후 아프리카 연안의 고향 키레네에 정착하여 철학 학교를 개설했다. 반(半)동양적인 도시의 부유하고 사치스러운 상류층 생활에 젖어 있던 그는 행복이 최상의 선이라는 스승의 교리에 대부분 동의하였다. 준수하고 예의 바르며 언변이 뛰어난 그는 어디서나 형통했다. 그는 로도스에서 난파하여 돈 한 푼 없는 처지가 되어 경기장으로 가 그곳 사람들을 강론으로 매료시켜 자신과 동료들에게 필요한 모든 것을 제공받았다. 그래서 그는 부모는 난파되었을 때조차 육지로 헤엄쳐 나올 수 있을 정도의 부를 아이에게 주어야 한다고 말했다.[22]

그의 철학은 솔직하고 단순하다. 아리스티포스에 의하면 우리는 무엇을 하든, 친구를 위해 가난해지고 상관을 위해 목숨을 버릴 때조차도, 쾌락을 기대하거나 고통을 두려워하므로 행한다. 따라서 쾌락이 궁극적인 선이며 덕과 철학을 포함해 다른 모든 것은 그것이 쾌락을 줄 수 있느냐에 따라 평가되어야 한다는 것이 분명하다. 사물에 대한 우리의 지식은 불확실하다. 우리가 직접적으로 확실히 아는 모든 것은 우리의 감정이다. 그러므로 지혜는 추상적인 진리가 아니라 유쾌한 느낌을 추구하는 데 있다. 가장 강렬한 쾌락은 지적이고 도덕적인 것이 아니라 육체적이고 감각적인 것이다. 따라서 지혜로운 사람은 무엇보다 육체적인 기쁨을 추구한다. 그는 불확실한 미래의 선을 위해 현재의 선을 희생하지 않는다. 현재만 존재하고, 현재는 그보다 더 낫지 않다면 미래만큼 선하다. 삶의 기술은 쾌락이 지나갈 때 움켜쥐는 것이고 순간이 선사하는 최상의 것을 소유하는 것이다.[23] 철학의 효용은 우리를 쾌락으로부터 멀리 인도하는 것이 아니라 쾌락의 가장 유쾌한 선택과 이용으로 인도하는 데 있다. 쾌락의 지배자는 절제하는 금욕주의자가 아니라 그 노예가 되지 않고 쾌락을 즐길 수 있고 자신을 위험에 빠뜨리는 것과 그렇지 않은 것을 신중하게 구별할 줄 아는 사람이다. 그러므로 지혜로운 사람은 공적인 의견과 법칙에 대해 통찰력을 보여 주며, 가능한 한 "어떤 사람의 주인이나 노예가 아닌"[24] 상태를 원한다.

자신의 가르침대로 실행하는 사람을 신뢰할 수 있다면, 아리스티포스는 존경받을 만하다. 그는 가난과 부를 동등하게 감사한 마음으로 받아들였지만, 둘다 차이가 없다고 가식을 부리지 않았다. 그는 자신의 가르침에 대한 대가를 요구했고, 목적을 달성하기 위해 참주의 비위 맞추기를 주저하지 않았다. 디오니시오스 1세가 "어부"라고 하며 모욕을 주었을 때, 그는 미소 지으며 "더 작은 물고기도 잡으려면 이보다 더한 습기도 참아야 한다."라고 말했다.[25] 한 친구가 디오니시오스 앞에 무릎 꿇고 그를 비난하자, 그는 왕이 "그의 발에 귀를 가진 것"은 그의 잘못이 아니라고 대답했다. 또한 디오니시오스가 왜 철학자는 부자 문간에 자주 나타나는데 부자는 철학자 앞에 자주 나타나지 않는지 묻자, 그는 "전자는 자기가 원하는 것을 알고 후자는 모르기 때문"이라고 대답했다[26] 그럼에도 불구하고 그는 부 자체를 추구하는 사람을 경멸했다. 부자 프리기아인 시모스가 그에게 대리석으로 꾸민 화려한 집을 자랑하자 아리스티포스는 그의 얼굴에 침을 뱉었다. 이에 대해 시모스가 항의하자, 그는 이 모든 대리석 가운데 "침을 뱉을 더 마땅한 장소"를 찾지 못해 그랬다고 변명했다.[27] 그는 번 돈을 좋은 옷과 좋은 음식, 좋은 집과 여자들(그들이 그를 그렇게 여긴 것처럼)에 탕진해 버렸다. 창부와 같이 산다는 비난을 듣고, 그는 다른 사람이 자기에 앞서 사용한 집에 살거나 배를 이용하는 것은 전혀 문제될 것이 없다고 대답했다.[28] 그의 아내가 그에게 "당신의 아이를 가졌다."고 말하자, 그는 "그게 나라고 말하는 건 덤불을 지난 후 어떤 가시가 당신을 할퀴었는지 말하는 것과 같을 거야."라고 대답했다.[29]

그 솔직한 생활 방식에도 불구하고 사람들은 그의 유쾌한 태도와 세련된 교양(시모스에게는 미안하지만), 상냥한 마음 때문에 그를 좋아했다. 그의 쾌락주의가 퉁명스러운 이유는 부분적으로 그가 그 도시의 존경받는 죄인을 조롱하는 것을 낙으로 삼았기 때문임이 분명하다. 그는 소크라테스를 숭상하고, 철학을 사랑하고,* 인생에 가장 인상적인 장면은 부도덕한 사람들 가운데서 자기 길을 꿋꿋이 걸어가는 고결한 사람을 보는 것이라고 고백함으로써 자기의 속

---

* 아리스티포스는 교육에서 철학을 빠뜨리는 사람은 "페넬로페의 구혼자와 같아 연인과 결혼하기보다 그 하녀를 자기편으로 끌어들이는 게 더 쉬움을 알게 된다."라고 말했다.[30]

내를 보여 주었다.[31] 죽기 전(기원전 356년), 그는 자신이 딸 아레테에게 남겨 준 가장 큰 유산은 "그것 없이는 아무것도 할 수 없는 덕을 세우도록"[32] 그녀에게 가르친 것이라고 말했다. 디오게네스에 대한 역설적인 항복이었다. 아레테는 아버지를 이어 키레네 학파를 이끌고 40여 권의 책을 저술했으며, 뛰어난 제자를 많이 배출하고 자기 고향 키레네로부터 "헬라스의 등불"[33]이라는 명예로운 비문(碑文)을 수여받았다.

2. 디오게네스

안티스테네스는 이 철학의 결론에는 동의했지만 그 논지에는 그렇지 않아, 같은 소크라테스로부터 금욕주의 이론을 끌어냈다. 견유학파의 시조는 아테네 시민의 아들이자 트라키아 노예의 아들이었다. 그는 기원전 426년에 타나그라 전투에서 용감히 싸웠다. 그는 한동안 고르기아스와 프로디코스와 함께 공부한 후 자신의 학교를 세웠다. 그러나 소크라테스의 강론을 들은 후에 그는 제자들과 함께 이 노인의 지혜를 배우러 갔다. 에우독소스스처럼 그는 피라이오스에 살았으며, 매일 6~8킬로미터의 거리를 걸어서 아테네에 갔다. 그는 소크라테스(또는 플라톤)가 한 공손한 대담자와 쾌락의 문제를 토론할 때 함께 자리했던 것 같다.

소크라테스. 철학자가 먹고 마시는 즐거움에 관심을 가져야 한다고 생각하는가?

시미아스. 절대 그렇지 않습니다.

소크라테스. 그러면 사랑의 기쁨에 대해서는 어떻게 생각하는가? 여기에 대해 관심을 가져야겠는가?

시미아스. 역시 그렇지 않습니다.

소크라테스. 그러면 다른 육체의 욕구, 이를테면 값비싼 옷이나 신발, 다른 장신구에 대해 관심을 기울여야 할까? 오히려 그 대신 본능이 원하는 것들을 경멸해야 하지 않을까?

영혼이 가능한 한 자유롭도록 육체와 관련해서는 꼭 필요한 것들로만 제한한다는 것이 견유학파 철학의 요체다. 안티스테네스는 이 교리를 문자 그대로 받아들여 신학을 뺀 그리스의 프란체스코 수도사가 되었다. 아리스티포스의 좌우명이 "나는 소유한다. 그러나 소유당하지는 않는다."인 반면, 안티스테네스의 경우는 "소유당하지 않기 위해 소유하지 않는다."였다. 그는 아무것도 소유하지 않았으며,[35] 너덜너덜한 겉옷만 입어 소크라테스는 "안티스테네스, 그대 옷에 난 구멍으로 허식이 보이는구먼." 하고 놀렸다.[36] 이외에 그의 유일한 약점은 저술 작업이었는데, 그는 열 권의 책만 남겼다. 그중 하나는 철학과 관련된 역사책이었다. 소크라테스가 죽은 후에 그는 교사직을 다시 시작했다. 그는 경기장 키노사르게스(Cynosarges)(작은 상어라는 뜻)를 강연장으로 삼았는데, 이는 이곳이 천한 사람들이나 외래인, 서자 출신들이 모이는 장소였기 때문이다. 키닉(Cynic)이란 말은 장소보다는 신조에 따라 이 학파에 붙여졌다.[37] 안티스테네스는 직공처럼 차려입고 수업료를 전혀 받지 않았으며 문하생으로 가난한 사람을 선호했다. 그는 가난과 고생을 꺼리는 사람은 말이나 곤봉으로 내쫓았다.

그는 처음에는 디오게네스를 제자로 맞으려 하지 않았다. 디오게네스는 고집을 부리고 묵묵히 모욕을 감내해 결국 제자로 받아들여졌으며, 가르침과 완전히 일치하는 삶을 살아 스승의 교리를 헬라스 전체에 유명해지게 했다. 안티스테네스는 반(半)노예 출신이었으며, 디오게네스는 시노페의 파산한 은행가였다. 디오게네스는 실제로 궁핍하여 구걸했고 가난이 덕과 지혜의 일부라는 것을 즐거이 받아들였다. 그는 거지 차림새를 하고 전대와 지팡이를 들고 다녔으며, 한동안 아테네의 키벨레 신전 안뜰의 큰 통을 집으로 삼았다.[38] 그는 짐승의 단순한 삶을 부러워하고 이를 흉내 내려 했다. 그는 땅바닥에서 잠자고 어디서든 구할 수 있는 것을 음식으로 삼았다. 그리고 (확신하건대) 모든 이들이 보는 데서 볼일을 보고 사랑의 의식을 행했다.[39] 한 아이가 손으로 물을 마시는 것을 보고, 그는 들고 있던 컵을 던져 버렸다.[40] 가끔 그는 사람을 찾고 있다고 하면서 초나 등(燈)을 들고 다니기도 했다.[41] 그는 아무도 해치지 않고 법을 인정하려 하지 않았으며, 스토아 학파 훨씬 이전에 자신을 코스모폴리테스(kosmopolites), 즉 세계 시민이라 말했다. 그는 한가롭게 여행했으며 한동안 시라쿠사에 살았다고 한다. 한번은 여정 중에 해적에게 붙잡혀 코린토스의 크세니아데스에게 노예로 팔렸다. 주인이 그에게 재주가 무엇이냐고 물었을 때, 그는 "사람을 다스리는 것"이라고 대답했다. 크세니아데스는 그를 자기 아들의 가정 교사로 삼고 가사를 맡겼고, 디오게네스가 능력을 훌륭히 발휘하자 그를 "뛰어난 천재"로 인정하고 많은 일에 조언을 구했다. 디오게네스는 단순한 삶을 일관되게 견지했으며, 알렉산드로스 다음으로 그리스에서 가장 유명한 인물이 되었다.

그는 점잔 빼는 사람 축에 들었으며 자신의 명성을 한껏 즐겼다. 그에게는 논쟁의 재능이 있어 그와 동명인 어떤 이는 그가 결코 논쟁에서 진 적이 없다고 말한다.[42] 그는 언론의 자유를 최상의 공공재(公共財)로 여겨 투박한 해학과 무한정한 재치로 이를 마음껏 활용했다. 그는 신상 앞에서 땅바닥에 머리 조아리며 절하는 한 여인에게 "온 세상에 충만한 어떤 신이 그대 뒤에 서 있을 수도 있는데, 그렇게 꼴사납게 행동하는 것이 두렵지 않느냐?"고 책망했다.[43] 한번은 한 창부의 아이가 군중들에게 돌을 던지는 것을 보고 "네 아버지를 맞히지 않도록 조심해라."라고 경고했다.[44] 그는 여자를 싫어 하고 여자처럼 행동하는 남자를 경멸했다. 화려하게 꾸미고 향수를 뿌린 한 젊은 코린토스 남자가 그에게 질문했을 때, 그는 "네가 남자인지 여자인지 밝히지 않으면 대답하지 않겠다."라고 말했다.[45] 알렉산드로스가 햇볕 아래 누워 있는 디오게네스와 나눈 대화는 온 세상 사람이 아는 얘기다. "나는 위대한 왕 알렉산드로스다."라고 지배자가 말하자, 철학자는 "나는 디오게네스라는 개다."라고 답했다. "그대가 원하는 것을 말하라."라고 왕이 말하자, 디오게네스는 "당신이 가리고 서 있는 태양에서 비켜서 달라."라고 말했다. 젊은 전사는 "내가 알렉산드로스가 아니었다면 디오게네스가 되었을 것이다."라고 말했다.[46] 그러나 철학자가 경의로 이에 답했는지 알려진 바는 없다. 이 두 사람은 기원전 323년 같은 날 죽었다고 전해진다. 알렉산드로스는 33세 되던 해 바빌로니아에서, 디오게네스는 90세 되던 해 코린토스에서였다.[47] 코린토스인들은 그의 무덤 위에 대리석 개 조각상을 세웠다. 그를 추방했던 시노페는 그의 기념물에 비(碑)를 세워 주었다.

견유학파 철학보다 분명한 것은 없다. 견유학파는 플라톤이 아테네 지식인들을 현혹시킨 이데아 이론을 달빛처럼 무색하게 할 정도로만 논리를 희롱했다. 형이상학 또한 견유학파에게는 공허한 게임에 불과했다. 자연은 세상을 설명하기 위해서가 아니라, 인생의 지침으로 삼을 만한 지혜를 얻기 위해 연구되어야 한다. 유일하게 진정한 철학은 윤리학이다. 인생의 목표는 행복이다. 그러나 이는 쾌락의 추구가 아니라 단순하고 자연스러운 삶에서 가능한 한 모든 외부 도움을 받지 않고 찾아야 한다. 쾌락이 합법적일지라도 자신의 노력과 수고에서 연유하며 후회가 따르지 않는다면,[48] 너무나 자주 추적을 교묘히 벗어나거나 붙잡았을 때에도 실망하게 되며 지혜로운 사람에게는 선이라기보다 악으로 여겨질 것이다. 겸손하고 고결한 삶만이 영속적인 만족에 이르는 유일한 길이다. 부는 평안을 파괴하고 질투 어린 욕망은 녹처럼 영혼을 갉아먹는다. 노예 제도는 부당하지만 중요한 것이 아니다. 현인은 구속된 상태에서도 자유로운 상태에서만큼 손쉽게 행복을 찾을 수 있다. 내적인 자유만이 가치가 있다. 디오게네스에 의하면 신들은 인간에게 안락한 생활을 허락했는데 인간이 사치에 안달이 나 이를 복잡하게 만들었다. 견유학파가 신을 크게 믿는 것은 결코 아니다. 한 제사장이 안티스테네스에게 고결한 사람이 죽은 후 얼마나 많은 선한 것들을 누리는지 설명했을 때, 그는 "그러면 당신은 왜 죽지 않느냐?"고 질문했다.[49] 디오게네스는 신비한 일에 대해서는 미소를 보냈다. 풍랑을 맞아 난파한 배에서 구조된 사람들이 사모트라케에서 제물을 바치는 것을 보고 그는 "구조된 사람들 대신 목숨을 잃은 이들이 제물을 바쳤다면 더 넘쳐났을 텐데."라고 말했다.[50] 견유학파에 있어 덕의 실천 외에 모든 종교적 행위는 미신으로 여겨졌다. 덕은 그 자체로 받아들여져야 하며 신의 존재나 그 징벌과 관련되어서는 안 된다. 덕은 먹는 것과 소유하는 것, 욕망과는 거의 상관이 없으며, 물만 마시고 아무도 해치지 않는 것이다. 적으로부터 자신을 어떻게 보호할 것인가라는 질문을 받았을 때 디오게네스는 "영예롭고 강직하게"라고 답했다.[51] 견유학파에 있어서는 성적 욕구만이 유일하게 합리적인 욕망이었던 것 같다. 이들은 외적인 구속이라 여겨 결혼을 반대했지만 매춘을 옹호했다. 디오게네스는 자유연애와 아내의 공유를 지지했으며,[52] 모든 것에서 자유롭기를 원한 안티스테네스가 욕망을 억제하는 만큼 고독해지는 갈망에 목말라하는 것에 불만을 토했다.[53] 성적인 욕구를 배고픔처럼 정상적이고 당연한 것으로 받아들인 견유학파는 인간이 왜 성욕을 식욕처럼 드러내 놓고 채워서는 안 되는지 이해할 수 없다고 공공연히 말했다.[54] 죽음에 대해서도 인간은 자유로워 자신의 죽을 장소와 시간을 선택해야 한다. 자살은 합법적이다. 어떤 이는 말하기를, 디오게네스는 숨을 멈춰 스스로 목숨을 끊었다고 한다.[55]

견유학파 철학은 진저리나게 복잡한 문명에 대한 부적응의 결과로 기원전 5세기에 아테네에서 일어났던 "자연 회귀" 운동의 일부였다. 인간은 본성상 문명화되지 않으며, 단지 형벌이나 고독이 무서워 규율 잡힌 삶의 구속을 감내한다. 디오게네스와 소크라테스의 관계는 어느 정도 루소와 볼테르와 같은 관련 선상에 있다. 그의 생각에 문명은 착오이며, 프로메테우스가 인간에게 불을 가져다줌으로써 받은 시련은 당연한 것이었다.[56] 스토아 학파와 루소처럼, 견유학파는 "자연인"을 이상으로 여겼다.[57] 디오게네스는 요리를 부자연스러운 것으로 여겨 고기를 날것으로 먹으려 했다.[58] 그의 생각에 최상의 사회는 기술과 법이 없는 사회였던 것이다.

그리스인들은 견유학파에 미소를 보내고 중세 사회가 성자들을 관용한 것처럼 이들을 허용했다. 디오게네스 이후 견유학파는 종교 없는 종교 제도가 되었다. 그들은 가난의 규칙을 만들고 보시로 살았으며, 독신과 난혼(亂婚)을 적당히 혼합하고 철학 학교를 개설했다. 그들은 집이 없었으며 거리나 신전 주랑 현관에서 가르치고 잠잤다. 디오게네스의 제자들인 스틸폰과 크라테스를 통해 견유학파 교리는 헬레니즘 시대에 전수되고 스토아 철학의 기초를 형성했다. 기원전 3세기 말경 이 학파는 역사에서 사라졌지만, 그 영향력은 그리스 전통 중에 강하게 남아 유대교 에세네파와 초기 이집트 그리스도교 수사들에게서 다시 등장하게 된다. 이들 모든 운동이 인도의 종파와 얼마나 영향을 주고받았는지에 대해서는 아직 학술적으로 규명되어 있지 않다. 우리 시대의 "자연 회귀" 열성론자들은 부자연스러운 구속에 지치고 회귀하여 동물과 어울려 살 수 있다고 생각한 동방 또는 그리스 고대 남녀들의 지적 후손들인 셈이다. 이 도시적 공상과 접촉하지 않고는 충만한 삶이란 존재하지 않는다.

3. 플라톤

1. 교사

플라톤까지도 견유학파의 이상에 동요되었다. 『국가』[59] 제2권에서 그는 흥미롭게 공감하면서 공산주의적이고 자연주의적인 유토피아를 설명한다. 그는 이를 거부하고 "차선" 국가의 묘사로 넘어가지만, 철학자 왕을 그리는 부분에 이르면 사유 재산과 아내를 두지 않고 검소한 생활과 높은 수준의 철학에 전념하는 사람들에 대한 견유학파적 이상을 발견하고 그리스 역사상 가장 멋진 상상 속의 성채를 포착하게 된다. 플라톤의 공산주의적 귀족주의 구상은 민주주의에 대한 그의 경멸감과 당대의 급진적 관념론을 융화시키려는 한 부유한 보수주의자의 눈부신 노력이었다.

그는 오랜 전통의 명문가 출신으로 모계 혈통은 솔론까지 거슬러 올라가고 부계 혈통은 아테네의 초기 왕, 심지어 바다의 신 포세이돈까지 거슬러 올라간다.[60] 어머니는 카르미데스의 여자 형제였고 크리티아스의 질녀여서, 그의 핏속에는 민주주의에 대한 반대가 흐르고 있었다고 할 수 있겠다. "가장 뛰어나며 명성 있는"이라는 뜻의 아리스토클레스라는 이름을 가진 이 젊은이는 거의 모든 분야에서 특출한 재능을 보였다. 그는 음악과 수학, 수사학과 시에 뛰어났다. 그는 준수한 외모로 여자뿐 아니라 남자도 매혹시켰다. 이스트미아 제전에 레슬링 선수로 출전했고, 그의 튼튼한 골격 때문에 넓다는 뜻의 "플라톤"이라는 애칭을 얻었다. 세 번의 전투에 참가하여 그 용맹성으로 포상을 받았다.[61] 그는 풍자시와 연애시, 4부작 비극을 썼다. 20세가 되자, 그는 진로를 두고 시인과 정치인 사이에서 갈등하다가 소크라테스의 매력에 굴복했다. 그는 이미 소크라테스를 알고 있었던 것이 분명하다. 이 위대하고 깐깐한 철학자는 그의 삼촌 카르미데스의 친구였던 것이다. 그러나 이제 그는 소크라테스의 가르침을 이해하고 이 노철학자가 곡예사처럼 관념을 공중으로 던진 후 질문이라는 포크로 꿰찌르는 광경을 즐길 수 있었다. 그는 시를 불태우고, 에우리피데스와 운동 경기, 여자를 잊고, 마치 최면술에 걸린 듯 스승을 따랐다. 그는 매일 스승을 주목해 보면서 예술가적 감수성으로 이 기이하고 사랑스러운 실레노스의 극적인 가능성을 느꼈을 것이다.

기원전 404년 플라톤이 23세 되던 해, 그의 친척이 주도한 보수주의적 정변이 일어난다. 과두파 공포 정치의 긴장된 날들, 소크라테스가 이끈 30인 평의회의 용감한 도전, 크리티아스와 카르미데스의 죽음, 민주주의의 회복, 소크라테스의 재판과 죽음. 한때 무사태평했던 젊은이 주변에서 모든 세계가 붕괴되는 것 같았다. 그는 마치 유령 도시라도 되는 듯 아테네를 도망쳐 나왔다. 그는 에우클레이데스의 고향 메가라에서, 그리고 키레네에서 아마 아리스티포스와 함께 얼마간의 평안을 찾았다. 그다음 그는 이집트로 가서 제사장들의 수학과 역사 지식을 연구한 것으로 보인다.[62] 기원전 395년에 그는 아테네로 돌아왔고, 1년 후에는 코린토스에서 그 도시를 위해 싸웠다. 기원전 387년에 그는 다시 여행에 나서 타라스에서 아르키타스와, 로크리에서는 티마에우스와 함께 피타고라스 학파 철학을 연구하고, 시칠리아로 건너가 에트나 산을 방문하고 시라쿠사에서 디온과 우정을 나누고 디오니시오스 1세를 소개받았으며, 노예로 팔렸다가 기원전 386년에 아테네로 안전하게 귀환하게 된다. 몸값을 갚기 위해 모금한 3000드라크마를 대속자 안니케리스가 거절하자, 플라톤의 친구들은 이 돈으로 그를 위해 그 지방 신 아카데모스(Academus)에서 이름을 딴 교외 휴양지를 사 주고,[62a] 플라톤은 여기에 이후 900여 년간 그리스의 지적 요람이 될 학교를 설립한다.*

아카데메이아는 기술적으로는 뮤즈 여신들에게 바쳐진 종교 단체, 즉 티아소스(thiasos)였다. 학생들은 수업료를 내지 않았으나 대부분 상류층 집안 출신이었으므로 부모들이 학교에 실질적인 기부를 했을 것이다. 수이다스는 부유한 사람들이 "이따금 자신의 뜻에 따라 학교 성원들에게 철학적인 여유로운 삶을 위한 수단을 유증했다."라고 말한다.[63] 디오니시오스 2세는 플라톤에게 80달란트(48만 달러)를 기부했다고 한다.[64] 여기서 이 왕에 대한 철학자의 인내심을 엿볼 수 있다. 당시 희극 시인들은 아카데메이아의 학생들을 몸가짐에 티를 내고 세련된 모자와 짧은 지팡이, 짧은 망토나 격식을 차린 가운 등으로 차림새를 까다롭게 꾸몄다고 풍자했다.[65] 이튼 학교의 관습과 학자의 검은 예복은 이처럼 전통이 유구하다. 여자들의 입학도 허락되었다. 플라톤은 그만큼 진보적이었으며 열렬한 여권론자였던 것이다. 주요 과목은 수학과 철학이었다. 입구에는 "기하학을 모르는 이는 여기 들어올 수 없다."라는 경고 문구가 적혀 있었다. 입학 요건으로 상당한 수준의 수학이 요구되었던 것 같다. 기원전 4세기 수학 발전의 대부분은 아카데메이아에서 수학한 이들에 의해 이루어졌다. 수학 과정에는 산술(수 이론), 고급 기하학, 구(球)(천문학), 음악(문학과 역사가 포함된 듯하다.), 법 그리고 철학이 포함되었다.[66] 플라톤이 소크라테스의 입을 빌려 (아니토스와 멜레토스를 반쯤 정당화하면서) 한 조언에 따른 듯, 도덕과 정

---

* 이것이 최초의 학교는 아니었다. 기원전 520년까지 거슬러 올라가 크로토나의 피타고라스 학파는 연합 형태의 학문 공동체에 여러 강좌를 제공했으며, 이소크라테스의 학교는 아카데메이아보다 8년 앞서 설립되었다.

치 철학은 맨 마지막에 등장한다.

소크라테스. 어릴 때 배운 정의와 선에 어떤 원칙이 있다는 걸 알 것이다. 부모의 권위 아래서 우리는 양육을 받고 그들에게 순종하고 존경했지.

글라우콘. 맞습니다.

소크라테스. 그리고 그 정반대에도 우리 영혼을 즐겁게 하고 매료시키는 기쁨의 금언과 습관이 있는데, 정의에 대해 나름의 관념이 있고 아버지의 금언을 여전히 존경하며 순종하는 이들에게는 소용이 없지.

글라우콘. 예, 그렇습니다.

소크라테스. 이제 한 남자가 이 국가에 있는데, 무엇이 공정하고 영예로운지에 대해 질문을 받으면 그는 법이 지시하는 대로 대답을 하고, 그다음 논쟁이 오가며 입법자의 말을 논박하게 되지. 그리고 그는 어떤 것도 반칙만큼이나 공정하지 않고, 정반대의 경우만큼이나 공정하고 선하지 않으며, 당대의 모든 영예롭게 여겨지는 의견들도 마찬가지라는 생각을 가지게 되지. 그러면 그가 이것들을 여전히 존중하고 순종하리라 생각하는가?

글라우콘. 절대 그렇지 않습니다.

소크라테스. 그가 이전처럼 이것들을 존중하고 당연시하지 않고 진리도 발견하지 못한다면, 욕망에 끌리는 것 외에 다른 삶을 살 수 있을까?

글라우콘. 그럴 수 없습니다.

소크라테스. 그러면 법을 준수하던 그가 무법자로 바뀌지 않을까?

글라우콘. 말할 필요도 없습니다.

소크라테스. 그러므로 우리의 30세 된 이 시민들을 논증으로 이끄는 데 온갖 주의를 기울여야 해. …… 그들이 값진 기쁨을 너무 일찍 맛보도록 해서는 안 돼. 이게 바로 특별히 피해야 할 한 가지지. 그대도 알겠지만 젊은이들은 논쟁의 즐거움을 먼저 맛들이면 자기를 논박한 이들을 흉내 내어 항상 다른 이들을 논박하고 부정하려고만 들지. 주변에 가까이 오는 모든 이를 물고 당기기 좋아하는 강아지처럼 말이야.

글라우콘. 예, 그들에게는 그게 가장 큰 즐거움이지요.

소크라테스. 그리고 더욱더 논쟁에서 이기고 다른 이들을 패배시키면, 그들은 난폭하고 성급하게 전에 믿었던 모든 것들을 부정하려 들고, 결국 …… 철학은 세상에 오명을 남기게 되지.

글라우콘. 정말 그렇습니다.

소크라테스. 그러나 나이가 들면 그런 어리석은 짓을 더 이상 범하지 않고 진리를 추구하는 지혜자의 본을 따르며, 즐기기 위해 반대하는 논쟁가를 멀리하게 되지. 결국 자기 인격을 더 깊이 돌아보아 탐구의 영예가 늘어나지 줄어들지는 않을 거야.[67]

플라톤과 조력자들은 제자들을 강연과 대담과 문제 제기로 가르쳤다. 한 가지 문제는 "행성의 움직임을 명백히 설명할 수 있는 가정을 통해 통일되고 질서 정연한 운동"을 찾는 것이었다.[68] 에우독소스와 헤라클레이데스는 이 작업을 통해 자극을 받았을 것이다. 강연은 기술적이었고 가끔 실질적인 성과를 기대한 이들을 실망시켰지만, 아리스토텔레스와 데모스테네스, 리쿠르고스, 히페레이데스, 크세노크라테스 등과 같은 제자들은 깊이 영향을 받았고, 많은 경우 자신들이 획득한 지식을 발표했다. 안티파네스는 다음과 같이 재치 있게 말했다. "먼 북쪽 도시에서 입 밖에 내어 얼어 버린 말이 여름이 되어 녹으면서 들린 것처럼, 젊었을 때 플라톤에게서 들은 말이 노년이 되어서야 결국 그들에게 이해되었다."[69]

2. 예술가

플라톤 자신은 어떤 기술적인 저술도 쓴 적이 없다고 공언했으며,[70] 아리스토텔레스는 아카데메이아의 가르침을 플라톤의 "쓰지 않은 교리"라고 말한다.[71] 이것이 대화편의 가르침과 얼마나 다른지 우리로서는 알 수 없다.* 오늘

---

* 아리스토텔레스의 어떤 인용 구절은 플라톤에 대해 (특히 이데아론의 경우) 『대화편』을 통해 알 수 있는 것과 다른 이해를 제시한다.

날 유럽과 미국 대학에서 가장 숭상되며 연구의 대상이 되고 있는 철학 작품이 사실은 철학과 인간성을 하나로 엮어 문외한이 철학을 이해할 수 있도록 하려는 시도로 구성되었다는 것은 역사의 유쾌한 아이러니 중 하나다. 철학을 대화 형식으로 기술한 것은 이것이 처음 시도는 아니다. 엘레아의 제논과 기타 몇몇 철학자가 이 방법을 사용했으며,[72] 가죽 재단사였던 아테네의 시몬은 자기 가게에서 있었던 소크라테스적 토론 내용을 「대화」에 발표했다.[73] 플라톤의 대화편은 문학 형식이지 역사 기술 형식이 아니다. 그는 30년 또는 50년 전의 대화를 정확하게 기술하려고 하지 않았으며, 일관성을 유지하려고도 하지 않았다. 소크라테스뿐 아니라 고르기아스도 젊은 극작가 기질의 철학자가 자신의 입을 빌려 한 말을 듣고 아연실색했다.[74] 대화편은 서로 독립적으로 씌어졌으며, 그 사이에 긴 막간이 있었던 것 같다. 기억의 착오를 확인하면 정말 충격적이다. 이에 비하면 관점의 변화는 훨씬 양호한 편이다. 결코 발견할 수 없는 진리를 꾸준히 탐구하며 분명한 진보를 보이는 경우를 제외하고, 전체를 통일하려는 의도는 전혀 없다.*

　대화편은 교묘하면서도 조악하게 구성되어 있다. 관념의 드라마에 생기를 불어넣어 주고, 소크라테스에 대해 시종일관 깊은 애정을 품으며 묘사하고 있다. 그러나 끝내 통일성이나 연속성을 이루어 내지 못하고 종종 주제 사이를 배회하며, 다른 사람들의 대화를 한 사람의 독백 형식으로 표현하여 세련되지 못한 우회적 분위기를 자주 연출한다. 소크라테스는 "기억력이 형편없다."[76]고 고백한 후, 자신이 젊었을 적 프로타고라스와 나눈 54쪽 분량의 토론을 한 친구에게 함축적으로 낭송한다. 대화편의 대부분은 "예."나 그와 비슷한 말 이외의

---

* 총 36편으로 구성된 대화편에 연대를 매기거나 강제적으로 분류할 수는 없으며, 다음과 같이 임의로 나눌 수는 있다. (1) 초기 저술: 주로 『변명(*Apology*)』, 『리시스(*Lysis*)』, 『이온(*Ion*)』, 『카르미데스(*Charmides*)』, 『크라틸로스(*Cratylus*)』, 『에우티프론(*Euthyphro*)』, 『에우티데모스(*Euthydemus*)』 (2) 중기 저술: 주로 『고르기아스(*Gorgias*)』, 『프로타고라스(*Protagoras*)』, 『파이돈(*Paedo*)』, 『향연(*Symposium*)』, 『파이드로스(*Phaedrus*)』, 『국가(*Republic*)』 (3) 후기 저술: 주로 『파르메니데스(*Parmenides*)』, 『테아이테토스(*Theaetetus*)』, 『소피스트(*Sophist*)』, 『정치가(*Statesman*)』, 『필레보스(*Philebus*)』, 『티마이오스(*Timaeus*)』, 『법률(*Laws*)』. 초기 저술은 34세 이전, 중기 저술은 40세 이전, 후기 저술은 60세 이후에 씌어진 것 같으며, 사이의 시간은 아카데메이아 활동에 바쳐졌을 것이다.[75]

어떤 대화를 나눌 수 있는 활발한 대담자가 없어 그 내용이 밋밋하다. 그러나 이런 결함은 언어의 선명한 광채, 상황과 표현 및 관념상의 익살스러움, 인간적으로 생생하게 표현된 다양한 성격들, 빈번하게 심오하고 고결한 정신세계를 비춰 주는 창문 등으로 인해 희석되어 버린다. 이 작품들이 그리스 저자로부터 우리에게 전해진 가장 훼손되지 않은 작품이라는 것을 생각하면 고대인들이 무의식적으로 이 대화편에 둔 가치가 이해될 것이다. 이 대화편은 내용상으로 사상에서 차지하는 만큼이나 형식에 있어도 문학사에서 높은 반열에 놓여 있다.

초기 대화편은 앞서 인용한 대목에서 책망을 들은 패기에 찬 "논쟁가"의 뛰어난 본보기다. 그러나 이는 아테네 젊은이에게 바친 매력적인 초상으로 용서받는다. 『향연』은 이 장르의 대표적 걸작이며 최고의 플라톤 입문서다. 극적인 화면 구성(아가톤은 그의 하인들에게 "너희들이 우리 접대자고 나와 내 동료는 너희 손님이라고 상상해라."라고 말한다.[77]), 아리스토파네스가 "너무 많이 먹어 딸꾹질하고 있는" 생동감 있는 표현, 방탕하고 몰염치한 알키비아데스에 대한 생생한 에피소드, 무엇보다 소크라테스에 대한 냉정한 사실주의적 묘사와 그의 사랑에 대한 지고의 관념론적 개념 간의 오묘한 조화 등의 특성이 『향연』을 산문 역사상 최고의 작품 중 하나로 만든다. 『파이돈』은 보다 절제되고 아름답다. 여기서 주 논점은 아무리 약하다 할지라도 정직이다. 적대자들에게도 공정한 기회를 주고 있다. 문체는 기품 있는 평안함이 비극을 극복하는 장면 위로 더욱 부드럽게 흘러 소크라테스의 죽음이 강이 저 멀리 굽이져 흘러가듯 조용히 다가오게 한다. 『파이드로스』의 대화 부분은 일리소스의 제방에서 소크라테스와 제자들이 개울에 발을 담근 채 진행된다. 물론 대화편의 정점은 『국가』다. 여기에 플라톤의 철학이 가장 완벽하게 설명되어 있으며, 그 앞부분에는 인격과 사고방식의 극적인 갈등이 아주 잘 표현되어 있다. 『파르메니데스』는 문학 전반에 걸쳐 공허한 논리 비약이라는 면에서 최악의 사례이며, 철학사에 있어서도 자신이 가장 소중히 여기는 교리인 이데아론을 반박할 수 없게 논박하는 한 사상가의 가장 용감무쌍한 본보기이다. 대화편의 이후 부분에서는 플라톤의 예술 감각이 쇠퇴하고 소크라테스도 무대에서 물러가며 형이상학도 시심(詩心)을 잃어버리고 정치학도 활달한 이상을 상실한다.『법률』에 이르면, 다재다능한 아테네의 모든 문화에 대해 피로감에 빠진 이 상속자는 스파르타의 매력에 굴복하고 자유와 시와 예술 그리고 철학 자체를 포기하는 데까지 이른다.

3. 형이상학자

플라톤에게는 체계가 없다. 정돈을 위해 그의 생각을 논리학, 형이상학, 윤리학, 미학, 정치학 등의 고전적 항목으로 요약한다면, 플라톤 자신이 너무나 열정적인 시인이어서 하나의 틀 안에 그의 사상을 제한할 수 없다는 것을 기억해야 한다. 그는 시인이어서 논리학에 어려움을 겪는다. 그는 정의를 규정함에 있어 갈피를 잡지 못한다. 모험적인 추론에 있어 길을 잃어버리고 "미궁에 빠져 막 벗어났다고 생각하면 다시 처음으로 돌아와 여느 때처럼 바라보고 있다."[78] 그는 결론짓는다. 논리학 같은 "과학을 위한 과학이 과연 있는지 나는 확신할 수 없다."[79] 그럼에도 불구하고 그는 시작한다. 그는 언어의 본질을 궁리하여 의성어에서 그 기원을 찾는다.[80] 분석과 종합, 추론과 궤변을 논한다. 귀납법을 수용하지만 연역법을 더 선호한다.[81] 일반 대화에서조차 이후 철학에 유용하게 사용될 본질, 힘, 행위, 정념, 생성 같은 기술 용어를 창안한다. 그는 아리스토텔레스의 명성의 일부를 구성하게 되는 열 개의 "범주" 중 다섯 개를 지정한다. 그는 감각이 진리를 시험하는 최상의 잣대이며, 개별 "인간이 만물의 척도"라는 소피스트적 관점을 거부한다. 그는 만약 그렇다면 모든 사람, 잠든 자나 미친 사람, 야비한 사람의 세상에 대한 평가도 다른 사람들만큼 선해야 하지 않을까라고 말한다.[82]

"어중이떠중이 감각들"이 전달하는 모든 것은 변화의 헤라클레이토스적 흐름이다. 우리에게 감각만 있다면, 결코 어떤 지식이나 진리도 얻지 못할 것이다. 지식은 이데아를 통해, 무질서한 감각을 체계적인 사고로 정돈하는 일반적 형상과 형식을 통해 가능하다.[83] 우리가 개별 사물만 지각할 수 있다면 사고는 불가능하게 된다. 우리는 사물을 유사성에 따라 종류별로 구분하고, 그 종류를 전체적으로 보통 명사로 표현하여 생각하는 법을 익힌다. "인간"은 모든 인간을, "탁자"는 모든 탁자를, "빛"은 육지와 바다를 항상 비추는 모든 빛을 연상시킨다. 이들 이데아(ideai, eida)는 감각에 대해서는 객관적이지 않지만, 이에 부합되는 모든 감각 대상이 파괴될 때에도 지속되고 변하지 않으므로 사고에 있어서는 실재한다. 사람들은 태어나고 죽지만 인간은 생존한다. 모든 개별 삼각형은 불완전한 삼각형일 뿐이며 조만간 사라져 상대적으로 비실재하지만, 모든 삼각형의 형식이자 규정인 삼각형은 완전하고 영원하다.[84] 모든 수학적 형태는 이데아이며 영원하고 완전하다.* 기하학이 삼각형, 원, 사각형, 정육면체, 구라고 말하는 모든 것은 물질세계에서는 그 형태가 존재하지 않았고, 존재하지 않을지라도 순수성을 유지하며 따라서 "실재"한다. 추상적 개념 또한 이런 의미에서 실재한다. 덕과 관련된 개별 행동은 잠깐만 존재하지만, 덕은 사고를 위한 영원한 실재 및 사고의 도구로서 유지된다. 아름다움, 크기, 유사성 등도 마찬가지다. 아름답거나 크거나 비슷한 것들이 감각에 있어 실재하는 것처럼, 이들은 정신에 있어 실재한다.[86] 개별 행동이나 사물은 이들 완전한 형상이나 이데아와 함께하거나 어느 정도 실현함으로써 존재한다. 과학과 철학의 세계는 개별 사물이 아니라 이데아로 구성된다.[87]** 전기(傳記)와 구별되는 역

---

* 노년에 플라톤은 "모든 이데아는 수학적 형태이다."라는 피타고라스 학파의 전환 명제를 증명하려 했다.[85]

** 카렐(Carrel), "플라톤에게 있어서처럼 현대 과학자들에게 있어서도 이데아는 유일한 실재이다."[88] 스피노자(Spinoza), "나는 원인과 진정한 실재를 통해 변덕스러운 개별 대상은 이해하지 못하며 오히려 불변하고 영원한 대상을 이해한다. 이는 그 숫자가 셀 수 없을 정도로 많을 뿐 아니라 …… 특정 대상의 존재가 그 본질과 연결되어 있지 않고 영원한 진실이 아니므로 인간의 연약함이 이들 변덕스러운 개별 대상을 따라잡을 수 없기 때문이다." (삼각형에 관한 기하학이 진리가 될 수 있기 위해 어떤 특정 삼각형이 존재해야 할 필요는 없다.) "그러나 변덕스러운 개별 대상을 이해해야 할 필요는 전혀 없다. 왜냐하면 …… 그 본질은 불변하고 영원한 대상 안에서만, 그리고 그 대상들에 그에 따라 모든 개별 대상이 형성되고 배열되는 순수 규범으로 새겨진 법칙을 통해서만 발견되기 때문이다."[89] 플라톤의 이데아론에서 헤라클레이토스와 파르메니데스가 화해한다는 것을 주목할 필요가 있다. 감각 세계에서는 헤라클레이토스가 옳으며 끊임없는 변화가 진실하다. 이데아 세계에서는 파르메니데스가 옳으며 불변하는 단일성이 진실하다.

사는 "인간"의 이야기다. 생물학은 특정 유기체가 아니라 "생명"에 관한 과학이다. 수학은 구체적인 사물이 아니라 수와 관계에 관한 학문, 사물과 독립되지만 모든 사물에 유효한 형상에 관한 학문이다. 철학은 이데아에 관한 과학이다.

플라톤의 형이상학에서 모든 것은 이데아론을 기반으로 하여 전개된다. 움직이지 않는 최고 동인(動因), 즉 세계정신[90]인 신(God)은 영원한 법칙과 형상, 신플라톤주의자가 말하는 로고스, 즉 신적 지혜 또는 신의 마음을 구성하는 완벽하고 불변하는 이데아에 따라 모든 사물을 움직이고 규제한다. 최고의 이데아는 선(善)이다. 가끔 플라톤은 선을 신 자체와 동일시한다.[91] 보다 자주 선은 창조의 안내자, 모든 사물이 이끌리는 최고의 형상으로 등장한다. 이 선을 지각하고 이상적인 창조 형성 과정을 보는 것이 지식의 최고 목표다.[92] 운동과 창조는 기계적인 것이 아니다. 우리 자신에서처럼 세계에서도 이 운동과 창조에는 그 독창적인 힘으로서 생명의 영혼 또는 원리가 필요하다.[93]

힘을 지닌 것만이 실재한다.[94] 따라서 물질은 기본적으로 실재하지 않으며(비존재), 관성의 원리나 신 또는 영혼이 어떤 이데아에 따라 형상과 존재를 부여하기를 기다리는 가능성에 불과하다. 인간에게 있어 영혼(soul)은 스스로 움직이는 힘이며, 모든 사물에 대해서는 스스로 운동하는 영혼(Soul)의 일부다.[95] 이 영혼은 순수한 생명력이며 영적이고 영원불멸하다. 이 영혼은 육체에 앞서 존재했으며, 새 생명에 의해 눈떴을 때 새 지식과 맞지 않는 이전 육체에 대한 많은 기억을 동반한다. 예를 들어, 모든 수학적 진리는 이런 식으로 내재적 성격을 띤다. 가르침을 통해서만 영혼이 알려 주었던 것들을 이전 여러 환생을 거슬러 회상할 수 있다.[96] 죽음 이후, 생명의 영혼 또는 원리는 이전 육체에서 쌓았던 공덕에 따라 고등하든 하등하든 다른 유기체로 넘어간다. 범죄를 저지른 영혼은 연옥이나 지옥으로 갈 것이며, 고결한 영혼은 축복의 섬으로 갈 것이다.[97] 이 영혼이 여러 존재를 통해 모든 범죄로부터 정화되면, 환생에서 해방되

며 영원한 행복의 낙원으로 올라간다.[98]*

4. 윤리학자

플라톤은 그의 독자 중 많은 이들이 무신론자일 것이라는 것을 알아, 인간 영혼이 천국과 연옥, 지옥 등과 상관없이 정의에 대해 각성할 수 있는 자연 윤리를 찾기 위해 한동안 애썼다.[100] 그의 중기 대화편은 형이상학에서 도덕과 정치학 쪽으로 더욱 돌아선다. "가장 위대하며 가장 공정한 종류의 지혜는 단연코 무엇이 국가와 가족의 질서 유지와 관련되는가 하는 것이다."[101] 윤리학의 문제는 개인의 쾌락과 사회 선(善) 간의 명백한 충돌에 있다. 플라톤은 이 문제를 공정하게 제시하여, 칼리아스의 입을 빌려 부도덕주의자만큼이나 강하게 이기심을 옹호하여 주장한다.[102] 그는 많은 경우 쾌락이 선함을 인정한다. 선하고 해로운 쾌락을 분별하기 위해 지성이 필요하다. 이 지성이 무디지 않도록 우리는 젊은이들에게 절제력, 중용 감각 등을 가르쳐야 한다.[103]

생명의 영혼 또는 원리는 세 가지 차원이나 부분, 즉 욕망과 의지와 사고력으로 이루어진다. 또한 각 부분에는 고유의 덕, 즉 절제와 용기와 지혜가 있다. 여기에 부모와 신에 대한 의무 수행을 담당하는 경건심과 정의감이 더해진다. 정의감은 인격에 있어서는 요소들의 전체 각 부분, 국가에 있어서는 국민의 상호 협력으로 정의될 수 있다. 그리고 각 부분은 최적의 기능을 적절히 수행한다.[104] 선은 이성만도 쾌락만도 아니며, 이들이 비례적으로 알맞게 조합되어 이성의 생명을 낳는다.[105] 최고선은 영원한 형상과 법칙에 대한 순수 지식에 있다. 도덕적으로 "최고의 선은 …… 그런 것이 있다면 영혼이 진리를 사랑하고 진리를 위해 모든 것을 행하는 힘 또는 능력이다."[106] 진정 진리를 사랑하는 자는 악을 악으로 갚으려 하지 않는다.[107] 그는 그보다 불법을 감수하는 것이 더 낫다고 생각한다. 그는 "청렴한 이들과 사귀는 것이 무엇보다 소중하다고 생각

---

* 이 힌두교-피타고라스 학파-오르페우스교적 영원불멸성이 얼마나 윤색되었는지 말하기는 어렵다. 플라톤은 반농담조로 단지 유용한 신화나 질서 유지를 위한 시적 보조 수단인 것처럼 이를 제시한다.[99]

하여 이들을 찾아 멀리 나선다. …… 진정한 철학 신봉자는 모든 육욕을 삼간다. 철학이 정결함과 악으로부터의 해방을 가져다줄 때 이를 거부해서는 안 된다고 느끼며, 철학에 이끌려 어디로 인도하든지 따라간다."[108]

플라톤은 자신이 쓴 시를 불태우고 종교적 신앙을 포기했었다. 그러나 그는 여전히 시인이고 신을 숭배하는 자였다. 그의 선에 대한 개념은 심미적인 감정과 금욕적인 경건함으로 가득 차 있다. 철학과 종교가 그의 안에서 하나가 되고, 윤리와 심미감이 용해되었다. 나이가 들면서 그는 선과 진리를 떠나서는 아름다움을 볼 수 없는 지경에 이르렀다. 그는 자신의 이상 국가에서 정부에 대해 부도덕하거나 비애국적인 경향을 보이는 모든 예술과 시를 검열한다. 모든 수사학적·비종교적 희곡이 금지된다. 호메로스조차 부도덕한 신학으로 매료시키는 화가이므로 쫓겨난다. 도리스와 프리기아 음악 양식은 허용될 수 있다. 그러나 여기에 복잡한 악기, 기술적으로 "짐승 같은 소리"를 만들어 내는 음악 대나[109] 획기적인 고안물 등은 전혀 개입되어서는 안 된다.

국가 전체를 위험에 빠뜨리므로 새로운 종류의 음악은 소개되면 안 된다. 음악 형식이 혼탁해지면 가장 중요한 정치 제도에 악영향을 주기 때문이다. …… 새 형식은 서서히 거점을 확보하고 풍습과 관습에 조용히 침투해 이를 기반으로 하여 …… 아주 뻔뻔스럽게 법과 제도를 공격해 간다. 그 결과 마침내는 모든 것을 전복시키고 만다.[110]

덕처럼 아름다움 또한 정합성과 균형 및 질서에 달려 있다. 예술 작품은 머리와 몸통, 팔다리가 모두 활기에 차 있고 하나의 생각에 의해 통일되어 있는 살아 있는 창조물이어야 한다.[111] 우리의 열정적이고 근엄한 철학자에게 있어 진정한 아름다움은 육체적이라기보다는 지적이다. 기하학의 형태들은 "영원히 그리고 절대적으로 아름다우며", 그로 인해 천체가 형성되는 법칙은 별들보다 더 매력적이다.[112] 사랑은 아름다움을 추구하는 것이며, 육체·정신·진리에 대한 사랑의 세 단계로 이루어진다. 육체적 사랑은 남녀 간의 사랑으로 생식 수단으로서 정당화되고 사멸되는 종류의 것이다.[113] 그럼에도 불구하고 초보적인 형태의 사랑이며 철학자에게는 중요하지 않다. 동성 간의 사랑은 부자연스러우며 재발되지 않도록 억압되어야 한다.[114] 이는 사랑의 둘째 단계인 정신적 사랑으로 승화시킴으로써 가능하다. 여기서 나이 든 이는 준수함이 순수하고 영원한 사랑의 상징이며 이를 상기시키므로 젊은이를 사랑하고, 젊은이는 그 지혜가 지성과 영예로 길을 향하게 해 주므로 나이 든 이를 사랑한다. 그러나 최고의 사랑은 "선을 영원히 소유하려는 사랑"이다. 이 사랑은 완벽하고 영원한 이데아 또는 형상의 절대적인 아름다움을 추구한다.[115] 이 사랑은 남녀 간의 살 없는 애정을 뜻하는 것이 아니며, "순정신적 사랑"으로, 플라톤 안에 있는 시인과 철학자가 지성에 대한 열렬한 욕구에서, 그리고 세계의 법칙과 체계와 생명과 목표의 환희에 찬 환상에 대한 신비로운 갈망으로 융합되는 데서 극치를 이룬다.

그 정신이 진정한 존재에 고정된 아데이만토스(Adeimantus)는 인간사를 내려다보고 그 다툼 속에 있는 질투와 적대감에 관심을 기울일 여지가 없다. 그의 눈은 언제나 확고하고 변하지 않는 원리를 향해 있으며, 그 시야에는 서로를 해치거나 해를 입는 것은 보이지 않고 모두가 이성에 따른 질서 정연한 움직임 안에 있다. 그는 이를 모방하고 할 수 있는 한 이에 따라 자기 삶을 이루어 갈 것이다.[116]

5. 관념론자

그럼에도 불구하고 그는 인간사에 관심을 둔다. 이상적인 사회상, 즉 부패도 가난도 폭정도 전쟁도 없는 사회를 꿈꾼다. 그는 "다툼과 적대감, 증오와 의심이 연이어 일어나는" 아테네 정치 파벌 싸움에 질린다.[117] 귀족정과 마찬가지로 금권적 과두정을 경멸한다. "사업가들은 …… 자신이 망하게 한 사람들을 보려고도 하지 않고, 돈이라는 독침을 전혀 경계하고 있지 않은 자들을 찌르고,

빌려 준 돈을 몇 배로 갚게 하는 이들이다. 이들은 이런 식으로 국가에 게으름뱅이와 가난한 이들이 넘쳐 나게 한다."[118], "그러면 가난한 이들이 적대자들을 정복하고 일부는 살육하고 일부는 추방한 후 등장하여 남은 자들에게 동등한 자유와 권리를 나눠 준다."[119] 민주주의자 또한 금권주의자만큼이나 나쁜 것으로 판명된다. 이들은 숫자의 힘을 이용하여 표결로 국민에게는 비탄을 자신들에게는 관직을 안긴다. 이들은 대중에게 아첨하고 그 욕망을 채워 주어, 결국은 자유가 무질서로 바뀌고 야비함이 온 땅에 퍼져 기준이 훼손되고 오만 방자함으로 풍속이 조악해진다. 광기 어린 부의 추구가 과두주의를 파괴하는 것처럼 지나친 자유가 민주주의를 파괴한다.

소크라테스. 이런 국가에서는 무질서가 자라 각 가정으로 침투하고 동물 사이에도 깃들어 이들도 감염시키기에 이른다. …… 아버지가 아들 수준으로 퇴락하고 …… 아들은 아버지와 같은 수준이 되어 부모를 두려워하지도 않고 염치도 잃어버린다. …… 스승은 제자를 두려워하여 비위를 맞추고 제자는 스승을 경멸한다. …… 젊은이가 늙은이와 비슷하여 젊은이가 늙은이와 같은 수준이 되고 말과 행동에서 늙은이를 맞서려고 한다. 늙은이는 …… 젊은이를 흉내 낸다. 서로의 관계에 있어 남녀 양성의 자유와 평등에 대해 말하지 않을 수 없다. …… 진정 말과 당나귀가 모든 권리와 위엄을 갖춘 자유인과 함께 행진해 간다. …… 자유로 인해 모든 것이 폭발하기 직전이다.

아데이만토스. 그럼 다음 단계는 무엇입니까?

소크라테스. 어떤 것이 지나치면 대개 반대 방향으로 향하게 된다. …… 국가든 개인이든 자유가 지나치면 기다리는 것은 노예 상태뿐인 것 같다. …… 최악의 참주정은 극도의 자유에서 발생한다.[120]

자유가 허락되면 독재 권력이 접근한다. 민주주의의 보복이 두려운 부자들은 정권 전복을 모의하고[121] 일부 모험적인 개인은 권력 장악을 기도하며, 가난한 이들에게 모든 것을 약속하고 사병으로 자신을 둘러 진을 치며, 국가를 평정하고 절대권을 장악할 때까지 먼저는 적을 다음에는 친구를 죽인다.[122] 이런 극심한 분쟁의 와중에 절제와 상호 이해를 설교하는 철학자는 "야생 짐승 중에 놓인 사람"과 같다. 현명한 이라면, "폭풍이 지나갈 때까지 은신처에서 칩거할 것이다."[123]

이런 위기 상황에서 어떤 학자는 과거로 도피해 역사를 기록한다. 반면 플라톤은 미래로 도피해 유토피아를 모범으로 삼는다. 그가 상상하기에, 우선 자기 백성이 기꺼이 실험 대상이 되게 할 수 있는 선한 왕이 있어야 한다. 그다음 질서 유지와 젊은이를 가르치는 데 필요한 이들 외에는 모두 추방되어야 한다. 연장자들의 길은 젊은이를 과거 상태로 타락시킬 것이기 때문이다. 성(性)과 계층에 상관없이 모든 젊은이는 20년간 교육받아야 한다. 여기는 신화, 옛 신앙의 부도덕한 신화가 아닌 부모와 국가에 순종하도록 영혼을 길들일 수 있는 새 신화의 교육도 포함된다.* 20세가 되면 모두 육체적·정신적·도덕적 시험을 거친다. 탈락한 자들은 사업가, 직공, 농부 등 국가의 경제 계급이 된다. 이들은 사유 재산을 소유하며 능력에 따라 (한계 내에서) 다양한 정도의 부를 축적한다. 그러나 노예는 없다. 첫 시험을 통과한 이들은 10년간 추가로 교육과 훈련을 받는다. 30세가 되면 이들은 다시 시험을 거친다. 탈락한 자들은 군인이 된다. 이들에게는 사유 재산이 허락되지 않고 직업에 종사하지도 않으며 군사 공동체에서 생활한다. 두 번째 시험을 통과한 이들은 이제 (과거에 없었던) "신령한 철학"[124]을 수학 및 논리학에서 정치학 및 법률에 이르기까지 전 분야에 걸쳐 5년간 공부한다. 모든 지식을 습득한 생존자는 35세에 실제 세계에 던져져 생계를 유지하고 입지를 확보하게 된다. 이들 중 50세가 되어 여전히 생존한 이들은 선거를 거치지 않고 수호자와 지배 계급의 일원이 된다.

이들은 모든 권력을 가지지만 소유는 없다. 법률도 없다. 모든 소송과 문제

---

* 따라서 플라톤은 자연 윤리는 적절하지 않다고 결론짓는다.

는 선례에 제한받지 않는 지혜에 따라 철학자 왕이 판결한다. 권력 남용을 막기 위해 이들에게는 재산도 돈도 가족도 아내도 없다. 반면 평민에게는 지갑의 힘이 있고, 군인에게는 무력이 있다. 공산주의는 민주주의가 아니라 귀족주의적이다. 평범한 영혼은 이에 적응할 수 없다. 군인과 철학자들만이 이를 감당할 수 있다. 결혼에 있어서는 모든 계급이 수호자들에 의해 우생학적 서약으로 엄격히 규제되어야 한다. "가능한 한 자주 최상의 종자끼리 서로 맺어져야 하고, 열등한 종자는 열등한 종자와 결합되어야 한다. 동일 종류의 자손을 부양하고 다른 종류의 자손은 삼가야 한다. 이 방식만이 무리를 최고 상태로 유지할 수 있는 유일한 길이다."[125] 모든 아이는 국가가 양육하고 동등한 교육 기회가 부여된다. 계급은 세습되지 않는다. 소녀에게는 소년과 동등한 기회가 주어지며, 여자라고 해서 국가 관직에 진출하지 못하게 해서는 안 된다. 플라톤은 이러한 개인주의, 공산주의, 우생학, 여권 신장론 및 귀족주의의 결합을 통해 철학자가 즐겁게 살 수 있는 사회가 형성될 수 있다고 생각했다. 그리고 그는 "철학자가 왕이 되거나 이 세상 왕과 왕자들이 철학의 정신과 힘을 소유할 때까지 …… 도시에는 절대 악이 그치지 않을 것이며 인류 또한 마찬가지다."라고 결론짓는다.[126]

6. 입법가

그는 디오니시오스 2세에게서 이런 왕자상을 찾았다고 생각했다. 볼테르처럼, 그는 군주제가 민주주의보다 더 유익하다고 생각했다. 군주제하에서는 개혁가가 한 사람만 설득하면 되기 때문이다.[127] 더 나은 국가를 만들기 위해, "젊고 자제력 있고 총명하고 기억력이 좋으며 용기 있고 기품 있고 …… 운이 따르는 절대 권력자를 장악한다. 그의 행운은 곧 동시대인인 위대한 입법가의 행운이고, 이들이 호기를 맞아 의기투합하게 된다는 것이다."[128] 그러나 앞에서 살펴보았듯이 이는 불행한 기회였다.

만년에 여전히 입법가를 꿈꾸고 있던 플라톤은 차차선의 국가를 제시했다.

현존 유럽 법률학의 최고(最古) 고전이기도 한『법률』은 발랄한 낭만주의가 쇠락한 노년기에 쓴 교훈적 노작(勞作)이다. 플라톤은 새 도시는 내지에 자리해야 한다고 말한다. 외국 사상이 믿음을 손상하고 교역으로 평화가 깨지고 외국의 사치 문화가 자족적인 근면성을 훼손할 수 있기 때문이다.[129] 자유 시민의 수는 편리하게 나눌 수 있도록 5040명으로 제한되어야 한다. 여기에 가족과 노예가 추가된다. 시민은 360명의 수호자를 선출하고, 이는 30개 집단으로 나뉘어 각 집단이 한 달간 국가를 통치한다. 360명의 수호자는 26명의 위원으로 야간 위원회를 구성한다. 이 야간 위원회는 밤에 모여 모든 중대사에 대한 법률을 제정한다.[130] 이들 위원은 각 시민 가구에 분할할 수 없고 양도할 수 없는 토지를 동등하게 분배해 준다. 수호자는 "토지에 수해를 입히는 우기에 대비하여 …… 토목 공사와 수로 사업을 펼치고" 관개 시설을 "구축해 건조한 땅에도 물이 충분히 공급되도록 한다."[131] 경제 불평등을 억제하기 위해 교역은 최소한으로 유지한다. 금은은 국민이 소유하지 못하며 대부업도 금한다.[132] 투자를 생업으로 삼는 것을 지양하며 근면한 농업을 권장한다. 토지 생산력의 네 배 이상 수확하는 자는 잉여분을 국가에 귀속시킨다. 유산 증여권은 엄격히 제한한다.[133] 여자도 남자와 동등한 교육 및 정치 기회를 가진다.[134] 남자는 30~35세에 결혼해야 하며 어길 경우 매년 엄중한 벌금을 문다.[135] 아이는 10년 동안만 낳는다. 미풍양속 유지를 위해 음주와 기타 공공 오락을 규제한다.[136]

이 모든 것을 평화롭게 달성하기 위해 국가가 교육과 출판 및 기타 여론과 개인 품성을 형성하는 수단을 완전히 통제한다. 국가의 최고 관직은 교육 책임자다. 교육에 있어서는 권위가 자유를 대신한다. 아이들의 지능이 너무 개발되지 않아 이들을 방치한 잘못을 면치 못할 수 있기 때문이다. 문학과 과학, 예술은 검열 대상이 된다. 위원이 판단하기에 공공 도덕과 신앙심을 해칠 우려가 있는 사상의 표현은 금지된다. 부모와 법에 대한 순종은 초자연적인 제재와 도움으로만 가능하므로, 국가가 어떤 신을 어떻게 언제 모실지 결정한다. 이 국가 종교에 이의를 제기하는 시민은 투옥되고, 계속 고집할 경우 사형에

처해진다.[137]

장수가 반드시 축복은 아니다. 플라톤은 소크라테스에 대한 기소와 장래에 있을 모든 심리에 대한 이 서문들을 쓰기 전에 죽는 것이 나았을 것이다. 그의 변명은 자신은 진리보다 정의를 더 사랑하고 자신의 목표는 가난과 전쟁 퇴출에 있으며, 이는 개인에 대한 엄격한 국가 통제를 통해서만 가능하고 따라서 강제력이나 종교가 필요하다는 것이었을 것이다. 그는 아테네 도덕과 정치의 퇴행하는 이오니아식 해이함은 스파르타 규범의 도리스식 기강을 통해서만 치유될 수 있다고 생각했다. 플라톤의 전체 사고방식 근저에는 자유의 남용에 대한 두려움과 철학은 국민의 치안 담당자이며 예술의 규제자라는 개념이 흐르고 있다. 『법률』에는 충분히 장수한 후 죽어 가는 아테네가 리쿠르고스 이후 계속 죽어 있던 스파르타에 굴복하는 모습이 그려져 있다. 아테네의 최고 철학자가 자유에 대해 이렇게 할 말이 없을 때, 그리스에는 한 왕을 맞을 준비가 무르익고 있었다.

지금까지의 내용을 되돌아보면, 플라톤이 중세 그리스도교의 철학과 신학, 조직에 대해 얼마나 완벽하게, 현대 파시스트 국가에 대해 얼마나 많이 예견했는지 알고 놀라게 된다. 이데아론은 스콜라 철학의 실재론, 즉 보편자의 객관적 실재가 되었다. 플라톤은, 니체(Nietzsche)가 말한 것처럼, "앞서 존재한 그리스도교인"이었을 뿐 아니라 앞서 존재한 청교도였다. 그는 인간성을 악하게 여겨 불신하고 영혼을 오염시키는 원죄로 생각한다. 그는 기원전 6~5세기 그리스 식자층의 이상이었던 영혼과 육체의 통일성을 악한 육체와 신령한 영혼으로 양분한다.[138] 그리스도교 금욕주의자처럼 그는 육체를 영혼의 무덤이라고 생각한다. 그는 피타고라스와 오르페우스교에서 윤회, 업보, 죄, 정화, 해탈 등의 동방 신앙을 빌려 온다. 마지막 작품들에서, 그는 회개하여 개종한 아우구스티누스의 다른 세계에 관한 논조를 채용한다. 그의 완벽한 산문이 없다면 플라톤은 그리스인이 아니라고 말할 수 있을 정도다.

그 역시 자국민이 지닌 매력적인 단점을 가졌기 때문에 가장 호감 가는 그리스 사상가로 남아 있다. 그는 감수성이 아주 예민해 단테처럼 불완전하고 일시적인 형상 배후의 완전하고 영원한 아름다움을 볼 수 있었다. 그는 매 순간 풍부하고 격렬한 기질을 억제해야 했기 때문에 금욕주의자였다.[139] 그는 상상력에 지배당하고 수없이 많은 기발한 생각에 빠지고 관념의 희비극에 사로잡히고 아테네의 자유분방한 정신적 삶의 지적 유희에 흥분한 시인이었다. 그러나 그는 시인이자 논리학자였으며, 고대의 가장 총명한 논증가로 엘레아의 제논이나 아리스토텔레스보다 더 명민했고, 여자나 남자보다 철학을 더 사랑했으며, 결국은 도스토예프스키(Dostoevski)의 대심판관처럼 모든 자유 논증을 억압하고 인간이 살기 위해서는 철학이 파괴되어야 한다는 평결에 이른 것이 그의 운명이었다. 그 자신이 그가 세운 유토피아의 첫 희생자였을 것이다.

4. 아리스토텔레스

1. 방황의 날들

플라톤이 죽었을 때 아리스토텔레스는 그를 위해 제단을 세우고 거의 신에 가까운 경의를 바쳤다. 그만큼 플라톤을 사랑했던 것이다. 좋아할 수는 없었다 할지라도. 그는 트라키아의 한 조그만 그리스 식민시 스타게이로스에서 자란 후 아테네로 왔다. 그의 아버지는 필리포스의 부왕 아민타스 2세의 궁정 의사였으며, (갈렌(Galen)이 틀리지 않았다면) 플라톤에게 보내기 전 어린 아들에게 해부학을 가르쳤다.[140] 사상사에서의 두 경쟁 계통인 신비주의 계통과 의학주의 계통은 두 철학자와 함께 만나고 다투었다. 플라톤 밑에서 그렇게 오랫동안 수학하지 않았다면(어떤 이는 그 기간이 20년이었다고 한다.), 아리스토텔레스는 철저하게 과학적인 정신으로 발전했을 것이다. 의사의 아들이 청교도 문하생과 그의 안에서 다투고 승부를 내지 못했다. 아리스토텔레스는 전혀 자신의 정신을 구성하지 않았다. 그는 백과사전을 편찬할 수 있을 정도의 과학적인 관찰 내용을 자기 주위에 모은 후, 그에 따라 자신의 학자 정신이 형성된 플라톤적 틀 안에 쑤셔 넣으려 했다. 그는 매 순간 플라톤을 논박했다. 이는 모든 경우를 그로부터 차용해 왔기 때문이었다.

그는 성실한 학생이어서 곧 스승의 눈에 띄었다. 디오게네스 라이르티오스에 의하면 플라톤이 아카데메이아에서 영혼에 관한 그의 글을 읽었을 때 아리스토텔레스만 "유일하게 끝까지 경청했으며 나머지는 모두 일어나 나가 버렸다."[141] 플라톤이 죽자(기원전 347년), 아리스토텔레스는 아카데메이아에서 자기와 함께 수학하고 노예 신분에서 소아시아 북부의 아타르네오스와 아소스의 절대 권력자가 된 헤르메이아스의 궁정으로 갔다. 아리스토텔레스는 헤르메이아스의 딸 피티아스와 결혼하고(기원전 344년), 헤르메이아스가 필리포스의 아시아 침공 계획을 도우려 한다고 의심한 페르시아인에게 암살당했을 때 막 아소스에 정착하려는 참이었다.[142] 아리스토텔레스는 피티아스와 근처 레스보스 섬으로 도망가 거기서 그 섬의 자연사를 한동안 연구하며 보냈다.[143] 피티아스는 그에게 딸 하나를 낳아 주고 죽었다. 이후 아리스토텔레스는 정부(情婦) 헤르필리스와 결혼해 살았다.[144] 그러나 그는 마지막까지 피티아스에 대한 애틋한 기억을 간직하여, 죽을 때 그의 뼈를 그녀 옆에 묻어 달라고 부탁했다. 그는 어떤 이들이 그의 작품을 통해 연상하는 것처럼 감정이 메마른 책벌레가 결코 아니었다. 기원전 343년, 아민타스의 궁정에서 젊었을 적의 아리스토텔레스를 알았을 필리포스는 그를 초대해 당시 열세 살이었던 거친 소년 알렉산드로스의 교육을 맡겼다. 아리스토텔레스는 펠라에서 4년간 이 일에 힘썼다. 기원전 340년에 필리포스는 그에게 올린토스와의 전쟁으로 황폐화된 스타게이로스를 재건하여 사람들이 다시 거주하게 하고 법전을 정비하는 임무를 맡겼다. 그는 이 과업을 훌륭히 완수했고 이 도시는 해마다 휴일을 정해 그의 성공적인 재건 사업을 기념했다.[145]

기원전 334년에 그는 아테네로 돌아와, 아마도 알렉산드로스의 자금 지원을 받아, 수사학·철학 학교를 세웠다. 그는 아테네에서 가장 세련된 경기장들, 아폴론 리케오스(목자들의 신)에게 헌정되고 그늘진 정원과 포장된 보도(步道)로 둘러싸인 건물들을 본거지로 삼았다. 그는 오전에는 정규 학생들에게 고급 과정을 가르치고, 오후에는 보다 일반적인 청중에게 추측건대 수사학, 시, 윤리학, 정치학 등을 강의했을 것이다. 그는 여기에 큰 도서관과 동물원, 자연사 박물관을 세웠다. 이 학교는 리케이온이라 불리게 되고, 이 집단과 철학은 아리스토텔레스가 담론하면서 제자들과 즐겨 거닐었던 포장 보도(peripatoi)에서 이름을 따 소요학파(Peripatetic)라고 불렸다.[146] 학생들이 대부분 중산층 출신인 리케이온과 회원이 대개 귀족 출신인 아카데메이아, 주로 식민지 그리스인들로 붐볐던 이소크라테스의 학교 간에 첨예한 경쟁이 벌어졌다. 이 경쟁 관계는 이소크라테스가 수사학을, 아카데메이아가 수학과 형이상학과 정치학을, 리케이온이 자연 과학을 강조함으로써 조만간 완화되었다. 아리스토텔레스는 제자들에게 모든 분야의 지식, 즉 이방인들의 관습, 그리스 도시들의 제도, 피티아 제전과 디오니소스 제전 우승자의 연대기, 동물의 기관과 습관, 식물의 특성과 분포, 과학과 철학의 역사 등을 수집하고 통합하는 일을 맡겼다. 이들 연구 결과는 그의 다양하고 수없이 많은 저술에 때로는 너무나 자신 있게 활용된 지식의 보고가 되었다.

그는 일반인을 위해 27편 정도의 대중적인 대화록을 썼는데, 키케로와 퀸틸리아누스는 이를 플라톤의 대화편과 동등하게 취급했다. 그가 고대인들에게 알려진 것은 주로 이들 작품을 통해서다.[147] 이들 대화록은 로마가 이방인을 정복할 때 참변을 당했다. 현재 남은 것들은 고대 학자들이 거의 언급하지 않은 기술적이고 아주 추상적이며 비교 대상이 없을 정도로 따분한 작품들로, 이들은 분명히 그의 생애 마지막 12년간 그 자신이 강의용으로 작성했거나 제자들이 강의를 들으며 작성한 것들이다. 이들 기술 개론들은 기원전 1세기 로도스의 안드로니코스가 발간할 때까지는 리케이온 외부에 알려지지 않았다.[148] 이들 중 40편이 남아 있지만, 디오게네스 라이르티오스에 의하면 360편이 더 있었다고 하며 간략한 전공 저술들이었을 것이다. 이런 학문의 잿더미 가운데서 한때 강렬하게 생명력을 발산했던 사상, 이후 시대에 아리스토텔레스에게 위대한 철학자(The Philosopher)라는 칭호를 수여한 그 사상을 추적해야 한다. 플라톤과 같은 광채, 디오게네스와 같은 재치를 기대해서는 안 되며, 다만 풍부한 지식의 보고, 왕들의 친구이자 고용인에게 어울리는 그런 보수적 지혜를 기대하며 그에게 접근해야 한다.*

2. 과학자

전통적으로 아리스토텔레스는 무엇보다 철학자로 간주되었다. 그러나 이는 착각이다. 신선한 관점을 위해서라도 그를 주로 과학자로 간주해 보자.

무엇보다 먼저 그의 호기심 많은 정신은 논증의 과정과 기법에 관심이 있다. 그는 이를 너무나 예리하게 분석하여, 그의 "오르가논(Organon)", 즉 도구(Instrument)(그의 사후 그의 논리학 저술에 붙여진 이름)는 2000년 동안 논리학의 교과서가 되었다. 현존 작품 속에서는 결코 성공하지 못했지만, 그는 명료하게 생각하기를 갈망했다. 그는 용어를 정의하는 데 시간의 반을 보내고, 그제야 문제가 풀렸다고 느낀다. 정의 자체를 그는 대상이나 관념에 대한 규정으로 명확히 정의한다. 그리고 그 규정 방식은 그 대상이 속한 부류나 종류를 지정한 후("인간은 '동물'이다."), 그 대상과 해당 부류에 속한 다른 대상들을 구분하는 특성을 지정하는("인간은 '합리적' 동물이다.") 식이다. 어떤 것이든 그 안에

---

*현존하는 가장 중요한 저술들은 여섯 가지 항목으로 다음과 같이 분류할 수 있다. 1. 논리학: 『범주론(*Categories*)』, 『해석론(*Interpretation*)』, 『전 분석론(*Prior Analytics*)』, 『후 분석론(*Posterior Analytics*)』, 『전제론(*Topics*)』, 『궤변적 논증론(*Sophist Reasonings*)』. 2. 과학: 1) 자연 과학: 『물리학(*Physics*)』, 『역학(*Mechanics*)』, 『천체론(*On the Heavens*)』, 『기상론(*Meteorology*)』. 2) 생물학: 『동물지(誌)(*History of Animals*)』, 『동물 부분론(*Parts of Animals*)』, 『동물 운동론(*Movement of Animals*)』, 『동물 보행론(*Locomotion of Animals*)』, 『동물 번식론(*Reproduction of Animals*)』. 3) 심리학: 『영혼론(*On the Soul*)』, 『자연 소고(*Little Essays on Nature*)』. 3. 『형이상학(*Metaphysics*)』. 4. 미학: 『수사학(*Rhetoric*)』, 『시학(*Poetics*)』. 5. 윤리학: 『니코마코스 윤리학(*Nicomachean Ethics*)』, 『에우데모스 윤리학(*Eudemian Ethics*)』. 6. 정치학: 『정치학(*Politics*)』, 『아테네 정체(*The Constitution of Athens*)』.

포함시킬 수 있는 기본 양상들을 열 개의 "범주", 즉 실체, 양, 질, 관계, 장소, 시간, 위치, 소유, 능동 및 피동으로 배열하는 것이 그의 체계화 방식의 특징이다. 일부 저술가들은 이 분류법을 통해 사고의 폭을 확장하는 데 도움을 얻을 수 있었다.

그는 감각을 지식을 얻는 유일한 원천으로 인정한다. 보편자는 일반화된 관념으로, 선천적인 것이 아니며 비슷한 대상을 많이 인식함으로써 형성되는 것이다. 보편자는 개념이지 사물이 아니다.[149] 그는 모순율을 모든 논리의 공리라 단언한다. "동일 속성이 동일 관계에서 동일 대상에 동시에 속하기도 하고 속하지 않기도 하는 것은 불가능하다."[150] 그는 소피스트의 궤변을 폭로하고, 끈질긴 관찰과 실험을 통하지 않고 머릿속에서 구상한 이전 선배들의 우주관을 비판한다.[151] 그가 이상으로 삼은 연역적 추론은 세 번째 명제가 앞선 두 명제로부터 반드시 도출되는 삼단 논법이다. 그러나 그는 의문 제기를 피하기 위해 삼단 논법은 주요 전제가 거의 확실할 수 있도록 광범위한 귀납적 연구를 선결 조건으로 해야 한다는 것을 인정한다. 자신의 철학 저술에서 연역적 추론에 너무 자주 몰입하더라도, 그는 귀납법을 칭송하며 자신의 과학 저술에 대량의 구체적 관찰 내용을 소개하고 이따금 자신 또는 다른 이들의 실험 결과를 기록한다.* 그의 모든 실수에도 불구하고 그는 과학적 방법의 창시자이며, 공동 과학 연구를 실시한 최초의 인물이었다.

그는 데모크리토스가 내버린 과학을 집어 들어 모든 분야에 과감히 도전한다. 그는 수학과 물리학에 가장 약해 이 분야에 대해서는 첫 원리에 대해서만 제한적으로 연구한다. 물리학에 있어서는 새로운 발견보다 물질, 운동, 공간, 시간, 연속성, 무한, 변화, 목적 등 사용된 용어들의 명확한 개념 정의에 힘쓴다. 운동과 공간은 연속적이며, 제논이 가정한 것처럼, 나뉠 수 없는 순간이나 부분

---

* 예를 들면 『동물 번식론』(iv, 6.1)에서 그는 실험적으로 어린 새에서 절개한 눈의 재생에 대해 언급한다. 또한 그는 오른쪽 고환이 제거된 남자가 계속 남녀 아이를 낳는 것을 보여 줌으로써, 오른쪽 고환이 남자를 낳고 왼쪽 고환이 여자를 낳는다는 이론에 반대한다.

으로 구성된 것이 아니다. 무한은 가능 속에서 존재할 뿐 실제적으로는 존재하지 않는다.[152] 비록 해결한 것은 아무것도 없지만, 그는 뉴턴(Newton)을 각성시킨 문제들, 즉 관성, 중력, 운동, 속도 등에 대해 느꼈다. 힘의 평행사변형에 대한 개념을 가지고 있었으며 지레의 법칙을 언급했다. "지렛대로부터 멀어질수록, 이동 가중값으로 인해 (물체가) 더 쉽게 움직인다."[153]

그는 천체(분명히 지구를 가리킨다.)는 구(球)라고 주장한다. 그 이유는 지구가 둥글어야만 달과 태양 사이에 지구가 개입해 가려질 때의 달의 모양이 설명될 수 있기 때문이다.[154] 그에게는 놀라운 지질학적 시간 감각이 있었다. 그는 이를 지각할 수는 없지만 주기적으로 바다와 육지가 서로 교체된다고 말한다.[155] 그에 의하면 눈 깜짝할 사이의 대격변을 통해서든 점진적으로든 수없이 많은 민족과 문명이 등장하고 사라졌다. "모든 예술과 철학이 반복해서 최고도로 발전했다가 다시 사멸했던 것 같다."[156] 열이 지질학적, 기상학적 변화의 주요 동인이다. 그는 구름과 안개, 이슬, 서리, 비, 눈, 우박, 바람, 천둥, 번개, 무지개, 운석 등에 대해 과감히 설명한다. 그의 이론은 종종 기괴하다. 그러나 그의 기상학과 관련된 저술이 획기적으로 중요한 이유는 초자연적인 동인을 전혀 고려하지 않고, 일정한 질서 내에서 규칙적으로 작용하는 자연적인 원인을 통해 변덕스러운 날씨를 설명하려 했다는 점이다. 자연 과학이 발전하기 위해서는 그 대상 영역이 보다 광범위하면서도 정밀한 관찰 도구 및 계측기가 발명되기까지 기다려야 했다.

아리스토텔레스가 가장 정통한 분야는 생물학이어서, 가장 폭넓고 세심하게 관찰하고 실수도 가장 많이 한다. 그의 최고 업적은 이전 발견 사실들을 통합하여 이 생명 과학을 최종적으로 확립한 점이다. 그는 제자들의 도움에 힘입어 에게 해 연안 지역 동식물군에 대한 자료를 수집하고, 동식물과 관련하여 최초로 과학 자료를 집대성했다. 플리니우스에 의하면[157] 알렉산드로스는 사냥꾼, 사냥터지기, 어부 등에게 아리스토텔레스가 요청하는 모든 동식물과 정보를 제공하라고 명했다. 이 철학자는 자신이 하찮은 것들에 관심 갖는 것을 사과한다. "모든 자연 대상에는 경이로움이 있다. 따라서 하등 동물에 대한 관찰을 경멸하는 이가 있다면, 그는 자신을 경멸해야 한다."[158]

그는 동물을 유혈(有血)동물(enaima)과 무혈(無血)동물(anaima)로 분류하는데, 이는 우리 시대 척추동물과 무척추동물로 분류하는 것과 대략 일치한다. 그는 무혈동물을 다시 유각 아메바류, 갑각류, 연체동물, 곤충류 등으로 세분하고, 유혈동물은 어류, 양서류, 조류, 포유류 등으로 세분한다. 그가 다루는 분야는 정말 광대하고 다양하다. 소화, 배설, 감각, 운동, 생식 및 보호 기관, 어류, 조류, 파충류, 유인원과 기타 수백여 종 동물의 유형 및 행동 방식, 짝짓는 시기 및 새끼를 낳고 기르는 방식, 사춘기, 월경, 수태, 낙태, 유전 및 쌍생아에 나타나는 현상, 동물들의 서식지와 이주 경로, 이들에 기생하는 병균과 질병, 수면과 동면 형태. 그는 꿀벌의 생태에 대해 탁월한 설명을 전해 준다.[159] 그는 기이하고도 우연적인 관찰들로 가득 채운다. 황소의 피는 다른 대부분의 동물들의 피보다 빨리 응고된다. 어떤 수컷 동물, 특히 염소는 우유를 생성한다고 알려져 있다. "암수컷 모두에 있어 말이 인간 다음으로 가장 음란한 동물이다."[160]*

그는 특별히 동물의 생식 구조 및 습관에 관심을 기울이고, "개별적으로 보존할 수 없을 때 유형을 보존하여"[161] 종을 존속시키는 자연의 다양성에 경탄한다. 이 분야에 있어 그의 작품은 지난 세기까지 타의 추종을 불허하였다. 동물의 생명은 두 가지, 즉 음식물 섭취와 생식을 중심으로 진행된다.[162] "암컷에게는 난소라는 기관이 있는데, 이는 처음에는 분화되지 않은 난자였다가 이후 많은 난자로 분화되는 것을 담는다."[163]** 암컷 성분은 태아 형성 재료와 영양분을 책임지고 수컷 성분은 기력과 운동을 책임진다. 암컷은 수동적인 성분이고

---

* 『동물지』 참조문에 아리스토텔레스가 많은 해부도를 그렸고, 그중 일부가 리케이온 벽에 옮겨졌다고 언급되어 있다. 그의 교재에는 도면상의 여러 기관 또는 지점이 현대적 방식으로 글자로 표현되어 있다.

** 아리스토텔레스는 난소와 자궁을 구분하지 못했다. 그러나 그의 설명은 1669년 스텐슨(Stensen)의 발표 이전에는 실질적으로 개선되지 않았다.

수컷은 능동적인 동인이다.[164] 아리스토텔레스는 태아의 성이 자궁의 온도나 한 생식 요소의 다른 요소에 대한 우월성에 의해 결정된다는 엠페도클레스와 데모크리토스의 견해에 반대하고, 자신의 이론, 즉 "형성(수컷) 요소가 우세를 점하지 못하고 온기가 부족하여 질료를 적절히 요리해 제 모양을 갖추는 데 실패하면, 이 질료는 …… 암컷으로 넘어간다."[165]는 견해로 기존 이론들을 대체한다. "특별히 어떤 지역에서는 가끔 여자들이 세 명, 심지어 네 명까지 아이를 낳는다. 지금까지 가장 많이 출산한 경우는 다섯 명이었는데, 이런 경우가 여러 번 확인되었다. 한때 네 번에 걸쳐 스무 명의 아이를 출산한 여자가 있었는데, 대부분 잘 자랐다."라고 그는 덧붙인다.[166]

그는 19세기 생물학의 많은 이론을 예견한다. 그는 태아의 기관과 특질이 성인의 각 부분에서 생식 요소로 전달되는 작은 입자(다윈의 범생설(汎生說)에 있어서의 소아체(小芽體))에 의해 형성된다고 믿는다.[167] 폰 베어(Von Baer)처럼, 그는 태아에는 성과 관련된 특질이 맨 먼저 나타나고, 다음에 종에 속한 특질이, 그 다음에 개인에 속한 특질이 나타난다고 가르친다.[168] 그는 허버트 스펜서(Herbert Spencer)가 스스로 자랑스러워한 원리, 즉 유기체의 번식력은 대체로 진화 정도에 반비례한다는 것을 분명히 말한다.[169] 그의 병아리 태아에 대한 다음 설명에서 이 사실이 가장 잘 드러난다.

원한다면 이 실험을 해보라. 20여 개의 달걀을 두 마리 이상의 암탉이 품도록 한다. 다음 그 순간부터 부화되는 순간까지 매일 달걀을 하나씩 깨뜨려 조사한다. …… 일반적인 경우 3일이 경과하면 태아가 확인된다. …… 심장이 한 방울의 피처럼 나타나고 생명을 부여받은 것처럼 박동하고 움직인다. 그로부터 피를 머금은 두 개의 정맥이 복잡하게 얽혀 나오고, 이제 정맥을 통해 피에 엉킨 섬유질을 나르는 얇은 막이 노른자위를 덮는다. …… 10일이 지나면 병아리의 신체 각 부위를 확연히 구별할 수 있다.[170]

아리스토텔레스는 인간의 태아 역시 병아리의 경우와 유사하다고 믿는다. "유아는 같은 식으로 엄마의 자궁 내에서 자란다. …… 새의 본질은 인간의 그 것과 비슷할 것이기 때문이다."[171] 자신의 유사 기관 이론을 통해 그는 동물 세 계를 하나로 본다. "손톱은 동물의 발톱과, 손은 게의 집게와, 날개는 물고기의 비늘과 유사하다."[172] 가끔 그는 진화론에 근접한다.

> 자연은 천천히 경계선을 명확히 그을 수 없는 형태로 무생물에서 동물의 생명으 로 나아간다. …… 따라서 위쪽에 위치한 무생물 다음에는 동물과 비교하면 상대적 으로 생명이 없지만 무생물에 비하면 살아 있는 식물 속(屬)이 온다. 식물에는 동물 을 향해 올라가는 연속 단계가 있다. 바다에는 동물인지 식물인지 판단하기 어려운 물체들이 있다. …… 어떤 동물은 뿌리를 내리고, 떨어져 나가면 사멸한다. …… 감 각에 대해서 어떤 동물은 전혀 조짐을 보이지 않는데, 어떤 것들은 흐릿하게 보여 준다. …… 동물 전반에 걸쳐서도 등급별로 나뉘는 구별이 있다.[173]

그는 유인원을 인간과 다른 태생 동물 사이의 중간 형태로 간주한다.[174] 그는 우연한 돌연변이의 자연 선택이라는 엠페도클레스의 개념에 반대한다. 진화에 우연이란 없다. 발전은 각각의 형태, 종, 속 등이 타고난 충동으로 인해 그 본질 상 가장 완전한 형태로 실현되도록 결정된다. 거기에는 의도가 있다. 그러나 그 것은 각각을 그 자연스러운 완성으로 이끄는 내적 추진력 또는 활력이라기보 다는 보다 열등한 형태의 외부로부터의 안내자이다.

이런 찬란한 제안들이 어우러진 가운데 (23세기 간의 평가를 통해 예상되는 것 처럼) 수많은 오류들이 발견되고 어떤 것들은 그 정도가 너무 심해 아리스토텔 레스의 동물학 저작이 자신의 기록과 제자들의 기록이 서로 섞인 것이 아닌가 하는 의심이 들 지경이다.[175] 『동물지』는 온통 오류투성이다. 독자는 이 책 속 에서 "쥐는 여름에 물을 마시면 죽는다.", "코끼리는 코감기와 고창, 이 두 가지 질병에만 걸린다.", "모든 동물이 미친개에게 물리면 광견병에 걸리지만 인간은 그렇지 않다.", "뱀장어는 자연 발생적으로 생긴다.", "인간만 심장이 두근거린다.", "여러 개의 달걀을 함께 흔들면 노른자위가 중간에 모인다.", "달걀은 진한 식염수에 뜬다." 등과 같은 내용을 접할 수 있다.[176] 아리스토텔레스는 동물의 내부 기관이 인간의 것보다 우수하다고 생각했다. 이를 보면 그도 히포크라테스도 종교적인 금기를 어기고 인간을 해부하지는 않았던 것 같다.[177] 그는 인간은 갈비뼈가 여덟 개뿐이고, 여자 이빨 수가 남자보다 적으며,[178] 심장이 폐보다 위에 있고, 뇌가 아니라 심장이 감각을 지배하고,[179]* 뇌의 기능은 (문자 그대로) 피를 차게 하는 것[180]이라 생각한다. 마침내 그(또는 어떤 권위 있는 대리인)는 자신의 설계 이론을 납득할 것 같은 미소를 짓게 하는 데까지 전개시킨다. "식물은 동물을 위해, 동물은 사람을 위해 창조된 것이 분명하다.", "자연은 휴식을 위해 엉덩이를 만들었다. 네발 동물은 서 있어도 피곤하지 않지만, 인간은 의자가 필요하기 때문이다."[181] 그럼에도 불구하고 이 마지막 장에서조차 그는 과학자의 면모를 드러낸다. 저자는 인간이 동물임을 당연시하고, 짐승과 인간 사이의 해부학적 차이에 대한 자연스러운 원인을 찾고 있다. 대체로 『동물지』는 아리스토텔레스의 최고의 역작이며 기원전 4세기 그리스의 가장 위대한 과학 저술이다. 이와 비견되는 작품을 위해 생물학은 20세기 동안을 기다려야 했다.

3. 철학자

신실한 신앙심 때문인지 아니면 인류가 표명해 온 견해에 대한 진지한 존경심 때문인지, 인간에 대한 연구로 돌아서자 아리스토텔레스는 과학자라기보다는 형이상학자의 모습을 띠게 된다. 그는 영혼(psyche), 즉 생명 원리를 "유기체의 최고 생명력", 달리 표현하면 유기체의 선천적으로 운명 지어진 형상과 그 충동 및 성장 방향이라고 정의한다. 영혼은 육체에 추가된, 달리 표현하면 거주하는 어떤 것이 아니다. 영혼은 육체와

---

* 그는 직접 자극에 대해 대뇌 조직이 무감각한 것으로 인해 오해했다.

동연(同延)적인 관계에 있다. 영혼은 "스스로 영양을 공급하고 성장하며 부패하는 힘" 안에서 육체 그 자체다. 영혼은 유기체의 기능의 총체다. 영혼과 육체의 관계는 눈과 시력의 관계와 같다.[182] 그럼에도 불구하고 이 기능적 양상은 기본적인 것이다. 조직이 기능에 의해 만들어지고 기관이 욕망에 의해 틀을 형성하듯, 육체는 영혼에 의해 형성된다. "모든 자연적 육체는 영혼의 기관이다."[183]*

세 종류의 영혼, 즉 영양혼, 감각혼, 이성혼이 있다. 식물에게는 동물 및 인간과 함께 영양혼, 즉 스스로 영양을 공급하고 내적으로 성장하는 능력이 있다. 동물과 인간에게는 이와 더불어 감각혼, 즉 지각하는 능력이 있다. 보다 고등한 동물과 인간은 "수동 이성"혼, 즉 보다 단순한 형태의 지력을 발휘하는 능력을 지닌다. 인간에게만 "능동 이성"혼, 즉 추론하고 창조하는 능력이 있다. 이 능동 이성혼이야말로 보편자, 곧 신(God)의 창조적이고 이성적인 힘의 일부 또는 발산물이며, 따라서 사멸되지 않는다.[186] 그러나 이 불멸성은 비인격적이다. 생존하는 것은 힘이지 인격이 아니다. 한 개인은 영양, 감각 및 이성적 능력의 독특하고 사멸할 운명의 합성물이다. 그는 생식을 통해 상대적으로만, 죽음을 통해 비인격적으로만 불멸성을 완성한다.**

영혼이 육체의 형상인 것처럼, 신은 세계의 형상 또는 생명력이며 고유한 본성, 기능 및 목적이다.*** 결국 모든 원인****은 자존하는 제1원인, 변하지 않는 제1운동자에게로

---

* 아리스토텔레스는 놀랍게도 관념론적인 어투로 "영혼은 어떤 의미에서 모든 존재하는 것들이다. 왜냐하면 모든 것들은 인식이거나 사상이기 때문이다."라고 덧붙인다.[184] 아리스토텔레스는 버클리(Berkeley)에게 머리 숙였듯이 흄(Hume)에게도 머리를 숙인다. "정신은 사고 과정이 그러하다는 의미에서 하나이며 연속적이다. 그리고 사고는 그 일부인 사상들과 동일하다."[185]
** 아리스토텔레스의 이 점에 대한 모순된 견해에 대해 다른 해석이 가능하다. 이 책은 『캠브리지 고대 역사』, VI, 345쪽과 그로트(Grote)의 『아리스토텔레스』, II, 233쪽 그리고 로데(Rohde)의 『프시케』, 493쪽을 따랐다.
*** 플라톤처럼 아리스토텔레스에게 있어서도 어떤 것의 본질적인 양상은 형상(eidos)이며 형성되는 질료가 아니다. 질료는 "진정한 존재"가 아니며 형상에 의해 활성화되고 결정될 때만 명확히 존재할 수 있는 부정적이고 수동적인 잠재성이다.
**** 아리스토텔레스에 의하면 모든 결과는 네 가지 원인, 즉 질료인(구성 성분), 동력인(동인이나 그 활동), 형상인(사물의 본질) 및 목적인(목적)에 의해 생성된다. 그는 특별히 다음과 같이 예를 들어 이를 설명한다. "인간의 질료인은 무엇인가? 월경(즉 난자 공급)이다.", "동력인은 무엇인가? 정액(즉 수정)이다.", "형상인은 무엇인가? (관

돌아간다. 세계의 운동과 힘에는 어떤 기원 또는 시작을 가정해야 하며, 그 원천은 신이다. 신은 모든 운동의 총체이자 원천인 것처럼 본질상 모든 목적의 총체이자 목적이다. 신은 처음이자 원인이며 또한 마지막이다. 우리는 어디서나 특정 목적으로 나아가는 사물을 본다. 앞니가 날카로운 이유는 음식물을 자르기 위함이며 어금니가 평평한 이유는 음식물을 잘게 부수기 위함이다. 눈꺼풀은 눈을 보호하기 위해 깜빡이며 동공은 어둠에서 더 많은 빛을 받기 위해 확장된다. 나무는 땅속으로 뿌리를 내리며 새싹은 햇빛을 향한다.[188] 나무가 그 고유한 본성과 힘, 목적으로 인해 빛으로 이끌리는 것처럼, 세계는 그 고유한 본성과 힘, 목적으로 인해 신에게로 이끌린다. 신은 물질세계의 창조자가 아니라 활력을 불어넣는 형상이다. 신은 배후에서 작용하는 것이 아니라 사랑하는 이가 사랑의 감정이 연인을 움직이듯 내재적인 방향 또는 목적으로서 작용한다.[189] 아리스토텔레스에 의하면 결국 신은 세계, 즉 신을 즉시 구성하는 영원한 형상 안에서 스스로 정관(靜觀)하는 순수 사상이며, 이성혼이다.

형이상학의 경우처럼 예술의 목적은 사물의 본질적인 형상을 파악하는 데 있다. 생명의 모방 또는 표현이며,[190] 단순히 기계적인 복제가 아니다. 모방하는 것은 질료의 영혼이지 육체 또는 질료 자체가 아니다. 이 직관 또는 본질의 반사를 통해 추한 대상조차 아름답게 표현될 수 있다. 아름다움은 통일성이며, 전체 중에 있는 부분들의 협력과 균형이다. 희곡에서 이 통일성은 무엇보다 연기의 통일성이다. 줄거리는 주로 한 연기와 관련되어야 하며, 기타 연기는 이 중심 이야기를 발전시키거나 조명하기 위해서만 허용되어야 한다. 작품이 탁월하려면, 연기가 기품 있고 영웅적이어야 한다. 아리스토텔레스의 유명한 정의에 의하면, "비극은 모든 종류의 화려한 언어를 수단으로 한 영웅적이고 완성도가 있으며 고결한 연기의 표현이다. …… 비극은 연기로 인간을 표현하며 독백을 이용하지 않는다. 동정심과 두려움을 통해 유사한 감정을 해소시켜 준

련 동인의) 본질이다.", "목적인은 무엇인가? 가시적인 성과다."[187]

다."[191] 비극은 가장 심원한 감정을 불러일으킨 후 대단원을 차분하게 마무리하여 해가 되지 않으면서도 그렇지 않으면 노이로제나 폭력으로 발전할 수 있는 영혼 깊숙한 감정을 표현해 준다. 비극은 보는 이에게 자신보다 더 깊은 고통과 슬픔을 안겨 준 후 속박되었던 감정에서 해방되어 집으로 향하게 한다. 일반적으로 진정한 예술 작품에는 명상의 즐거움이 있다. 영혼에 명상할 만한 가치가 있는 작품을 선사하는 것이 문명의 특징이다. "마땅히 노동할 뿐만 아니라 올바로 여가를 즐길 수 있기를 본성이 원하기 때문이다."[192]

그러면 선한 삶이란 무엇인가? 아리스토텔레스는 솔직하고 단순하게 행복한 삶이 선한 삶이라고 답한다. 그는 『윤리학』*에서 (플라톤처럼) 인간을 어떻게 선하게 만들 것인가가 아니라 어떻게 행복하게 할 것인가를 궁리하자고 제안한다. 그의 생각에 행복 이외의 기타 모든 것은 다른 목적을 위한 추구의 대상이며 행복만이 자체 목적으로 추구할 대상이다.[193] 어떤 것들, 예를 들면 훌륭한 가문, 건강, 준수한 용모, 행운, 명성, 좋은 친구, 부, 선량함 등은 행복을 지속하기 위해 필요한 것들이다.[194] "어떤 사람도 절대적으로 추하다면 행복할 수 없다."[195], "형틀 위에서 고문당하거나 큰 불행에 빠져 있으면서 선하다는 이유만으로 행복하다고 말한다면, 이는 터무니없는 말이다."[196] 아리스토텔레스는 철학자로서는 드물게 솔직한 태도로 지혜로운 자와 부자 중 누가 나은가라고 질문한 히에론의 아내에게 시모니데스가 한 대답을 인용한다. "부자다. 왜냐하면 지혜로운 자는 부자 문전에서 얼쩡거리기 때문이다."[197] 그러나 부는 수단에 불과하다. 구두쇠 외에는 부 자체로 만족하지 못한다. 왜냐하면 부는 상대적이며 절대 오랫동안 만족을 주지는 못하기 때문이다. 행복의 비밀은 행동, 인간의 본성과 환경에 맞게 열정을 표출하는 데 있다. 덕은 실천적인 지혜이며,

---

* 원래 『니코마코스 윤리학』(*Nicomachean Ethics*, 아리스토텔레스의 아들 니코마코스가 편찬하여 이름이 붙여짐.)과 『정치학』은 한 책이었다. 'ta ethika' 및 'ta politika'라는 복수 제목 형태는 그리스의 편찬자들이 여러 도덕적, 정치적 문제들을 별도로 다루고자 하여 사용되었으며, 영어권에서 그대로 유지되었다.

고유한 선을 지적으로 평가하는 것이고,[198] 대개는 두 극단 사이의 중용이다. 지성은 그 실천을 위해 수단과 자제력(내적 힘)을 필요로 한다. 아리스토텔레스다운 표현을 빌리면, "마땅한 대상에 대해 올바른 방식과 시점에 적절한 만큼 화를 내는 사람은 칭찬받을만하다."[199] 덕은 행동이 아니라 옳은 것을 하는 습관이다. 처음 덕은 규율에 의해 구속을 받아야 한다. 젊은이는 이런 문제를 지혜롭게 판단하지 못하기 때문이다. 조만간 규율의 결과가 습관, 즉 제2의 본성이 되고 욕망만큼 즐거운 것이 된다.

애초에 행복은 행동에 있다고 한 것과 전혀 상반되게, 아리스토텔레스는 최상의 삶은 사고하는 삶이라는 결론에 이른다. 사고야말로 인간의 특징 또는 특별한 탁월함이며, "인간 특유의 작품은 영혼의 이성에 따른 활동"이다.[200] "최고의 행운아는 학문, 연구, 명상 등을 풍요롭게 결합하는 이로써, 이런 사람이 신의 삶에 가장 근접한다."[201], "독자적인 즐거움은 철학을 통해 추구해야 한다. 기타 모든 즐거움은 인간의 도움이 필요하기 때문이다."[202]

4. 정치가

윤리학이 개인의 행복에 대한 과학이라면, 정치학은 집단의 행복에 대한 과학이다. 국가의 기능은 최대 다수의 최대 행복을 위한 사회를 구성하는 데 있다. "국가는 스스로 모든 삶의 목적을 충족시키는 시민들의 집합체이다."[203], "인간은 본질상 정치적 동물",[204] 즉 본능적으로 연합을 추구하는 존재이므로, 국가는 자연적인 산물이다. "국가는 본질상 가족과 개인을 우선한다." 우리가 아는 한, 인간은 이미 수립된 사회에서 태어나 그 이상에 맞추어진다.

제자들과 함께 158개의 그리스의 정체(政體)*를 수집 및 연구한 아리스토텔레스는 이들 정체를 세 가지 유형, 즉 힘과 출신 성분, 실력으로 각각 통치하는 군주정, 귀족정 및 금권정으로 구분했다. 이들 중 어떤 형태도 시간과 장소, 환

---

* 이들 중 단 하나 『아테네 정체』만 1891년에 발견되었는데, 이는 뛰어난 아테네 헌정사이다.

경에 따라 선할 수 있다. 이는 모든 이들이 명심해야 할 대목이지만, "어떤 한 정부 형태가 다른 형태보다 우수할지라도, 특정 상황에서 다른 형태가 우선되지 말아야 할 이유는 없다."[205] 어떤 정부 형태든 지배 세력이 자기 이익보다 모두를 위한 선을 추구하면 선하며, 반대 경우는 악한 것이다. 따라서 각 정부 형태는 피지배자 대신 지배자를 위한 정부가 되면 퇴화한다. 이 경우 군주정은 전제 정치로, 귀족정은 과두정으로, 금권정은 평범한 사람이 통치한다는 의미에서 민주정으로 퇴보하게 된다.[206] 통치자가 선하고 유능하다면, 군주정이 최선의 정부 형태이다. 만약 통치자가 이기적인 독재자라면 참주정이 되는 것이며, 이는 최악의 정부 형태이다. 귀족정은 당분간은 이로울 수 있다. 그러나 이 정부 형태는 그 질이 저하되는 경향이 있다. "고귀한 인격자는 이제 귀족 가문에서 결코 찾아볼 수 없으며, 대부분 아무 쓸모없는 이들뿐이다. …… 큰 영광을 누린 가문은 예를 들면 알키비아데스와 형 디오니시오스의 자손처럼 미치광이로 퇴화한다. 견실한 가문도 종종 키몬, 페리클레스, 소크라테스 등의 자손처럼 바보 멍청이로 퇴화한다."[207] 귀족정이 부패하면, 대개는 부가 지배하는 금권적 과두정으로 교체된다. 이는 왕이나 폭도에 의한 전제 정치보다는 나을지 모르지만, 그 영혼이 하찮은 영리나 비열한 이해타산,[208] 십중팔구 가난한 자를 비양심적으로 착취하는 등으로 인해 오염된 이들에게 권력이 주어진다.[209]

데모스(Demos), 즉 일반 시민에 의한 통치라는 의미에서의 민주정은 권력 투쟁에서 가난한 자가 부자에 대해 승리한 것에 기반을 두므로 과두정만큼이나 위험하며 자멸적인 혼란을 초래한다. 민주정은 소농이 통치하는 것이 최선이며, 도시 하층민과 상인이 통치하면 최악에 이르게 된다.[210] "다수의 판단이 한 사람보다 나으며, 수량이 많을수록 덜 부패하는 것처럼 다수가 덜 부패하는 것"이 사실이다.[211] 그러나 정치에는 특별한 능력과 지식이 필요하다. "직공이나 고용인이 탁월함(즉 선한 인격과 교육 및 판단력)을 얻는 것은 불가능하다."[212] 모든 사람은 불평등하게 창조되었다. "평등은 정당한 것이지만, 평등한 가운데서만 그렇다."[213] 불평등이 부당하게 극심해지면 하류층이 반란을 일으키는 것

처럼, 부당한 평등을 요구하면 상류층 또한 바로 소동을 일으킨다.[214]* 민주정
이 하류층에 의해 지배되면, 부자는 가난한 자를 위한 기금 마련을 위해 중과세
를 물게 된다. "가난한 자들은 수혜를 입은 후 또 동일한 혜택을 바라게 되며,
따라서 밑 빠진 독에 물 붓는 격으로 악순환이 되풀이된다."[216] 그럼에도 불구
하고 현명한 보수주의자는 사람들이 굶주리도록 방치하지 않는다. "민주정에
서 진정한 애국자는 대다수가 너무 가난하지 않도록 주의한다. …… 그는 그 대
다수가 영속적으로 풍요함을 누리도록 힘써야 한다. 이는 부자에게도 유리하
므로, 공적 기금의 절약분을 가난한 자들에게 나눠 주어 이들이 작은 토지라도
구입할 수 있도록 해야 한다."[217]

아리스토텔레스는 가져간 만큼 되돌려주는 격으로 유토피아가 아닌 차선
사회에 대해 신중하게 권고한다.

일반인이 도달할 수 없는 탁월한 덕, 타고난 사람만이 누릴 수 있는 교육, 임의로
구성할 수 있는 상상 속의 계획이 아닌 대부분의 사람이 이를 수 있는 삶의 양식과
대부분의 도시가 수립할 수 있는 정부에 적용할 수 있는 최선의 정부와 삶의 양식
등에 대해 알아 보자.[218] …… 사유 재산 공동체를 기반으로 하여 정부를 수립하려
면 해당 계획이 유용한지 판단하기에 충분한 오랜 경험을 참고해야 한다. 고려해야
할 거의 대부분이 이미 검증되었기 때문이다.[219] …… 많은 사람에게 공통된 것은
거의 주의를 기울이지 않는다. 모든 사람은 다른 이들과 공유하는 것보다는 자기 개
인 소유에 훨씬 더 관심을 가지기 때문이다.[220] …… 새 정체의 지속을 열망하는 국
가 구성원이 그렇지 않은 쪽보다 더 강해야 한다는 일반 원리를 먼저 가정할 필요가
있다.[221] …… 그러면 국가는 중산층이 부자나 가난한 자보다 더 크고 세력이 강하
도록 구성되어야 한다는 것이 명백해진다. …… 중산층의 수가 너무 적으면, 부자든
가난한 자든 항상 수적으로 우세한 계층이 그들을 제압하고 국가 중대사의 경영권

---

*아리스토텔레스가 생각하기에는 노예 제도조차 정당하다. 정신이 육체를 지배하는 것이 정당한 것처럼, 지능이
뛰어난 사람이 힘만 센 사람을 지배하는 것은 정당하다.[215]

을 담당했다. …… 부자가 득세하든 가난한 자가 득세하든 누구도 자유 국가를 수립하지 못한다.[222]

상류층에 의해서든 하류층에 의해서든 이처럼 편협한 독재 정부를 막기 위해, 아리스토텔레스는 귀족정과 민주정의 결합 형태인 혼성 정체 또는 금권정을 제안한다. 여기서 참정권은 토지 소유자에게 제한되고, 강력한 중산층이 균형추와 권력의 중심 역할을 한다. "토지는 공동체 공유 및 개인 사유로 양분되어야 한다."[223] 모든 시민이 토지를 소유한다. 이들은 "특정 모임에서 함께 식사해야 한다." 또한 이들만 투표권을 가지거나 무기를 소유할 수 있다. 이들은 전체 인구 중 소수, 대략 1만 명 정도로 구성된다. "이들은 아무도 직공이나 상인이 되어서는 안 된다. 성품이 저열해지고 탁월함을 상실하기 때문이다."[224] 또한 "전문가가 되어서도 안 된다. …… 전문가는 별도 집단이 맡아야 한다." 이를 테면 노예들. 시민은 관리를 선출하고, 선출된 자는 임기 말까지 관직을 보유한다. "정당하게 입법화된 법령은 가능한 한 모든 소송 문제를 규정하도록 하고, 재판관이 재량권을 발휘할 여지를 최소화하도록 한다."[225] "개인보다 법이 지배하는 것이 낫다. …… 한 개인에게 절대권을 주는 것은 야생 동물에게 주는 것과 같다. 욕망이 가끔 그를 그렇게 만들 수 있기 때문이다. 정념은 그가 가장 유능한 자라 할지라도 권력을 잡은 자에게 영향을 끼친다. 그러나 법은 욕망이 없는 이성이다."[226] 이렇게 구성된 국가는 재산, 산업, 결혼, 가족, 교육, 도덕, 음악, 문학, 예술 등을 규제한다. "인구 증가는 일정 한도를 넘지 않도록 더욱 주의할 필요가 있다. …… 이를 간과하면 시민이 궁핍해질 수 있다."[227], "불완전한 자나 불구자는 양육해서는 안 된다."[228] 이를 통해 건전한 기초가 형성되어 문명이 개화하고 평안이 정착된다. "지성이 최고의 덕이므로 국가의 지상 과제는 시민을 군사적 탁월함으로 훈육하는 것이 아니라 평화를 올바로 사용하도록 교육하는 데 있다."[229]

아리스토텔레스의 작품에 대해 재판관의 자리에 앉을 필요는 없다. 우리가 아는 한, 이전 어느 누구도 그처럼 인상적인 사상 체계를 수립하지 못했다. 한 사람이 광대한 영역을 다룰 경우, 그 결과가 우리 삶에 영향을 미칠지라도 많은 오류가 있을 수 있음은 이해할 수 있는 문제다. 아리스토텔레스의 실수나 그의 것으로 잘못 오해하고 있는 것들은 너무나 분명하여 재론할 필요가 없다. 그는 논리학자이지만 충분히 잘못 추론할 수 있다. 그는 수사학과 시에 원칙을 정하고 있지만, 정작 그의 책은 무질서로 가득하고 어떤 상상의 숨결도 그 속의 먼지 낀 이파리들을 살랑거리게 하지 못한다. 그럼에도 불구하고 이 광대한 지식을 관통하여 지혜의 풍요로움이 흐르고 있으며 수많은 경로를 통해 개척한 지적 연구 성과가 녹아 있다. 그는 결코 생물학이나 헌정사, 문학 비평을 수립하지 않았다. 시작을 찾아볼 수 없다. 그러나 그는 우리가 아는 어떤 고대인보다 이에 대해 더 많은 공헌을 했다. 과학과 철학에 있어서 라틴 형태로 학술 토론과 사고를 촉진한 수많은 용어들, 예를 들면 원리(principle), 준칙(maxim), 기능(faculty), 수단(mean), 범주(category), 에너지(energy), 동기(motive), 습관(habit), 목적(end) 등은 그에게서 비롯되었다. 페이터(Pater)가 말한 것처럼, 그는 "최초의 철학 교수"였다.[230] 철학적 방법론과 사색에 대한 그의 오랜 영향력은 그의 사상이 얼마나 비옥하며 통찰력의 깊이가 어떠한지를 말해 준다. 그의 윤리학 및 정치학 관련 저술은 명성과 영향력에 있어 타의 추종을 불허한다. 연역적으로 추론한 중에도 그는 여전히 "박학자 중의 대가"로 남아 있다. 인간 지성이 확장될 수 있는 한계까지 나아가 증명하고, 산재한 지식을 통찰과 이해의 영역 내로 통합하려 애쓰는 이들에게 영감을 불어넣으면서.

22장 　　　　　　　　　　알렉산드로스

1. 정복자의 영혼

왕자 문하생과 이별한 후, 아리스토텔레스의 지적 여정은 알렉산드로스의 군사 여정과 그 궤적을 나란히 한다. 두 사람의 삶은 정복과 통합으로 요약될 수 있다. 알렉산드로스의 승리에 장엄함을 더해 준 통일에 대한 그 열정을 젊은 영혼에 스며들게 한 이는 바로 이 철학자였을 것이다. 더욱이 이 결연한 의지는 아버지의 야망으로부터 계승되고 어머니의 피를 통해 열정으로 승화된 듯하다. 알렉산드로스를 이해하려 할 때 반드시 기억해야 할 것은 그의 피에는 필리포스의 방탕한 정력과 올림피아스의 야만적인 광기가 흐르고 있었다는 것이다. 뿐만 아니라 올림피아스는 아킬레우스의 후손으로 자처했다. 따라서 알렉산드로스에게 『일리아드』는 특별한 매력을 지닌다. 그는 헬레스폰토스 해협을 건너면서 아킬레우스의 자취를 더듬고 있다고 생각했다. 아시아 이쪽을 정복할 때 그는 선조가 트로이에서 시작한 정복 사업을 마무리하고 있었던 것이다. 종군하는 내내 그는 아리스토텔레스가 주석한 『일리아드』 사본을 지니고 다녔다. 종종 그는 마치 정복의 수단과 목표를 암시라도 하듯 잠잘 때 베개 옆에는 단도를, 그리고 그 밑에는 이 책을 두었다.

엄격한 몰로시아인 레오니다스는 이 소년의 육체를 단련하고, 리시마코스는 문학을 가르쳤으며, 아리스토텔레스는 그 정신세계 형성에 주력했다. 필리포스는 알렉산드로스가 철학을 공부하기를 간절히 원했다. 그는 "너는 내가 유감스럽게도 행했던 종류의 일들을 하지 않기를 바란다."라고 말했다.[1] 어느 정도 아리스토텔레스는 그가 그리스인이 되게 하는 데 성공했다. 전 생애에 걸쳐 알렉산드로스는 그리스 문학을 흠모했고 그리스 문명을 부러워했다. 클레이토스를 살해한 광란의 연회에 함께한 두 명의 그리스인에게 그는 "이 마케도니아인들과 함께 앉아 있으면 반쯤 신 같은 존재로 야만인들 가운데 있다는 느낌을 갖지 않느냐?"고 말했다.[2]

알렉산드로스는 육체적으로 정말 이상적인 청년이었다. 그는 모든 운동에 능했다. 발 빠른 경주자였고 힘찬 기수였으며 영특한 검객이었고 숙련된 궁수였으며 두려움을 모르는 사냥꾼이었다. 한번은 친구들이 올림피아의 도보 경주에 참가하라고 권하자 그는 상대가 왕들이라면 그러겠노라고 답했다. 아무도 길들이지 못한 명마 부케팔로스를 온순하게 만들었다. 플루타르코스는 이를 지켜본 필리포스가 그를 칭찬하며 다음과 같이 예언적인 말을 했다고 한다. "내 아들아. 마케도니아는 네게 너무 작다. 네게 더 잘 어울리는 큰 제국을 꿈꾸어라."[3] 행군 중에도 그는 스쳐 가는 물체를 과녁 삼아 활을 쏘고 전속력으로 달리는 전차를 뛰어내렸다가 다시 오르는 등 거친 정열을 발산했다. 종군이 뒤처지면 그는 사냥을 나갔으며, 전투 중에 아무 도움 없이 도보로 짐승 사냥을 하곤 했다. 한번은 사자를 사냥한 후 둘 중 누가 왕인지 다투는 것처럼 싸웠다는 말을 듣고 기뻐했다.[4] 그는 힘들고 위험한 일을 즐기고 쉴 줄을 몰랐다. 그는 많은 종을 부리고 정작 자기는 무얼 할지 모르는 수하 장군들을 비웃으며, "그대들처럼 경험 많은 이들이, 일하는 자들이 부리는 자들보다 더 깊이 잠드는 걸 모르다니 참 이상하다. 승리한 다음 가장 중요한 일이 정복당한 자들의 사악함과 나약함을 본받지 않는 것이라는 걸 아직 모르는가?"라고 말했다.[5] 그는 잠자는 시간을 아까워하고 "잠과 생식 행위가 인간이 죽을 수밖에 없는 연약한 존재라는 걸 가장 잘 느끼게 한다."라고 말했다.[6] 그는 식욕을 절제했으며, 친구들과의 주연을 즐기기는 했지만 죽을 때까지 음주를 자제했다. 야간 행군이 아침 식욕을 돋우고 가벼운 아침 식사가 저녁 식욕을 돋운다고 말하며 사치한 음식과 유명 요리사를 사절했다.[7] 이런 습관의 결과, 그의 안색은 유달리 깨끗했고 그의 육체와 호흡은 플루타르코스에 의하면 "걸친 옷을 물들일 정도로 향기로웠다."[8] 그의 모습을 그리고 조각한 이들의 아첨을 감안하더라도, 당대인의 말을 통해 풍부한 표정, 부드럽고 푸른 눈동자, 울창한 적갈색 머리칼을 한 그는 이전 어떤 왕보다 준수했다는 것을 알 수 있다. 그는 수염이 싸움에서 적에게 유리하게 작용한다고 하면서 면도 습관을 유럽에 도입했다.[8a] 이 사소한 사례를 통해서도 그가 역사에 끼친 지대한 영향이 감지된다.

정신적으로 그는 열정적인 학생이었는데, 조숙함에 이르려는 부담감에 너무 일찍 불살라졌다. 그는 수많은 행동가들처럼 자신 또한 사상가가 될 수 없음을 한스러워 했다. 플루타르코스는 "그는 배움에 대한 격렬한 갈망과 열정을 가졌으며, 시간이 지나면서 더 커졌고 …… 온갖 유의 독서와 지식을 사랑"했으며, 행군이나 전투를 치른 날 학자 및 과학자들과 새벽녘까지 토론하기를 즐겼다고 한다. 그는 "권력과 통치권보다 탁월한 지식에서 다른 사람을 능가하고 싶다."라고 아리스토텔레스에게 글을 썼다.[9] 아리스토텔레스의 제안으로, 그가 나일 강의 수원(水源)을 탐사하게 하고 여러 과학 연구에 기꺼이 자금을 제공했을 가능성이 있다. 그가 더 오래 살았다면 카이사르의 명석한 지성이나 나폴레옹의 영민한 이해력을 지니게 되었을지는 의심스럽다. 20세에 즉위한 후, 그는 전쟁과 통치에 온 정력을 쏟아 죽을 때까지 교육의 기회를 갖지 못했다. 그는 명석하게 말할 수 있었지만, 주제가 정치와 전쟁을 벗어나면 수많은 오류에 빠졌다. 종군 중에 당대의 과학을 통해 습득할 수 있는 만큼의 지리학 지식을 얻지는 못했던 것 같다. 그는 가끔 편협한 독선을 벗어나긴 했지만 평생 미신의 구속을 헤어나지 못했다. 그는 주위에 운집한 점쟁이와 점성가를 크게 신뢰했다. 아르벨라 전투를 앞두고 그는 밤새워 마술사 아리스탄드로스의 도움을 입어 마술 의식을 행하고 공포의 신에게 제물을 바쳤다. 끝없는 용기로 뭇사람과 짐승을 대적했던 그가 "징조와 불가사의에는 너무나 쉽게 놀라" 중요한 계획까지도 이에 따라 변경할 정도였던 것이다.[10] 그는 수많은 사람을 지휘하고 수백만 명을 정복하고 다스릴 수 있었지만, 정작 자기의 기질은 통제하지 못했다. 그는 자신의 약점과 한계를 결코 깨닫지 못했으며 찬미에 도취해 판단력을 상실했다. 그는 흥분과 영광의 도가니에 갇혀 살았고 전쟁을 너무나 사랑해 평화의 안식을 알지 못했다.

그의 도덕성 또한 비슷한 모순을 안고 있었다. 그의 바탕은 감상적이고 감정적이어서 전해지는 바에 의하면 그는 "상냥한 눈빛"의 소유자였다. 그는 가끔 시와 음악에 감동했다. 어릴 적에는 선율에 몰입하며 하프를 연주했다. 아버지 필리포스가 이를 놀리자, 그는 악기를 버리고 이후 스스로를 극복한 듯 군가 외에는 어떤 음악도 들으려 하지 않았다.[11] 성적으로 그는 아주 순결했지만 도덕적인 이유보다는 선입견에 의해서였다. 쉴 틈 없는 활동, 긴 행군과 잦은 전투, 복잡한 계획과 행정 부담 등으로 녹초가 되어 사랑의 욕구에 쏟을 정력이 거의 없었다. 그에게는 많은 아내가 있었지만 정치적인 필요에 의해서였다. 숙녀에게 친절했지만 부하 장수들과 지내기를 더 좋아했다. 하인들이 밤중에 예쁜 여자를 그의 숙소에 데려왔을 때, 그는 그녀에게 "이 시간에 왜 왔느냐?"고 묻고 "침대에서 남편을 기다려야 했다."라며 돌려보낸 후 하인들을 꾸짖으며 하마터면 간부가 될 뻔했다고 말했다.[12] 그에게는 동성애 기질이 강하여 헤파이스티온을 미치도록 사랑했다. 그러나 타라스의 테오도로스가 그에게 미소년 두 명을 살 것을 권했을 때, 그는 타렌티네를 돌려보내고 친구들에게 자기가 어떤 비열한 모습을 보여 줬기에 이런 제안을 받게 되었는지 말해 달라고 했다.[13] 그는 대부분의 사람이 사랑에 바치는 친절과 염려를 우정에 바쳤다. 꾸밈없는 신뢰와 온정, 솔직 담백한 애정과 동기, 지인과 적에게까지 베푼 관대함 등에 있어 우리가 알고 있는 어떤 장수나 정치인도 그를 능가하지 못했다.[14] 플루타르코스는 "그는 아무리 사소한 경우라도 편지로 우정에 답했다."고 말한다. 그는 병사들에게 친절을 베풀어 사랑을 받았다. 무분별하지 않으면서도 그들의 생명을 위해 위험을 감수했으며, 그들의 모든 상처를 몸으로 느꼈다. 카이사르가 브루투스와 키케로를 용서하고 나폴레옹이 푸셰(Fouché)와 탈레랑(Talleyrand)을 용서한 것처럼, 알렉산드로스도 자금을 횡령하여 달아났다가 다시 돌아와 용서를 구한 재무 책임자 하르팔로스를 용서했다. 나아가 젊은 정복자는 그를 재차 재무 책임자로 앉혀 모든 이를 놀라게 했고 명백히 좋은 결과를 가져왔다.[15] 기원전 333년에 타르소스에서 병들었을 때, 의사 필리포스가 그에게 하제 물약을 바쳤다. 그 순간 파르메니오로부터 다리우스에게 매수된 필리포스가 왕을 독살하려 한다는 전갈이 도착했다. 알렉산드로스는 그 전갈을 필리포스에게 건네주었고, 그가 전갈을 읽는 동안 물약을 마신 알렉산드로스는 아무 이상이 없었다. 관대함에 대한 그의 명성은 전쟁에서 매우 유용했다. 많은 적들이 투항했고 도시들도 약탈의 두려움 없이 성문을 열어 주었다. 그럼에도 불구하고 몰로시아의 암컷 호랑이가 그의 안에 도사리고 있었으니, 이따금 발작을 일으키는 흉포함이 그를 파멸로 몰아넣을 것이 운명지어져 있었다. 가자(Gaza)를 포위 공격해 함락시킨 후, 끈질긴 저항에 분노한 알렉산드로스는 용맹한 지휘관 바티스의 발에 구멍을 내 놋쇠 고리를 끼운 후 아킬레우스를 추억하며 이제는 죽은 시체가 된 이 페르시아인을 전차에 매달고 전속력으로 도시 주위를 돌았다.[16] 말년에 신경을 안정시키기 위해 더욱 술에 의지하면서 그의 발작적인 잔인함이 더욱 잦아지고 음습하는 발작에 대해 통렬한 후회가 계속되었다.

그의 한 가지 특질, 야망이 다른 모든 것을 지배했다. 젊은 그는 필리포스의 승리에 안달했다. "아버지가 우리 차례가 오기도 전에 모든 것을 차지해 우리들에게는 중요하거나 대단한 일을 할 기회를 전혀 남겨 두지 않을 것"이라고 그는 친구들에게 불평했다.[17] 성취에 대한 열정에 이끌려 그는 모든 과업과 위험을 떠맡았다. 카이로네아 전투에서 테베의 신성(神聖) 부대에 맞서 최전선에서 싸운 이는 다름 아닌 그였다. 그라니코스 전투에서는 스스로 "위험에 맞서려는 열망"[18]이라 부른 것을 극한까지 충족시켰다. 이 또한 통제되지 않는 열정이었다. 전쟁의 소리와 광경이 그를 흥분시켰다. 그러면 그는 지휘관으로서의 임무를 망각하고 전투의 한복판으로 뛰어들어 돌진했다. 병사들은 몇 차례나 그를 잃을까 두려워하여 후진에 머물도록 만류해야 했다. 그는 위대한 장군이 아니었다. 순진무구한 저돌성으로 불가능에 맞서 완강히 전진함으로써 전례 없는 승리를 거둔 용감한 전사였다. 그는 영감을 불어넣었다. 조직하고 훈련하고 전술 전략을 구사한 것은 휘하의 유능한 장군들 몫이었다. 그는 영특한 상상력과 화염 같은 웅변, 주도면밀함 그리고 곤란과 슬픔을 병사들과 함께 나눔으로써 군대를 이끌었다. 그는 말할 나위 없이 뛰어난 통치자였다. 그는 쟁취한 영토를 관대함과 확고함으로 다스렸다. 지휘관이나 도시와 맺은 협정을 충실히 지켰다. 대리인의 복속민에 대한 압제를 용납하지 않았다. 온갖 흥분과 혼란이 난무하는 종군 중에서도 죽음까지도 꺾지 못한 원대한 목표, 즉 전 지중해 동부 지역을 한 문화로 통합하고 팽창하는 그리스 문명으로 지배하고 함양한다는 구상을 그 생각의 중심에 철저히 품었다.

2. 영광의 길

　왕위를 계승하면서 알렉산드로스는 자신이 비틀거리는 제국의 꼭대기에 서 있음을 발견했다. 트라키아와 일리리아의 북쪽 부족들이 반란을 일으켰다. 아이톨리아, 아카르나니아, 포키스, 엘리스, 아르골리스 등이 배반했다. 암브라키오테스는 마케도니아의 수비대를 축출했다. 아르타크세르크세스 3세는 자신이 필리포스의 암살을 사주했으며, 이제 페르시아는 왕위를 계승한 스무 살짜리 풋내기를 전혀 두려워할 필요가 없다고 자랑했다. 필리포스가 죽었다는 소식이 아테네에 전해지자, 데모스테네스는 축제 의상을 차려입고 머리에는 화관을 쓰고 암살자 파우사니아스에게 영예의 관을 수여해야 한다고 민회에 제안했다.[19] 마케도니아 내에서는 열 개의 당파가 젊은 왕의 목숨을 노리고 음모를 꾸몄다.

알렉산드로스는 결연한 의지로 모든 내부의 적을 처단하고 전진해 나갔다. 우선 본국의 핵심 음모자를 참수한 그는 그리스로 남하하여(기원전 336년) 수일 내에 테베에 이르렀다. 그리스 국가들은 서둘러 충성을 다시 확약했다. 아테네는 전적인 용서를 구하고 그에게 두 개의 왕관과 신적인 경의를 바쳤다. 마음을 진정시킨 알렉산드로스는 그리스 내의 모든 독재 권력을 폐한다고 선언하고 각 도시는 자체 법에 따라 자유롭게 살 수 있다는 포고령을 내렸다. 인보동맹회의는 그에게 필리포스가 가졌던 모든 권리와 영예를 약속했다. 스파르타를 제외한 전 그리스 국가의 평의회는 코린토스에 모여 그가 그리스 전체의 수장임을 선언하고 아시아 원정에 필요한 병력과 물자를 약속했다. 펠라로 돌아온 알렉산드로스는 수도를 정비한 후 북쪽으로 진군해 야만 부족들의 반란을 진압했다.(기원전 335년) 나폴레옹처럼 신속하게 그는 멀리 부카레스트까지 군대를 이끌고 가 다뉴브 강 북쪽 제방에 자신의 깃발을 꽂았다. 그다음 일리리아인이 마케도니아로 진격해 오고 있다는 소식을 듣자, 그는 세르비아를 지나 320여 킬로미터를 행군하여 침공자를 후방에서 격퇴하고 생존자는 원래의 산악 지방으로 내쫓았다.

한편 그 사이에 알렉산드로스가 다뉴브 강 전투에서 전사했다는 소문이 아테네에 퍼졌다. 데모스테네스는 독립 전쟁을 호소했으며, 자신의 더 큰 계획을 위해 페르시아로부터 대규모 자금을 지원받는 것이 당연하다고 생각했다. 그의 부추김으로 테베가 반란을 일으켜 알렉산드로스가 남겨 놓은 마케도니아 관리를 죽이고 카드메이아에 주둔해 있던 마케도니아 수비대를 포위 공격했다. 아테네는 테베에 지원군을 보내고, 그리스와 페르시아에 대(對)마케도니아 동맹에 합류하도록 요청했다. 이를 독립에 대한 열정이 아니라 아주 노골적인 배은망덕이자 배신으로 간주하여 격노한 알렉산드로스는 피곤에 지친 군대를 이끌고 다시 그리스로 쳐 내려갔다. 13일 후 테베에 이른 그는 자기에 맞서도록 보낸 군대를 패퇴시켰다. 그는 무력해진 도시의 운명을 예전의 적이었던 플라타이아, 오르코메노스, 테스피아이 및 포키스에 맡겼다. 이들은 표결로 테베를 바닥까지 불태우고 주민을 노예로 팔아 버리기로 결정했다. 다른 반란에 본을 삼기 위해 알렉산드로스는 이를 허락했지만 핀다로스의 집과 성직자들 및 반란을 반대한 모든 테베인의 목숨은 건드리지 말라고 명했다. 이후 이 혹독한 복수를 부끄러워한 그는 "테베인이 그에게 구한 것은 무엇이든 지체하지 않고 허락했다."[20] 그는 아테네에 관대함을 베풀어 일부 속죄했다. 일 년 전 자신에게 한 맹세를 어긴 것을 용서하고, 데모스테네스와 기타 반마케도니아 지도자의 인도를 억지로 요구하지 않았다. 생애 마지막까지 그는 아테네에 존경과 애정의 태도를 보였다. 그는 아시아 원정에서 탈취한 많은 전리품을 아크로폴리스에 바치고 크세르크세스가 가져갔던 폭군 살해 상(像)을 아테네에 되돌려 보냈다. 또한 고된 원정 후 "오! 아테네인이여. 그대들의 칭찬을 받기 위해 얼마만큼의 위험을 감수하는지 그대들은 아는가?"라고 말했다.[21]

스파르타를 제외한 전 그리스 국가의 충성을 회복한 알렉산드로스는 마케도니아로 돌아와 아시아 침공을 준비했다. 곧 그는 국고가 텅 비어 있으며 필리포스가 500달란트(300만 달러)의 적자를 유산으로 남겼음을 알게 되었다.[22] 그는 800달란트를 빌려 세계가 아니라 자신의 부채를 정복하기 위해 나섰다. 그는 전 헬라스의 수장으로 페르시아와 싸우기를 원했지만, 그리스의 반이 자신이 빨리 죽기를 바란다는 것을 알았다. 페르시아가 백만 대군을 소집할 수 있다는 보고도 있었다. 알렉산드로스 원정대는 3만 명의 보병대와 5000명의 기병대를 넘지 못했다. 그럼에도 불구하고 새로 태어난 아킬레우스는 안티파트로스 휘하 1만 2000명의 병사에게 마케도니아 수비와 그리스의 감시를 맡기고, 기원전 334년 왕의 역사상 가장 대담하고 낭만적인 원정에 나선다. 그는 11년간 더 생존했지만, 이후 다시는 고향과 유럽을 보지 못했다. 그의 군대가 세스토스에서 헬레스폰토스 해협을 건너 아비도스로 향하는 동안, 그는 케이프 시게온에 상륙하여 자신이 트로이를 향한 아가멤논의 경로라고 믿은 길을 거슬러 가기로 결정한다. 모든 길목에서 그는 진정 어린 말투로 『일리아드』의 구절을 동료들에게 읊어 주었다. 그는 그 유명한 아킬레우스의 무덤을 성별(聖別)하여 화관으로 장식한 후 고대인의 관습에 따라 그 주위를 발가벗고 달렸다. 그는 "생전에는 그렇게 신실한 친구를 두고, 죽어서는 그렇게 유명한 시로 찬미를 받은 행복한 아킬레우스여!"라고 외쳤다.[23] 이제 그는 트로이에서 시작된 유럽과 아시아 간의 오랜 투쟁을 성공적으로 종결시키기로 맹세한다.

우리의 목적상 그의 승리에 관한 영웅담을 다시 언급할 필요는 없겠다. 그는 그라니코스 강에서 처음 페르시아군에 맞서 완전히 제압했다. 이때 클레이토스가 뒤에서 알렉산드로스를 막 치려는 페르시아 군대를 차단하여 그의 목숨을 구하게 된다. 별난 연구자는 이런 사건에 대해 역사의 우연적 요소를 개입시키려 할지 모른다. 병사들에게 휴식을 취하게 한 후 그는 이오니아로 진격하여 그리스 도시들이 자신의 섭정하에 민주적 자치 정부를 갖도록 했다. 이들 대부분은 저항하지 않고 항복했다. 이소스에서 그는 다리우스 3세 휘하 60만 대군의 페르시아 주력군과 대치한다. 또 한 번 그는 공격으로는 기병을, 방어로는 보병을 활용하는 전법으로 승리를 거둔다. 다리우스는 돈주머니와 가족을 남겨 둔 채 달아났다. 다마스쿠스와 시돈을 평화롭게 접수한 알렉산드로스는 페르시아의 지원으로 대규모 페니키아 함대가 정박 중이던 티레를 포위 공격했다. 이 고대 도시가 끈질기게 저항한 후 마침내 함락되자, 알렉산드로스는 냉정을 잃고 8000명의 티레인을 학살하고 3만 명은 노예로 팔아 버릴 것을 명한다. 예루살렘은 별 저항 없이 항복하여 후대를 받았다. 반면 가자는 도시 내 모든 남자가 죽고 모든 여자가 욕을 당할 때까지 저항했다.

의기양양한 마케도니아군의 행군은 시나이 사막을 지나 이집트로 계속되었다. 거기서 국가 신들에 눈치 빠르게 경의를 표함으로써, 알렉산드로스는 페르시아의 지배로부터 벗어나게 하기 위해 신이 보낸 해방자로 환영받았다. 종교가 정치보다 강하다는 것을 알게 된 그는 또 다른 사막을 지나 시와의 오아시스에 도착하여, 올림피아스의 말대로라면 그의 직계 아버지가 되는 암몬 신에게 경의를 표했다. 유순한 신관들은 고대 의식에 따라 그를 파라오로 추앙하고, 그렇게 프톨레마이오스 왕조의 길을 닦게 된다. 삼각주로 돌아온 알렉산드로스는 나일 강의 수많은 하구 가운데 하나에 새 수도를 건설할 계획을 품거나 승인하게 된다. 근처 나우크라티스의 그리스 상인들이 이집트와 그리스 간에 기대되는 그리스 교역 확대를 목적으로 보다 편리한 중계지를 세울 것을 제안한 듯하다. 그는 알렉산드리아의 경계와 주요 도로, 이집트와 그리스 신에게 바칠 신전 예정지를 구획하고 기타 세부 사항은 건축가 디노크라테스에게 맡겼다.*

아시아로 회군하던 그는 아르벨라 근처 가우가멜라에서 다리우스의 다국적 대군을 맞아 그 어마어마한 규모에 아연실색하게 된다. 그의 병사들이 그를 격려했다. "폐하, 기운을 내십시오. 적군의 수가 많다고 두려워할 필요 없습니다. 저들은 우리의 이 염소 냄새를 견디지 못할 겁니다."25 그는 전투를 치를 땅의 지형을 정찰하고 신에게 제사를 지내면서 그 밤을 보냈다. 그의 승리가 결정되었다. 무질서한 다리우스 군대는 밀집 방진을 뚫지 못했고 종횡무진 돌진하는 마케도니아의 기병들을 어떻게 대처해야 할지 몰랐다. 그들은 패퇴했으며 다리우스 역시 도주했다. 부하 장수들은 소심한 다리우스를 암살했으며, 그동안 알렉산드로스는 바빌로니아를 굴복시키고 탈취한 전리품을 병사들에게 나눠 주었다. 한편 그는 이 도시에 매료되어 그 신들에 경의를 표하고 신전 복구를 명했다. 그해 말에(기원전 331년) 그는 수사에 이르렀고, 고대 엘람의 영광을 여전히 기억하고 있던 주민들에게 해방자로 환영받았다. 그는 도시의 약탈을 금

---

* 디노크라테스는 1800미터 높이의 아토스 산을 허리를 바다에 잠근 채 한손에는 도시를 다른 손에는 항구를 쥐고 있는 알렉산드로스 상으로 조각하겠다고 제안하여 알렉산드로스를 즐겁게 했다.24 이 계획은 실행되지 못했다.

했다. 그러나 다리우스의 개인 재산 5만 달란트(3억 달러) 중 얼마를 병사들에게 나눠 주어 그 노고를 위로했다. 플라타이아 주민에게는 기원전 480년 페르시아군에 용감히 저항한 데 대한 보답으로 상당한 금액을 하사했다. 그는 아시아의 그리스 식민시에 자신의 출정 시 강제 공출했던 "기부금"을 되돌려준 것 같다.[26] 그리고 그는 그리스 세계에 페르시아의 지배로부터 완전히 해방되었음을 자랑스럽게 공표했다.

수사에서 휴식을 취할 겨를도 없이 그는 한겨울 험한 산지를 넘어 페르세폴리스를 급습했다. 그 공격이 얼마나 신속했던지 페르시아인이 왕실의 보고(寶庫)를 은닉하기도 전에 그는 이미 다리우스의 궁전에 발을 들여놓고 있었다. 이때 또다시 그는 판단력을 상실한다. 알렉산드로스는 장엄한 도시를 완전히 잿더미로 만들어 버렸다. 병사들은 가구를 약탈하고 여자들을 유린하고 남자들은 죽여 버렸다. 도시에 접근 중이던 그들은 800명의 그리스인이 페르시아인에 의해 팔과 다리, 귀가 잘리고 눈이 뽑힌 광경을 목격하고 격노했던 것 같다. 알렉산드로스는 눈물을 흘리며 이들에게 토지를 주고 이들을 위해 일할 하인을 허락했다.

아직도 야심이 채워지지 않은 그는 이제 키로스 대왕이 달성하지 못한 사업, 즉 페르시아 동부 국경을 배회하던 부족의 진압에 착수한다. 그는 자신의 단순한 지리적 식견에 따라 신비의 동쪽 너머에 정복지의 자연 국경이 될 대양이 있을 것이라고 생각한 듯하다. 소그디아나에 들어선 그는 브란키다이 후손이 거주하는 한 마을에 당도했다. 이들은 기원전 480년 밀레토스 근처에 있던 자신들의 신전 보물을 크세르크세스에게 바쳤었다. 약탈당한 신을 복수한다는 생각에 도취된 그는 다섯 세대에 걸친 선조의 죄를 복수한다는 뜻으로 여자와 아이를 가리지 않고 모든 주민을 살해할 것을 명했다. 소그디아나와 아리아나 그리고 박트리아나의 원정은 피비린내 나고 전혀 쓸모없는 시도였다. 얼마간의 승리를 쟁취하고 황금을 노획했지만, 배후 곳곳에 적들을 방치했다. 보하라 근처에서 부하들이 다리우스를 암살한 베수스를 생포하자, 알렉산드로스는 위대한 왕의 복수자로 돌변하여 베수스를 죽도록 채찍질하고 코와 귀를 자른 후 에크바타나로 보냈다. 거기서 그는 두 그루 나무의 한쪽에는 팔이, 다른 쪽에는 다리가 묶여 당겨진 후 묶였던 끈이 잘려 온몸이 찢기는 죽음을 당했다.[27] 알렉산드로스는 그리스로부터 멀어질수록 그리스인의 허물을 벗고 더욱더 야만인의 왕이 되어 갔다.

기원전 327년, 그는 히말라야를 넘어 인도로 향하고 있었다. 허영심과 호기심에 이끌려 그처럼 먼 지역으로 나아갔던 것이다. 장군들이 반대하고 병사들은 내키지 않는 마음으로 따랐다. 그는 인더스 강을 건너 포루스 왕을 물리치고 갠지스 강으로 계속 행군한다고 공표했다. 그러나 병사들은 더 나아가려 하지 않았다. 그는 이들에게 호소하고 아킬레우스의 귀공자처럼 사흘 동안 숙소에 칩거하여 시위하기도 했다. 그러나 그들은 할 만큼 했다. 어쩔 수 없이 그는 아쉬운 마음으로 마지못해 다시 서쪽으로 뒤돌아섰다. 그러나 그는 특유의 용맹함으로 적대하는 부족을 정면 돌파하기로 마음먹고, 이를 안 병사들은 자신들의 무력함을 호소한다. 그는 말리안스의 성벽을 맨 먼저 기어올랐고, 두 명의 병사와 함께 성내로 뛰어든 후 사다리가 부서지자 적진 한가운데 홀로 갇히게 되었다. 알렉산드로스는 부상을 입고 녹초가 될 때까지 싸웠다. 그의 군대가 성내로 진입하는 동안, 병사들은 연달아 목숨을 걸고 쓰러진 왕을 보호했다. 전투가 끝나고 알렉산드로스가 숙소로 옮겨질 때 고참병들은 지나가는 왕의 옷에 입을 맞추었다. 3개월의 요양 후, 그는 인더스 강을 따라 다시 행군했고 마침내 인도양에 이르렀다. 거기서 그는 네아르코스 휘하 병력을 수로로 나아가게 했고, 이들은 익숙하지 않은 긴 항해를 능숙하게 완수했다. 알렉산드로스 자신은 나머지 병력을 이끌고 인도 해안을 따라서, 게드로시아 사막(발루키스탄)을 가로질러 행군했다. 이때 그의 병사들의 고통은 나폴레옹 군대의 모스크바 철군에 비견될 만하다. 수천 명이 뙤약볕으로 죽고 더 많은 이들이 목말라 죽었다. 약간의 물을 찾아 알렉산드로스에게 가져오자, 그는 일부러 그 물을 땅바닥에 쏟았다.[28] 잔여 병력이 수사에 도착했을 때, 1만여 명이 목숨을 잃었고 알렉산드로스는 반미치광이 상태에 있었다.

3. 신의 죽음

그는 9년간을 아시아에서 보냈다. 그가 전쟁의 승리로 대륙을 변화시켰다기보다는 대륙이 그 풍습에 따라 그를 변화시켰다. 그는 아리스토텔레스에게서 그리스인은 자유인으로, "야만인"은 노예로 취급해야 한다고 배웠다. 그러나 그는 그리스의 소란스러운 민주주의에서는 흔히 볼 수 없었던 세련됨과 훌륭한 예절을 페르시아 귀족 중에서 발견하고 깜짝 놀랐다. 페르시아의 위대한 왕들이 제국을 조직한 방식에 감탄하고 거친 마케도니아인이 이런 통치자들을 어떻게 대신할 수 있을지 당황해 했다. 그는 페르시아 귀족들을 지배하에 두고 행정관으로 이용해야만 정복지를 영속화할 수 있겠다는 결론에 이른다. 새 복속민에 더욱 매료된 그는 마케도니아인이 이들을 지배한다는 생각을 포기하고 스스로를 그리스 – 페르시아 황제로 여겨 동일한 기반 위의 페르시아와 그리스를 통치하고 문화적으로나 혈연적으로 평화롭게 혼합시키려 했다. 유럽과 아시아의 오랜 다툼이 결혼 피로연으로 마무리될 참이었다.

자신의 수천 병사들이 이미 현지 여자와 결혼하거나 동거하고 있었다. 마찬가지로 자신도 다리우스의 딸과 결혼하여 양 왕조의 피가 함께 흐르는 왕을 낳아 민족을 통합하는 것이 왜 안 되겠는가? 그는 이미 박트리아 공주 록사나와 결혼했다. 그러나 이는 무시해도 좋은 장애물이었다. 그는 부하 장수들에게 자신의 계획을 얘기하고 그들 또한 페르시아 아내를 맞을 것을 제안했다. 그들은 두 민족을 통일하겠다는 그의 소망에 냉소를 머금었지만, 고향을 떠난 지도 오래됐고 페르시아 여인들도 아름다웠다. 이리하여 알렉산드로스는 다리우스 3세의 딸 스타티라와 아르타크세르크세스 3세의 딸 파리사티스를 동시에 아내로 맞아 수사에서 성대하게 결혼식을 올림으로써 페르시아 왕실의 양대 혈통과 관계를 맺고, 여든 명의 부하 장수들 또한 페르시아 신부를 맞았다.(기원전 324년) 곧이어 병사들 사이에 수천 건의 유사한 결혼식이 거행되었다. 알렉산드로스는 각 장수들에게 상당 액수의 지참금을 하사하고 결혼한 병사들의 빚을 탕감해 주었는데, 그 액수가 (아리아노스의 말대로라면) 2만 달란트(1억 2000만 달러)에 달했다.[29] 이 통일 의지를 촉진하기 위해 그는 메소포타미아와 페르시아 영토에 그리스인들을 이주시켰다. 이로써 일부 그리스 국가의 인구 밀도가 하락하고 계급 투쟁이 완화되었으며, 셀레우코스 제국의 핵심 지역이 될 그리스적 아시아 도시들이 건설되기 시작했다. 동시에 그는 3만 명의 페르시아 청년을 선발하여 그리스 방침대로 교육하고 그리스 군사 교범을 가르쳤다.

그의 신속한 동방 풍습 채택에는 아내들이 관련되어 있을 수 있다. 신중하지 못했거나 그의 계획의 일부였을 수도 있다. 플루타르코스는 "그는 애초에 페르시아인을 보다 쉽게 문명화하기 위해 야만인(즉 외국인) 복장을 했지만, 그들의 관습에 부합하는 이외 어떤 성과도 없었다. …… 그러나 그는 메디아인 풍습을 따르지 않고 …… 페르시아 양식과 메소포타미아 양식의 중간을 취하여 전자만큼은 화려하지 않고 후자보다는 호화롭고 장엄한 관습을 고안해 냈다."[30] 그의 병사들은 이 변화에서 동방이 알렉산드로스를 정복하고 있음을 보았다. 그들은 그가 자신들로부터 떠났으며 한때 자신들을 흠뻑 적셨던 그의 열망과 애정이 안타깝게도 흔적조차 없이 사라졌음을 느꼈다. 페르시아인들은 그에게 온갖 경의를 표하고 비위를 맞추어 허영심을 충족시켰다. 동방의 사치에 물든 마케도니아인들은 자신에게 부여되는 과업을 불평하고 은혜를 잊어버리고 배신을 속삭였으며 심지어 모살을 꾀하기까지 했다. 그는 페르시아 귀족들과 어울리기를 더 좋아하기 시작했다.

그 자신의 신격화에서 배교(背敎) 또는 외교술이 절정에 이른다. 기원전 324년, 그는 (필리포스에 대한 모욕이 분노를 격발할 수 있는) 마케도니아를 제외하고 전 그리스 국가에 이후 자신은 제우스-암몬 신의 아들로 인정받기를 원한다고 공표했다. 대부분의 국가가 동의했지만 이는 형식에 지나지 않는다는 의미에서였다. 완고한 스파르타까지도 "그가 원한다면 신이 되게 해라."라고 말하며 동의했다. 그리스인의 개념상 인간이 신이 되는 것은 그리 대단한 것이 아니었다. 당시 인간과 신 간의 간격은 현대 신학에서처럼 그렇게 넓지 않았다. 히포다메이아, 오이디푸스, 아킬레우스, 이피게니아, 헬렌 등 일부 그리스인은 이 간극을 뛰어넘었다. 이집트인들은 파라오를 항상 신으로 생각했다. 알렉산 드로스가 자신을 신의 반열에 올려놓지 않았다면, 이집트인들은 오히려 과감 히 전례를 무시한 데 대해 혼란스러워 했을 것이다. 이 방면에 특별한 지식을 가진 것으로 여겨진 시와, 디디마, 바빌로니아 등지의 제사장들은 모두 그의 신 적 기원을 인정했다. (그로트(Grote)가 생각한 것처럼[31]) 알렉산드로스가 실제로 비유적 의미 이상으로 자신을 신성시했다고는 전혀 믿어지지 않는다. 자신을 신격화한 이후 그가 더욱 성마르고 오만해진 것이 사실이다. 그는 황금 옥좌에 앉았고 신성한 복장을 했으며 가끔 암몬 신의 뿔로 머리를 장식했다.[32] 그러나 세상과의 관계를 위해 신성을 연출하지 않을 때는 자신의 인간적인 영광을 구 했다. 화살에 맞아 부상당했을 때 그는 친구들에게 "너희들이 보는 이것은 피 지 불멸의 신이 흘리는 영액(靈液)이 아니다."라고 말했다.[33] 그가 어머니의 번 개 이야기를 너무 심각하게 받아들이지 않았다는 것은 그의 출생에 대한 아탈 로스의 비방에 격노하고, 인간과 신의 차이는 잠이 필요하다는 점이라고 말한 것 등에 나타난다. 올림피아스조차 알렉산드로스가 그녀를 전설상의 인물이 되게 했다는 말을 듣고는 웃으며 "알렉산드로스가 나를 헤라로 만드는 일을 언 제쯤 그만둘까?"라고 말했다.[34] 그의 신격화에도 불구하고 알렉산드로스는 신 으로서는 전례 없이 신에게 제사하는 일을 계속했다. 그리스적 사고방식을 지 닌 플루타르코스와 아리아노스는 알렉산드로스가 미신적이고 이질적인 사람 들을 보다 쉽게 지배하기 위한 수단으로 자신을 신격화한 것을 당연시했다.[35] 그는 자신의 신격을 상류층이 받아들일 경우 일반 평민이 가지게 될 경외심을 통해 두 적대 세계의 통일 과업이 훨씬 용이해질 것이라고 분명히 느꼈다. 아마도 그는 정말 신화와 공통 신앙의 기원을 자기 인격에 부여함으로써 제국 내 파괴적인 신앙의 다양성을 극복할 수 있다고 생각한 듯하다.*

　마케도니아의 관리들은 알렉산드로스의 정책을 헤아리지 못했다. 그리스의 정신은 그들을 정신적인 해방 이상으로 철학적인 관대함까지는 이끌지 못했다. 그들은 왕을 알현할 때 이제 그가 요구하는 바 부복하는 것을 굴욕적인 것으로 받아들였다. 가장 유능하며 총애한 장군 파르메니오의 아들이자 가장 용감한 관리 중 하나인 필로타스가 새로운 신의 모살에 가담했다. 이를 감지한 알렉산드로스는 필로타스를 체포하고 고문으로 그의 아버지가 연루되었다는 자백을 받아 냈다. 필로타스는 병사들 앞에서 이 자백을 재차 강요당했고 관례에 따라 병사들은 즉시 그를 돌로 쳐 죽였다. 파르메니오는 범법 혐의로 인해 가상의 적으로 간주되어 전령에 의해 처형당했다. 이 순간부터 마지막까지 알렉산드로스와 그의 군대 간의 관계는 긴장이 고조되어 갔다. 병사들의 불평이 더욱 심해졌으며, 왕의 불신감 또한 커져 더 엄해지고 고독해져 갔다.

　그는 고독과 늘어 가는 시름을 잊기 위해 더욱 술에 의지했다. 사마르칸트의 한 연회에서 그라니코스 전투에서 목숨을 구해 주었던 클레이토스가 술에 취해 알렉산드로스에게 그의 승리는 그 개인의 능력보다는 병사들 덕분이었으며 필리포스의 업적이 더 위대했다고 말하자, 같이 술이 취했던 알렉산드로스는 분연히 일어나 그를 쳤고 (곧 이집트의 통치자가 될) 프톨레마이오스 라고스가 재빨리 클레이토스를 피신시켰다. 그러나 클레이토스는 할 말이 더 많았다. 그는 프톨레마이오스의 손을 피해 연회로 돌아와 장광설을 마저 늘어놓았다. 알렉산드로스는 창을 던져 그를 죽였다. 양심의 가책을 이기지 못한 왕은 사흘간 칩거하며 식음을 전폐하고 히스테리에 빠져 목숨을 끊으려 했다. 곧이어 알렉

---

*루키아노스는 자신의 『사자(死者)의 대화』 중 하나에서 고대인의 견해를 대변한다. "필리포스. 너는 내 아들임을 부인하지 못한다, 알렉산드로스여. 네가 암몬 신의 아들이었다면 죽지 않았을 것이다. 알렉산드로스. 나는 줄곧 당신이 내 아버지라는 걸 잊지 않았습니다. 단지 그것이 훌륭한 정책이었기 때문에 신탁을 받아들였을 뿐입니다. …… 자신들이 신과 관계하고 있다고 생각하자 야만인들은 다툼을 그쳤고 쉽게 정복할 수 있었습니다."[36]

산드로스로부터 부당하게 처벌받은 데 대해 앙심을 품고 있던 시종 헤르몰라오스가 또 다른 모살을 꾀했다. 소년은 체포되었고 고문에 못 이겨 아리스토텔레스의 조카 칼리스테네스가 관련되어 있다고 자백했다. 사관(史官)으로 원정에 동행했던 칼리스테네스는 그 앞에 부복하지 않고 동방 풍습을 공개적으로 비판하고, 알렉산드로스는 역사가인 자기를 통해서만 후세에 알려질 것이라고 자랑함으로써 이미 왕의 감정을 상하게 하고 있었다. 알렉산드로스는 그를 투옥하였고 7개월 후 그는 죽었다.* 이 사건으로 알렉산드로스와 아리스토텔레스 간의 우정이 갈라졌다. 아리스토텔레스는 아테네에서 수년 간 목숨을 걸고 알렉산드로스의 주장을 변호했었다.

마침내 군대 내의 불평이 공개적인 폭동으로 발전하기에 이른다. 왕이 최고참 노병들을 고향으로 귀환하게 하고 각자에게 군역에 대한 보답을 후하게 하겠다고 공표했을 때,** 수많은 병사들이 그는 신이기 때문에 목적을 달성하기 위해 사람의 도움을 필요로 하지 않을 것이므로 모두 돌아가기를 바란다고 불평하는 말을 듣고 충격을 받았다. 그는 주동자를 사형에 처하도록 명하고, 자신의 군대에 서로를 위해 한 일들을 상기시키는 (출처가 의심스럽지만) 애절한 연설[39]을 하고 그들 중 누가 자기보다 더 많은 상처 자국을 보여 줄 수 있는지를 물었다. 마지막으로 그는 다음과 같은 말과 함께 전원 귀환을 허락했다. "돌아가서 그대들의 왕을 저버리고 정복당한 이민족의 보호하에 내버려 두었노라고 말하라." 그러고 나서 그는 숙소로 들어가 아무도 만나지 않겠다고 말했다. 병사들은 가책에 괴로워하며 무릎을 꿇고 자신들을 용서하고 다시 받아 줄 때까지 물러가지 않겠다며 용서를 빌었다. 마침내 그가 나타나자 그들은 눈물을 쏟으며 그에게 입 맞출 것을 고집했다. 그와 화해한 후 그들은 감사의 노래를 부

---

* 그의 죄목과 죽음에 대해 상충하는 이야기가 있다.[37] 그는 세 권의 주요 저술, 기원전 387∼337년간의 그리스 역사인 『헬레니카』, 『성전의 역사』, 『알렉산드로스의 역사』를 남겼다.
** 아리아노스에 의하면 이들은 각자의 보수에 1달란트를 더 지급받았으며, 고향에 이를 때까지 지속적으로 지급되었다고 한다.[38]

르며 야영지로 돌아갔다.

이 애정 표시에 현혹된 알렉산드로스는 이제 또 한 번의 출정과 승리를 꿈꾼다. 그는 숨겨진 아라비아를 정복하기로 계획하고 카스피 해 지역에 정찰대를 파견하였으며, 유럽을 헤라클레스의 기둥까지 정복하려고 했다. 그러나 그의 강인한 육체는 방탕으로, 정신은 신하들의 음모와 폭동으로 약해졌다. 병력이 에크바타나에 주둔한 동안, 가장 총애하던 헤파이스티온이 병들어 죽었다. 알렉산드로스는 그를 너무나 사랑하여 다리우스의 왕비가 정복자의 숙소를 찾아와 그를 알렉산드로스라 생각하고 헤파이스티온에게 먼저 절하자 젊은 왕은 자신과 헤파이스티온은 하나라고 말하는 듯 관대하게 "헤파이스티온 역시 알렉산드로스다"[40]라고 말했다. 두 사람은 자주 숙소를 함께 썼고 같은 잔으로 술을 마셨으며 전투 중에는 나란히 싸웠다. 왕은 자신의 분신이 찢겨 나간 듯 슬픔을 이기지 못해 통곡했다. 그는 수 시간 동안 시신에 엎드려 눈물을 흘리고 애도의 표시로 머리칼을 자르고 수일간 음식을 먹지 않았다. 병자를 옆에 두고 경기장을 찾은 의사를 사형에 처했다. 전하는 바에 의하면 그는 헤파이스티온을 기리기 위해 1만 달란트(6000만 달러)의 비용을 들여 엄청난 규모의 장례용 장작더미를 쌓도록 명하고 헤파이스티온을 신으로 숭배해도 좋은지 암몬의 신탁을 알아보게 했다. 다음 출정에서는 헤파이스티온의 영령을 달래기 위해 전 부족을 몰살할 것을 명령했다. 아킬레우스가 파트로클로스보다 오래 살지 못했다는 생각이 사망 선고처럼 그를 괴롭혔다.

바빌로니아로 돌아온 후 그는 더욱 음주에 빠졌다. 어느 날 밤 신하들과 흥청대던 중 그는 술 마시기 시합을 제안했다. 프로마코스가 12리터 가량의 포도주를 단숨에 들이켜고 상금으로 1달란트를 탔지만 사흘 후 죽었다. 얼마 지나지 않아 또 다른 연회에서 알렉산드로스는 7리터 가량의 포도주가 든 술잔을 비웠다. 그다음 날 밤도 진탕 마셨는데 갑자기 날씨가 차져 열병에 걸렸다. 열병은 열흘간 극성을 부렸고 그동안 알렉산드로스는 군대와 함대에 계속 명령을 하달했다. 마침내 열하루째 되는 날 그는 33세의 나이로 죽음을 맞이한다.(기원전 323년) 누구에게 제국을 맡길 것이냐는 부하 장군들의 물음에 그는 "가장 강한 자에게."라고 답했다.[41]

대부분의 위인들처럼 그는 자신을 이을 후계자를 찾지 못하고 과업을 완수하지 못한 채 생을 마감했다. 그의 업적은 그렇게 거대하면서도 대개가 생각한 것보다 훨씬 영구적이었다. 역사적 필요에 부응한 대리인이었던 그는 도시 국가의 시대를 마감하고 지역적인 자유를 상당 부분 희생하면서 유럽이 여태까지 알았던 것보다 훨씬 큰 규모의 안정과 질서를 창조했다. 정부에 대한 그의 개념은 다양한 민족에 평화를 강제하기 위해 종교를 이용한 일종의 전제주의로서 근대 민족주의와 민주주의가 발흥할 때까지 유럽을 지배했다. 그는 그리스와 "야만인" 간의 장벽을 허물고 헬레니즘 시대의 세계주의를 준비했다. 그리스 식민지를 위해 아시아 이쪽을 개방하고 멀리 동쪽으로 박트리아까지 그리스 정착촌을 건설했다. 그는 또한 동방의 서방에 대한 종교적 승리를 위한 길도 준비했는데 자신은 이를 깨닫기 전에 죽었다. 그가 동방의 의상과 풍습을 받아들인 것은 아시아의 복수의 시작이었다.

그가 전성기에 죽었다는 것은 오히려 다행이었다. 생이 연장되었다면 그에게 환멸만 가져다주었을 것이 분명하다. 더 오래 생존했더라면, 그는 패배와 고통으로 함몰하고 시작 때처럼 전쟁보다 정치력을 더 애호했을 것이다. 그러나 그는 너무 많은 일을 떠맡았다. 정복한 영토를 통합하고 각 지역을 감시하는 데 따른 피로감으로 총명한 정신이 혼란해진 듯하다. 정열은 천재의 반쪽이다. 나머지 반쪽은 장비에 있다. 그리고 알렉산드로스는 정열 자체였다. 기대할 권리는 없지만 우리는 그에게서 카이사르의 침착한 성숙함과 아우구스투스의 영민한 지혜를 찾을 수 없다. 우리는 그가 홀로 세계의 절반에 맞서고 한 개인 영혼에 잠재한 불가사의한 힘으로 우리를 고무하므로 나폴레옹을 대할 때처럼 그를 감탄해 마지않는다. 또한 그의 미신성과 잔인함에도 불구하고, 그가 비견할 데 없이 용맹하고 유능할 뿐 아니라 관대하고 애정 깊은 청년이었고 자기 핏속에 흐르는 광포한 야만성에 대항해 싸웠으며, 온갖 피비린내 나는 전투 중에서도 아테네의 등불을 더 큰 세계에 비추겠다는 꿈을 눈앞에서 흐리지 않았다는 것을 알기에 그에게 자연스러운 연민을 느끼게 된다.

4. 한 시대의 종언

그의 사망 소식이 그리스에 이르자, 마케도니아의 권위에 도전하는 반란이 곳곳에서 발발했다. 아테네에 망명 중이던 테베인들은 애국 단체를 결성하고 카드메이아의 마케도니아 수비대를 공격했다. 많은 이들이 알렉산드로스의 최후를 기원한 아테네에서는 반마케도니아파가 자신들의 기원이 이루어졌다면서 화관을 쓰고 신으로 받들었던 그의 죽음을 축하하며 잔치를 베풀었다. 플루타르코스에 의하면 "자신들의 용맹으로 그를 물리친 것처럼 승리의 개가"를 불렀다고 한다.[42]

데모스테네스는 잠시 동안 영광을 누렸다. 그는 알렉산드로스의 출정 기간 동안 순탄하지 못했었다. 하르팔로스로부터의 수뢰죄로 투옥되었고, 도피가 허용되어 트로이젠에서 9개월 간 초조하게 망명 생활을 보냈다. 이제 그는 귀환하여 해방 전쟁에서 아테네와의 동맹 결성을 위해 펠로폰네소스에 사절로 파견되었다. 연합군은 북상하여 안티파트로스와 맞섰지만 패배했다. 아테네 문화에 대해 알렉산드로스보다 둔감했던 노병은 이 도시에 혹독한 조건을 부과하여 전쟁 비용을 부담하고 마케도니아 수비대를 주둔하게 하며, 민주 정체와 법정을 포기하고 2000드라크마 미만의 재산을 보유한 모든 시민(2만 1000명 중 1만 2000명)의 시민권을 박탈하고 식민시로 추방하며, 데모스테네스와 히페레이데스 및 다른 두 명의 반마케도니아 연설가를 양도할 것을 요구했다. 데모스테네스는 칼라우리아로 달아나 신전 성역에 피신했다. 거기서 마케도니아 추격자들에 포위당한 그는 독약을 마시고 성역에서 끌려 나오기 전에 자살했다.

이 비극적인 해에 아리스토텔레스도 생을 마감하게 된다. 그는 아테네에서 오랫동안 인기를 얻지 못했다. 아카데메이아와 이소크라테스의 학교는 비평가이자 경쟁자인 그를 싫어 했다. 애국자들은 그를 친마케도니아파의 지도자로 간주했다. 알렉산드로스의 죽음을 기화로 아리스토텔레스는 불경 죄목으로 기소되었다. 그의 저술에서 이단적인 구절이 증거로 제시되었다. 노예 출신으로 신이 될 수 없었던 절대 군주 헤르메이아스에게 신적인 영예를 부여했다고 기소당하기도 했다. 아리스토텔레스는 아테네가 철학에 대해 두 번 죄를 범하게 할 수 없다는 말을 남기고 도시를 조용히 떠났다.[43] 그는 테오프라스토스에게 리케이온을 맡기고 모계 가문의 고향인 칼키스에 은거했다. 아테네인들이 그에게 사형 선고를 언도했지만 그럴 기회도 없었을 뿐 아니라 그럴 필요도 없었다. 여정 중에 악화된 위장병 때문인지 누군가의 말처럼[44] 독약 때문인지 아리스토텔레스는 아테네를 떠난 지 몇 개월 후 63세의 나이로 생을 마감했다. 그는 둘째 부인과 가족, 노예들을 친절히 배려한 귀감이 될 만한 유서를 남겼다.

그리스 민주주의의 종언은 체제 내적인 무질서가 그 치명적인 동인이어서 격렬하면서도 당연한 결과였다. 마케도니아의 무력은 마지막 일격에 지나지 않았다. 도시 국가는 통치 문제 해결에 있어 무능력했음이 입증되었다. 내부적 질서와 외부적 방어를 유지하는 데 실패했다. 일부 도리스식 규율로 이오니아식 자유를 보완하자는 고르기아스와 이소크라테스, 플라톤의 호소에도 불구하고, 국부적 자율성과 국가적 안정성 및 권력을 조화시킬 방법을 찾지 못했다. 자유에 대한 사랑이 제국에 대한 열정을 간섭하지 못했다. 계급 투쟁은 통제가 불가능할 정도로 악화되어 민주정을 합법적인 약탈의 경연장으로 바꾸어 놓았다. 한때 고귀한 집합체였던 민회는 모든 탁월함을 질시하고 제재를 거부하며 약자에게 군림하고 강자에게 아부하며 자기 기호에 맞춰 투표하고 사업과 근검, 절약을 압살할 정도로 징세하는 폭도로 퇴화했다. 필리포스와 알렉산드로스, 안티파트로스가 그리스의 자유를 파멸시킨 것이 아니다. 스스로 붕괴한 것이다. 그리고 이들이 세운 질서는 수 세기 동안 더 유지되었고, 그렇지 않으면 그 횡포한 무정부 상태로 인해 사멸할 수도 있었던 문명을 이집트와 동방으로 확산시켰다.

그러면 과두정과 군주정이 더 나은 정체였을까? 30인 평의회는 권력을 잡은 수개월 간 이전 백여 년간의 민주정보다 더욱 흉악한 범죄를 저질렀다.[45] 또한 아테네 민주정이 혼란을 초래했다면, 마케도니아의 군주정은 문학과 과학, 철학, 예술에 있어서의 영광을 회복하지 못한 채 십여 차례의 연속적인 전쟁, 수많은 암살과 자유 침해를 수반하며 혼란을 야기했다. 그리스 국가의 허약함과 왜소함은 집단적으로는 아닐지라도 개인, 특히 영혼에 있어서는 은혜였다. 값비싼 대가를 치렀을지라도 그 자유는 그리스 정신의 성취를 이루어 냈다. 개인주의는 결국 집단을 파멸로 몰아갔지만, 그 사이에도 개성과 정신적 탐구, 예술적인 창조를 고양시켰다. 그리스 민주주의는 타락하고 무능하며 사멸할 운명이었다. 그러나 그 이후 사람들은 그 전성기가 얼마나 아름다웠는지 깨달았다. 고대의 모든 이후 세대는 페리클레스와 플라톤의 시대를 그리스 및 전 역사의 전성기로 회고하였다.

헬레니즘의 확산

기원전 322~146년

23장   그리스와 마케도니아

1. 권력 투쟁

역사가들은 세계를 집단과 개인, 사물로 분류하는 것처럼 과거를 시대와 연도, 사건으로 구분한다. 그러나 자연처럼 역사는 변화 중의 연속성만을 인정한다. 즉 역사는 결코 건너뛰지 않는다. 헬레니즘 시대 그리스는 알렉산드로스의 죽음을 "한 시대의 종언"으로 여기지 않고 "근대"의 시작으로, 그리고 쇠락하는 무엇이 아닌 원기 왕성한 젊음의 상징으로 바라보았다. 이제 최고의 성숙 단계로 들어섰으며, 비교 대상이 없는 젊은 왕을 제외하고는 과거 누구 못지않게 훌륭한 지도자를 두고 있음을 확신했다.[1] 여러 측면에서 이는 옳았다. 그리스 문명은 그리스의 자유와 함께 사라지지 않았다. 오히려 새 지역을 정복하고 광대한 제국 형성으로 정치적인 장벽이 허물어지자 주로 세 가지 경로, 즉 교통과 식민지와 교역을 통해 확산되었다. 여전히 진취적이고 민첩한 그리스인들이 아시아와 이집트, 에피로스와 마케도니아로 수없이 이주했다. 이오니아가 다시 한 번 번성했을 뿐 아니라, 그리스의 피와 언어, 문화가 소아시아 내지와 페니키아와 팔레스타인으로, 시리아와 바빌로니아를 관통하고 유프라테스 강과 티그리스 강을 가로질러, 박트리아와 인도로까지 나아갔다. 그리스 정신이 이처럼 용기와 열정을 보여 준 적이 없었으며, 그리스 문학과 예술이 이처럼 거대한 승리를 쟁취한 적도 없었다.

이것이 역사가들로 하여금 그리스 역사를 알렉산드로스에서 종결짓도록 하는 이유일 것이다. 그 이후 그리스 세계는 너무나 광대하고 복잡하여 통일된 관점으로 일관된 흐름을 추적하기가 참으로 곤란하다. 세 개의 주요 왕조, 즉 마케도니아와 셀레우키아, 이집트뿐 아니라 완전히 독립한 상태의 그리스 도시 국가들이 수없이 많았으며, 동맹과 연맹이 미로처럼 얽혀 있었고, 에피로스, 유대, 페르가몬, 비잔티움, 비티니아, 카파도키아, 갈라티아, 박트리아 등지에는 반(牛)그리스화된 국가들이 있었고, 서쪽으로는 노쇠한 카르타고와 생기발랄한 로마 사이에 끼인 시칠리아와 그리스화된 이탈리아가 있었다. 알렉산드로스의 뿌리 없는 제국은 그 생존을 유지하기에는 언어와 교통, 관습 및 신앙 측면에서 너무나 느슨하게 결합되어 있었다. 그는 한 명이 아니라 여러 명의 강자를 뒤에 남겨 두었으며, 어느 누구도 주권 이외의 것에 만족하려 하지 않았다. 새 영토의 규모와 다양성으로 인해 모든 민주주의적 사고가 해체되었다. 그리스인이 이해한 자치 정부는 시민들이 정기적으로 공통의 집회 장소에 모일 수 있는 도시 국가를 전제로 한다. 게다가 민주 아테네의 철학자들도 민주주의를 무지와 질시, 혼란의 즉위라고 비난하지 않았던가? 디아도키(Diadochi)라 불린 알렉산드로스의 후계자들은 오랫동안 무력으로 지배하는 데 익숙했던 마케도니아의 장군들이었다. 민주주의는 이따금씩 조언을 구한 경우 외에는 그들의 머릿속에 자리 잡지 않았다. 하급 경쟁자들을 배제시킨 몇 번의 무력 충돌 이후, 제국은 안티파트로스의 마케도니아와 그리스, 리시마코스의 트라키아, 안티고노스의 소아시아, 셀레우코스의 바빌로니아, 프톨레마이오스의 이집트 등으로 5등분되었다.(기원전 321년) 이들은 번거롭게 그리스 국가들의 승인을 요구하지 않았다. 이 순간부터 그리스에서의 몇 번의 막간과 로마의 귀족 공화정을 제외하고는 프랑스 혁명까지 군주정이 유럽을 지배하게 된다.

혼란을 수반하는 자유가 민주정의 기본 원리라면, 군주정의 기본 원리는 독재와 정변 그리고 전쟁을 수반하는 권력이다. 필리포스에서 페르세우스까지, 카이로네아에서 피드나까지(기원전 338~168년) 도시 국가들의 대내외 전쟁에는 왕국들의 대내외 전쟁이 따랐다. 통치 특권에 미혹된 수백 명의 장군들이 왕좌를 다투었기 때문이다. 폭력은 르네상스 시대 이탈리아에서처럼 헬레니즘 시대 그리스에서 수없이 빈발하고 흔한 일이었다. 안티파트로스가 죽자 아테네는 다시 반란을 일으키고 안티파트로스 명의로 최대한 공정하게 다스린 늙은 포키온을 죽였다. 안티파트로스의 아들 카산드로스가 아테네를 재점령한 후(기원전 318년) 시민권자를 1000드라크마 보유자까지 확대시키고, 철학자이며 학자이고 예술 애호가인 팔레론의 데메트리오스를 섭정으로 앉혔다. 그는 10년간 도시에 평화와 번영을 가져다주었다. 한편 안티고노스 1세(별명 "키클롭스(Cyclops)")(둥근 눈이라는 뜻 – 옮긴이)는 자신의 한 눈 아래 알렉산드로스의 모든 제국을 통일하려는 야망을 꿈꿨다. 하지만 그는 입소스에서 연합군에 패배하고(기원전 301년) 셀레우코스에게 소아시아를 뺏기게 된다. 그의 아들 데메트리오스 폴리오르케테스(별명 "도시 포획자")가 그리스를 마케도니아로부터 해방시켜 아테네 민주주의를 12년간 연장시켜 주고, 귀한 손님으로 파르테논 신전에 머물도록 허락되어 거기에 창부를 데려와 함께 기거했으며,[2] 자신의 호색 취향으로 인해 여러 미소년들을 절망으로 몰아넣고,* 키프로스 해전에서 프톨레마이오스 1세를 맞아 화려하게 승리를 거두었으며(기원전 308년), 새 공성 무기로 6년에 걸쳐 로도스를 포위 공격했지만 결국 함락시키지 못하고, 스스로 마케도니아의 왕이라 칭했으며(기원전 294년), 수비대로 공격하여 아테네의 자유를 빼앗고, 여느 때처럼 새 전쟁을 일으켰다가 셀레우코스에 패해

---

* 데메트리오스의 끈질긴 추격 끝에 마침내 사로잡히게 된 다모클레스는 끓는 가마솥에 스스로 몸을 던져 목숨을 끊었다.[3] 한 가지 사례의 미덕으로만 아테네인을 오판해서는 안 된다.

생포되고 술에 만취해 죽었다.

4년 후(기원전 279년), 지중해 동부의 권력 투쟁으로 인한 무질서를 기화로 브렌누스*가 이끄는 일단의 켈트족, 즉 갈리아인이 마케도니아를 거쳐 그리스로 남하해 내려왔다. 파우사니아스의 말에 의하면 브렌누스는 "그리스의 허약한 국가, 도시들의 막대한 부, 신전의 제물, 어마어마한 양의 금은 등을 노렸다."[4] 이와 동시에 아폴로도로스의 주도하에 마케도니아에 정변이 발발하여 일부 군대가 이에 합류하고 부자를 주기적으로 약탈 중이던 가난한 자들과 함께했다. 갈리아인들은 한 그리스인의 안내를 받아 테르모필라이 근처 비밀 통로를 통해 쳐들어와 무자비하게 죽이고 약탈했으며 보물이 가득한 델포이 신전으로 진격해 갔다. 거기서 브렌누스는 그리스군과 그리스인이 믿기로 아폴론 신이 자신의 신전을 지키기 위해 보낸 폭풍에 의해 격퇴당하고 후퇴한 후 수치스럽게 자살했다. 생존한 갈리아인은 소아시아로 건너갔다. 파우사니아스에 의하면 "그들은 모든 남자를 학살하고"

늙은 여자들과 엄마 품속의 아기들도 마찬가지로 죽였다. 그들은 피를 마시고 통통한 유아의 살로 잔치를 베풀었다. 정절을 지킨 여인들과 한창 꽃필 나이의 처녀들이 자살하고 …… 목숨을 부지한 이들은 온갖 능욕을 당했다. …… 일부 여인들은 갈리아인의 칼로 달려들어 스스로 죽음을 자초했다. 이들 무자비한 야만인들이 교대로 능욕하고 죽어 가든 이미 죽었던 가리지 않고 자신들의 욕망을 채워 먹을 것과 잠이 부족해 죽은 자들도 있었다.[5]**

이처럼 참담한 고난을 당한 후, 아시아의 그리스인들은 매수하고 설득함으로

---

* 기원전 390년 이탈리아를 침공한 브렌누스가 아니다.
** 이 문제에 대한 갈리아인의 기록은 없으며, 아시아나 이탈리아, 시칠리아 거주 그리스인의 침공에 대한 "야만인"의 기술 내용도 없다.

써 침입자들을 프리기아 북부(이들의 정착으로 갈라티아라 불리게 된다.), 트라키아, 발칸 등지로 물러가게 했다. 갈리아인은 두 세대 동안 셀레우코스 1세와 아시아 연안 및 흑해의 그리스 도시들로부터 어마어마한 양의 공물을 징수해 갔다. 비잔티움 자체만 연간 24만 달러 상당을 바쳐야 했다.[6]* 서기 3세기 로마의 황제와 장군들이 야만인 침공을 물리치는 데 전념해야 했던 것처럼, 페르가몬, 셀레우키아, 마케도니아 등지의 왕과 장군들 역시 기원전 3세기에 갈리아인 침공 재발을 저지하기 위해 많은 자원과 정력을 쏟아야 했다. 역사 전반에 걸쳐 고대 문명은 반복해 쇄도해 들어온 야만인들의 바다 가장자리에 살고 있었던 것이다. 한편 한때 시민들이 불철주야 금욕적 용기로 대비했을 때는 위난을 제지할 수 있었다. 그러나 이 금욕주의는 고전적 형식과 명성을 갖추기 시작한 바로 그때 그리스에서 사멸하고 있었다.

데메트리오스 폴리오르케테스의 아들 안티고노스 2세는 갈리아인을 마케도니아에서 몰아내고 아폴로도로스의 반란을 진압했으며, 38년간(기원전 277~239년) 마케도니아를 유능하고 신중하게 통치했다. 그는 문학과 과학, 철학 등에도 관대하여 솔리의 아라토스 같은 시인을 궁정에 초대하고 스토아 철학자 제논과 오랜 우정을 나누었다. 그는 마르쿠스 아우렐리우스까지 단속적으로 이어지는 철학자 왕 계보의 시조였던 것이다. 그럼에도 불구하고 아테네의 자유를 위한 마지막 노력이 수포로 돌아간 것은 그의 치세 중이었다. 기원전 267년 민족주의자들이 제논의 제자 크레모니데스의 주도로 권력을 잡고 이집트의 지원에 힘입어 마케도니아 군대를 내쫓고 아테네 해방을 공표했지만, 안티고노스가 여유롭게 남진하여 도시를 재점령했던 것이다.(기원전 262년) 그러나 철학과 상고 시대를 존경한 그는 그에 맞게 대처했다. 그는 피라이오스, 살라미스, 수니온 등에 수비대를 주둔시키고 아테네가 동맹이나 전쟁을 도모하지 못하게 했다. 그러나 그 외에는 도시에 완전한 자유를 허락했다.

---

* 이후부터는 헬레니즘 시대의 가격 상승을 고려해 1달란트를 1939년 미화 기준 3000달러에 상당한 것으로 간주한다.

다른 그리스 국가들은 자유와 질서의 조화 문제를 다른 방식으로 해결하고 있었다. 기원전 279년경에 마케도니아처럼 반야만적이며 한 번도 정복당한 적이 없는 산악 부족이었던 아이톨리아가 그리스 북부 도시들, 주로 델포이 인보 동맹 도시들을 아이톨리아 동맹으로 규합했고, 거의 같은 시기 파트라이, 디메, 펠레네 및 기타 도시들로 구성된 아카이아 동맹은 많은 펠로폰네소스 도시들을 동맹 내로 끌어들였다. 각 동맹 내 모든 지방 행정은 자율권을 가진 지자체가 관할하였지만 군사 및 대외 문제는 연방 회의에 위임하였고, 사령관은 아카이아의 아이기온이나 아이톨리아의 테르모스에서 개최된 총회에 참석한 시민에 의해 선출되었다. 각 동맹은 평화를 유지했으며 전 지역에 걸쳐 공통의 도량형과 화폐 체계를 수립했다. 어떤 면에서 정치적으로는 기원전 3세기가 페리클레스 시대보다 더 우수한 협력 관계를 형성했던 것이다.

아카이아 동맹은 시키온의 아라토스에 의해 최고 권력 집단으로 탈바꿈하였다. 스무 살의 새 테미스토클레스는 백여 명의 부하를 이끌고 야음을 틈타 전제 군주를 제거하고 시키온을 해방시켰다. 그는 능변과 교묘한 협상력으로 스파르타와 엘리스를 제외한 전 펠로폰네소스를 동맹에 가담케 했으며 10년간 연속 사령관에 선출되었다.(기원전 245~235년) 수백 명의 부하를 이끌고 코린토스에 들어가 난공불락의 아크로코린토스를 기어올라 마케도니아 군대를 격퇴하고 자유를 안겨 주었다. 또한 피라이오스로 건너가 마케도니아 수비대를 매수하여 항복시키고 아테네 해방을 선언했다. 이때부터 로마의 정복 때까지 아테네는 군사적으로 무력하면서도 헬레니즘 국가들의 공격을 받지 않은 독특한 자치 정부를 갖게 되는데, 이는 도시 내 학교들이 아테네를 그리스 세계의 지적 중심지로 만들었기 때문이다. 아테네는 철학으로 돌아섰고 정치사에서는 그 모습을 기꺼이 감추었던 것이다.

이후 두 동맹은 서로 간의 전쟁과 동맹 내 계급 투쟁으로 약해져 갔다. 기원전 220년에 아이톨리아 동맹은 스파르타 및 엘리스와 합세하여 마케도니아와 연합한 아카이아 동맹과 맞서 혹심한 동맹시(同盟市) 전쟁을 치르게 된다. 자유의 수호자인 아라토스는 부의 수호자이기도 했다. 동맹은 각 도시에서 유산자들을 비호했다. 더 가난한 시민들은 멀리 떨어진 동맹 회의에 참석할 여유가 없으며 결과적으로 사실상 공민권을 상실했다고 불평했다. 그들은 영리하고 강한 자들에게 전적으로 특권이 부여되고, 단순하며 가난한 자들은 배제되는 자유에 대해 회의적이었다. 그들은 토지 재분배를 요구하는 선동가들에게 더욱 환호를 보냈다. 1세기 전의 부자들이 그랬던 것처럼, 가난한 자들은 자신의 정부로부터 등을 돌리고 마케도니아에 호의를 보내기 시작했다.

그러나 마케도니아는 안티고노스 3세의 고지식함 때문에 망했다. 그는 자신의 의붓아들 필리포스의 섭정 자격으로 권력을 잡았으며, 필리포스가 성년이 되면 양위하겠다고 약속했다. 당시 냉소적인 사람들은 당연히 그가 거짓말을 한다고 생각해 그를 "도손(Doson)", 즉 약정자(約定者)라고 불렀다. 그러나 그는 약속을 지켰고, 기원전 221년 열일곱 살이 된 필리포스 5세는 음모와 전쟁으로 점철된 긴 치세를 시작한다. 그는 용기 있고 유능하긴 했지만 간사한 성격의 소유자였다. 그는 아라토스의 아들의 아내를 유혹하고 아라토스를 독살하고 음모 혐의로 그의 아들을 죽였으며, 그에 동조한 이들에게 독 포도주가 준비된 잔치를 열었다.[7] 그는 마케도니아를 더욱 부강하게 만들어 150년 전보다 더욱 인구가 조밀하고 번성하게 했다. 그러나 기원전 215년, 강성해 가는 로마를 두려워한 그는 카르타고 및 용장 한니발과 동맹을 맺는 역사적 실수를 범하게 된다. 일 년 후 로마는 마케도니아에 전쟁을 선포하고 그리스 정복에 나선다.

2. 부의 투쟁

아테나이오스에 의하면 기원전 310년경 팔레론의 데메트리오스가 아테네의 인구 조사를 실시한 결과 시민이 2만 1000명, 메틱스 또는 외래인이 1만 명, 노예가 40만 명이었다고 한다.[8] 마지막 수치는 믿을 수 없지만 이를 반박할 다른 자료도 없다. 시골 노예가 증가한 것은 거의 분명한 것 같다. 사유지가 더욱 비대해지고 부재지주를 대신한 노예 감독의 관리로 더 많은 노역이 노예에게 부과되었다.[9] 이 체제하에 영농 기술이 더욱 발전해 갔다. 바로(Varro)는 쉰 권의 그리스 영농 기술 교본을 확인했다. 그러나 침식과 남벌의 진행으로 상당량의 토지가 이미 밑바닥에서부터 파괴되었다. 기원전 4세기에 이미 플라톤은 시간이 지나면서 비와 홍수로 아티카 개간지 상당 부분이 휩쓸려 내려갔으며, 남은 언덕은 마치 살이 뜯겨 나가고 뼈만 앙상하게 남은 것 같다고 표현했다.[10] 기원전 3세기에 이르면, 아티카 많은 지역의 표토가 벗겨져 이전에 농지였던 땅은 황무지가 되었고, 그리스의 삼림이 사라져 목재도 식량처럼 해외에서 들여와야 했다.[11] 라우리온 광산은 바닥이 드러났다. 은은 더 싼 값에 스페인에서 들여올 수 있었다. 한때 아테네 부의 원천이었던 트라키아의 금광은 이제 마케도니아의 화폐 주조원이 되고 그 국고를 살찌우고 있었다.

시골에서 강건하고 독립적인 시민 정신이 고갈되고 있는 동안, 도시에서는 산업 성장과 함께 계급 투쟁이 진행되고 있었다. 헬레니즘 세계의 다른 모든 대도시에서처럼 아테네에서도 소제조업장 및 노예의 수가 늘어나고 있었다. 노예상들은 군대와 손잡고 몸값을 내지 못한 포로를 사서 델로스 및 로도스의 대규모 노예 시장에서 인당 3, 4미나(150 또는 200달러)에 팔았다. 이 고대 제도에 대해 도덕적으로나 경제적으로 일련의 가책이 느껴졌다. 박애 정신이 철학의 부산물로 일어났다. 당대의 세계주의 정신은 인종을 구별하지 않았다. 사적으로 이익이 되지 않으면 언제든 공적으로 교체할 수 있는 임시 고용자는 많은 경우 계속 보유해야 했던 노예보다 임금이 더 쌌다.[12] 이 시대가 끝날 무렵 노예 해방의 기운이 실질적으로 일어났다.

상업은 구도시에서는 쇠퇴한 반면 신도시에서는 번성하였다. 아시아와 이집트의 그리스인 항구들이 피라이오스의 경비로 성장했다. 본토에서 팽창하는 그리스 교역에 편승한 곳은 칼키스와 코린토스였다. 안티오키아, 셀레우키아, 로도스, 알렉산드리아, 시라쿠사 등과 함께 전략적 요충지이며 기간 시설이 잘

정비된 이들 도시를 통해 상인들이 세계주의와 회의주의적 가치관을 전파하며 분주하게 왕래했다. 은행가들이 우후죽순처럼 일어나 상인과 제조업자들뿐 아니라 도시와 정부에도 돈을 빌려 주었다.[13] 델로스와 비잔티움 같은 일부 도시에는 공금을 보유하고 관리가 업무를 보는 국공립 은행이 있었다.[14] 기원전 324년 로도스의 안티메네스는 8퍼센트의 수수료로 도주 노예 손실을 보장해 주는 최초의 보험 제도를 만들었다.[15] 페르시아의 축적된 부가 시중에 풀리고 자본이 신속하게 회전되자 이자율이 기원전 3세기에는 10퍼센트, 2세기에는 7퍼센트까지 떨어졌다. 투기가 확산되었지만 조직화되지는 않았다. 일부 투기꾼은 생산을 제한하여 가격을 올리려 했다. 농경 단체의 구매력을 유지하기 위해 수확을 제한하자는 주창자들도 있었다.[16] 알렉산드로스가 세계 통화 시장에 쏟아부은 아케메네스의 국고 덕분에 일반적으로 가격이 다시 상승했다. 그러나 동시에 일부는 같은 이유로 교역이 촉진되고 생산이 확대되었으며 가격이 점차 정상 수준으로 떨어졌다. 부자들의 부는 역사상 유례없이 증가했다. 가정은 궁전이 되고 가구와 운송 수단이 더욱 화려해졌으며, 하인의 수가 늘어나고 저녁 식사는 흥청대는 유흥장으로 바뀌고 여자들의 복장은 남편의 성공을 과시하는 무대 의상이 되었다.[17]

임금이 가격 상승을 따라잡지 못해 노동자의 몰락이 가속화되었다. 그 임금으로는 성인 한 명만 겨우 살 수 있을 뿐이었다. 독신자와 빈민이 양산되고 인구가 감소하였다. 자유 노동자와 노예 간의 경제적 격차가 감소되었다. 고용은 불규칙적이었고 수많은 사람들이 고향을 버리고 해외 용병으로 나가거나 시골 벽촌으로 은거해야 했다.[18] 아테네 정부는 곡물로 빈민을 구제했다. 부자는 공연이나 경기의 무료 입장권으로 이들을 위로했다. 부자는 임금 지불에는 인색했지만 자선에는 관대했던 것이다. 그들은 종종 무이자로 도시 정부에 돈을 빌려 주거나 큰 선물로 파산을 면하게 하고, 사재를 출연해 공공사업을 일으키거나 신전 또는 학교에 기부하고 자신의 업적이나 기부를 기념하는 조각상 제작이나 시 발표회에 아낌없이 후원했다. 가난한 자들은 상호 부조를 위해 조합을 구성했지만, 부자들의 권세와 영악함, 보수적인 농부들, 다른 때는 서로 경쟁 관계인 정부와 동맹들의 반란에 대한 무력 진압 지원 등에 대해 아무것도 할 수 있는 일이 없었다.[19] 부의 축적에 대한 통제되지 않은 능력 발휘로 말미암아 솔론 시대처럼 부가 또다시 급격히 집중되었다 가난한 자들은 사회주의적 복음에 더욱 귀가 솔깃해졌다. 그들의 대변자들은 부채 탕감과 토지 재분배, 대규모 재산 몰수를 요구했다. 이따금 가장 극단적으로 노예 해방을 제안하는 이들도 있었다.[20]

종교적인 믿음이 쇠퇴하자 이를 대체할 유토피아 사상이 부각되었다. 스토아 철학자 제논은 그의 『국가』에서 이상적인 공산 사회를 언급했으며(기원전 300년경), 그의 제자 이암불로스는 한 낭만적인 이야기에서 인도양의 한 축복의 섬(실론 섬인 듯하다.)을 소개하여 그리스 반도를 고무시켰다.(기원전 250년경) 그의 말에 의하면 거기서는 모든 사람이 평등하게 일하고 평등하게 나누며, 통치에 있어서도 평등하게 교대로 역할을 분담하고 부자와 가난한 자가 없고 계급 투쟁도 없으며, 자연은 저절로 과실을 풍성하게 맺고 조화롭게 보편적인 사랑 가운데 살아간다.[20a]

몇몇 정부는 특정 산업을 국유화했다. 프리에네는 염업을, 밀레토스는 염직 공장을, 로도스와 크니도스는 도자기업을 국유화했다. 그러나 이들은 민간 사업장만큼이나 낮은 임금을 지불하고 노예 노동을 통해 최대한 이윤을 짜냈다. 부자와 가난한 자 간의 간격이 더욱 넓어지고,[21] 계급 투쟁은 이전보다 더욱 극심해졌다. 역사가 오래되었든 새로 발흥하였든 모든 도시가 계층 간의 증오, 폭동, 대량 학살, 압제, 추방, 생명 경시와 재산 파괴 행위 등으로 메아리쳤다. 한 당파가 권력을 잡으면 반대편을 추방하고 재산을 몰수했으며, 반대편이 돌아와 권력을 장악하면 동일하게 복수하고 적을 살육했다. 이처럼 이성을 마비시키고 혼란한 와중의 경제 체제가 얼마나 안정될 수 있었을지 상상하기 어렵지 않다. 몇몇 고대 그리스 도시들은 계급 투쟁으로 너무나 황폐해져 사업체와 사람이 다 떠나 버리고 거리에 풀이 무성하게 자라 가축만 풀을 뜯어먹으러 찾아왔다.[22] 기원전 150년경 폴리비오스는 부유한 보수주의자의 눈으로 특정 시간을 초월한 전쟁의 국면을 다음과 같이 묘사한다.

> 그들(급진적 지도자들)이 민중을 탐욕스럽게 만들어 뇌물을 기꺼워하게 하면, 민주주의의 덕은 파괴되고 폭력과 강자의 손에 놀아나는 정부로 바뀌게 된다. 다른 이들에 의지하는 것을 당연시하고 이웃의 재산으로 생계를 유지하려는 폭도들은 야심 차고 대담한 지도자를 찾으며 곧 …… 폭력적인 통치를 낳는다. 그러면 민회는 소란스러워지고 학살과 추방, 토지 재분배가 따르게 된다.[23]

그리스 본토가 그렇게 쉽사리 로마에 정복될 만큼 약해진 이유는 전쟁과 계급 투쟁 때문이었다. 농작물과 포도밭, 과수원 등을 파괴하고 농가를 황폐화시키고 포로를 노예로 팔아 버리는 등 승자들의 가혹한 무자비함은 각 지역을 연달아 황폐화시키고 최후의 적을 위해서는 텅 빈 껍데기만 남겨 놓았다. 투쟁과 침식, 남벌로 황폐해진 토지와 가난한 소작인이나 노예들의 척박한 경작지로는 오론테스 강, 유프라테스 강, 티그리스 강, 나일 강 등의 비옥한 평야와 경쟁할 수 없었다. 북부 도시들은 더 이상 교역의 주요 중계지 역할을 할 수 없게 되었다. 해군을 잃어 아테네와 스파르타가 제국 시대 때 지배했던 곡물 공급원과 경로를 통제할 수 없었다. 문학과 예술 창조에서조차 그 구심점은 천여 년 전 그리스가 겸손히 배웠던 아시아와 이집트로 되돌아갔다.

3. 도덕의 쇠퇴

도시 국가의 붕괴로 정통 종교의 쇠퇴가 가속화되었다. 도시의 신은 수호신으로서 무력함이 드러났고 신뢰를 상실했다. 도시 시민적 · 종교적 삶을 공유하지 않고, 시민들 중에 널리 퍼진 회의주의를 선호한 외국 상인들이 주민 가운데 유입되었다. 고대 지방 신의 신화는 소농과 도시 하층민들 사이 그리고 공공 의식 안에 잔존해 있었다. 식자층은 이를 시와 예술의 도구로 이용하고, 반(半)진보적 인사들은 통렬히 공격했다. 한편 상류층은 질서의 한 수단으로 지지하고 공개적인 무신론을 고약한 악취미라며 경멸했다. 대도시의 성장으로 신들의 대생 정체(對生政體)(각 도시가 공동 정부하에서 협력하며 시민들은 이중적인 충성심을 갖는 제도-옮긴이)가 발생하고 흐릿하게 일신교 경향을 띠게 되었으며, 철학자들은 정통 신앙과 지나치게 대치되지 않는 형태로 식자층을 대상으로 범신론을 형성하려 애썼다. 기원전 300년경에 시칠리아 메사나의 에우헤메로스는 『히에라 아나그라파』(문자적 의미로는 "경전" 또는 "기록")를 발표했는데, 그는 이 글에서 신은 자연을 의인화하였거나 보다 일반적으로는 대중들의 상상력이나 인류에게 준 유익에 대한 감사의 표시로 영웅을 신격화한 것이며, 신화는 비유이고 종교 의식은 원래 죽은 이를 기념하는 의식이었다고 주장했다. 이에 따르면 제우스는 크레타에서 죽은 정복자였고 아프로디테는 매춘의 창시자이자 후원자였으며, 자식을 먹은 크로노스 이야기는 한때 식인 풍습이 지구상에 존재했다는 것을 말하는 것에 지나지 않는다. 이 책은 기원전 3세기 그리스에 무신론적 영향을 선명하게 각인시켰다.[23a*]

그러나 회의주의는 본질상 대하기에 편치 못한 속성을 지니고 있다. 일반인의 마음과 상상력을 텅 비게 하고 이 빈 공간은 곧 새롭고 유망한 교의에 끌리게 되는 것이다. 철학과 알렉산드로스의 승리로 참신한 신흥 종교를 위한 길이 예비되었다. 기원전 3세기에 아테네는 이국적인 외래 신앙으로 너무나 소란스러웠고 그 대부분은 천국을 약속하고 지옥으로 위협하여, 에피쿠로스는 기원전 1세기 로마의 루크레티우스처럼 종교를 정신적인 안정과 삶의 기쁨을 해치는 적으로 비난해야겠다는 소명감을 느낄 정도였다. 아테네에서조차 이제 새 신전은 대개 이시스, 세라피스, 벤디스, 아도니스 등과 기타 외래 신들에게 바

---

* 이 책은 왕들에 대한 헬레니즘적 신격화를 반영하였거나 고무시킨 것으로 보인다.

쳐졌다. 엘레우시스 신비 의식이 번성하여 이집트와 이탈리아, 시칠리아, 크레타 등지에서도 흉내를 냈다. 해방자 디오니소스 엘레우테리오스는 그 개념이 그리스도에 흡수될 때까지 인기를 누렸다. 오르페우스교가 원래 발흥했던 동방 신앙과 다시 접촉하면서 새로이 귀의자를 얻었다. 옛 종교가 귀족적이고 외국인 및 노예를 배제시킨 반면, 신흥 동방 종교는 모든 남녀, 외국인, 노예 및 자유민들을 받아들였고 모든 계층에 영생을 약속했다.

과학이 절정에 이르는 동안 미신이 널리 퍼졌다. 미신적인 인간이라는 테오프라스토스의 초상은 계몽과 철학의 수도(首都)에서조차 문화의 얇은 껍질이 얼마나 쉽게 찢어질 수 있는지를 보여 준다. 7이라는 숫자는 말할 필요도 없이 성스러운 숫자였다. 일곱 개의 행성이 있고 한 주는 7일이며, 일곱 가지 불가사의가 있고 인간 시대는 일곱 시대로 구분되고 일곱 개의 하늘이 있으며, 지옥에는 일곱 개의 문이 있다. 바빌로니아와의 교역으로 점성술이 활기를 띠었다. 사람들은 별은 개인과 국가의 운명을 구체적으로 지배하는 신이며, 성격심지어 생각도 태어난 별자리 또는 행성에 의해 결정되어 쾌활하거나(jovial) 민첩하거나(mercurial) 무뚝뚝하게(saturnine) 된다는 생각을 당연시했다. 가장 미신적이지 않은 유대인들도 행운을 빌 때 "그대의 행성으로부터 가호가 있기를."이라고 말했다.[24] 천문학이 줄곧 점성술과 맞서 싸웠지만 결국 서기 2세기에 무릎을 꿇고 말았다. 헬레니즘 세계 구석구석에서 위대한 운명의 신 티케를 숭배했다.

관찰에 없어서는 안 될 끈질긴 상상력을 통해서만 전통 종교의 사멸이 한 민족에 어떤 의미를 가지는지 깨달을 수 있다. 고전기 그리스 문명은 도시 국가에 대한 애국적 헌신 위에 수립되었으며, 믿음보다는 관습에 뿌리를 두었지만 고전적 도덕성은 초자연적 신앙을 통해 크게 강화되었다. 그러나 이제 그리스 식자층에게는 믿음도 애국심도 남아 있지 않았다. 도시의 경계는 제국에 의해 붕괴되었다. 지식의 성장으로 도덕과 결혼, 혈통과 법률이 세속화되었다. 근대 유럽에서처럼 한동안 페리클레스 시대의 계몽 정신으로 도덕이 함양되었다.

박애 정신이 계발되고 무력하긴 하지만 전쟁에 대한 분개가 날카롭게 일어났으며, 도시와 사람들 간에 중재가 있었다. 풍습은 보다 세련되었고 논쟁은 품위가 있었다. 중세 시대처럼 주로 개인의 안전과 왕실의 위신과 관련되었던 궁정에서부터 예절이 흘러나왔다. 로마인이 찾아왔을 때 그리스는 그들의 거친 예의와 세련되지 못한 습관에 놀라움을 감추지 못했다. 삶에 품위가 있었다. 여자들은 자유롭게 돌아다녔고 이례적인 우아함으로 남자들의 시선을 끌었다. 남자들은 특히 여자 같다고 법으로 금한 비잔티움과 로도스에서 면도를 했다.[25] 그러나 쾌락의 추구가 상류층 성인들의 삶을 고갈시켰다. 윤리와 도덕에 있어 해묵은 문제, 즉 개인의 자연스러운 쾌락주의와 국가 기강 확립을 위한 금욕주의를 조화시키려는 문제가 정치나 종교, 철학적으로 해답을 찾지 못했다.

교육이 확산되었지만 깊이가 없었다. 모든 식자층들에게 강조된 것은 인격보다 지식이어서, 국가라는 배에 얹힌 흐트러진 짐짝처럼 토지와 노동 현장에서 쫓겨나 불만이 가득한 채 이리저리 배회하는 미숙한 지식인이 양산되었다. 밀레토스와 로도스 같은 일부 도시는 국가가 지원하는 공립 학교를 세웠다. 테오스와 키오스에는 남녀 공학교가 세워졌는데, 이처럼 남녀 차별을 두지 않은 경우는 스파르타를 제외하고는 전례가 없었다.[26] 체육 학교가 상급 학교로 발전하고 강의실, 도서관이 갖추어졌다. 체육관이 번성하였는데, 특히 동방에서 인기를 끌었다. 하지만 일반 대중이 주인공이던 경기는 이제 직업화된 경기로 전락하였고, 특히 권투 그러하였다. 또한 경기에서는 기술이 아니라 완력이 중시되었다. 한때 운동 선수의 나라였던 그리스는 이제 관중의 나라로 바뀌었으며, 사람들은 실제로 참여하는 대신 구경하는 것으로 만족하였다.

성도덕은 페리클레스 시대의 방종함을 능가할 정도였다. 동성애가 만연하여 테오크리토스의 시마이타는 청년 델피스가 "사랑에 빠졌는데, 상대가 여자인지 남자인지 모르겠다."라고 말한다.[27] 매춘부도 여전히 극성을 부렸다. 데메트리오스 폴리오르케테스는 아테네인들로부터 250달란트(75만 달러)나 되는 세금을 거두어 비누가 필요하다는 이유로 자신의 정부 라미아에게 갖다 바쳤다. 이에 분노한 아테네인들은 그 정부가 얼마나 불결했으면 그랬을까 하고 야유를 퍼부었다고 한다.[28] 여자 나체 춤이 풍속의 일부로 받아들여져 마케도니아 왕 앞서도 공연이 이루어졌다.[29] 메난드로스의 연극에서 아테네인들의 일상생활은 하잘것없고 탐욕스러우며 음탕한 것으로 그려졌다.

그리스 여성들이 이 시기 문화 활동에 적극 참여하여 문학, 과학, 철학, 예술 등에 기여했다. 스미르나의 아리스토다마는 그리스 전역을 순회하며 시 낭송회를 가져 크게 칭송을 받았다. 에피쿠로스 같은 일부 철학자는 스스럼없이 여성을 제자로 두었다. 문학은 모성애보다 육체의 아름다움을 강조하기 시작했다. 지대한 가치를 표방했던 모성애에 반대해 여성 해방이 불완전한 형태로 주창되었으며, 산아 제한이 이 시대의 두드러진 사회 현상이 되었다. 낙태는 남편이 반대를 무릅쓰고 행하거나 정부(情夫)가 부추겨 행할 때에만 처벌을 받았다. 아이가 태어나면 많은 경우 유기되었다. 옛 그리스 도시에서 딸아이 한 명을 키우는 가정은 백에 하나꼴에 지나지 않았다. "딸아이가 태어나면 부유한 이들마저 내버린다."라고 포세이디포스는 말한다. 자매를 둔 가정은 아주 드물었으며, 아이가 아예 없거나 하나만 둔 가정이 수도 없이 많았다. 전해 내려오는 글을 통해 기원전 200년경 밀레토스 내 일흔아홉 가정의 식구에 대해 살펴볼 수 있는데, 그중 서른두 가정이 한 아이만 두었고 서른한 가정이 두 아이를 두었다. 이들 가정의 아이들을 모두 합하면 아들이 118명인 반면 딸은 28명에 불과하다.[30] 에레트리아에서는 열두 가정 가운데 한 가정만 아들 둘을 두었으며, 딸 둘을 둔 가정은 거의 없었다. 철학자들은 인구 압박을 줄인다는 명목으로 유아 살해를 눈감아 주었다. 하지만 하층민들이 대규모로 유아 살해를 자행하자, 사망률이 출산율을 능가하였다. 한때 죽은 영혼이 방치되지 않도록 출산을 독려했던 종교도 안위와 경비를 강조할 권위를 상실하였다. 식민지에서 이민자들이 옛 가정을 대체하는 동안, 아티카와 펠로폰네소스에서는 이민자가 눈에 드러나지 않는 비율로 감소하며 인구가 줄어 갔다. 마케도니아에서는 필리포스 5세가 산아 제한을 금지하여, 30년 후 인구수가 50퍼센트나 늘어났다.[31] 이를 통해 반쯤 개화된 마케도니아에서조차 산아 제한이 얼마나 널리 행해졌는지 능히 짐작할 수 있다. 기원전 150년경 폴리비오스는 다음과 같이 말했다. "우리 시대 그리스는"

전반적으로 출산율이 낮고 인구가 하락하였으며, 이 때문에 도시와 농지가 황폐해졌다. …… 이처럼 사치와 방탕, 게으름에 빠지면서 사람들은 결혼을 바라지 않고 결혼하더라도 낳은 자식들을 기르려 하지 않았으며, 기껏해야 낳은 자식들 중 한두 명을 부족함 없이 기르려 했다. 사악함이 어느새 급속하게 자랐다. 그렇게 기른 한두 아이들 중 하나는 전쟁에 소집되고 나머지 하나마저 질병으로 죽는다면 집이 텅비어 버릴 것은 불을 보듯 뻔하다. …… 그리하여 도시는 서서히 자원이 고갈되고 허약해져 갔다.[32]

4. 스파르타의 대개혁

한편 그리스 도처에서 부의 집중으로 말미암아 계급 간의 갈등이 끝날 줄 모르고 첨예화되는 와중에 스파르타에서 두 차례에 걸쳐 대개혁이 시도되었다. 거친 산지를 방패 삼아 스파르타는 마케도니아에 맞서며 독립을 유지하였고 피로스의 대군을 용감하게 물리쳤다.(기원전 272년) 하지만 외부의 적도 함락할 수 없었던 이 스파르타가 내부의 적, 바로 세력가들의 탐욕 앞에 여지없이 허물어지고 말았다. 매매나 증여에 의해 토지를 가구(家口)로부터 분리하지 못하게 한 리쿠르고스 법이 폐기되고,* 제국 정책과 전쟁으로 쌓은 부(富)도 토지를 사들이는 데 쏟아부었다.[33] 기원전 244년이 되면 불과 백여 가구가 대략 2800제곱킬로미터나 되는 라코니아 땅을 소유하고,[34] 시민권을 가진 이들은

---

* 근대 프랑스에서처럼 토지 증여가 산아 제한으로 이어졌기 때문인 듯하다.

700명에 지나지 않았다. 이들 조차도 더 이상 공동 식사에 참여하지 않았고, 가난한 이들은 공동 식사 참여 자격을 얻기 위한 기부금을 마련할 수가 없었다. 반면 부자들은 사적으로 연회를 즐겼다. 한때는 선거권을 향유했던 대다수 가구는 가난의 나락으로 빠져 들어가 헤어나지 못한 채 부채 면제와 토지 재분배를 요구하였다.

이런 상황을 개혁하려는 시도가 스파르타 왕들에 의해 이루어진 것은 군주국으로서는 전례를 찾기 힘든 일이었다. 기원전 242년 아기스 4세와 레오니다스가 함께 왕좌를 계승했다. 리쿠르고스는 토지가 모든 시민에게 공평하게 분배되기를 원했다고 확신한 아기스는 토지 재분배와 부채 탕감, 리쿠르고스의 반(半)공산주의 정신 회복을 제안하였다. 재산을 담보로 잡혔던 토지 소유자들은 이 철폐 주장을 지지하였지만, 정작 정책이 통과되자 아기스의 나머지 개혁 정책을 격렬히 반대하였다. 레오니다스의 사주로 아기스가 살해되고 그의 어머니와 할머니가 뒤를 이었다. 이들 두 여인은 백성들에게 나눠 주기 위해 자신들의 방대한 사유지를 기꺼이 내놓았다. 이 왕실 드라마에서 단연 돋보이는 인물은 여인들이었다. 레오니다스의 딸인 킬로니스는 클레옴브로토스의 아내였는데, 클레옴브로토스는 아기스의 추종자였다. 레오니다스가 추방되고 클레옴브로토스가 왕좌에 앉자, 킬로니스는 승자인 남편을 버리고 자기 아버지와 유형의 길을 함께했다. 그 후 레오니다스가 권력을 되찾아 클레옴브로토스를 추방하자, 이번에는 자기 남편과 함께 길을 떠났다.[35]

레오니다스는 아기스가 죽은 후 미망인의 몫이 된 재산을 탐해 아기스의 아내를 자기 아들 클레오메네스와 강제로 결혼시킨다. 하지만 클레오메네스는 그녀와 사랑에 빠지고 죽은 왕의 이상도 함께 받아들이게 된다. 클레오메네스 3세가 되어 왕위에 오른 후, 클레오메네스는 아기스가 못다 이룬 개혁을 결연한 마음으로 실행에 옮긴다. 용맹으로 군대를, 검소한 생활로 백성의 마음을 사로잡은 클레오메네스는 과두정적인 에포르를 폐지하였다. 리쿠르고스가 허락한 적이 없다는 이유에서였다. 클레오메네스는 열네 명의 반대자를 처형하고 여든 명을 추방했으며, 모든 부채를 탕감해 주고 토지를 자유민들에게 나눠 주고 리쿠르고스 법을 부활시켰다. 클레오메네스는 이에 만족하지 않고 펠로폰네소스인들을 혁명으로 몰아가기 시작했다. 도처의 무산자들이 그를 해방자로 환영하고 수많은 도시가 기꺼이 항복했다. 아르고스, 펠레네, 플리오스, 에피다우로스, 헤르미오네, 마침내는 부유한 코린토스마저 그에게 무릎을 꿇었다. 그의 정책이 사방으로 퍼져 갔다. 보이오티아에서는 사람들이 부채를 갚을 생각을 그만두고, 국가는 모인 기금을 가난한 이들을 달래는 데 사용했다. 메갈로폴리스에서 철학자 케르키다스는 혁명이 일어나 가진 재산을 모두 날리기 전에 가난한 이들을 도우라고 부자들을 회유하였다.[36] 클레오메네스가 아카이아를 침공해 아라토스를 격퇴하자, 모든 상류층 그리스인들이 소유 재산 때문에 벌벌 떨었다. 아라토스는 마케도니아에 도움을 호소했다. 안티고노스 도손이 쳐 내려와 셀라시아에서 클레오메네스를 제압하고(기원전 221년), 라케다이몬에 과두 정권을 회복시켰다. 클레오메네스는 이집트로 피신해 프톨레마이오스 3세에게 도움을 청했으나 얻지 못하고, 알렉산드리아인들을 혁명에 동참시키려 했으나 역시 뜻을 이루지 못하고 결국 스스로 목숨을 끊게 된다.[37]

계급 투쟁은 계속되었다. 클레오메네스가 죽고 한 세대가 지난 후, 스파르타인들은 정부를 전복하고 혁명적인 독재 정권을 세운다. 아라토스를 이어 아카이아 동맹의 수장이 된 필로포이멘이 라코니아를 침공해 사유 재산 제도를 부활시켰다. 필로포이멘이 돌아가자 백성이 다시 들고 일어나 나비스를 지도자로 세우고 전권을 맡겼다.(기원전 207년) 나비스는 전쟁 포로로 메갈로폴리스에서 노예로 팔린 시리아계 셈족 사람이었다. 영리함에도 재능을 발휘하지 못했던 그는 헤일로타이를 규합해 반란을 도모함으로써 복수심을 해소하였다. 이제 그는 모든 자유민에게 스파르타 시민권을 주고 말 한 마디로 모든 헤일로타이에게 자유를 선사했다. 부자들이 훼방을 놓자, 그는 그들의 재산을 몰수하고 목을 잘라 버렸다. 자신이 한 일이 국경 너머로 퍼져 가도 그는 가난한 이들의 힘을 등에 업고 아르고스와 메세니아, 엘리스, 그리고 아르카디아 일부를 손쉽게 정복하였다. 정복한 모든 곳에서 그는 사유지를 국유화하고 토지를 재분배하고 부채를 탕감해 주었다.[38] 그를 제압할 방법이 없던 아카이아 동맹은 로마에 도움을 요청하고, 로마는 이에 응해 플라미니누스를 파송하였다. 하지만 나비스의 결연한 저항에 부딪힌 로마는 자신의 자리를 보장하는 조건으로 감금된 부자들을 놓아주겠다는 나비스의 휴전 제안을 받아들인다. 이 중대한 시기에 나비스는 아이톨리아 동맹의 하수인에 의해 암살을 당한다.(기원전 192년)[39] 4년 후 필로포이멘이 다시 쳐 내려와 과두 정권을 세우고 리쿠르고스 법을 폐지하고 나비스를 추종한 사람들 3000명을 노예로 팔아 버린다. 이렇게 하여 혁명의 물결이 지나갔지만, 스파르타는 이전 모습 그대로여서 계속 존속하긴 했으나 그리스 역사상 더 이상 두드러진 역할을 하지 못했다.

5. 로도스의 득세

격렬한 파벌 싸움과 민중 운동에 시달리던 교역과 자본이 본토를 떠나 새로운 피난처를 찾아 나섰다. 한때 아폴론의 비호로 번성했던 델로스가 기원전 2세기에 로마의 보호와 아테네의 관리 아래 자유 교역항으로 번성하였다. 이 작은 섬은 외국 상인과 사무소, 궁전과 창고, 가지각색의 이국적인 사원들로 붐볐다.

로도스는 기원전 3세기에 전성기를 맞아, 당시 대부분 사람들에게 그리스에서 가장 세련되고 아름다운 도시로 여겨졌다. 스트라본은 이 위대한 항구 도시에 대해 "항만과 도로, 성벽, 개량 사업 등에 있어 어떤 도시도 감히 비교되지 못할 정도로 탁월하다."라고 말하였다.[40] 지중해의 한 교차 지점에 위치하고, 알렉산드로스 대왕의 정복으로 유럽과 이집트, 아시아 간에 교역이 확장되는 시류에 편승한 드넓은 항구 도시 로도스는 티레와 피라이오스를 밀어내고 동쪽 바다에서 상품 환적 항과 화폐 교환소, 상업 자금 조달원 역할을 하였다. 로도스 상인들은 권모술수가 난무하는 세상에서 정직과 은행,

안정된 정부로 명성을 날렸다. 시민으로 구성된 로도스의 함대는 에게 해의 해적들을 소탕하고 모든 국가 상선들의 안전을 동등하게 보장하였다. 또한 해상법(海上法)도 수립하였는데, 이 해상법은 아주 합리적이어서 수 세기 동안 지중해 교역을 관할하며 널리 활용되고, 이후 로마와 콘스탄티노플, 베네찌아의 해상법으로 계승된다.

데메트리오스 폴리오르케테스에게 영웅적으로 맞서(기원전 305년) 마케도니아의 지배를 면한 로도스는 지혜롭게 중립을 유지하고, 침략 국가의 성장을 저지할 때나 해상 지배권을 유지할 필요가 있을 때만 전쟁에 참여함으로써 당대의 혼란한 정치 상황을 교묘하게 피해 갔다. 로도스는 많은 에게 해 도시 국가들을 "섬 연맹"으로 규합하고 아주 공정하게 주도권을 행사하여 어느 누구도 로도스의 권한에 이의를 제기하지 않았다. 로도스 정부는 로마 공화정처럼 민주주의에 기초한 귀족정이었는데, 린도스, 카미로스, 이알리소스, 로도스 등의 공생 도시 국가들을 교묘하면서도 상대적으로 정의롭게 다스렸다. 로도스 정부는 아테네가 시민권을 부여한 외래인에게 절대 허락하지 않은 특권을 외래 거주민에게 허락하고, 대규모 노예 계층을 보호하여 위기 시에는 무장을 허락하기도 했으며, 빈곤층을 돌볼 책임을 도시 부유층에 부여하였다.[41] 로도스 정부는 교역 상품에 2퍼센트의 관세를 물림으로써 그 비용을 충당하였다. 로도스는 어려움에 처한 도시들에 이따금씩은 무이자로 너그럽게 돈을 빌려 주었다.

로도스가 지진으로 큰 피해를 입자(기원전 225년), 그리스 전체가 원조에 나섰다. 로도스가 에게 해에서 사라지면 상업적·재정적으로 혼란에 빠진다는 것을 모두가 알고 있었던 것이다. 히에론 2세는 금 100달란트(30만 달러)를 보내고 복구된 도시에 시라쿠사 국민이 로도스 국민에게 관을 씌우는 집단 군상을 세워 주었다. 프톨레마이오스 3세는 은 300달란트를* 보냈다. 안티고노스 3세는 3000달란트와 막대한 양의 건설용 목재 및 역청을 보냈다. 그의 왕비 크리세이스는 납 3000달란트와 540만 리터 상당

---

* 그리스의 1달란트는 58상형파운드에 해당한다.

의 곡물을 보냈다. 셀레우코스 3세는 곡물 1100만 리터와 중무장한 10척의 5단 갤리선을 보냈다. 폴리비오스는 "재력에 따라 기부한 도움들에 대해 말하자면 일일이 열거하기가 어려울 정도이다."라고 말한다.[42] 로도스는 정치적으로 칠흑같이 어두운 시기에 한 줄기 찬란한 빛으로서, 온 그리스가 하나가 되어 생각하고 행동하게 한 보기 드문 경우였다.

24장 헬레니즘과 동방

1. 셀레우코스 제국

본토에서 에게 해를 지나 아시아와 이집트의 그리스 식민지로 옮아가면서 놀랍게도 생동감 넘치고 융성한 삶을 발견하게 되고, 헬레니즘 시대가 쇠퇴하는 시기였다기보다는 그리스 문명이 널리 보급되는 시기였다는 것을 알게 된다. 펠로폰네소스 전쟁이 끝나면서부터 그리스 병사들과 이주민들이 아시아로 진출했다. 알렉산드로스의 정복은 그리스인의 진취성에 새로운 기회와 통로를 제공하여 이 추세를 확장시켰다.

니카토르(승리자)라 불린 셀레우코스는 알렉산드로스의 장군들 중 용맹하고 상상력이 풍부하지만 또한 파렴치한 관용으로도 두드러진 인물이었다. 그의 아들 데메트리오스가 구애한다는 것을 알고 자신의 둘째 부인 스트라토니케를 그에게 준 것은 그의 이러한 성격을 잘 드러내 준다. 셀레우코스와 바빌로니아를 다툰 안티고노스 1세가 전 근동 지역을 정복하러 나서고, 기원전 312년에 셀레우코스와 프톨레마이오스 1세가 가자 지역에서 그를 물리친다. 그때부터 셀레우코스 가문이 셀레우코스 제국을 일으켜 새 시대를 열게 되는데, 이 연대 계산법은 마호메트가 등장할 때까지 서아시아에 존속한다. 셀레우코스는 자신의 지배하에 엘람, 수메리아, 페르시아, 바빌로니아, 아시리아, 시리아, 페니키아 그리고 가끔 소아시아와 팔레스타인의 옛 왕국들과 문화를 통일하였다. 그는 셀레우키아와 안티오키아에 당시까지 그리스 본토에 세워진 어떤 도시보다도 부유하고 인구가 많은 수도를 건설했다. 셀레우키아는 노쇠한 바빌론과 막 번성하기 시작한 바그다드 근처 유프라테스 강과 티그리스 강의 교차 지역에 자리 잡았는데, 메소포타미아와 페르시아 만 및 기타 지역 간에 상업을 유인하기에 유리한 지형 조건을 갖추고 있었다. 이 도시는 반세기 이내에 인구 60만을 자랑하는 대도시로 성장했으며, 소수 그리스인이 잡다한 아시아 거주민을 지배하는 형태였다.* 안티오키아도 비슷하게 오론테스 강에 자리 잡았는데, 이 도시는 하구에서 너무 멀지 않아 해상 교통이 불편하지 않으면서도 충분히 내지로 들어와 있어 적의 해상 공격을 방어할 수 있었다. 안티오키아는 강 유역의 비옥한 평야 지대를 개척하고, 메소포타미아 북부와 시리아의 지중해 교역을 유인하였다. 여기에 이후 셀레우코스 황제들이 거처를 마련하는데, 신전과 주랑 현관, 극장, 체육관과 체육 학교, 정원, 녹화 조성된 대로 및 공원으로 너무나 아름답게 꾸며져 안티오코스 4세 치하에서는 아시아 지역 셀레우코스 제국의 가장 부유한 도시가 되었다. 다프네 정원은 월계수와 사이프러스, 분수와 개울로 그리스 전역에 그 이름을 떨쳤다.

셀레우코스 1세는 기원전 281년 암살당함으로써 35년간의 자비롭고 인기 있는 치세를 마감한다. 그의 죽음으로 제국은 붕괴되기 시작해 인종적·지리적으로 분열하고 격렬한 왕위 쟁탈전이 벌어지며 도처에서 야만인들의 침략을 받았다. 안티오코스

---

* 워터맨(Leroy Waterman) 교수는 1931년에 이 지역에서 점토판을 발굴했는데, 거기에는 셀레우키아의 가장 부유한 시민들이 25년 동안 탈세했다는 기록이 나와 있다.[1]

1세 소테르(구원자)는 갈리아인의 침입에 용감히 맞서 싸웠다. 안티오코스 2세 테오스(신(神))는 세습 군주제의 도박을 재현하려는 듯 영원불멸의 도취 속에서 살았다. 왕실을 붕괴시키고 결국 패망으로 이끈 연쇄 음모의 불씨는 그의 아내 라오디케에서 비롯되었다. 안티오코스 3세 대왕은 유능하면서도 문화를 애호한 인물이었다. 루브르 박물관에 소장되어 있는 그의 흉상은 마케도니아의 용맹함과 그리스의 지성이 잘 어우러진 그리스-마케도니아인의 그것이다. 그는 셀레우코스 1세 이후 상실했던 거의 대부분의 지역을 지칠 줄 모르는 전쟁으로 회복하고 안티오키아를 해방시켰으며, 기원전 2세기 말엽 가자의 멜레아그로스에서 절정에 이르는 문학 운동을 장려했다. 그는 그리스 고유의 도시 자치권 관습을 유지하여 "도시가 주의를 기울이지 않는 법에 반해 어떤 것을 명하면, 그가 모르고 그런 것이라 생각하라."라는 전갈을 도시들에 보냈다.[2] 그는 야망과 공상, 사랑놀이로 패망했다. 기원전 217년, 그는 라피아에서 프톨레마이오스 4세에게 패하고 페니키아와 시리아, 팔레스타인 등지를 잃었다. 그는 알렉산드로스의 위업을 본 삼아 박트리아와 인도 원정에서 승리를 거둠으로써 위안을 삼았다.(기원전 208년) 한니발의 꼬임으로 로마에 대항해 그를 지원하러 에우보이아에 상륙한 후 50세의 나이로 칼키스의 한 예쁜 처녀와 사랑에 빠져 열렬히 구혼해 결혼하고, 전쟁도 잊은 채 행복한 나날을 보내며 겨울을 지냈다.[3] 로마는 테르모필라이에서 그를 격퇴하고 소아시아로 쫓아낸 후 마그네시아에서 그를 제압했다. 들뜬 기질의 그는 또 한 번의 동방 원정을 시도하였고 종군 중에 36년간의 치세를 마감하며 죽었다.(기원전 187년)

그의 아들 셀레우코스 4세는 평화를 사랑했으며 효율적이고 현명하게 제국을 통치하다가 기원전 175년에 암살당했다. 그때 철학을 공부하러 간 아테네에서 아르콘으로 복무 중이던 동생이 셀레우코스의 사망 소식을 듣고 군대를 조직하여 안티오키아로 쳐들어와 암살자를 처단하고 왕위를 계승한다.(기원전 175년) 안티오코스 4세는 가장 흥미롭고 별난 인물로 지성과 광기, 매력이 뒤섞인 아주 이례적인 성격의 소유자였다. 그는 수많은 모순과 불법에도 불구하고 유능하게 왕국을 통치했다. 그는 대리인들의 권력 남용을 방치했으며 정부(情婦)에게 세 개 도시의 통치권을 주었다. 관대하면서도 분별력을 잃고 무자비해졌으며, 자비를 베풀다가도 채찍으로 징계하고, 값비싼 선물로 서민들을 놀라게 하고, 거리의 군중 가운데서 아이같이 천진난만하게 돈을 뿌리기도 했다. 그는 술과 여자와 예술을 사랑했다. 연회에서 술을 과하게 마시고 왕좌에서 일어나 춤추는 사람들과 어울려 발가벗고 춤을 추거나 부랑아들과 방탕하게 어울렸다.[4] 그는 권력욕을 실현시킨 보헤미안이었다. 그는 궁정의 엄숙한 예의와 예복을 경멸하고 가신들을 희롱하며 즐겼다. 또한 변장하고 은밀히 평민들과 어울려 자신에 대한 평가를 몰래 엿듣기를 좋아했다. 그는 가게를 돌아다니며 조각사 및 보석 세공사들의 작업을 관찰하고 기술적으로 세세하게 토론하기를 즐겼다. 그는 그리스 예술과 문학, 사상에 진지하게 몰두했다. 그로 인해 안티오키아는 한 세기 동안 그리스 세계 예술의 중심지가 되었다. 그는 예술가들을 아낌없이 후원하여 헬라스의 다른 도시들에도 조각상과 신전을 세웠다. 델로스의 아폴론 신전을 다시 꾸미고 테게아에 극장을 지었으며, 아테네의 올림피아 신전 완공을 위해 자금을 지원했다. 14년간의 인상 깊은 로마 생활을 통해 그에게는 공화 정체에 대한 식견이 있었다. 아우구스투스의 전조라도 되는 듯, 그는 이를 통해 자신의 전제 권력에 공화정의 외피를 덧입히는 재치를 보인다. 로마 양식에 대한 그의 열정은 수도 안티오키아에 검투사 경기를 도입한 데서 주로 드러난다. 사람들은 잔인한 경기에 분노했지만, 안티오코스는 사치하고 웅장한 연출로 그들을 압도했다. 그들이 학살에 익숙해지자 그는 그들의 타락을 자신의 승리로 여겼다. 그는 스토아 철학의 열렬한 추종자로 시작하여 에피쿠로스 철학의 안이한 개종자로 마쳤던 것이다. 그는 자신의 특질을 철저히 추구하여 주화에 안티오코스 테오스 에피파네스, 즉 현현(顯現)한 신이라고 새겨 넣기까지 했다. 자신의 공상 세계에 도취된 그는 기원전 169년 이집트 정복을 시도하게 된다. 이집트의 소유자로 자처한 로마가 아프리카 땅에서 물러가라고 명하기까지 그는 성공의 가도를 달리고 있었다. 그러나 로마 사절 포필리우스가 안티오코스 주위 모래에 원을 그리고 선을 넘기 전에 결정하라고 명했다. 그는 격노하여 예루살렘 성전을 약탈하여 자신의 보고(寶庫)를 채웠으며, 동방 원정에 나섰던 아버지처럼 영광을 구하다가 종군 도중 간질, 광기 또는 질병으로 페르시

아에서 죽음을 맞이했다.[5]

2. 셀레우코스 문명

역사상 셀레우코스 제국의 역할은 알렉산드로스 이전 페르시아가 그러했고, 카이사르 이전 로마가 그러했던 것처럼 근동 지역에 경제적인 보호와 질서를 제공하는 것이었다. 인간사에 있어서 다반사로 일어나는 전쟁과 정변, 약탈, 부패 중에도 이 역할은 수행되었다. 마케도니아의 정복이 수많은 정부와 언어 장벽을 허물고 동서양을 더 완전한 교역의 장으로 안내했다. 이는 아시아 지역 그리스의 찬란한 부활로 이어졌다. 분열과 투쟁, 척박한 토지, 교역로의 이동으로 본토가 황폐화하는 동안, 셀레우코스에 의한 상대적인 통일과 평화로 농경, 상업 및 산업이 발전하였다. 아시아의 그리스 도시들에는 더 이상 자유롭게 혁명이나 실험이 일어날 수 없었다. 호모노이아(homonoia), 즉 조화가 왕들에 의해 강제되고, 왕들은 국민들에 의해 그야말로 신으로 숭배되었다.[6] 밀레토스와 에페소스, 스미르나 같은 옛 도시들은 또 한 번 번영을 맞이한다.

당시 티그리스 강, 유프라테스 강, 요르단 강, 오론테스 강, 마이안드로스 강, 할리스 강 및 옥소스 강 유역은 2000년 후 침식과 남벌, 나태한 소작 농경으로 그렇게 많은 지역이 사막과 불모지로 변한 오늘날의 근동 지역을 생각해 보면 이해할 수 없을 정도로 아주 비옥했다.[7] 국가의 감독 아래 유지된 수로 체계에 의해 관개가 이루어졌다. 왕, 귀족, 도시, 신전 또는 개인에 의해 토지가 소유되었다. 모든 경우 노동력은 유증이나 매매 때 토지와 함께 이전되는 농노에 의해 충당되었다. 정부는 지구상의 모든 부를 국유 재산으로 간주했지만,[8] 개발은 거의 하지 않았다. 교역과 도시조차 이제 고도로 전문화되었다. 밀레토스는 분주한 직물 중심지였다. 안티오키아는 원재료를 수입해와 완제품을 제조했다. 노예로 운영되는 일부 대규모 제조업장은 일반 시장을 대상으로 초기 단계 양산 체제를 갖추었다.[9] 그러나 국내 소비가 생산을 따라잡지 못했다. 국민들이 너무 가난해 국내 시장은 대규모 산업을 조성하기에 역부족이었다.

상업은 헬레니즘 경제의 젖줄이었다. 이를 통해 대규모 부가 축적되고 대도시가 건설되었으며 인구가 증가해 갔다. 화폐 경제가 4세기 동안 크로이소스의 경화를 존속하게 했던 물물 교환 경제를 거의 완전히 대체했다. 이집트와 로도스, 셀레우키아, 페르가몬 및 기타 지역 정부들이 통화를 충분히 발행해 국제 교역이 활성화되었다. 은행가는 공사(公私)에 걸쳐 신용을 제공했다. 선박은 규모가 더욱 커지고 시속 7.5~11킬로미터의 속도로 광활한 바다를 가로질러 항해 시간을 단축시켰다. 육상에서는 셀레우코스 왕조가 페르시아 유산의 일부인 대로(大路)를 동방까지 확장시켰다. 대상로(隊商路)가 아시아 내지에서 셀레우키아에 모여 다시 다마스쿠스, 베리토스(베이루트), 안티오키아 등지로 퍼져 나갔다. 교역으로 부유해지고 다시 교역을 활성화시키면서 바빌론, 티레, 타르소스, 크산토스, 로도스, 할리카르나소스, 밀레토스, 에페소스, 스미르나, 페르가몬, 비잔티움, 키지코스, 아파메아, 헤라클레이아, 아미소스, 시노페, 판티카파이온, 올비아, 리시마케이아, 아비도스, 테살로니카(살로니카), 칼키스, 델로스, 코린토스, 암브라키아, 에피담노스(두라초), 타라스, 네아폴리스(나폴리), 로마, 마살리아, 엠포리온, 파노르모스(팔레르모), 시라쿠사, 우티카, 카르타고, 키레네, 알렉산드리아 등의 인구 밀집 도시들이 형성되었다. 하나의 복잡한 교역망 내에 카르타고와 로마 지배하의 스페인, 하밀카르의 카르타고, 히에론 2세의 시라쿠사, 스키피오의 로마, 안티고노스 왕조의 마케도니아, 동맹들 지배하의 그리스, 프톨레마이오스 왕조의 이집트, 셀레우코스 왕조의 근동, 마우리아 왕조의 인도, 칸이 통치하던 중국이 편입되었다. 중국을 출발한 교역로는 투르키스탄과 박트리아, 페르시아를 지나거나, 아랄 해와 카스피 해 및 흑해를 건넜다. 인도를 출발한 교역로는 아프가니스탄과 페르시아를 거쳐 셀레우키아에 이르거나, 아라비아와 페트라를 지나 예루살렘과 다마스쿠스에 이르거나, 인도양을 건너 아다나(아덴)에 이른 후, 홍해를 지나 아르시노에(수에즈 운하)에 이르고 다시 거기서 알렉산드리아에 이르렀다. 셀레우코스 왕조와 프톨레마이오스 왕조가 시리아 전쟁을 치르고 결국 로마의 속국이 될 정도로 전락하게 된 것은 바로 마지막 두 경로를 차지하기 위해서였다.

　셀레우코스의 군주제는 아시아 전통을 이어받아 권력에 있어 절대적이었으며 어떤 조직도 그 힘을 제한하지 못했다. 궁정은 의전과 레이스, 환관과 관복, 향과 음악 등 동방 양식을 따라 꾸며졌다. 말과 속옷만 그리스식을 유지했다. 귀족은 마케도니아나 중세 유럽의 경우처럼 반독립적인 족장이 아니라 왕에 의해 임명되는 행정 및 군사 관료였다. 페르시아에서 셀레우코스와 사산 왕조를 거쳐 디오클레티아누스의 로마와 콘스탄티누스의 비잔티움으로 계승된 것은 이러한 군주 정체였던 것이다. 외국인의 입장에서 자신들의 권력이 그리스인들에게 크게 의지한다는 것을 안 셀레우코스 왕조의 왕들은 옛 그리스 도시들을 회복하고 새 도시를 세우려고 진력했다. 셀레우코스 1세는 9개의 셀레우키아, 6개의 안티오키아, 5개의 라오디케아, 3개의 아파메아, 1개의 스트라토니케를 세웠으며, 후계자들 또한 보다 못한 권력으로 최선을 다해 그의 정책을 따랐다. 도시들이 19세기 미국에서처럼 성장하고 인구가 증가해 갔다.

　이 도시들을 통해 서아시아 지역이 표면적으로 급속히 그리스화 되어 갔다. 물론 이 과정은 유구한 역사를 거친 대이주(Great Migration)에서 시작되었다. 헬레니즘의 확산은 부분적으로 이오니아의 르네상스이자 그 원류인 아시아로의 그리스 문명의 회귀였다. 알렉산드로스 이전에도 그리스인들은 페르시아 제국에서 고관으로 있었고, 그리스 상인들은 근동 교역로를 지배했었다. 이제 정치, 상업, 예술적으로 기회가 열리자 모험가, 정착민, 작가, 군인, 상인, 의사, 학자, 창부 등의 이주 물결이 그리스, 마그나 그라이키아(Magna Graecia)(고대 그리스 식민시가 건설된 남이탈리아를 가리키며 '대(大)그리스'란 뜻 – 옮긴이), 시칠리아 등지에서 몰려들었다. 그리스 조각가들이 페니키아와 리키아, 카리아, 킬리키아, 박트리아 왕들을 위해 조각상과 주화를 조각했다. 그리스 무녀(舞女)들의 활동이 아시아 항구 도시에서 대유행이었다.[10] 성적 부도덕이 그리스의 기품을 대신했다. 일부 동방 지역에서는 그리스의 체육관과 체육 학교가 들어서 이례적으로 운동 경기와 목욕장이 활성화되었다. 도시에는 상하수도 시설이 확충되었다. 거리는 포장되고 단장되었다. 학교와 도서관, 극장을 통해 독서와 문학이 장려되었다. 학생(에페보이)들이 거리를 쏘다니며 서로에게와 민중들에게 예스러운 농담을 즐겼다. 그리스어를 이해하지 못하고 메난드로스와 에우리피데스의 희곡을 모르면 문화인으로 취급받지 못했다. 그리스 문명의 근동에 대한 이 세례는 고대 역사에서 놀라운 현상 중의 하나다. 이전까지 아시아에서 이처럼 신속하고 멀리 파급된 변화는 일찍이 없었다. 그 세부적인 내용과 결과에 대해 우리에게 알려진 것은 너무나 적다. 아시아 지역 셀레우코스 제국의 문학과 철학 및 과학에 대해 우리는 너무나 모르고 있다. 가장 중요한 몇몇 인물, 스토아 철학자 제논, 천문학자 셀레우코스, 로마 시대의 시인 멜레아그로스와 박학다식한 포세이디포스 등을 떠올리면, 더 많은 인물들이 활약하지 않았다고 자신할 수 없다. 예술에 있어 이전 시대만큼이나 풍요로웠고, 다양성과 세련미, 열정으로 충만했던 문화의 융성기였다. 우리가 아는 한, 그렇게 복잡한 환경 속에서 그렇게 널리 퍼지고 그렇게 복잡한 통일성을 이룬 문명은 일찍이 없었다. 한 세기 동안 서아시아는 유럽에 속하며 팍스 로마나(Pax Romana)와 그리스도교의 포용을 위한 길을 예비했다.

그러나 동방은 정복되지 않았다. 그 영혼이 빼앗기기에는 너무나 심원하고 역사가 오래됐다. 대다수 국민들이 토착어를 계속 사용했으며 오랜 생활 습관을 유지했고 조상들의 신을 섬겼다. 지중해 연안을 벗어나 그리스의 겉치장이 얇게 퍼져 갔지만 티그리스 강의 셀레우키아 같은 그리스 중심지는 동방의 광활한 바다 한가운데 떠 있는 섬들 같았다. 알렉산드로스가 꿈꾼 인종과 문화의 융합 같은 것은 없었다. 상부에는 그리스인과 그리스 문명이 있었지만, 바닥에는 잡다한 아시아 민족과 문화가 뒤엉킨 채 깔려 있었다. 그리스의 지성이 동방의 정신세계에 침투하지 못했다. 새로움에 대한 애호와 열정, 세속성과 완벽함에 대한 열의, 그리스인의 풍부한 정서와 개인주의 등이 동양인의 기질에 아무런 영향도 끼치지 못한 것이다. 오히려 시간이 지나면서 동방의 사고방식과 정서가 아래로부터 그리스인 지배층에게 쇄도해 들어갔고, 그들을 통해 서방으로 흘러 들어가 "이교도" 세계를 변화시켰다. 바빌론에서 끈질긴 셈족 상인과 온건한 은행가가 성격이 급한 그리스인에 대해 우세를 점하고 쐐기 문자 방식을 유지했으며, 사업계에서 그리스어를 이류로 격하시켰다. 점성술과 연금술이 그리스의 천문학과 물리학을 부패시켰다. 동방의 군주제가 그리스 민주주의보다 더 강력한 것으로 입증되어 마침내 서방에 그 형식을 각인시켰다. 그리스의 왕들과 로마의 황제들은 동방의 예를 따라 신이 되었고, 아시아의 왕권신수설이 로마와 콘스탄티노플을 거쳐 근대 유럽에까지 계승되었다. 동방은 제논을 통해 정적주의(靜寂主義)와 운명론을 그리스 철학에 주입했다. 정통 그리스 신앙의 쇠퇴로 비어진 공백이 동방의 신비주의와 경건심으로 채워졌다. 그리스인들은 기꺼이 동방의 신들을 본질적으로 자신들의 신과 동일한 것으로 받아들였다. 그러나 아시아인들처럼 그리스인은 정말 믿지는 않았기 때문에 동방의 신은 그리스 신이 죽은 동안만 생존할 수 있었다. 열두 개의 유방이 달린 에페소스인의 아르테미스가 다시 동방의 모신이 되었다. 바빌로니아와 페니키아, 시리아의 종교가 수많은 그리스인을 사로잡았다. 그리스인이 동방에 철학을 선사한 데 대해 동방은 그리스에 종교로 답례했다. 철학이 소수의 사치품이었던 데 반해 종교는 많은 이들의 위안이 되어 종교가 승리를 거두었다. 신앙과 불신앙, 신비주의와 자연주의, 종교와 과학의 역동적인 역사적 변화 중에서 인간의 내밀한 무력함과 고독감을 이해하고 영감과 시심을 불어넣어 준 종교가 권력을 장악한다. 미몽에서 깨어나고 착취당하고 전쟁에 찌든 세계는 다시 한 번 믿고 소망할 수 있는 대상이 생긴 것을 기뻐했다. 알렉산드로스의 정복으로 가장 예상되지 않았지만 가장 심오하게 영향을 끼친 것은 유럽인의 동방화였다.

3. 페르가몬

　아시아가 그리스인들을 점진적으로 흡수해 가면서 셀레우코스 왕조의 권력은 약화되고 헬레니즘 세계 가장자리에 독립 왕국들이 형성된다. 이미 기원전 280년경에 아르메니아와 카파도키아, 폰토스, 비티니아 등이 고유의 군주정을 수립하고 곧이어 흑해의 그리스 도시들이 아시아의 지배 아래 놓이게 된다. 기원전 250년경에 박트리아와 소그디아나가 독립한다. 기원전 247년에 한 이란 유목민 부족 파르니의 족장 아르사케스가 페르시아의 셀레우코스 통치자를 죽이고 파르티아 왕국을 세워 이후 수 세기 간 로마를 괴롭히게 된다. 기원전 282년에 리시마코스로부터 9000달란트와 소아시아의 페르가몬 요새를 위임받은 필라타이로스가 부를 착복한 후 독립을 선언하고, 그의 조카 에우메네스 1세가 피타네와 아타르네오스를 합병한 후 페르가몬을 독립 군주국으로 만든다.(기원전 262년) 아탈로스 1세는 도시 성벽을 뚫고 쳐들어온 갈리아인을 축출하여 아시아 지역 그리스인에게 은혜를 베푼다.(기원전 230년) 그의 장자 에우메네스 2세는 유능하게 계속 통치하면서도 로마의 협력을 받아 안티오코스 3세에 대항해 그리스를 놀라게 한다. 마그네시아에서 안티오코스를 패배시킨 후, 로마는 에우메네스에게 소아시아 거의 전 지역을 수여한다. 그의 동생이자 후계자인 아탈로스 2세는 페르가몬의 독립 유지를 위해 죽을 때 자신의 왕국을 미덥지 못한 아들이 아닌 로마에 맡긴다.(기원전 139년)

　이 작은 국가는 예술과 학문에 있어 알렉산드리아에 비견되는 중심지로 발돋움하여 출생과 성장에 있어서의 배반을 속죄했다. 광산과 포도밭 및 경작지, 모직물과 양피지, 향수 제조, 벽돌과 기와, 에게 해 북부 교역 지배 등을 통해 축적된 부로 강력한 육군 및 해군력을 유지할 뿐 아니라 문학과 예술을 후원하였다. 페르가몬의 왕들은 정부 사업과 민간 사업이 비효율성과 탐욕을 서로 견제하며 견실하게 경쟁할 수 있다고 믿었다. 왕은 노예 노동력을 이용해 대규모 토지를 경작하고 많은 제조업장과 채석장과 광산을 운영했지만 독점 형태가 아니었다. 이 독특한 체제하에서 부가 더욱 증식되어 갔다. 페르가몬은 화려한 수도가 되었고 제우스의 제단과 화려한 궁전, 도서관, 극장, 체육 학교와 목욕장으로 유명했다. 공중 화장실조차 도시의 자부심을 고취시켰다.[11] 도서관은 장서의 수와 학자의 명성에 있어 알렉산드리아에만 뒤질 뿐이었다. 반세기 동안 페르가몬은 그리스 문명의 가장 화려한 꽃이었다.

한편 셀레우코스 가문은 쇠퇴해 갔다. 독립 국가들이 발흥하여 그 권력을 메소포타미아와 시리아에 제한시켰다. 파르티아와 페르가몬, 이집트, 로마가 연이어 왕위 찬탈자를 지원하고 당파와 내전을 조장함으로써 끈질기게 이 왕조를 약화시켜 갔다. 기원전 153년 데메트리오스 1세가 셀레우코스 정부에 활력을 불어넣고 있을 바로 그때, 로마가 한 스미르나 책략가의 거짓 왕권 주장을 두둔하며 각지에서 용병을 모아 쳐들어갔고 페르가몬과 이집트가 이에 합세했다. 데메트리오스는 이에 용감히 맞서 싸워 영웅적인 최후를 맞았으며, 셀레우코스 왕조의 권력은 정부(情婦)와 로마의 꼭두각시에 불과한 알렉산드로스 발라스의 수중에 떨어졌다.

4. 헬레니즘과 유대인

헬레니즘 시대의 유대 역사는 두 가지 대립, 즉 외적으로는 아시아의 셀레우코스 왕조와 이집트의 프톨레마이오스 왕조 간의 팔레스타인을 사이에 둔 세력 다툼, 내적으로는 헬라적 생활 방식과 히브리적 생활 방식 간의 충돌을 축으로 하여 진행된다. 첫 번째 대립은 지나간 역사로서 간단히 해결된다. 한편 아놀드(Matthew Arnold)는 두 번째 대립을 인간 심리 및 사고에 있어 지속적 균열을 야기해 온 요소 중 하나라고 생각한다. 알렉산드로스 제국이 처음 분열했을 때 유대(팔레스타인 남부 사마리아 지역)는 프톨레마이오스의 차지였다. 그러나 셀레우코스 왕조는 이 결정을 순순히 받아들이지 못했다. 지중해 지역에서 떨어져 나간 것으로 간주하고, 다마스쿠스 및 예루살렘 경유 교역을 통한 부가 탐이 났던 것이다. 이로 인해 일어난 전쟁에서 프톨레마이오스가 승리함으로써 유대는 이후 백여 년 이상(기원전 312~198년) 프톨레마이오스 왕조에 복속된다. 매년 8000달란트라는 막대한 공물을 바쳐야 했지만 유대는 번성했다. 유대는 예루살렘의 세습 제사장들과 공회의 지도하에 상당한 자치를 누렸다. 이 게루시아(gerousia), 즉 에스라와 느헤미야가 2세기 전 수립한 장로회는 의회이자 최고 법정이 되었다. 70여 명의 회원으로 구성되었는데, 그 회원은 유력 가문의 수장과 가장 학식 있는 학자들(소페림(Soferim, 히브리어로 '기록하다'라는 뜻 – 옮긴이))에서 선출되었다. 또한 그 규정(디브레 소페림(Dibre Soferim))은 헬레니즘 시대에서 오늘날까지 이어져 온 정통 유대교의 틀을 형성하였다.

유대 문화는 종교에 기초를 두고 있다. 신이 감독하고 지키신다는 사상이 유대인들의 삶 구석구석에 배어 있었다. 도덕과 생활 방식이 게루시아에 의해 엄격하고 세세하게 규정되었다. 오락과 경기는 극히 드물었으며 엄격히 제한되었다. 따라서 유대인의 출산율이 자연히 높았고 모든 자녀가 성실히 양육되었다. 전쟁과 기근에도 불구하고 고대 시대 전반에 걸쳐 인구는 계속 증가하여 카이사르 시대에 이르면 로마 제국 내 유대인 수는 700만여 명에 이른다. 마카비 시대 이전의 유대인은 대부분 농경민이었다. 유대인은 아직 상인으로 상징되는 민족이 아니었다. 서기 1세기 후반에도 요세푸스는 "우리는 상업에 종사하는 민족이 아니다."라고 말했다.[12] 당대 최고 상인들은 페니키아인, 아랍인 그리고 그리스인이었다. 다른 지역에서처럼 유대에도 노예가 있었지만 계급 투쟁 양상은 상대적으로 온건했다. 예술은 발달하지 않았지만 음악 분야만은 꽃을 피웠다. 플루트, 드럼, 심벌즈, "양의 뿔" 또는 트럼펫, 리라, 하프 등이 독창과 민요, 성가곡((聖歌曲) 반주에 사용되었다. 유대 종교는 그리스 종교를 하찮은 공상이라 경멸했다. 유대 종교는 형상이나 신탁, 새의 내장 따위와는 상관이 없었다. 그리스 종교보다 의인화되지 않았고 덜 미신적이었으며 다채롭지도 유쾌하지도 않았다. 그리스 종교의 유치한 다신교에 맞서 랍비들은 전 유대교 회당에서 "들어라 이스라엘아. 주는 우리 하느님이시며 주는 하나이시다."라고 당당히 외쳤다.

이처럼 단순하고 금욕적인 삶에 그리스인들이 세련되고 향락적인 문명의 온갖 도락과 유혹거리를 들여왔다. 유대 주위 사방에는 사마리아, 네아폴리스(세켐), 가자, 아스칼론, 아조토스(아스돗), 요파(야파), 아폴로니아, 도리스, 시카미나, 폴리스(하이파), 아코(아크레) 등 그리스인 정착촌과 도시들이 포진해 있었다. 요르단 강을 건너면 바로 다마스쿠스, 가다라, 게라사, 디온, 필라델피아, 펠라, 라피아, 히포, 스키토폴리스, 카네타 등의 그리스 도시 동맹체 데카폴리스(성서에는 '데가볼리'로 번역되어 있으며, 알렉산드로스 대왕 사후 후계자들이 팔레스타인과 요르단 강 동편에 세운 열 개의 도시를 일컬음 – 옮긴이)가 있었다. 이들 각 도시에는 그리스 신전, 학교와 학원, 체육관, 체육 학교, 나체 경기 등 그리스식 제도와 시설이 갖추어져 있었다. 이들 도시와 알렉산드리아, 안티오키아, 델로스, 로도스 출신 그리스인과 유대인들이 예루살렘으로 과학과 철학, 예술과 문학, 미와 쾌락, 노래와 춤, 술과 향연, 운동 경기와 창부와 미동(美童)으로 오염된 헬레니즘, 모든 도덕에 의구심을 갖게 하는 경박한 억지 논리, 모든 초자연적 신앙을 훼손시키는 세련된 회의주의 등을 들여왔다. 유대 젊은이들이 이러한 유혹과 진저리 나게 속박해 왔던 수많은 금기로부터의 해방감을 어떻게 뿌리칠 수 있었겠는가? 유대인 중 어떤 젊은이들은 제사장들을 수전노라 조롱하고 경건한 이들을 삶의 즐거움과 화려함, 그 묘미도 알지 못하고 고루한 구시대에 자신을 맡기는 바보라며 놀리기 시작했다. 유혹에 노출될 기회가 더 많았던 부자들 역시 이에 물들어 갔다. 그리스 관리가 되기 원한 유대인들은 그리스어를 말하고 그리스 방식을 따르며 그리스 신에 몇 마디 알랑거리는 것을 처세의 한 방편으로 여겼다.

지성과 감정에 대한 이 강습으로부터 유대인을 보호한 것은 다음 세 가지 요소, 즉 안티오코스 4세의 박해와 로마의 보호 그리고 신이 준 것이라 믿은 율법의 힘과 권위였다. 전염을 막기 위해 모이는 항체처럼 보다 종교적인 무리가 카시딤, 즉 경건한 자들이라는 분파를 조직했다. 이 종파는 원래 해당 기간 동안 술을 금한다는 단순한 서약으로 시작되었다.(기원전 300년경) 이후 이들은 필연적 귀결로서 극단적 금욕주의로 나아가 모든 육체적 쾌락을 사탄과 그리스인에 굴복하는 것으로 단죄했다. 그리스인들은 이들을 놀라워하고 이해할 수 없는 신비주의자들 또는 알렉산드로스와 그 병사들이 인도에서 목격했던 이들과 같은 벌거벗은 금욕 철학자들로 취급했다. 일반 유대인들조차 카시딤의 극단성을 비난하여 중도의 길을 모색했다. 안티오코스 에피파네스가 무력으로 헬레니즘을 강제하지 않았다면 타협점을 찾을 수 있었을 것이다.

기원전 198년 안티오코스 3세가 프톨레마이오스 5세를 물리치고 유대를 셀레우코스 제국의 일부로 편입시켰다. 이집트의 멍에에 지쳐 있던 유대인은 안티오코스를 지지하고 그의 예루살렘 함락을 해방으로 여겨 환영했다. 그러나 그의 후계자 안티오코스 4세는 유대를 재원으로 간주했다. 그는 대원정을 계획 중이었고 이를 위한 자금이 필요했던 것이다. 그는 유대인들에게 수확물의 3분의 1과 과실의 반을 세금으로 내도록 강요했다.[13] 또한 그는 관례를 무시하고 통상 세습되었던 대제사장직에 자신에게 아부하는 이아손을 임명했다. 그는 예루살렘의 친그리스파 수장이었고 유대에 그리스 제도를 도입하려 했었다. 안티오코스는 아시아 지역 그리스의 다양하고 끈덕진 동방 종교들에 혼란스러워해, 자신의 다국적 제국을 한 가지 법과 신앙으로 통일하기를 원했기 때문에 이아손의 말을 아주 달가워했다. 이아손이 이 문제를 성급하게 처리하자, 안티오코스는 더 큰 약속과 뇌물로 환심을 산 메넬라오스로 그를 대신했다.[14] 메넬라오스에 의해 야훼(성서에는 '여호와'로 번역됨 – 옮긴이)가 제우스와 동일시되고 성전의 기물이 군자금 모집을 위해 팔렸으며, 일부 유대 공동체에서는 그리스 신에게 제사를 드렸다. 체육관이 예루살렘에 세워지고 유대 젊은이와 제사장들조차 벌거벗은 채 운동 경기에 참가했다. 일부 젊은이는 헬레니즘에 대한 열정으로 자신의 민족성을 대변하는 생리적 특징(할례를 가리킴 – 옮긴이)을 치

료하기 위해 수술을 받았다.[15]

이런 상황 전개에 충격을 받고 자신들의 종교 자체가 도전을 받고 있다고 느낀 대다수 유대인이 카시딤 편으로 돌아섰다. 안티오코스 4세가 포필리오스에 의해 이집트에서 축출되고 그가 전사했다는 소식이 예루살렘에 전해졌다.(기원전 168년) 이에 기뻐한 유대인은 그 대리인을 폐하고 친그리스파 지도자들을 학살하고 이교도에 의해 더러워진 성전을 다시 정결하게 했다. 그러나 죽지 않고 굴욕과 함께 무일푼으로 돌아온 안티오코스는 유대인들이 대(對)이집트 원정을 방해하고 유대를 다시 이집트 치하로 되돌리려 음모를 꾸미고 있다고 확신하고,[16] 예루살렘으로 진군해 수천 명의 유대인을 남녀 가리지 않고 학살하고 성전을 모독하고 약탈했으며, 왕실 재원을 위해 성전의 황금 제단과 기물, 보물을 압류하고 메넬라오스를 최고 통치자로 복권시킨 후 모든 유대인을 그리스화하도록 명했다.(기원전 167년) 그는 성전을 제우스에게 다시 바치고 옛 제단 위에 그리스 제단을 세우고 통상적인 제물 대신 돼지 피를 바치도록 명했다. 안식일과 유대 절기를 폐하고 할례를 중범죄로 간주했다. 유대 전역에 걸쳐 옛 종교와 의식이 금지되고 그리스 종교가 죽음의 공포와 함께 강요되었다. 돼지고기를 거절하거나 율법서를 소지한 모든 유대인들이 투옥되거나 죽임을 당하고 율법서는 발견되는 대로 불태워졌다.[17] 예루살렘 자체가 화염에 불타고 성벽이 파괴되었으며 성에 거주한 유대인들은 노예로 팔렸다. 그는 이곳에 외국인을 들여와 새로 정착시키고 시온 산에 새 요새를 세우고 수비대를 주둔시켜 왕의 이름으로 도시를 다스렸다.[18] 가끔 안티오코스는 자신을 신격화하려 생각했던 것 같다.[19]

요란스러운 박해는 진행될수록 격렬해졌다. 어느 사회든 본능적으로 박해를 통한 문명의 해체를 즐기는 소수가 있다. 안티오코스의 대리인들은 예루살렘에서 유대교와 관련된 모든 행위를 척결하고 불나방처럼 마을과 촌락으로 나아갔다. 가는 곳곳마다 그들은 죽음과 그리스 종교 중 하나를 택하게 했고, 이에는 제물로 바친 돼지고기를 먹는 것이 포함되었다.[20] 모든 회당과 유대 학교가 폐쇄되었다. 안식일에 일하지 않으려 한 이들은 반도로 매도되었다. 디오니소스 축제일에는 유대인들이 그리스인들처럼 담쟁이덩굴로 장식하고 행렬에 가담해 디오니소스를 기리며 거칠게 노래하도록 강요당했다. 많은 유대인이 이 요구에 굴복하고 폭풍이 어서 빨리 지나가기를 기다렸다. 다른 많은 이들은 동굴이나 산속으로 피신해 들판에서 몰래 주운 이삭으로 연명하며 완강히 유대교 의식을 지켰다. 카시딤이 이들 중에 퍼져 용기와 저항 의식을 불어넣었다. 왕의 군대가 파견되어 남녀와 아이들을 합해 수천 명이 숨어 있는 동굴에 쳐들어와 투항을 명했을 때 동굴 속의 유대인들은 이를 거절했는데, 그 이유는 안식일이어서 동굴 입구를 막은 돌을 움직이려 하지 않았기 때문이다. 불과 검으로 무장한 병사들의 공격으로 무수히 죽고 살아남은 자들은 연기에 질식해 목숨을 잃었다.[21] 갓 출산한 아이에게 할례를 행한 부녀는 그 아이와 함께 성벽에서 던져져 죽임을 당했다.[22] 그리스인들은 옛 신앙의 힘에 놀라움을 금치 못했다. 수 세기 동안 이처럼 자기 신념에 충성하는 모습을 보지 못했기 때문이다. 순교 이야기는 입에서 입으로 회자되었고 제1, 제2 마카비서 같은 책으로 씌어졌으며, 그리스도교에 순교 정신의 본을 보여 주었다. 거의 동화될 뻔했던 유대교는 종교 · 민족 의식이 더욱 고양되었으며 움츠린 채 독자성을 유지했다.

당시 예루살렘에서 피신한 유대인 중에 하스모나이 가문, 아론 족속의 마타디아스와 그의 다섯 아들 요하난 카디스, 시몬, 유다, 엘레아자르, 요나단이 있었다. 안티오코스의 대리인 아펠레스가 이들 여섯 명이 피신해 있던 모딘에 와 율법을 부인하고 제우스에 제사할 것을 요구했을 때, 나이 든 마타디아스는 아들들과 앞으로 나와 다음과 같이 말했다. "왕국의 모든 사람이 선조의 신앙을 저버리고 명령에 굴복할지라도 나와 내 아들들은 조상의 성약을 지키겠다." 한 유대인이 요구에 굴복해 제단에 제사하려 하자, 마타디아스는 그와 왕의 대리인을 죽여 버리고 사람들에게 "율법을 갈망하며 성약을 지키기 원하는 이들은 나를 따르라."라고 말했다.[23] 많은 마을 사람들이 그를 따라 에브라임 산지로 들어가 작은 무리의 젊은 반도들과 합세하고 카시딤의 계율에 따라 생활했다.

곧이어 마타디아스는 마카비*라 불린 그의 아들 유다를 자기 무리의 수장으로 지명하고 죽었다. 유다는 용맹 또한 경건함 못지않은 전사였다. 그는 전투 전에 매번 성인처럼 기도하고 전투 중에는 "사자처럼 격노했다." 이 소수의 군대는 "산속에서 짐승과 같은 방식으로 살고 목초로 음식을 대신했다." 가끔 이웃 마을로 내려와 배교자를 처단하고 이교도 제단을 허물고 "할례하지 않은 아이는 누구든 할례를 행했다."[24] 이 소식이 안티오코스에게 보고되자, 그는 시리아의 그리스 군대를 보내 마카비군을 물리치게 했다. 유다는 엠마오의 관문에서 이들과 대치했다. 완전 무장한 직업 용병으로 구성된 그리스군에 비해 유다의 군대는 장비가 너무나 열악했지만 완전히 승리를 거두었다.(기원전 166년) 안티오코스는 더 많은 수의 군대를 다시 보냈다. 군사령관은 승리를 확신하여 생포할 유대인을 팔 노예 상인을 대동하고 원하는 노예 가격을 마을에 게시했다.[25] 전투는 미스바에서 벌어졌으며 결과는 유다의 승리였다. 이 승리가 결정적인 계기가 되어 예루살렘이 별 저항 없이 그의 수중에 들어왔다. 그는 성전의 모든 이교도 제단과 기물을 제거하고 정결하게 한 후, 돌아온 정통 유대인들의 환호 가운데 고대 의식을 회복했다.(기원전 164년)**

섭정 리시아스가 수도를 재탈환하기 위해 재차 진군해 왔을 때, 이번은 사실이었는데, 안티오코스가 죽었다는 소식이 전해졌다.(기원전 163년) 다른 곳에서 행동의 제약을 받지 않기 원한 리시아스는 무장을 해제한다는 조건으로 유대에 완전한 종교의 자유를 약속했다. 카시딤은 응낙했지만 마카비의 무리는 반대했다. 유다는 또 다른 박해에서 안전하려면 종교의 자유뿐 아니라 정치적으로도 자유를 쟁취해야 한다고 역설했다. 권력에 도취된 마카비 무리는 이제 박해에서 선회하여 복수심에 불타 예루살렘뿐 아니라 국경 도시들에서도 친그리스파 도당을 색출했다.[26] 기원전 161년 유다는 아다사에서 니카노르를 물리

---

* 대개 "망치"라고 번역되지만 확실하지 않다.
** 여전히 거의 모든 유대 가정에서 이 기념일(하누카(Hanukkah))을 지키고 있다.

치고 로마와 동맹을 맺어 세력을 강화했지만, 같은 해 엘라사에서 강적에 맞서 싸우다가 전사했다. 그의 동생 요나단 또한 전쟁에서 용맹을 떨쳤지만 아코 전투에서 죽었다.(기원전 143년) 형제 중 유일한 생존자 시몬은 기원전 142년 로마의 지원으로 데메트리오스 2세로부터 유대의 독립을 승인받았다. 시몬은 민중의 뜻에 따라 대제사장과 장군직을 겸임하게 된다. 이후 이 직책은 그의 가문에 세습되어 그는 하스모니아 왕조의 시조가 되었다. 그의 치세 첫 해는 새 시대의 원년이 되고 기념주화를 발행하여 유대 왕국의 재탄생을 공포하였다.

25장 이집트와 서방

1. 왕들의 기록

알렉산드로스의 유산 중 가장 작으면서도 가장 부유한 부분이 그의 가장 유능하고 영리한 장군에게 할당되었다. 라고스의 아들 프톨레마이오스는 알렉산드로스의 분명한 재가에 따라 두드러진 충성심으로 죽은 대왕의 시신을 멤피스로 옮겨 와 금으로 꾸민 석관에 안치했다.* 또한 그는 알렉산드로스의 정부 타이스와 결혼하여 두 아들을 낳았다. 그는 솔직하고 무뚝뚝한 전사였으며 관대하면서도 현실적인 인물이었다. 알렉산드로스의 다른 상속자들이 생애의 반을 전쟁터에서 보낸 반면, 프톨레마이오스는 외지에서 자신의 입지를 공고히 하고 이집트의 농업과 상업 및 산업을 촉진하는 데 열중했다. 그는 대함대를 구

---

* 프톨레마이오스 필라델포스는 이 석관을 알렉산드리아로 옮겼다. 프톨레마이오스는 관의 금을 녹여 사용하고 알렉산드로스의 시신은 유리관에 안치했다.[1]

축해 이집트를 육상의 천연 요새만큼이나 해상 공격으로부터도 안전하도록 대비했다. 그는 마케도니아로부터 독립을 유지할 수 있도록 로도스와 동맹들을 지원해 소테르(구원자)라는 칭호를 얻었다. 18년간의 노고로 정치 경제적 영역을 확고히 다진 후에야 그는 스스로 왕을 자칭했다.(기원전 305년) 그와 그의 후계자를 통해 이집트의 그리스는 키레네와 크레타, 키클라데스 제도, 키프로스, 시리아, 팔레스타인, 페니키아, 사모스, 레스보스, 사모트라케, 헬레스폰토스 등에 대한 지배권을 확립했다. 노년에 그는 자신의 원정 회고록을 놀랍도록 정확하게 기술하고, 기원전 290년경에는 이후 알렉산드리아가 그 명성을 누리게 될 무세이온(Museum)과 도서관을 건축했다. 기원전 285년, 82년간의 생애를 마감할 것을 예감한 그는 둘째 아들 프톨레마이오스 필라델포스를 후계자로 임명하고 자신은 젊은 왕의 궁전 뒤로 물러났다. 2년 후 그는 죽음을 맞이한다.

비옥한 강 유역과 삼각주로 인해 이미 왕실 국고는 부가 넘치고 있었다. 프톨레마이오스 1세가 친구들에게 저녁 식사를 대접하기 위해 은잔과 깔개를 빌린 데 반해, 프톨레마이오스 2세는 즉위식의 절정을 이룰 연회를 준비하는 데 무려 250만 달러나 썼다.[2] 새 파라오는 키레네 철학에 귀의한 개종자로 매 순간의 쾌락을 향유하기로 작심한 것이다. 그는 비대해질 정도로 폭식하고 많은 정부를 거느리며 아내를 버리고 마침내는 누이인 아르시노에와 결혼한다.[3] 새 왕비가 제국을 다스리고 전쟁을 수행하는 동안, 그는 궁정 요리사와 학자들을 다스렸다. 아버지를 본받아 그는 유명한 시인과 학자들, 비평가들, 과학자들, 철학자들, 예술가들을 알렉산드리아에 초대하고 수도를 그리스 양식 건축물로 아름답게 꾸몄다. 그의 오랜 치세 기간 동안 알렉산드리아는 지중해 지역에서 문학과 과학의 중심지가 되었으며, 알렉산드리아 문학은 이후 그 어느 때보다 융성했다. 그럼에도 불구하고 말년의 필라델포스는 행복하지 못했다. 통풍에 시달리고 부와 권력에 비례하여 근심거리도 늘어났다. 왕궁 창문을 통해 항구 모래 언덕 햇볕 아래 한가로이 누워 있는 걸인을 바라보고 부러워하여 그는 다음과 같이 말했다. "아, 저 사람처럼 태어났더라면!"[4] 죽음의 공포에 시달린 그

는 이집트 제사장의 전승에 따라 영원불멸의 묘약을 구했다.[5]

후대 역사가 창건자로 여길 정도로 그는 무세이온과 도서관에 아낌없이 자금을 지원하고 확장했다. 기원전 307년에 아테네에서 쫓겨난 팔레론의 데메트리오스가 이집트에서 은신처를 구했다. 10년 후 그는 프톨레마이오스의 궁전에 나타난다. 아테네 학교들에 견줄 정도의 무세이온, 즉 예술과 과학의 여신 뮤즈의 집을 건설한다면 수도와 왕조가 찬란히 빛날 것이라고 프톨레마이오스 소테르에게 제안한 이는 분명히 데메트리오스였다. 장서와 지식, 동물과 식물, 정체(政體) 등을 수집하고 분류하는 데 들인 아리스토텔레스의 열정에서 영감을 얻은 듯, 데메트리오스는 거대한 분량의 장서를 소장할 뿐 아니라 평생을 연구에 몰두할 학자를 수용할 수 있는 건물군을 세우도록 권한 것 같다. 이 계획은 처음 두 프톨레마이오스를 설득하여 자금이 투자되고 왕궁 근처에 새 학교가 서서히 모습을 갖추어 갔다. 학자들이 식사를 한 듯한 일반 식당이 있었고, 대화실과 강의실, 안뜰, 회랑, 정원, 천문대, 규모가 큰 도서관 등이 있었다. 이 건물들은 공식적으로는 뮤즈 여신에게 바쳐졌으므로 전체 시설의 책임자는 기술적으로는 제사장이었다. 무세이온에는 네 부류의 학자들, 곧 천문학자, 작가, 수학자 및 의사 들이 거주했다. 이들은 모두 그리스인이었으며 왕실에서 급여를 지급했다. 이들의 역할은 가르치는 데 있지 않고 연구하고 조사하고 실험하는 데 있었다. 수십 년 후 학생들이 무세이온으로 몰려들자 강의 역할이 이들에게 맡겨졌지만, 그래도 무세이온은 끝까지 학교보다는 고급 연구 기관으로 남았으며, 우리가 아는 한 문학과 과학의 장려를 위해 국가가 세운 최초의 건물이었다. 이는 문명사에 있어 프톨레마이오스 왕조와 알렉산드리아의 뛰어난 공적이기도 하다.

프톨레마이오스 필라델포스는 기원전 246년 길고도 대체로 관대했던 치세를 마감한다. 프톨레마이오스 3세 에우에르게테스(선행자)는 근동 정복에 전념한 또 다른 토트메스 3세였다. 그는 사르디스와 바빌론을 점령하고 멀리 인도까지 진군하였으며, 셀레우코스 제국을 철저히 파괴해 이후 로마는 아주 간단히 이 제국을 함락시킨다. 그의 전쟁 기록은 언급하지 않는 게 좋겠다. 구체적인 전투 장면들은 극적이겠지만, 그 원인과 결과에는 고루한 불멸성이 배어 있기 때문이다. 이런 역사는 권력의 흥망성쇠에 아부하는 시종으로 전락하고, 승리와 패배가 서로 상쇄되어 철저하게 무로 돌아간다. 에우에르게테스의 젊은 아내 베레니케가 그의 승리를 감사해 신에게 자기 머리칼 한 타래를 바쳤다. 시인들이 이를 기념했고, 천문학자들은 하늘을 향해 그녀를 기려 별자리 가운데 하나를 코마 베레니케스(Coma Berenices), 즉 머리털자리라고 불렀다.

프톨레마이오스 4세 필로파토르는 아버지를 너무 사랑해 그의 전쟁과 승리를 흉내 냈다. 그러나 라피아 전투에서 안티오코스 3세를 물리쳤을 때(기원전 217년) 진정한 공로자는 원주민 병사들이었다. 이는 프톨레마이오스 왕조에 있어 처음 있는 일이기도 했다. 자신들의 힘을 자각한 이집트인은 이때부터 나일 강에서 그리스 세력을 허물기 시작한다. 필로파토르는 도락에 빠져 호화 유람선에서 많은 시간을 허비하고 디오니소스 제전을 이집트에 도입했으며, 그 자신이 디오니소스의 후예가 아닌가 반쯤 착각에 빠졌다. 기원전 205년에 그의 아내가 그의 정부(情婦)의 손에 죽임을 당하고 자신도 곧이어 죽는다. 이런 혼란의 와중에 마케도니아의 필리포스 5세와 셀레우키아의 안티오코스 3세가 막 이집트를 분할 합병하려 했으며, 또 다른 프톨레마이오스와 협정을 맺은 로마가 무대에 등장해 필리포스와 안티오코스를 물리치고 이집트는 로마의 보호령이 된다.(기원전 205년)

2. 프톨레마이오스 왕조하의 사회주의

프톨레마이오스 왕조의 이집트에 있어 단연 가장 흥미로운 부분은 국가 사회주의의 광범한 실험이다. 이집트에서 토지의 왕실 소유권은 유구하고도 성스러운 관습이었다. 왕이자 신인 파라오는 토지와 그 소산물에 대해 완전한 권리를 갖고 있었다. 농민은 노예는 아니었지만 정부 허가 없이는 거주지를 떠날 수 없었고 수확의 절반 이상을 국가에 바쳐야 했다.[6] 프톨레마이오스 왕조는 이 제도를 받아들였을 뿐 아니라, 이전 왕조 때 이집트 귀족 또는 제사장들에 속했던 대토지를 전유한 후 이에도 적용시켰다. 무장 경호원을 거느린 정부 감독관이 거대 관료주의를 형성해 전 이집트를 마치 거대 국가 농장처럼 관리했다.[7] 이집트의 거의 모든 농부가 이들 관리에 의해 어느 땅을 경작하고 어떤 농작물을 재배할지 지시받았다. 노동력과 가축은 채광과 건축, 사냥, 수로나 도로 건설에 필요하면 언제든 징발될 수 있었다. 수확량은 국가 소속 기사가 평가하고 서기가 기록했으며, 왕실 탈곡장에서 탈곡하고 농민들의 손으로 왕의 곳간에 운반되었다.[8] 이 제도에도 예외는 있었다. 프톨레마이오스 왕조는 농부들에게 집과 정원을 허락했다. 도시에는 사유 재산을 인정했다. 병사들은 군역 대가로 수여받은 토지를 임차할 수 있었다. 그러나 이 임차권은 대개 소유자가 포도밭과 과수원, 올리브 재배지로 사용하기로 동의한 토지로 제한되었다. 상속권은 배제되었고 언제든 왕에 의해 취소될 수 있었다. 그리스인의 열성과 기술에 의해 이들 임차지가 개량되자, 상속권에 대한 요구가 일어났다. 기원전 2세기 상속이 관습적으로 이루어졌지만 법적으로는 인정되지 않았으며, 기원전 1세기에 가서야 합법화되어[9] 공유 재산에서 사유 재산으로의 통상적인 발전이 완료되었다.

말할 필요도 없이 이 사회주의 제도가 발전할 수 있었던 것은 이집트의 지형 조건상 경작할 때 시공간적으로 개인이 제공할 수 있는 것보다 더 많은 협력과 협동이 필요했기 때문이다. 파종할 농작물의 양과 종류는 연례적으로 발생하는 범람의 정도와 관개 및 배수의 효율성에 좌우되었으며, 이들 문제는 자연히 중앙 집중적인 통제를 필요로 했다. 공직에 종사한 그리스 기술자들이 고대 경작 기술을 개선시켜 농경이 보다 과학적이고 집약적으로 이루어지도록 했다. 고대의 방아두레박이 양동이가 달린 물방아로 대체되었는데, 이 물방아는 어떤 경우 직경이 12미터에 이르렀고 안쪽 둘레에 양동이가 매달려 물방아가 돌면서 양동이가 꼭대기에 이르면 차단 장치에 의해 양동이가 기울어 담긴 물이 관개 저수지에 쏟아지도록 설계되었다. 나아가 아르키메데스의 나사와 크테시비오스의 펌프*는 프톨레마이오스 왕조 이전에는 불가능했던 속도로 물을 끌어올렸다.[10] 정부에 의한 중앙 집중적 통제 경제와 강제 노역 제도 덕분에 홍수 조절, 도로 건설, 관개, 건축 등 대공사가 가능하고 로마의 공학적 위업을 위한 기초가 준비될 수 있었다. 프톨레마이오스 2세는 모이리스 호수를 광대하고 비옥한 토지로 바꿔 병사들에게 경작지로 나눠 주었다. 기원전 285년에 그는 헬리오폴리스 근처 나일 강에서 수에즈 운하 근처 홍해에 이르기까지 수로를 재개하기 시작했다.[11] 파라오 네코와 다리우스 1세가 이 공사를 시도했었지만 두 차례에 걸쳐 모래로 막혔으며, 한 세기 후에도 똑같은 결과가 되풀이되었다.

산업 또한 비슷한 상황에 진행되었다. 정부는 광산을 소유할 뿐 아니라 자체적으로 운영하거나 광석을 독차지했다.[12] 프톨레마이오스 왕조는 누비아의 막대한 금광을 확보하고 안정적으로 금화를 주조했다. 키프로스와 시나이의 구리 광산도 통제했다. 또한 아마, 파두(巴荳), 참깨 같은 식물에서 채취된 기름을 독점했다. 정부가 매년 해당 식물 경작지를 결정하고 일방적으로 정한 가격에 전 수확물을 거둬들였다. 기름은 국가에서 경영하고 농노로 운영되는 공장의 거대 빔 프레스로 추출했다. 마찬가지로 일방적인 가격으로 소매상에게 판매하고 외산 경쟁 물품은 높은 관세를 물려 배제시켰다. 이런 식으로 거둔 이윤이 70~300퍼센트에 이르렀다.[13] 소금, 소다석(비누로 사용된 탄산나트륨), 향, 파피루스, 직물 등에도 비슷한 형태의 정부 개입이 분명히 있었다. 일부 민영 직물 공장이 있긴 했지만 모든 생산품을 국가에 팔아야 했다.[14] 소규모 산업은 민영으로 운영되었다. 국가는 이들을 허가해 주고 감독하기만 했지만 절반 이상의 생산품을 정해진 가격에 사들이고 이익의 상당 부분을 국고로 환수했다. 수공업은 고대 형태의 동업 조합에 의해 운영되었는데, 이 조합의 구성원은 전통

---

* 27장 참조.

적으로 직업, 촌락, 심지어 거주지별로 조직되었다.[15] 산업은 순조롭게 발전해 갔다. 전차, 가구, 테라 코타, 카펫, 화장품 등의 생산이 왕성했다. 유리와 아마 포가 알렉산드리아의 특산품이었다. 로마 제국 이전 어느 경제권에서보다 프톨레마이오스의 이집트에서 발명품이 쏟아져 나왔다. 스크루 체인, 휠 체인, 캠 체인, 래칫(ratchet) 체인, 풀리(pulley) 체인, 스크루 프레스 등이 모두 사용되었다.[16] 염색 기술은 다양한 시약을 섞어 한 번만 염색해서 다채로운 색깔의 옷감을 얻어 낼 정도로 발전했다.[17] 일반적으로 알렉산드리아의 작업장은 노예로 운영되었으며, 값싼 노동력으로 인해 해외 시장에서 그리스 수공예품보다 저렴하게 팔 수 있었다.[18]

상업 또한 정부가 모두 관리하고 규제했다. 소매상은 대개 국가 대리인이었고 국가 물품을 유통하고 있었다.[19] 모든 대상로와 수로도 국가 소유였다. 프톨레마이오스 2세는 낙타를 이집트에 도입하고 낙타 역참을 남부 지역까지 조직화했다. 낙타는 공문서만 전달했지만 이에는 국가의 모든 상업 서신이 포함되었다. 나일 강은 여객과 화물 운송으로 붐볐으며, 국가 규제하에 민간에 의해 운영된 것이 분명하다.[20] 지중해 교역에 있어 프톨레마이오스 왕조는 적재량이 300톤에 이르는 당시로서는 최대 규모의 상선단을 보유하고 있었다.[21] 알렉산드리아 항의 창고가 세계 교역을 유인했다. 그 이중(二重) 항은 다른 도시들의 부러움의 대상이었다. 알렉산드리아의 등대는 7대 불가사의 중의 하나였다.* 이집트의 평야와 공장, 일터로부터 막대한 물품이 공급되어 동쪽으로는 중국, 남쪽으로는 중앙아프리카, 북쪽으로는 러시아와 영국에까지 시장이 형성되었다. 이집트 탐험가들은 아래쪽으로 잔지바르와 소말리랜드까지 항해했

---

*크니도스의 소스트라토스가 프톨레마이오스 2세를 위해 설계했으며, 무려 800달란트(약 240만 달러)의 건축 비용이 들었다.[22] 120여 미터 높이에 여러 단벽(段壁)으로 세워졌다. 외벽은 흰 대리석으로 처리했고 대리석과 청동 조각으로 꾸몄다. 기둥형 등대의 둥근 지붕 위에는 6.5미터의 포세이돈 상이 세워졌다. 수지 나무를 태워 발생한 불빛은 아마도 볼록한 금속 재질 유리에 의해 60킬로미터 거리까지 비쳤다.[23] 이 구조물은 기원전 279년에 완공된 후 서기 13세기에 파괴되었다. 이 등대가 세워진 파로스 섬은 현재 알렉산드리아의 라스틴 지구이며 등대 위치는 바다에 잠겼다.

고, 아프리카 동부 연안을 따라 해산물과 타조, 당근, 근채류 등을 먹으며 살았던 혈거인(穴居人)에 대한 이야기를 세상에 전해 주었다.[24] 인도와 근동 간의 교역을 장악하고 있던 아랍 상인에 맞서 이집트 선박은 나일 강과 인도 간 직항로를 개척했다. 프톨레마이오스 왕조의 현명한 후원에 힘입어 알렉산드리아는 동방 상인들, 이후에는 지중해 시장의 주요 중계항으로 발전했다.

이렇게 융성한 상업과 산업은 우수하고 편리한 은행업을 통해 더욱 발전해 갔다. 물물 교환이 고대 이집트의 유산으로 어느 정도 존속했고 국고의 곡물이 은행 준비금의 일부로 사용되었다. 그러나 곡물의 예치, 인출 및 이전은 실질적으로는 문서상으로 처리되었다.[25] 이처럼 수정된 형태의 물물 교환제와 함께 복잡한 화폐 경제가 형성되었다. 은행업 또한 국가 독점 부문이었지만 운영은 민간 회사에 위임되었다.[26] 은행 잔고 관련 증서는 환어음으로 지불되었다. 은행은 이자를 받고 돈을 빌려 주고 국고에 외상금을 갚았다. 알렉산드리아 중앙은행은 모든 중요 도시에 지점이 있었다. 농업과 산업, 상업, 금융업 등에 있어 이처럼 부유하고 통일되고 잔인한 발전을 이룬 경우는 역사상 유례가 없었다.

이 제도의 지배자와 수혜자는 수도의 그리스인 자유민이었다. 그리고 이들 모든 것의 정상에는 신이자 왕인 파라오가 있었다. 그리스인이 볼 때 프톨레마이오스는 참으로 구원자였으며 시혜자였다. 그는 그리스인들에게 관료 체제 내에 수많은 자리를 마련해 주고, 수없이 많은 경제적 기회와 전례 없는 정신적 편의를 제공해 주었으며, 화려한 사교의 장으로 부유한 궁정을 개방해 주었다. 왕은 절대 변덕스러운 전제 군주가 아니었다. 이집트 전통과 그리스 법률이 결합해 자유 외에는 모든 면에서 아테네 규범에서 차용하고 이를 개선한 법체계가 수립되었다. 왕의 칙령은 절대적인 법 집행력을 가지고 있었다. 그러나 각 도시는 상당한 정도로 자치권을 누렸으며, 이집트인과 그리스인, 유대인은 각자 고유한 법 제도 아래 생활하고 자기 통치자를 두고 자기 법정에 호소했다.[27] 투린의 파피루스에 알렉산드리아인 소송 기록이 전해진다. 이 기록에는 정확한 논점, 신중한 증거 제시, 간략한 판례, 공정한 최종 선고가 언급되어 있다. 알렉산드리아인의 의지가 담겨 있는 또 다른 파피루스에는 다음과 같은 내용이 담긴 고대 법령 양식이 실려 있다. "이것은 건전한 사고와 사려 깊은 분별력의 소유자이며 리키아인 ○○○의 아들인 페이시아스의 뜻이다."[28]

프톨레마이오스 왕조는 헬레니즘 세계에서 가장 효율적으로 조직화된 정부였다. 국가 형태는 이집트와 페르시아에서, 도시 형태는 그리스에서 차용했으며, 이를 로마 제국에 계승해 주었다. 행정 구역은 노모스 또는 주(州)로 구분되었고, 각 노모스는 왕이 임명한 대리인에 의해 다스려졌다. 이들 관리는 대부분 그리스인이었다. 그리스와 동방인, 즉 이집트인이 동등한 조건하에 서로 어울려 살아야 한다는 알렉산드로스의 이상은 불합리한 것으로 그 빛이 바랬다. 나일 강 유역은 사실 정복지였던 것이다. 그리스인 관리들이 이집트의 경제생활에 진보적인 기술과 경영 방식을 도입해 국부를 막대하게 증식시켰지만 그 증가분은 자신들 몫이었다. 국가는 통제 물품에 높은 가격을 책정하고 경쟁품은 관세 장벽으로 차단했다. 이에 따라 델로스에서 21드라크마 하는 올리브유가 알렉산드리아에서는 52드라크마에 판매되었다. 정부는 영토 내 구석구석에서 임대료, 세금, 관세, 사용료, 심지어는 노동력과 목숨까지 수탈했다. 농부는 가축 보유와 사료, 방목에 대해서도 비용을 지불했다. 채소밭, 포도밭, 과수원 등을 소유한 이들은 소산물의 6분의 1(프톨레마이오스 2세 때는 2분의 1)을 국가에 바쳐야 했다.[29] 군인과 제사장, 정부 관리를 제외한 모든 이들이 인두세를 냈다. 소금, 법률 문서 및 유산도 과세 대상이었다. 임대에는 5퍼센트, 판매에는 10퍼센트, 이집트 내에서 잡히는 모든 물고기에는 25퍼센트의 세금이 부과되었고, 마을에서 도시로 이동하거나 나일 강을 경유하는 물품에 대해서는 통행세가 부과되었다. 이집트의 모든 항구에서 수입 관세뿐 아니라 고율의 수출 관세도 징수되었다. 상선과 등대 및 도시의 의사와 경관(警官)을 잘 유지하고 새로 즉위하는 왕의 금관을 마련하기 위해 특별세가 부과되었다.[30] 국가를 살찌게 하는 것은 어떤 것도 놓치지 않았다. 과세 대상이 될 수 있는 모든 물품과 수입, 거래를 조사하기 위해 정부는 많은 서기를 동원하고 광대한 개인 및 재산 등록 체계를 마련했다. 세금 징수를 전문가들에게 맡기고 운영을 감독했으며 세금이 환수될 때까지 그들의 재산을 담보로 잡았다. 현물과 화폐를 통틀어 프톨레마이오스 왕조가 거둬들인 총 세입은 페르시아 몰락과 로마 지배 사이 기간 동안 어느 정부 때보다 많았을 것이다.

3. 알렉산드리아

이들 부의 대부분은 알렉산드리아로 모였다. 각 노모스의 수도와 몇몇 다른 도시들도 마찬가지로 번성하여 도로는 포장되고 불빛으로 밤을 밝혔으며, 치안과 우수한 상수도 시설이 갖추어져 있었다. 그러나 알렉산드리아만큼 근대적인 도시는 이전 어디에도 없었다. 스트라본은 서기 1세기경 알렉산드리아의 면적을 대략 세로 5킬로미터, 가로 1.5킬로미터라고 말하며, 플리니우스는 그 성벽 둘레를 24킬로미터로 계산한다.[31] 로도스의 디노크라테스와 크니도스의 소스트라토스는 직사각형 도면상에 도시를 구획하고 동서 및 남북 간에 넓이 30미터의 중앙 도로를 배치하였다. 이들 주요 도로와 일부 기타 도로는 밤중에 불이 환하게 밝혀졌으며 일정 간격으로 늘어선 가로수 덕분에 낮에는 시원함을 유지했다. 주요 간선으로 도시 양 사방이 구획된 가운데, 최서단에 위치한 라코티스에는 주로 이집트인이 거주하였고 동남부에는 유대인 지구가 형성되었으며, 남동쪽 브루케움에는 왕궁, 무세이온, 도서관, 프톨레마이오스 왕가의 무덤, 알렉산드로스의 석관, 병기창, 주요 그리스 신전, 넓은 공원 등이 자리하고 있었다. 한 공원에는 180여 미터 길이의 주랑 현관이 있었고, 다른 공원에는 왕립 동물 컬렉션이 전시되어 있었다. 도시 중심부에는 행정 관서, 정부 창고, 법원, 주요 체육관 및 상점가가 늘어서 있었다. 문을 나서면 경기장, 대경기장 또는 경주장, 원형 극장 그리고 네크로폴리스, 즉 사자(死者)의 도시로 불린 넓은 공동묘지가 펼쳐진다.[32] 해변을 따라 수영 시설과 행락지가 늘어서 있다. 길이가 경기장 일곱 개를 합친 것과 맞먹어 헤프타스타디움(Heptastadium)이라 불린 제방 또는 방파제가 도시와 파로스 섬을 연결하여 이중(二重) 항을 형성했다. 도시 뒤편에는 항구와 나일 강의 교통 출구 역할을 한 마레오티스 호수가 있었다. 여기서 프톨레마이오스 왕들이 유람선을 띄우고 휴식을 취했던 것이다.*

기원전 200년경 알렉산드리아 주민은 오늘날의 대도시처럼 다양한 민족으로 구성되어 있었다. 40~50만 명의 마케도니아인, 그리스인, 이집트인, 유대인, 페르시아인, 아나톨리아인, 시리아인, 아랍인, 흑인 등이 운집해 있었다.[33]** 이 국제적인 도시는 상업의 발전으로 중하류층이 늘어났고, 분주하고 말 많고 논쟁하기를 좋아하며 정직하고 편견 없이 거래하기 위해 바짝 긴장한 상인들로 붐볐다. 정상에는 마케도니아인과 그리스인이 있었는데, 이들은 기원전 273년 궁정에 초대받은 로마 사절이 깜짝 놀랄 정도로 화려하게 생활하고 있었다. 아테나이오스는 지배 계층의 식탁에 차려진 진미를 자세하게 소개하고,[34] 헤로다스는 "알렉산드리아는 아프로디테의 집이어서 부와 오락장, 큰 군대, 청명한 하늘, 공연, 철학자들, 보석, 세련된 젊은이들, 멋진 왕궁, 과학원, 최고의 포도주, 아름다운 여인들 등 없는 것이 없다."라고 기록하고 있다.[35] 알렉산드리아의 시인들은 순결의 문학적 가치에 눈뜨고 있었으며, 곧이어 소설가들이 이를 주제로 많은 비극적인 이야기를 창작한다. 그러나 이 도시는 관대한 여인들과 쾌락의 딸들로 악명 높았다. 폴리비오스는 알렉산드리아의 가장 고상한 가정조차 창부와 연관되어 있다고 개탄했다.[36] 모든 계층의 여성들이 거리를 자유롭게 활보하고 남자들과 어울렸다. 이들 중 일부는 문학과 학술 부문에 자기 이름을 남겼다.[37] 프톨레마이오스의 아르시노에에서부터 안토니우스의 클레오파트라에 이르기까지 마케도니아 왕비들과 궁정 숙녀들은 정치에 적극 관여했으며, 사랑보다는 정책에서 일정한 역할을 담당했다. 그러나 이들은 남자

---

* 지금은 일부 지하 묘지와 기둥들 외에 남아 있는 것이 거의 없다. 유적은 현재 수도 바로 밑에 놓여 있어 발굴에 많은 경비가 들 것이다. 이들 유적은 물 아래 침수된 것 같으며 옛 도시 일부는 지중해로 덮였다.

** 1927년의 알렉산드리아 인구는 57만 명이었다.

들을 자극할 만큼 충분히 매력적이어서 최소한 시와 산문에서 전례 없이 존중을 받았고, 고전기 그리스에서 유례를 찾아볼 수 없을 정도로 여성의 영향력과 기품을 알렉산드리아 사교계에 보여 주었다.

알렉산드리아 인구 중 대략 5분의 1이 유대인이었다. 역사를 거슬러 올라가 기원전 7세기 무렵부터 이집트에 히브리 정착촌이 있었다. 페르시아 정복을 통해 많은 유대 상인들이 유입된 것이다. 알렉산드로스는 유대인을 알렉산드리아에 강제 이주시켰고, 요세푸스에 의하면 그리스인과 동일한 정치적 · 경제적 권리를 부여했다.[38] 프톨레마이오스 1세는 예루살렘을 점령한 후 수천 명의 유대인 포로를 이집트로 끌고 갔으며, 그 후계자는 이들에게 자유를 주었다.[39] 동시에 그는 유력한 히브리인을 알렉산드리아로 불러들여 가정과 일터를 이루게 했다.[40] 그리스도교 시대 초기 이집트에는 백만여 명의 유대인이 살고 있었다.[41] 이들 중 상당수가 수도의 유대인 지구에 거주했다. 이곳은 강제 거주 지구가 아니었다. 유대인은 관료와 그 하인들만 거주하도록 제한된 브루케움을 제외하고는 어디서든 자유롭게 살 수 있었던 것이다. 이들은 자신들의 게루시아 또는 의회를 두었고 자신들의 신앙을 따랐다. 기원전 169년에 대제사장 오니아스 3세가 알렉산드라아 근교 레온토폴리스에 대신전을 세우고 그의 절친한 친구였던 프톨레마이오스 4세가 헬리오폴리스의 세입을 그 유지비로 쓰도록 허락했다. 이런 신전은 종교뿐 아니라 학교와 회합 장소로도 사용되었다. 이에 따라 그리스어로 유대인 시나고가이(Synagogai), 즉 회당(會堂)이라 불렸다. 이집트 출신 2, 3세대 유대인들은 히브리어를 거의 몰랐으므로 율법 낭독 후 그리스어 통역이 이어지게 되었다. 이로부터 원문 설교 관습이 일어나고, 이 의식에서 최초 형태의 가톨릭 미사가 등장하게 된다.[42]

이 시대 말에 이르면 이러한 종교 및 민족적 분리가 경제적 경쟁의식과 결합되어 알렉산드리아에 반(反)셈족 운동이 촉발된다. 그리스인과 이집트인에게는 종교와 정치의 연합이 자연스러운 일이어서 이들은 유대인의 문화적 독특성이 눈에 거슬렸다. 나아가 이들은 유대인 장인과 사업가들에게서 경쟁의식을 느끼고 그들의 열정과 끈기, 재능 등을 질시했다. 로마가 이집트 곡물을 수입하기 시작했을 때, 로마 상선에 화물을 실은 것은 알렉산드리아의 유대인 상인들이었던 것이다.[42a] 유대인을 그리스화하는 데 실패한 것을 알아차린 그리스인은 대부분의 유대인이 끈질기게 동방 풍속을 유지하고 아주 왕성하게 번식해 가는 국가의 장래가 염려되었다. 페리클레스의 법률을 잊어버린 그리스인은 유대 법이 통혼을 금하고 유대인이 대부분의 경우 독자성을 고집하는 것을 불만스러워 했다. 반셈족 성향 문학이 활발해졌다. 이집트 역사가 마네토는 수 세기 전 문둥병 때문에 유대인들이 이집트에서 쫓겨났다는 이야기를 유포시켰다.[43] 양쪽 모두 때가 이르렀음을 느끼면서 이런 경향은 그리스도교 시대 첫 세기에 파괴적인 폭력으로 발전했다.

유대인은 자신들의 아믹시아(amixia), 즉 반사회적 경향과 성공에 대한 반감을 진정시키기 위해 최선을 다했다. 자신들의 종교를 여전히 고수했지만 그리스어를 말하고 그리스 문학에 관심을 가지고 연구했으며, 자신들의 경전과 역사서를 그리스어로 번역했다. 그리스인들에게 유대 종교 전통을 알리고 히브리어를 모르는 유대인이 자신들의 성서를 읽을 수 있도록 일련의 알렉산드리아 출신 유대학자들이 아마도 프톨레마이오스 2세의 후원으로 히브리 성서의 그리스어 번역 작업에 착수했다. 왕들은 이집트 내 유대인과 예루살렘 사이를 떼어 놓을 수 있고 유대-이집트인 자본의 팔레스타인 유입을 줄일 수 있다는 기대 속에 이 시도에 호의를 보였다. 레겐드는 프톨레마이오스 필라델포스가 팔레론의 데메트리오스의 제안에 따라 기원전 250년경 70여 명의 유대 학자들을 어떻게 유대에서 초청하여 성서를 번역하게 했으며, 그들 각자를 파로스의 독방에 어떻게 숙박시켜 모세 오경의 번역을 마칠 때까지 서로 교류하지 못하게 했으며, 번역이 끝난 후 어떻게 70개 번역본을 일일이 대조하며 원본과 번역자들의 신적인 영감을 입증했는지, 그리고 값비싼 황금으로 그들을 어떻게 후대했는지, 이런 과정에서 히브리 성서의 그리스어 역본이 어떻게 "70인에 따른

역본", 라틴어로는 "70인역(Interpretatio Septuaginta)"이라 알려지게 되었는지 말해 준다.[44]* 번역 과정이야 어찌되었든 모세 오경은 기원전 3세기가 끝나기 전에, 예언서들은 기원전 2세기에 그리스어로 번역된 것 같다.[46] 이 70인역은 필론(Philo)과 성 바울이 사용했던 성경이다.

이집트의 그리스화 과정은 유대인의 경우처럼 본토인에 대해서도 완전히 실패로 끝났다. 알렉산드리아 이외의 이집트인들은 부루퉁한 채 자신들의 종교, 자신들의 복장 또는 벌거벗은 모습, 자신들의 먼 옛날 생활 방식을 그대로 유지했다. 그리스인들이 생각하기에 자신들은 정복자이지 추종자가 아니었다. 그들은 삼각주 남부에 그리스 도시를 건설하거나 자기 언어를 익히는 것을 번거로워하지 않았다. 그들의 법은 이집트인과 그리스인의 결혼을 인정하지 않았다. 프톨레마이오스 1세는 세라피스와 제우스를 동일시함으로써 그리스와 현지 신앙을 통일시키려 애썼다. 이후 왕들은 스스로를 신으로 숭배하게 하여 이민족에 공통의 편리한 숭배 대상을 제공했다. 그러나 궁정 관리가 아닌 이집트인들은 이런 인위적인 신앙에 거의 관심을 기울이지 않았다. 부와 권력을 박탈당하고 국가에 생계를 의지하던 이집트 제사장들은 그리스의 물결이 물러가기만을 끈질기게 기다리고 있었다. 결국 알렉산드리아에서 승리한 것은 헬레니즘이 아니라 신비주의였다. 그리스도 탄생 전후 몇 세기 동안 알렉산드리아인의 영혼을 앞다투어 지배했던 신플라톤주의와 미래를 약속하는 잡다한 종교들의 기초가 놓였다. 세라피스처럼 오시리스도 이후 이집트인과 많은 이집트 출신 그리스인에게 인기 있는 신이 되었다. 이시스는 여인들과 모성(母性)의 여신으로 인기를 회복했다. 그리스도교가 들어왔을 때, 어떤 성직자나 사람들도 이시스를 마리아로, 세라피스를 그리스도로 바꾸는 데 어려움이 없었다.

---

* 이 이야기는 서기 1세기 아리스테아스라는 이가 썼다는 편지에 근거하였다. 이 편지는 1684년 옥스퍼드의 호디(Hody)에 의해 위조임이 판명되었다.[45]

4. 반란

프톨레마이오스 왕조의 사회주의가 주는 교훈은 정부도 착취할 수 있다는 것이다. 처음 두 프톨레마이오스 왕들 시기에는 제도가 합리적으로 잘 운영되었다. 대토목 공사가 완결되고 농경이 개량되었으며, 시장은 질서 내에 편입되고 감독관들의 불법과 불공평 행위는 미미했다. 물자와 노동력에 대한 착취가 철저했더라도 그 이익은 대부분 국가를 발전시키고 문화생활을 후원하는 데 사용되었다. 이 실험이 실패한 것은 세 가지 요인 때문이었다. 프톨레마이오스 왕조는 전쟁을 지향하고 더 많은 국민의 소득을 군사력 강화와 원정 비용으로 썼다. 필라델포스 이후 왕들의 자질이 급속히 퇴보했다. 그들은 먹고 마시고 짝 짓기에 빠져 제도 운영은 가난한 자들의 마지막 한 푼까지 수탈한 악당들의 수중에 맡겨 버렸다. 착취자가 외국인이라는 사실을 이집트인과, 페르시아와 그리스 지배 이전 자신들이 누렸던 이집트의 진미를 잊지 못한 제사장들은 결코 잊지 않았다.

프톨레마이오스 왕조에 있어 사회주의는 광범한 분배라기보다 생산력 강화를 의미했다. 농민이 얻은 소득은 생계를 잇기에는 충분했을지 몰라도 가족을 부양하기에는 역부족이었다. 세대가 지나면서 정부의 수탈이 더 심해졌다. 세세한 국가 통제 체제는 포학한 부모가 냉혹하게 감시하는 것처럼 참을 수 없었다. 국가는 농부에게 파종할 종자를 빌려 준 후 수확할 때까지 농장에 속박했다. 국가에 부채를 갚을 때까지 어떤 농부도 자기 소산물을 사용할 수 없었다. 농민은 인내했지만 불평이 터져 나오기 시작했다. 기원전 2세기까지 일할 농부가 부족해 상당한 토지가 유기되었다. 왕실 토지를 관리하는 이들은 소작인을 구할 수 없어 스스로 어떻게 해보려 했지만 힘에 부쳤다. 사막이 문명을 서서히 잠식해 들어갔다. 누비아의 금광에서 노예들은 옷도 걸치지 않은 채 어둡고 비좁은 갱도에서 반쯤 꺾인 자세로 사슬에 매여 감독의 채찍을 감수하며 일해야 했다. 음식은 열악하여 목숨도 부지하기 어려울 정도였다. 수많은 이들이 영양실조와 피로에 지쳐 쓰러졌다. 그들에게 반가운 것은 죽음뿐이었다.[47] 일반 공장 노동자의 하루 임금은 1오볼(9센트)이었으며, 숙련 노동자의 경우는 2 또는 3오볼이었다. 휴일은 열흘에 한 번 있었다.

불만이 늘어나고 파업이 더욱 빈번해졌다. 광부, 채석공, 뱃사공, 농부, 장인, 상인, 심지어 감독과 경관들 사이에서도 파업이 일어났다. 파업은 임금 때문이 아니었다. 이에 대한 기대는 사라진 지 오래였다. 단순히 기진맥진하고 다른 도리가 없었기 때문이었다. 당시 파업 실태의 한 단면을 파피루스 기록이 다음과 같이 전해 준다. "정말 지쳤다. 우리는 달아날 것이다." 신전 피신처로.[48] 수탈자들은 대부분 그리스인이었으며 반대쪽은 이집트인과 유대인이었다. 제사장들은 본토인의 종교적 감정에 은밀히 호소했고, 그리스인들은 정부가 유대인과 이집트인에게 허락한 이권을 못마땅해 했다. 수도에서 일반 서민의 불만은 국가 보조금과 구경거리로 진정되었지만, 이는 대규모 군사력의 압제하에서 이루어졌고 왕실 구역 밖의 일이었다. 또한 서민들은 국가 중대사에 참여할 기회도 전혀 없어 결국에는 무책임한 폭도로 변해 갔다.[49] 기원전 216년에 이집트인이 반란을 일으켰지만 무산되었다. 기원전 189년에 다시 반란이 일어났고 폭동은 5년간이나 계속되었다. 프톨레마이오스 왕조가 군사력을 동원하고 제사장들을 돈으로 매수해 한동안은 이를 제압할 수 있었지만 상황을 돌이킬 수는 없었다. 국가의 무자비한 착취로 모든 것이 고갈되어 수탈자 자신들조차 더이상 아무것도 남지 않았음을 알 수 있을 정도였다.

모든 방면에서 붕괴되기 시작했다. 프톨레마이오스 왕조는 자연스러움에서 잔혹한 악덕으로, 지성에서 어리석음으로 나아갔다. 자유 및 조급증에 영합하여 국민의 존경심을 잃었다. 방종으로 인해 전쟁과 정치, 마침내는 사상에 대해서까지 어그러졌다. 무법과 불성실, 무기력과 절망, 소유권으로 말미암은 경쟁과 자극의 부재 등으로 해가 갈수록 토지 생산성이 저하되었다. 문학이 쇠퇴하고 예술의 창조성이 고갈되었다. 기원전 3세기 이후 알렉산드리아는 이들에 대해 어떤 기여도 하지 못했다. 이집트인은 그리스인을 존경하지 않게 되었으며,

그리스인 또한 그런 것이 있었다면 그 자긍심을 잃어버렸다. 시간이 흐르면서 그리스인들은 자기 언어를 잊고 그리스와 이집트적 요소가 뒤섞인 보다 열등한 무엇을 이야기했다. 보다 많은 이들이 본토인의 관습에 따라 근친결혼을 하고, 이집트인과 결혼하여 그들에게 동화되어 갔다. 수많은 이들이 이집트 신을 숭배했다. 기원전 2세기에 이르면 그리스인은 정치적으로도 더 이상 지배 민족이 아니었다. 프톨레마이오스 왕조는 권력 유지를 위해 이집트의 신앙과 의식을 채용하고 제사장들의 권력을 강화했다. 왕들이 쾌락적인 안일에 빠져든 동안 제사장들은 지도력을 거듭 주장하고 초기 프톨레마이오스 왕조가 빼앗아 갔던 토지와 특권을 회복해 갔다.[50] 프톨레마이오스 5세(기원전 203~181년)와 프톨레마이오스 6세(기원전 181~145년) 치하에서 왕실 내 불화로 왕가의 정력이 쇠퇴하는 동안 이집트의 농경과 산업이 퇴보하였다. 카이사르가 순전히 우연하게 별 저항 없이 이집트를 점령하고 아우구스투스가 로마 속주로 삼을 때까지(기원전 30년) 질서와 평화가 회복되지 않았다.

5. 시칠리아의 황혼

헬레니즘 시대는 동남부로 확장되고 서쪽은 거의 무시되었다. 키레네는 평소처럼 번성했고 전쟁보다 교역이 유리하다는 것을 알았다. 이로 인해 이 시기에 시인 칼리마코스 및 철학자 에라토스테네스와 카르네아데스가 등장했다. 이탈리아의 그리스가 늘어나는 본토인과 부상하는 로마 등 이중적인 위협 속에 두려워하며 쇠약해 가는 동안, 시칠리아는 카르타고 세력의 일상적인 위협 속에서 살고 있었다. 티몰레온이 온 지 23년이 지난 후, 한 부자의 정변으로 시라쿠사의 민주정이 제압되고 정부는 600개의 과두적 가문의 수중에 들어갔다.(기원전 320년) 이들은 파벌로 분열되고 4000명이 죽고 6000명의 유력자가 추방당하는 급진적 정변을 겪으며 차례로 진압되었다. 아가토클레스가 부채 탕감과 토지 재분배를 약속하며 절대권을 장악했다.[51] 이후 부의 집중화가 주기적으로 극심해지고 징세와 혁명으로 바로잡히게 된다.

카르타고가 반복해서 침공한 47년간의 혼란기를 지난 후, 피로스가 쳐들어와 승리하고, 패배한 후 물러갔다. 분수에 넘친 행운으로 시라쿠사는 히에론 2세의 수중에 들어갔고, 시칠리아 출신 그리스인의 열광과 소요로 많은 전제 군주들 중 가장 자비로웠던 이가 급부상하게 된다. 히에론은 54년간 다스렸으며, 폴리비오스는 "치세 중 처형이나 추방, 한 명의 상해도 없어 정말 주목할 만하다."고 놀라워했다.[52] 온갖 사치에 둘러싸였으면서도 그는 절제하고 온건한 삶으로 90세까지 향수했다. 몇 번인가 그는 양위하기를 원했지만 국민들의 만류로 무산되었다.[53] 그는 뛰어난 분별력으로 로마와 동맹을 맺고 반세기 동안 카르타고인을 만(灣)에 가두어 둘 수 있었다. 그는 도시의 질서와 평화, 상당한 자유를 지켰다. 거대 공사를 일으키고 과도한 징세 없이 임종 시 많은 부를 남겼다. 그의 보호와 후원하에 아르키메데스는 고대 과학을 절정에까지 끌어올렸고, 테오크리토스는 마지막 절정기의 그리스에서 시칠리아의 아름다움과 왕의 너그러움을 노래했다. 시라쿠사는 이제 헬라스에서 가장 인기 있고 번성한 도시가 된 것이다.[54]

히에론은 아르키메데스의 감독 아래 장인들이 고대의 모든 조선술과 과학을 구현한 유람선을 자기를 위해 건조하는 것을 지켜보면서 여가를 즐겼다. 이 배의 길이는 경기장의 절반 길이(125미터)에 달했으며, 체육관과 대형 대리석 욕조를 갖춘 갑판과 다양하게 식물이 가꾸어진 정원을 갖춘 갑판이 있었다. 20개 노열에 600명의 사공이 노를 저었고 300명의 승객과 선원이 더 탑승할 수 있었다. 60개의 선실이 있었는데, 일부 바닥은 모자이크 무늬로 장식되고 문은 상아와 값비싼 목재로 만들어졌다. 구비된 가구는 모든 면에서 세련되었으며 그림과 조각상으로 꾸며졌다. 또한 이 배는 적의 공격에 대비해 철갑과 포탑이 갖추어졌는데, 8개의 포탑에서 큰 빔이 돌출되어 끝 부분 구멍으로 큰 돌을 적의 배에 떨어뜨릴 수 있도록 설계되었다. 아르키메데스는 이 배 가에 큰 투석기를 세워 3달란트 무게(약 80킬로그램)의 돌이나 12큐빗 길이(약 5.5미터)의 화살을 날릴 수 있도록 했다. 이 배는 3900톤의 화물을 나를 수 있었고 자체 중량은

1000톤에 이르렀다. 히에론은 이 배를 시라쿠사와 알렉산드리아 간의 정기 운송에 활용하기를 원했지만, 시라쿠사의 선착장이 너무 작고 유지 비용이 과도하다는 것을 알고 시칠리아의 풍요로운 평야와 바다에서 나는 곡물과 물고기를 이 배에 채워 심각한 기근에 시달리고 있던 이집트에 선물로 보냈다.[55]

기원전 216년, 히에론은 죽음을 맞이한다. 임종 전 그는 민주 정체를 수립하기 원했지만, 그의 딸들이 그의 노망을 제지하고 그의 손자에게 권력을 승계하게 했다.[56] 히에로니모스는 나약하고 비열한 기질의 소유자였다. 그는 로마와의 동맹을 폐기하고 카르타고 사절을 맞아 사실상 이들에게 시라쿠사의 지배권을 맡기게 된다. 곡물이 풍족하지 못한 로마는 이전에 통치하리라고는 생각하지 못했던 섬의 부를 노리고 카르타고와 싸울 준비를 했다. 이제 모든 지중해 세계는 시들어가는 과실처럼 그리스 역사상 어떤 국가보다 거대하고 잔인한 정복자의 수중에 막 떨어질 참이었다.

26장   책

1. 도서관과 학자들

헬레니즘의 삶에 있어 희곡을 제외하고는 전 분야에 걸쳐 동일한 현상이 발견되는데, 그리스 문명은 사멸한 것이 아니라 확산되었다는 것이다. 아테네는 잊혀져 가고 시라쿠사를 제외한 모든 서방 그리스 식민지가 쇠퇴하고 있었던 반면, 이집트와 동방의 그리스 도시들은 물질적·문화적으로 전성기를 구가했다. 풍부한 경험과 역사적 식견, 사려 깊은 분별력을 지니고 있던 폴리비오스는 기원전 148년경 "오늘날 예술과 과학은 급속한 발달 중에 있다."라고 말했다.[1] 말은 친밀하게 하는 힘이 있다. 이제 공용어가 된 그리스어를 통해 이후 천여 년 간 지중해 동부 지역에 지속될 문화적 통일성이 수립된다. 새 제국의 학식 있는 사람들은 모두 외교와 문학, 과학의 매개체로 그리스어를 익혔다. 이집트나 근동의 거의 모든 식자층 비그리스인들도 그리스어로 씌어진 책을 이해할 수 있었다. 사람들은 오이쿠메네(oikoumene), 즉 사람 사는 세상을 하나의 문명으로 이해하고, 도시 국가의 오만하고 옹졸한 민족주의보다 자극은 덜하지만 보다 분별 있는 세계주의적 시야를 갖게 되었다.

이처럼 폭넓어진 독자층을 대상으로 수많은 저술가들에 의해 엄청난 양의 책이 쏟아져 나왔다. 우리에게 알려진 헬레니즘 작가만도 1100여 명에 이르니 알려지지 않은 이는 그 수를 헤아릴 수 없을 것이다. 글쓰기가 용이하도록 필기체가 발달했다. 속기술 흔적은 기원전 4세기 초엽부터 확인되는데, "다양한 위치에 획을 찍어 특정 자음 및 모음을 표현할 수" 있었다.[2] 책은 프톨레마이오스 6세가 페르가몬 도서관의 성장을 견제하기 위해 파피루스 수출을 금지할 때까지 이집트 파피루스에 씌어져 편집되었다. 에우메네스 2세는 이에 대응하여 양과 송아지 가죽을 대체 재료로 대량 생산했다. 곧 그 도시와 페르가몬의 이름을 따 양피지(羊皮紙)라 불린 이 재료는 의사소통과 문학의 전달 수단으로 종이와 경쟁하게 된다.

양적으로 급성장한 책과 도서관은 이전에는 주로 이집트나 메소포타미아 지역 유력자들의 사치품이었던 데 반해 이제는 삶의 필수 요소가 되었다. 그러나 아리스토텔레스의 도서관이 최초로 방대한 개인 소장 도서를 보유한 것은 분명하다. 그가 자신의 장서 중 일부로 삼기 위해 플라톤의 후계자 스페우시포스로부터 1만 8000달러 상당의 책을 사들였다는 사실은 그 규모와 가치를 능히 짐작게 한다. 아리스토텔레스는 자신의 장서를 테오프라스토스에게 물려주었고 테오프라스토스는 다시 넬레오스에게 물려주었으며(기원전 287년), 넬레오스는 이를 소아시아의 스켑시스로 가져간 후, 전승에 의하면 페르가몬 왕들의 문학적 탐욕을 피해 매장하였다고 한다. 매장된 지 백여 년이 지난 후 이 책들은 아테네 철학자인 테오스의 아펠리콘에게 팔렸다. 아펠리콘은 많은 부분이 습기로 손상된 것을 확인하고 자신의 지력을 최대한 동원해 그 간격을 메워 사본을 새로 완성한다.[3] 아리스토텔레스가 역사상 왜 가장 매력적인 철학자가 될 수 없었는지 설명될 수 있는 대목인 듯하다. 실라가 아테네를 점령했을 때(기원전 86년), 그는 아펠리콘의 도서관을 몰수하여 로마로 이송한다. 거기서 로도스 출신의 학자 안드로니코스가 아리스토텔레스의 저작을 재정리해 발간했는데,[4] 이는 로마 사상사에 있어 아리스토텔레스의 재발견이 중세 철학의 각성에 미친 영향만큼이나 중요한 위업이었다.

이 장서가 겪은 과정을 통해, 무세이온의 일부인 그 유명한 알렉산드리아 도서관을 세우고 유지하기 위해 프톨레마이오스 왕조가 기울인 노력에 문학이 얼마나 많이 빚을 졌는지 짐작할 수 있다. 프톨레마이오스 1세가 시작한 이 사업은 프톨레마이오스 2세에 의해 완성되었으며, 그는 도시 근교 세라피스 신전에 보다 작은 규모의 도서관도 추가로 세웠다. 필라델포스 치세 말기에 이르면 소장된 두루마리 수는 53만 2000여 개에 이른다. 오늘날 기준으로 보면 장서 10만 권에 이르는 방대한 분량이다.[5] 한동안 이 장서량 확대 문제는 권력 문제만큼이나 이집트 왕들의 관심과 애정을 받았다. 프톨레마이오스 3세는 알렉산드리아로 들여오는 모든 책을 알렉산드리아 도서관에 비치하고, 사본을 만들어 그 사본을 소유자에게 주고 원본은 도서관에 보관하도록 명했다. 또한 그는 아테네에 9만 달러를 맡기고 반환 조건으로 아이스킬로스와 소포클레스, 에우리피데스의 필사본을 빌려 온 후, 원본을 가지고 사본을 돌려보냈으며 맡긴 돈은 벌금으로 가지라고 말했다.[6] 고서에 대한 소유욕이 널리 퍼져 전문적으로 새 사본을 염색하고 부식시켜 원본 수집가에게 골동품으로 파는 이들이 생겨났다.[7]

곧 알렉산드리아 도서관은 중요도 및 관심도에 있어 무세이온의 여타 부분을 무색하게 한다. 도서관장직은 왕의 최고위직 중 하나였고 왕세자 교육이 그 역할에 포함되었다. 이들 도서관장의 이름이 여러 사본으로 전해지는데 사본마다 차이가 있다. 가장 최근 기록[8]에는 처음 여섯 명의 도서관장으로 에페소스의 제노도토스와 로도스의 아폴로니오스, 키레네의 에라토스테네스, 알렉산드리아의 아폴로니오스, 비잔티움의 아리스토파네스, 사모트라케의 아리스타르코스가 언급되어 있다. 이들의 다양한 출신 성분을 통해 헬레니즘 문화의 통일성을 다시 한 번 확인 할 수 있다. 이들만큼 중요한 인물이 시인이자 학자인 칼리마코스인데, 그는 장서를 120개 두루마리 분량의 목록으로 분류했다. 아마도 노예였을 대규모 필경사들이 이전 원본의 부본을 만들고, 수많은 학자들이 집단적으로 장서를 분류하는 모습이 그려진다. 이들 중 어떤 이들은 다양한 분야의 문학과 과학에 대한 역사를 기술하고, 어떤 이들은 걸작들의 결정판을 편집했으며, 또 어떤 이들은 일반인과 후대의 계몽을 위해 원본에 대한 주석서를 작성했다. 비잔티움의 아리스토파네스는 고대 저술의 절과 문장에 머리글자 및 구두점을 적용해 문학에 있어 혁명을 가져왔다. 그리스어 판독을 그렇게 어렵게 만든 강세를 도입한 이도 바로 그였다. 『일리아드』와 『오디세이』의 개정판 작업을 제노도토스가 착수하여 아리스토파네스가 진전시키고 아리스타르코스가 완성함으로써, 현존 판이 확립되고 주석상의 애매함이 개선되었다. 기원전 3세기 말까지 무세이온과 알렉산드리아 도서관 그리고 그 학자들이 철학을 제외한 전 분야에서 알렉산드리아를 헬레니즘 세계의 지적 중심지가 되게 했다.

그 밖의 다른 헬레니즘 도시들에도 도서관이 있었던 것이 분명하다. 오스트리아 고고학자들은 에페소스에서 화려한 시립 도서관 유적을 발굴했고, 카르타고에도 거대한 도서관이 있었는데 이는 스키피오가 침공하면서 불타 버렸다고 전해진다. 그러나 알렉산드리아 도서관에 비견될 수 있는 것은 페르가몬 도서관뿐이었다. 잠시 동안 번영을 누린 이 국가의 계몽 군주들은 프톨레마이오스 왕조의 문화 사업을 부러운 눈으로 바라보았다. 기원전 196년에 에우메네스 2세는 페르가몬 도서관을 세우고 몇몇 그리스 최고 학자들을 초빙한다. 이 도서관의 장서 수는 급속히 늘어나, 기원전 48년의 카이사르에 대한 반란을 진압하면서 불타 버린 알렉산드리아 도서관 일부를 대신하기 위해 안토니우스가 클레오파트라에게 선물했을 당시에는 그 장서 수가 20만여 두루마리에 달했다. 헬레니즘 시대 말기에 이르면, 이 도서관과 아탈리드 왕들의 아티카풍 취향을 통해, 페르가몬은 고전 시대에서 연유하지 않은 말은 순수하지 않은 것으로 여긴 순수 그리스 산문학파의 중심지가 된다. 아티카 산문 최고 명문(名文)을 보존할 수 있었던 것은 이 고전주의자들의 열정 덕분이었다.

이 시대는 무엇보다 지성과 학자들의 시대였다. 저술은 헌신이 아니라 직업이 되었다. 계파와 동인이 형성되었는데, 서로에 대한 평가는 자신과의 친밀도에 반비례하여 이루어졌다. 시인은 시인을 위해 작품을 쓰기 시작해 자연스러움을 잃어 갔고, 학자 또한 학자를 대상으로 저술함으로써 내용상 활력을 잃었다. 분별 있는 이들은 이제 그리스의 창조적 영감이 고갈되고 있으며, 자신들이 할 수 있는 최선은 보다 분방했던 시대의 문학적 성취를 수집하고 보존하고 편집하고 상술하는 것뿐이라고 느꼈다. 이들은 거의 모든 형식에 대해 텍스트 비평과 문학 비평의 방법론을 정립했다. 또한 방대한 현존 사본들 중 최상의 것을 가려내고 사람들의 독서를 안내하려 애썼다. "가장 우수한 책들", "4명의 영웅 시인", "9명의 역사가들", "10명의 서정 시인", "10명의 연설가들" 등에 대한 목록을 만들었다.[9] 위대한 역사가와 과학자에 대한 전기를 기술했다. 이를 위해 당시 이들에 대해 알려진 모든 단편적 자료를 모으고 정리했다. 역사와 문학, 희곡, 과학, 철학 등의 개요를 작성했다.[10] 이러한 "요점 지식" 중 일부는 보존에 도움이 되기도 했지만, 원작을 대신하여 본의 아니게 원본을 말소시키는 결과를 초래하기도 했다. 아티카 그리스어가 동방에 물들어 "혼잡된" 그리스어로 변질되는 당시 풍토를 개탄하여, 헬레니즘 학자들은 사전과 문법서를 편찬하고 알렉산드리아 도서관은 프랑스 아카데미처럼 올바른 고대어 활용을 위한 칙령을 발포했다. 이들의 학구적이고 "개미처럼 끈질긴 노력"이 없었다면, 난파된 그리스에서 겨우 살아남은 "극소량의 보물들"조차 지난 2000년간의 전쟁과 혁명, 대재난을 겪으며 사라지고 말았을 것이다.

2. 유대인의 책들

당시의 온갖 혼란의 와중에도 유대인은 전통적인 학구열을 잃지 않고 당대 문학에 대해 자신의 몫 이상을 감당했다. 성서의 가장 뛰어난 일부 내용이 이 시기에 씌어졌다. 기원전 3세기가 끝날 무렵 한 유대 시인(여류 시인?)은 그 아름다운 『아가(雅歌)』를 노래했다. 여기에는 사포에서 테오크리토스에 이르기까지 모든 그리스 시의 예술성이 담겨 있다. 그러면서도 당시 그리스 작가들에게서는 찾아볼 수 없는 어떤 것, 강렬한 상상력과 심원한 감수성, 영혼뿐 아니라 육체의 사랑도 기꺼이 포용하고 육체 자체를 영혼으로 바꿔 버릴 만큼 강렬한 이상주의자적 헌신 또한 깃들어 있다. 일부는 예루살렘에서, 대부분은 알렉산드리아에서, 또 일부는 지중해 동부 여타 도시에서 헬레니즘 시대 유대인들은 히브리어와 아람어, 그리스어로 『전도서』, 『다니엘서』, 『잠언』과 『시편』의 일부 그리고 대부분의 외경(外經)을 기록했다. 또한 『에스더서』, 『유디트서』 등 편년사나 단편 소설 같은 역사서를 기술하고, 『토비트서』처럼 가족의 삶을 목가적으로 노래한 시를 지었다. 학자(소페림(Soferim))들은 히브리어 글자체를 고대 아시리아 양식에서 오늘날까지 이어져 온 정연한 시리아 양식으로 바꾸었다.[11] 근동의 유대인 대부분이 이제 히브리어 대신 아람어를 사용하게 되자, 학자들은 간략한 아람어 타르굼(Targum)(기원전 6, 5세기 이후 역사적 정황에 따라 유대인들 간에 아람어가 통용되면서 회당에서 히브리어 성서를 낭독한 후 아람어로 통역하게 되고, 이후 구전되던 통역 내용을 아람어로 기록하게 되는데 이를 타르굼이라 함 – 옮긴이)으로 경전을 설명했다. 토라(Torah), 즉 율법을 연구하고 청소년에게 도덕규범을 설명하기 위해 학교가 세워졌다. 이러한 설명, 주석, 예시 등은 세대를 거쳐 교사에게서 학생에게로 전수되었으며, 그 대부분이 이후 세대 탈무드의 자료가 되었다.

기원전 3세기 말 공회의 학자들이 옛 문학을 편집 완료하고 구약 성서의 정경(正經) 구성을 완성한다.[12] 선지자 시대가 종료되고 문자적 영감이 멈추었다는 것이 그들의 판단이었다. 결과적으로 이 시대의 지혜와 아름다움으로 가득한 많은 작품이 신적인 권위를 얻을 기회를 잃고 불행히도 외경으로 분류되어 버렸다.*『에스드라 1, 2서』의 일부 문학적 우수성은 킹 제임스(King James) 성경 번역자들 덕분이다. 그러나 에스드라가 우리엘(Uriel) 천사에게 악한 자가 번성하고 선한 자가 고통을 당하며 이스라엘에 속박당하는 이유를 묻고 천사가 이에 답해 직설적이면서도 간단하게 유한한 사람이 전체를 이해하거나 판단할 수 없다고 하는 감동적인 이야기는 거의 신뢰할 수 없다.

『집회서』는 서문에서 스스로를 두 세대 전 번역자의 조부, 시라크의 아들 예수(Jesus)가 히브리어로 쓴 강화(講話)를 그리스어로 번역한 것이라고 소개한다. 이 요수아 벤 시라크(Joshua ben Sirach)는 학자일 뿐 아니라 세상사에도 관심이 많은 사람이었다. 세상을 두루 여행한 후 그는 정착하여 자기 집을 학교로 개방하고 삶의 지혜를 담은 이 소론들을 학생들에게 가르쳤다.[13] 그는 유대인 부자들을 이방 세계에서 출세하기 위해 신앙을 저버린 자들이라고 비난하고, 곳곳에서 유혹의 눈길을 보내는 창부를 주의하라고 젊은이들에게 경고했으며, 세상의 악과 올무 한가운데서 가장 안전한 안내자는 율법이라고 소개했다. 그러나 그는 금욕주의자는 아니었다. 카시딤과 달리 그는 무해한 쾌락에 호의를 보이고, 신이 허락한 질병은 신만이 고칠 수 있다며 의약을 거부한 신비주의자를 반대했다. 이 책은 경구로 가득하다. 그 내용 중에 가장 유명한 구절은 회초리와 아이를 화해하게 한다. "그의 이야기에는 헤아릴 수 없이 많은 매질이 등장한다."고 르낭(Renan)은 말한다.[14] 참으로 귀중한 책으로『전도서』보다 지혜롭고 친절하다.

---

* 구약 성서의 외경(문자적으로 '감추어진'이라는 뜻)은 영감받지 않았다 하여 구약 성서의 유대인 정경에서 배제되었지만, 로마 가톨릭의 불가타 성경(Vulgate), 즉 성 히에로니무스가 히브리어 및 그리스어 원본 성서를 라틴어로 번역한 성서에는 포함되었다. 주요 구약 성서 외경으로는 『집회서』, 『에스드라 1, 2서』, 『마카비 1, 2서』가 있다. 계시서('드러난'이라는 뜻)들은 신에 의해 계시된 예언을 담고 있다고 주장되는 책들이다. 이런 기록은 기원전 250년경부터 나타나기 시작해 그리스도교 시대에 계속된다. 『에녹서』 같은 일부 계시서는 외경 또는 비(非)정경으로 간주되는 반면, 『계시록』 같은 책들은 정경으로 받아들여진다.

『집회서』제24장에 "지혜는 신의 첫 피조물이며, 태초부터 있었다."라는 말이 나온다. 여기와 『잠언』첫 장에 로고스 교리에 대한 최초의 히브리 형태가 나타나며, 여기서 지혜는 신으로부터 이 세상의 설계를 위임받은 조물주, 즉 중간 매개 신으로 소개된다. 이러한 인격적인 지성으로서의 지혜는 그리스도가 나기 1세기 전 유대 신학의 지배적인 개념이 된다. 이와 더불어 영혼의 영원불멸 개념이 더욱 활발해진다. 기원전 170~66년에 팔레스타인의 몇몇 저자에 의해 씌어진 것이 분명한 『에녹서』에서는 천국의 소망이 필수 불가결한 요소가 되었다. 이 소망이 아니면 악인의 득세와 경건하고 충성스러운 이들의 불행은 더 이상 참을 수 없는 일이었다. 천국에 대한 소망이 없는 삶과 역사는 신이 빠진 사탄의 역사나 마찬가지였던 것이다. 메시아가 와서 지상에 천국을 세우고 덕 있는 사람에게는 죽은 후 영원한 행복으로 보답할 것이다.

안티오코스 4세의 폭압에 전율할 때 『다니엘서』를 통해 한 외침이 일어난다. 기원전 166년경, 신실한 자가 죽음으로 신앙을 지키고 더 강한 적들이 마카비 무리를 진격해 올 때 카시딤의 일원으로 추측되는 한 사람이 네부카드레자르 시대 바빌론의 다니엘이 겪은 고난과 예언을 묘사하여 사람들에게 용기를 북돋워 주려 했다. 이 책의 사본들이 유대인 사이에 은밀히 퍼졌는데, 이 책은 370여 년 전에 안티오코스 치하의 어떤 유대인보다 더한 시련을 이겨 내고 자기 민족이 승리를 거둘 것이라 예언한 한 선지자의 저작으로 발표되었다. 설사 이 세상에서 냉담한 운명에 처할지라도, 덕 있고 신실한 이들은 주(主)가 그들을 영원한 행복의 천국으로 부르고 박해자들은 영원한 지옥으로 내던져 버리는 최후의 심판 때에 보답을 받을 것이다.

현존하는 이 시기 유대인 저술은 대체로 교훈과 교화, 위로를 목적으로 한 신비적이고 공상적인 문학이라 할 수 있다. 이전 시대 유대인에게 있어 삶은 그 자체로 만족스러웠으며, 종교는 이 세상을 벗어나는 것이 아니라 신앙심을 매개로 도덕을 극화시킨 것이었다. 모든 것을 감찰하고 다스리는 권능의 신은 현존 세상에서 선을 상 주고 악을 벌했다. 그런데 바빌론 유수로 이 믿음이 심하게 흔들리고, 성전(聖殿) 재건으로 다시 회복된 후 안티오코스의 폭압으로 다시 허물어졌다. 이제 비관주의가 단단히 자리를 잡았다. 유대인은 불공평한 삶과 그 비극을 그리스인의 저술에서 극적으로 목격했다. 한편 유대인이 천국과 지옥, 선과 악의 투쟁 및 선의 궁극적 승리에 관한 페르시아인의 개념과 조우하자, 절망의 철학으로부터의 탈출구, 이집트에서 알렉산드리아로 이어져 온 불멸 개념, 그리스 신비교에 생명력을 불어넣었던 요소들이 이로부터 생겨나고, 성전과 국가의 온갖 흥망성쇠 중에도 그리스 로마 시대 유대인들에게 위로의 소망을 안겨 주게 된다. 이들 유대인 그리고 이집트인, 페르시아인, 그리스인들로부터 전수된 영원한 상급(賞給)과 형벌이라는 개념이 새롭고 더 강한 신앙으로 승화되어 붕괴 중인 세계를 이길 수 있었다.

3. 메난드로스

이 시대의 다른 예술처럼 희곡도 양적으로 최고의 번영을 누렸다. 모든 도시와 거의 모든 지방 소도시에 극장이 있었다. 어느 때보다 잘 조직된 배우들은 수요가 많았으며 높은 급료를 받고 당대의 도덕 수준을 훨씬 능가하는 삶을 살았다. 극작가들이 계속 비극 작품을 썼지만 우연인지 고상한 취향 때문인지 전통이 망각의 향유(香油)로 이 작품들을 감싸 주었다. 헬레니즘 시대 아테네의 분위기는 오늘날 우리 시대처럼 쾌활하고 경박하며 감상적이고 행복으로 마무리되는 신희극이 주류를 이루었다. 이들도 마찬가지로 단편적으로만 전해진다. 헬레니즘 시대 희극을 번안하거나 개작하여 희곡을 구성한 플라우투스와 테렌티우스의 표절 덕분에 몇 가지 맥 빠진 작품이 전해져 온다. 아리스토파네스를 분기시킨 국가와 영혼에 대한 열의는 문학의 명줄을 단축시킨다 하여 신희극에서 배제되었다. 대개 가정사나 개인사를 주제로 하여 여자가 방종에 빠지고, 그럼에도 불구하고 남자는 결혼을 희구하는 탈선의 궤를 더듬어 간다. 사랑이 무대를 장악한다. 곤궁한 처녀가 무대를 오르내리더니 결국은 영예를 얻고 결혼에 성공하며 막이 내린다. 옛날의 음란함과 외설적인 의상은 사라졌지만, 이야기는 주인공 여배우의 순결함을 간신히 맴돌고 미덕은 오늘날의 일간 신문처럼 아주 왜소한 역할만 수행할 뿐이다. 배우들이 가면을 쓰고 그 가면 수가 제한되어, 희극 작가는 관객들이 언제나 즐겨 공감하는 몇 가지 진부한 인물들, 즉 잔인한 아버지, 인자한 노인, 방탕한 아들, 뜻하지 않게 유산을 상속한 가난한 소녀, 으스대는 군인, 영악한 노예, 아첨꾼, 식객, 의사, 성직자, 철학자, 요리사, 창부, 포주, 뚜쟁이 등에 복잡한 줄거리와 엉뚱한 성격 묘사로 덧칠했다.

기원전 3세기 아테네 풍속 희극의 대가는 필레몬과 메난드로스였다. 필레몬에 대해서는 그 명성 외에 알려진 바가 거의 없다. 아테네인들은 메난드로스보다 그를 더 좋아해 더 많은 상을 수여했다. 그러나 필레몬은 박수 부대를 동원하는 데 탁월한 재주가 있었다. 뇌물과 무관한 후대인들은 이 판정을 역전시켜 왕관을 이제는 뼈만 남은 메난드로스에게 바쳤다. 이 아테네의 콘그리브(Congreve)는 상상력이 풍부한 극작가였던 투리이의 알렉시스의 조카이자 테오프라스토스의 제자였고 에피쿠로스의 친구였다. 그는 이들로부터 희극과 철학, 평정의 비밀을 배웠다. 그는 아리스토텔레스의 이상을 거의 이해했다. 그는 잘생기고 부유했으며 평온하고 사려 깊게 삶을 정관하고 신사답게 즐겼다. 그는 바람기 있는 연인이었으며, 글리케라의 헌신적인 사랑을 그 이름에 불멸성을 덧입혀 줌으로써만 보답했다. 프톨레마이오스 1세가 그를 초빙하자 그는 "필레몬에게는 글리케라가 없다."고 말하며 자기 대신 필레몬을 보낸다. 그로 인해 많은 고통을 당한 글리케라는 왕보다 나은 대우를 받았다는 만족감에 흡족해 했다.[15] 확신하건대 이후 메난드로스는 피라이오스에서 수영을 하다가 쥐가 나 52세의 나이로 죽을 때까지 그녀에게 정성을 다했다.(기원전 292년)[16]

새 시대를 알리듯 그의 첫 희곡은 알렉산드로스가 죽은 다음 해에 발표되었다. 이후 그는 104편의 희극을 발표했는데 그중 여덟 개 작품이 우승을 차지했다. 4000여 행이 대부분 단편적으로만 전해지는데, 1905년 이집트에서 파피루스에 기록된 채 발굴된 작품만은 예외적이다. 여기에는 메난드로스의 명성을 격하시킨 작품「중재자들」의 절반 정도가 포함되어 있다. 이들 희곡의 주제가 그리스 조각과 건축, 도기들처럼 단조롭다고 힐난한다면 쓸데없는 불평에 시간을 허비하는 격이 될 것이다. 기억해야 할 것은 그리스인들은 아이들의 판단 기준인 이야기 자체가 아니라 이야기 전개 방식으로 작품을 평가한다는 것이다. 그리스인들이 메난드로스의 작품에서 즐긴 것은 산뜻하고 세련된 형식과 그의 재치 속에 녹아든 철학이었으며, 일상적인 장면을 너무나 사실적으로 묘사하여 비잔티움의 아리스토파네스는 "오, 메난드로스여. 오, 인생이여. 그대들 중 무엇이 다른 어떤 것을 모방했다고 하는가?"라고 말했다.[17] 메난드로스가 보기에 군인들에게 유린된 세상에서 관대하긴 하지만 관여하지는 않는 관객으로서 인간사를 바라보는 것 외에 달리 남은 것은 없었다. 그는 여인의 허영심과 부덕함에 주목하고 평범한 아내가 축복이라 여겼다.「중재자들」의 행위는 일부분 이중적인 기준을 거절하는 선상에서 진행된다.[18] 그의 한 희곡은 뒤마(Dumas)의「춘희」처럼 유익한 아내와 부끄럽지 않게 결혼하도록 사랑하는 남자 곁을 떠나는 유덕한 창부를 소재로 하고 있다.[19] (사도 바울이 인용한[20]) "악한 사귐은 선한 행실을 더럽힌다."는 구절이나 "양심은 겁쟁이를 가장 용감한 자로 만든다."[21]는 구절처럼 이제는 잠언이 된 구절들이 단편적으로 남아 있다. 일부 사람들은 테렌티우스의 유명한 "나는 인간이며, 내게 있어 인간에 관한 일은 어떤 일도 남의 일 같지 않다."는 말은 메난드로스의 말을 차용한 것이라 생각한다. 이따금 우리는 그의 작품 속에서 "모든 것은 스스로 부패해서 죽음을 초래한다. 상처를 주는 모든 것은 다름 아닌 그 내부에 도사리고 있다."[22]라는 글에서처럼 보석 같은 통찰력과 조우한다. 다음의 대표적인 시구에는 그의 때 이른 죽음이 예언적으로 묘사되어 있다.

신이 사랑하여 일찍 죽은 이 그는 복이 있으니,

태양과 별들, 대양과 화염의 이 엄숙한 장관을 여유롭게 바라본 자는

평온하고 상처입지 않은 마음으로

본향(本郷)을 향해 신속히 돌아간다.

삶이 길든 짧든, 파르메노여,

이보다 더 좋은 일을 분명 보지 못할 것이다.

관람객으로 혹은 결혼 잔치 손님으로 여기 잠깐 머무르며

그 세월을 신속히 지낼수록 더 안전하게 안식처로 돌아갈 것이다.

부족함 없이 어떤 이도 적으로 삼지 않고 건강한 몸으로

귀환할 것이니.

그러나 오랫동안 지체하여

길거리에 지쳐 쓰러지고 나이 들어 오그라들고 원수에 시달리며

삶의 모진 고통 속에 헤맨 이, 그는 불행에 허덕이다가

오랫동안 그를 기다려 온 죽음을 맞는다.[23]

4. 테오크리토스

필레몬이 죽자(기원전 262년) 그리스 희극과 아테네 문학의 상당 부분이 함께 종말을 고했다. 극장은 번성했지만 역사나 학문적으로 보존할 가치가 있는 걸작은 더 이상 나오지 않았다. 옛 희극들, 주로 메난드로스와 필레몬의 희극이 계속 되풀이되고 창작욕은 더욱 시들어 갔다. 기원전 3세기가 끝날 무렵 신희극을 낳았던 쾌활한 사교 정신은 완전히 메말랐고, 아테네에서는 심각한 분위기의 철학 학파가 이를 대신했다. 다른 도시들, 특히 알렉산드리아가 극적인 예술을 이식하려 했지만 실패했다.

위대한 알렉산드리아 도서관과 이에 매료된 학자들에 의해 알렉산드리아 문학이 그 고유한 색조를 드러낸다. 학식 있고 비판적이며 과학과 역사로 무장한 독자들의 취향에 맞춰 책이 편집되었다. 시마저도 그 형태가 현학적으로 바뀌었으며 미묘하고 난해한 경구로 상상력의 빈곤을 메우려 했다. 칼리마코스는 죽은 신에게 죽은 찬가를 바치고, 잠깐 동안 반짝하는 풍자시, 「베레니케의 머리카락」 같은 송덕시, 지리학과 신화

학, 역사 등에서 많은 전승을 빌려 쓴 "유래(由來)"에 대한 교훈시, 문학사상 최초의 연애 소설 등을 썼다. 이 이야기의 영웅 아콘티오스와 키디페는 모두 절세의 미남 미녀였는데, 이들은 첫눈에 서로 사랑에 빠져 돈을 무엇보다 사랑한 부모의 반대에 죽음으로 맞서고, 상처받은 마음으로 거의 죽을 지경에 이르다가 마침내 결혼에 성공해 낭만적인 사랑 이야기를 끝맺는다. 이 이야기는 이후 수많은 시인과 소설가들에게 영감을 주었고 앞으로도 그럴 것이다. 한편 그의 풍자시 중 한편을 통해 칼리마코스가 정통 그리스풍으로 되돌아왔다는 것이 언급되어야겠다.

> 자, 이제 마시고 사랑하자, 데모크라테스여.
> 영원히는 술과 미동(美童)을 즐기지 못 할 터이니.[24]

그의 유일한 경쟁자는 제자인 로도스의 아폴로니오스였다. 이 제자가 스승의 시에 맞서 프톨레마이오스 왕의 총애를 다투게 되자 두 사람은 삶과 글로 서로 경쟁했으며, 이후 아폴로니오스는 로도스로 돌아갔다. 그는 간결함을 선호하는 당시 풍토 속에서 아주 그럴듯한 서사시 「아르고나우티카」를 써 용기를 입증한다. 칼리마코스는 독자가 바로 가까이에서 그 진실성을 확인할 수 있는 풍자시 「과장된 책은 엄청난 악」이라는 풍자시로 이를 물리쳤다. 결국 승리는 아폴로니오스에게 돌아가 그는 선망의 도서관장 직을 맡게 되고, 당대의 몇몇 사람이 그의 서사시를 읽게 한다. 이 시는 여전히 현존하며 메데아의 사랑에 대한 탁월한 심리학적 연구 결과를 담고 있지만 오늘날 학자들의 필독 자료는 아니다.*

통계적으로 전원시가 부상하면 도시 문명은 거의 성장이 저해된다. 이전 시대 그리스인들은 대부분 한때 농장이나 그 인근 지역에 살아 전원생활의 한적한 아름다움뿐 아니라 외롭고 힘든 고충 또한 잘 알고 있었기 때문에 시골의

---

* 베르길리우스는 「아이네이드」에서 형식과 가끔 내용을 차용했으며, 몇 행 자체를 차용하기도 했다.[25]

아름다움에 대해서는 거의 이야기하지 않았다. 프톨레마이오스 시대의 알렉산드리아는 분명 오늘날처럼 무덥고 먼지 뒤덮인 도시여서 이곳 그리스인들은 아름다운 추억과 함께 고향 산야를 회상했다. 이 화려한 도시는 목가적인 전원시를 배양하기에는 안성맞춤인 장소였던 것이다. 기원전 276년경 테오크리토스라는 활기찬 이름을 가진 한 젊은이가 자신감 넘치는 걸음으로 저쪽에서 오고 있었다. 그는 시칠리아에서 생을 시작해 코스에서 삶을 이었고, 히에론 2세의 후원을 바라고 시라쿠사로 돌아왔지만 뜻을 이루지 못했다. 그러나 그는 시칠리아와 그 산야, 해변과 만(灣)에 펼쳐진 아름다움을 결코 잊을 수 없었다. 그는 알렉산드리아로 가 프톨레마이오스 2세를 위해 송덕시를 짓고 잠시 동안 궁정의 은혜를 입었다. 몇 년 동안 그는 왕족과 학문에 묻혀 살았던 것 같다. 그의 감미로운 시골풍 분위기는 닳고 닳은 도시인들에게 아주 인기를 끌었다. 그의 「프락시노아」는 알렉산드리아의 혼잡한 거리를 다음과 같이 노래한다.

> 오 하늘이여. 저 혼잡한 군중을 보라!
> 얼마나 비집고 어디까지 헤쳐 나가야 할지.
> 이 혼란한 무리에 비하면 개미 떼는 아무것도 아니구나.
> 오 그대 고르곤이여, 보라! 우리가 무엇을 할 수 있을지?
> 왕실 기병들이여! 우리를 몰아붙이지 마라!
> 에우노아여, 멀리 길을 비켜서라![26]

시칠리아의 시심과 추억에 젖은 영혼이 이런 환경 속에서 어떻게 행복할 수 있었겠는가? 그는 빵을 위해 왕을 찬양했지만, 그 영혼은 아마도 코스였을 고향 섬에 대한 상상으로 배를 채웠다. 그는 햇빛 드리운 바다를 배경으로 초목 우거진 언덕에서 한가로이 가축을 돌보는 목동이 부러웠다. 그는 이런 분위기에서 전원시 「작은 그림」을 완성했으며, 이 시는 오늘날에도 시골의 절경 또는 시적인 설화를 함축적으로 전달해 준다. 테오크리토스가 남긴 서른두 개의 단편 중 전원시는 열 편뿐이다. 그러나 이들 모든 작품에는 시골의 흔적이 반쯤 새겨져 있다. 마침내 자연이 단순히 여신으로서가 아니라 살아 숨 쉬는 사랑스러운 실체로서 그리스 문학에 들어선 것이다. 이처럼 다정스레 은밀한 유대감을 전달하며 바위와 개울, 바다와 땅 그리고 하늘에 대한 애정 어린 감사로 영혼을 격동시킨 그리스 문학은 일찍이 없었다.

그러나 또 다른 주제가 테오크리토스의 가슴 더 깊은 곳에 자리 잡게 되는데 낭만적인 사랑이 그것이다. 그는 여전히 그리스인이어서 동성애적인 우정에 두 편의 서정시를 바치고 생동감 넘치는 감수성으로 헤라클레스와 힐라스의 이야기를 노래한다. 여기서 거인은 "사나운 사자를 물리치고, 한 젊은이를 사랑하여 아버지처럼 선량하고 유능한 남자로 만들기 위해 모든 것을 가르친다. 그는 언제나 이 젊은이를 버려두지 않고 정성을 다해 건강한 동료가 될 때까지 다듬어 간다." 더욱 유명한 전원시에서 그는 파이프로 노래를 너무나 멋지게 연주해 전설적인 목자의 시의 창안자가 된 시칠리아 목동 다프니스에 대한 스테시코로스의 이야기를 읊조린다. 한동안 다프니스는 가축 떼를 바라보며 사랑 놀음을 부러워한다. 첫 털 한 가닥이 그 입술에 싹트자 요정 님프가 그와 사랑에 빠져 그녀의 짝으로 삼는다. 사랑의 대가로 님프는 다른 여자를 절대 사랑하지 말라는 맹세를 하게 한다. 그는 최선을 다해 맹세를 지켰지만 한 왕녀가 그의 젊음에 반해 들판에서 사랑을 나누면서 맹세가 깨지고 만다. 이를 지켜본 아프로디테는 다프니스를 짝사랑에 빠뜨려 님프를 대신해 복수한다. 죽음을 맞이하면서 그는 잊을 수 없는 후렴구를 내레이터가 노래하는 가운데 목신 판(Pan)에게 파이프를 물려준다.

"이리 가까이 오시오. 그대에게 이 멋진 파이프를 주겠소.

꿀같이 달콤한 호흡이 아직도 밀랍에 묻어 있고

삼실로 입술 부분을 동여맨 이 파이프를.

사랑이 다가와 죽음의 문턱까지 나를 잡아끌었기 때문이라오."

뮤즈가 멈춘다. 전원의 시를 멈춘다.

"노간주나무에 찔레꽃과 엉겅퀴꽃이,

제비꽃과 멋진 수선화꽃이 피는구나. 모든 것이 어그러지는구나.

소나무에 배가 열리는구나. 다프니스가 죽기 때문에.

수사슴이 사냥개를 쫓고, 언덕에서

올빼미가 날카로운 소리로 나이팅게일을 내쫓는구나."

뮤즈가 멈춘다. 전원의 시를 멈춘다.

그리고 그는 아무 말이 없었다. 그리고 아프로디테가

그를 일으키려 했다. 그러나 운명이

그의 명줄을 잡아끌었다. 그렇게 다프니스는 아래로

내려갔다. 소용돌이가 그의 머리를

모든 뮤즈가 사랑했던 그의 머리를 덮었다.

그로부터 님프를 떼어 놓을 수가 없었다.

뮤즈가 멈춘다. 전원의 시를 멈춘다.[27]

두 번째 전원시가 더욱 격렬한 곡조로 사랑을 노래한다. 델피스의 유혹에 넘어간 후 버림받은 시라쿠사의 처녀 시마이타가 마법으로 그의 사랑을 얻으려 하지만 실패하고 독살을 마음먹는다. 별빛 아래에서 그녀는 달의 여신 셀레네에게 얼마나 뜨거운 질투심으로 델피스가 동료들과 걸어가는 것을 보았는지 말한다.

우리는 리콘이 사는 곳 중간쯤에 채 이르지 않았습니다.

내가 바라봤을 때 델피스는 에우다니포스와 걸어가고 있었습니다.

젊은이들은 노란 담쟁이덩굴보다 더 혈색 좋은 얼굴을 하고서

예, 그들 마음은 오 셀레네여, 당신보다 훨씬 밝게 빛나고 있었습니다.

레슬링 선수들이 막 승리를 거두고 개선하는 것처럼 말입니다.

내 사랑을 돌아보아 주십시오. 내 사랑이 어디서 왔는지를. 오 나의 셀레네여.

나는 보았습니다. 내가 얼마나 정염에 불타고 화염이 내 가슴을 휘감아

사랑에 빠진 내 가슴을 불태웠는지! 내 아름다움은 시들어 갔고 스쳐 지나가

더 이상 그 화려함을 찾아볼 수가 없었습니다. 내가 어떻게 집으로 돌아왔는지도.

나는 알았습니다. 무시무시한 독이, 뼈를 말리는 질병이 나를 파멸시켰다는 것을.

열흘 밤낮을 나는 괴로움 속에서 침대에 누워 있었습니다.

내 사랑을 돌아보아 주십시오. 내 사랑이 어디서 왔는지를. 오 나의 셀레네여.

청순한 내 육체는 자주 그렇게 염색에 쓰는 나무처럼 노랗게 시들어 갔습니다.

예, 내 머리칼은 다 빠져 한때 내 전부였던 것이 사라지고

피골만 남았습니다. 내가 누구에게 갈 수 있었을까요?

쭈그렁 할멈이 사랑의 마법을 노래하는 그 길을 좇지 않고서.

아무 위로도 없이 시간은 그렇게 빨리 지나갔습니다.

내 사랑을 돌아보아 주십시오. 내 사랑이 어디서 왔는지를. 오 나의 셀레네여.

세 번째 전원시는 우리를 님프 아마릴리스와 그 말할 수 없는 매력으로 인도한다. 그리고 네 번째는 목동 코리돈에게로, 일곱 번째는 베르길리우스에서 테니슨(Tennyson)에 이르기까지 이후 수많은 시인의 영감을 자극했던 그 염소지기 리키다스에게로 인도한다. 이들 이상적인 전원시는 더없이 아름다운 그리스를 노래한다. 이들 중 어떤 것도 호메로스보다 더 사랑스럽게 6보격 시를 노래할 수 있다. 그러나 우리는 이 시들의 애처로우면서도 쾌활한 가락에 빠져들 때, 이 훌륭한 선물을 꽤 괜찮은 관습으로 이해하는 법을 배워야 한다. 테오크리토스는 그들의 옷 냄새와 이따금씩의 외설스러운 생각으로 그 사실성을 더

해 준다. 풍부한 해학으로 그들의 감성이 살아나고 살아 숨 쉬는 인간의 모습을 띠게 된다. 대체로 테오크리토스의 시는 에우리피데스 이후 가장 완벽한 그리스 시이며, 삶의 숨결이 배어 있는 유일하게 현존하는 헬레니즘 시대 시이다.

5. 폴리비오스

헬레니즘 시대 시 부문에 위대한 시인이 한 명밖에 없었다면, 이 시대 산문에 있어서는 전례 없이 엄청난 양의 다양한 작품이 쏟아져 나왔다. 가상 속의 대화와 수필, 백과사전에 대한 창작열이 고조되었다. 간결하면서도 활기에 넘친 전기 저술 전통이 명맥을 이었다. 그리스 문학에 추가된 훈시와 소설 형식이 로마 시대까지 계속되었다. 이 시대에 수사(修辭) 형식은 쇠퇴하고 있었는데, 이는 정치와 법정 소송, 언론의 자유가 보장되는 민주주의 전통에서만 그 기능이 제대로 발휘되기 때문이었다. 서한이 의사 전달과 문학의 애호 수단이 되어 키케로와 오늘날 손윗사람에게 존경을 표하는 그 유명한 서한 인사말 "Hoping that this finds you as well as it leaves me.(잘 지내시리라 믿습니다.)"에서도 찾아볼 수 있는 서한체 형식과 어법이 수립되었다.[28]

역사 편찬이 번성했다. 프톨레마이오스 1세와 아카이아의 아라토스, 에피로스의 피로스는 자신들의 원정기를 저술하여 카이사르에서 그 정점에 이르는 전통을 수립했다. 이집트 대제사장 마네토는 그리스어로 『이집트 연대기』를 저술했다. 여기서 그는 당시까지의 이집트 왕조 전 파라오를 하나의 계통으로 분류했는데 다소 일방적이라는 비판을 피할 수 없다. 칼데아의 대제사장 베로소스는 쐐기 문자 기록에 근거하여 바빌론 역사를 저술해 안티오코스 1세에게 헌정했다. 셀레우코스 1세가 찬드라굽타 마우리아에게 파견한 메가스테네스는 기원전 300년경 인도에 관한 책으로 그리스 세계를 놀라게 했다. 여기에는 "브라만 중에는 신은 말씀이라 주장하는 철학 분파가 있는데, 이들이 뜻하는 바는 논리 정연한 말이 아니라 이치에 대한 담화라는 것이다."라는 의미 있는 구절이 있다.[29] 여기에는 또한 그리스도교 신학에 그 흔적을 남기게 될 로고스 교리도 있었다. 아가토클레스에 의해 시칠리아에서 추방된(기원전 317년) 타우로메니움(타오르미나)의 티마이오스는 스페인과 갈리아 지방을 널리 여행한 후 아테네에 정착해 시칠리아와 서방의 역사를 저술했다. 그는 근면한 학자여서 경쟁자들이 "늙은 넝마주이"[30]라고 부를 만큼 열성적으로 가능한 한 모든 자료를 수집하려 애썼다. 그는 정확한 연표 작성에 심혈을 기울였으며, 올림피아 기(紀) 사건 연대 기술법을 착안했다. 그는 선배들을 혹심하게 비판했는데, 폴리비오스가 그의 저작을 잔인하게 공격하기 전에 죽은 것은 참으로 다행이었다.[31]

헬레니즘 시대 가장 위대한 역사가이며 헤로도토스, 투키디데스와 함께 삼두마차를 이룰 만한 유일한 그리스인이 아르카디아의 메갈로폴리스에서 태어났다.(기원전 208년) 그의 아버지 리코르타스는 아카이아 동맹의 핵심 인물로서 기원전 189년에 로마에 사절로 파견되고 기원전 184년에는 사령관에 임명되었다. 이 소년은 정치적인 분위기 속에서 성장했고 필로포이멘 휘하 병사로 배속되어 훈련받았으며, 소아시아에서 대(對)갈리아 로마 원정대에 소속되어 참전하고 이집트 사절단으로 아버지와 동행했으며(기원전 181년), 기원전 169년에는 동맹의 기병 대장이 되었다.[32] 그의 걸출한 경력에는 사유가 있었다. 페르세우스를 지지한 대가로 동맹을 토벌한 후 로마는 수많은 유력 아카이아인을 볼모로 잡아 로마로 이송해 갔는데, 폴리비오스도 그들 중에 포함되었다.(기원전 167년) 16년간의 망명 생활 중에 그는 가끔 "완전히 망연자실한 상태"에 빠졌다고 토로한다.[33] 그러나 나이가 그보다 젊은 스키피오가 그를 아껴 로마 식자층 내 스키피오 집단에 소개해 주고, 이탈리아 전역의 다른 망명자들이 축출될 때 원로원을 설득해 로마에서 자기와 함께 거주하도록 배려했다. 그는 스키피오와 함께 많은 원정에 참전하고 귀중한 군사적 조언을 해 주었으며, 그를 위해 스페인과 아프리카 연안을 탐사하고 카르타고가 불탈 때 그와 함께 있었다.(기원전 146년) 기원전 151년에 그는 자유를 얻고, 기원전 149년에 그리스 도시들과 멀리 떨어진 지배자 로마 원로원 간의 잠정협정 체결에 로마 대표로 관여하게 된다. 여러 도시가 기념비를 세워 그를 기린 것으로 보아 그는 이 달갑지 않은 과업을 잘 수행했음에 틀림없다. 비록 어느 시점에 인간의 감사가 느껴지는지는 어느 누구도 말할 수 없지만 말이다. 60여 년간의 활동을 마감한 그는 은퇴하여 『병법론』, 『필로포이멘의 생애』, 그리고 수많은 역사서를 저술한다. 그는 사냥에서 돌아오던 중 82세를 일기로 신사답게 낙마로 인해 죽음을 맞이한다.

어떤 사람도 그만큼 폭넓은 학식과 여행, 경험을 바탕으로 역사를 기술하지 못했다. 그의 저작은 그 규모가 참으로 웅대해 그리스뿐 아니라 기원전 221년에서 146년까지의 "전 세계"(즉 지중해 국가) 역사를 아우른다. "내가 꿈꾸는 계획은 그러하지만, 이를 실행할 수 있는 것은 오로지 운명이 내게 충분한 생애를 허락했기 때문이다."[34] 그는 자신이 다룬 정치사의 중심이 로마에 있음을 정확하게 파악했다. 그는 로마를 사건의 중심으로 삼고 영국은 예외 경우로 하고, 로마가 지중해 세계를 지배한 방식을 외교가적 자질로 연구함으로써 그의 저작에 통일성을 부여했다.[35] 그는 로마를 열렬히 흠모했는데, 그 이유는 그가 목격한 로마는 바로 가장 위대했던 시기의 로마였으며, 친분을 가졌던 이들 또한 스키피오 집단 내의 최고 로마인들이었기 때문이다. 그가 느끼기에 로마인에게는 그리스인의 성격과 통치 형태에 치명적으로 빠져 있던 바로 그 요소가 있었다. 자신이 귀족이었고 귀족들의 도움을 입었던 그는 스스로 보기에 단순한 패거리 정치에 지나지 않은 후기 단계의 그리스 민주주의에는 일말의 동정심도 느끼지 않았다. 그에게 있어 정치사는 군주정(또는 참주정), 귀족정, 과두정, 민주정 그리고 다시 군주정으로의 순환 체계로 비쳤다. 이 순환 체계에 대한 최선의 대안으로 그는 리쿠르고스나 로마 같은 "혼합 정체", 즉 제한된 공민권을 가진 시민이 자신의 통치자를 선출하지만 영속적이고 귀족적인 원로원의 감독을 받는 체제를 생각했다.[36] 그가 당대사를 기술한 것은 바로 이런 관점에서였다.

폴리비오스는 자신이 다룬 주제뿐 아니라 방법론에도 관심을 기울인 "역사가 중의 역사가"이다. 그는 자신의 방법론을 얘기하기를 좋아했고 기회 있을 때마다 이를 철학적으로 궁리했다. 그는 자신이 갖춘 요건을 역사가로서의 자질로 아주 이상적이라 여겼다. 역사는 사건을 목격하거나 목격한 이로부터 직접 들은 자들에 의해 씌어져야 한다고 그는 주장한다. 그는 눈보다 귀에 더 의지했다 하여 티마이오스를 비난하고 자료와 문서, 지리적 정확성을 찾아 나선 자신의 여정을 자랑스럽게 이야기한다. 스페인에서 이탈리아로 돌아오면서 한니발이 지났던 바로 그 길을 따라 알프스를 넘었으며, 한니발이 브루티움에 남긴 비문을 확인하기 위해 바로 그 현장에 내려갔다는 것이다.[37] 그는 "저술의 규모와 그 포괄성"이 허용하는 한 정확하게 역사를 기술하기로 다짐한다.[38] 우리가 아는 한 이 부분에 있어 그는 투키디데스를 제외하고는 어느 누구보다 뛰어난 성과를 거두었다. 그에 의하면 역사가는 정치적 수완 및 정치, 전쟁의 실제 과정에 정통하여 세상사에 관심이 많은 사람이어야 한다. 그렇지 않으면 국가의 행동 양식이나 역사의 경로를 절대 이해할 수 없을 것이기 때문이다.[39] 그는 현실주의자이며 합리주의자여서 외교가의 어투로 정치의 실제 동기를 예리하게 간파한다. 그는 사람들이 별도로든 전체적으로든, 심지어 반복되는 똑같은 속임수에 의해서든 얼마나 쉽게 속아 넘어가는지 흥미진진하게 관찰한다.[40] "선한 것은 유리한 것과 절대 같이 일어나지 않으며, 양자가 결합되고 서로에게 적응할 수 있는 것들은 거의 없다."[41]라는 유쾌하지 못한 경구는 마키아벨리(Machiavelli)의 통찰력을 예감하게 한다. 그는 신의 섭리라는 스토아 신학을 받아들이지만, 당대 민중 종교에 대해서는 동정심만 보이고 초자연적 힘의 개입 이야기에도 미소만 짓는다.[42] 그는 역사에 있어서의 우연적 요소와 위인의 뜻하지 않은 역할을 인정하지만,[43] 사실적이고 대개의 경우 비인격적인 인과 관계를 여실히 드러내 역사가 현재와 미래를 이해하는 등불이 될 수 있도록 애쓴다.[44] "행동을 교정하기 위해 과거에 대한 지식만큼 유용한 것은 없다.",

"활발한 정치 활동을 위해 가장 건전한 교육과 훈련은 역사 연구다."[45], "실제 위험에 노출되지 않고 위기나 정세에 대해 원숙한 판단력과 올바른 관점을 가질 수 있도록 하는 것이 바로 역사며 또한 역사밖에 없다."[46] 그는 가장 훌륭한 역사 연구 방법론은 국가를 유기적 통일체로 보고 각 부분을 전체 역사 안에서 직조하는 것이라 생각한다. "내가 보기에, 제각기 분리된 개별 역사를 연구함으로써 역사 전체에 대한 올바른 관점을 얻을 수 있다고 믿는 자는 한때 살아 숨 쉬며 아름다움을 뽐냈던 동물의 잘린 다리를 보고 그 피조물 자체를 목격한 자들만큼 그 행동과 자태를 잘 이해할 수 있다고 상상하는 이들과 같다."[47]

폴리비오스의 『역사』는 총 마흔 권으로 구성되어 있다. 현재는 이 중 다섯 권만 남아 있으며, 기타 부분은 요약자들에 의해 단편적으로 상당 부분 전해 오고 있다. 퇴락한 그리스어와 기타 역사가들의 성마른 비평으로 인해, 그리고 거의 전적으로 전쟁과 정쟁에 몰두하고 전 지중해 국가의 역사를 올림피아 기에 따라 4년 주기로 불합리하게 구분 지어 이야기 흐름을 짜증스러울 정도로 본론에서 벗어나게 하고 까닭 없이 단절시키는 등과 같은 이유로 이 저작의 광대한 구상이 손상된 점은 참으로 유감스러운 일이다. 한니발의 침공 이야기에서처럼 가끔 폴리비오스는 사실을 극적이고 웅변적으로 묘사하긴 했지만, 직전 선배들 간에 유행했던 화려한 미사여구에 강하게 반발해 그 명성을 평가 절하했다.[48] 한 고대 비평가는 "아무도 그의 저작을 다 읽어 낼 수 없다."고 말했다.[49] 세계는 그를 거의 잊었지만 역사가들만은 그를 오랫동안 연구해야 할 것이다. 그는 역사 편찬에 있어 가장 위대한 이론가이자 창시자 가운데 한 명이었으며, 폭넓은 관점으로 과감하게 "보편사"를 기술하였을 뿐 아니라, 무엇보다 해석을 거치지 않은 단순한 사실, 현재와 관련되지 않고 현재를 비추지 않는 과거는 무의미하다는 것을 이해했기 때문이다.

27장 확산되는 예술

1. 여러 양상들

그리스 문명에서 가장 쇠퇴가 더딘 분야는 예술이었다. 헬레니즘 시대가 그 풍요로움과 독창성에 있어 다른 시대와 구별되는 것은 바로 여기에 있다. 확실히 일부 예술은 전혀 퇴보하지 않았다. 나무와 상아, 금은 등을 능숙하게 다룬 공예가들이 확장된 그리스 세계 구석구석으로 퍼져 나갔다. 보석과 경화(硬貨) 세공 기술이 이제 정점에 달했다. 동방으로는 멀리 박트리아까지 그리스화된 왕들이 예술을 아낌없이 후원했고, 서방에서는 히에론 2세의 데카드라크마가 화폐사(史)상 가장 멋진 경화로 자리를 굳혔다. 알렉산드리아는 금 세공인과 은 세공인으로 유명하여 그 예술성은 시인의 흠잡을 데 없이 세련된 양식에 비견되었다. 유채색 돌을새김에 새겨 넣은 보석과 조가비, 청록 빛 파양스 도자기, 절묘하게 유약이 칠해진 도기, 섬세한 디자인의 다채색 유리 등이 이 시대 예술의 탁월함을 잘 표현해 준다. 알렉산드리아에서 제작되었을 포틀랜드 화병은 이 시대 최고의 예술품으로 푸른빛 유리에 유백색 유리를 덧입혀 우아하게 새긴 모습은 고대판 걸작 조시아 웨지우드 도자기라 말할 수 있겠다.*

음악은 모든 계층의 사람들에게 여전히 인기가 있었다. 규모와 양식이 참신하고 세련되게 발전하고,[1] 일시적 불협화음이 화성에 추가되었다. 악기와 구성이 더욱 복잡해졌다.[2] 기원전 240년경에 알렉산드리아에서 옛 "목신(牧神) 판(Pan)의 파이프"가 청동 파이프 오르간으로 진화하고, 기원전 175년경에는 크테시비오스가 이를 다시 물과 공기를 이용해 연주하는 오르간으로 개량해 연주자가 보다 폭넓은 음역을 연주할 수 있도록 했다. 그 구조에 대해 알려진 바는 없지만, 로마 시대 이 악기가 그리스도교 및 현대의 오르간으로 얼마나 신속히 발전해 갔는지 알 수 있다.[3] 악기가 관현악과 결합되고, 순전히 악기로만 가끔 5악장까지 연주하는 반(半)교향곡이 알렉산드리아와 아테네, 시라쿠사의 극장에서 연주되었다.[4] 걸출한 직업 예술가들이 이름을 떨치고 수입에 걸맞은 사회적 명성을 누렸다. 기원전 318년경에 아리스토텔레스의 제자인 타라스의 아리스토크세노스가 「화성학」이라는 소론을 썼는데 이는 음악 이론의 고전이 되었다. 아리스토크세노스는 매우 진지한 성격의 인물이었으며, 대부분의 철학자들처럼 당대의 음악을 좋아하지 않았다. 아테나이오스는 이후 세대에 계속 회자된 다음 말로 그를 묘사한다. "우리 또한, 극장이 아주 저열해지고 음악이 완전히 황폐하고 저속해져, 몇 안 되는 우리는 홀로 앉아 음악이 어떠했는지 회상한다."[5]

역사의 흐름에 무차별적으로 초토화되어 헬레니즘 시대 건축은 별 인상을 주지 못한다. 그러나 문학과 유적을 통해 그리스 건축술이 이 시기에 박트리아에서 스페인에 이르기까지 끼친 영향을 짐작할 수 있다. 그리스와 동방이 서로 영향을 주어 양식이 혼

---

* 이 도자기는 로마에서 사들인 포틀랜드 공작의 이름에서 유래하며, 현재 영국 박물관에 소장되어 있다.

합되었다. 주랑과 처마 도리가 아시아 내지로 침입하고, 아치와 둥근 천장, 돔 형식이 서방으로 스며들었다. 세련됨과 화려함을 애호한 시대에 도리스 양식은 너무 완고하고 경직된 것처럼 보였다. 따라서 도리스 양식은 각 도시에 토대를 마련해 주고 화려한 코린토스 양식이 그 절정을 구가했다. 예술의 세속화가 정부와 법률, 도덕, 문학, 철학 등의 세속화와 보조를 같이했다. 주랑 및 주랑 현관, 시장, 법정, 회의실, 도서관, 극장, 체육관, 목욕장 등이 신전을 밀어내고, 왕궁 및 별궁이 그리스 예술과 장식에 새 돌파구를 제공했다. 개인 집의 실내는 그림과 조각상으로 꾸며지고 벽은 돋을새김으로 장식되었다. 정원은 더욱 화려해진 집들로 둘러싸였다. 왕을 위해 공원과 정원, 호수, 누각이 수도에 세워졌으며 대개 공공의 목적으로 개방되었다. 도시 설계가 건축술과 나란히 발전했다. 도로가 히포다모스의 직사각 도면상에 그려졌으며, 주도로는 그 폭이 9미터에 이르러 말과 마차가 지배한 시대로서는 상당히 넓었다. 스미르나가 포장도로를 자랑했지만,[6] 대부분의 헬레니즘 시대 도로는 아마도 진창이어서 진흙의 온갖 흥망성쇠가 아로새겨져 있었다.

과거 어느 시대보다 세련된 건축물이 세워졌다. 기원전 2세기에 아테네 올림피아 신전에 코린토스식 기둥이 높이 세워졌는데, 광대한 건축물의 원형이며 아테네에서 가장 웅장한 이 구조물은 로마 건축가 코수티우스의 작품이다. 대개 로마가 그리스 예술가의 도움을 입은 것과 반대되는 유별난 경우다. 리비우스는 올림포스 산의 이 제우스 신전을 자신이 목격한 것들 가운데 신 중의 신이 거처로 삼을 만한 유일한 건축물이라고 말했다.[7] 여기 세워진 열여섯 개의 원기둥은 현존하는 가장 아름다운 코린토스식 구조물이다. 아테네인의 죽어 가는 신앙심과 필론의 천재성을 통해 엘레우시스에 장엄한 엘레우시스 제전용 신전이 완공되었는데, 이는 페리클레스가 미케네 시대에 이미 신성시되었던 이 옛터에 건축하기 시작한 일이었다. 일부만 남아 있지만 이들 중 몇몇은 당시 최고 수준의 그리스 예술과 조각의 정수를 보여 준다. 델로스에서 프랑스인에 의해 아폴론 신전의 터가 발굴되고, 한때 교역이나 그리스 및 외래 신들에 바쳐진 건축물로 붐볐던 도시가 그 모습을 드러냈다. 시라쿠사에서는 히에론 2세가 인상적인 건축물을 수없이 세우고, 오늘날에도 남아 있는 극장을 복원 및 개축했다. 현재도 초석에 새겨진 그의 이름을 확인할 수 있다. 이집트에서는 프톨레마이오스 왕들이 아름다움으로 도시의 명성을 드높인 건축물들로 알렉산드리아를 화려하게 장식했지만, 애석하게도 현재는 그 흔적을 찾아볼 수 없다. 프톨레마이오스 3세는 에드푸에 그리스인이 거주한 동안 가장 웅장한 건축물이었던 신전을 세웠고, 그 후계자들은 필라에에 이시스 신전을 세우거나 다시 세웠다. 이오니아에서는 밀레토스와 프리에네, 마그네시아 등지에 새 신전이 세워졌다. 기원전 300년경에 에페소스에 아르테미스 제3신전이 완공되었다. 건축가 파이오니오스와 다프니스가 아폴론을 기려 밀레토스 근처 디디마에 더욱 광대한 신전을 세웠는데, 장려한 이오니아식 원기둥 일부가 여전히 남아 있다.(기원전 332년~서기 41년) 페르가몬에서는 에우메네스 2세가 수많은 거대 건축물들 가운데서도 특히 제우스의 제단을 세워 그리스인들 사이에 널리 회자되게 했는데, 이 제단은 1878년 독일인이 발굴하고 정교하게 복원해 베를린에 있는 페르가몬 박물관에 안치했다. 주랑이 장엄하게 늘어선 안뜰까지 두 개의 주랑 현관 사이로 층계가 위엄 있게 펼쳐진다. 40미터 길이의 기반을 둘러 조각된 소벽(小壁)은 기원전 4세기 영묘(靈廟)와 기원전 5세기 파르테논의 그것처럼 이 시기 최고의 걸작이다. 그리스 역사상 이전에 이렇게 멋지게 꾸며진 적이 없었으며, 시민의 열정과 예술가의 기교에 의해 이처럼 많은 군상이 이토록 화려하게 장식된 적이 결코 없었다.

2. 그림

그림은 대개 문명의 마지막 원숙기에 등장한다. 문화의 초기 단계에는 종교적인 건축물이나 조각상이 우세하고, 그림은 사생활과 사유 재산이 어느 정도 형성되어 집안을 꾸미고 이름을 기념할 수 있을 때만 독립성을 보장받는다. 민주주의의 사멸로 국가 개념이 약화되자 개인은 위안을 찾아 가정으로 돌아왔다. 부자들은 거처를 호화롭게 단장하고 예술가에게 높은 대가를 지불하면서 분수를 장식하고 벽을 치장했다. 알렉산드리아에서는 유리에 유화를 그리는 기법이 벽 장식의 한 형태로 활용되었다. 헬레니즘 시대 모든 도시에는 이런 용도의 이동식 목재판이 갖추어져 있었다. 왕족 및 권력자들은 착탈식 대리석판에 그려진 거대한 그림을 선호했다. 파우사니아스는 그리스 여행 중에 목격한 방대한 분량의 그림에 대해 묘사하고 있지만, 이 번성했던 예술은 일부만 그 흔적이 도기나 돌에 흐릿하게 남아 있을 뿐 어떤 작품도 시간을 거스르며 남아 있지 않다. 현재는 폼페이와 헤르쿨라네움, 로마에서 발견되는 활기 없고 평범한 모작을 통해서만 그 탁월한 예술성을 추측할 수 있을 뿐이다.

그리스는 화가들을 조각가와 건축가만큼이나 높이 아니 그보다 더 높은 반열에 올려놓고, 이들에게 엄청난 보수를 지불하며 애정 어린 마음으로 그 삶에 대해 이야기했다. 에페소스의 크테시클레스는 스트라토니케 왕비의 은혜를 바랐지만 실패하고 어부와 함께 뛰노는 그림을 그려 전시한 후 도망쳤다. "그림 속의 두 모습이 너무나 멋있게 표현되어" 스트라토니케는 그를 용서하고 귀환을 허락했다.[8] 시키온을 점령한 아라토스는 이전 권력자들의 모든 초상을 폐기하라고 명령했는데, 그중 멜란토스(기원전 4세기 화가)가 그린 전차 옆에 서 있는 아르케스트라토스의 초상이 너무나 사실적이어서 예술가 네아클레스가 그 그림은 남겨 둘 것을 아라토스에게 간청했고, 아라토스는 아르케스트라토스의 초상을 보다 덜 공격적인 모습으로 바꾼다는 조건으로 이를 승낙했다.[9] 스트라본에 의하면 프로토게네스는 자고새와 함께한 사티로스를 그렸는데 그 모습이 너무나 사실적이어서 진짜 자고새가 찾아들었으며, 결국 화가는 사람들이 자신의 사티로스를 제대로 감상할 수 있도록 새를 지워 버렸다고 한다.[10] 플리니우스에 의하면 이 프로토게네스는 자신의 가장 유명한 작품 「이알리소스」(로도스에 있는 동명의 도시를 세운 자로 추정됨)를 네 겹으로 덧칠했는데, 시간이 흘러 제일 위층이 벗겨져도 그 색깔이 여전히 생동감 넘치고 선명했다고 한다. 그는 이 그림을 그리면서 이알리소스의 개의 입에서 떨어지는 거품을 실감나게 표현하지 못하는 데 화가 나 자제력을 잃고 들고 있던 스펀지를 던져 그림을 부숴 버리려 했는데, 마침 그 스펀지가 제자리에 맞아 헐떡이는 사냥개의 거품과 놀랍도록 유사한 얼룩이 생겼다. 데메트리오스 폴리오케테스가 로도스를 포위 공격할 때 그는 이 그림이 유실되지 않도록 도시를 불태우지 못하게 했다. 포위 공격 시 프로토게네스는 마케도니아군이 진격하는 바로 그 자리의 자기 작업장에서 그림을 그리고 있었다. 데메트리오스가 그를 불러 왜 다른 사람들처럼 도시 성벽 안으로 피신하지 않았느냐고 물었을 때, 프로토게네스는 "당신이 싸우는 상대는 로도스인이지 예술이 아니라고 생각했기 때문"이라고 대답했다. 왕은 경호대에 명해 그를 보호하게 하고 이 예술가의 작업을 감상하느라 공격을 소홀히 했다.[11]

헬레니즘 시대 화가들은 투시법과 원근법, 명암, 배치 등의 기교를 알고 있었다. 풍경을 배경과 장식으로만 활용하고 (폼페이의 모작이 보여 주듯이) 생명력 없고 상투적인 방식으로 표현하긴 했지만, 그들은 최소한 자연의 존재를 이해했으며 테오크리토스가 시에 도입하고 있던 바로 그때 예술에 끌어들이고 있었다. 그러나 그들은 인간과 그 활동에 너무 관심을 많이 쏟아 나무와 꽃에 눈길을 던질 여유를 갖지 못했다. 선배들은 신과 부자들만 화폭에 담았다. 헬레니즘 시대 예술가들은 인간과 관련된 것에 매료되었고, 추한 대상도 아름다운 그림이나 그렇지 않으면 적어도 상당한 보수를 만들 수 있음을 알았다. 그들은 일상사에 관심을 돌려 네델란드의 풍취를 담아 예술로 승화시켰다. 그들은 이발사와 구두장이, 창녀, 침모, 당나귀, 불구자나 독특한 동물을 즐겨 그렸다. 또한 그들은 이러한 장르의 그림에 정적인 삶, 즉 케이크와 달걀, 과일과 채소, 물고기와 경기, 포도주와 각종 제사 도구 등을 추가했다. 페르가몬의 소소스는 연회가 끝난 후 청소하지 않아 오물이 그대로 널린 마룻바닥을 절묘하게 사실적으로 모자이크 바닥에 표현해 당대인을 즐겁게 했다.[12] 진지한 이들은 이에 대해 분개하고 이들 일상사의 찬미자들을 포르노그라포이(pornographoi)와 리파로그라포이(rhyparographoi), 즉 외설과 오물을 그리는 자들이라 비난했다. 테베에서는 불결한 대상을 표현하는 것을 법으로 금지했다.[13]

당대의 보다 큰 규모의 걸작들이 익명이 아니라 베수비오스 화산에 묻힌 잿더미에서 구출되었다. 오스티아에서 발굴된 한 프레스코 벽화는 헬레니즘 시대 원작을 맥없이 모방한 모작임이 분명하다. 이 벽화는 현재 바티칸 박물관에 자리 잡기 전에 속해 있던 이탈리아 가문의 「알도브란디니 가(家)의 혼례」로 알려져 있다. 더 이상 자극할 필요가 없는 신랑이 침상 옆에서 조급하게 기다리는 동안 루벤스풍으로 풍만한 모습을 한 아프로디테가 수줍어하는 신부를 따뜻하게 격려하고 있다. 이 벽화 중앙에는 이들보다 더 세련된 모습으로 한 우아한 여인이 빛바랜 류트로 혼례의 노래를 연주하며 자리하고 있다. 기원전 3세기 그리스 원작으로까지 불확실하게 거슬러 올라가는 한 폼페이 벽화에는 파트로클로스와 함께한 아킬레우스가 분한 마음으로 아가멤논의 욕정에 브리세이스를 넘겨주는 모습이 그려져 있다. 이들 그림에 그려진 인물들은 오늘날 홀쭉한 몸매와 긴 다리를 선호하는 기준으로 보면 아름답다기보다는 다소 살찐 편이다. 그러나 고대의 예술가들은 오늘날 우리보다 그리스 남녀들을 더 잘 알고 있었다는 것을 인정해야 한다. 시간이 이들 작품의 청순미를 앗아가 버려 역사적인 상상력만이 한때 일반인과 왕들의 사랑을 흠뻑 받았을 것이 틀림없는 그 광채와 신선함을 되살릴 수 있을 뿐이다.

더욱 인상적인 것은 그 유래가 헬레니즘 시대 그림이 분명한 일부 로마 시대 모자이크다. 모자이크는 오래전 이집트와 메소포타미아 지역에 있었던 예술로서 그리스인이 계승하여 역사의 정점으로 끌어올렸다. 그림이 작은 사각형에 갇힌 채 여러 선으로 나뉘고 그 속에 빼곡하게 찬 작은 대리석 조각들이 너무나 다채로워 함께 모이면 놀라울 만큼 내구적인 형태로 그림이 재생된다. 몇몇 모자이크는 수 세기 간 수많은 발에 밟히면서도 그 원래의 색상을 고스란히 간직하며 옛 얘기를 말하고 있다. 폼페이의 파우누스의 저택에서 발견된 「이소스의 전투」는 기원전 4세기 필로크세노스가 그린 그림과 관련이 있다고 추정되는데,* 각각의 크기가 2, 3밀리미터 정도 되는 정사각형 대리석

---

* 이 모자이크와 「아킬레우스와 브리세이스」는 나폴리 박물관에 소장되어 있다.

조각 150만여 개로 구성되어 있고 모자이크 전체는 2.5~5미터 정도 되는 크기이다. 서기 79년에 폼페이를 강타한 지진과 화산 폭발로 심하게 손상되었지만, 작품의 솜씨와 활력을 입증하기에는 충분할 만큼 상태를 유지하고 있다. 전쟁의 열기와 먼지로 검게 그을고 산발이 된 알렉산드로스가 공격을 독려하고, 그의 명마 부케팔로스가 다리우스가 탄 전차를 몇 발자국 뒤에서 쫓고 있다. 한 페르시아 고관이 두 왕 사이로 몸을 던져 자기 몸으로 알렉산드로스가 던진 창을 받았다. 자신을 겨냥한 알렉산드로스의 창을 무시한 채 다리우스가 나가떨어진 자기 친구 쪽으로 몸을 뻗으며 고통스럽고 슬픔에 찬 얼굴을 하고 있다. 페르시아 기병들이 왕을 구하려 돌진해 오고 알렉산드로스의 무기는 하늘을 찌르고 있다. 이 작품에서 예술적으로 특히 두드러진 부분은 복잡한 감정을 담고 있는 다리우스의 얼굴이지만, 가장 매력적인 얼굴은 역시 알렉산드로스의 그것이다. 어디에서도 이보다 더 위대한 모자이크를 찾을 수 없을 것이다.

3. 조각

헬레니즘 시대에는 과거 어느 시대보다 많은 조각상이 쏟아져 나왔다. 신전과 왕궁, 집과 거리, 정원과 공원이 조각상으로 가득 메워졌다. 인간 생활의 온갖 단면들, 수많은 식물과 동물이 조각되었다. 죽은 영웅들과 살아 있는 유명 인사가 흉상을 통해 잠시나마 불멸의 삶을 누릴 수 있었다. 마침내 운명, 평화, 중상모략, 결정적인 순간 같은 추상 개념까지 돌에 새겨졌다. 리시포스의 제자였던 시키온의 에우티키데스는 안티오키아를 위해 그 유명한 「운명」을 주조하여 도시의 정신과 희망을 상징적으로 표현했다. 프락시텔레스의 두 아들 티마코스와 케피소도토스는 세련된 아테네 조각 전통을 계속 이어갔다. 펠로폰네소스 반도에서는 메세네의 다모폰이 거대한 「데메테르와 페르세포네, 아르테미스」의 군상으로 명성을 드높였다. 그러나 대부분의 조각가들은 배고픔을 해결하려 그리스-동방 실력자들과 왕의 궁정으로 향했다.

기원전 3세기 로도스에 고유의 조각 유파가 융성했다. 이 섬에는 수많은 거대 조각상이 있었으며, 플리니우스에 의하면[14] 그 하나하나가 모두 도시의 명성을 더해 줄 수 있었다. 이들 중 가장 뛰어난 작품은 기원전 280년경 린도스의 카레스가 큰 덩어리를 연이어 쌓아 올려 세운 태양신 헬리오스의 청동 거상이다. 민간전승에 의하면 카레스는 제작 비용이 지나치게 과도해지자 자살하고 마찬가지로 린도스 출신인 라케스가 이 작품을 완공했다고 한다. 이 상은 양 다리 사이에 항구를 두고 걸터앉는 대신 32미터의 거구를 자랑하며 항구 근처에 우뚝 섰다. 그 거대한 규모는 로도스인의 국가가 얼마나 신속히 그 힘과 영역을 팽창시켰는지 암시하는 듯하다. 그러나 로도스인의 실제 목적은 등대와 상징에 있었던 것 같다. 『그리스 명시 선집』의 한 시는[15] 이 상이 등불을 높이 들어 로도스인이 누렸던 자유를 상징으로 보여 주었다고 노래한다. 오늘날의 유명한 자유의 여신상과 흥미롭게도 흡사한 장면이다.* 물론 이 상은 세계 7대 불가사의 가운데 하나다. 플리니우스는 다음과 같이 말한다. "이 상은"

세워진 지 56년 후 발생한 지진에 의해 붕괴되었다. 누구도 팔을 벌려 그 엄지손가락을 안을 수 없고 손가락 하나하나는 대부분의 조각상보다 더 크다. 수족이 산산이 부서져 흩어지자 그 안쪽에 거대한 동굴들이 입을 벌리고 있는 것이 보인다. 또한 상이 세워질 때 견고히 지탱될 수 있도록 상 내부에 채워진 큰 바위 덩어리들도 보인다. 이 상을 제작하는 데 12년이 걸렸으며 300달란트가 소요되었고, 그 재료는 데메트리오스가 무익한 포위 공격을 끝낸 후 버린 전쟁 무기로부터 조달되었다고 한다.[16]**

역사상 이와 거의 대등하게 유명한 작품으로 로도스 학파의 또 다른 작품

---

* 자유의 여신상의 기저에서 횃불까지의 높이는 46미터이다.
** 이 상은 서기 653년 사라센인들이 재료를 팔아 버릴 때까지 쓰러진 채 남아 있었다. 이를 철거하기 위해 900마리의 낙타가 동원되었다.[17]

「라오콘」이 있다. 플리니우스는 이 작품을 티투스 황제의 궁전에서 보았다. 이 조각상은 서기 1506년 폐허가 된 티투스의 목욕장에서 발견되었으며, 기원전 2, 1세기 아게산드로스와 폴리도로스, 아테노도로스가 두 개의 대리석에 조각한 작품의 원작품이 거의 확실하다.[18] 이 발견은 르네상스 시대 이탈리아에 충격을 주었으며, 깊은 인상을 받은 미켈란젤로는 중앙에 있는 상의 잃어버린 오른팔을 복원하려 했지만 성공하지 못했다.* 라오콘은 트로이의 제사장으로 그리스군이 트로이 목마를 보냈을 때 (베르길리우스에 의하면) "선물을 들고 찾아올 때도 나는 그리스인이 두렵다."[19]라고 하면서 받지 말 것을 권고했다. 그리스군을 편든 아테나는 그의 지혜를 벌해 뱀 두 마리를 보내 그를 죽였다. 이 뱀들은 먼저 두 아들을 휘감은 후 아들을 구하기 위해 달려드는 그를 똬리를 틀어 붙잡고 셋 모두를 조이면서 독이든 이빨로 물어 죽였다. 조각가들은 베르길리우스가 (그리고 소포클레스가 「필록테테스」에서) 추측한 자유를 택해 그 고통을 박진감 넘치게 표현했지만, 그 결과는 돌의 본성인 평정과 조화를 이루지 못한다. 문학과 대개의 삶에서 고통은 결국 지나가는 존재인 반면, 「라오콘」에서의 고뇌 어린 절규는 어색한 영속성을 전달해 주고, 관객은 「데메테르」의 말 없는 슬픔**에서처럼 감동을 받지 못한다. 그럼에도 불구하고 감탄을 자아내게 하는 것은 그 디자인과 기법의 신비다. 근육이 지나치게 강조되긴 했지만, 늙은 제사장의 수족과 두 아들의 신체에는 장중함과 절제미가 담겨 있다. 이야기를 알고 이 군상을 감상한 이라면 플리니우스처럼 이 작품을 고대 소조 예술의 최고봉이라 생각할 것이 분명하다.[20]

이 평가 절하된 시대의 기타 많은 그리스 중심지에도 일련의 조각 유파들이 왕성하

---

* 바티칸 박물관의 복원된 팔은 베르니니(Bernini)의 작품으로 섬세하게 복원되었지만 구성에 있어 구심적 통일성을 잃어버렸다. 그럼에도 불구하고 빙켈만(Winckelmann)은 이 군상을 아주 흡족해 했으며, 그의 글에 자극받은 레싱(Lessing)은 이를 둘러싼, 그리고 가끔 이에 관한 심미적 비평서를 저술했다.
** 영국 박물관에 전시된 「데메테르」.

게 활동했다. 알렉산드리아에서는 긴 역사의 흐름 속에서 땅과 건물이 너무나 자주 갈아엎어져 그리스 예술가들이 프톨레마이오스 왕조에 바친 그 많은 작품들이 보존되지 못하고 유실되어 버렸다. 유일하게 살아남은 걸작이 바티칸 박물관에 소장된 잔잔한 「나일 강」인데, 매년 16큐빗 높이로 범람하는 나일 강을 상징한 열여섯 명의 물 아기(water baby)가 해학적으로 받치고 있다. 시돈에서는 알렉산드로스의 석관으로 가장 잘 오해된 익명의 귀족들을 위한 석관에 그리스 조각이 새겨졌는데 콘스탄티노플 박물관의 자랑거리이기도 하다. 조각상은 멋지게 균형 잡혀 있으며 자세 또한 윤곽이 선명하고 박력 있다. 아직도 여전히 돌 위에 남아 있는 엷고 고운 색깔은 그리스 미술이 그리스 조각에 끼친 영향을 보여 주는 듯하다. 기원전 150년경, 카리아의 트랄레스에서는 아폴로니오스와 타우리스코스가 로도스를 위해 오늘날 「파르네세 황소」라고 알려져 있는 거대한 청동 군상을 주조했다. 이 군상에서 두 명의 잘생긴 젊은이가 자신을 냉대한다 하여 자기들의 어머니 안티오페를 학대한 사랑스러운 디르케를 채찍질하며 들소 뿔을 향해 내몰고 있다.* 페르가몬의 그리스 조각가들은 몇몇 전투 군상을 청동으로 주조했는데, 아탈로스는 처음 이를 갈리아인 격퇴를 기념하며 자신의 수도에 바쳤다. 모든 그리스 문화가 아테네에 느낀 부채감을 표현하고 아마도 그 명성을 퍼뜨리기 위해, 아탈로스는 이들 조각상의 대리석 모작을 만들어 아테네의 아크로폴리스에 세웠다. 일부 대리석 모작이 카피톨리노 박물관의 「죽어 가는 갈리아인」, 포로가 되기보다 죽음을 택해 먼저 아내를 죽이고 자신도 목숨을 끊는 갈리아인을 표현한 「파이투스와 아리아」**로 잘못 이름 지어진 조각상 및 현재 이집트와 유럽 각지에 흩어져 있는 몇 개의 보다 작은 조각상들 가운데 단편적으로 남아 있다. 「죽은 아마존」***도 이들 중 하나일 텐데, 믿을 수 없을 정도로 완벽한 가슴은 말할 것도 없고 다른 모든 부분도 흠잡을 데 없이 완벽하다. 감정 표현에 있어 이들 조각상은 고전적인 절제미를 보여 준다. 피정복

---

* 원작은 유실되고 없다. 서기 3세기의 로마 시대 대리석 모작은 16세기에 카라칼라 목욕장에서 발견되어 미켈란젤로에 의해 복원되고, 잠시 파르네세 궁에 보관되었다가 현재 나폴리 박물관에 소장되어 있다.

** 로마 테르메 미술관에 소장되어 있다.

*** 나폴리 박물관에 소장되어 있다.

민은 극도의 고통과 슬픔을 당하면서도 소리 없이 죽는다. 정복자들은 예술가에게 적의 패배뿐 아니라 그 미덕도 표현하게 했다. 여기에서 구상력, 정교한 신체 관찰력, 기법상의 기교와 끈기 등이 쇠퇴한 흔적을 찾아볼 수 없다. 페르가몬의 아크로폴리스에 있는 제우스의 제단 기반에 새겨진 거대 돋을새김은 너무나 완벽하여 페르가몬인과 갈리아인의 전쟁을 은유적으로 표현한 신과 거인 간의 싸움 이야기를 다시 말하는 듯하다. 이 작품은 아주 혼잡하고 때로 지나칠 정도로 폭력적이기도 하지만, 그래도 일부분은 그리스 예술의 최고 계승 반열에 우뚝 서 있다. 머리 없는 「제우스」는 강인한 스코파스에 의해 조각되었고, 여신 헤카테는 피비린내 나는 전쟁의 공포 한가운데 핀 우아하고 아름다운 한 편의 서정시다.

대부분의 경우 주요 신들을 소재로 한 익명의 걸작들이 우후죽순처럼 솟아난 시대였다. 오트리콜리에서 발굴된 장엄한 「제우스의 두상」과 현재 테르메 미술관에 소장되어 있는 「루도비시의 헤라」는 젊은 괴테를 너무나 들뜨게 해 그는 그 주형을 주피터와 주노(그리스 신화에서는 제우스와 헤라 - 옮긴이)의 진짜 서명인 양 독일로 가져왔다. 한때 크게 환호를 받았던 「벨베데레의 아폴론」*은 학구적으로 냉랭하며 생명력이 없지만, 2세기 전 빙켈만의 마음을 불타오르게 했다.[21] 이 매끈한 약골 건너편에는 리시포스의 작품으로 여겨지는 원작을 아테네의 글리콘이 복제한 「파르네세의 헤라클레스」가 있는데, 녹초가 된 몸의 모든 근육과 피곤에 지쳐 있으면서도 다정스럽고 경이감에 찬 얼굴 표정은 '목표가 도대체 무엇인가?'라는 해답 없는 질문을 되뇌는 듯하다. 당대의 아프로디테는 그 신자들만큼이나 많은 화신을 만들어 냈다. 이 조각상들 중 일부가 남아 있는데, 대부분은 로마 시대 모작 형태다. 루브르 박물관에 있는 「밀로의 비너스」인 「멜로스의 아프로디테」는 기원전 2세기의 그리스 원작임이 분명하다. 이 조각상은 1820년 멜로스 섬에서 서한집 『산드로스』가 담긴 한 주춧대 파편 근처에서 발굴되었다. 안티오키아의 아게산드로스가 이 정숙한 나신을 조각한 듯하다. 얼굴은 섬세하고

---

* 이 이름은 조각상이 보관되었던 바티칸 박물관의 전시실의 이름에서 유래한다.

아름답지 못하지만, 몸매는 자연 속의 꽃이 그 아름다움을 과시하듯 건강미 그 자체를 뽐내고 있다. 이 조각상의 풍만한 몸매와 다부진 엉덩이 앞에 호리호리한 허리는 그 매력이 무색해진다. 그렇게 완벽하진 않지만 여전히 눈을 즐겁게 해 주는 작품들로 「카피톨리노의 비너스」와 「메디치의 비너스」가 있다.* 천진난만하고 육감적인 아름다움의 「엉덩이가 예쁜 비너스」**가 매력을 한껏 발산하는데 물에 잠긴 엉덩이는 감탄을 자아내게 한다. 이들보다 더욱 인상적인 작품으로 빼어난 아름다움의 「니케」, 즉 「사모트라케의 승리」가 있는데, 이 조각상은 1863년 사모트라케에서 발굴되어 현재 루브르 박물관에 걸작 조각으로 전시되어 있다.*** 이 조각상에서 승리의 여신은 신속히 나아가는 함선의 뱃머리에 전속력으로 내려앉으며 함선 공격을 독려하는 것처럼 보인다. 거대한 양 날개는 의복을 흩날리는 미풍을 마주하며 배를 끌어당기는 것 같다. 섬약한 여인 대신 강인한 어머니로서의 그리스 개념이 또다시 작품을 지배한다. 젊은 여인의 나약하고 덧없는 아름다움이 아니라 남성을 성취로 이끄는 여인의 한평생 굳건한 소명감이 되살아나 괴테의 『파우스트』의 마지막 행을 연상시킨다. 이런 조각상을 구상하고 조각할 수 있는 문명이 사멸하기에는 아직 그 때가 너무 이르다.

그리스 예술의 황혼을 빛낸 조각가들의 주된 관심사는 신이 아니었다. 이들은 올림포스 산을 채석장 이상으로 보지 않았다. 이 채석장이 고갈되자 이들은 지상으로 눈을 돌려 인간 세상의 지혜와 아름다움, 부조리와 모순을 즐겨 묘사하기 시작했다. 호메로스와 에우리피데스, 소크라테스의 두상을 인상 깊게 조각하고 주조했다. 수많은 자웅동체 상을 매끄럽고 섬세하게 표현했는데, 콘스탄티노플의 고고학 박물관, 로마의 보르게제 미술관, 루브르 박물관 등에 전시된 이들 조각상의 미묘한 아름다움은 보는 이

* 로마의 카피톨리노 박물관과 피렌쩨의 우피찌 미술관에 소장되어 있다.

** 나폴리 박물관에 소장되어 있다.

*** 이 조각상은 이전에는 기원전 306년 살라미스 해협에서 프톨레마이오스 1세를 격퇴한 것을 기념해 그 이듬해 데메트리오스 폴리오르케테스가 세운 것으로 여겨졌으나, 최근 논의에서는 코스 전투(기원전 258년경)와 관련된다고 본다. 이 전투에서 마케도니아와 셀레우코스, 로도스 연합 함대가 프톨레마이오스 2세를 물리쳤다.[22]

들의 눈을 사로잡는다. 발에 박힌 가시를 뽑아내는 아이, 거위와 뛰노는 아이 모습*처럼 이들은 아이들 세계에서 신선하고 자연스러운 소재를 발견했다. 그 가운데 최고 작품은 리시포스의 제자 보에토스의 것으로 여겨지는 신실하게 「기도하는 젊은이」이다.** 한편 숲으로 관심을 돌려 뮌헨 미술관의 「바르베리니의 목신」처럼 숲의 요정을 묘사하거나, 나폴리 박물관의 「술 취한 실레노스」처럼 유쾌하게 술을 즐기는 사티로스를 묘사하기도 했다. 이들은 작품 여기저기에 그것도 아주 빈번하게 불그레 뺨을 붉히고 심술궂게 장난하는 사랑의 신을 끼워 넣었다.

4. 평가

한때는 엄격한 성역이었던 그리스 조각에 이처럼 갑작스럽게 익살과 해학이 개입된 것이 헬레니즘 예술의 독특한 특징이다. 당시의 폐허 속에서 웃고 노래하는 목신, 방탕한 디오니소스 신, 버릇없는 개구쟁이들의 조각상이 발굴되어 모든 박물관에 전시되어 있다. 종교와 국가에 대한 고전적 복종 속에서 거의 잃어버렸던 다양성과 감수성, 따스함이 회복된 것은 그리스 예술이 아시아로 다시 복귀한 데 연유한 것 같다. 이전에는 숭배의 대상이었던 자연이 이제는 즐기는 대상이 되었다. 그렇다고 고전적인 중용이 완전히 사라진 것은 아니다. 테르메 미술관의 「잠자는 아리아드네」, 콘세르바토리 궁의 「앉아 있는 소녀」가 프락시텔레스의 우아한 전통을 이어 간다. 이 시대를 통틀어 아테네에서 수많은 조각가들이 기원전 4, 5세기 양식과 심지어 기원전 6세기의 원시적 위엄으로까지 의도적으로 되돌아가려 하면서 당시의 "근대적" 경향에 맞서 분투했다. 그러나 시대정신은 공상과 이상주의, 감상, 극적 효과 등의 이전 조류를 강하게 역류하면서 실험 정신과 개인주의, 자연주의, 사실주의 등으로 향하고

---

*둘 다 바티칸 박물관에 소장되어 있다.
**베를린 국립 박물관에 소장되어 있다.

있었다. 예술가들은 조심스럽게 해부학적인 절차를 따랐으며 작업장에서 모델과 더 많은 시간을 보냈다. 조각가들은 앞쪽만이 아니라 양 사방에서 감상할 수 있도록 조각상을 만들었다. 그들은 수정과 옥수, 황옥, 현무암, 흑대리석, 반암 등 새로운 재료를 이용하여 흑인의 피부색과 술에 취해 불그레한 사티로스의 얼굴을 표현했다.

기법에 정통한 그들은 창의성 또한 비상했다. 반복되는 고루한 형식에 염증이 난 그들은 러스킨(Ruskin)의 비평*을 예감하면서 사람들과 표현 대상의 개성과 사실성을 보여 주려 애썼다. 그들은 관심의 대상을 더 이상 완벽함과 아름다움, 경기자와 영웅, 신들로 제한하지 않고 시야에 들어오는 장인과 어부, 음악가, 시장 상인, 기수(騎手), 불구자 들을 풍속화와 테라 코타로 표현했다. 그들은 아이들과 농부, 소크라테스 같은 독특한 인물, 데모스테네스처럼 침통한 노인, 그리스 – 박트리아 왕 에우티데모스 같은 잔인한 얼굴, 뉴욕 메트로폴리탄 박물관의 「늙은 시장 여인」처럼 초췌한 사회 낙오자 등에서 진부하지 않고 참신한 표현 대상을 찾았다. 그들은 인생이 다양하고 복잡하다는 것을 이해했으며 이를 즐겼다. 그들은 관능미에 개의치 않았다. 그들은 자녀의 순결을 염려하는 부모도, 쾌락적 개인주의로 흐르는 사회 풍토를 개탄하는 철학자도 아니었던 것이다. 육체의 매력에 주목한 그들은 찰나적일지라도 시들어 가는 세월과 주름살을 비웃을 수 있는 덧없는 아름다움으로 자신의 작품을 덧칠했다. 고전 시대의 인습에서 해방되어 달콤한 감상에 빠진 그들은 미몽 속의 사랑으로 죽어 가는 목동, 낭만적인 공상에 푹 빠진 얼굴, 다정스럽게 아기를 내려다보는 어머니 등을 가능한 한 진솔한 감정을 담아 표현했다. 그들에게는 이들도 사실의 일부였던 것이다. 그리고 마침내 그들은 고통과 슬픔, 비극적인 종말과 때 이른 죽음에 직면하여 자신의 예술 세계에 그 자리를 마련해 주기로 결심한다.

---

* "그리스 예술에는 개인적인 특징이 없다. 물론 젊음과 늙음, 강함과 신속함, 선과 악에 대한 추상적인 개념은 있다. 그러나 개성이 없다."[23] 러스킨은 기원전 5세기와 4세기의 그리스 예술만 염두에 둔 것이다. 빙켈만과 레싱이 헬레니즘 시대 예술에 주로 관심을 기울인 것처럼.

지각 있는 학자라면 대략적인 관점으로 헬레니즘의 쇠퇴를 판단하지 않을 것이다. 그로 인한 일반적인 결론은 아직 역사적 과업이 완결되기도 전에 그리스 역사를 종결짓는 데 대한 변명이 되기 십상이기 때문이다. 이 시기에 창조적 욕구가 저하된 감이 있었던 것은 사실이지만, 이는 이제는 완벽하게 작품으로 승화된 그 풍요로움으로 보상되었다. 젊음은 영속할 수도 없으며 지고의 매력이지도 않다. 모든 것이 그러하듯, 그리스의 생명력 또한 자연스럽게 쇠퇴하고 그 옛 시대가 농익어 가는 것을 막을 수 없었다. 퇴락이 시작되어 종교와 도덕과 문학에 배어 들어갔다. 이러저러한 개별 작품 속에 오점이 생기기 시작했다. 그러나 그리스의 과학과 철학처럼 예술에서도 그 정점에 이르기까지 그리스인의 창조성이 유지되었다. 아름다움을 추구한 그리스인의 열정 그리고 이를 구현하려는 힘과 끈기가 그렇게 의기양양하고 풍요롭게 잠자고 있던 동방 도시들로 확산된 것은 결코 고립되어 있던 초창기의 일이 아니었던 것이다. 이 와중에 로마가 헬레니즘 문화를 발견하고 계승하게 된다.

<table>
<tr><td>**28장**</td><td><h1>그리스 과학의 정점</h1></td></tr>
</table>

1. 유클리드와 아폴로니오스

기원전 5세기가 그리스 문학의 전성기였고 기원전 4세기가 철학의 융성기였다면, 기원전 3세기는 과학의 절정기였다. 왕들은 자신들이 민주정 시대보다 연구에 더 관대하고 유익함을 입증했다. 알렉산드로스는 낙타에 방대한 바빌로니아 점토판을 가득 실어 아시아 연안의 그리스 도시들로 보냈고 그 대부분은 곧 그리스어로 번역되었다. 프톨레마이오스 왕조는 연구의 발전을 위해 무세이온을 세우고 지중해 문화의 문학 및 과학적 성과를 알렉산드리아 도서관으로 끌어모았다. 아폴로니오스는 자신의 저서 『원추곡선론』을 아탈로스 1세에게 바쳤고, 히에론 2세의 후원 아래 아르키메데스는 원을 그리고 모래 낱알을 세었다. 국경이 사라지고 공통의 언어가 수립되고 책과 사상이 서로 교류하고 형이상학이 힘을 잃고 옛 신학이 시들고 알렉산드리아와 로도스, 안티오키아, 페르가몬, 시라쿠사 등지에서 세속적 사고방식으로 무장한 상인층이 부상하고 학교와 관측소, 도서관 등의 기관이 우후죽순처럼 일어나는 가운데, 이들 요소가 부와 산업, 왕실의 후원과 결합되어 과학이 철학에서 해방되고 세계를 계몽하고 풍요롭게 하며 때로는 위험에 빠뜨리기도 하는 일이 촉진되었다.

기원전 3세기가 시작될 무렵, 아니 그 훨씬 오래전부터 그리스 수학자들의 도구가 더욱 단순해진 표기법에 힘입어 날카롭게 연마되었다. 알파벳의 처음 아홉 글자가 아라비아 숫자로 사용되었고, 다음 글자는 10으로, 그다음 아홉 글자는 20, 30 등으로, 그다음은 100으로, 또 그다음은 200, 300 등으로 사용되었다. 글자 다음에 양음(揚音) 악센트 부호를 표기하여 분수와 서수를 표현했다. 그래서 문맥에 따라 ι는 10분의 1 또는 열 번째를 나타냈다. 글자 아래 소문자 ι는 1000을 의미했다. 이 산술적 속기법은 편리한 계산 체계를 제공했다. 일부 현존 그리스 파피루스에는 분수에서 백만 단위에 걸친 복잡한 계산 내용이 오늘날의 수 표기법보다 더 간결하게 기록되어 있다.*

그럼에도 불구하고 헬레니즘 시대 과학의 최고 성과는 기하학에 있었다. 유클리드가 이 시기에 속했는데, 그의 이름은 2000여 년간 기하학과 동의어로 쓰이게 된다. 그의 생애에 대해 알려진 것은 그가 알렉산드리아에 학교를 개설했다는 것, 그의 제자들은 이 분야에서 다른 어떤 이들보다 탁월했다는 것, 그는 돈에 대해서는 전혀 관심이 없어 한 제자가 "도대체 기하학을 배워 무슨 도움이 되겠습니까?"라고 물었을 때 "그가 배운 것에서 이익을 얻어야 하기 때문"[1]이라며 노예를 시켜 그에게 1오볼을 주었다는 것, 그는 아주 겸손하고 친절한 사람이었다는 것, 그리고 기원전 300년경에 그 유명한『원론(原論)』을 집필할 때 그리스의 기하학 지식을 논리적 순서로 정리하는 일 이상의 불필요한 작업을 하지 않아 여러 명제의 발견자들에게 합당한 영예를 돌리지 않았다는 것 등이

---

* 이들 파피루스는 그 역사가 알렉산드리아보다 오래지 않지만, 6을 나타내기 위해 원시 형태의 디감마(digamma)가 사용된 것을 보면 알파벳 수 표기법은 헬레니즘 시대 이전에 이미 있었던 것 같다.

다.* 그는 서문이나 해설은 생략하고 바로 간단한 정의로 시작해 공리 또는 필요한 가정을 기술하고, 그다음 "일반 개념" 또는 공리를 기술했다. 그는 플라톤의 권고에 따라 자와 컴퍼스 이외 다른 도구를 필요치 않는 정도의 수치와 증명으로 제한했다. 그는 명제, 도해, 증명 및 결론이라는 이미 자신의 선배들이 익숙하게 활용했던 점진적 설명 및 논증법을 채택해 완성했다. 그 결과 사소한 결함이 있음에도 불구하고 전체적으로는 그리스 정신의 상징으로 여겨지는 파르테논 신전에 비견되는 수학적 건축물이 완공되었다. 실제로 유클리드 기하학은 완전한 형태로 파르테논 신전보다 생명력을 더 오래 간직했다. 우리 세기까지 거의 모든 유럽 대학이 유클리드의 『원론』을 기하학 공식 교재로 채택했던 것이다. 지속적인 영향력이라는 측면에서 이와 비견될 만한 것은 성경밖에 없다.

유클리드의 유실작 『원추곡선론』은 원뿔기하학에 관한 메나이크모스, 아리스타이오스 및 기타 학자들의 연구 성과를 개괄하였다. 페르가의 아폴로니오스는 수년간 유클리드 학파에서 수학한 후 이 저술을 자신의 『원추곡선론』의 출발점으로 삼아 여덟 권의 책과 387개의 명제를 통해 원뿔과 평면이 교차하여 형성되는 곡선의 성질을 탐구했다. 그는 이들 곡선 중 세 가지(네 번째는 원)를 각각 포물선, 타원, 쌍곡선이라 이름 지었으며 이들 명칭은 이후 영구적인 고유 명칭이 된다. 그의 발견을 통해 포물체 이론이 가능해졌고 역학과 항해학, 천문학이 실질적인 진전을 이루었다. 그의 설명은 정교하고 장황하지만 그 방법은 완벽하게 과학적이다. 그의 저작은 유클리드의 그것만큼 명료하며 오늘날 현존하는 일곱 권의 저서는 기하학에 있어 가장 독보적인 고전이다.

2. 아르키메데스

기원전 287년 시라쿠사에서 가장 위대한 고대 과학자가 태어났다. 그는 천

---

* 제1, 2권은 피타고라스의 기하학적 성과를 요약하고, 제3권은 키오스의 히포크라테스를, 제5권은 에우독소스를, 제4, 6, 11 및 12권은 후기 피타고라스 학파와 아테네 기하학자들을, 제7~10권은 고등 수학을 다루고 있다.

문학자 페이디아스의 아들이며, 그의 시대 가장 계몽적인 통치자였던 히에론 2세의 사촌이었던 것이 분명하다. 과학에 관심을 가지고 경제적으로 여유가 있었던 많은 헬레니즘 시대 그리스인들처럼 그도 알렉산드리아로 갔다. 거기서 그는 유클리드의 계승자들에게서 수학하고, 자신에게 두 가지 축복, 즉 열정적인 삶과 갑작스러운 죽음을 선사한 수학에 대한 영감을 받게 된다. 시라쿠사로 돌아온 후 그는 모든 분야의 수리 과학에 금욕적인 마음으로 헌신한다. 그는 종종 뉴턴(Newton)처럼 식음을 잊고 건강도 돌보지 않은 채 새로운 원리를 찾아 헤매고, 자기 몸과 난로에 쌓인 재 위에, 그리고 그리스 기하학자들이 늘 하던 습관대로 마루에 모래를 뿌리고 도형을 그렸다.[2] 그는 유머와 거리가 먼 그런 사람이 아니었다. 스스로 가장 높이 평가한 『구와 원기둥』에서 그는 (확신하건대) 의도적으로 거짓 명제를 끼워 넣었는데, 그 이유는 일부는 사본을 선물한 친구들에 대한 희롱으로 또 일부는 남의 생각을 즐겨 도용하는 도둑들을 함정에 빠뜨리기 위해서였다.[3] 가끔 그는 레싱(Lessing)을 그렇게 현혹시킨 그 유명한 가축 문제(Cattle Problem) 같은 수수께끼를 대수학이 고안되기 직전에 이를 정도로까지 즐겼다.[4] 또한 가끔 이상한 기계 장치를 만들어 그 작동 원리를 연구하기도 했다. 그러나 그의 궁극적인 관심과 즐거움은 순수 과학에 있었는데, 그 이유는 그의 관심 대상이 우주에 대한 이해였지 실용적 구조물이나 돈벌이를 위한 도구가 아니었기 때문이다. 그의 집필 대상은 학생이 아니라 전문 학자들이었다. 그는 간결한 소론과 난해한 연구 성과를 통해 그들과 토론하고 의견을 나누었다. 이후 모든 고대인들은 이들 소론의 독창성과 깊이, 명료성에 완전히 매료되었다. 3세기 후에 플루타르코스는 "기하학에 있어 그의 글만큼 질문이 어렵고 복잡하며 설명이 간결하고 명료한 글은 찾아볼 수 없을 것이다. 어떤 이들은 이 성과를 간단히 그의 천재성 때문이라 하고, 또 어떤 이들은 이처럼 쉽고 평이한 글은 믿을 수 없을 정도의 각고의 노력 때문에 가능했다고 생각한다."[5]

아르키메데스의 저작 가운데 열 권이 유럽과 아라비아를 오랫동안 전전한 후 오늘날까지 전해 오고 있다. (1)『방법론』에서는 알렉산드리아에서 우정을 맺은 에라토스테네스에게 기계적 실험이 어떻게 기하학적 지식으로 확장될 수 있는지 설명한다. 이 글은 플라톤의 자와 컴퍼스의 지배를 종결시키고 실험적 방법으로의 길을 열어 주었으며, 따라서 고대 및 근대 과학의 또 다른 풍토를 조성하게 된다. 전자가 이론적 이해를 얻기 위해 실천을 추구했다면, 후자는 가능한 실질적 결과를 얻기 위해 이론을 추구한다. (2)『보조 정리 모음집』에서는 평면기하학에서 열다섯 가지 선택들, 즉 대안적인 가설을 논의한다. (3)『원의 측정』에서는 원주율(π) 값을 3과 7분의 1에서 3과 71분의 10 사이까지 추적하고, 소거법을 써서 한 원의 면적은 그 수선이 원의 반지름과 같고 밑변이 원둘레와 같은 직각삼각형의 면적과 같음을 보임으로써 "원을 정사각형으로 만든다." (4)『포물선의 구적(求積)』에서는 현에 의해 포물선에서 잘린 면적과 타원의 면적을 구하는 문제를 적분법으로 풀어 나간다. (5)『나선에 대하여』에서는 나선을 평면상의 한 정점에서 그 정점 주위를 일정 비율로 회전하는 수직선을 따라 일정 비율로 움직이는 점에 의해 만들어지는 도형이라 정의하고, 미분법과 유사한 방법으로 하나의 나선과 두 개의 반지름 벡터에 의해 만들어지는 면적의 값을 구한다. (6)『구와 원기둥』에서는 각뿔과 원뿔, 원기둥 및 구의 부피와 표면적에 대한 공식을 구한다. (7)『원뿔곡선체와 회전타원체에 대하여』에서는 원뿔꼴 부분이 중심선을 돌 때 생기는 입체 도형을 다루고 있다. (8)『모래 계산자』에서는 기하학에서 산수로 넘어가고 거의 대수로까지 나아가서 천문학적인 숫자를 10000의 배수 또는 차수(次數)로 나타낼 수 있다고 한다. 아르키메데스는 이 방법으로 우주의 크기가 합리적인 크기라고 친절하게 가정하면서 우주를 채우는 데 필요한 모래 알갱이 수를 계산한다. 그의 결론은 누구나 증명할 수 있는데, 그에 의하면 우주를 채울 수 있는 모래 알갱이 수는 10의 63제곱 개를 넘지 못한다.(이것은 1000만 단위로 나타낼 수 있는 모래 알갱이 수의 8제곱만큼에 해당되는 수를 뜻한다.) 아르키메데스의 유실작에 대한 참고 문헌에는 그가 비제곱수의 제곱근을 구하는 방법도 발견했다고 언급되어 있다. (9)『평면의 균형에 대하여』에서는 기하학을 역학에 적용시켜 여러 가지 도형의 무게 중심을 구하고 현존 최고(最古)

의 과학적 정역학(靜力學)을 공식화한다. (10)『유체에 대하여』에서는 유체의 평형 상태를 구하는 수학 공식을 도출해 유체 정역학을 정립한다. 이 책은 정지하여 평형 상태에 있는 유체는 구의 모양을 이루며, 이 구는 지구와 동일한 구심점을 가진다는 당시로는 놀라운 논제로 시작한다.

아르키메데스는 뉴턴의 사과만큼이나 유명한 한 사건을 통해 유체 정역학에 눈뜨게 된다. 히에론 왕이 금관 제작을 위해 켈리니라는 시라쿠사인에게 얼마의 금을 맡겼다. 완성된 금관은 해당 금만큼 중량이 나가는 것 같았지만, 그 관을 만든 예술가가 금 일부를 은으로 대신하고 그만큼의 금을 빼돌렸다는 혐의가 제기되었다. 히에론은 금관을 손상해서는 안 된다는 조건을 달아 아르키메데스에게 풀도록 시켰다. 수 주 동안 이 문제로 머리를 싸매다가 어느 날 공중 목욕장 욕조에 들어간 아르키메데스는 욕조 물이 자기 몸이 잠긴 만큼 넘치고 몸무게가 작으면 몸이 더 깊이 물에 잠긴다는 사실을 알게 된다. 모든 경험을 궁리하고 활용하는 그의 호기심이 발동해, 갑자기 유체와 그로 인해 손실된 만큼의 물은 중량이 같다는 "아르키메데스의 원리"가 떠올랐다. 잠긴 몸의 부피만큼 물이 넘치고 이 원리가 금관에도 적용되리라 생각한 아르키메데스는 (비트루비우스의 말에 의하면) 벌거벗은 채 거리로 뛰쳐나와 "유레카! 유레카!"(찾았다! 찾았다!)라고 외치며 집으로 달려갔다. 집에서 실험한 결과 그는 곧 금보다 은이 비중이 크므로 해당 중량의 은을 물에 넣으면 동일 중량의 금을 넣을 때보다 물이 더 많이 넘친다는 사실을 알게 되었다. 또한 문제의 관이 동일 중량의 금관보다 물을 더 많이 넘치게 한다는 것도 확인했다. 이에 따라 그는 이 관에는 금보다 밀도가 낮은 다른 금속이 섞였다고 결론짓는다. 합금이 문제의 금관과 동일한 정도의 물을 대치할 때까지 해당 양만큼의 금을 은으로 대치한 결과, 아르키메데스는 얼마의 은이 그 금관에 섞였으며 제작자가 얼마의 금을 빼돌렸는지 정확하게 밝힐 수 있었다.

그에게 있어서 유체 법칙과 비중 측정법을 발견한 사실은 왕의 호기심을 충족시킨 것보다 훨씬 의미 있는 일이었다. 그는 태양과 지구, 달 그리고 당시까지 알려졌던 다섯 행성(토성, 목성, 화성, 금성, 수성)이 크랭크를 돌려 각기 다른 방향과 속도로 움직일 수 있도록 배치한 천상의(天象儀)를 만들었는데,[6] 천체 운동을 관할하는 법칙이 별보다 더 아름답다는 플라톤의 생각에도 동의한 듯하다.* 유실되고 일부 요약본으로만 전해지는 한 소론에서 아르키메데스는 너무나 정확하게 지레와 천칭의 법칙을 공식화하여, 이후 1586년까지 이에 대해 어떤 진전도 이루어지지 않았다. 명제 VI에서 그는 "같은 수로 나뉘는 크기는 그 중력에 반비례해 멀어지면서 균형을 이룬다."라고 말했다.[8] 복잡한 관계를 이토록 놀랍게 단순화시킨 명제는 헤르메스가 프락시텔레스를 감동시킨 것처럼 과학자의 영혼을 감동시키고도 남을 참으로 유용한 진리였다. 지레와 도르래에서 본 환상적인 힘에 도취된 아르키메데스는 적절한 받침대만 있으면 어떤 것도 들어 올릴 수 있다고 공언했다. 그는 시라쿠사의 도리스 방언으로 "설 자리만 달라. 그러면 지구도 움직이겠다."[9]라고 말했다고 전해진다. 이 말을 들은 히에론은 자기 함대의 큰 배를 힘겹게 뭍으로 끌어올리고 있는 이들을 가리키며 아르키메데스에게 자신의 말을 입증해 보라고 했다. 아르키메데스는 톱니바퀴와 도르래를 교묘하게 배치한 기계 장치에 앉아 혼자서 만선 적재된 배를 육지로 끌어올릴 수 있었다.[10]

이 증명에 크게 흡족한 왕은 아르키메데스에게 전쟁용 기계를 만들어 달라고 부탁했다. 아르키메데스가 이러한 기계를 설계한 후 그에 대해 잊어버리고, 평화를 사랑한 히에론이 이들 기계를 한 번도 사용한 적이 없었던 것은 이들 두 사람의 성격을 잘 보여 주는 대목이다. 플루타르코스에 의하면 아르키메데스는,

진취적인 기상과 심오한 정신, 보석 같은 과학 지식을 소유하여 이들 고안품으로

---

* 키케로는 2세기 후 이 장치를 보았는데, 그 복잡한 동시성에 놀라움을 금치 못했다. 그는 "갈루스가 천상의를 움직였을 때, 달은 정말 하늘에서 운행되는 날 수만큼 청동 기계 장치의 태양 뒤에서 돌았다. 실제 발생하는 것처럼 천상의에서 일식이 일어났다."라고 기록하고 있다.[7]

인해 총명한 인간이 누릴 수 있는 그 이상의 명성을 얻었더라도 후대에 이에 대한 어떤 글도 남기지 않았으며, 천하고 저열하며 단순히 유용하기만 한 종류의 기술은 거부하고 대신 속된 삶의 필요와는 아무 상관이 없는 보다 순수한 사색, 어느 누구도 흉내 낼 수 없는 연구, 단지 그 연구 대상의 아름다움과 웅장함 또는 증명 방법과 수단의 정확성과 타당성만 의심의 여지를 남기는 그런 일에 깊은 애정을 품고 몰두했으며 그 대부분이 우리를 감탄케 한다.[11]

히에론이 죽자 시라쿠사와 로마의 관계가 악화되어 용맹한 마르켈루스가 수륙 양면으로 동시에 쳐들어왔다. 아르키메데스는 75세의 노구를 이끌고(기원전 212년) 양쪽 최전방에서 방어 임무를 수행했다. 그는 항구 방호벽 뒤에 큰 바위를 상당히 멀리까지 내던질 수 있는 투석기를 설치했다. 빗발치는 바위 덩이들이 얼마나 파괴적이었던지 마르켈루스는 후퇴할 수밖에 없었으며 밤중에야 진군이 가능했다. 그러나 적선이 해안에 접근해 오자 시라쿠사의 궁수들은 아르키메데스의 발명품으로 성벽에 낸 구멍으로 활을 쏘아 또다시 로마군을 물리쳤다. 뿐만 아니라 이 발명가는 성벽 안에 거대한 기중기를 설치해, 로마 함선이 사정거리 안에 들어서면 크랭크로 이 기계를 돌려 육중한 바위와 납을 떨어뜨려 적선을 수없이 침몰시켰다. 거대한 갈고리가 장착된 또 다른 기중기는 적선을 공중으로 걸어 올려 암반에 부딪히거나 바다 멀리 던져 버렸다.[12*] 마르켈루스는 함대를 철수하고 육상 공격에 희망을 걸었다. 그러나 여기서도 마찬가지로 아르키메데스의 투석기가 뿜어내는 바위 폭격에 로마군은 신이 돕고 있다고 말하며 물러설 수밖에 없었고 다시는 진군하려 하지 않았다.[14] 폴리비오스는 "이처럼 거대하고 신묘한 장치는 적절히 사용된다면 한 사람의 천재성이 어떠함을 잘 보여 준다. 수륙 양면 모두 막강한 군사력을 보유한 로마군은 즉시 도시를 함락하기 위해 한 늙은 시라쿠사인이 없어지기를 간절히 바랐다.

---

* 루키아노스는 아르키메데스가 거대한 오목 렌즈로 태양빛을 모아 로마 함선을 불태웠다고 이야기한 최초의 권위자이지만 전적으로 신뢰할 만하지는 않다.[13]

그가 존재하는 한 그들은 감히 공격할 엄두를 내지 못했다."라고 평가한다.[15]

강습으로 시라쿠사를 함락시키려는 생각을 포기한 마르켈루스는 장기 포위 작전으로 전략을 변경한다. 8개월에 걸친 포위 공격으로 굶주림에 못 이겨 도시는 항복한다. 살육과 약탈이 자행되는 중에, 마르켈루스는 아르키메데스는 건드리지 말라고 명했다. 약탈과 파괴가 계속되는 가운데 한 로마 병사가 모래에 그린 그림을 골똘히 궁리하는 한 시라쿠사 노인과 마주쳐 즉시 마르켈루스에게 끌고 가려 했고, 아르키메데스는 문제가 풀릴 때까지 기다려 달라 했다. 플루타르코스는 그가 "언제 끝날지 모를 일을 막지 말고 잠시만 기다려 달라고 그 병사에게 간절히 애원했지만, 이 간청에 전혀 동요하지 않은 병사는 즉시 그를 죽여 버렸다."라고 전한다.[16] 이 소식을 들은 마르켈루스는 그를 애도하고 죽은 이의 친척들을 위로해 자신이 할 수 있는 모든 조치를 취해 주었다.[17] 이 로마 장군은 그를 기려 멋진 묘비를 세우고 수학자의 유언에 따라 거기 구(球)가 담긴 원기둥을 새겼다. 아르키메데스는 이들 도형의 면적과 부피를 구하는 공식의 발견을 자신의 최고 업적으로 여긴 것이다. 그는 대체로 옳아서 기하학에 하나의 중요한 명제를 더하는 것이 도시를 포위하거나 방어하는 것보다 훨씬 가치 있는 일이었다. 아르키메데스는 뉴턴과 대등한 반열에 세워져야 하며, "역사상 어떤 사람도 능가하지 못할 수학적 위업"을 달성한 인물로 기억되어야 한다.[18]

풍부하고 값싼 노예 노동이 없었다면 아르키메데스는 진정한 산업 혁명의 영수가 되지 못했을 것이다. 아리스토텔레스의 작품으로 잘못 알려진 「역학 문제」에 대한 한 소론과 유클리드의 것으로 오해된 「중량에 대한 소론」에 아르키메데스가 활동하기 직전 세기의 정역학과 동역학에 대한 초보 원리가 기술되어 있다. 테오프라스토스를 이어 리케이온 원장이 된 람프사코스의 스트라톤은 자신의 결정론적 유물론을 물리학으로 돌려 (기원전 280년경) "자연은 진공을 싫어한다."라는 교리를 공식화했다.[19] 그가 "진공은 인위적인 수단에 의해 창조될 수 있다.”는 말을 덧붙였을 때, 그는 수많은 발명이 일어날 수 있는 통로를 열어 주게 된다. 알렉산드리아의 크테시비오스는 (기원전 200년경) 사이펀(siphon)의 원리(이집트에서의 기원은 기원전 1500년경까지 거슬러 올라간다.)를 연구해 밀펌프와 유압 기관, 유압 시계를 개발했다. 아르키메데스는 문자 그대로 물을 위로 흐르게 한 고대 이집트의 물나사를 개량한 것 같다.[20] 이로써 본의 아니게 자신이 그 발명가로 알려지게 되었다. 기원전 150년경에 비잔티움의 필론이 공기로 작동되는 기계와 다양한 전쟁용 기계를 발명했다.[21] 로마가 그리스를 정복한 후, 알렉산드리아의 헤론이 발명한 증기 기관이 이 시기 역학의 발전을 종국적인 정점으로 이끌었다. 철학 전통이 너무 강했다. 그리스인의 사고 방식이 다시 이론 쪽으로 기울었고, 그리스 산업은 노예 노동으로 만족했다. 그리스인은 자석과 호박(琥珀)의 전기적 성질을 잘 알고 있었다. 그러나 애석하게도 이런 흥미로운 현상 속에서 산업의 가능성을 보지 못했다. 고대인은 무의식적으로 현대화가 의미 있는 일이 아니라고 결정해 버린 것이다.

3. 아리스타르코스, 히파르코스, 에라토스테네스

헬레니즘 시대 그리스 수학이 이집트의 도움에 힘입어 약진하고 번영했다면, 그리스 천문학은 바빌론의 영향을 크게 받았다. 알렉산드로스의 동방 정복으로 말미암아, 3세기 전 이오니아 지방에서 그리스 과학이 탄생하는 데 도움을 주었던 사상의 교류가 다시 일어나고 확장되었다. 그리스 문학과 예술이 쇠퇴하던 헬레니즘 시대에 그 최고조에 이르러 이례적으로 그리스 과학이 발전할 수 있었던 것은 이처럼 이집트 및 근동과의 참신한 교류가 있었기 때문이다.

사모스의 아리스타르코스는 천동설이 지배한 그리스 천문학에서 예외적으로 빛나는 존재였다. 그는 천문학의 거의 전 분야를 연구하려는 열정으로 불탔으며 실제로 상당한 성과를 이루었다.[22] 그의 유일한 현존 소론인 「태양과 달의 크기와 거리에 대하여"*에는 태양 중심설이 전혀 언급되어 있지 않다. 오히려 반대로 태양과 달이 동심원을 그리며 지구 주위를 움직인다고 가정한다. 그러나 아르키메데스는 그의 『모래 계산자』에서 아리스타르코스가 "특정 별들과 태양은 고정되어 있고 지구는 동심원을 그리며 태양 주위를 회전하고 태양이 궤도의 중심에 있다고 가정"했다고 분명히 말한다.[24] 플루타르코스도 스토아 철학자 클레안테스가 아리스타르코스를 고발했는데 그 이유는 그가 "우주의 중심"(즉 지구)이 "움직인다"고 했기 때문이라고 말한다.[25] 셀레우키아의 셀레우코스 또한 태양 중심설을 지지했지만, 그리스 과학계의 지배 견해는 그에 반대했다. 아리스타르코스 자신은 천체의 동심원 운동과 자신의 생각을 조화를 이룰 수 없어 자기 가설을 포기했다. 당시 모든 그리스 천문학자들이 궤도가 원형이라는 생각을 당연시했기 때문이다. 아마도 독초에 대한 염증이 아리스타르코스를 고대 시대의 코페르니쿠스와 갈릴레오가 되게 한 것 같다.

그리스의 가장 위대한 천문학자가 코페르니쿠스 이전에는 거의 반박할 수 없었던 주장으로 태양 중심 이론을 공격한 것은 헬레니즘 과학의 불행이었다. 오늘날에서 보면 시대적인 대 착각이지만 (비티니아에 있는) 니카이아의 히파르코스는 끝없는 지적 호기심과 끈질긴 연구 의욕, 세심한 관찰력을 갖춘 최고 과학자여서 고대인들은 그를 "진리의 애호자"라고 불렀다고 한다.[26] 그는 모든 분야의 천문학을 다루고 빛냈으며, 그가 내린 결론은 1700여 년간 변하지 않았다. 그의 많은 저작들 중 에우독소스와 아라토스의 『파이노메나』에 대한 주석만 전해지고, 그에 대해서는 클라우디오스 프톨레마이오스가 그의 연구와 계산을 토대로 쓴 『알마게스트』를 통해 알 수 있다.(서기 140년경) "프톨레마이오스 천문학"은 히파르코스적이라 불러야 한다. 그는 아마도 바빌로니아의 그것

---

*아리스타르코스는 태양의 크기를 지구의 300배(실제로는 100만 배가 넘는다.)로 추정했는데, 오늘날 입장에서 보면 조잡해 보이지만 아낙사고라스나 에피쿠로스를 놀라게 했을 것이다. 그는 달의 직경을 지구의 3분의 1로 계산했고 그 오차는 8퍼센트에 불과하다. 또한 태양과 지구의 거리는 달과 지구 간 거리의 20배로 계산했다.(실은 거의 400배이다.) 한 명제에서 그는 "태양이 완전히 가려지면 태양과 달은 우리 눈이 그 정점이 되는 하나의 동일한 원뿔에 포함된다."라고 말한다.[23]

을 모델로 해 당시 대표적인 천문 관측 기구였던 천측구(球)와 상한의(象限儀)를 개량했다. 또한 그는 위선과 경선을 이용한 지상 위치 설정법을 고안하고, 지중해 지역 천문학자들을 조직해 이 방법으로 모든 주요 도시의 위치를 측량하려 했다. 정치적 혼란으로 이 계획은 무산되고, 그 실현은 정치 질서가 보다 안정된 프톨레마이오스의 시대까지 기다려야 했다. 히파르코스는 천문 관련 내용을 수학적으로 연구하여 사인(sine) 표를 공식화하고, 이로써 삼각도법을 창안했다. 이는 분명한 사실인데 그는 바빌로니아에서 유입된 쐐기 문자 기록의 도움을 받아 태양년과 태음년, 항성년을 거의 정확하게 측정했다. 그는 태양년을 365와 4분의 1일에서 4분 48초가 부족하다고 계산했는데, 이는 오늘날 계산 결과와 6분밖에 차이 나지 않는다. 그의 계산에 의하면 음력 한 달은 29일 12시간 44분 그리고 2와 2분의 1초였으며, 이는 오늘날 공식 수치와 거의 1초도 차이 나지 않는다.[27] 그는 오늘날과 아주 유사한 방식으로 행성의 상합(相合) 기간, 황도와 달 궤도의 기울기, 태양의 원지점, 달의 지평 시차(視差) 등을 계산했다.[28] 그는 달과 지구 간 거리를 40만 2300킬로미터로 추정했는데, 오늘날 계산 결과와의 차이는 5퍼센트에 불과하다.

이런 지식으로 가득 무장한 히파르코스는 지구 중심 이론이 아리스타르코스의 가설보다 제반 정보를 더 적절하게 설명해 준다고 결론지었다. 태양 중심 이론은 지구가 타원 궤도를 이루고 있다고 가정하지 않는 한 수학적으로 분석될 수 없었고, 이 가정은 그리스인의 사고방식에는 받아들여지기가 쉽지 않아 아리스타르코스조차 이에 대해 심사숙고하지 않은 것 같다. 히파르코스는 태양과 달 궤도의 중심이 지구 한쪽으로 약간 치우쳤다고 가정함으로써 태양과 달의 궤도 속도의 명백한 불규칙성을 설명한 괴짜 이론으로 지구 궤도가 타원을 이룬다는 사실에 거의 근접했다. 이처럼 히파르코스는 고대 천문학자 중 최고 이론가이자 관찰자임이 거의 확실하다.

거의 매일 밤하늘을 관측하던 히파르코스는 어느 날 이전에는 분명히 보지 못했던 한 별을 발견하고 깜짝 놀랐다. 기원전 129년경, 그는 이후 진행될 변화를 확인하기 위해 천체의 목록, 지도 및 구를 제작하여 황위(黃緯)와 황경(黃經)으로 1080개 특정 별의 위치를 표시했다. 이 도구들은 후대 천문학자들에게 아주 소중한 유산이 된다. 자신의 표와 166년 전 티모카레스가 만든 것을 비교한 히파르코스는 별들의 위치가 약 2도가량 분명히 이동했음을 계산해 냈다. 이를 근거로 그는 자신의 가장 난해한 발견*인 분점(分點)의 세차(歲差) 운동으로 나아가는데, 이는 분점이 매일 자오선에 도달하는 그 순간 약간 전진한다는 것이다.** 그는 세차를 36초로 계산했으며, 오늘날 계산으로는 50초다.

시기상으로 아리스타르코스와 히파르코스 사이에, 많은 분야에서 탁월함을 보였으며 각각의 분야에서 제2인자의 반열에 올라 그 박학다식함으로 인해 "펜타틀로스(Pentathlos)"와 "베타(Beta)"라는 별칭을 얻게 된 한 학자가 자리한다. 전승에 의하면 키레네의 에라토스테네스에게는 스토아 철학자 제논, 회의주의자 아르케실라오스, 시인 칼리마코스, 문법학자 리사니아스 같은 걸출한 스승이 있었다. 다양한 분야에 걸친 탁월한 지식과 명성으로 인해 그는 40세의 나이에 프톨레마이오스 3세에 의해 알렉산드리아 도서관장에 임명된다. 그는 수많은 산문과 희극 역사를 저술했으며,『크로노그라피아』에서는 지중해 지역 역사상 주요 사건의 연대를 정립하려 했다. 그는 수학 소론들을 저술하고 두 직선 간의 연비례(連比例)적 비례 중항을 구하는 역학적 기법을 고안했다. 또한 그는 황도의 기울기를 23도 51분으로 계산했는데, 그 오차는 불과 0.5퍼센트에 지나지 않는다. 그의 가장 위대한 업적은 지구 둘레를 3만 9690킬로미터로 계산해 낸 것이다.[30] 우리 시대의 계산에 의하면 그 길이는 3만 9987킬로미터이다. 두 도시를 연결하는 경도 자오선상에서 측정했을 때, 하지 정오에 시에네

---

* 그보다 앞선 바빌로니아 천문학자 키디누의 성과가 아닐 경우.[29]

** 분점(문자적으로는 '같은 밤'이라는 뜻)은 태양이 매년 정확하게 적도를 북상하거나(북미에서는 춘분이고 아르헨티나에서는 추분이다.) 남하할 때(북미에서는 추분이다.) 생기는 연간 두 차례의 날을 가리키며 하루 중 낮과 밤의 길이가 같다. 분점은 천구상의 적도가 황도를 가로지르는 지점이기도 하다.

해변의 태양이 좁은 우물 속을 깊이 수직으로 내리쬐고 같은 시각 약 805킬로미터 북쪽에 있는 알렉산드리아의 오벨리스크의 그림자가 태양이 그 정점에서 대략 7.5도 떨어져 있음을 보여 준다는 사실을 확인한 그는 전체 지구 둘레의 7.5도만큼이 805킬로미터에 상당하며, 따라서 전체 지구 둘레는 360÷7.5×805, 즉 3만 8640킬로미터라 결론지었다.

에라토스테네스는 지구를 측량한 후 세부적인 설명에 착수한다. 『게오그라피카』에서 그는 알렉산드로스의 측량 기사들, 메가스테네스 같은 여행가들, 네아르코스 같은 항해자들, 기원전 320년경 스코틀랜드에서 노르웨이 그리고 아마도 북극권까지 항해한 마살리아의 피테아스 같은 탐험가들이 남긴 기록을 한데 긁어모았다.[31] 에라토스테네스는 각 지역의 겉모습만 묘사하지 않았다. 그는 물과 불, 지진, 화산 폭발 등과 같은 요인이 각 지역에 미친 영향을 설명하려 했다.[32] 그는 인간을 그리스인과 야만인으로 양분하는 그리스 고유의 지역적 구분법을 거부하고, 인간은 민족이 아니라 개인에 따라 구분되어야 한다고 생각했다. 그가 보기에 그리스인들 중에도 불한당 같은 이들이 많았으며, 반면 페르시아인이나 인도인 중에도 기품 있는 이들이 많이 있었고, 로마인들은 사회 질서와 정부 형태에 있어 그리스인들보다 훨씬 뛰어난 자질을 보여 주었던 것이다.[33] 그는 북유럽이나 북아시아에 대해서는 거의 몰랐으며, 갠지스 강 이남 인도에 대해서는 아주 조금밖에 알지 못했고, 남아프리카에 대해서는 전혀 아는 것이 없었다. 그렇지만 우리가 아는 한 그는 중국인에 대해 언급한 최초의 지리학자이기도 했다. 그의 글 중에 "드넓은 대서양이 가로막고 있지 않다면 동일 위도선상에 위치한 이베리아(스페인)와 인도 간을 배를 타고 손쉽게 건널 수 있을 것이다."라는 인상적인 구절이 있다.[34]

4. 테오프라스토스, 헤로필로스, 에라시스트라토스

고대 동물학에 있어 아리스토텔레스의 『동물지』에 견줄 만한 걸작은 다시 나타나지 못했다. 그의 후계자 테오프라스토스는 그에 비견될 만한 노고로 고전적인 소론 『식물지』와 이보다 좀 더 이론적인 『식물의 본원』을 저술했다. 테오프라스토스는 원예를 좋아했으며 자신이 가꾸는 식물의 모든 특징을 이해했다. 많은 면에서 그는 스승보다 더 과학적이었으며 더 주의 깊게 사실을 관찰하고 그 내용을 더 체계적으로 기술했다. 그는 체계적으로 분류되지 않은 책은 고삐 풀린 말처럼 아무 쓸모없다고 말했다.[35] 그는 모든 식물을 교목과 덤불, 관목, 초본으로 분류하고 식물의 주요 부분을 뿌리, 줄기, 가지, 잔가지, 잎, 꽃 및 열매로 분류했으며, 이 분류법은 서기 1561년까지 더 이상의 진전 없이 유지되었다.[36] 그는 "식물은 각 부분에 발아할 수 있는 힘을 지니고 있는데, 이는 그 모든 부분에 생명이 있기 때문이다. …… 식물이 생장하는 방법은 이러하다. 씨앗에서 뿌리나 갈라진 부분, 가지와 잔가지, 나무의 각 부분들이 자연 발생적으로 작게 분할되거나 또는 본줄기 자체에서 이런 작용이 일어난다."라고 기록한다.[37] 그는 무화과나무나 대추야자나무 같은 몇몇 종을 제외하면 식물의 유성 생식에 대해 분명한 생각을 갖고 있지 않았다. 이 부분에서 그는 바빌로니아인의 생각을 따라 수정과 가루받이를 설명한다. 그는 식물의 지리적 분포와 활용도, 생장에 가장 적절한 기후 조건 등에 대해 논의를 전개했다. 그는 현미경이 없던 시대에 500여 종의 식물을 그토록 놀라울 정도로 세세하고 정확하게 관찰했다. 괴테가 태어나기 2000년 전에 그는 꽃은 잎이 변태된 것이라는 사실을 인지했다.[38] 그는 식물학에 대한 독특한 호기심으로 인해 당대에 유행한 초자연적 설명을 완강히 거부한 여러 측면에 있어 박물학자였다.[39] 그는 과학자로서의 탐구심이 가득했으며, 돌과 광물질, 기후, 바람, 피곤함, 기하학, 천문학 그리고 소크라테스 이전 시대 그리스의 자연 과학적 이론에 대해 저술하는 것이 철학자의 품격을 떨어뜨린다고 생각지 않았다.[40] 사턴(Sarton)은 "아리스토텔레스가 없었다면 이 시기는 테오프라스토스의 시대로 불렸을 것"이라고 말한다.[41]

테오프라스토스는 자신의 저서 제9권에서 그리스인이 식물의 약리 작용에 대해 알고 있던 모든 것을 개괄했다. 이 책 한 구절에 마취법에 대한 내용이 암시되어 있는데 그 내용은 다음과 같다. "꽃박하는 여자의 산통에 특히 유용한 식물로 해산을 쉽게 하고 고통을 멈추어 준다고 한다."[42] 이 시대에 의학이 급속히 발전했는데, 그 이유는 도시 문명이 복잡해지면서 새로운 질병이 발생하고 그 종류가 다양해졌기 때문인 것 같다. 그리스인이 이집트 의학 지식을 연구하면서 참신한 진보가 있었다. 프톨레마이오스 왕들도 냉혹한 방식으로 도움을 주었다. 동물과 송장의 해부뿐 아니라 일부 사형수에 대한 생체 해부도 허락했던 것이다.[43] 이런 유리한 여건에 따라 인간 해부학은 과학으로 정립되었고, 아리스토텔레스가 빠졌던 모순도 상당 부분 해결되었다.

기원전 285년경, 알렉산드리아에서 활동한 칼케돈의 헤로필로스는 눈의 해부를 통해 망막과 시신경 분야에 뛰어난 공헌을 했다. 뿐만 아니라 뇌를 해부하여 그 결과 얻은 대뇌와 소뇌, 뇌막에 대한 지식으로 정맥동(洞) 합류* 분야에 이름을 남기고 사고 작용으로서의 뇌 기능을 각인시켰다. 그는 신경의 역할을 이해하고 이를 최초로 감각 기관과 운동 신경으로 나누었으며 뇌 신경을 척수 신경과 구별했다. 또한 동맥과 정맥을 구분하고 동맥이 혈액을 심장에서 신체 각 부분으로 운송하는 기관이라는 사실을 인지함으로써, 사실상 하비(Harvey)보다 1900년 앞서 이미 혈액 순환을 발견했다.[44] 그는 코스 섬의 의사 프락사고라스의 제안에 따라 맥박을 진단의 일부로 받아들이고 물시계로 맥박 수를 측정했다. 그는 난소와 자궁, 정낭, 전립선을 해부했다. 또한 간장과 췌장을 연구하고 십이지장의 이름을 지어 주었다.[45] 헤로필로스는 "건강이 없다면 힘도, 부도, 웅변도 아무 쓸모없다는 것 외에 과학과 예술이 보여 줄 수 있는 것은 없다."라고 말했다.[46]

오늘날의 판단에 따를 때 고대의 가장 위대한 해부학자가 헤로필로스였다면 가장

---

* 경뇌막 또는 뇌 외막에서 일어나는 혈액동(洞)의 합류.

위대한 생리학자는 에라시스트라토스였다. 에라시스트라토스는 케오스에서 태어나 아테네에서 수학했으며, 기원전 258년경에 알렉산드리아에서 개업했다. 그는 헤로필로스보다 더 세심하게 대뇌와 소뇌를 구분하고 생명체를 대상으로 뇌 작용을 연구했다. 후두개(喉頭蓋), 장간막(腸間膜)의 암죽관, 심장의 대동맥 및 폐동맥판 등의 작용도 그의 연구 대상이었다. 그는 기초 대사도 어느 정도 이해해 초보 수준의 호흡 열량계도 고안했다.[47] 에라시스트라토스는 모든 기관이 세 가지 방식, 즉 동맥과 정맥, 신경을 통해 여타 기관과 연결되어 있다고 보았다. 그는 신비적인 요소를 배제하고 자연스러운 원인으로 모든 생리 현상을 설명하려 했다. 그는 헤로필로스가 여전히 지지한 히포크라테스의 체액 이론을 버렸다. 그는 의술이 치료라기보다는 위생과 예방이라고 생각해 약물 사용과 방혈(放血)을 자제하고 식이 요법과 목욕, 운동 등을 권장했다.[48]

이런 이들을 통해 알렉산드리아는 고대 의학계의 비엔나가 되었다. 그러나 트랄레스와 밀레토스, 에페소스, 페르가몬, 타라스, 시라쿠사 등지에도 뛰어난 의학 유파가 있었다. 많은 도시에서 공식 의료 기관이 운영되었다. 여기에 종사한 의사들은 보수는 적었지만 부자와 가난한 자, 자유인과 노예를 구별하지 않고 온갖 수고와 위험을 감내하며 소명감으로 의술을 실천해 존경의 대상이 되었다. 밀레토스의 아폴로니오스는 아무 대가 없이 인근 섬의 전염병에 맞섰다. 코스 섬의 모든 의사가 유행병을 퇴치하려다 몸져 눕자 주변 도시 출신 의사들이 이들을 구하러 달려왔다. 헬레니즘 시대 의사들에 대해 많은 사의가 공식적으로 이루어졌다. 돈을 우선시하여 조롱당하는 이들도 있었지만, 이 시대의 위대한 의사들은 히포크라테스로부터 내려온 높은 윤리 의식을 최고 덕목으로 지켰다.

29장　　　　　　　　　　　철학의 몰락

세 가지 계통이 그리스 철학에 융합되는데, 형이하학과 형이상학과 윤리학이 그것이다. 형이하학은 아리스토텔레스, 형이상학은 플라톤, 그리고 윤리학은 키티온의 제논에게서 그 정점에 이른다. 형이하학의 발전은 아르키메데스와 히파르코스에 의해 철학에서 과학이 분리됨으로써 종말을 맞고, 형이상학은 피론의 회의주의와 후기 아카데메이아에서 종지부를 찍는다. 윤리학은 에피쿠로스 철학과 스토아 철학이 그리스도교에 정복 흡수될 때까지 명맥을 유지한다.

1. 회의주의의 공격

헬레니즘 문화가 확산되어 가는 중에 모태이자 여전히 그 지배자인 아테네는 두 가지 영역, 즉 희곡과 철학에서 지도력을 계속 행사했다. 세계가 전쟁과 정변, 신과학과 신종교, 미의 추구와 배금 풍조 등으로 크게 소란스럽지는 않아 진리와 거짓, 물질과 영혼, 자유와 구속, 고귀함과 비열함, 삶과 죽음 등 해답을 얻을 수도 없지만 그렇다고 피할 수도 없는 문제에 할애할 시간적 여유가 있었다. 지중해 모든 도시의 젊은이들은 아리스토텔레스와 플라톤의 추억이 아직도 생생한 강의실과 정원에서 종종 많은 난관을 거치며 자신들의 길을 찾아 갔다.

리케이온에서는 레스보스 섬 출신의 근면한 테오프라스토스가 경험주의적 전통을 이어 갔다. 소요학파는 철학자라기보다는 과학자이자 인문학자여서 동물학과 식물학, 전기(傳記), 과학사, 철학, 문학, 법률 등을 전문적으로 연구했다. 34년간(기원전 322~288년) 리케이온의 원장으로 있으면서 테오프라스토스는 많은 분야를 탐구했고, 사랑에서 전쟁까지 거의 모든 주제에 대해 400여 권에 달하는 저서를 남겼다. 그의 소론 「결혼에 대하여」는 여성을 심하게 폄하했는데, 에피쿠로스의 연인 레온티온은 이에 대해 식견 있으면서도 통렬한 내용의 글로 동일하게 힐난했다.[1] 그럼에도 불구하고 아테나이오스가 "아름다움은 겸양을 통해 아름다워질 수 있다."라고 다정스러운 소감을 표한 쪽은 테오프라스토스였다.[2] 디오게네스 라이르티오스는 그를 "아주 인자하고 친절한 사람"이라고 표현했으며, 그 말이 아주 설득력 있어 말이 신(神)과 같다는 뜻으로 아리스토텔레스가 붙여 준 이름에 의해 원래 이름이 잊힐 정도였고, 인기 또한 대단해 2000여 명의 학생이 그의 강의를 들으러 몰려들었고 메난드로스가 가장 충실한 제자 중 하나였다.[3] 후대는 그의 책 『품성』을 특별히 아꼈는데, 그 이유는 문학적 형식이 아니라 사람들의 약점을 날카롭게 풍자한 데 있었다. 여기에는 "아내에 대한 찬사로 시작해 전날 밤 꾼 꿈으로 넘어가고 만찬에서 먹은 음식들을 얘기한 후 '우리는 결코 이전의 우리가 아니다.'라고 말을 끝맺는" 수다쟁이가 등장하고, "연극을 보러 가서는 곧 잠들어 끝난 후 혼자 덩그렇게 남아 있고 …… 융숭한 만찬을 대접받은 후 밤늦게 자리를 떠 비몽사몽간에 집으

로 돌아오면서 자기 집을 찾지 못하고 이웃집 개에게 물리는" 미련퉁이가 등장
한다.[4]

테오프라스토스 생애 몇 가지 사건 중 철학 학교의 지도자 선출을 민회가 승
인한다는 법령이 발포된 일이 있었다.(기원전 307년) 거의 같은 때에 아그노니
데스가 해묵은 불신앙 문제로 테오프라스토스를 고발했다. 테오프라스토스는
조용히 아테네를 떠났다. 그런데 너무나 많은 학생들이 그를 따라가 손님이 끊
긴 가게 주인들이 망하게 생겼다고 하소연할 지경에 이르렀다. 일 년도 안 돼
법령이 취소되고 고발도 철회되었으며, 테오프라스토스는 의기양양하게 돌아
와 85세의 나이로 세상을 뜰 때까지 리케이온을 관장했다. 전하는 바에 의하면
"모든 아테네인"이 장례식에 참석했다고 한다. 소요학파는 그가 죽은 후 곧 명
맥이 끊겼다. 과학 분야에 있어 이제 아테네는 당시 융성하게 발전하던 알렉산
드리아와 정반대로 이름만 남게 되었고, 연구에 전념하던 리케이온은 모호하
고 빈약한 모습으로 침몰해 갔다.

한편 아카데메이아에서는 스페우시포스가 플라톤을, 크세노크라테스가 스
페우시포스를 계승했다. 크세노크라테스는 사반세기 동안(기원전 339~314년)
학교를 관장하면서 단순하고 고결한 삶으로 철학에 새로이 신망을 안겨 주었
다. 연구와 가르침에 전념한 그는 연 1회만 아카데메이아를 떠나 디오니소스
비극을 관람하러 갔다. 라이르티오스에 의하면 그가 나타나면 "도시의 소란스
럽고 다투기 좋아하는 패거리들도 길을 비켜 주었다."고 한다.[5] 그는 수업료를
받지 않았으며, 너무 곤궁해져 세금을 내지 못해 투옥될 지경에 이르자 팔레론
의 데메트리오스가 연체금을 대신 지불해 주고 감옥에서 풀려나게 했다. 마케
돈의 필리포스는 자기를 찾아온 많은 아테네 사절 중 유일하게 부패하지 않은
자는 크세노크라테스뿐이라고 했다. 그의 덕스러운 명성에 안달 난 프리네는
쫓기는 것처럼 가장하고 그의 집으로 피신해 침대가 하나뿐인 것을 알고 함께
쓸 수 있도록 부탁했다. 전승에 의하면 그는 인도적인 배려로 이를 승낙했지만
그녀의 애원과 유혹에는 아주 냉정해 그녀는 그의 침대와 식탁에서 물러간 후

친구들에게 자기가 만난 것은 사람이 아니라 석상이었다고 불만스럽게 말했다고 한다.[6] 크세노크라테스에게는 철학만 있었을 뿐 정부(情婦)는 없었다.

그의 죽음과 함께 그리스 사상에 있어 형이상학 계통은 전당 역할을 했던 바로 그 숲속에서 고갈되어 갔다. 플라톤의 후계자들은 수학자이자 도덕가였으며 한때 아카데메이아를 뒤흔들었던 추상적 문제에 대해서는 거의 관심을 두지 않았다. 엘레아 학파 제논의 회의주의적 도전, 헤라클레이토스의 주관주의, 고르기아스와 프로타고라스의 계통적인 회의, 소크라테스와 아리스티포스와 메가라의 에우클레이데스의 형이상학적 불가지론이 그리스 철학을 다시 지배하기 시작했다. 이성의 시대는 끝났다. 모든 가설이 제기되어 발표되고 잊혔다. 학교는 비전(秘傳)을 간직하고 사람들은 점차 연구에 지쳐 갔으며 가장 총명한 지성조차 그러했다. 아리스토텔레스와 플라톤은 궁극적 진리는 획득 가능하다는 한 가지 점에서만 일치했다.[7] 피론은 당대의 회의 풍조에 대해 그 이유를 무엇보다 이들 양자가 착오를 범한 때문이라고 성토했다.

피론은 기원전 360년경 엘리스에서 태어났다. 그는 알렉산드로스 원정대에 참여해 인도까지 종군했으며, 거기서 "신비가들"에게 수학하고 이들로부터 자기 이름과 동의어가 된 일종의 회의주의를 배운 것 같다. 엘리스로 돌아온 그는 철학 교사로 고요하고 가난한 삶을 살았다. 그는 너무 겸손해 책을 남기지 않았는데, 그의 제자인 플리로스의 티몬이 일련의 풍자시로 피론의 생각을 세상에 알렸다. 그의 생각은 기본적으로 세 가지로 요약된다. 확실한 것은 없다. 따라서 지혜로운 사람은 판단을 중단하고 진리보다는 평정을 구해야 하고, 모든 이론이 거짓일 수 있으므로 누구든 자기 시대 자기 고향의 잘못된 신화와 풍습을 받아들일 수 있음을 주의해야 한다. 어떤 감각이나 이성도 확실한 지식을 주지 못한다. 감각은 인지할 때 대상을 왜곡시키고 이성은 궤변론자이며 욕망의 충복일 뿐이다. 모든 삼단 논법은 주요 전제가 그 결론을 가정하고 있으므로 질문을 회피한다. "모든 이성에는 그에 반(反)대응하는 이성이 있다."[8] 동일한 경험이 환경과 분위기에 따라 유쾌할 수도 불쾌할 수도 있다. 같은 대상이

크거나 작을 수도 아름답거나 추할 수도 있다. 같은 행동이 당사자가 언제 어디 사느냐에 따라 도덕적일 수도 비도덕적일 수도 있다. 같은 신이 민족에 따라 신이 될 수도 그렇지 않을 수도 있다. 모든 것이 견해일 뿐 어떤 것도 확실한 진리가 아니다. 따라서 논쟁 때 어느 한편을 들거나 다른 삶의 방식, 삶의 장소를 구하거나 과거나 미래를 부러워하는 것 등은 어리석은 짓이다. 삶조차도 불확실한 선이고 죽음도 악이라고 할 수 없으므로 어느 것에 대해서든 편견을 가져서는 안 된다. 최선의 방책은 묵묵히 받아들이는 것이다. 세상을 개혁하는 대신 인내하며 참고, 진보를 갈망하는 대신 평온하게 자족하는 것이다. 피론은 이 반(半)힌두교적 철학에 따라 성실하게 살려고 애썼다. 그는 엘리스의 관습과 신앙을 겸손하게 따르고 위험을 피하거나 구차하게 삶을 연장하려 하지 않았으며,[9] 90세를 일기로 세상을 떠났다. 그를 존경한 시민들은 그를 기려 철학자들에게 세금 면제의 혜택을 주었다.

형이상학에 대한 공격이 플라톤의 추종자를 통해 이루어졌다는 것은 역사의 아이러니다. 기원전 269년, 중기(中期) 아카데메이아 수장이 된 아르케실라오스는 플라톤의 감각적 지식에 대한 반대를 아마 피론에게서 영향을 받아 피론만큼이나 완벽한 회의주의로 변형시켰다.[10] 아르케실라오스는 "어떤 것도 확실하지 않으며 이 말조차 불확실하다."라고 말했다.[11] 이런 교설은 삶을 불가능하게 한다는 말을 듣자, 그는 삶은 오래전부터 막연함과 잘 어울리는 법을 익혀 왔다고 답했다. 한 세기 후 더 활기찬 회의주의가 후기 아카데메이아를 점령하고 보편적 회의론을 지적·도덕적 허무주의로까지 발전시켰다. 기원전 193년경에 그리스의 아벨라르처럼 아테네에 온 키레네의 카르네아데스는 배운 모든 교설에 집요하게 반론을 펴 크리시포스와 여타 스승을 힘들게 했다. 그들이 자신을 논리학자로 만들려 하자, 그는 (프로타고라스에 대한 입장을 역전시키며) "내 논거가 옳다면 좋습니다. 그러나 틀리다면 내가 낸 수업료를 돌려주십시오."라고 말하곤 했다.[12] 자신의 학교를 세운 후, 그는 이 날 한 말을 다음 날에는 그에 대해 반증하며 모든 견해를 논파하는 식으로 강의하여 제자는 물론 그의 전기 작가조차도 그의 진짜 생각이 무엇인지 짐작하지 못할 지경이었다. 그는 감각 및 이성에 대한 플라톤-칸트적인 비평법으로 스토아 철학의 유물론적 사실주의를 반박했다. 또한 모든 결론을 지적으로 변호할 여지가 없을 정도로 공격하고 제자들이 당대의 관습과 개연성에 만족하도록 만들었다. 아테네 사절단의 일원으로 로마에 파견되었을 때(기원전 155년), 그는 어느 날 정의를 옹호했다가 그 다음 날 로마가 정의를 실천하기 원한다면 막강한 힘으로 탈취한 모든 것을 지중해 국가에 돌려주어야 할 것이라고 말하며 그것이 실행 불가능한 꿈이라고 조롱함으로써 원로원에 충격을 안겨 주었다.[13] 세 번째 날 카토는 공공 도덕을 해치는 위험인물이라 하여 사절단을 고향으로 돌려보냈다. 실질적 정신의 소유자이며 당시 볼모로 스키피오와 함께 있어 이 말을 들었을 폴리비오스는 격분하면서 이들 철학자를 다음과 같이 비난한다.

이들은 아카데메이아에서 극히 주도면밀한 토론으로 훈련받았을 텐데, 그 몇몇이 청중의 마음을 혼란케 해 그런 모순된 말을 입에 올리고 상상력을 동원해 그럴듯한 궤변을 지어내니, 에페소스에서 요리하는 계란을 아테네인들이 냄새 맡을 수 있는지 궁금해 하고, 집 침대에 누워 꿈속에서는 떠올리지 않는 문제를 아카데메이아에서는 열심히 토론하지 않는지 의심스럽다. …… 그들은 이처럼 역설을 지나치게 좋아해 철학의 이름을 더럽혔다. …… 우리 젊은이들의 마음에 그런 열정을 불어넣어 철학도들의 정신을 진정 살찌울 윤리적·정치적 질문에는 관심을 기울이지 않고 쓸데없는 공론으로만 세월을 허비하도록 만든다.[14]

2. 쾌락주의의 도피

그렇게 오랫동안 곰팡내 나는 공론으로 허송세월하는 이론가를 비난한 그였지만, 도덕 문제가 그리스 정신에 대해 매력을 상실했다고 주장한 것은 폴리비오스의 착오였다. 이 시기 철학의 지배적인 어조로 형이하학과 형이상학을 대체한 것은 분명 윤리학 계통이었다. 왕실 수비대의 존재로 언변의 자유가 제한되고 국가의 자유는 침묵을 통해 유지될 수 있다고 은연중에 이해되고 있었기 때문에 정치 문제는 깊이 침잠해 있었다. 아테네 국가의 영광은 떠나 버렸고, 철학은 그리스에 전례 없는 철학과 윤리 간의 괴리감을 직시해야 했다. 철학과 화해하면서도 정치적 무능력과 양립할 수 있는 삶의 방식을 찾아야 했다. 따라서 문제는 더 이상 올바른 국가 건설 같은 것이 아니라 어떻게 개인이 자기를 절제하고 자족할 수 있는가였다.

이제 윤리 문제는 두 가지 상반된 방향으로 발전해 갔다. 한 조류는 헤라클레이토스와 소크라테스, 안티스테네스, 디오게네스의 지도에 따라 견유학파를 스토아 철학으로 확장시키며, 다른 조류는 데모크리토스에 뿌리를 두고 아리스티포스에 크게 의지하며 키레네 학파를 에피쿠로스의 교설로 이끌어 낸다. 당시의 정치적·종교적 쇠퇴에 대한 이들 철학적 반향은 그 뿌리가 모두 아시아에 있었다. 스토아 철학은 셈족의 범신론, 운명론 및 체념에서 발원하였고, 에피쿠로스 철학의 발원지는 아시아 지역 연안의 쾌락을 사랑하는 그리스인들이었다.

에피쿠로스는 기원전 341년 사모스에서 태어났다. 그는 12세에 철학에 흠뻑 빠진 후 19세에 아테네로 가 아카데메이아에서 일 년여를 보냈다. 프란시스 베이컨(Francis Bacon)처럼 그는 플라톤과 아리스토텔레스보다는 데모크리토스를 더 좋아해 그로부터 자신의 건축물을 위한 벽돌을 빌렸다. 그는 아리스티포스로부터 쾌락의 지혜를 배우고 소크라테스로부터 지혜의 쾌락을 배웠다. 피론으로부터는 평정의 교리와 그에 걸맞은 말 '아타락시아(ataraxia)'를 차용했다. 그는 민회가 불경하다고 기소하고[15] 에피쿠로스 자신이 잊을 수 없었던 초도덕적 무신론을 아테네에서 공개적으로 당당히 설파했던 당대인, 키레네의 테오도로스를 분명히 흥미롭게 지켜보았을 것이다. 그 후 그는 아시아로 돌아와 콜로폰과 미틸레네, 람프사코스에서 철학을 가르쳤다. 람프사코스인들은 그의 생각과 인품에 크게 감화를 받고 그처럼 외진 도시에서 재능을 썩히는 것이 안타까워 80미나(4000달러)를 모아 아테네 근교에 집과 정원을 마련해 학교와 거처로 삼도록 에피쿠로스에게 선사했다. 기원전 306년, 35세가 된 에피쿠로스는 거기에 거처를 정하고 이름만 쾌락적인 철학을 아테네인들에게 가르쳤다. 그가 강의와 자기 주변 작은 공동체에 모이는 여자를 반긴 것은 여성의 자유가 신장되고 있다는 한 조짐이었다. 그는 신분 및 민족상의 차별을 두지 않았다. 창부와 귀부인, 노예와 자유인을 모두 환영했다. 그가 총애한 제자는 자기 노예 미시스였다. 창부 레온티온은 그의 제자이자 연인이 되었고, 그가 적법한 방법으로 그녀를 맞아들일 만큼 질투심 강한 짝이라는 것을 알았다. 그와 함께한 그녀는 아이 하나를 두고 몇 권의 책을 저술했는데, 그 문체의 순결함은 그의 도덕성과 대립되지 않았다.[16]

에피쿠로스는 여생을 금욕적인 단순함과 신중한 사생활로 보냈다. 그의 좌우명은 "겸손하게 살라."였다. 그는 자신이 사는 도시의 종교 의식에 충실히 참석했으며 정치에는 일체 관여하지 않고 세상사로부터 자유로웠다. 그는 물과 약간의 포도주, 빵과 치즈로 만족했다. 그의 경쟁자와 적대자들은 그가 가능하면 게걸스럽게 먹어대고 너무 과식해 어쩔 수 없을 때만 절제한다고 비난했지만, "그 말은 모두 거짓"이라고 디오게네스 라이르티오스는 분명히 말하며 "모든 이들, 즉 조각상을 만들어 그를 기린 동포들과 전 도시에 채우고도 남을 만큼의 친구들에게 더없이 친절한 사람이었음을 증언할 이들이 수없이 많다."라고 덧붙였다.[17] 그는 부모에게 성실했고 형제에게 관대했으며 철학 연구를 함께한 하인들에게 너그러웠다.[18] 세네카는 말하길 그의 제자들은 그를 사람들과 함께한 신처럼 우러러보았으며, 그가 죽은 후 그들의 표어는 "에피쿠로스의 눈이 그대를 지켜보는 것처럼 살라."였다고 한다.

자신의 교훈과 사랑 가운데 그는 300여 권의 책을 저술했다. 가장 중요한 저서 『자연에 대하여』의 일부 단편이 헤르쿨라네움의 잿더미 속에서 발견되었다. 철학의 플루타르코스라 할 수 있는 디오게네스 라이르티오스가 그의 서간

세 편을 남겼고, 이후 몇 가지가 추가 발견되었다. 무엇보다 루크레티우스가 가장 위대한 철학 시(詩) 안에 에피쿠로스의 사상을 담았다.

알렉산드로스의 정복으로 동방의 수많은 신비 종교가 그리스에 유입되어 퍼져 있음을 이미 알아챘을 에피쿠로스는 철학의 목표는 인간을 두려움, 무엇보다도 신에 대한 두려움에서 해방하는 것이라는 매력적인 주장을 하기 시작한다. 그는 무지를 자양분으로 삼아 성장하고 무지를 촉진하며 거룩한 감시와 냉혹한 분노, 끝없는 형벌로 삶을 어둡게 하는 종교를 혐오한다. 에피쿠로스에 의하면 신은 저 멀리 별들 사이에서 평온하고 영원한 삶을 누리면서도 인간이라는 미소한 존재의 일상사에 지나치게 간섭한다. 세상은 신에 의해 설계되지도 않았고, 신이 다스리지도 않는다. 쾌락주의적인 신이 어떻게 이처럼 그저 그런 세상, 질서와 무질서, 아름다움과 고뇌가 뒤범벅이 된 우주를 창조할 수 있겠는가?[19] 이런 사실이 실망스럽다면 신은 저 멀리 떨어져 있어 더 이상 아무 해도 입히지 않을 거라고 스스로 위로해 보라고 에피쿠로스는 덧붙인다. 신은 감시도, 판결도, 지옥에 던져 넣을 수도 없다. 악신, 즉 마귀는 불행을 부르는 미몽에 불과하다.

종교를 거부한 에피쿠로스는 형이상학도 거부하게 된다. 초감각적인 세계는 인지의 대상이 될 수 없다. 이성은 감각적인 경험에 제한되고 이를 진리의 최종 시금석으로 삼아야 한다. 2000년 후 로크(Locke)와 라이프니츠(Leibnitz)가 논쟁했던 모든 문제는 다음 한 문장으로 요약된다. 지식이 감각에서 오지 않는다면 도대체 어디서 오는 것일까? 감각이 사실에 대한 궁극적 심판자가 아니라면 이치상 감각을 통해 얻어져야 하는 그 기준은 어떻게 얻을 수 있는가?

그럼에도 불구하고 감각은 외부 세계에 대한 확실한 지식을 전달하지 못한다. 감각은 객관적 대상 그 자체를 인지하지 못하며, 대상의 표면에서 발산되는 작은 원자만 포착해 그 본질과 형상을 흐릿하게 감지할 뿐이다. 따라서 (이는 사실 전혀 필요치 않은데) 세계에 대한 이론이 필요하다면, 물체와 공간 이외의 알 수 있고 상상할 수 있는 어떤 것도 존재하지 않으며 모든 물체는 보이지 않고 변하지 않는 원자로 구성되어 있다는 데모크리토스의 견해를 취하는 것이 좋겠다. 이 원자들은 색깔도 온도도 소리도 맛도 냄새도 없다. 이런 특질은 대상이 미립자 형태로 감각 기관에 방사되어 생기는 것이다. 그러나 원자들은 그 크기와 무게, 형태 등이 다양하다. 이렇게 가정함으로써만 무한히 다양한 사물을 이해할 수 있다. 에피쿠로스는 원자의 기능을 순전히 역학적인 원리로 즐겨 설명한다. 그러나 그는 우주론보다는 윤리학에 더 관심이 있고 자유 의지를 도덕적 의무의 원천과 인성의 버팀목으로 강하게 견지하고 싶어 해 데모크리토스를 공중에 날려 버리고 원자에 일종의 자발성을 부여한다. 원자가 공간을 거쳐 감각에 수직으로 떨어질 때 그 각도가 약간 어긋나 그로 인해 어떤 결합 작용이 발생하게 되고, 그 결과 네 가지 요소가 생성되며 다양한 객관 세계가 형성된다는 것이다.[20] 광대한 세계가 펼쳐져 있지만 그 모두에 관여하는 것은 지혜롭지 못하다. 태양과 달은 보이는 그대로와 같다고 가정하면 된다. 그리고 여분의 시간은 인간에 대한 연구에 바치는 것이 현명하다.

인간은 전적으로 자연의 산물이다. 생명은 자연 발생적으로 생성되었을 것이며, 설계됨이 없이 적자생존의 법칙에 따라 진보해 왔다.[21] 정신은 물질의 또 다른 형태일 뿐이다. 영혼은 육체를 통해 발산되는 섬세한 물질적 실체로서,[22] 육체를 통해서만 느끼고 행동할 수 있고 육체의 죽음과 함께 사멸한다. 이 모든 사실에도 불구하고, 의지가 자유롭다는 이 즉각적인 의식의 증거를 부인할 수 없다. 그렇지 않으면 인생을 살면서 아무 의미 없는 꼭두각시 노릇밖에 하지 못한다. 철학자의 운명에 매이기보다는 사람들이 만든 신의 종이 되는 것이 낫다.[23]

그러나 철학의 진정한 기능은 일부로 전체를 설명할 수는 절대 없으므로 세계를 설명하는 데 있는 것이 아니라 행복 추구를 안내하는 데 있다. "염두에 두어야 할 것은 체계나 공허한 견해가 아니라 온갖 불안과 염려에서 해방된 삶이다."[24] 에피쿠로스의 정원 입구에 다음과 같은 초대 글이 걸려 있었다. "여기 들어오는 이여, 행복하기를 바란다. 이곳 행복이 최고의 선이기 때문에." 이 철학에서 덕은 목적 자체가 아니다. 행복한 삶을 위해 반드시 필요한 수단일 뿐이다.[25] "신중하고 영예롭고 바르게 살지 않고는 절대 즐겁게 살 수 없으며, 마찬가지로 즐겁게 살지 않고는 신중하고 영예롭고 바르게 살 수 없다."[26] 이 철학에 있어 유일하게 확실한 명제는 즐거움이 선이고 고통은 악이라는 것이다. 감각적인 즐거움도 그 자체로는 합법적이고 이를 위한 지혜도 어느 정도 용인될 수 있다. 그러나 이로써 폐단이 일어날 수 있으므로 지성을 통해서만 분별 있게 추구되어야 한다.

따라서 즐거움이 최고선이라고 말할 때, 이는 방탕한 사람이 추구하는 쾌락이나 감각적인 쾌락을 말하는 것이 아니라 …… 육체가 고통에서 영혼이 혼란에서 자유롭게 되는 것을 뜻한다. 술과 환락에 빠지거나 여자에 탐닉하거나 진수성찬으로 삶을 즐기는 것이 아니라, 선택하고 포기할 이유를 궁리하고 영혼을 어지럽히는 온갖 헛된 생각을 떨쳐 낼 수 있는 근실한 사색인 것이다.[27]

그러므로 결국 최고의 덕목과 행복은 분별력이다. 이야말로 고통과 슬픔을 벗어나기 위해 그 어떤 것보다 필요한 능력이다. 지혜가 유일한 해방자인 것이다. 이를 통해 열정이라는 멍에, 신에 대한 두려움, 죽음의 공포에서 해방될 수 있다. 불행을 인내하고 단출한 삶과 평온한 정신에서 깊은 즐거움을 길어 낼 수 있는 것은 바로 지혜를 통해서다. 현명하게 바라본다면 죽음은 그렇게 당황스럽지 않다. 그 고통은 살아가면서 몇 번이고 되씹었던 것보다 찰나적이며 사소한 것일 수 있다. 죽음을 그렇게 두려워하는 것은 어리석은 공상 때문이다. 지혜롭게 자족하기 위해 필요한 것들이 얼마나 사소한지. 신선한 공기, 값싼 음식, 소박한 집, 침대 하나, 책 몇 권, 친구 한 명. "자연이 주는 모든 것은 손쉽게 조달된다. 쓸모없는 것들만 값비쌀 뿐이다."[28] 마음속에 떠오르는 온갖 욕망을 좇아 삶에 안달해서는 안 된다. "욕망을 이루지 못한 것이 진정 고통스럽지 않을 때 욕망을 무시할 수 있다."[29] 사랑과 결혼, 가족까지도 필요치 않다. 이들은 잠시 잠깐 즐거움을 누리게 하지만 대신 영원한 슬픔을 안겨 준다.[30] 단순 질박한 삶이야말로 건강의 첩경이다.[31] 지혜로운 사람은 야망과 명예욕에 애태우지 않고 적대자나 친구의 행운을 시샘하지 않으며 도시의 광적인 경쟁과 정쟁의 소용돌이에 휘말리지 않는다. 오히려 전원의 평온함을 구하고 육체와 정신의 평정 속에서 가장 확실하고 깊은 행복을 발견한다. 욕망을 다스리고 겉치레를 걷어 내고 모든 두려움을 물리친 그는 지고의 선, 즉 평화로 보답받고 "달콤한 삶"을 누리게 된다.

이 호소력 있고 진솔한 교설은 쾌락을 두려워하지 않는 철학자와 감각을 옹호하는 논리가에게 매력적으로 다가선다. 여기는 애매함도 사려 분별을 요구하는 뜨거운 열정도 없다. 반대로 에피쿠로스 철학은 그 원자론적 성향에도 불구하고 그리스 과학과 철학을 낳았던 용기 있는 호기심과 반대 방향으로 나아간다. 이 철학의 가장 큰 약점은 소극성에 있다. 에피쿠로스 철학에 의하면 쾌락은 고통으로부터 해방되는 것이고 지혜는 위험 가득한 삶으로부터 벗어나는 것이다. 이 철학은 독신을 위해서는 안성맞춤이지만 사회를 위해서는 거의 무용지물이다. 에피쿠로스는 국가를 그 보호 아래 자기 정원에서 평안히 살 수 있는 필요악으로 여겨 존중했지만, 국가 독립에 대해서는 거의 무관심했던 것 같다. 정말 그의 학파는 이교를 덜 백안시한 군주제를 민주주의보다 선호한 것 같으며,[32] 이는 오늘날 신앙과 묘하게 정반대되는 현상이다. 에피쿠로스는 지혜와 교우 관계를 겸손히 추구하는 데 방해가 되지 않는 한 어떤 정부도 기꺼이 수용했다. 그는 초기 세대가 국가에 기울인 헌신을 우정에 바쳤다. "삶의 행복을 위해 지혜가 줄 수 있는 가장 소중한 것은 단연 우정이다."[33] 에피쿠로스의 우정은 그 한결같음으로 유명해 제자들에 대한 그의 편지는 열렬한 애정의 표현들로 가득하다.[34] 제자들은 그리스인 고유의 열정으로 이 감정에 화답한다. 젊은 콜로테스는 처음 에피쿠로스의 말을 듣자 그 무릎에 엎드려 눈물을 흘리며 신에게 대하듯 그를 찬미했다.[35]

36년간 에피쿠로스는 그의 정원에서 가르쳤고 가족보다 학교를 더 사랑했다. 기원전 270년에 그는 돌에 맞아 쓰러졌다. 그는 고통을 금욕적으로 참으며 임종 석상에서 친구들에 대한 생각으로 시간을 보냈다. "내 마지막이 될 이 행복한 날 그대에게 이 글을 쓴다. 방광 폐색과 장내 통증이 극도로 악화되었지만, 우리가 함께 얘기 나눈 즐거운 기억들로 참아 낼 수 있다. 그대가 오랜 기간 나와 철학에 쏟은 그 정성으로 메트로도로스의 아이들을 돌봐 주기 바란다."[36] 그는 "힘닿는 한 …… 철학을 공부하는 모든 이들이 궁핍하지 않도록"[37] 그의 재산을 학교에 유증했다.

그는 수많은 제자들을 남겼으며, 제자들은 그를 충실히 기려 수 세기 동안 스승의 한 마디 가르침도 변질시키려 하지 않았다. 그의 가장 유명한 제자인 람프사코스의 메트로도로스는 "모든 선한 것은 식욕과 관계가 있다."[38]는 주장으로 에피쿠로스 철학을 격하시켜 그리스인들을 놀라게 하거나 즐겁게 해 주었는데, 그 뜻은 모든 기쁨은 생리적이며 결국 내장과 관계된다는 의미였을 것이다. 크리시포스는 아르케스트라토스의 『위병학(胃病學)』이 에피쿠로스 철학의 중심이라며 이에 맞섰다.[39] 세간에 그 의미가 잘못 전달된 에피쿠로스 철학은 헬라스 전역에 걸쳐 공적으로 비난받으면서 은밀하게 받아들여졌다. 그리스화한 유대인들 중에도 그렇게 많은 이들이 이를 받아들여 랍비들이 아피코로스('에피쿠로스의 추종자'라는 뜻 – 옮긴이)를 배교자와 동의어로 사용할 정도였다.[40] 기원전 173년 혹은 155년에 두 명의 에피쿠로스 철학자가 젊은이들을 타락시킨다는 이유로 로마에서 추방되었다.[41] 한 세기 후 키케로는 "에피쿠로스의 추종자들이 왜 이렇게 많은가?"[42] 하고 의문시했으며, 루크레티우스는 에피쿠로스 철학 체계의 가장 완벽하고 정연한 주해서를 썼다. 이 학파는 콘스탄티누스 치세 때까지 신봉자를 유지했는데, 일부는 삶을 통해 스승의 이름을 "식도락가(epicure)"라는 의미로 격하시킨 반면, 또 다른 이들은 한때 그의 철학을 명료하게 요약한 단순한 금언 "신은 두려워할 대상이 아니며, 죽음은 느낄 수 없고, 선은 획득 가능하며, 두려워하는 모든 대상은 정복될 수 있다."[43]라는 말을 충실히 가르쳤다.

3. 금욕주의의 타협

수많은 에피쿠로스 추종자들이 그를 개인 쾌락 추구의 조언자로 해석하자, "선한 삶이란 무엇인가?"라는 윤리학 본연의 문제는 해답 대신 "개인의 자연적 쾌락주의가 집단과 민족에 필요한 금욕주의와 어떻게 조화될 수 있는가?", "어떻게 하면 사회 구성원을 집단 생존에 반드시 필요한 절제와 자기희생으로 이끌고 복종하게 할 수 있는가?"라는 새로운 질문에 이르게 되었다. 옛 종교는 더 이상 이 기능을 수행할 수 없었으며, 옛 도시 국가 또한 인간을 자기 포기의 경지까지 고양시킬 수 없었다. 학식 있는 그리스인들은 답을 종교가 아니라 철학에서 찾았다. 그들은 인생의 위기에서 조언과 자문을 구하기 위해 철학자를 초빙했다. 그들이 철학자들에게 듣기 원한 것은 전체 체계 내에서의 인간 존재의 영구적 의미와 가치를 부여할 수 있고, 그들로 하여금 필연적 죽음을 두려움 없이 대면하게 할 수 있는 일종의 세계관이었다. 스토아 철학은 자연 윤리를 찾으려는 고전적 고대인의 마지막 노력이었다. 제논은 플라톤이 실패했던 과업을 다시 한 번 시도했다.

제논은 키프로스 섬의 키티온에서 태어났다. 이 도시 주민은 일부는 페니키아인이었고 그 대부분이 그리스인들로 구성되었다. 제논은 자주 페니키아인으로 불렸고 가끔 이집트인으로 불렸다. 그는 그리스인과 셈족의 피가 섞인 혼혈 가계를 둔 것이 거의 확실하다.[44] 티레의 아폴로니오스는 그를 야위고 키가 크며 피부색이 검은 것으로 묘사한다. 그의 머리는 한쪽으로 기울었으며 다리는 약해 헤파이스토스가 그보다 낫지 못했을지라도 아프로디테는 아테나에게 그를 넘겨주었을 것이다. 정신이 또렷한 그는 상인으로 곧 거부가 되었다. 전하는 바에 의하면 아테네에 처음 왔을 때 그는 1000달란트가 넘는 거금을 갖고 있었다고 한다. 디오게네스 라이르티오스에 의하면 그는 아티카 연안에서 파선하여 재산을 모두 잃고 기원전 314년경에 거의 빈털터리가 되어 아테네에 도착했다.[45] 거기서 그는 한 책방에 앉아 크세노폰의『회고록』을 읽기 시작했는데, 곧 소크라테스의 인품에 매료되어 버렸다. 그는 "오늘날 어디서 이런 사람을 만날 수 있을까?"라고 물었다. 바로 그때 견유학파 철학자 크라테스가 지나가고 있었고 책방 주인은 "저 사람을 따라가라."고 말했다. 30세의 제논은 크라테스의 가르침 아래 철학에 깊이 빠져들었다. 그는 "난파되었을 때 멋진 항해를 했다."[46]라고 말했다. 크라테스는 테베인으로 그의 전 재산 300달란트를 동료 시민들에게 나눠 주고 견유학파 걸인 수도사로 금욕적인 생을 선택했다. 그는 당대의 성적 타락을 비난하고 사랑의 치유책으로 배고픔을 권면했다. 먹을 것이 넉넉했던 제자 히파르키아가 그를 연모하여 그와 짝을 이루도록 허락하지 않으면 자살하겠다고 위협했다. 부모의 간청으로 크라테스는 그녀 발 앞에 거지 전대를 두고 "이것이 내 전부니 지금 행동에 대해 다시 생각해 보라."고 말하며 설득했다. 이에 굴하지 않은 그녀는 부족한 것 없는 집을 나와 거지 옷을 걸치고 자유로운 사랑을 구해 크라테스에게 갔다. 알려진 바에 의하면 그들의 은밀한 혼례 행사조차 남들의 이목에 가려지지 않고 치러졌으며, 서로에게 성실하고 애정 넘친 삶을 살았다고 한다.[47]

제논은 엄격하고 단순한 견유학파의 삶에 깊이 감화되었다. 안티스테네스의 추종자들은 이제 고대의 프란체스코 수도사가 되어 가난과 금욕에 서약하고 발걸음 닿는 대로 아무 데서나 잠자고 보시로 연명하며 그렇게 근면하게 생활해 성인을 방불케 했다. 제논은 자기 윤리학의 골격을 견유학파에서 빌려 왔으며 이를 숨기지 않았다. 자신의 첫 작품『국가』에서 그는 이들의 지대한 영향 아래 돈도 재산도 결혼도 종교도 법률도 없는 무정부적 공산주의를 지지한다.[48] 이 유토피아와 견유학파의 양생법이 실제적인 삶의 방편이 될 수 없음을 인정한 그는 크라테스를 떠나 한동안 아카데메이아의 크세노크라테스와 메가라의 스틸폰에게서 수학한다. 그는 헤라클레이토스의 글을 진지하게 읽은 것이 분명하다. 자신의 사상에 헤라클레이토스의 몇 가지 생각, 즉 인간과 우주의 영혼으로서의 신성한 불, 법의 영속성, 세계의 반복되는 창조와 파멸 등을 포함시켰기 때문이다. 그러나 그는 소크라테스를 스토아 철학의 원천이자 이상으로 여겨 거의 언제나 자기 생각 대부분은 그로부터 온 것이라 말했다.

수년 간 겸손히 수양한 후, 기원전 301년 제논은 마침내 자기 학교를 세우고 스토아 포이킬레(Stoa Poecile)의 주랑 아래를 거닐며 형식에 매이지 않고 강의했다. 그는 가난한 자와 부자를 모두 환영했지만 젊은이는 원숙한 사람만이 철학을 이해할 수 있다 하여 사절했다. 너무 말이 많은 한 젊은이에게 제논은 "사람이 귀가 둘이고 입이 하나인 이유는 더 많이 듣고 덜 말하라는 뜻이다."[49]라고 충고했다. 아테네에 있을 때 제논의 수업에 참석한 안티고노스 2세는 그를 흠모하는 친구가 되고 조언을 구하기도 했다. 찰나적인 사치와 허영으로 유혹하며 펠라의 손님으로 초대받기도 했지만, 제논은 이를 사양하고 대신 제자 페르사이오스를 보냈다. 그는 40년간* 스토아에서 가르치며 자신이 가르친 그대로 살아 "제논보다 절제심이 나은지."라는 속담이 그리스에 생길 정도였다. 아테네 민회는 그와 안티고노스의 친분 관계에도 불구하고 그에게 "성문 열쇠"를 맡겼으며, 표결로 조각상과 관을 바쳐 그를 기리기로 결정했다. 그 결정 내용은 다음과 같다.

> 키티온의 제논이 오랫동안 우리 도시에서 철학을 궁구하고 지내면서 여타 모든 면에서 선하게 행동하고, 모든 젊은이들에게 함께 절제를 실천하도록 간곡히 타일렀으며, 탁월하게 모범적인 삶을 살아 …… 제논을 존경하는 사람들이 …… 그에게 금관을 헌정하고 …… 케라미코스에 공금으로 그의 묘지를 세우기로 결정하였다.[51]

전승에 의하면 90세 되던 해 "그는 다음과 같이 죽었다."고 라이르티오스는 말

---

* 제논에 대한 모든 연대는 사료가 서로 일치하지 않아 논쟁의 여지가 있다. 젤러(Zeller)는 그의 출생을 기원전 350년, 사망을 기원전 260년으로 결론짓는다.[50]

한다. "학교를 나서면서 발을 헛디뎌 발가락이 부러졌다. 그러자 그는 땅을 치면서 니오베의 한 구절 '그래, 간다. 어째서 그렇게 날 부르느냐?'를 되뇐 후 즉시 스스로 목을 졸라 죽었다."[52]

스토아는 두 명의 아시아 출신 그리스인, 아소스의 클레안테스와 솔리의 크리시포스에 의해 계속 운영되었다. 클레안테스는 4드라크마만 갖고 아테네로 온 권투 선수 출신으로 일반 노동자로 일했으며, 공공 보조금을 사절하고 19년간 제논에게 수학하면서 근면하고 금욕적으로 생활했다. 이 학파에서 가장 박식했던 크리시포스는 왕성하게 저술 활동에 임해 750권에 달하는 방대한 분량으로 스토아 철학 교설을 역사적으로 상술했다. 할리카르나소스의 디오니시오스는 이를 박학한 둔중함의 전형으로 소개한다. 그 이후 스토아 철학은 헬라스 전역으로 확대되고, 아시아 지역에서 로도스의 파나이티오스, 타르소스의 제논, 시돈의 보이토스, 셀레우키아의 디오게네스 등 가장 걸출한 지지자들이 배출되었다. 한때 존재했던 수많은 작품들 중 일부 남은 단편을 통해 고대 세계에서 가장 널리 퍼지고 지대한 영향을 미친 철학의 모습을 그려 볼 수밖에 없겠다.

스토아 철학 체계를 논리학과 자연 과학, 윤리학으로 구분한 이는 크리시포스였던 것 같다. 제논과 그 후계자들은 논리 이론에 대한 공헌에 자부심을 가졌지만, 이에 대한 그들의 성과가 계몽이나 활용 면에서 얼마나 영향을 미쳤는지 확인할 길은 전혀 없다.* 스토아 철학자는 지식이 감각을 통해서만 얻어지고 생생하고 일관성 있게 정신의 동의를 요구하는 인식 작용을 통해 진리의 최종 시금석이 된다는 점에서 에피쿠로스 철학자와 견해를 같이한다. 그러나 경험이 반드시 지식으로 이어지지는 않는다. 감각과 이성 사이에 감정과 열정이 놓여 있으며, 이로 인해 욕망이 사악으로 변질되는 것처럼 경험이 오류로 변질될

---

* "논리(logic)"라는 말 자체처럼 특정 용어의 경우는 예외다. 제논의 제자 아리스토는 껍질 속의 한입 살을 먹기 위해 그렇게 많은 수고를 들인다는 뜻에서 논리학자를 바닷가재를 먹는 이에 비유했다.[53]

수 있기 때문이다. 이성은 최고 완성 단계로서 세계를 형성하고 다스리는 "씨앗을 품은 이성"의 씨앗이다.

세계 자체는 인간처럼 완전히 물질적이면서 동시에 태생적으로 신적(神的)이다. 감각에 의해 전달되는 모든 것은 물질적이며, 물질적인 것만이 행동을 야기하고 받아들일 수 있다. 질과 양, 미덕과 열정, 영혼과 육체, 신과 별은 모두 물질적인 형태이거나 그 과정이며, 섬세함에 있어 정도의 차이가 있지만 본질적으로는 하나다.[54] 한편 모든 물질은 동적이며 긴장과 힘으로 충만해 있고 영속적으로 확산 또는 응축에 관여하며 영원히 내재하는 에너지나 열, 불에 의해 활성화된다. 우주는 끝없이 팽창과 수축, 발전과 분열을 되풀이하며 지속되는데, 주기적으로 장엄한 대화재로 소멸되고 서서히 재형성된 후 모든 이전 역사를 극히 미세한 부분까지 되풀이한다.* 인과 관계는 붕괴되지 않는 순환 고리로서 끝없이 되풀이된다. 모든 사건과 의지 행위는 결정되어 있다. 어떤 것이 달리 전개되는 것은 무(無)에서 발생하는 것만큼이나 불가능하다. 사슬이 붕괴되는 것은 세계가 붕괴되는 것이다.

이 체계에서 신은 처음이자 중간이며 끝이다. 스토아 철학자는 도덕의 기초로서 종교의 필요성을 인정하여 민간 신앙과 귀신 및 점(占)을 온화한 관용의 미소로 바라보고, 비유적인 해석을 미신과 철학 사이의 간격을 잇는 교량으로 간주한다. 칼데아 점성술을 본질적으로는 옳은 것으로 여겨 세상사를 별의 운행과 신비하게 연속해서 대응하는 어떤 것,[55] 즉 한 부분에 발생한 일이 기타 모든 부분에 영향을 미치는 우주적 "상호 관계"의 한 단면으로 생각한다. 윤리학뿐 아니라 그리스도교 신학의 토대도 마련하는 듯, 이들은 신의 관점에서 세계와 법칙, 인생, 영혼, 운명 등을 바라보고, 도덕을 신의 의지에 자발적으로 순종하는 것이라 정의한다. 신은 인간처럼 살아 있는 물질이고 세계는 그의 몸이며 세계의 질서와 법칙은 그의 정신이며 의지다. 우주는 신이 그 영혼이고 생기

---

* 일부 스토아 철학자가 이 점에 대해 분명하지 않은 것이 다행이다.

를 불어넣는 호흡이며 비옥하게 하는 이성이고 활력을 주는 불인 거대한 유기체다.[56] 스토아 철학자는 가끔 신을 비인격적으로 생각하고, 보다 자주 최고 지성으로 우주를 설계하고 다스리며 모든 부분을 합리적 목적에 맞게 조정하고 모든 것이 고결한 사람에게 득이 되도록 하는 섭리로 묘사한다. 클레안테스는 이크나톤이나 이사야에 비견되는 일신론적 찬가 속에서 이 신을 제우스에 빗댄다.

오, 제우스여. 모든 신 중에 찬양을 받으실 이여. 당신의 이름과 모든 권세가 영원무궁하기를 바라나이다.

세계의 시작이 당신으로부터 비롯되었고, 삼라만상이 당신이 정한 법칙대로 운행되나이다.

모든 육체가 당신에 대해 말함이여. 우리는 당신의 피조물이니이다.

당신에게 찬미를 올리며 당신의 권세를 영원히 노래하겠나이다.

모든 하늘이 당신의 말씀에 순종함이여. 지구 주위를 도나이다.

작고 휘황한 빛들이 서로 어울림이여. 당신은 얼마나 위대하신지요, 영원히 만유의 왕이신 이여!

당신을 떠나서는 땅 위 그 무엇도, 하늘과 바다의 그 어떤 생물도 존재할 수 없나이다.

사악한 자들이 어리석게 행하는 일들을 돌아보소서.

굽어진 것을 바로잡으시고, 형체가 없는 것에 형체를 주시고, 이방인들을 당신 앞에 한 혈통으로 모으시는 이시여.

당신이 모든 것을 하나로, 선과 악을 하나로 묶으셨나이다.

당신의 말씀은 모든 것 중에 한결같으시며 영원히 그 안에 거하나이다.

우리의 미련함을 흩으소서. 우리에게 주신 영화를 당신께 다시 돌리겠나이다.

사람의 아들이 되어 영원히 당신이 하신 일을 찬양하겠나이다.[57]

인간의 우주에 대한 관계는 소우주와 대우주의 관계와 같아서, 그 또한 물질적인 육체와 물질적인 영혼을 가진 유기체이고, 육체와 상호 작용하거나 영향을 주고받는 것은 무엇이든 물질적인 존재다. 세계의 영혼이 세계를 통해 퍼지듯, 영혼은 육체를 통해 퍼지는 불같은 호흡 또는 프네우마다. 영혼은 육체보다 오래 존속하지만, 육체가 죽을 경우 영혼은 비인격적인 에너지로서만 존속한다. 종국의 대화재 때, 영혼은 아트만이 브라만에 흡수되는 것처럼 신(神)인 에너지의 대양(大洋)으로 다시 흡수된다.

인간이 신 또는 자연의 일부라면, 윤리 문제는 간단히 해결된다. 선은 신, 자연 또는 세계의 법칙과 상호 협력하기 때문이다. 선은 쾌락의 추구나 유희가 아니다. 왜냐하면 쾌락의 추구는 이성을 열정으로 기울게 하고 종종 육체나 정신을 망가뜨리며 결국은 만족을 주지 못하기 때문이다. 행복은 자신의 목표와 행위를 우주의 목적 및 법칙에 합리적으로 맞출 때만이 가능해진다. 개인의 선과 우주의 선은 다른 것이 아니다. 개인의 안녕은 자연의 법칙과 일치하기 때문이다. 선한 사람에게 악이 찾아온다면 그것은 잠시 잠깐일 뿐이며 진정한 악이 아니다. 전체를 이해할 수 있다면 부분적으로 나타나는 악 배후의 선을 볼 수 있다.* 지혜로운 사람은 자연 법칙을 찾을 수 있을 정도로만 과학을 연구하고 그 법칙을 자기 삶에 적용하려 한다. 자연에 따라 사는 것이야말로 과학과 철학의 목적이며 유일한 이유다. 클레안테스는 거의 뉴먼(Newman)과 같은 어조로 자신의 의지를 신의 의지에 굴복시킨다.

오, 신이여. 내 운명이여. 나를 이끄소서.
나를 충만케 할 바로 그곳으로.
기꺼이 따르겠나이다. 당신과 함께라면

---

* 크리시포스에 의하면 전쟁은 인구 과밀 해소에 유익하며 빈대는 잠이 많아 게을러지는 것을 막아 준다.[58]

저 같은 겁쟁이도 진정 묵묵히 따를 수 있겠나이다.[59]

따라서 스토아 철학자는 복잡하고 화려한 생활을 피하고 경제적이거나 정치적인 다툼을 멀리한다. 작은 것으로 만족하고 삶의 질고를 불평 없이 받아들인다. 덕을 제외한 모든 것과 악, 이를테면 질병과 고통, 호평이나 악평, 자유나 노예 신분, 삶과 죽음 등에 대해 무관심하다. 그는 자연의 지혜를 가로막거나 거스를 수 있는 모든 감정을 억누른다. 아들이 죽는다면 슬퍼하는 대신 그 오묘한 뜻을 좇아 정해진 운명을 받아들인다. 그는 아파테이아, 즉 초연한 마음을 간절히 구해 어떤 종류의 운명이나 연민, 사랑이 마음을 흔들려 해도 평정을 잃지 않는다.* 그는 엄한 선생이자 엄격한 관리자다. 결정론과 관대함은 서로 어울릴 수가 없어 모든 이들이 모든 행동에 도덕적으로 책임져야 한다. 도둑질로 매를 맞은 노예가 들은 풍월로 제논에게 "훔치는 것이 운명이었다."라고 말하자, 제논은 "네게 매질하는 것도 운명이다."라고 대답했다.[61] 스토아 철학자는 덕을 그 자체로 이미 보답받은 것이며 신성에 관여함으로써 생기는 절대 의무이자 지상 명령이라 여겼다. 따라서 불행을 당해도 신의 뜻을 따름으로써 화신이 된다는 생각으로 스스로 위로하게 된다.[62] 삶에 지쳐 다른 이를 해치지 않고 떠날 수 있다면 자살도 양심에 어긋나지 않는다. 클레안테스는 70세가 되었을 때 긴 단식에 들어가 중도에 포기할 수 없다는 말과 함께 죽을 때까지 계속했다.[63]

그러나 스토아 철학자는 반사회적이지 않다. 견유학파처럼 가난을 자랑하지도 않고 에피쿠로스 철학자들처럼 고독을 염원하지도 않는다. 낭만적인 사랑은 좋게 보지 않지만 결혼과 가족을 필요하다고 생각하고 모든 여자가 공동 소유인 유토피아를 꿈꾼다.[64] 그는 국가를, 심지어 군주제도 용인한다. 그는 도시 국가에는 호감을 가지지 않으며 평범한 사람을 위태한 숙맥으로 생각한다.

---

* 크리시포스는 죽은 친척을 가장 간소하게 매장할 것을 제안했다. 그의 생각에 죽은 육체는 식량으로 삼는 것이 더 나아 보였다.[60]

어중이떠중이가 왕이 되기보다는 차라리 안티고노스가 더 낫다고 본다. 진실로 그는 어떤 정부에도 관심을 두지 않는다. 모든 사람이 철학자가 되어 법이 필요 없는 세상을 바랄 뿐이다. 그는 플라톤이나 아리스토텔레스처럼 선한 사회라는 견지에서가 아니라 선한 사람이라는 견지에서 완벽을 추구한다. 그는 정치에 관여할 수 있고, 단지 조심스럽게 인간의 자유와 존엄성을 위한 행동을 지지할 수도 있다. 그러나 자신의 행복이 장소나 권력에 구속되어서는 안 된다. 국가를 위해 희생할 수는 있지만, 전 인류에 대한 충성을 가로막는 어떤 애국심도 사양한다. 그는 세계 시민인 것이다. 앞서 보았듯이 그 혈관 속에 그리스인과 셈족의 피가 함께 흘렀을 제논은 알렉산드로스처럼 민족과 국가의 벽을 허물기를 간절히 바랐고, 이런 그의 국제주의는 알렉산드로스가 잠시 동안 이룬 지중해 동부 세계의 통일을 반영한다. 결국 제논과 크리시포스가 바란 것은 모든 국가적·계층적 다툼이 국가도 계층도 부자나 가난한 자, 주인이나 노예도 없이 철학자가 압제 없이 다스리며 모든 사람이 같은 신의 자녀로 우애를 나누며 사는 하나의 광대한 사회로 대체되는 것이었다.[65]

스토아 철학은 고결한 철학이었으며, 오늘날의 냉소주의자들의 상상보다 더 실제적이었음이 판명되었다. 이 철학은 그리스 사상의 모든 요소를 한데 모아 고대의 모든 신조를 외면한 계층들이 받아들일 수 있는 도덕 체계를 창안하려 한 이교도 정신의 마지막 노력이었다. 당연히 그 기준에 따라 소수만 따랐지만, 이들 소수는 모든 곳에서 최고였다. 칼뱅주의와 청교도 같은 동일 성격의 그리스도인들처럼 이 철학도 당대의 가장 강력한 인격을 낳았다. 이론적으로 이 철학은 외고집의 매정한 완벽주의를 추구한 정말 가혹한 교리였다. 실제로 이 철학에서 소(小)카토와 에픽테투스, 마르쿠스 아우렐리우스같이 용기와 후덕함, 선의로 무장된 인물이 배출되었다. 또한 이 철학은 비로마인을 대상으로 국법을 수립함에 있어 로마 법제에 영향을 끼쳤다. 새 신앙이 대신할 때까지 이 철학은 고대 사회를 결속하는 데 도움을 주었다. 미신 쪽에 서서 과학에는 해악을 끼쳤지만, 스토아 철학은 당대의 근본 문제, 즉 도덕의 이론적 기초의 붕괴를 직시하고 종교와 철학 간의 간격을 이으려고 진지하게 노력했다. 에피쿠로스는 그리스인을 정복하고 제논은 로마 귀족을 정복했다. 그리고 이교도 역사가 끝날 때까지 스토아 철학은 에피쿠로스 철학을 지배했으며 항상 그럴 것이다. 헬레니즘 세계가 사멸해 갈 때, 그 지적·도덕적 혼란의 와중에서 새 종교가 형태를 갖춰 가고 있을 때, 믿음의 필요성을 인식하고 검소함과 자제라는 금욕적 교설을 전파하며 모든 것을 신 안에서 본 한 철학이 그 길을 예비했던 것이다.

4. 종교로의 회귀

종교와 철학 간의 갈등은 다음 세 단계로 나타난다. 소크라테스 이전 시대의 종교에 대한 공격, 아리스토텔레스와 에피쿠로스에서 나타난 자연 윤리로 종교를 대체하려는 노력, 회의주의와 스토아 철학에서 나타나고 신플라톤주의와 그리스도교에서 그 정점에 이른 종교로의 회귀가 그것이다. 비슷한 과정이 역사상 한 번 이상 발생했으며 오늘날에도 일어나고 있을지 모른다. 탈레스는 갈릴레오와, 데모크리토스는 홉스와, 소피스트는 백과사전파와, 프로타고라스는 볼테르와, 아리스토텔레스는 스펜서와, 에피쿠로스는 아나톨 프랑스와, 피론은 파스칼과, 아르케실라오스는 흄과, 카르네아데스는 칸트와, 제논은 쇼펜하우어와, 플로티노스는 베르그송과 부합된다. 연대기와 유추는 상응하지 않지만, 발전의 기본 맥락은 동일하다.

위대한 체계의 시대는 세계를 이해하는 경우든 인간의 충동을 질서와 문명에 예속시키는 경우든 그에 대한 이성의 능력에 회의를 품기 시작했다. 회의주의자들은 흄이 아니라 칸트적인 감각을 지녀 교설과 철학을 모두 의심하고 유물론의 기초를 허물며 고대 종교를 조용히 받아들일 것을 권고했다. 파스칼처럼 피론에게 있어서도 종교는 기점이 아니라 종착점이어서 피론 자신은 살던 도시의 존경받는 대제사장으로 삶을 마쳤다. 윤리를 위해 정치를 포기하고 국가에서 영혼으로 비약한 에피쿠로스 철학은 그 추가 회귀하는 순간만 드러낼 수 있었고, 개인 구원에 집중한 결과 국가보다는 개인에 호소하는 종교로의 길을 닦았다. 에피쿠로스를 만족시킨 위로를 삶 속에서 발견하지 못한 이들이 많이 있었다. 가난이나 불행, 질병, 사별, 정변, 전쟁 등이 그들을 덮쳤고 현인들의 어떤 위로도 그들의 텅 빈 마음을 달래지 못했다. 애초에 에피쿠로스처럼 키레네 학파로 출발한 키레네의 헤게시아스는 인생은 즐거움보다는 고통이, 기쁨보다는 슬픔이 더 많으며, 자연주의적 철학의 유일한 논리적 귀결은 자살뿐이라고 결론지었다.* 철학은 가슴 벅찬 모험과 어두운 미몽을 거친 후 방탕한 딸이 참회의 눈물로 어머니에게 돌아오듯 종교로 돌아와 소망의 기초와 사랑의 힘을 다시 한 번 믿음에서 구했다.

스토아 철학은 지적 계층을 대상으로 자연 윤리를 수립하려 하면서도 일반인의 도덕성을 위해 옛 초자연적 신앙을 보조 수단으로 병행하였으며, 시간이 흐르면서 그 고유의 형이상학적·윤리적 사상에 종교적인 색채가 더해져 갔다. 제논은 민간 신앙의 실재성을 전혀 인정하지 않았지만,[67] 한 세대 후 클레안테스는 이단이라는 명목으로 아리스타르코스의 기소를 제기한다. 제논은 인격적인 불멸의 존재를 전혀 언급하지 않았지만, 세네카는 엘레우시스교 및 그리스도교 신앙과 내용상 거의 동일한 천상의 행복을 말한다.[68] 제논 이후, 스토아 철학은 철학이라기보다는 신학이 되었고 거의 대부분의 주장이 신학적인 형태를 띠었다. 체계상 더 많은 부분이 신의 존재와 본질, 신으로부터 발산된 세계, 섭리의 실재성, 덕과 신의 의지의 일치, 아버지로서의 신 아래 형제된 인간, 세계의 신에게로의 종국적 회귀 등에 대한 주장으로 구성되었다. 원시 그리스도교와 프로테스탄트에서 그렇게 엄한 역할을 맡은 죄책감, 신종교에서 잘

---

* 그는 이 점을 너무나 호소력 있게 주장해 일련의 자살 소동이 알렉산드리아에 일어났고, 이로 인해 프톨레마이오스 2세는 그를 이집트에서 추방했다.[66]

나타나는 특징인 모든 민족과 계층을 받아들이는 넓은 포용력, 견유학파에서 비롯되고 그리스도교의 오랜 수도사 전통에서 절정에 이른 금욕적 독신주의 등도 이 철학에서 발견된다. 타르소스의 제논에서 타르소스의 바울까지 다마스쿠스 도상(途上)에 남겨진 것은 한 걸음 발자국뿐이었다.

스토아 철학 교설의 많은 요소가 아시아에서 유래했으며, 일부는 특히 셈족이 그 발원지다. 본질적으로 스토아 철학은 그리스 문명에 대해 동방이 거둔 승리의 한 단면이었다. 그리스는 로마에 의해 정복되기 전에 이미 그리스가 아니었다.

30장　　　　　　　로마의 도래

1. 피로스

"로마인이 53년도 채 안 되는 기간 동안 역사상 전무후무한 그 정체에 전 세계를 복종시킬 수 있었던 정치 체계와 수단은 도대체 무엇이었는지 궁금해 하지 않을 만큼 쓸모없고 나태한 사람이 있을까? 이 지식만큼 그렇게 열정을 쏟을 만한 연구가 달리 또 있을까?"[1]라고 폴리비오스는 질문한다. 이 질문들은 다음에 다루게 되겠지만, 이 로마 역사에는 그중 어떤 것도 충분히 살펴볼 만한 여유가 없다고 폴리비오스가 말할 정도로 너무나 많은 정복들이 있었다. 그리스가 로마에 정복된 근본적인 요인은 그리스 문명의 내적 붕괴에 있었다는 것이 지금까지 살펴본 요지다. 어떤 위대한 국가도 스스로 붕괴되지 않는 한 절대 정복되지 않는다. 냉혹하면서도 선견지명을 갖춘 귀족들이 지배하는 테베레 강 유역의 작은 도시가 토지 소유자를 강인한 군대로 훈련하고 이웃과 경쟁자를 정복하며 지중해 서부 지역의 식량과 광석을 약탈하고 이탈리아 지역 그리스 식민지로 끊임없이 진출해 가고 있던 바로 그때, 남벌과 토지 남용, 귀금속의 고갈, 교역로의 이동, 정치적 무질서로 인한 경제생활의 혼란, 민주주의의 부패와 왕조의 퇴락, 도덕과 애국심의 쇠퇴, 인구 감소, 시민병의 용병으로의 대체, 동족상잔으로 인한 인간적·육체적 탕진, 살기등등한 혁명 및 반(反)혁명으로 인한 인적 손실 등으로 헬라스의 자원이 고갈되어 갔다. 한때 부와 현인들과 예술을 자랑했던 이들 고대 공동체는 전쟁과 디오니시오스 1세의 수탈로 인해, 그리고 로마가 교역상 경쟁 도시로 성장하면서 피폐해졌다. 수 세기 전 그리스인들에 의해 노예가 되거나 오지로 쫓겨나야 했던 원주민 종족이 그 지배자가 유아 살해와 낙태로 안락하게 지내는 동안 크게 증식하고 곧 이탈리아 남부 지역의 지배권을 다투게 된다. 이에 그리스 도시들은 로마에 도움을 요청하였고, 그 결과는 로마에 의한 합병이었다.

로마의 성장에 당황한 타라스는 에피로스의 기세당당하고 젊은 왕에게 도움을 요청했다. 현재의 알바니아 남부인 그 아름답고 산지가 많은 국가에서 그리스 문화는 도리스인이 도도나에 제우스 신전을 세운 이후로 불안정한 기반을 유지하고 있었다.* 기원전 295년 자기 혈통의 기원을 아킬레우스에게서 찾은 피로스가 에피로스 지배 종족인 몰로시아의 왕이 되었다. 그는 잘생기고 용맹했으며 전제적이었지만 인기 있는 통치자였다. 그의 백성들은 그가 오른발로 자기 등을 밟기만 해도 울화가 치료될 거라고 생각했다. 그는 어떤 사람도 하찮게 여겨 외면하지 않았던 것이다.[2] 타렌티네스가 그에게 도움을 호소했을 때 그는 이를 호기로 여겼는데, 그는 알렉산드로스가 동쪽의 강자 페르시아를 정복했던 것처럼 서쪽의 강자 로마를 치고 자신의 용맹으로 자기 혈통을 입증해 보이고 싶었기 때문이다. 기원전 281년 그는 2만 5000명의 보병과 3000명의 기병 그리고 20마리의 코끼리를 거느리고 이오니아(아드리아) 해를 건넌다. 그리스인

---

* 1929년 이탈리아 고고학자들이 부트린토(고대명은 부트로톤)에서 수많은 그리스 로마 문명 건축 및 조각상 유물을 발굴했는데, 여기에는 기원전 3세기의 그리스 극장도 포함되어 있었다.

은 인도에서 신비주의뿐 아니라 코끼리도 수입했던 것이다. 그는 헤라클레이아에서 로마군과 격돌하여 "피로스의 승리"를 거두었다. 그러나 그가 입은 손실 또한 너무 컸고 그로 인해 인적·물적 자원이 현저히 감소되었으며, 한 측근이 승리를 축하했을 때 그는 또 한 번의 이런 승리로 자기는 망할 거라고 대답함으로써 역사적인 경구를 남기게 된다.[3] 로마는 포로 교환 협상을 위해 카이우스 파브리키우스를 파견했다. 플루타르코스가 전하는 바에 의하면 만찬 석상에서,

온갖 내용이 화제가 되었는데 그중에서도 특히 그리스와 그 철학자들이 화제가 되었고, (에피로스 측 외교 사절) 키네아스는 에피쿠로스에 대해 말을 꺼내며 쾌락을 인간의 최고 행복으로 삼고, 공무(公務)를 행복한 삶을 해치고 혼란스럽게 한다고 경시하고, 신을 애정이나 분노, 우리에 대한 관심으로부터 멀리 쾌락에 젖어 우리와 전혀 무관한 삶으로 쫓아내는 등 그 추종자들이 취한 신과 국가에 대한 생각과 삶의 방식에 대해 설명했다. 그 말을 다 듣기도 전에 파브리키우스는 "오, 헤라클레스여! 피로스와 삼니움족*이 우리와 다투는 동안 계속 이런 생각에 빠져 있기를 바라나이다."라고 소리쳤다.[4]

로마인에 대한 인상과 이탈리아 지역 그리스인의 실망스러운 지원으로 피로스는 평화 협상을 위해 키네아스를 로마에 파견했다. 원로원이 막 조인하려는 참에 병약한 아피우스 클라우디우스가 이탈리아 땅을 밟은 외국군과 평화 조약을 체결할 수 없다고 반대했다. 격노한 피로스는 또다시 싸워 아스쿨룸에서 또 한 번 자살에 가까운 승리를 거두고, 로마 정복의 꿈을 접은 채 카르타고에서 해방시키겠다는 관대한 뜻을 품고 시칠리아로 뱃머리를 돌렸다. 거기서 그는 무모한 영웅심으로 카르타고인을 축출하긴 했지만, 시칠리아 그리스인이 너무 심약해 그에게 모이지 않았는지 아니면 그가 여느 폭군처럼 마음 내키는 대로 통치해서인지 그다지 지지를 받지 못했으며, 3년 후 "카르타

---

* 이탈리아에서 로마의 최강적이었다.

고와 로마를 향해 어느 전장으로 가는가!"라는 예언적인 말을 남기며 섬을 떠나야 했
다. 기진맥진하여 이탈리아에 도착한 그는 베네벤툼 전투에서 패했다.(기원전 275년)
이는 처음으로 날렵한 경장비 보병이 둔중한 밀집 방진보다 우월함을 입증해 전사(戰
史)의 한 장을 장식한 전투였다.[5] 에피로스로 돌아온 피로스에 대해 플루타르코스는
철학적인 어조로 다음과 같이 말한다.

전쟁으로 6년의 세월이 흘렀다. 원정에 실패했음에도 그는 여전히 그 모든 불행
도 어찌할 수 없는 용기로 군사적인 경험과 용맹, 기상에 있어 당대 여타 모든 왕들
위에 서 있었다. 그러나 그는 용맹으로 얻은 모든 것을 헛된 소망과 새로운 욕망으
로 또다시 날려 버리고 빈털터리가 되었다.[6]

피로스는 새 전쟁터로 나섰지만 아르고스의 한 늙은 여인이 던진 기와에 맞아 죽었다.
같은 해(기원전 272년) 타라스는 로마에 넘어갔다.

8년 후 로마는 지중해 서부 지역의 패권을 놓고 카르타고와 한 세기에 걸친 긴 전쟁
을 벌이기 시작한다. 한 세대의 전쟁을 치른 후 카르타고는 로마에 사르디니아와 코르
시카 및 시칠리아의 카르타고 점령 지역을 넘겨주게 된다. 제2차 포에니 전쟁 때 시라
쿠사는 카르타고 편에 서는 실수를 범하고 마르켈루스의 포위 공격으로 굶주림을 이기
지 못해 항복한다. 다시 회복될 수 없을 정도로 철저한 약탈이 이어졌다. 리비우스에 의
하면 마르켈루스는 "시라쿠사의 장신구들, 그토록 풍요로웠던 조각상과 그림들을 로
마로 옮겨 왔다. …… 그 전리품들은 카르타고 자체보다 훨씬 값어치가 있었다."[7] 기원
전 210년경이 되면 전 시칠리아가 로마의 수중에 들어간다. 섬은 이탈리아의 곡물 창
고가 되었고 거의 모든 작업이 소망 없는 노예들에 의해 진행되는 농업 경제로 후퇴했
다. 산업이 퇴보하고 교역이 위축되었으며 모든 부가 로마로 쏟아져 들어가고 자유민
은 쇠락해 갔다. 시칠리아는 천 년간 문명의 역사에서 모습을 감추게 된다.

2. 해방자 로마

로마가 팽창하는 모든 과정을 적들이 실수로 도와주었다. 기원전 230년, 두 명의 로마인이 로마 선박에 대한 일리리아 해적의 공격을 항의하기 위해 일리리아(알바니아 북부)의 수도 스코드라에 파견되었다. 노획물을 나누어 가졌던 여왕 테우타는 "백성들이 해상 노획물을 얻지 못하도록 하는 것은 일리리아 통치자의 관습이 아니라"고 답하고,[8] 한 사절이 전쟁으로 위협하자 그를 죽여 버렸다. 이렇게 값싼 대가로 달마티아 연안을 차지할 구실을 얻은 것을 기뻐한 로마는 기원전 229년에 원정대를 보내 서기 1939년의 경우처럼 그렇게 손쉽게 일리리아를 로마의 보호령으로 삼았다. 코르키라(코르푸)와 에피담노스(두라초) 및 기타 그리스 식민지들은 로마의 속령이 되었다. 그리스의 교역 또한 일리리아 해적으로 피해가 컸기 때문에, 아테네와 코린토스 및 두 개 동맹은 로마를 구원자로 환호하고 사절단을 영접하였으며, 로마인의 엘레우시스 신비 의식 및 이스트미아 제전 참여를 용인했다.

기원전 216년에 한니발이 칸나이에서 로마군을 전멸시키고 로마 관문으로 진격해 갔다. 로마가 공화국 사상 최대의 위기를 맞는 동안, 마케도니아 왕 필리포스 5세는 한니발과 동맹을 맺고 이탈리아를 침공할 준비를 했다.(기원전 214년) 나우팍토스 회의 석상에서(기원전 213년) 아이톨리아 대표 아겔라오스는 서쪽의 부상하는 세력에 대한 이 제1차 마케도니아 전쟁에서 전 그리스가 단합할 것을 호소했다.

그리스인들이 다시는 서로 다투지 않고 마음을 합해 한목소리를 내며, 서로를 의지해 강을 건너듯 함께 팔짱 끼고 행군하여 야만인 침략자를 격퇴하고 힘을 합쳐 고향을 지켜 낸다면, 이야말로 신이 주신 가장 소중한 선물이며 최선의 방책일 것이다. …… 카르타고가 이기든 로마가 이기든 승리자가 이탈리아와 시칠리아의 패권만으로 전혀 만족하지 않을 것이며 그 다음엔 정도를 버리고 우리에게 쳐들어와 야심을 채울 것이 분명하다. 따라서 여러분 모두에게 이 위험에서 스스로 지킬 것을 호소한다. 특히 필리포스 왕에게 간청한다. 폐하, 그리스를 피폐케 하여 침략자의 손쉬운 제물이 되게 하지 말고, 오히려 당신의 몸같이 여기고 당신 영토의 일부인 양 그리스 전역의 안위를 돌보기를 원합니다.[9]

필리포스는 이 말에 겸허히 귀 기울이고 한동안 그리스의 우상이 되었다. 그러나 너무나 애국적인 리비우스의 말을 신뢰할 수 있다면, 그와 한니발의 협정에는 전쟁에서 승리할 경우 필리포스가 이탈리아를 협공해 준 대가로 카르타고도 필리포스가 그리스 본토 전역을 복속시키는 것을 돕겠다는 내용이 명시되어 있었다.[10] 이런 협정 내용이 그리스 국가들에 알려졌기 때문인지, 아겔라오스의 아이톨리아 동맹을 포함하여 그리스 국가 대부분이 마케도니아로부터 돌아서 로마와 협정을 체결하고 본토에서 필리포스를 끊임없이 괴롭혀 그의 이탈리아 침공을 무기한 연기시켰다. 기원전 205년에 로마는 한니발에게 전력을 집중하기 위해 필리포스와 평화 조약을 맺고, 3년 후 대(大)스키피오가 자마에서 카르타고를 완전히 제압한다. 그리스 문명의 마지막 위대한 세기가 끝날 무렵, 이집트와 로도스, 페르가몬이 필리포스에 대항해 로마에 도움을 호소했다. 로마는 제2차 마케도니아 전쟁으로 이에 응했다. 로마뿐 아니라 거의 전 그리스를 상대해야 했던 필리포스는 야수같이 싸웠다. 그는 온갖 배반을 서슴지 않고 목적을 위해서라면 어떤 수단도 가리지 않고 동원했으며, 포로를 정말 잔인하게 다뤄 필리포스의 포위 공격을 더 이상 견디지 못할 것을 안 아비도스의 모든 남자들은 처자식을 먼저 죽이고 스스로 목숨을 끊었다.[11] 기원전 197년에 폴리비오스를 친로마 열광주의자로 만든 명문가 출신 티투스 퀸크티우스 플라미니누스가 키노스케팔라이에서 필리포스를 완전히 제압해 갑자기 전 마케도니아, 아니 전 그리스가 로마의 자비를 구하는 처지에 놓인다. (자기 때문에 승리했다고 주장한) 아이톨리아 동맹국들에 혐오감을 느낀 플라미니누스는 가혹한 전쟁 배상금을 부과하고 전리품을 한 배 가득 수탈한 후 마케도니아가 북쪽 야만인의 방벽 구실을 할 수 있다는 이유로 무장 해제된 필리포스를 왕좌에 그대로 앉혔다.

이 로마 장군은 (로마가 타라스라 부른) 타렌툼에서 그리스어를 배웠고 그리스 문학과 철학, 예술의 매력을 알았다. 그가 그리스 도시 국가를 마케도니아의 지배로부터 해방시켜 자유롭고 평화롭게 살게 하기를 진정 원했던 것이 분명하다. 로마 행정관들을 이것이 최상의 방책이라 어렵게 설득시킨 그는 그리스의 핵심 인사들이 모두 모여 (폴리비오스에 의하면, 지금 로마가 하는 일을 서로 얘기하고 있는) 코린토스의 이스트미아 제전(기원전 196년)에 참석해 다음 내용을 전령을 통해 발표했다. "필리포스 왕과 마케도니아를 제압한 로마 원로원과 총독 티투스 퀸크티우스는 다음 시민에게 자유를 허락하여 수비대도 두지 않고 공물도 요구하지 않으며 자기 법에 따라 다스리도록 한다. 코린토스인, 포키스인, 로크리스인, 에우보이아인, 프티오티스 아카이아인, 마그네시아인, 테살리아인, 페라이비아인." 즉 이들 모든 그리스 본토인들은 이미 자유롭지 않았다는 뜻이다. 회중 대다수가 이런 전례 없는 자유가 믿기지 않아 다시 한 번 발표해 달라고 외쳤다. 전령이 내용을 다시 한 번 낭독하자, "힘찬 갈채가 터져 나와, 오늘 얘기에 귀를 기울이던 사람들이 그 내용이 무엇인지 쉽게 이해할 수 없었다."고 폴리비오스는 말한다.[12] 많은 이들이 선언의 진정성을 의심하고 배후에 속임수가 없는지 경계했다. 그러나 플라미니누스는 바로 그날 로마 군대를 코린토스에서 철수시키기 시작했고 기원전 194년까지 전 군대가 이탈리아로 돌아갔다. 그리스는 그를 "구세주이자 해방자"로 환호했고, 그 마지막 자유의 날들을 행복하게 맞이했다.

3. 정복자 로마

아이톨리아인은 이런 전후 처리에 만족하지 않았다. 로마가 해방한 도시들은 한때 아이톨리아인의 지배하에 있었으며, 이제 동맹에 복귀하지 않았다. 제 2차 마케도니아 전쟁이 거의 끝날 무렵, 아이톨리아인은 안티오코스 3세에게 로마로부터 그리스를 구해 달라고 요청한다. 북쪽의 부유(浮遊)하는 갈리아인과 남쪽에서 세력을 확장 중인 셀레우코스 왕조 사이에 끼인 페르가몬과 람프사코스는 안티오코스에 대항해 로마에 도움을 호소했다. 원로원은 로마 최고의 장수이자 자마의 영웅인 푸블리우스 스키피오 아프리카누스를 보냈다. 로마 장군은 소수 군단과 에우메네스 2세의 군대를 이끌고 마그네시아에서 안티오코스를 격퇴한 후, 북쪽으로 방향을 틀어 갈리아인을 쫓아냈다. 로마는 아시아의 거의 모든 지중해 연안을 세력권 내에 편입한 후 이탈리아로 돌아왔다. 에우메네스는 고마워했지만, 본토 그리스인들은 동료 그리스인을 반대해 로마의 야만인을 불러들인 그를 헬라스의 배반자라고 비난했다.

변덕스러운 그리스는 벌써 서쪽 오만한 구원자의 호의를 받아들인 것을 후회했다. 플라미니누스와 후임자들이 그리스에 자유를 준 것은 사실이지만, 대신 그들은 필리포스, 안티오코스, 아이톨리아인 등을 지지한 도시들에게서 엄청난 전리품을 수탈해 가, 그리스인들은 또다시 이런 자유가 주어질까 오히려 두려워할 정도였던 것이다. 그리스 원정 전리품을 앞세운 플라미니누스의 개선 행렬은 사흘간 계속되었다. 첫째 날은 무기와 갑옷, 투구, 수많은 대리석 및 청동 조각상, 둘째 날은 8200여 킬로그램의 은과 1700여 킬로그램의 금 그리고 10만 개의 은화, 셋째 날은 114개의 보관(寶冠)이 로마 군중 앞을 지나갔다.[13] 더욱이 로마인은 그리스의 영락한 시민은 무시하고 부유층을 지지했으며, 이제 대리인을 통해 이 방침을 더 분명히 하고 모든 종류의 계급 투쟁을 엄금했다. 그리스인들은 이런 종류의 평화를 원한 것이 아니었다. 자신들의 분쟁을 스스로 해결하고 영토 야심을 펼칠 수 있기를 바랐으며, 변화 없는 삶을 참을 수 없었다. 곧 동맹 간 경쟁과 불화가 발생하고 파벌 다툼이 곳곳에서 일어났다. 모든 도시와 집단이 로마 원로원에 분쟁 해결을 청구했다. 원로원은 문제의 조사 및 판결을 위해 위원단을 파견했다. 그리스인들은 이런 간섭을 예속이라며 불평했다. 외국인의 지배는 보이진 않았지만 엄연한 사실이었다. 부자를 제외한 모든 그리스인은 갈수록 이를 더 예민하게 느꼈으며, 어서 빨리 이런 자유가 종결되기를 간절히 바랐다. 원로원에서는 로마가 완전히 지배하지 않는 한 그리스에 결코 질서와 평화가 정착되지 않을 것이라는 주장이 득세하기 시작했다.

기원전 179년, 필리포스 5세가 죽고 그의 장자 페르세우스가 피의 숙청 없이 왕위를 계승했다. 이후 17년간은 평화로워 마케도니아의 경제가 회복되고 새로운 젊은 세대가 전쟁의 아귀에서 성장했다. 페르세우스는 셀레우코스 4세와 동맹을 맺고 그 왕녀와 결혼했다. 로도스가 이 동맹에 합류하고 대함대를 보내 신부를 호위했다. 전 그리스가 기뻐하고 페르세우스에게서 로마 세력에 대한 희망을 보았다. 페르가몬의 독립을 두려워한 에우메네스 2세는 로마를 찾아가 마케도니아가 파멸되어야 할 것을 역설했다. 돌아오는 길에 그는 개인적인 다툼으로 거의 죽을 뻔했는데, 로마는 이 소동을 왕을 암살하려는 페르세우스의 음모로 잘못 이해했다. 애국적인 외교 언사가 교차되고 제3차 마케도니아 전쟁이 선포되었다. 에피로스와 일리리아만 용기를 내어 페르세우스를 도왔다. 나머지 전 그리스 국가는 은밀히 동정의 글을 보낼 뿐 달리 아무 행동도 취하지 않았다. 기원전 168년, 아이밀리우스 파울루스가 피드나에서 마케도니아군을 전멸하고 일흔 개의 마케도니아 도시를 파괴했으며, 상류층 인사들을 이탈리아로 추방하고 왕국을 네 등분하여 자치권은 인정하되 공물을 바쳐야 하고 서로 간 어떤 교역과 교류도 허용하지 않는 종속국으로 만들었다. 페르세우스는 이탈리아에서 감금된 후 학대를 이기지 못하고 2년 후 죽었다. 에피로스는 황폐화되고 10만 명의 에피로스인이 인당 1달러에 노예로 팔렸다.[14] 전쟁에 적극 가담하지 않았던 로도스는 아시아 연안 영지를 포기해야 했다. 또한 이를 기회 삼아 델로스에 경쟁적인 자유항이 세워졌다. 페르세우스의 개인 편지가 발견되어 그를 돕거나 위로한 모든 그리스인이 추방되거나 투옥되었다. 폴리비오스도 포함되었는데 1000명의 아카이아 동맹 핵심 인사가 이탈리아로 추방되어

16년간 망명 생활을 했고 이 기간 동안 700명이 죽었다. 로마를 해방자로 환호했던 그리스는 이제 정복자 로마에 대한 증오심으로 불타올랐다.

가혹한 승자에게 예기치 않은 결과가 찾아왔다. 세력이 약해진 로도스가 에게 해의 경찰 임무를 수행하지 못하자, 해적이 다시 일어나 해상 교역을 어지럽혔다. 수많은 귀족이 제거된 공백을 아카이아 동맹시(市)의 급진 세력이 장악하고 계급 투쟁이 어느 때보다 극심해졌다. 부자는 로마의 그늘 아래 숨고 가난한 자들은 부자와 로마 세력 모두를 성토했다. 기원전 150년, 잔존 아카이아 망명객들이 이탈리아에서 돌아와 그리스 내 반로마 세력에 합세했다. 아카이아 세력을 약화시키기 위해 로마는 그리스에 위원단을 파견해 코린토스와 오르코메노스, 아르고스에 동맹 탈퇴를 명했다. 코린토스의 숙녀들은 위원단 머리에 한 통 가득 거절을 부어 이에 답했다.[15] 기원전 146년, 동맹은 로마가 스페인 및 아프리카 원정으로 힘이 분산되어 결국 평화 협정이 체결될 것이라 기대하면서 해방 전쟁을 표결했다. 애국주의 열기가 동맹 도시들을 휩쓸었다. 노예가 자유를 얻고 무장되었다. 부채 말소가 선포되고 가난한 자들에게 토지가 약속되었다. 반면 사회주의와 로마 사이에서 벌벌 떨던 부자는 마지못해 자유라는 대의에 재산을 헌납했다. 아테네와 스파르타는 방관한 채 멀리 떨어져 있었지만, 보이오티아와 로크리아, 에우보이아는 용감하게 전쟁에 뛰어들었다. 네 동강 났던 마케도니아는 연합하여 공개적으로 로마에 반기를 들었다.

격노한 원로원은 뭄미우스 휘하의 보병과 메텔루스 휘하의 함대를 파병했다. 이들 육해군은 모든 저항을 제압하고, 기원전 146년에 뭄미우스는 동맹의 수도 코린토스를 함락시켰다. 소(小)스키피오가 서쪽에서 카르타고를 파괴하고 있던 바로 그해 동쪽 경쟁 상업 도시를 파괴하려는지 아니면 알렉산드로스가 테베에 행한 방식으로 반란을 일으킨 그리스에 교훈을 남기려는지, 상인과 창부로 넘쳐 났던 이 부유한 도시는 화염에 불탔고 모든 남자가 살육되었으며 모든 여자와 아이들이 노예로 팔렸다. 뭄미우스는 코린토스인들이 도시와 집을 아름답게 꾸몄던 예술 작품들을 포함해 긁어모을 수 있는 한 모든 것을 긁어모아 이탈리아로 가져갔다. 폴리비오스는 로마 병사들이 세계적으로 유명한 그림들을 체커와 주사위 놀이판으로 어떻게 사용했는지 얘기한다. 동맹이 해체되고 지도자들이 처형되었다. 그리스와 마케도니아는 한 로마 총독 아래 한 지방으로 통합되었다. 보이오티아와 로크리스, 코린토스, 에우보이아는 연공을 바쳐야 했다. 아테네와 스파르타는 용서받아 자기 법에 따라 다스릴 수 있도록 허가되었다. 곳곳의 유산층과 집권층이 검열되고, 전쟁이나 정쟁, 정체의 변경 등은 시도 자체가 원천 봉쇄되었다. 소란하던 도시들에 마침내 평화가 찾아왔다.

마치는 글

그리스의 유산

그리스 문명은 죽지 않고 이후에도 수 세기 간 존속했다. 그리고 그 생명이 다했을 때,* 그리스 문명은 유럽 국가들과 근동 지역에 스스로를 비길 데 없는 유산으로 남겼다. 모든 그리스 식민지가 스페인과 갈리아, 에트루리아와 로마, 이집트와 팔레스타인, 시리아와 소아시아, 흑해 연안 등 오지의 문화에 그리스 예술과 사상을 마치 연금액(鍊金液)처럼 쏟아부었다. 알렉산드리아는 물품뿐 아니라 사상의 중계지이기도 했다. 그리스의 시인과 신비주의자, 철학자 및 과학자들의 저술과 견해가 알렉산드리아의 무세이온과 도서관에서부터 학자와 연구자들을 통해 지중해의 각 요충지로 퍼져 갔다. 로마는 그리스의 유산을 이

---

* 우리는 임의로 이 시기를 콘스탄티누스가 콘스탄티노플을 세우고, 지중해 동부에서 그리스도교 비잔티움 문명이 "이교도" 그리스 문화를 대체하기 시작한 서기 325년으로 정하기로 한다.

어받아 자신의 헬레니즘 문화를 형성했다. 로마 극작가들은 메난드로스와 필레몬을 차용하고 시인들은 알렉산드리아 문학의 양식과 방식, 주제를 모방했다. 로마 예술은 그리스의 장인 및 형식을 활용했다. 로마법은 그리스 도시들의 법을 받아들였다. 이후 로마 제국은 그리스 – 동방의 군주제를 전형으로 삼았다. 로마가 그리스를 정복한 후, 동방이 그리스를 정복하고 있던 바로 그때 헬레니즘은 로마를 정복했던 것이다. 비잔티움 제국은 그리스와 아시아 문화를 융합하고 일부 그리스 유산을 근동과 슬라브 북부에 전했다. 시리아의 그리스도교는 이 횃불을 아랍에 건네주었고 아랍은 아프리카를 통해 스페인에 전달했다. 비잔티움과 이슬람, 유대인 학자들은 그리스의 걸작들을 이탈리아에 전달해 우선은 스콜라 철학자들을 그다음에는 르네상스를 각성시켰다. 유럽 정신의 재각성 이후, 그리스 정신은 근대 문화에 철저히 스며들어 오늘날 "모든 문명국가는 모든 지적 활동 분야에서 헬라스의 식민지이다."[1]*

그리스 유산에 그리스인들이 고안한 것뿐 아니라 더 이전 문화에서 받아들인 것 그리고 다양한 경로를 통해 현대 문명에 전달한 것도 포함한다면, 오늘날 거의 모든 영역에서 그 흔적을 찾을 수 있을 것이다. 오늘날의 수공예, 채광 기법, 공학, 금융 및 교역 방식, 노동 조직, 상업 및 기업에 대한 정부 규제 등은 모두 그리스에서부터 로마를 거쳐 전해 온 것들이다. 오늘날의 민주주의와 독재 정부도 마찬가지로 그리스에서 그 전형을 찾을 수 있다. 많은 현대 국가가 그리스에 없었던 대의 제도를 발전시켰지만, 정부가 피통치자를 책임지고, 배심원이 재판하며, 시민에게 사상과 언론, 저술, 집회 및 신앙의 자유가 보장되는 등의 민주주의 정신은 그리스 역사에서 깊이 영향을 받은 것이다. 무엇보다 이들은 그리스와 동방을 구별 짓는 특징으로서, 그리스는 고유의 독립심과 진취적 기상으로 동방의 복종과 둔중함에 미소를 보낸다.

오늘날의 학교와 대학, 체육관과 경기장, 운동 경기와 올림픽 경기 등도 그

---

* 이집트 및 아시아 문명에 대한 지식이 축적되면서 헨리 메인(Henry Maine)의 과장된 고전적 견해의 대거 수정이 불가피해졌다. "자연의 맹목적 힘을 제외하고, 이 세계에서 활동하는 모든 것은 그리스에 그 뿌리를 두고 있다."[2]

기원이 그리스에 있다. 또한 우생학 이론, 자기 억제 및 통제 개념, 건강 및 전원생활에 대한 예찬, 수치심 없는 감각적 쾌락의 이교도적 이상 등도 역사적으로 그리스에서 형성되었다. 그리스도교 신학과 실천(이 말 자체가 그리스어이다.)도 대부분 엘레우시스와 오르페우스, 오시리스 등 그리스와 이집트의 신비 종교에 그 뿌리를 두고 있다. 신의 아들이 인간을 대신해 죽은 후 죽은 자 가운데 부활한다는 것은 그리스 교리에서, 종교 행렬과 성결 의식, 제사, 거룩한 공동 식사 등은 그리스 의식에서, 지옥과 마귀, 연옥, 대사(大赦), 천국 등은 그리스인의 관념에서, 말씀(Logos)과 창조, 세계의 종말은 스토아 철학과 신플라톤주의 이론에서 비롯되었다. 오늘날의 미신조차 그리스의 악령, 마녀, 저주, 징조, 액일(厄日) 등에서 유래했다. 그리스 신화에 대해 조금이라도 알지 않고서 어떻게 영문학이나 키츠(Keats)의 송시를 이해할 수 있겠는가?

오늘날의 문학은 그리스 전통이 없이는 거의 존재할 수 없었다. 알파벳은 그리스로부터 쿠마이와 로마를 거쳐 전해졌다. 오늘날 언어에는 그리스 말이 널려 있다. 국제적으로 사용되는 과학 용어는 그 바탕이 그리스어다. 오늘날의 문법과 수사학, 이 글의 구두점과 단락 구성까지도 그리스인이 고안한 것들이다. 오늘날의 문학 장르, 즉 서정시, 송시, 전원시, 소설, 수필, 연설문, 전기, 역사 그리고 무엇보다 희곡은 그리스인들의 것이었으며, 이에 사용되는 대부분의 말이 그리스어다. 현대 희곡의 용어 및 형식, 즉 비극과 희극, 무언극도 그리스어다. 엘리자베스 시대 비극은 예외적이지만, 그 희극은 메난드로스와 필레몬으로부터 플라우투스와 테렌티우스, 벤 존슨(Ben Jonson)과 몰리에르(Molière)를 거쳐 거의 변화 없이 전해져 왔다. 그리스 희곡은 우리의 유산 중 가장 부유한 부분 중 하나다.

그리스로부터 물려받은 유산 중 우리에게 가장 낯선 것은 음악인 듯하다. 그러나 (아프리카와 동방으로 회귀할 때까지의) 현대 음악은 중세 시대의 성가와 춤에서 연유했으며, 이들 중 일부는 그리스에서 그 기원을 찾을 수 있다. 오라토리오와 오페라는 일부를 그리스 합창단의 춤과 희곡에서 차용했다. 우리가 아는 한, 음악 이론은 처음 피타고라스에서 아리스토크세노스에 이르는 그리스인들에 의해 탐구되고 해석되었다. 이 유산들 중 순서상 마지막을 차지하는 것은 미술이다. 그러나 프레스코 예술에 있어 그 직계보는 폴리그노토스에서 알렉산드리아와 폼페이, 죠토와 미켈란젤로를 거쳐 우리 시대 시선을 사로잡는 벽화로 이어진다. 근대 건축의 형식과 많은 기법은 여전히 그리스적이어서, 이렇게 일방적으로 그리스의 천재성이 각인되어 있는 분야도 없다. 오늘날에야 겨우 그리스 건축의 매력에서 자유로워지고 있다. 유럽과 미국의 각 도시에는 상업 또는 금융의 전당이 있는데, 그 형식이나 정면의 원주는 그리스 신전에서 유래했다. 그리스 예술에서 찾아볼 수 없는 것은 영혼의 성격과 묘사에 대한 연구인데, 육체미와 건강미에 대한 심취로 이집트의 기개 어린 조각상과 중국의 심오한 그림에 비해 성숙미가 덜한 것이 아쉽다. 그러나 고전 시대 조각과 건축에 구현된 겸양과 순결, 조화의 교훈은 인류의 소중한 보물이다.

그리스 문명이 볼테르 이전 어느 세기보다 우리 시대와 더 친숙하고 "현대적"이라고 할 수 있는데, 그 이유는 그리스인이 형식만큼이나 이성을 사랑했고 자연의 입장에서 모든 자연을 과감하게 설명하려고 했기 때문이다. 신학에서 과학을 해방하고, 과학적 연구를 독립적으로 발전시킨 것은 그리스 정신의 대담한 모험이었다. 그리스 수학자는 삼각법과 미적분법의 기초를 놓고 원뿔 연구를 시작하고 완결시켰으며, 이들이 거둔 입체 기하학의 성과는 데카르트와 파스칼에 이를 때까지 그대로 유지될 만큼 상대적으로 완벽했다. 데모크리토스는 자신의 원자론으로 물리학과 화학 전 분야에 빛을 비추었다. 아르키메데스는 추상적 연구에서 단지 약간의 탈선과 시간만 할애하여 발명사에 최고 명성을 남긴 신기계 장치를 고안했다. 아리스타르코스는 코페르니쿠스의 전조가 되었고 아마 영감을 주었을 것이다.* 히파르코스는 클라우디우스 프톨레마이오스를 통해 천문학 체계를 수립했으며, 이는 문화사에 있어 한 이정표였다. 에

---

* 코페르니쿠스는 아리스타르코스의 태양 중심설을 알았다. 그의 저서 후기 편집본의 사라진 한 단락에서 그는 이를 언급했다.[3]

라토스테네스는 지구를 측량하고 지도로 나타냈다. 아낙사고라스와 엠페도클레스는 진화론의 개요를 그렸다. 아리스토텔레스와 테오프라스토스는 동물 및 식물의 세계를 분류하고 기상학과 동물학, 발생학, 식물학을 창안했다. 히포크라테스는 신비주의와 철학 이론에서 의학을 해방하고, 이에 윤리 규범을 덧붙여 품위를 높였다. 헤로필로스와 에라시스트라토스는 르네상스 때까지 갈렌(Galen)을 제외하고는 유럽 어디서도 다시 도달하지 못할 정도로 해부학과 생리학을 발전시켰다. 우리는 이들 작품에서 항상 불확실하고 불안정하지만 열정과 신화를 정화시키는 차분한 이성의 숨결을 호흡한다. 이들 걸작을 빠짐없이 소유할 수 있다면, 그리스 과학을 인류의 가장 뛰어난 지적 성과로 평가해야 할 것이다.

그러나 철학 애호자는 과학과 예술을 그리스 유산의 최고위에 두는 것이 그다지 마음 내키지 않을 것이다. 그리스 과학 자체는 전설에 대한 무모한 도전이며 수 세기 간 과학과 철학을 하나의 탐구 여정 안에 묶은 패기만만한 탐구 열정인 그리스 철학의 소산이었다. 그렇게 비평적으로, 그렇게 애정 어린 마음으로 자연을 탐구한 이들은 또다시 없었다. 그리스인들은 세계는 질서 잡힌 우주이므로 기꺼이 받아들이겠다는 안이한 생각으로 세계에 불명예를 돌리지 않았다. 그들은 완벽한 조각상을 창작할 때와 동일한 정신으로 논리를 궁구했다. 그들이 보기에 조화와 통일, 형식, 균형은 논리의 예술과 예술의 논리를 제공했다. 모든 사실과 이론에 호기심을 가진 그들은 철학을 유럽 정신에 고유한 진취성의 표상으로 세웠으며, 모든 체계와 가설을 검토하고, 우리 삶의 주요 문제에 있어 언급하지 않은 것이 거의 없었다. 사실주의와 유명론(唯名論), 관념론과 유물론, 일신론, 범신론, 무신론, 여권(女權)주의, 공산주의, 칸트의 비판과 쇼펜하우어의 절망, 루소의 원시주의와 니체의 배덕주의(背德主義), 스펜서의 통합과 프로이트의 정신 분석 등 철학의 모든 꿈과 지혜가 여기 그것이 탄생한 시대와 땅에 있다. 또한 그리스인들은 철학을 말만 할뿐 아니라 그렇게 살았다. 그리스인의 삶의 정점과 이상은 전사나 성인이 아니라 바로 현인에 있었던 것이다. 원기를 돋우는 철학 유산은 로마 황제, 그리스도교 교부, 스콜라 신학자, 르네상스 이단자들, 케임브리지 대학의 플라톤주의자들, 계몽주의 반도(叛徒)들 그리고 오늘날의 철학 신봉자들에 이르기까지 탈레스에서부터 시작하여 전 세기에 걸쳐 우리들에게 전해져 왔다. 지금 이 순간에도 열정에 불타는 수많은 영혼들이 전 세계 구석구석에서 플라톤을 읽고 있다.

문명은 죽지 않는다. 단지 이동할 뿐이다. 거처와 복장은 바뀔지라도 계속 생존한다. 개인처럼 한 문명의 쇠퇴도 또 다른 성장을 위한 여지를 남긴다. 생명은 옛 허물을 벗고 새로운 젊음으로 솟아올라 죽음을 당황케 한다. 그리스 문명은 우리 정신이 숨 쉬는 모든 호흡 속에 살아 약동하며, 그 누구도 전 생애를 바쳐 섭렵하지 못할 정도로 광범위하게 존재한다. 물론 무정하고 광기에 찬 전쟁, 요지부동의 노예 제도, 예속된 여권(女權), 도덕성의 결여, 타락한 개인주의, 자유와 질서 및 평화를 조화시키려 애쓴 노력의 비극적 실패 등 결함도 있다. 그러나 자유와 이성, 아름다움을 흠모하는 이라면 이들 오점에 오래 머물지 않을 것이다. 그들은 소란한 정쟁 배후에 있는 솔론과 소크라테스, 플라톤과 에우리피데스, 페이디아스와 프락시텔레스, 에피쿠로스와 아르키메데스의 음성에 귀 기울이며 이들의 존재에 감사하고, 시대의 간극을 넘어 이들과 하나가 될 것이다. 그들은 그리스를 동일한 약점을 지니고 있으며, 우리 시대 우리의 자양분이기도 한 이 서구 문명의 찬란한 아침으로 기억할 것이다.

지금까지 여정을 함께한 이들에게,

대면하진 못했을지라도 한결같이 나눈 동료애에 감사한다.

참고문헌

ADAMS, B.: The New Empire. N. Y., 1903.

AESCHYLUS: The Oresteia. Tr. G. Murray. London, 1928.

ANDERSON, W. J., and SPIERS, R. P.: The architectrue of Greece and Rome, London, 1902.

ARISTOPHANES: The Eleven Comedies. 2v. N. Y., 1928.

ARISTOPHANES: The Frogs, and Three Other Plays. Tr. Frere, etc., Everyman Library.

ARISTOTLE: Art of Rhetoric. Loeb Classical Library.

ARISTOTLE: Metaphysics. 2v. Loeb Library.

ARISTOTLE: Metaphysics. Tr. M'Mahon. London, 1857.

ARISTOTLE: Nicomachean Ethics. Tr. Chase. Everyman Library.

ARISTOTLE(?): Oeconomica and Magna Moralia. Loeb Library.

ARISTOTLE: On the Constitution of Athens. Tr. E. Poste. London, 1891.

ARISTOTLE: Physics. 2v. Loeb Library.

ARISTOTLE: Poetics. Loeb Library.

ARISTOTLE: Politics. Tr. Lindsay. Everyman Library.

ARISTOTLE: Works. Tr. Smith and Ross. Oxford, 1931.

ARNOLD, M.: Essays in Criticism. A. L. Burt, N. Y., n.d.

ARRIAN: Anabasis of Alexander; Indica. London, 1893.

ATHENAEUS: The Deipnosophists,or Banquet of the Learned. 3v. London, 1854.

BACON, F.: Philosophical Works. Ed. J. M. Robertson. London, 1905.

BAEDEKER, K.: Greece. Leipzig, 1909.

BAIKIE, J.: The Sea-Kings of Crete. London, 1926.

BAKEWELL, C.: Source Book in Ancient Philosophy. N. Y., 1909.

BALL, W. W. R.: Short Account of the History of Mathematics. London, 1888.

BARON, S. W.: Social and Religious History of the Jews. 3v. N. Y., 1937.

BEBEL, A.: Woman under Socialism. N. Y., 1923.

BECKER, W. A.: Charicles. Tr. Metcalfe. London, 1886.

BENSON, E. F.: Life of Alcibiades. N. Y., 1929.

BENTWICH, N.: Hellenism. Phila., 1919.

BERRY, A.: Short History of Astronomy. N. Y., 1909.

BEVAN, E. R.: House of Seleucus. 2v. London, 1902.

BEVAN, E. R., and SINGER, C., eds.: The Legency of Israel. Oxford, 1927.

BIBLE, THE

BLAKENEY, J. A.: Smaller Classical Dictionary. Everyman Library.

BOTSFORD, G. W.: The Athenian Constitution. N. Y., 1893.

BOTSFORD, G. W., and SIHLER, E. G.: Hellenic Civilization. N. Y., 1920.

BRECCIA, E.: Alexandrea ad Aegyptum. Bergamo, 1922.

BRIFFAULT, R.: The Mothers. 3v. N. Y., 1927.

BROWNE, H.: Handbook of Homeric Study. London, 1908.

BURY, J. B.: Ancient Greek Historians. N. Y., 1909.

BURY, J. B.: History of Greece. London, 1931.

CALHOUN, G. M.: Business Life of Ancient Athens. Chicago, 1926.

CAMBRIDGE ANCIENT HISTORY(CAH): Vols. I–VIII. N. Y., 1924f.

CAPES, W.: University Life in Ancient Athens. N. Y., 1922.

CARPENTER, E.: Pagan and Christian Creeds. N. Y., 1920.

CARREL, A.: Man the Unknown. N. Y., 1935.

CARROLL, N.: Greek Women. Phila., 1908.

CHILDE, V. G.: Dawn of European Civilization. N. Y., 1925.

CICERO: De Finibus. Loeb Library.

De Natura Deorum. Loeb Library.

CICERO: De Re Publica. Loeb Library.

CICERO: Tusculan Disputations. Loeb Library.

COOK, A. B.: Zeus. Cambridge Univ. Press, 1914.

COTTERILL, H. B.: History of Art. 2v. N. Y., 1922.

COULANGES, F. DE: The Ancient City. Boston, 1901.

CURTIUS, E.: Griechische Geschichte. 3v. Berlin, 1887f.

DAY, C.: History of Commerce. London, 1926.

DEMOSTHENES: On the Crown, etc. Loeb Library.

DEWEY, JOHN, etc.: Studies in the History of Ideas. N. Y., 1935.

DICKINSON, G. L.: The Greek View of Life. N. Y., 1928.

DIODORUS SICULUS: Library of History. 3v. Loeb Library.

DIODORUS SICULUS: Historical Library. 2v. London, 1814.

DIOGENES LAERTIUS: Lives and Opinions of the Eminent Philosophers. London, 1853.

DRAPER, J. W.: History of the Intellectual Development of Europe. 2v. N. Y., 1876.

DUPRÉEL, E.: La Légende Socratique. Bruxelles, 1922.

DYER, T. H.: Ancient Athens. London, 1873.

ELLIS, H.: Studies in the Psychology of Sex. 6v. Phila., 1911.

ENCYCLOPAEDIA BRITANNICA, 14th ed. N. Y.,1929.

EURIPIDES: Electra. Tr. G. Murray. Oxford, 1907.

EURIPIDES: Iphigenia in Tauris. Tr. G. Murray. Oxford, 1930.

EURIPIDES: Medea. Tr. G. Murray. Oxford, 1912.

EURIPIDES: Text and tr. by A. S. Way. 4v. Loeb Library.

EURIPIDES: Trojan Women. Tr. G. Murray. Oxford, 1914.

EVANS, SIR A.: The Palace of Minos. 4v. in 6. London, 1921f.

FARNELL, L. R.: Greece and Babylon. Edinburgh, 1911.

FERGUSON, W. M.: Greek Imperialism. Boston, 1913.

FLICKINGER, R. C.: The Greek Theatre. Chicago, 1918.

FRAZER, SIR J. G.: Adonis, Attis, Osiris. 1935.

FRAZER, SIR J. G.: The Dying God. N. Y., 1935.

FRAZER, SIR J. G.: The Magic Art. 2v. N. Y., 1935.

FRAZER, SIR J. G.: The Scapegoat. N. Y., 1935.

FRAZER, SIR J. G.: Spirits of the Corn and of the Wild. 2v. N. Y., 1935.

FRAZER, SIR J. G.: Studies in Greek Scenery, Legend, and History. London, 1931.

FREEMAN, E. A.: The Story of Sicily. N. Y., 1892.

GARDINER, E. N.: Athletics of the Ancient World. Oxford, 1930.

GARDINER, PERCY: New Chapters in Greek History. N. Y., 1892.

GARDINER, PERCY: Principles of Greek Art. N. Y., 1914.

GARDINER, E. A.: Ancient Athens. N. Y., 1902.

GARDINER, E. A.: Handbook of Greek Sculpture. London, 1920.

GARDINER, E. A.: Six Greek Sculptors. London, 1910.

GARRISON, F. H.: History of Medicine. Phila., 1929.

GIBBON, E.: The Decline and Fall of the Roman Empire. 6v. Everyman Library.

GLOTZ, G.: Aegean Civilization. N. Y., 1925.

GLOTZ, G.: Ancient Greece at Work. N. Y., 1926.

GLOTZ, G.: The Greek City. London, 1929.

GLOVER, T. R.: Democracy in the Ancient World. Cambridge, Eng., 1927.

GOETHE, J. W. VON: Poetical Works. N. Y., 1902.

GOMME, A. W.: Population of Athens. Oxford, 1933.

GRAETZ, H.: History of the Jews. 6v. Phila., 1891f.

GREEK ANTHOLOGY: Tr. Shane Leslie. N. Y., 1929.

GREEK ANTHOLOGY: Tr. R. G. MacGregor. London, n.d.

GREEK DRAMAS: Tr. E. B. Browning, etc. N. Y., 1912.

GROTE, G.: Aristotle. 2v. London, 1872.

GROTE, G.: History of Greece. 12v. Everyman Library.

GROTE, G.: Plato and the Other Companions of Socrates. 3v. London, 1875.

HAGGARD, H. W.: Devils, Drugs, and Doctors. N. Y., 1929.

HAIGH, A. E.: The Attic Theatre. Oxford, 1907.

HALL, H. R.: Civilization of Greece in the Bronze Age. N. Y., 1927.

HALL, M. P.: Encyclopedic Outline of Masonic, Hermetic, Qabbalistic, and Rosicrucian Symbolical Philosophy. San Francisco, 1928.

HARRISON, J. E.: Prolegomena to the Study of Greek Religion. Cambridge, Eng., 1922.

HARRISON, J. E.: Themis. Cambridge, Eng., 1927.

HEATH, SIR T.: Aristarchus of Samos. Oxford, 1913.

HEATH, SIR T.: History of Greek Mathematics. 2v. Oxford, 1921.

HEITLAND, W. E.: Agricola: A Study of Agriculture and Rustic Life in the Greco-Roman World. Cambridge, Eng., 1921.

HERACLEITUS ON THE UNIVERSE. Tr. W. H. S. Jones. Loeb Library.

HERODES(HERODAS), CERCIDAS, AND THE GREEK CHOLIAMBIC

POETS. Loeb Library.

HERODOTUS: History. Tr. G. Rawlinson. 4v. London, 1862.

HESIOD, CALLIMACHUS, and THEOGNIS: Works. London, 1856.

HIMES, N. E.: Medical History of Contraception. Baltimore, 1936.

HIPPOCRATES: Works. 4v. Loeb Library.

HOBHOUSE, L. T.: Morals in Evolution. N. Y., 1916.

HOGARTH, D. G.: Ionia and the East. Oxford, 1909.

HOMER: Iliad. Tr. W. C. Bryant. Boston, 1898.

HOMER: Iliad. Text and tr. by A. T. Murray. 2v. Loeb Library.

ISOCRATES: Works. 2v. Loeb Library.

JEWISH ENCYCLOPEDIA. N. Y., 1901.

JONES, H. S.: Ancient Writers on Greek Sculpture. London, 1895.

JONES, W. H. S.: Malaria and Greek History. Manchester, Eng., 1909.

JOSEPHUS, F.: Works. 2v. Boston, 1811.

JOURNAL OF HELLENIC STUDIES. London, 1882f.

KELLER, A. G.: Homeric Society. N. Y., 1902.

KIRSTEIN, L.: Dance: A Short History. N. Y., 1935.

KÖHLER, C.: History of Costume. N. Y., 1928.

LACROIX, P.: History of Prostitution. 2v. N. Y., 1931.

LANGE, F. E.: History of Materialism. N. Y., 1925.

LESSING, G. E.: Laocoön. London, 1874.

LEWES, G. H.: Aristotle. A Chapter in the History of Science. London, 1864.

LINFORTH, I. M.: Solon the Athenian. Berkeley, Cal., 1919.

LIPPERT, J.: Evolution of Culture. N. Y., 1931.

LITCHFIELD, F.: Illustrated History of Furniture. Boston, 1922.

LIVINGSTONE, R. W.: The Greek Genius. Oxford, 1915.

LIVINGSTONE, R. W., ed.: The Legacy of Greece. Oxford, 1924.

LIVY: History of Rome. 6v. Everyman Library.

LOCY, W. A.: Growth of Biology. N. Y., 1925.

LONGINUS: On the Sublime. Loeb Library.

LUCIAN: Works. 4v. Oxford, 1905.

LUCRETIUS: De Rerum Natura. Loeb Library.

LUDWIG, E.: Schliemann. Boston, 1931.

LYRA GRAECA: 3V. Loeb Libray.

MAHAFFY, J. P.: Empire of the Ptolemies. London, 1895.

MAHAFFY, J. P.: Greek Life and Thought. London, 1887.

MAHAFFY, J. P.: History of Classical Greek Literature. 4v. London, 1908.

MAHAFFY, J. P.: Old Greek Education. N. Y., n.d.

MAHAFFY, J. P.: Progress of Hellenism in Alexander's Empire. Chicago, 1905.

MAHAFFY, J. P.: Social Life in Greece. London, 1925.

MAHAFFY, J. P.: What Have the Greeks Done for Modern Civilization? N. Y.,
    1909.

MASON, W. A.: History of the Art of Writing. N. Y., 1920.

MCCLEES, H.: Daily Life of the Greeks and Romans. N. Y., 1928.

MCCRINDLE, J. W.: Ancient India as Described by Megasthenes and Arrian.
    Calcutta, 1877.

MENANDER: Principal Fragments. Loeb Library.

MEYER, E.: Geschichte des Altertums. 4v. Stuttgart, 1884f.

MOMMSEN, T.: History of Rome. 5v. London, 1901.

MÜLLER, K. O.: The Dorians. 2v. Oxford, 1830.

MÜLLER-LYER, F.: Evolution of Modern Marriage. N. Y., 1930.

MÜLLER-LYER, F.: The Family. N. Y., 1931.

MURRAY, A. S.: History of Greek Sculpture. 2v. London, 1890.

MURRAY, G.: Aristophanes. N. Y., 1933.

MURRAY, G.: Euripides and His Age. N. Y., 1913.

MURRAY, G.: Five Stages of Greek Religion. Oxford, 1930.

MURRAY, G.: History of Ancient Greek Literature. N. Y., 1927.

MURRAY, G.: Rise of the Greek Epic. Oxford, 1924.

NAPLES MUSEUM, Guide to the Archeological Collections. Naples, 1935.

NIETZCHE, F.: Early Greek Philosophy. N. Y., 1911.

NILSSON, M.: History of Greek Religion. Oxford, 1925.

NORWOOD, R.: The Greek Drama. N. Y., 1920.

OLMSTEAD, A.: History of Assyria. N. Y., 1923.

OVID: Heroides and Amores. Loeb Library.

OVID: Metamorphoses. Loeb Library.

OWEN, J.: Evenings with the Sceptics. 2v. London, 1881.

OXFORD BOOK OF GREEK VERSE IN TRANSLATION. Oxford, 1938.

OXFORD HISTORY OF MUSIC: Introductory Volume. Oxford, 1929.

OXFORDER BUCH DEUTSCHEN DICHTUNG. Oxford, 1936.

PATER, W.: Plato and Platonism. London, 1910.

PAUSANIAS: Description of Greece. 2v. London, 1886.

PFUHL, E.: Masterpieces of Greek Drawing and Painting. London, 1926.

PHILOSTRATUS: Lives of the Sophists. Loeb Library.

PIJOAN, J.: History of Art. 3v. N. Y., 1927.

PINDAR: Odes. Loeb Library.

PLATO: Dialogues. Tr. Jowett. 4v. N. Y., n.d.

PLATO: Epistles. Loeb Library.

PLINY: Natural History. 6v. London, 1855.

PLUTARCH: Lives. 3v. Everyman Library.

PLUTARCH: Moralia. Vols. I-III. Loeb Library.

PÖHLMANN, R. VON: Geschichte der Sozialen Frage und des Sozialismus in der
    antiken Welt. 2v. München, 1925.

POLYBIUS: Histories. 6v. Loeb Library.

PRATT, W. S.: History of Music. N. Y., 1927.

QUINTILIAN: Institutio Oratoria. 4v. Loeb Library.

RAMSAY, SIR WM.: Asianic Elements in Greek Civilization. New Haven, 1928.

RANDALL-MACIVER, D.: Greek Cities in Italy and Sicily. Oxford, 1931.

REINACH, S.: Orpheus: A History of Religions. N. Y., 1930.

RENAN, E.: History of the People of Israel. 5v. N. Y., 1888.

RICHTER, G.: Handbook of the Classical Collection. Metropolitan Museum Of
    Art, N. Y., 1922.

RICKARD, T. A.: Man and Metals. 2v. N. Y., 1932.

RIDDER, A., and DEONNA, W.: Art in Greece. N. Y., 1927.

RIDGEWAY, SIR WM.: Early Age of Greece. Cambridge, Eng., 1901.

ROBINSON, D. M.: Sappho and Her Influence. Boston, 1924.

RODENWALDT, G.: Die Kunst der Antike. Berlin, 1927.

ROHDE, E.: Psyche. N. Y., 1925.

ROSTOVTZEFF, M.: History of the Ancient World. 2v. Oxford, 193o.

ROSTOVTZEFF, M.: Social and Economic History of the Roman Empire. Oxford, 1926.

RUSSELL, B.: Principles of Mathematics. 2v. London, 1903.

SACHAR, A. L.: History of the Jews. N. Y., 1932.

SARTON, G.: Introduction to the History of Science. Baltimore, 1930.

SCHLEGEL, A. W.: Lectures on Dramatic Art and Literature. London, 1846.

SCHLIEMANN, H.: Ilios. N. Y., 1881.

SCHLIEMANN, H.: Mycenae. N. Y., 1878.

SEDGWICK, W. T., and TYLER, H. W.: Short History of Science. N. Y., 1927.

SEMPLE, E. C.: Geography of the Mediterranean Region. N. Y., 1931.

SEXTI EMPIRICI OPERA GRAECE ET LATINE. 2v. Leipzig, 1840.

SEYMOUR, T. D.: Life in the Homeric Age. N. Y., 1907.

SHOTWELL, J. T.: Introduction to the History of History. N. Y.,1936.

SINGER, C. E.: Studies in the History and Method of Science. Vol. II. Oxford, 1921.

SMITH, G. E.: Human History. N. Y.,1929.

SMITH, WM.: Dictionary of Greek and Roman Antiquities. Boston, 1859.

SOPHOCLES: Tragedies. Tr. Plumptre. London, 1867.

SOPHOCLES: Plays. 2v. Loeb Library.

SPENCER, H.: First Principles. N. Y., 1910.

SPENGLER, O.: Decline of the West. 2v. N. Y., 1926f.

SPINOZA, B.: Ethics and De Emendatione Intellectus. Everyman Library.

STRABO: Geography. 8v. Loeb Library.

SUMNER, W.G.: Folkways. Boston, 1906.

SUMNER, W. G. and KELLER, A. G.: The Science of Society. 3v. New Haven, 1928.

SWINBURNE, A. C.: Poems. Phila., n.d.

SYMONDS, J.A.: Studies of the Greek Poets. London, 1920.

TAINE, H.: Lectures on Art. N. Y., 1875.

TARN, W. W.: Hellenistic Civilization. London, 1927.

TAYLOR, A. E.: Plato. N. Y., 1936.

THEOCRITUS, BION, AND MOSCHUS: Poems. London, 1853.

THEOPHRASTUS: Characters. Loeb Library.

THOMPSON, SIR E. M.: Introduction to Greek and Latin Paleography. Oxford,
    1912.

THUCYDIDES: History of the Peloponnesian War. Everyman Library.

TOUTAIN, J.: Economic Life of the Ancient World. N. Y., 1930.

TUCKER, T. G.: Life in Ancient Athens. Chautauqua, N. Y., 1917.

TYLOR, E. B.: Anthropology. N. Y., 1906.

UEBERWEG, F.: History of Philosophy. 2v. N. Y., 1871.

USHER, A. P.: History of Mechanical Inventions. N. Y., 1929.

VERRALL, A. W: Euripides the Rationalist. Cambridge, Eng., 1913.

VINOGRADOFF, SIR P.: Outlines of Historical Jurisprudence. 2v. Oxford,
    1922.

VIRGIL: Works. 2v. Loeb Library.

VITRUVIUS: On Architecture. 2v. Loeb Library.

VOLTAIRE, F. M. A. DE: Works. 22v. N. Y., 1927.

WARD, C. O.: The Ancient Lowly. 2v. Chicago, 1907.

WARREN, H. L.: Foundations of Classic Archiitecture. N. Y., 1919.

WAXMAN, M.: History of Jewish Literature. 3v. N. Y., 1930.

WEIGALL, A.: Alexander the Great. N. Y., 1933.

WEIGALL, A.: Sappho of Lesbos. N. Y., 1932.

WESTERMARCK, E.: History of Human Marriage. 3v. London, 1921.

WESTERMARCK, E.: Origin and Development of the Moral Ideas. 2v. London,
    1917f.

WHEWELL, WM.: History of the Inductive Sciences. 2v. N. Y., 1859.

WHIBLEY, L.: Companion to Greek Studies. Cambridge, Eng., 1916.

WILLIAMS, H. S.: History of Science. 5v. N. Y., 1909.
WINCKELMANN, J.: History of Ancient Art. 4v. in 2. Boston, 1880.
WRIGHT, F. A.: History of Later Greek Literature. N. Y., 1932.

XENOPHON: Works. Loeb Library.
XENOPHON: Memorabilia. Phila., 1899.
XENOPHON: Minor Works. London, 1914.

ZEITLIN, S.: History of the Second Jewish Commonwealth. Phila., 1933.
ZELLER, E.: Socrates and the Socratic Schools. London, 1877.
ZELLER, E.: Stoics, Epicureans, and Sceptics. London, 1870.
ZIMMERN, A.: The Greek Commonwealth. Oxford, 1924.

주

15장

1. Heath, *Greek Mathematics*, I, 46;
   Whibley, 228-9.
2. Heath, I, 150.
3. Sarton, 92.
4. Sedgwick and Tyler, 33.
5. Heath, I, 176, 178.
6. CAH, V, 383.
7. Heath, I, 93.
8. Diog. L., 384, : "Parmenides," ii;
   Sarton, 85.
9. Aristotle, *De Coelo*, ii, 13; Heath, Sir
   Thos., *Aristarchus of Samos*, Oxford,
   1913, 94.
10. Diog. L., 389, "Leucippus," iii.
11. 위의 책, 390; Heath, *Aristarchus*, 125.
11a. Sarton, 92.
12. Heath, 78.
13. Anaxagoras, frags. 12 and 16, in
    Bakewell, 51; Ueberweg, I, 63-5;
    CAH, IV, 570.
14. Heath, 81.
15. 위의 책, 82.
16. Ueberweg, I, 66.
17. Diog. L., 59-60, "Anaxagoras," iv.
18. Heath, 128.
19. 위의 책, 70.
20. Anaxagoras, frag. 4, in Bakewell, 49.
21. Diog. L.
22. Frags. 5 and 17, in Bakewell, 50;

Diog. L.
23. Frag. 9, in Bakewell, 51; Aristotle,
    Metaphysics, i, 3, *De Coelo*, iii, 3, *De
    Generatione et Corruptione*, i, 1;
    Lucretius, *De Rerum Natura*, Loeb
    Library, i, 830f.
24. Diog. L.
25. Aristotle, *De Partibus Animalium*, i, 10,
    iv, 10.
26. Aristotle, *Metaphysics*, i, 4.
27. Nilsson, 274.
28. Diog. L., 61, "Anaxagoras," viii;
    Robertson, J. M., I, 153.
29. Plutarch, "Pericles."
30. Murray, *Greek Literature*, 159.
31. CAH, IV, 569-70.
32. Heath, *Greek Math.*, I, 172.
33. Diog. L., 61, "Anaxagoras," ix.
34. Geminus in Heath, *Aristarchus*, 275.
35. Herod., ii, 4, and Rawlinson's note;
    Whibley, 71.
36. Grote, II, 29-30.
37. Herod., ii, 4.
38. Sarton, 83.
39. Semple, 35-7.
40. 위의 책.
41. Sect. III of Chap. XVI, below;
    Aeschylus, *Prometheus Bound*, 442-506.
42. Gardner, *New Chapters*, 269.

43. Sarton, 83.

44. Herod., iii, 125-38.

45. Sarton, 77.

46. 위의 책; Livingstone, *Legacy*, 209.

47. Sarton, 102.

48. Garrison, F. H., *History of Medicine*, Phila., 1929, 95.

49. Hippocrates, *Works*, I, Introd., by W. H. S. Jones.

50. 위의 책, IV, "Aphorisms," i.

51. "The Sacred Disease"; "Airs, Waters, Places," xxii.

52. Hippocrates, *Works*, II, Introd., viii; I, Introd., xxiv; Garrison, 94.

53. 위의 책, IV, "The Nature of Man," iv, 10.

54. 위의 책, "Regimen III," lxviii.

55. Livingstone, 234.

56. Garrison, 94; Hippocrates I, Introd., lvi.

57. IV, Introd., viii.

58. Harding, T. S., in *Medical Journal and Record*, Aug., 1, 1928.

59. Hippocrates, IV, Introd., vii.

60. Livingstone, 235.

61. Hippocrates, IV, "Regimen III," lxviii.

62. Sarton, 96.

63. Livingstone, 208.

64. Hippocrates, II, "The Sacred Disease," xvii.

65. Xenophon, "Constitution of the Lacedaemonians," xiii, 6; Mahaffy, *Social Life*, 293; Becker, 380; Garrison, 91; Hippocrates, *Works*, I, 299.

66. Garrison, 97; Livingstone, 225.

67. 위의 책, 240.

68. Livingstone, 225.

69. Plato, *Laws*, iv, 720.

70. Carroll, 324-5; Mahaffy, *Social Life*, 297.

71. Xenophon, *Memorabilia*, iv, 2; Garrison, 91; Becker, 376.

72. 위의 책, 291; Garrison, 90; Plato, *Statesman*, 259.

73. Hippocrates, II, "Law," i, and Introd. to Essay VI.

74. I, 291-5.

75. 위의 책, 299.

76. Becker, 379.

77. Hippocrates, II, "Decorum," vii; "Precepts," vi.

78. "Decorum," v.

16장

1. Athenaeus, xiii, 92.

2. Plato, *Protagoras*, 334, 339.

3. Symonds, 116; Owen, John, *Evenings with the Sceptics*, London, 1881, I, 177.

4. Bakewell, 11.

5. 위의 책, 22.

6. Plato, *Parmenides*, 127.

7. Russell, B., *Principles of Mathematics*, London, 1993, I, 347.

8. Plutarch, "Pericles."

9. Plato.

10. Diog. L., "Zeno," iv.

11. 위의 책.

12. Tredennick, H., introd. to Aristotle, *Metaphysics*, Loeb Library, xvii; CAH, IV, 575-6.

13. Heath, *Aristarchus*, 105.

14. Tredennick.

15. Leucippus, frag. 2 in Bakewell, 7.

16. Diog. L., "Leucippus," i-iii.

17. Lange, F. E., *History of Materialism*, N. Y., 1925, 15.

18. Diog. L., "Democritus," ii-iii.

19. 위의 책.

20. Lange, 17.

21. Ueberweg, I, 71.

22. *Enc. Brit.*, XVII, 39.

23. Grote, G., *Plato and the Other Companions of Socrates*, London, 1875, I, 68; Bakewell, 62.

24. Robertson, J. M., I, 158; Lange, 17.

25. Diog. L., "Democritus," xiii.

26. Heath, *Greek Math.*, I, 176.

27. Cicero, *De Oratore*, i, 11; Ueberweg, I, 68; Grote, *Plato*, I, 68, 96.

28. Bacon, F., *Philosophical Works*, ed. Robertson, London, 1905, 96, 471-2, 650.

29. Democritus, frag. O (Diels) in Bakewell, 60.

30. Frags. 117 and 9 in Bakewell, 59.

31. Ueberweg, I, 70.

32. Lange, 27.

33. Ueberweg, I, 69-70; Grote, *Plato*, I, 77.

34. 위의 책, 76.

35. Diog. L., "Democritus," xii.

36. Heath, *Aristarchus*, 26, 127.

37. Ueberweg.

38. Grote, *Plato*, I, 78.

39. Lucretius, iii, 370.

40. Plutarch, *Moralia*, 81.

41. Owen, I, 149.

42. Lange, 31; Diog. L., "Democritus," xii; Ueberweg.

43. Frag. 154a in Bakewell, 62.

44. Frag. 57.

45. Owen, I, 149.

46. Ueberweg, I, 68.

47. Athenaeus, ii, 26.

48. 위의 책; Lucretius, iii, 1039.

49. Diog. L., "Democritus," xi.

50. Athenaeus.

51. Diog. L., "Democritus," viii.

52. Diog. L., "Empedocles," ii.

53. Symonds, 127.

54. Murray, *Greek Literature*, 76.

55. Symonds, 127.

56. Diog. L., "Empedocles," iii.

57. "Empedocles," xi.

58. 위의 책; Symonds, 131.

59. Diog. L., "Empedocles," ix.

60. CAH, IV, 563.

61. Aristotle, *De Anima*, ii, 6; *De Sensu*, vi.

62. Symonds, 143.

63. Empedocles, frag. 82 in Bakewell, 45.

64. Aristotle, *De Coelo*, iii, 2.

65. Ueberweg, I, 62.

66. Symonds, 143.

67. Frags, 17 and 35 in Bakewell, 44-5.

68. Frazer, *Spirits of the Corn*, II, 303.

69. Frags. 133-4 in Bakewell, 46.

70. Symonds, 137.

71. Livingstone, 46.

72. Symonds, 135.

73. Diog. L., "Empedocles," x.

74. "Empedocles," xi.

75. 위의 책; Symonds, 131.

76. Plato, *Protagoras*, 316.

77. Grote, *History*, VI, 46.

78. CAH, V, 24, 377-8.

79. Plato, *Protagoras*, 309-10.

80. Ueberweg, I, 74.

81. Plato, *Protag.*, 311.

82. 위의 책, 328.

83. Diog. L., "Protagoras," iv.

84. Plato, *Phaedrus*, 267.

85. Ueberweg, I, 75; Sarton, 88.

86. Euripides, frag. 189.

87. Plato, *Theaetetus*, 160; Bakewell, 67; Lange, 42.

88. Diog. L.; Bakewell, 67.

89. Diog. L.; Ueberweg, I, 74.

90. Bakewell, 67.

91. Isocrates, *Antidosis*, 155.

92. Philostratus, *Lives of the Sophists*, Loeb Library, §494.

93. Grote, VIII, 343.

94. Ueberweg, I, 77.

95. Philostratus, 483.

96. Plato, *Republic*, i, 336f; Oxyrhynchus Papyri xi, 1364, in Vinogradoff, II, 29; Murray, *Greek Literature*, 161.

97. Plato, *Sophist*, 265.

98. Murray, *Aristophanes*, 142.

99. 위의 책.

100. Murray, *Greek Literature*, 160.

101. Zeller, 36.

102. Plato, *Gorgias*, 502.

103. Plato, *Cratylus*, 584.

104. Xenophon, *Memorabilia*, i, 6.13.

105. Plutarch, *Dec. Orat.*, iv, in Becker, 235.

106. Aristotle, *Soph. Elenchis*, i, 1.165.

107. Grote, VIII, 326.

108. Diog. L., "Plato," xxv.

109. Aristotle, *Ethics*, 1109, 1116, 1144, 1164.

110. Livingstone, 79.

111. CAH, VI, 303.

112. Plutarch, *De Malig. Herod.*, ix, 856, in Dupréel, E., *La Légende Socratique*, Bruxelles, 1922, 415.

113. Mahaffy, *Social Life*, 205-6.

114. Pausanias, i, 22.

115. Diog. L., "Socrates," iv.

116. CAH, V, 386.

117. Plato, *Apology*, 23; *Republic*, 337; Xenophon, *Memor.*, i, 2.1.

118. Plato, *Symposium*, 220-1.

119. *Republic*, 549.

120. Aristotle in Diog. L., "Socrates," x.

121. McClure, M., in Dewey, J., and Others: *Studies in the History of Ideas*, Columbia U. P., 1935, II, 31.

122. Plato, *Symposium*, 214.

123. Xenophon, *Banquet*, ii, 19.

124. Plato, *Phaedrus*, 229.

125. Diog. L., "Socrates," ix.

126. Xenophon, *Banquet*, ii, 24.

127. Diog. L.

128. Plato, *Charmides*, 154-5.

129. Plato, *Protagoras*, 309.

130. Plato, *Lysis*, 206; Xenophon, *Memor.*, iii, 11.

131. 위의 책.

132. 위의 책, iv, 8.

133. Plato, *Phaedo*, end.

134. CAH, V, 387-8.

135. Diog. L., "Socrates," iii; Robertson, J. M., I, 160.

136. Plato, *Apology*, 41.

137. Xenophon, *Banquet*, i, 5.

138. Diog. L., "Socrates," xviii.

139. Xenophon, *Memor.*, i, 2. 16.

140. Pater, 179.

141. Plato, *Protag.*, 338, 361.

142. Xenophon, iv, 4.9.

143. Plato, *Theaetetus*, 150.

144. Grote, VII, 92; Mahaffy, *Greek Education*, 84.

145. *Charmides*, 159, 161; *Protag.*, 331, 350.

146. Diog. L., "Crito," i.

147. Xenophon, ii, 6.28.

148. 위의 책, i, 6.

149. 위의 책.

150. Diog. L., "socrates," xiv.

151. Xenophon, iv, 1.1.

152. Diog. L., "Crito," i.

153. Plato, *Symposium*, 215, 218.

154. Sextus Empiricus, *Opera*, Leipzig, 1840, *Adversus Mathematicos*, ix, 54; Botsford and Sihler, 369; Nilsson, 269; Symonds, 390.

155. Zeller, 205, 208.

156. Athenaeus, xii, 534.

157. Plato, *Meno*, 94.

158. Xenophon, *Memor.*, i, 1.2; i, 3.4; ii, 6.8; iv, 7.10; Plato, *Symposium*, 220; *Phaedo*, 118; *Apology*, 21.

159. Zeller, 82.

160. Plato, *Apology*, 29.

161. Plato, *Cratylus*, 425.

162. Xenophon, *Memor.*, i, 1.11f.

163. 위의 책, iv, 3.16.

164. iv, 7.

165. i, 1.16.

166. iv, 2.24.

167. iii, 8.3; iv, 5.9.

168. iii, 9.5.

169. i, 2.9.

170. iii, 5.15-17.

171. iv, 6.12.

172. CAH, VI, 309.

173. Xenophon, *Apology*, end.

17장

1. Pausanias, ix, 22.

2. *Lyra Graeca*, III, 9; II, 264.

3. Pausanias, ix, 23.

4. Pindar, *Olympic Ode* xiv, 5.

5. *Olympic Odes* i-ii.

6. Frag. 76 in Pindar, *Odes*, p. 557.

7. CAH, IV, 511.

8. Symonds, 214.

9. *Lyra Graeca*, III, 7.

10. Pausanias, ix, 23.

11. *Olympic* i, 64.

12. Frag. 131.

13. *Olympic* ii, 56f, tr. C. J. Billson, in *Oxford Book of Greek Verse in Translation*, 294.

14. Pindar, *Pythian Ode* i, 81.

15. *Pythian* iv, 272.

16. *Pythian* viii, 92, tr. G. Murray.

17. *Paean* iv, 32.

18. Symonds, 216.

19. S.v. Pratinas, *Lyra Graeca*, III, 49.

20. Aristophanes, II, 82.

21. Haigh, 37.

22. 위의 책, 64.

23. Mahaffy, *Social Life*, 469; Symonds, 380.

24. Haigh, 266.

25. *Lyra Graeca*, III, 283.

26. Aristotle, *Rhetoric*, Loeb Library, iii, 1.

27. Ward, II, 311.

28. Lucian, "Of Pantomime," 27.

29. Haigh, 325-7.

30. 위의 책, 327, 335.

31. Flickinger, R. C., *Greek Theater and Its Drama*, University of Chicago Press, 1918, 132.

32. Haigh, 343.

33. 위의 책, 345; Norwood, *Greek Drama*, 83.

34. Haigh, 344.

35. 위의 책, 12, 24.

36. Ferguson, 59.

37. Haigh, 34.

38. Plato, *Laws*, 659, 700.

39. Herod., vi, 21.

40. CAH, IV, 172.

41. Haigh, 15.

42. Aeschylus, *Prometheus Bound*, 18f, tr. Elizabeth Barrett Browning, in *Greek Dramas*, N. Y., 1912, pp. 5-6.

43. 위의 책, ll. 459f.

44. Tr. in Murray, *Greek Literature*, 219.

45. Schlegel, A. W., *Lectures on Dramatic Art and Literature*, London, 1846, 93.

46. Mahaffy, *Social Life*, 150; Symonds, 260; Murray, *Greek Literature*, 221.

47. Aeschylus, *Agamemnon*, ll. 218f, tr. G. Murray, *Oresteia*, p. 44.

48. Tr. by Milman in Mahaffy, *Social Life*, 152.

49. *Agamemnon*, 1445f, *Oresteia*, p. 100.

50. *Choephoroe*, 1024f, *Oresteia*, 183.

51. Athenaeus, i, 39.

52. Schlegel, 95.

53. *Agamemnon*, ll. 55f.

54. 위의 책, 160.

55. *Eumenides*, end.

56. Murray, *Greek Literature*, 215.

57. Botsford and Sihler, 34.

58. Athenaeus, i, 37; Schlegel, 97; Taine, H., *Lectures on Art*, N. Y., 1901, II, 483; Plumptre, E. H., Introd. to *Tragedies of Sophocles*, London, 1867, p. xxxvii.

59. Sophocles, *Works*, tr. F. Storr, Loeb

Library, I, Itrod., viii.

60. Symonds, 278.

61. Athenaeus, xiii, 81.

62. Mahaffy, *Greek Literature*, II, 57.

63. Murray, *Greek Literature*, 234.

64. Symonds, 290.

65. Sophocles, *Oedipus the King*, 980f.

66. *Oedipus at Colonus*, 668f, tr. Walter Headlam, *Oxford Book of Greek Verse in Translation*, 378.

67. *Oedipus at Colonus*, 607f, tr. Murray, *Greek Literature*, 249.

68. *Oed, Col.*, 1648f, tr. Murray.

69. *Antigone*, 332f, tr. Storr.

70. 위의 책, 786f.

71. 위의 책, 1220f.

72. Murray, *Greek Literature*, 238.

73. *Trachinian Women*, 1265f.

74. *Philoctetes*, 451-2.

75. *Electra*, 473f.

76. *Oedipus the King*, 863f.

77. *Oed. Col.*, 1211f, tr. A. E. Housman, in *Oxford Book of Greek Verse in Translation*, 378.

78. Athenaeus, xiii, 61.

79. Symonds, 278.

80. Mahaffy, *Greek Literature*, II, 97.

81. Murray, *Gk. Lit.*, 251.

82. Strabo, xiv, 1.36.

83. Diog. L., "Socrates," ii.

84. Euripides, *Hippolytus*, 191-7, in Murray, *Gk. Lit.*, 12.

85. Murray, 34.

86. Euripides, *Medea*, 410f, tr. G. Murray,

Oxford, 1912, p. 15.

87. Herod., ii, 120.

88. *Iphigenia in Aulis*, 636-54, tr. A. S. Way, Loeb Library.

89. *Iph. in Aulis*, tr. Webb in Mahaffy, *Social Life*, 202-4.

90. *Iph. in Aulis*, 1369-84, tr. A. S. Way.

91. *Hecuba*, 488f, tr. Way.

92. Murray, *Gk. Lit.*, 137.

93. *Trojan Women*, tr. G. Murray, Oxford, 1914.

94. Euripides, *Electra*, tr. Murray, Oxford, 1907, p. 77.

95. Euripides, *Iphigenia in Tauris*, tr. Murray, Oxford, 1930.

96. Aristotle, *Poetics*, xiii, 4.

97. Verrall, A. W., *Euripides the Rationalist*, Cambridge Univ. Press, 1913, 178.

98. *Iph. in Aulis*, 957.

99. *Helen*, 744f, tr. Way.

100. *Ion*, 374-8; *Iph. in T.*, 570-5; *Electra*, 400; *Bacchae*, 255-7; *Hippolytus*, 1059; Robertson, I, 162.

101. Euripides, *Electra*, tr. Murray, p. 37; *Heracles*, 1341; *Iph. in T.*, 386.

102. *Bellerophontes*, 293, tr. Symonds, 368; *Helen*, 1137.

103. *Iph. in T.*, tr. Murray, p. 32.

104. *Helen*, 1688.

105. Verrall, 79.

106. *Trojan Women*, 884.

107. *Hecuba*, 282.

108. *Trojan Women*, prologue.

108a. *Cresphontes*, frag.

109. *Hippolytus* and the lost *Stheneboea* and *Chrysippus*.
110. *Andromeda*, 135, tr. Symonds, 363.
111. Norwood, 311.
112. Euripides, *Medea*, tr. Murray, p. 67.
113. Frag. 157 in Rohde, 438.
114. *Electra*, tr. Murray, p. 78.
115. Rohde, 437.
116. Frag. tr. Symonds, 367.
117. A frag. in Symonds, 366.
118. Aristophanes, *Frogs*, 552; Athenaeus, i, 41.
119. Symonds, 426.
120. Mahaffy, *Gk. Lit.*, II, 98.
121. Pater, 122.
122. Plutarch, "Nicias."
123. *Greek Anthology*, ix, 450.
124. Quoted by Murray, *Euripides and His Age*, N. Y., 1913, 10.
125. Murray, *Gk. Lit.*, 277.
126. Aristophanes, I, 117.
127. Haigh, 260.
128. Murray, *Aristophanes*, 102.
129. Zeller, 203.
130. Aristophanes, I, 91.
131. 위의 책, 314, 319.
132. *Thesmophoriazusae* II, 286; *Knights*, I, 11; *Ecclesiazusae*, II, 378.
133. *Knights*, I, 31.
134. *Peace*, I, 194.
135. Philostratus, 483.
136. Lucian, "Herodotus and Aetion," 1; Bury, J. B., *Ancient Greek Historians*, N. Y., 1909, 65; Mahaffy, *Gk. Lit.*, II, 18; Murray, *Gk. Lit.*, 134.
137. Herod., i, 1.
138. Gibbon, Ed., *Decline and Fall of the Roman Empire*, Eeryman Library, I, 77, ch. iii.
139. Strabo, xvii, 1.52.
140. Herod., iii, 101.
141. 위의 책, i, 68.
142. iii, 38; ii, 3.
143. vii, 189, 191.
144. vii, 152.
145. Lucian.
146. Thuc., i, 1.21-23.
147. Mahaffy, *Social Life*, 208.
148. Thuc., ii, 45.
149. 위의 책, viii, 24; ii, 17.
150. Murray, *Gk. Lit.*, 1.

18장

1. Diog. L., "Empedocles," vii.
2. Athenaeus, xii, 34.
3. Aristophanes, *Acharnians*, I, 111.
4. Glotz, *Ancient Greece*, 314.
5. Grote, V, 390.
6. Thuc., iii, 37.
7. 위의 책, i, 3.75.
8. Plutarch, "Pericles."
9. Thuc., ii, 6.8.
10. 위의 책, i, 2.58-65; i, 5.139-46.
11. Jones, W. H. S., *Malaria and Greek History*, 132.
12. Plutarch, "Tiberius Gracchus."
13. Aristotle, *Constitution*, 28.
14. Thuc., iii, 9.49-50.

15. 위의 책, v, 15.22-3.

16. v, 17.84f.

17. Plutarch, "Alcibiades."

18. 위의 책.

19. Xenophon, *Memor.*, i, 2.46.

20. Athenaeus, i, 5.

21. Benson, *Alcibiades*, 125.

22. Plutarch.

23. Thuc., vi, 18.18.

24. 위의 책, 20.89.

25. viii, 24.18.

26. viii, 26.97; Aristotle, *Constitution*, 33.

27. Xenophon, *Hellenica*, Loeb Library, i, 4.13.

28. Aristotle, *Constitution*, 34.

29. Plutarch, "Lysander."

30. Isocrates, *Areopagiticus*, 66.

31. Aristotle, 40.

32. Murray, *Gk. Lit.*, 176.

33. Xenophon, *Memor.*, i, 2.32.

34. Grote, IX, 63.

35. Ueberweg, I, 81.

36. Reinach, 96.

37. Plato, *Apology*, 38.

38. 위의 책, 27.

39. 18.

40. 29.

41. 30.

42. Diog. L., "Socrates," xxi.

43. Plato, *Crito*.

44. Xenophon, *Memor.*, iv, 8.1.

45. Plato, *Phaedo*, 59-60.

46. 위의 책, 89.

47. Xenophon, *Apology,* 28.

48. Diodorus, xiv, 37.

49. Zeller, 201.

50. Plutarch, *De Invid.*, 6, in Zeller, 201.

51. Diog. L., "Socrates," xxiii.

52. Grote, IX, 88.

53. Tertullian, *Apology*, 14, and Augustine, *City of God*, viii, 3, in Zeller, 201.

19장

1. Aristotle, *Physics*, Loeb Library, 1269-70; Plutarch "Lysander," "Lycurgus."

2. Glotz, *Greek City*, 300.

3. Aristotle, *Physics*, 1270.

4. Plutarch, *Moralia*, 190F.

5. Plutarch, "Agesilaus."

6. Plutarch, *Moralia*, 39.

7. 위의 책, 192C.

8. Aristotle, *Physics*, 1270.

9. Glotz, *Ancient Greece*, 199.

10. Xenophon, "On the Revenues," in *Minor Works*.

11. Calhoun, 46-8, 93-4, 101.

12. Glotz, *Anc. G.*, 304; CAH, VI, 72.

13. Calhoun, 109.

14. 위의 책, 116; Glotz, 306.

15. Glotz, *Greek City*, 311; *Anc. G.*, 201.

16. Glotz, *Gk. City*, 312-3.

17. Plato, *Republic*, iv, 422.

18. Aristotle, *Politics*, 1310.

19. Isocrates, *Archidamus*, 67.

20. Pöhlmann, I, 147.

21. Plato, *Laws*, v, 736.

22. Vinogradoff, II, 113; Glotz, *Gk. City*,

318.

23. Vinogradoff, II, 205.

24. Isocrates, *Antidosis*, 159.

25. Glotz, *Gk. City*, 323; Rostovtzeff, M., *Social and Economic History of the Roman Empire*, Oxford, 1926, 2; *History of the Ancient World*, Oxford, 1928, II, 362; Coulanges, 493.

26. Mahaffy, *Social Life*, 267, 273.

27. Glotz, *Gk. City*, 296.

28. 위의 책.

29. Athenaeus, xiii, 38f; Lacroix, I, 168.

30. Athenaeus, xii, 43.

31. Aristotle, *Historia Animalium*, 583a.

32. Gomme, 18, 26, 47; Athenaeus, vi, 272; Müller-Lyer, *Family*, 203; Grote, IV, 338.

33. Xenophon, *Hellenica*, vi, 1.5.

34. Isocrates, *On the Peace*, 50.

35. Aristotle, *Problems*, 29, in Vinogradoff, II, 67.

36. Demosthenes in Glotz, *Gk. City*, 216.

37. Aristotle, *Constitution*, 41.

38. Aristophanes, *Clouds*, 991; Plato, *Theaetetus*, 173.

39. Isocrates, 59.

40. Grote, XI, 198.

41. Diodorus, x, 4.

42. Aristotle (?), *Economics*, ii, 2.20.

43. *Lyra G.*, III, 366.

44. Diog. L., "Plato," xiv; Plutarch, "Dion"; Diodorus, xv, 7; Grote, XI, 34-5.

45. Plato, *Epistles*, Loeb Library, vii.

46. Athenaeus, x, 47.

47. Plutarch.

48. Plato.

49. Plutarch.

50. Athenaeus, xii, 58.

51. Weigall, *Alexander the Great*, N. Y., 1933, 19.

52. Adams, Brooks, *New Empire*, N. Y., 1903, 36.

53. Athenaeus, xiii, 63.

54. Mahaffy, *Social Life*, 425-7.

55. Glotz, *Gk. City*, 339.

56. Philostratus, 507.

57. Plutarch, "Phocion."

58. Philostratus, 61.

59. Plutarch, "Alexander."

20장

1. Plutarch, "Demosthenes"; *Moralia*, 6.

2. Mahaffy, *Gk. Lit.*, IV, 137.

3. Demosthenes, *On the Crown*, Loeb Library, 126, 258-9, 265.

4. Murray, *Gk. Lit.*, 362.

5. Isocrates, *Antidosis*, 48.

6. Grote, G., *Aristotle*, London, 1872, I, 31; Murray, 344.

7. Isocrates, *Panegyricus*, 49.

8. 위의 책, 167.

9. 위의 책, 160.

10. Isocrates, *On the Peace*, 94.

11. 위의 책, 13.

12. Isocrates, *Areopagiticus*, 15, 70.

13. *On the Peace*, 109.

14. *Areopag.*, 20.

15. Pausanias, i, 18; so Lucian and Philostratus; Murray, 350.

16. Milton's phrase for Isocrates.

17. Diog. L., "Xenophon," i-ii.

18. Aristophanes, *Clouds*, 225.

19. Plutarch, *Moralia*, 212B.

20. Xenophon, *Economicus*, x, 1-10.

21. 위의 책, xiv, 7.

22. Quoted by Shotwell, 180.

23. Pausanias, viii, 45.

24. Plutarch, "Alexander."

25. Cotterill, I, 108n.

26. Pliny, xxxv, 36, 40; Winckelmann, I, 219.

27. Pliny, xxxv, 32.

28. 위의 책, xxxv, 36.

29. 위의 책.

30. Aelian, *Varia Historia*, ii, 3, in Weigall, *Alexander*, 136.

31. Pliny.

32. Vitruvius, ii, 8.14.

33. Pausanias, i, 20.

34. Gardner, *Greek Sculpture*, 397.

35. Pausanias, v, 17.

36. 위의 책, viii, 9.

37. Murray, A. S., II, 253-4.

38. Pausanias, vi, 25.

39. Pliny, xxxvi, 41.

40. 위의 책, xxxiv, 19.

41. 위의 책.

21장

1. Sarton, 127.

2. Plutarch, "Marcellus."

3. Aristotle, *Metaphysics*, i, 9.

4. Plato, *Hippias Major*, 303.

5. Sarton, 113.

6. Aristotle, *Politics*, 1340.

7. Sedgwick, 76.

8. Heath, *Greek Math.*, I, 209, 233, 252.

8a. 위의 책, 354.

9. Diog. L., "Eudoxus," i-iii; Strabo, ii, 5.14; Heath, I, 320; *Aristarchus*, 192; Grote, *Plato*, I, 124n; Ball, W. R., *Short History of Mathematics*, London, 1888, 41.

10. Heath, I, 323.

11. Heath, *Aristarchus*, 208.

12. Sarton, 118.

13. 위의 책, 141.

14. Heath, *Aristarchus*, 276.

15. Heath, I, 16.

16. Arrian, *Indica*, London, 1893, chaps. xxxlii.

17. Sarton, 120-1.

18. Carroll, 325.

19. Zeller, 266.

20. Zeller, 277.

21. Athenaeus, xiii, 55.

22. Vitruvius, ii, 6.1.

23. Athenaeus, xii, 63.

24. Zeller, 357, 361.

25. 위의 책, 362b.

26. Diog. L., "Aristippus," iv.

27. 위의 책.

28. 위의 책.

29. 위의 책.

30. 위의 책.

31. Zeller, 367.

32. Carroll, 313.

33. 위의 책.

34. Plato, *Phaedo*, 64.

35. Xenophon, *Banquet*, iii, 8.

36. Diog. L., "Antisthenes," iv.

37. Murray, *Five Stages*, 116.

38. Diog. L., "Diogenes," iii.

39. 위의 책, iii, vi; Zeller, 326n.

40. Diog. L., "Diogenes," vi.

41. 위의 책.

42. 위의 책, x.

43. 위의 책, vi.

44. 위의 책.

45. Weigall, *Alexander*, 103.

46. Arrian, *Anabasis of Alexander*, vii, 2; Diog. L., "Diogenes," vi.

47. 위의 책, xi.

48. Zeller, 308.

49. Diog. L., "Antisthenes," iv.

50. "Diogenes," vi.

51. Plutarch, *Moralia*, 21F.

52. Diog. L.

53. Zeller, 319.

54. 위의 책, 326.

55. Diog. L., "Diog.," xi.

56. Murray, *Five Stages*, 118.

57. Pöhlmann, 86-91.

58. Zeller, 317.

59. Plato, *Republic*, 372.

60. Diog. L., "Plato," i.

61. 위의 책, v, x.

62. viii-ix; Cicero, *De Finibus*, v, 29.

62a. Plutarch, *De Exilio*, 10, in Capes, W. W., *University Life in Ancient Athens*, N. Y., 1922, 32.

63. Suidas, *Lexicon*, s.v. *Plato*, in Mahaffy, *Greek Education*, 122.

64. Diog. L., "Plato," xi.

65. Mahaffy, 128; Grote, *Plato*, I, 125.

66. Heath, I, 11.

67. Plato, *Republic*, 539.

68. Heath, *Aristarchus*, 141.

69. Plutarch, *Moralia*, 79.

70. Plato, *Epistles*, vii, 531.

71. Taylor, 503.

72. Athenaeus, xi, 112.

73. Diog. L., "Cimon," i-iii, "Plato," xxxii.

74. Athenaeus, xi, 113.

75. Taylor, 20.

76. Plato, *Protag.*, 334.

77. *Symposium*, 175.

78. *Euthyphro*, 292.

79. *Charmides*, 169.

80. *Cratylus*.

81. *Phaedo*, 106.

82. *Theaetetus*, 161.

83. 위의 책, 158; *Epistles*, vii, 344.

84. Aristotle, *Meta.*, i, 5-6; iii, 2; xiii, 4; *Cratylus*, 440.

85. Aristotle, *Meta.*, i, 9.16.

86. Plato, *Phaedo*, 65.

87. 위의 책, 74-5, *Theaetetus*, 185-7.

88. Carrel, Alexis, *Man the Unknown*, N. Y., 1935, 236.

89. Spinoza, *De Emendatione Intellectus*,

Everyman Library, p. 259.

90. *Phaedrus*, 245.

91. *Philebus*, 22.

92. *Rep.*, 505.

93. *Laws*, 966; *Phaedo*, 96.

94. *Sophist*, 247.

95. *Phaedrus*, 245; *Philebus*, 30.

96. *Meno*, 81-2.

97. *Gorgias*, 523.

98. *Phaedo*, 69, 80-5, 110, 114; *Rep.*, 615f; *Timaeus*, 43-4.

99. *Phaedo*, 91, 114.

100. *Rep.*, 365.

101. *Symp.*, 209.

102. *Gorgias*, 482.

103. 위의 책, 495; *Rep.*, 619; *Philebus*, 66.

104. *Rep.*, 441, 587.

105. *Philebus*, 64-6.

106. 위의 책, 57-8.

107. *Crito*, 49.

108. 위의 책; *Laws*, 951; *Phaedo*, 82.

109. Aristotle, *Poetics*, i, 4.

110. *Rep.*, 424.

111. Quoted by Symonds, 411.

112. *Philebus*, 51; *Rep.*, 529.

113. *Symp.*, 206.

114. *Laws*, 636.

115. *Symp.*, 201; *Phaedrus*, 244f.

116. *Rep.*, 500.

117. *Epistles*, vii, 337.

118. *Rep.*, 555.

119. 위의 책, 557.

120. 562.

121. 565.

122. 567.

123. 496.

124. *Phaedrus*, 239.

125. *Rep.*, 459.

126. 473.

127. *Statesman*, 297; *Epistles*, vii, 337.

128. *Laws*, 710.

129. 위의 책, 704.

130. 968.

131. 761.

132. 742.

133. 744, 922-3.

134. 785.

135. 721, 774.

136. 672.

137. 885, 908-9.

138. *Phaedo*, 66.

139. Pater, 126.

140. *Laws*, 7.

141. Diog. L, "Plato," xxv.

142. Calhoun, 125-7.

143. Locy, W. A., *Growth of Biology*, N. Y., 1925, 27.

144. Athenaeus, xiii, 56.

145. Grote, *Aristotle*, I, 8.

146. Diog. L., "Aristotle," iv.

147. Grote, *Aristotle*, I, 43.

148. Murray, *Greek Epic*, 99; CAH, VI, 333.

149. Aristotle, Meta., iii, 6. 7-9.

150. 위의 책, iv, 3. 8.

151. Aristotle, *On Generation*, i, 2.

152. *Physics*, v, 3; vii, 1.

153. Aristotle, *Mechanics*, iii, 848-50.

154. *On the Heavens*, ii, 14.

155. *Meteorology*, i, 14.

156. *Meta.*, xii, 8. 21.

157. Pliny, viii, 16.

158. Aristotle, *Parts of Animals*, i, 5.

159. *History of Animals*, v, 21-2; ix, 39-40.

160. 위의 책, vi, 22.

161. Aristotle (?), *Economics*, i, 3.

162. *History of Animals*, viii, 2.

163. *Reproduction of Animals*, i, 15.

164. 위의 책, i, 21.

165. iv, 1.

166. *Hist. An.*, vii, 4.

167. *Reprod. An.*, ii, 1.

168. 위의 책, ii, 3.

169. ii, 12.

170. *Hist. An.*, vi, 2-3.

171. 위의 책.

172. i, 1.

173. viii, 1.

174. Ueberweg, I, 167.

175. Sedgwick, 14.

176. Lewes, G. H., *Aristotle: a Chapter in the History of Science*, London, 1864, 284, 361; Lange, 81.

177. Lewes, 159.

178. Aristotle, *Hist. An.*, ii, 3.

179. *Parts of Animals*, ii, 7.

180. Sarton, 128.

181. Aristotle, *Politics*, 1256b; Lewes, 322.

182. Aristotle, *On the Soul*, ii, 1.

183. 위의 책, ii, 4.

184. iii, 8.

185. iii, 7.

186. *Reprod. An.*, ii, 3.

187. *Meta.*, viii, 4.4.

188. *Physics*, ii, 8.

189. *Meta.*, ix, 7.

190. *Poetics*, i, 3.

191. 위의 책, vi, 2.

192. *Politics*, 1137b.

193. *Ethics*, 1097b, 1176b.

194. *Rhetoric*, i, 5.4.

195. *Ethics*, 1099a.

196. 위의 책, 1153b.

197. *Rhetoric*, ii, 16.2.

198. *Ehtics*, 1178a.

199. 위의 책, 1125b.

200. 1098a.

201. 1178b.

202. *Politics*, 1267a.

203. 위의 책, 1275b.

204. 1253a.

205. 1296b.

206. *Ethics*, 1160ab.

207. *Rhetoric*, ii, 15.3.

208. *Politics*, 1258b.

209. 위의 책, 1281a.

210. 1318b.

211. 1286a.

212. 1278a.

213. 1280a.

214. 1266b.

215. 1254b.

216. 1320a.

217. 위의 책.

218. 1295a.

219. 1264a.

220. 1261b.

221. 1296b.

222. 1296a.

223. 1330a.

224. 1329b.

225. *Rhetoric*, i, 1.7.

226. *Politics*, 1287a.

227. 위의 책, 1265b.

228. 1335b.

229. Ueberweg, I, 177.

230. Pater, 141.

22장

1. Plutarch, *Moralia*, 178F.

2. Mahaffy, *Greek Life and Thought*, 18.

3. Plutarch, "Alexander."

4. Weigall, *Alexander*, 235.

5. 위의 책.

6. Plutarch.

7. Plutarch, *Moralia*, 127B.

8. "Alexander."

8a. *Moralia*, 180A.

9. "Alexander."

10. 위의 책; Arrian, i, 17.

11. Weigall, 50.

12. Plutarch, *Moralia*, 179E.

13. "Alexander."

14. Arrian, vii, 28.

15. 위의 책, iii, 6.

16. Grote, *History*, XI, 85.

17. Weigall, 58.

18. Arrian, i, 3.

19. Weigall, 97.

20. Plutarch, "Alexander."

21. 위의 책.

22. Arrian, vii, 9.

23. Plutarch.

24. Vitruvius, ii, 2.

25. Plutarch, *Moralia*, 180C.

26. CAH, VI, 384.

27. Arrian, iv, 7.

28. 위의 책, vi, 26.

29. vii, 4.

30. Plutarch, "Alexander."

31. Grote, XII, 89.

32. Athenaeus, xii, 53.

33. Plutarch, *Moralia*, 180D.

34. Weigall, 146.

35. Plutarch, "Alexander"; Arrian, vii, 29.

36. Lucian, *Dialogues of the Dead*, xiv.

37. Arrian, iv, 9-11.

38. 위의 책, vii, 11.

39. vii, 9-10.

40. ii, 12.

41. Plutarch, "Alexander"; Arrian, vii, 26.

42. Plutarch.

43. Grote, *Aristotle*, I, 23.

44. Diog. L., "Aristotle," viii.

45. Thrasybulus in Grote, *History*, VIII, 263.

23장

1. Mahaffy, *Greek Life and Thought*, pp. xxxv, 112.

2. 위의 책, 56; Plutarch, "Demetrius."

3. 위의 책.

4. Pausanias, x, 19.

5. 위의 책, 22.

6. Livy, T. L, *History of Rome*, xxxviii, 16; CAH, VII, 103-7.

7. Polybius, iv, 77; Pausanias, ii, 9, vii, 7; Plutarch, "Aratus."

8. Athenaeus, vi, 103.

9. Heitland, W. E., *Agricola*, Cambridge University Press, 1921, 124-5.

10. Plato, *Critias*, 111.

11. Rostovtzeff, M., *History of the Ancient World*, Oxford, 1930, I, 320.

12. Tarn, W. W., *Hellenistic Civilization*, London, 1927, 90.

13. Vinogradoff, II, 108-9.

14. Glotz, *Ancient Greece*, 366.

15. 위의 책, 364.

16. 위의 책.

17. 위의 책, 331-3; Tarn, 95.

18. Tarn, 102; Heitland, 63; Glotz, 359.

19. CAH, VII, 740.

20. 위의 책.

20a. 위의 책, 265, 741; Tarn, 104.

21. 위의 책, 34.

22. Glotz, 333.

23. Polybius, vi, 9; vii, 10; xv, 21; Glotz, *Greek City*, 323.

23a. Diodorus Sic., V, 41-6.

24. Bentwich, Norman, *Hellenism*, Phila., 1919, 62.

25. Athenaeus, xiii, 18.

26. Tarn, 82.

27. Theocritus, Idyl ii

28. Lacroix, I, 138-9.

29. Athenaeus, in Becker, 344.

30. Glotz, *Ancient Greece*, 298; Tarn, 86.

31. 위의 책, 88.

32. Polybius, xxxvi, 17.

33. Plutarch, "Agis."

34. Glotz, *Ancient Greece*, 346.

35. Plutarch.

36. CAH, VII, 755.

37. Polybius, ii, 52; v, 38; Pausanias, ii, 9.

38. Coulanges, 467.

39. Pausanias, viii, 50.

40. Strabo, xiv, 2.5.

41. 위의 책.

42. Polybius, v, 88.

24장

1. Meeting of the Oriental Institute, Chicago, Mar. 29, 1932.

2. Plutarch, *Moralia*, 183F.

3. Polybius, xx, 8.

4. 위의 책, xxi, 3-7; xxx, 26.

5. 위의 책, xxix, 27; xxxi, 9; Bevan, E. R., *House of Seleucus*, London, 1902, II, 131, 158.

6. Rostovtzeff, *Social and Economic History of the Roman Empire*, 3; Tarn, 79.

7. Toutain, 102-3.

8. Glotz, *Ancient Greece*, 353.

9. Rostovtzeff, *Roman Empire*, 3; *Ancient World*, I, 368-70; Glotz, 321.

10. Glotz, *Greek City*, 383.

11. Tarn, 254.

12. Josephus, *Against Apion*, I, 60;
  Bevan, 35; Tarn, 209.

13. CAH, VII, 193.

14. Sachar, A. L., *History of the Jews*, N. Y.,
  1932, 102. Zeitlin, S., *History of the
  Second Jewish Commonwealth*, Phila.,
  1933, 18f; CAH, VIII, 501f.

15. Graetz, H., *History of the Jews*, Phila.,
  1891f, I, 445-6; Zeitlin, 18.

16. Bevan, I, 171; Mahaffy, J. P., *Empire
  of the Ptolemies*, London, 1895, 341.

17. CAH, VIII, 507-8.

18. I Macc., i; Josephus, Works, Boston,
  1811, I, 438; *Antiquities of the Jews*, xii,
  5.

19. Bevan, II, 154.

20. I Macc., v-vi; Bevan, 174.

21. I Macc., ii.

22. 위의 책, vi.

23. 위의 책, ii.

24. 위의 책, ii-v.

25. Sachar, 104.

26. Bevan II, 183, 223.

25장

1. Breccia, E., *Alexandrea ad Aegyptum*,
  Bergamo, 1922, 96; Strabo, xvii, 1.8.

2. Mahaffy, *Empire*, 104; *Greek Life*, 204.

3. Athenaeus, xiii, 37.

4. Mahaffy, *Empire*, 162.

5. Draper, I, 190.

6. Tarn, 148; CAH, VII, 137.

7. 위의 책, 27; Rostovtzeff, *Roman
  Empire*, 259.

8. Tarn, 149-51, 155; Glotz, *Ancient
  Greece*, 345.

9. 위의 책, 343.

10. Usher, 80, 85.

11. Strabo, xvii, 1.25.

12. Glotz, *Ancient Greece*, 353.

13. Tarn, 152; Usher, 75.

14. Glotz.

15. Rostovtzeff, *Roman Empire*, 432.

16. Usher, 79, 119.

17. Pliny, xxxv, 42.

18. Rostovtzeff, *Ancient World*, I, 373;
  Tarn, 102; Glotz, 350.

19. Tarn, 155.

20. Botsford and Sihler, 597.

21. Athenaeus, v, 36.

22. Pliny, xxxvi, 18.

23. Breccia, 107.

24. Tarn, 198.

25. Calhoun, 130.

26. CAH, VIII, 662.

27. Mahaffy, *Greek Life*, 182.

28. Mahaffy, *What Have the Greeks?*, 195-
  7.

29. Tarn, 153; CAH, VIII, 28.

30. 위의 책, 139-40; Tarn, 153;
  Mahaffy, *Empire*, 182, 213; Breccia,
  42.

31. Breccia, 69.

32. Strabo, xvii, 1.8.-10; Tarn, 146.

33. Glotz, 336.

34. Athenaeus, iii, 47.

35. Herodas, *Mimiambi*, i.

36. Lacroix, I, 124.

37. Carroll, 326.

38. Graetz, I, 418; Mahaffy, *Empire*, 86.

39. Josephus, *Antiquities*, xii, 1-2.

40. Zeitlin, 6-8; Bevan, I, 165.

41. Bentwich, 36.

42. Renan, E., *History of the People of Israel*, N. Y., 1888, IV, 194; V, 189.

42a. Graetz, I, 504.

43. Bevan and Singer, *Legacy of Israel*, Oxford, 1927, 32.

44. Josephus, *Antiquities*, xii, 2; Sarton, 151.

45. Sachar, 109.

46. *Enc. Brit.*, XX, 335; Tarn, 177.

47. Glotz, *Ancient Greece*, 356; Tarn, 204.

48. Tarn, 158.

49. Mahaffy, *Greek Life*, 208.

50. Rostovtzeff, *Roman Empire*, 264.

51. Glotz, *Greek City*, 323.

52. Polybius, vii, 8.

53. 위의 책.

54. Randall-MacIver, 138-9.

55. Athenaeus, v, 40.

56. Livy, xxiv, 4.

26장

1. Polybius, ix, 2.

2. Thompson, 71.

3. Strabo, xiii, 1.54.

4. Grote, *Aristotle*, 50.

5. Breccia, 47.

6. 위의 책, 48.

7. Mahaffy, *Empire*, 208.

8. Oxyrhynchus Papyri X, 1241, p. 99; Breccia, 44.

9. Tarn, 238; Symonds, 21.

10. Tarn, 237; Mahaffy, 511.

11. Waxman, M., *History of Jewish Literature*, N. Y., 1930, I, 48.

12. 위의 책, 49.

13. 위의 책, 21.

14. Renan, IV, 258.

15. Lacroix, I, 166-7.

16. Wright, 22.

17. CAH, VII, 227.

18. Menander, *Arbitrants*, 679-85.

19. Bacchis in the *Phormio*.

20. St. Paul, I Cor., xv, 33.

21. Tarn, 219.

22. Frag. 40 in Murray, *Aristophanes*, 223.

23. Translation by Symonds, 454.

24. 위의 책, 526.

25. Murray, *Greek Literature*, 381; Mahaffy, *Greek Literature*, I, 166; *Progress of Hellenism in Alexander's Empire*, Chicago, 1905, 112.

26. Theocritus, xv, tr. Lindsay, in *Oxford Book of Greek Verse*, 564.

27. Theocritus, i, 123-42; tr. Sir Wm. Marris, *Oxford Book*, 543.

28. Tarn, 52.

29. Frag. 54 in McCrindle, J. W., *Ancient India*, Calcutta, 1877, 120.

30. Bury, *Greek Historians*, 188.

31. Polybius, xii, 25, 27.

32. 위의 책, xxxiv, 6; xxxviii, 6.

33. xxx, 32.

34. iii, 2.

35. vi, 2.

36. vi, 3.

37. iii, 48, 59; xii, 25; Shotwell, 199.

38. xvi, 20.

39. xii, 28.

40. v, 75.

41. xxi, 32.

42. xvi, 12.

43. vi, 43.

44. iii, 31.

45. i, 1.

46. i, 35; i, 1.

47. i, 4.

48. ix, 1; ii, 56.

49. Dionysius of Halicarnassus in CAH, VIII, 10.

27장

1. Athenaeus, xiv, 33.

2. Mahaffy, *Social Life*, 467-8, 475-6.

3. Vitruvius, ix, 9; x, 13; Athenaeus, iv, 75; *Oxford History of Music*, Introd. Vol., 26.

4. Mahaffy, 455; *Greek Life*, 382.

5. Athenaeus, xiv, 31.

6. Strabo, xiv, 1.37.

7. Gardner, *Ancient Athens*, 486.

8. Pliny, xxxv, 40.

9. Plutarch, "Aratus."

10. Strabo, xiv, 2.5.

11. Pliny, xxxv, 36.

12. 위의 책, xxxv, 37; xxxvi, 60.

13. Lessing, G. E., *Laocoön*, London, 1874, 15.

14. Pliny, xxxiv, 18.

15. *Greek Anthology*, vi, 171.

16. Pliny.

17. Bostock's note.

18. Winckelmann, I, 229.

19. Virgil, *Aeneid*, ii, 49.

20. Pliny, xxxvi, 4.

21. Winckelmann, II, 325.

22. CAH, VIII, 675.

23. Gardner, E. A., *Six Greek Sculptors*, London, 1910, 6.

28장

1. Stobaeus, in Heath, *Greek Mathematics*, I, 357.

2. Plutarch, "Marcellus."

3. Ball, W. W. R., *Short history of Mathematics*, London, 1888, 64.

4. 위의 책, 66-7.

5. Plutarch.

6. Cicero, *Tusc. Disp.*, i, 25.

7. Cicero, *Rep.*, i, 14.

8. Singer, C., *Studies in the History of Science*, Oxford, 1921, II, 502.

9. Heath, II, 18.

10. Plutarch.

11. 위의 책.

12. Polybius, viii, 5; Livy, xxiv, 34.

13. Heath.

14. Plutarch.

15. Polybius.

16. Plutarch.

17. Livy, xxv, 31.

18. Heath, II, 20.

19. Sarton, 184; Usher, 44.

20. 위의 책, 80.

21. 위의 책, 41; Sarton, 184, 195.

22. Vitruvius, i, 1. 16.

23. Heath, *Aristarchus of Samos*, 310, 383.

24. 위의 책, 302.

25. Health, *Greek Math.*, II, 2.

26. Williams, H. S., *History of Science*, N. Y., 1909, I, 233.

27. Heath, *Aristarchus*, 296-7; CAH, VII, 311.

28. *Enc. Brit.*, XI, 583.

29. Tarn, 230.

30. Heath, *Aristarchus*, 339-40.

31. Sarton, 144; Glotz, *Ancient Greece*, 375.

32. Strabo, i, 3.3.

33. 위의 책, i, 4. 7-9.

34. 위의 책, i, 4. 6.

35. Wright, 14.

36. Garrison, 102.

37. Theophrastus, *History of Plants*, ii, 1.1, in Livingstone, *Legacy*, 178.

38. Locy, 37.

39. Grote, II, 17.

40. Sarton, 143.

41. 위의 책, 126.

42. Wright, 14.

43. Celsus, *De Artibus*, i, 4, in Botsford and Sihler, 631.

44. Botsford and Sihler, 631.

45. Sarton, 159; Garrison, 153.

46. Sextus, Empiricus, *Adv. Math.*, xi, 50, in Livingstone, 201.

47. Garrison, 103.

48. Sarton, 159-60.

29장

1. Carroll, 316.

2. Athenaeus, xiii, 90.

3. Diog. L., "Theophrastus," iv-xi.

4. Theophrastus, *Characters*, Loeb Library, 1929, iii, xiv.

5. Diog., "Xenophanes," iii.

6. 위의 책, iii-v, x.

7. Aristotle, *Anal. Post.*, ii, 19.

8. Diog., "Pyrrho," viii.

9. 위의 책, iii.

10. Zeller, E., *Stoics, Epicureans and Sceptics*, London, 1870, 99.

11. 위의 책, 503.

12. Wright, 128.

13. Ueberweg, I, 136.

14. Polybius, xii, 26.

15. Diog., "Aristippus," xii-xiv.

16. Lacroix, I, 160-1.

17. Diog., "Epicurus," v.

18. 위의 책, vi-viii.

19. Lucretius, v, 196; ii, 1090; Lucian, "Zeus Tragoedus," in *Works*, III, 97.

20. Lucretius, ii, 292; Plutarch, *Moralia*, 964C.

21. Cicero, *Nat. Deor.*, i, 20.

22. Diog., "Epicurus," xxiv.

23. 위의 책, xxvii; Murray, *Greek Religion*, 168.

24. Diog., xxv.

25. Athenaeus, xii, 67.

26. Diog., xxxi.

27. 위의 책, xxvii.

28. 위의 책.

29. 위의 책, xxxi, 31.

30. 위의 책, xxvi.

31. 위의 책, xxvii.

32. Zeller, 464.

33. Diog., xxxi, 28.

34. Frags. 165, 186, 194, and 213 in Murray, 130.

35. Murray, 138.

36. Frag. 138 in Murray, 141.

37. Diog., x.

38. Athenaeus, vii, 11.

39. Becker, 325.

40. *Jewish Enc.*, art. "Apiköros"; Bentwich, 77.

41. Zeller, 388.

42. Cicero, *De Fin.*, i, 7.25.

43. Murray, *Greek Literature*, 372.

44. Diog., "Zeno," i-ii.

45. 위의 책, xi, v.

46. 위의 책, v.

47. "Crates," i-iv; "Hipparchia," i-ii; Zeller, *Socrates*, 326n.

48. Diog., "Zeno," xxviii-xxix.

49. 위의 책, xiv.

50. Zeller, *Stoics*, 3711.

51. Diog., "Zeno," ix.

52. 위의 책, xxvii.

53. Zeller, 59.

54. 위의 책, 121.

55. Cicero, *Nat. Deor.*, ii, 7.

56. Diog., "Zeno," lxviii-lxxvii.

57. Tr. by Pater, 50.

58. Plutarch, *De Stoic. Repug.*, xxi, 4, in Zeller, 178.

59. *Oxford Book of Greek Verse*, 535.

60. Zeller, 288.

61. Diog., "Zeno." xix.

62. 위의 책, lxiv.

63. Zeller, 316.

64. Diog., lxvi.

65. Zeller, 303.

66. Cicero, *Tusc. Disp.*, i, 34.83.

67. Zeller, 327.

68. 위의 책, 207.

30장

1. Polybius, i, 1.

2. Plutarch, "Pyrrhus."

3. 위의 책.

4. 위의 책.

5. Mommsen, T., *History of Rome*, London, 1901, II, 5.

6. Plutarch.

7. Livy, xxv, 40, 31.

8. Polybius, ii, 8.

9. 위의 책, v, 103.

10. Livy, xxiii, 33.

11. Polybius, xvi, 30; Livy, xxxi, 18.

12. Polybius, xviii, 45.

13. Livy, xxxiv, 52.

14. Tarn, 29.

15. Strabo, viii, 6.23.

16. Polybius, xxxix, 2; Strabo.

마치는 글

1. Symonds, 579.

2. Rede Lecture for 1875, in Symonds,
   578.

3. *Enc. Brit.*, II, 344.

김운한　서울대학교 동양사학과를 졸업했다. 트랜스쿨을 이수하고 현재 인트랜스 전문 번역가로 활동하고 있다. 옮긴 책으로 『행복이란 무엇인가』, 『선형문자 B의 세계』, 『2009 세계대전망』, 『맥킨지 금융보고서』(공역) 등이 있다.

권영교　서울대학교 영문학과를 졸업했다. 트랜스쿨을 이수하고 현재 인트랜스 전문 번역가로 활동하고 있다. 옮긴 책으로 『습관을 이끄는 힘』, 『스마트 리더십』, 『*The Complete Beatles Chronicle*』(공역) 등이 있다. 『누가 우리의 밥상을 지배하는가』, 『조언 — 엘리 하트 이야기』 등의 번역에도 참여했다.

문명 이야기

그리스 문명 2-2

1판 1쇄 펴냄　2011년 5월 30일
1판 5쇄 펴냄　2023년 10월 23일

지은이　윌 듀런트
옮긴이　김운한, 권영교
발행인　박근섭, 박상준
펴낸곳　(주)민음사

출판등록　1966. 5. 19.(제16-490호)
서울특별시 강남구 도산대로1길 62(신사동) 강남출판문화센터 5층 (우편번호 06027)
대표전화 02-515-2000, 팩시밀리 02-515-2007
홈페이지 www.minumsa.com

한국어판 ⓒ (주)민음사, 2011. Printed in Seoul, Korea.

ISBN 978-89-374-8358-5 04900
ISBN 978-89-374-8361-5 (세트)

＊잘못 만들어진 책은 구입처에서 교환해 드립니다.